Ancient Judaism and Early Christianity

ARBEITEN ZUR GESCHICHTE DES ANTIKEN JUDENTUMS UND DES URCHRISTENTUMS

VOLUME 115

The titles published in this series are listed at *brill.com/ajec*

Konstruktion sozialer Identität

Konstruktion sozialer Identität

Studien zum Reinheitsverständnis im antiken Judentum und im Neuen Testament

von

Milena Hasselmann

BRILL

LEIDEN | BOSTON

The Library of Congress Cataloging-in-Publication Data is available online at https://catalog.loc.gov
LC record available at https://lccn.loc.gov/2022039168

Typeface for the Latin, Greek, and Cyrillic scripts: "Brill". See and download: brill.com/brill-typeface.

ISSN 1871-6636
ISBN 978-90-04-52464-4 (hardback)
ISBN 978-90-04-52465-1 (e-book)

This book is printed on acid-free paper and produced in a sustainable manner.

Printed by Printforce, United Kingdom

Inhaltsverzeichnis

Vorwort

Die vorliegende Arbeit ist die überarbeitete Fassung meiner im Sommersemester 2020 unter gleichem Titel von der Evangelischen Fakultät der Universität Greifswald angenommenen Dissertation. Für die Drucklegung wurde sie geringfügig überarbeitet und um einige Literaturbeiträge ergänzt.

Dass diese Arbeit vorliegt, hat ihren Ursprung in meinem Studienjahr in Jerusalem 2009/2010, für dessen Ermöglichung ich „Studium in Israel e.V." danke. Die Erfahrungen in Jerusalem, an der Hebräischen Universität und im Rahmen des Programm haben mein theologisches Denken nachhaltig beeinflusst und prägen es bis heute. Mein Dank gilt daher besonders Prof. Dr. Martin Vahrenhorst, seinerzeit Studienleiter von „Studium in Israel e.V.". Er hat in mir die Begeisterung für rabbinische Literatur und die lohnenswerte Hartnäckigkeit, sich durch die nicht immer unmittelbar zugänglichen Texte und Denkwelten zu arbeiten, geweckt.

Ich danke Prof. Dr. Christfried Böttrich, der meine Begeisterung für den Themenbereich aufgenommen und sie durch die Idee, die Reinheitsbestimmungen zu untersuchen, erweitert hat. Er hat mich als Erstgutachter über die Jahre der Dissertation mit bestärkender Neugierde, hilfreicher Kritik und überraschenden Literaturhinweisen unterstützt. Die Atmosphäre am neutestamentlichen Lehrstuhl und unter den Mitgliedern der Greifswalder neutestamentlichen Sozietät ermöglichte ein konzentriertes und motiviertes Arbeiten. Über die Jahre sind hier Kolleg*innen zu Freund*innen geworden. Die neutestamentliche Wissenschaft in Greifswald lebt vom regelmäßigen Austausch mit der Rostocker Fakultät. Hier danke ich besonders Prof. Dr. Soham al-Suadi, die das Zweitgutachten übernommen hat und mich in der Schlussphase und in der Vorbereitung zur Veröffentlichung mit hilfreichen Hinweisen unterstützt hat.

Ich danke Prof. Dr. Cilliers Breytenbach und dem herausgebenden Team für die Aufnahme der Arbeit in die Reihe „Ancient Judaism and Early Christianity" und dem Verlag, namentlich Marjolein van Zuylen und Fem Eggers, für die Begleitung der Publikation.

Ich danke der großen Gruppe an lieben und aufmerksamen Menschen, die sich zusammengefunden hat, um diese Arbeit kritisch und wertschätzend Korrektur zu lesen.

Ich danke Moritz Gengenbach, der geduldig und penibel das Autor*innenregister dieses Buches erstellt hat und damit maßgeblich dazu beigetragen hat, dass sich die Veröffentlichung nicht verzögert.

Die Arbeit an der Dissertation war immer auch dadurch begleitet, dass die Reinheitsthematik nicht die einzig dominierende Thematik für mich war. Ich danke meiner Kollegin und den Gefangenen der JVA Tegel, die mir durch ihr Vertrauen und in vielen Gesprächen eine stete Erinnerung daran waren, dass die Welt größer ist als ein einzelnes Projekt.

Ich danke meinen Freund*innen. Sie haben auf so verschiedene Weisen die letzten Jahre begleitet und dafür Sorge getragen, dass die Arbeit an der Dissertation fortschreitet und zugleich nicht mein ganzes Leben überdeckt. Ich danke meiner Frau und meinen Kindern, die bis zum Ende beharrlich daran festgehalten haben, dass es nicht nur die Freude und Begeisterung, sondern auch manche Mühe wert ist, diese Arbeit fertigzustellen. Dass so ein Unterfangen punktuell auch Last und nicht nur Lust bedeuten kann, haben sie mich nie spüren lassen. Das hat es mir ermöglicht, meiner Begeisterung für Thema und Texte nachzugehen.

Ich widme diese Arbeit meinen Eltern, deren Unterstützung ich mir sicher sein konnte, noch bevor sich der Wunsch zu dieser Arbeit geformt hatte.

Ich widme sie meinem Vater, der mit seinem nicht endenden Interesse immer bestrebt ist, zu verstehen und zu wissen, woran ich arbeite.

Ich widme sie meiner Mutter, die mit dem präzisen Gefühl für Sprache und Ausdruck, das ihr zu eigen war, manchen Textabschnitt ohne Kenntnis der Sache auf ein höheres Niveau gehoben hat.

Milena Hasselmann
Berlin, im August 2022

KAPITEL 1

Einleitung

Reinheitsfragen sind Identitätsfragen. Reinheitsfragen nehmen auch andere Funktionen wahr, als über Identität Auskunft zu geben, und Identitätsfragen werden auch durch andere Themen als durch Fragen nach rein und unrein beschrieben. Nicht jede Reinheitsbestimmung hat identitätsprägenden Charakter und nicht jeder Identitätsdiskurs wird über Reinheitsvorstellungen geführt. Aber Identität und Reinheit hängen so eng zusammen, dass immer dort, wo Reinheitsbestimmungen relevant sind, auch Fragen der Identität und Zugehörigkeit berührt werden. Je nach historischem oder literarischem Kontext verändert sich die Funktion, die Reinheit für Identitätsfragen hat, wie auch das Verhältnis der beiden Themen zueinander. Es ist das große Verdienst der Soziologin Mary Douglas, gezeigt zu haben, dass Reinheitsfragen keineswegs nur ein Thema monotheistischer Religionen sind, sondern in fast allen, auch nicht-religiösen Gruppen eine Rolle spielen und gruppenspezifische Funktionen übernehmen.[1]

Die Beschäftigung mit der Reinheitsthematik im biblischen und außerbiblischen Kontext des antiken Judentums bedeutet Arbeit auf einem weiten Feld. Sie bietet Anschluss an weitere Themenkomplexe und ist Teil einer „fortwährenden Debatte".[2] Die Konzentration auf die Konstruktion von Identität anhand von Reinheitsfragen nimmt dabei einen konkreten Ausschnitt dieser komplexen und weitverzweigten Debatte in den Blick. Andere Ausschnitte wären beispielsweise Fragen nach Details einzelner Bestimmungen oder nach genderspezifischen Aspekten. Die Tatsache, dass Reinheitsfragen mit Identitätsfragen verknüpft sind, ist schon häufiger beobachtet, aber nur selten explizit untersucht worden. Dabei fällt auf, dass der Begriff der Reinheit auf

1 Vgl. dazu *Douglas*, Reinheit. Douglas versteht Reinheit als Ordnungskategorie, die den meisten Gesellschaften bekannt ist. Die biblischen Speisegebote verteidigt sie gegen das Vorurteil, sie seien eine Art kodifizierte Hygienebestimmung. Ihren Vorschlag, unrein seien all jene Speisen, die sich nicht eindeutig bestimmten Kategorien zuordnen ließen, revidierte sie später wieder (nach deutlicher Kritik); vgl. dazu das Vorwort der 2002 erschienenen Neuauflage ihres Werkes. Ihre Einsichten stehen aber nach wie vor im Hintergrund vieler exegetischer Studien, weil sie zeigen konnte, welche grundsätzliche Relevanz Reinheitsfragen über die biblisch-levitische Tradition hinaus haben. Ihre Einsichten werden auch jenseits exegetischer Forschungen beachtet, beispielsweise in Studien zum Zusammenhang von Reinheitsfragen und terroristischen Gruppierungen, wo es ebenfalls um Zugehörigkeitsfragen geht; vgl. dazu den Aufsatz *Douglas & Mars*, Terrorism.

2 Vgl. dazu den gleichnamigen englischen Aufsatz *Dunn*, Debate.

 | DOI:10.1163/9789004524651_002

mindestens zwei Ebenen verstanden werden kann und in unterschiedlichen Kontexten auch unterschiedlich verstanden wird.[3]

Reinheit wird einerseits begrifflich konkret als ein Zustand verstanden, wie er in den Reinheits- und Waschungsbestimmungen beschrieben ist. Andererseits ist Reinheit ein abstrakter, metaphorischer Wert, der Menschen oder Gruppen, Dingen oder Handlungen zugeschrieben wird. Reinheitskonzepte lassen sich erst unter Beachtung beider Ebenen verstehen.[4] Ebenso sind unterschiedliche Funktionen, die Reinheit haben kann, zu differenzieren. Eine mögliche Funktion besteht darin, Identität zu konstruieren. Durch die Konzentration dieser Arbeit auf diese Funktion von Reinheit erfolgt zugleich eine Begrenzung des weiten Feldes, die sich auch in der Auswahl der zu analysierenden Texte niederschlägt. Sie bleibt ausschnitthaft und begrenzt. Zugleich sind Identitätsfragen für jede Gruppe zentrale Fragen. Sie sind in Veränderungsprozessen und zu Beginn neuer Entwicklungen, wie sie für die frühe Christenheit angenommen werden können, besonders relevant.

Neutestamentliche Texte stellen in dieser Hinsicht keine Ausnahme dar. Sie lassen erkennen, dass Reinheitsfragen für die entstehende Identität der frühen Christenheit von Bedeutung sind. Das mag verwundern, da Reinheitsfragen zum einen kein zentrales Thema neutestamentlicher Texte sind und zum anderen in der heutigen christlichen Praxis nicht dieselbe Relevanz haben, wie in vielen Strömungen des antiken und zeitgenössischen Judentums.[5] Ein Überblick über die Verwendung der Reinheits- und Unreinheitsterminologie in den Texten des Neuen Testaments belegt jedoch, dass das Thema alle neutestamentlichen Textkorpora durchzieht.

Die Forschungsgeschichte zum Thema zeigt, dass im Neuen Testament verschiedene Konzepte von Reinheit erkannt werden. Sie sind alle mit der Komplexität dessen konfrontiert, was der britische Bibelwissenschaftler James Crossley im Titel eines seiner Aufsätze formuliert: *From Jesus observing*

---

3 Über Reinheit kann nicht gesprochen werden, ohne auch über Unreinheit zu sprechen. Unreinheit stellt deren Kehrseite dar bzw. beschreibt die Abwesenheit von Reinheit. Immer dann, wenn in der Arbeit von „Reinheit" gesprochen wird, ist der abstrakte Wert im Sinne eines erstrebenswerten Zustandes gemeint. Wenn Reinheit konkret als Gegenüber zu faktischer Unreinheit gemeint ist oder wenn von fassbarer, konkret verursachter Unreinheit die Rede ist, wird diese auch explizit genannt.

4 Mit der Unterscheidung beider Ebenen ist keine Unterteilung in „ethische" und „kultische" Reinheit gemeint; vgl. zu dieser Diskussion den Exkurs in Kapitel 2 der Arbeit.

5 Ausnahmen auf beiden Seiten, wie etwa die Tradition der „Purity Balls" in evangelikalen Kreisen, die Reinheit jedoch auf sexuelle Enthaltsamkeit reduziert, oder Strömungen des Judentums, die Reinheit ausschließlich metaphorisch auffassen, stehen dieser Tendenz nicht entgegen.

food and purity laws to some Christians not bothering.[6] Die Einsicht in die jüdische Identität Jesu, für den die traditionellen Reinheitsbestimmungen eine Selbstverständlichkeit gewesen sein dürften, macht die ambivalente und uneinheitliche Behandlung reinheitsrelevanter Themen im Neuen Testament zumindest erklärungsbedürftig. Sie lässt sich auch nicht ausschließlich durch die zeitliche Differenz zwischen dem historischen Jesus und der Abfassung der neutestamentlichen Texte begründen. Zusätzlich hat die Zuwendung der Mission zu Menschen aus den Völkern, denen die levitischen Reinheitsbestimmungen fremd waren, zu der heutigen nahezu reinheits-vergessenen christlichen Frömmigkeitspraxis beigetragen. Sie reicht aber als alleinige Erklärung ebenfalls nicht aus.

Im Rahmen dieser Arbeit werden die neutestamentlichen Reinheitstexte unter dem Aspekt ihrer Funktion für die Konstruktion von Identität betrachtet. Dabei gilt es, zweierlei zu beachten. Zum einen muss der Begriff der Identität präzisiert werden, um überhaupt aussagekräftig zu sein. Das geschieht im zweiten Teil der Einleitung, in dem „Identität" auf den Begriff und das Konzept der „sozialen Identität" zugespitzt wird. Zudem muss die Kontextgebundenheit neutestamentlicher Texte als unabdingbare Voraussetzung für die exegetische Arbeit mit Blick auf das konkrete Vorgehen reflektiert werden.

Die Schriften des Neuen Testaments waren in ihrer Entstehungszeit vielfältigen religiösen und kulturellen Einflüssen ausgesetzt. Besonders zu berücksichtigen ist dabei der alttestamentliche „Wahrheitsraum", in dem sie sich entfalten.[7] Die Texte der hebräischen und griechischen Fassung des Alten Testaments beeinflussen die Autoren neutestamentlicher Texte und ihrer Themen. In dieser traditionsgeschichtlichen Bezogenheit, die bis in Formulierungen hinein sichtbar ist und sich in einer Vielzahl an Themen und Motiven niederschlägt, sind die neutestamentlichen Texte zugleich Exponenten einer theologisch und historisch vitalen Umbruchssituation. Sie haben Teil am Geist ihrer Zeit, der auch in anderen Quellen, die dem Neuen Testament zeitlich vorausgehen oder folgen, zu verspüren ist. Die Lektüre neutestamentlicher Texte im Kontext anderer, verwandter Quellen ist deshalb unerlässlich. Diese Quellen fungieren dabei nicht nur als heuristisches Mittel zum Zweck. Vielmehr haben sie eine eigene themenbezogene Aussagekraft. Gemeinsam mit dem Neuen Testament stellen sie einen Fundus bereit, der eine vergleichende Untersuchung der Reinheitsthematik ermöglicht. Dieser Fundus konstituiert sich in der vorliegenden Arbeit aus antik-jüdischen Texten, die im

6 *Crossley*, Explanation.

7 Vgl. zur Formulierung des „Wahrheitsraums" und zur Explikation dieses Bildes *Crüsemann*, Wahrheitsraum, bes. 15–30 und 315–342.

Zusammenhang mit dem Land Israel stehen. Alle Analysen erfolgen dabei auf der Ebene der Textwelten und nicht auf der Ebene eines imaginierten oder rekonstruierten historischen Kontextes.

Ein Ursprung der Diskussionen um die Frage nach Reinheit liegt in den Texten des Alten Testaments, weshalb nach dieser Einleitung (1), die die Präzisierung des Identitätsbegriffs sowie einen Forschungsüberblick über Studien zu Reinheit in den neutestamentlichen Texten umfasst, eine Analyse der Begrifflichkeiten im hebräischen und griechischen Alten Testament (2) den Anfang macht. Im Anschluss daran werden ausgewählte alttestamentliche Texte auf den Zusammenhang von Reinheit und Identität untersucht (3). Als weitere Quellen treten in vergleichbarer Vorgehensweise Texte des Flavius Josephus (4) und gruppenbezogene Texte aus Qumran (5) hinzu. Die Einbeziehung des Flavius Josephus bietet sich an, da er – dem Neuen Testament nicht unähnlich – auf der Grenze zwischen innerjüdischem Diskurs und Kommunikation mit Menschen aus den Völkern schreibt. Gerade in seiner Apologie *Contra Apionem* wird dieses Oszillieren deutlich und daher auch in besonderem Maße fassbar, wie Reinheit als Identitätsmerkmal kommuniziert werden kann. Die Untersuchung der gruppenbezogenen Texte aus Qumran erweist sich als relevant, da in ihnen die Verwendung der Reinheitsterminologie als gruppenkonstituierendes Merkmal hervortritt. Zugleich spiegeln einige dieser Texte – bei aller Vorsicht in der Bestimmung einer hinter ihnen stehenden Gemeinschaft – eine ähnliche Gruppensituation wie die neutestamentlichen Texte wider, da sie Auskunft über eine innerjüdische Sondergemeinschaft geben. Als Ausblick dient eine auf wesentliche Aspekte ausgerichtete Untersuchung ausgewählter Mischnatraktate (6). Das geschieht nicht etwa in der Annahme einer direkten literarischen Beziehung zwischen Mischnatexten und Schriften des Neuen Testaments, sondern im Zusammenhang des oben formulierten gemeinsamen antiken Diskurses.[8]

Die Kapitel zwei bis sechs leuchten den Raum aus, in dem die neutestamentlichen Texte beheimatet sind (7). Einem allgemeinen Überblick über Reinheitstexte und das Vorkommen der Reinheitsterminologie im Neuen Testament folgen sodann vier Textanalysen, die das Neue Testament in den allgemeinen Diskurs einordnen.

Die am Ende jeder Textanalyse formulierten Ergebnisse geben Antwort auf die Frage, wie sich das Verhältnis von Reinheit und sozialer Identität in den untersuchten Texten beschreiben lässt und welche Rolle Reinheit in der Konstruktion sozialer Identität zukommt. Sie werden schließlich noch einmal

8 Zur (Un-)Möglichkeit, beide Textkorpora zu vergleichen, vgl. die Einleitung zur Mischna, Kapitel 6.

zusammengeführt (8), um zu zeigen, inwieweit der Blick auf die identitätsprägende Funktion von Reinheit in verschiedenen antik-jüdischen Texten das Verständnis von Reinheit im Neuen Testament erhellt.

Meine Untersuchung ist durch die Beobachtung motiviert, dass einerseits die Bedeutung von Reinheit für die soziale Identität des Individuums in der frühen christusgläubigen Gemeinde abnimmt, Reinheit aber andererseits an vielen Stellen der entstehenden Christenheit neu als Teil des Alltagslebens erscheint. Diese Spannung hat zu Konflikten und Diskursen geführt, die von der traditionellen, identitätsprägenden Bedeutung von Reinheit bestimmt sind und die sich auch in den neutestamentlichen Texten niedergeschlagen haben. Sie werden in der vorliegenden Arbeit untersucht und in ihren traditionsgeschichtlichen Kontext eingeordnet.

1.1 Einführung der Kategorie „Identität"

Exegetische Untersuchungen, die sich mit Identität beschäftigen, haben derzeit Konjunktur. Sie vermitteln den Eindruck, dass „Identität" ein zentrales Thema biblischer Texte sei. Dabei wäre jedoch zuerst einmal der Begriff zu klären, denn der Vorteil seiner scheinbaren „Allverständlichkeit" ist zugleich sein Nachteil: „Ein manifestes Problem besteht in der extensionalen Unterbestimmtheit des Identitätsbegriffs in Folge seiner absehbaren Omnipräsenz. In der Sekundärliteratur wird nahezu jedes Phänomen als Ausdruck ‚jüdischer Identität', ‚Identitätsbildung' oder ‚Identitätssuche' aufgefasst oder mindestens zu solchen Prozessen jüdischer Selbstverständigung im hellenistisch-römischen Kontext unmittelbar oder mittelbar in Beziehung gesetzt."[9] Der Gefahr einer sinnentleerten Omnipräsenz des Begriffes kann nur durch seine möglichst genaue Klärung entgegengewirkt werden. Denn während er zur Analysekategorie für ganz unterschiedliche Problemstellungen avanciert, wird zugleich deutlich, dass der Begriff „Identität" eines einheitlichen und artikulierten Verständnisses weithin entbehrt.[10]

Raimo Hakola etwa kann 2005 eine faktenreiche Dissertation über das Verhältnis der johanneischen Schule zum Judentum der Zeit mit dem Titel „identity matters" schreiben, ohne zu klären, welchen Identitätsbegriff er zugrunde

---

9 *Vogel*, Modelle, 44.

10 Christian Strecker geht in seiner kritischen Würdigung des Begriffs noch weiter und stellt fest, dass er eher ein Modebegriff als eine tragfähige Kategorie sei. „Oft bleibt der Identitätsbegriff im Vagen. Mehr noch, bisweilen scheint sich der Gebrauch des Begriffs lediglich seiner aktuellen Prominenz und offenkundigen Suggestivkraft zu verdanken."; *Strecker*, Identität, 143.

legt.[11] Der Gewinn einer solchen Klärung wird deutlich, wenn man seinen zwei Jahre später erschienenen Aufsatz liest, der dieses Desiderat einlöst.[12] Die Analyseschärfe nimmt zu und die erzielten Ergebnisse sind ungleich besser zu bewerten und zu verwenden, als noch in der Dissertation.[13]

Manuel Vogel und Christian Strecker fordern in ihren Beiträgen zur Verwendung psychologischer Kategorien in der Exegese für den Begriff der Identität nicht nur Zurückhaltung, sondern vor allem eine präzise Bestimmung des dahinterstehenden Konzeptes ein.[14] Das ist für sie die *conditio sine qua non*, um biblische Themen unter dem Vorzeichen der Identität überhaupt verhandeln zu können. Dass der Begriff selbst und die mit ihm verbundenen Konzepte schon seit langem umstritten sind, macht eine Positionierung in dieser Diskussion und eine Reflexion des Begriffs als exegetische Analysekategorie umso dringlicher. Für die exegetische Arbeit ist es deshalb notwendig, sich einige Aspekte des Begriffs und verschiedene Konzepte von Identität vor Augen zu führen.

Identität, dem Wortsinn nach das „Selbstsein" eines Menschen, lässt sich in individueller und in sozialer Perspektive bestimmen. Diese Unterscheidung ist auch für die theologische Beschäftigung mit Identität von Belang.[15] Stefan Alkier konstatiert, dass nur in der Wahrnehmung beider Perspektiven eine angemessenen Differenzierung des Begriffes möglich ist, die er als personale und kollektive Identität formuliert.[16] Besonders der Begriff der kollektiven

11 *Hakola*, Identity.

12 *Hakola*, Identities.

13 Zur Analyse weiterer neutestamentlicher Arbeiten, die sich mit Identitätsbildungsprozessen oder der Frage nach Identität im Allgemeinen auseinandersetzen, vgl. *Strecker*, Identität, 142–158.

14 *Vogel*, Modelle; *Strecker*, Identität. Vgl. ebenso Alkier: „Zugleich aber kann der Begriff der Identität wissenschaftlich sachgemäß nicht mehr verwendet werden, ohne sich innerhalb der durch diese Diskurse [der Psychologie, Soziologie und Kulturwissenschaften, MH] aufgezeigten Verständnismöglichkeiten zu positionieren."; *Alkier*, Identitätsbildung, 108.

15 Der Identitätsbegriff selbst und seine Diskussion setzen einen sehr viel weiteren Rahmen, als hier nachzuzeichnen möglich ist. Für eine grundsätzliche Orientierung mit zugleich kritischer Begriffsanalyse eignet sich der Beitrag im Handbuch der Kulturwissenschaften; vgl. *Straub*, Identität. Einen historischen Überblick über Identitätsdiskussionen jenseits des soziologischen Begriffs in Antike und Aufklärung bietet *Strecker*, Identität, 115–124.

16 Vgl. *Alkier*, Identitätsbildung, 111–116. Wichtig scheint mir hierbei auch die Einsicht, dass die Ebenen personaler und kollektiver Identität zwar unterschieden werden können und müssen, nicht aber getrennt werden sollten: „Nicht nur die Unterscheidung von personaler und kollektiver Identität sollte eine Mindestanforderung wissenschaftlichen Gebrauchs dieser Terminologie sein, sondern auch die Klärung der Frage, wie denn beide zusammenhängen."; *Alkier*, Identitätsbildung, 116.

Identität ist – wie der Begriff und das Konzept des Kollektivs insgesamt – zunehmend problematisiert worden, da seine normative und pauschalisierende Verwendung eine „Tendenz zur Gewalt" aufweise.[17]

Obschon vielfach rezipiert, kritisiert und unter anderen Bedingungen angewandt, haben die Einsichten der Individual- und Sozialpsychologie aus den 1970er und 1980er Jahren bis heute nichts an Bedeutung verloren. In diesem Kontext sind zum einen Erik H. Erikson als Vertreter der individualpsychologischen und zum anderen Henri Tajfel als prominentester Vertreter sozialpsychologischer Identitätsforschung zu nennen. Ihre Ansätze und Theorien sollen im Folgenden skizziert werden.

Erikson (1902–1994) war in den 60er Jahren des vergangenen Jahrhunderts einer der ersten, die (nach George Mead) die Frage der psychosozialen Entwicklung des Menschen systematisch bearbeiteten und dazu ein differenziertes Modell vorgelegten.[18] In seiner Theorie der psychosozialen Identität schlagen sich vor allem sein psychoanalytischer Hintergrund und der Einfluss der Triebtheorie, mit Schwerpunkt auf der psychosexuellen Entwicklung, Siegmund Freuds nieder. Kern der Theorie Eriksons ist die Annahme, dass sich die menschliche Persönlichkeit in einem Prozess entwickelt, der vom Säuglingsalter bis ins reife Erwachsenenalter acht Stufen und auf diesen Stufen acht Krisen durchläuft. Er erstreckt sich über die gesamte Lebensdauer des Menschen und bleibt letztlich unabgeschlossen. Die bereits durchlaufenen Phasen wirken vor allem dann nach, wenn die dazugehörigen Krisen nicht ausreichend bewältigt wurden. Jede der Stufen steht in der Gefahr, neurotische Störungen auszulösen, wenn Individuen diese nicht abschließen, also in ihnen stecken bleiben. Dafür sind verschiedene kontextbezogene Faktoren ausschlaggebend. Zur fünften Stufe, die Erikson mit „Adoleszenz" bezeichnet, gehört als Krise der Konflikt von „Identität vs. Identitätskonfusion".[19] In der Adoleszenz sieht Erikson die für die Identität wichtigste Phase überhaupt, weil nun alle bisher gewonnenen und bestätigten Identifizierungen infrage gestellt und geprüft werden.[20] Identität hat für Erikson sowohl einen sozialen, als auch einen individuellen Bezug. So schreibt er zum Abschluss seiner Untersuchung über den Zyklus des Lebens im Rahmen der Theorie der psychosozialen Identität: „Andererseits gibt es kein dauerhaftes Selbstgefühl ohne die ständige Erfahrung eines

17 So *Straub*, Identität, 293, in seiner Kritik des Begriffs. Vgl. ähnlich *Strecker*, Identität, 136–137.

18 Vgl. im Folgenden *Erikson*, Identität; *Erikson*, Lebenszyklus. Darüber hinaus sind im Blick auf die exegetische Anwendbarkeit die Bemerkungen Streckers zu Erikson lesenswert; vgl. *Strecker*, Identität, 113–142.

19 Vgl. zur Darstellung der Phasen z.B. *Erikson*, Lebenszyklus, 36, oder *Erikson*, Identität, 150.

20 Vgl. *Erikson*, Identität, 106.

bewußten ‚ich', das den numinosen Mittelpunkt der Existenz darstellt: eine Art existentielle Identität also, aus der in letzter Linie allmählich die psychosoziale Identität hervorgehen muß."[21] Ebenso erkennt er jedoch in seinen früheren Überlegungen auch das soziale Eingebundensein des Individuums als eine treibende Kraft der Persönlichkeitsentwicklung: „Der Begriff ‚Identität' drückt also insofern eine wechselseitige Beziehung aus, als er sowohl ein dauerndes inneres Sich-Selbst-Gleichsein wie ein dauerndes Teilhaben an bestimmten gruppenspezifischen Charakterzügen umfaßt."[22] Aus der Kombination beider Aussagen wird die gewichtige Beziehung zwischen der Ich-Bezogenheit des Individuums und einem existenzprägenden Kontakt mit der Umwelt deutlich.

Eriksons Erkenntnisse zur Psychologie der Persönlichkeit bilden seither die Grundlage für jede Sozialpsychologie, da sie die Berührung zwischen Individuum und Umwelt als entscheidendes Moment beschreiben.

Sozialpsychologische Fragestellungen sind im Gegenüber zu individualpsychologischen solche, die sich mit den Einwirkungen anderer Menschen auf das Verhalten und Erleben von Individuen oder Gruppen beschäftigen. Sie lassen sich im Allgemeinen in soziologische und psychologische Ansätze unterteilen. Dabei nimmt der soziologische Ansatz eher Gruppenprozesse, der psychologische Ansatz hingegen das Individuum als soziales Wesen in Interaktion mit anderen in den Blick hat. Im Folgenden werde ich mich auf die psychologische Sozialpsychologie beziehen.

Die Untersuchungen von Henri Tajfel (1919–1982) und John Turner (1947–2011) prägen bis heute das Feld sozialpsychologischer Studien zum Thema Identität.[23] Beide, in den späten 1970er und frühen 1980er Jahren Professoren für Psychologie an der britischen Universität Bristol, arbeiteten grundlegend die der sozialen Identität eigene Dynamik heraus und entwickelten ein Konzept zu ihrer Analyse. Damit widerlegen sie vor allem die Annahme, soziale Identität sei entweder die Addition mehrerer personaler Identitäten oder lediglich ein Element der personalen Identität als solcher. Noch der Ahnvater der Sozialpsychologie, Floyd Allport (1890–1979), lehnte die Ansicht ab, es gäbe eine eigene Psychologie der Gruppe, die über die Individualpsychologie hinausginge: „There is no psychology of groups which is not essentially and entirely a psychology of individuals."[24] Dieser Aussage hält Turner 50 Jahre später

---

21 *Erikson*, Lebenszyklus, 95.

22 *Erikson*, Identität, 124.

23 Eine gute Zusammenfassung der Tajfel'schen Theorie und der zugrundeliegenden Experimente bietet Andreas Zick im Lehrbuch der Konflikttheorie; *Zick*, Konflikttheorie. Eine allgemeine Einführung in die Sozialpsychologie und einen historischen Abriss bieten *Stroebe & Hewstone*, Einführung.

24 *Allport*, 6.

entgegen: „There is an important discontinuity at the level of psychological processes between an individual acting as a differentiated, unique person and an individual acting as a group member, as a relatively interchangeable representative of a social category."[25] Turner markiert damit die Verschiebung psychologischer Prozesse, die ein Individuum bestimmen, je nachdem, ob es als Individuum oder als Mitglied einer Gruppe agiert. Darauf baut seine Theorie grundlegend auf.

Für die Entwicklung der *Theorie der sozialen Identität* durch Tajfel und Turner, war der Psychologe Muzafer Sherif (1906–1988) mit seinen Untersuchungen über Beziehungen zwischen Gruppen maßgebend. Im Zuge verschiedener Feldstudien entwarf er die *Theorie des realistischen Gruppenkonflikts*.[26] Dabei beobachtete und analysierte er Gruppenverhalten im Kontext objektiver Konflikte, wie etwa dem Konflikt um Ressourcen. Feindseligkeiten und Diskriminierungen zwischen Gruppen entstehen vor allem aufgrund von Konkurrenzsituationen. Die Identität einer Gruppe bzw. die eines dieser Gruppe zugehörigen Individuums entsteht somit durch bewusste, zielorientierte und vor allem notwendige Abgrenzung.

In Anknüpfung an die Experimente und Beobachtungen Sherifs gingen Tajfel und Turner der Frage nach, was die hinreichenden Bedingungen dafür seien, dass eine Fremdgruppe durch eine Eigengruppe diskriminiert werde. Auf der Basis von Experimenten entwickelten Tajfel und Turner die „minimal group theory" bzw. das „minimal group paradigm".[27] Letzteres besagt, dass schon die schlichte Existenz und Anerkennung eine Gruppe als solcher zu Diskriminierungen und Ab- bzw. Ausgrenzungsprozessen führt.[28] Daraus ging dann nach weiteren Studien die *Theorie der sozialen Identität* (= Social Identity Theory, im Folgenden: SIT) hervor, die beide Autoren 1986 in einem gemeinsamen Aufsatz veröffentlichten.[29]

Im Rahmen der „minimal group experiments" wurde das Gruppenverhalten zunächst anhand einer Verteilung von Geld untersucht. Grundlage waren unterschiedliche Möglichkeiten, das zur Verfügung stehende Geld zwischen der eigenen und der anderen Gruppe aufzuteilen. Die Zuteilung der Individuen zu ihrer Versuchsgruppe erfolgte dabei willkürlich und ohne jeden

25 *Turner*, Redefinition, 33.

26 Vgl. zum Überblick *Mummendey*, Verhalten, 4–6, sowie *Tajfel* (Hg.), Social identity.

27 Vgl. zu den Ergebnissen und Schlussfolgerungen den grundlegenden Artikel von *Tajfel & Turner*, Theory sowie die weiteren Überlegungen im Sammelband von *Tajfel* (Hg.), Social identity.

28 Eine Darstellung solcher Experimente sowie die weiterführenden Ergebnisse finden sich bei *Turner*, Social Categorization und *Tajfel & Turner*, Theory.

29 *Tajfel & Turner*, Behaviour.

sachlichen gruppeninternen Zusammenhalt. Die Versuche unterschieden sich dahingehend, ob die Teilnehmenden am Ende das ihnen persönlich zugeteilte Geld wieder ausgezahlt bekamen, oder ob sie den Betrag, der ihrer Gruppe als ganzer zugewiesen war, in gleichen Teilen erhielten. Bei einer derart reduzierten Versuchssituation wurde deutlich, dass die Teilnehmenden selbst bei willkürlicher Einteilung der Gruppen zu einer Diskriminierung der Fremdgruppe neigten. Dies geschah sogar dann, wenn das zu Ungunsten einer Erhöhung des eigenen Betrags geschah. Bestärkt wurde dieser Eindruck durch die Beobachtung, dass die Teilnehmenden nicht vorrangig auf den Vorteil der eigenen Gruppenmitglieder, sondern auf die größtmögliche Differenz zu der anderen Gruppe achteten. Das Streben nach größtmöglicher Differenz wurde selbst auf Kosten des Gesamtprofits für die Eigengruppe verfolgt. Diese Verschiebung von „maximum profit" zu „maximum difference" nimmt schon ein späteres Ergebnis vorweg: Individuen, die sich über eine Gruppenzugehörigkeit definieren, zeigen abnehmendes individuelles und zunehmendes gruppenbezogenes Verhalten.

Soziale Identität bezeichnet nach der Definition Tajfels „those aspects of an individual's image of himself which derive from his membership of groups that are salient to him."[30] Die Theorie der sozialen Identität fragt nach Differenzierungs- und Distinktionsprozessen zwischen Gruppen, wie sie besonders – aber nicht nur – in Konfliktsituationen auftreten und sich im Verhalten und im Selbstbild von Individuen niederschlagen. Entscheidend für die Gruppenzugehörigkeit ist dabei die Salienz des jeweiligen Gruppenmerkmals.[31] Die „minimal group experiments" haben gezeigt, dass Salienz durch externe Einteilung entstehen kann, ohne dass ein individueller Bezug vorliegt. Im Kontext pluralen menschlichen Handelns und Lebens entsteht soziale Identität infolge einer Zugehörigkeit zu jenen Gruppen, die als wichtig oder essenziell empfunden werden, nicht aber zu jeder beliebigen Gruppe.[32]

---

30 *Tajfel* (Hg.), Differentiation, 8.

31 Der Begriff wird im sozialpsychologischen Sinne der „Auffälligkeit" verwendet. Salienz beschreibt das Bewusstsein eines Individuums für die Besonderheit und Wichtigkeit z.B. einer Gruppe. Die soziale Identität entsteht nicht aus beliebiger Gruppenzugehörigkeit, sondern aus jener, die salient, also entscheidend für ein Individuum ist. Die Salienz einer Gruppenzugehörigkeit kann je nach Situation variieren. Vgl. zum Begriff der Salienz und zur Bedeutung dieses Phänomens für Gruppenmitgliedschaften *Nijstad & van Knippenberg*, Gruppendynamik, besonders den Abschnitt zu „Intergruppenkontext und Salienz der Gruppenmitgliedschaft", 464–465.

32 Tajfel nennt als Beispiel für weniger saliente Gruppenmerkmale das Benutzen der gleichen Zahnpastamarke, wobei sich wahrscheinlich Beispiele konstruieren ließen, in denen sogar dieses Merkmal entscheidend wäre.

Turner erweitert die Theorie um Beobachtungen zur kognitiven Selbstkategorisierung und kommt zu ähnlichen Ergebnissen.[33] Er greift dabei auf die schon Anfang der 1950er Jahre von dem Sozialpsychologen Leon Festinger entwickelte Theorie des sozialen Vergleichs zurück und bezieht diese auf das Verhalten zwischen Gruppen.[34] In dem Vorgang der Selbstkategorisierung des Individuums sieht Turner die Grundlage für soziales Handeln und soziale Zuordnung. Im Zusammenspiel mit den bisherigen Überlegungen entsteht somit ein Gefüge, in dem sich aus sozialer Kategorisierung und sozialem Vergleich die soziale Identität ergibt. In einer Übersicht über die Entwicklung der Theorie der sozialen Identität unter Einbeziehung von Turners Erweiterung schreibt Turners Nachfolger in Bristol, Michael Hogg: „Social categorization theory, as the cognitive dimension of the social identity approach, describes how categorization of self and others underpins social identification and associated group and intergroup phenomena."[35] Mit steigendem Maß an Kategorisierung schwindet die Wahrnehmung des Individuums als solchem. Die personelle Identität tritt hinter die soziale zurück; das Individuum erscheint vor allem als Teil einer Kategorie. Es wird nicht mehr primär durch die ihm eigenen Attribute, sondern durch die Attribute der jeweiligen Gruppe beschrieben und wahrgenommen. So kommt es schließlich zu einer zunehmenden Depersonalisierung des Individuums. Sie bezieht sich auf Mitglieder der Eigen- wie der Fremdgruppe, hat aber jeweils unterschiedliche Folgen und gilt grundsätzlich für alle Gruppenkonstellationen. Der Konfliktforscher Andreas Zick fasst diese Ergebnisse zusammen: „Die Depersonalisation ist eine kognitive Re-Definition des Selbst, die das individuelle Verhalten in kollektives Verhalten transformiert."[36]

Aus den Überlegungen von Tajfel und Turner lassen sich drei Grundannahmen und vier Prozesse beschreiben, die im Zuge der Identitätsbildung relevant sind. Auf diese Ergebnisse kommen die beiden Autoren sowie die meisten Rezipierenden, wie Zick und Amelie Mummendey/Michael Wenzel, immer wieder zurück.

Die drei Grundannahmen[37] besagen, dass

a) Individuen nach einer positiven sozialen Identität streben, die sich aus ihrer Zugehörigkeit zu einer als positiv bewerteten Gruppe speist,

---

33 *Turner*, Comparison; *Turner*, Social Categorization; *Turner*, Redefinition.

34 Zu Festinger und dessen Verwendung im Rahmen der SIT vgl. *Tajfel*, Categorization, 61.

35 *Hogg*, Theory, 113.

36 *Zick*, Konflikttheorie, 413.

37 Vgl. *Tajfel & Turner*, Theory, 40; *Turner*, Social Categorization; *Turner*, Social Categorization; *Turner*, Comparison.

b) die positive Identität auf dem Vergleich mit einer Out-Group aufbaut, der im Ergebnis positiv für die In-Group ausfällt,
c) Unzufriedenheit mit der eigenen In-Group zu einem Wechsel der Gruppe oder zu einer Veränderung der Gruppe führt, wobei nicht immer beides möglich ist.

Die vier Prozesse, anhand derer sich die Bildung und Veränderung sozialer Identität erfassen lässt, sind eng miteinander verbunden.

a) *Soziale Kategorisierung:* bezeichnet menschliches Verhalten, das die Umwelt des Individuums in unterschiedliche, unterscheidbare Gruppen unterteilt: „Social categorizations are conceived here as cognitive tools that segment, classify and order the social environment, and thus enable the individual to undertake many forms of social action. But they do not merely systematize the social world; they also provide a system of orientation for *self*-reference: they create and define the individual's place in society."[38]
b) *Soziale Identität:* beschreibt das individuelle Selbstbild, das sich aus der Gruppenzugehörigkeit im Zuge der sozialen Kategorisierung ergibt. Dieser Prozess findet sowohl individuell wie auch extra-individuell im Blick auf andere statt.
c) *Sozialer Vergleich:* beschreibt die konkrete Form des Kategorisierungsprozesses, wie er sich aus der Konfrontation der eigenen Gruppe mit anderen Gruppen entwickelt.
d) *Soziale Distinktheit:* beschreibt den Status der eigenen Gruppe in Relation zu anderen Gruppen anhand bestimmter Vergleichspunkte und trifft Aussagen über eine positive oder negative soziale Identität des Individuums.

Mummendey stellt in ihrer Analyse der SIT den inneren Zusammenhang dieser vier Prozesse folgendermaßen dar: „Das Individuum gewinnt mithilfe der *sozialen Kategorisierung* sowohl Orientierung in der (sozialen) Realität als auch Informationen über seine eigene Position innerhalb des sozialen Gefüges. Aus der Zugehörigkeit zu einer bestimmten sozialen Gruppe und aus der Beschaffenheit der Beziehungen dieser zu anderen sozialen Gruppen wird die *soziale Identität* eines Individuums bestimmt. Informationen über die Charakteristika dieser sozialen Identität gewinnt das Individuum durch Ergebnisse von *sozialen Vergleichen* zwischen der eigenen Gruppe und anderen Gruppen auf unterschiedlichen Vergleichsdimensionen. (...) Aus dem Bedürfnis nach einer positiven sozialen Identität zielt eine Gruppe (...)

38 *Tajfel & Turner*, Theory, 40.

darauf ab, sich von anderen Gruppen zu *unterscheiden*."[39] Hieran wird deutlich, dass die Bildung sozialer Identität ein prozessuales und vieldimensionales Geschehen ist, das situativ unterschiedlich verläuft.

Zu beachten ist, dass die Theorie immer auf das Verhalten zwischen zwei Gruppen ausgerichtet ist.[40] Gleichwohl trifft Tajfel in seiner Theorie auch Aussagen über die Auswirkung von Gruppenzugehörigkeit auf die personelle Identität des einzelnen bzw. auf das Maß, in dem die soziale Identität die personelle bestimmt. Dabei erkennt er eine Korrelation von intergruppalem Verhalten und Annahme der Gruppenmerkmale bei gleichzeitigem Zurücktreten der individuellen Merkmale. Ebenso lässt sich das Umgekehrte bei interpersonalem Verhalten beobachten: Je stärker ein Verhalten zwischen zwei (oder mehr) Menschen nur von der sie verbindenden Beziehung geprägt ist, desto weniger spielen Gruppenzugehörigkeiten eine Rolle. Beide Extreme treten kaum je in Reinform auf. Ein Beispiel wären im ersten Fall etwa an Fans zweier verfeindeter Sportclubs, im zweiten Menschen in einer Liebes- oder Freundschaftsbeziehung.[41]

In der Auseinandersetzung mit Tajfels und Turners Theorien wird immer wieder diskutiert, ob sich die SIT auf moderne, stratifizierte Gesellschaften anwenden lasse. Zick bejaht diese Frage im Anschluss an die Überlegungen von Simon/Mummendey.[42] Gerade die stärkere Segmentierung und Pluralisierung der Gesellschaft führten zu einer individuellen Selbstvergewisserung, die sich in Gruppenzugehörigkeiten und damit in der Ausbildung sozialer Identitäten ausdrücke.[43]

Darüber hinaus wird diskutiert, inwieweit die Theorie auch interkulturell anwendbar ist und ob sie einem globalen Anspruch genügen könne. Diese Fragen stellt Margaret Wetherell und verbindet sie mit *minimal group experiments* in Neuseeland.[44] Sie vergleicht dabei Analysen, die mithilfe der SIT erstellt wurden, mit solchen, die auf normativen Erklärungsmustern basieren.[45] Was

---

39 *Mummendey*, Verhalten, 13.

40 Zur Unterscheidung von sozialer und personeller Identität vgl. *Mummendey & Simon*, Selbst, 15–22: Mit der personellen Identität ist jenes Selbstbild des Einzelnen gemeint, das keine sozialen Aspekte wie Gruppenzugehörigkeiten und deren Wertung enthält, während die soziale Identität jene Beschreibung des Selbst ist, die eben genau darauf ihren Schwerpunkt legt. Mummendey/Simon verweisen zurecht darauf, dass eine Trennung beider Varianten künstlich ist, da Identität in sich immer schon „sozial" ist. Zur Analyse jedoch ist diese Unterscheidung hilfreich.

41 Vgl. *Tajfel & Turner*, Theory, 34.

42 Vgl. *Zick*, Konflikttheorie, 415.

43 Vgl. *Mummendey & Simon*, Selbst, 22–32.

44 *Wetherell*, Studies.

45 Vgl. *Wetherell*, Studies, 237.

dabei im interkulturellen Vergleich an Unterschieden in der Anwendung der Verteilungsstrategien zutage tritt, lässt sich durch Rückgriff auf die Normen des sozialen und kulturellen Kontextes erklären. Wetherell sieht deshalb die Annahme Tajfels und Turners bestätigt, „that the process they have identified is universal but the form that it takes in any given situation is socially determined."[46] In dieser Universalität liegt die Stärke der Theorie nicht nur für bestehende Gruppen, sondern auch für solche, die nur noch mittelbar zugänglich sind – wie z.B. literarisch belegte Gruppen aus biblischen und anderen antiken Texten.

Diese sozialpsychologischen Grundlagenforschungen bieten ein Instrumentarium an, das sich auch für die Untersuchung biblisch überlieferter Identitätskonzepte nutzen lässt. Zugleich ist jedoch zu präzisieren, wie und unter welchen Prämissen dieses Instrumentarium auf die biblischen Texte angewendet werden soll.

Zunächst ist der große zeitliche Unterschied zwischen antiken Texten und modernen Methoden zu beachten. Die Studien Wetherells liefern jedoch Ergebnisse, die eine Anwendung der SIT auch auf Gruppen der antiken Gesellschaften möglich erscheinen lassen. Eine solche Anwendung scheint vor allem dann erfolgversprechend zu sein, wenn aus den schriftlichen Quellen die für die SIT relevanten Prozesse erhoben werden können und wenn die Quellen Aussagen über Aspekte von Gruppenzugehörigkeit machen.

Dazu bedarf es allerdings methodischer Umsicht. Strecker und Alkier weisen auf grundlegende Schwierigkeiten bei der Anwendung von Identitätskonzepten auf biblische Texte hin.

Strecker bezweifelt, dass die frühe Christenheit schon klare Identitätskonturen aufzuweisen habe. Ihr besonderes Kennzeichen liege gerade darin, ein „Schwellenphänomen" zu sein. Strecker beschreibt dieses Phänomen mit dem Begriff der „liminalen Bewegung" und stellt fest, dass es den frühen Gemeinden in dieser Übergangssituation noch an einem klaren Identitätsprofil fehle.[47] Daran ist zweifellos richtig, dass mit Begriffen wie Bewegung und Fragmentarität entscheidende Merkmale der frühen Christenheit beschrieben sind. Die Frage nach ihrer Identität ist damit aber noch nicht umfassend beantwortet. Ein statischer Identitätsbegriff widerspräche dem dynamischen Verständnis von Identität, wie es besonders eindrücklich bei Erikson deutlich wird. Doch auch die Beschreibung einer „liminalen" Situation wird immer erst aus der Rückschau möglich. Die Gruppen, die in den neutestamentlichen Texten beschrieben werden, sind keineswegs liminal und konturlos, sondern gerade

46 *Wetherell*, Studies, 234.

47 Vgl. dazu ausführlich *Strecker*, Zugänge, und *Strecker*, Identität, 158–167.

aus Perspektive der eigenen Identitätsformation salient. Strecker warnt mit seinen Einwänden aber zu Recht davor, abgeschlossene und eindeutig identifizierbare Konzepte von Identität zu erwarten.

Alkier hält es für grundsätzlich ausgeschlossen, personale Identität aus dem Medium der Schrift zu rekonstruieren, da Identität an den Leib gebunden und deshalb nach dem Tod eines Menschen nicht mehr zugänglich sei. In Schriftzeichen und auf Kommunikationswegen vermittelte Merkmale von Identität seien daher immer nur als kollektive Phänomene zu verstehen, da sie von Gruppen angenommen und weitergegeben würden.[48]

Die soziale Identität liegt aber gerade auf der nicht eindeutig zu definierenden Grenze zwischen personaler und kollektiver Identität, da sie zwar Aussagen über das Individuum trifft, dies aber aus der Sicht einer für das Individuum wichtige Gruppe tut. Gerade diese grundlegende Relation zwischen Individuum und Kollektiv spiegelt sich vielfältig in antiken Texten wider, so dass auch literarisch vermittelte Identitätsmerkmale eine Basis für Aussagen über soziale Identität sein können.

Die Anwendung der Theorie Eriksons auf biblische Texte ist lohnend, wenn auch aus zwei Gründen problematisch: Zum einen sind in den biblischen Texten keine vollständigen biographischen Entwicklungen bestimmter Individuen überliefert. Zum anderen sind die biblischen Erzählfiguren zumeist nicht als Individuen im psychosozialen Sinne zu verstehen, sondern als Prototypen bestimmter Glaubens-, Gottes- oder Welterfahrungen.

Eine Brücke hin zur Arbeit an antiken Texten bietet der kulturanthropologische Ansatz Bruce Malinas.[49] Malina zeigt, dass unsere modernen Vorstellungen von Individualität nicht dem antiken Persönlichkeitsbild entsprechen. Das gilt nicht nur angesichts der Tatsache, dass das „Individuum" ohnehin eine Erfindung des 19. Jahrhunderts bzw. der Romantik ist; vor allem beschreibt Malina die Persönlichkeitsstruktur in der Antike als eine grundsätzlich andere, nämlich eine dyadische. Der Begriff der dyadischen Persönlichkeit sieht das antike Bild des Individuums vorrangig durch seine Beziehung zu anderen Individuen geprägt. Eine Betrachtung des Individuums als eigenständiges, einzigartiges Wesen ist der antiken Kultur hingegen unbekannt. Die einzelne Personen wird immer von anderen her betrachtet: „Eine dyadische Persönlichkeit braucht ständig einen anderen, um zu wissen, wer sie wirklich ist."[50] Deshalb lässt sich auch das Selbstbild des antiken Individuums kaum von dem Bild, das

---

48 Vgl. *Alkier*, Identitätsbildung, 133.

49 Vgl. im Folgenden *Malina*, Welt, 67–87.

50 *Malina*, Welt, 71.

andere von ihm haben, unterscheiden.[51] Ohne Bezug zu seiner Umwelt ist das Individuum nicht zu denken. Malinas Einsichten zeigen, dass sich Identitätsfragen, die an die biblischen Texte gerichtet werden, auf soziale oder kollektive Identitäten beziehen müssen. Denn auch dort braucht das Individuum eine Gruppe zur Orientierung seiner selbst und die Gruppe bestimmt die Identität des Individuums zu maßgeblichen Teilen mit.

Trotz dieser Einschränkungen bleiben die Einsichten Eriksons für das Verständnis biblischer Identitätskonstruktionen hilfreich, weil sie individuelle Identität im Allgemeinen und deren Situations- und Kontextbindung im Besonderen zueinander in Beziehung setzen. Sie bleiben in dieser Arbeit deshalb im Blick, dienen aber nicht als eigenes heuristisches Instrument.

Mehr noch als alle individualpsychologischen Ansätze ist für antike Texte der sozialpsychologische Zugang lohnend, weil damit zwar das Individuum betrachtet, jedoch in Bezug zu seiner Umwelt und in Kommunikation mit anderen wahrgenommen wird. Auf diese Weise können Identitätsfragen auch an Texte aus der Antike gestellt werden.

Die Theorie der sozialen Identität stellt deshalb die methodische Grundlage dieser Arbeit dar. In der Qumranforschung hat ihre Anwendung bereits Fuß gefasst.[52] Auch auf dem Gebiet der neutestamentlichen Wissenschaft sind inzwischen Untersuchungen unter Berücksichtigung dieses Ansatzes vorgelegt worden. Hierbei ist vor allem das Werk Philip Eslers zu nennen, der schon früh sozialwissenschaftliche Methoden in die exegetische Arbeit eingeführt hat.[53] Später befasste er sich mit Hilfe der Theorie der sozialen Identität ausführlich mit dem Römerbrief und untersuchte dessen soziales Setting.[54] Der bereits erwähnte Aufsatz Hakolas liefert ein weiteres Beispiel dafür, dass die Anwendung der SIT auf die Exegese den Blick für antike Gruppenprozesse schärfen kann. Im Anschluss an Überlegungen Manuel Vogels sind deshalb noch einmal drei Beobachtungen Hakolas zu nennen, die zeigen, warum die Theorie für die Untersuchung antiker Texte besonders geeignet ist.[55]

---

51 Malina begründet dies vor allem mit der Konzentration auf „Ehre" als den die (vor allem männliche) Gesellschaft bestimmenden Wert.

52 Maßgeblich ist hier Jutta Jokiranta zu nennen; vgl. vor allem *Jokiranta*, Identity.

53 Vgl. z.B. seine frühen Werke *Esler*, Community, *Esler*, Christians, und *Esler* (Hg.), Studies.

54 *Esler*, Conflict, vgl. dazu besonders den Abschnitt zu Röm 14, 339–356. Neben Esler und den bereits genannten wie Vogel, Strecker und Alkier ist Aaron Kuecker, ein Schüler Eslers, zu nennen, der in seiner Dissertation die Funktion des Geistes im lukanischen Doppelwerk anhand der Theorie sozialer Identität untersucht hat; *Kuecker*, Spirit. Zu weiteren Arbeiten unter Zuhilfenahme der SIT vgl. *Strecker*, Identität, 153–158, und *Vogel*, Modelle, der besonders Hakolas Ansatz näher untersucht, 60–68.

55 Vgl. im Folgenden *Hakola*, Identities, 264, und zu den weiteren Schlussfolgerungen daraus *Vogel*, Modelle, 63–68.

Erstens vermag die Theorie zu erklären, dass Gruppen im Zuge des Wettbewerbs Ähnlichkeiten zu den Out-Groups herunterspielen, um ihre Besonderheit zu betonen. Vogel zufolge wird damit auch verständlich, warum die verschiedenen Strömungen des Judentums in hellenistisch-römischer Zeit umso diverser scheinen, je näher sie einander sind. Zweitens erklärt die Theorie, dass es gerade die angenommene Ähnlichkeit zwischen Gruppen ist, die die Besonderheit der eigenen In-Group gefährdet. Vogel folgert daraus, dass das Bedürfnis nach Abgrenzung umso größer wird, je ähnlicher sich Gruppen sind. Die These der „Familienkonflikte", die sich z.B. bei Mt durch eine besonders scharfe Polemik gegen die pharisäische Gruppe äußert, wird dadurch weiter verstärkt. Drittens erklärt die Theorie die Tatsache, dass sowohl soziale Kategorisierungen als auch soziale Identitäten nie statisch, sondern maßgeblich von der jeweils relevanten Vergleichsgruppe und der konkreten Situation abhängig sind. Im Anschluss an Hakola erklärt Vogel mit dieser Dynamik den auffälligen Rückgang jüdischer „sektiererischer" Gruppen nach der Tempelzerstörung, da sie sich durch die veränderte Situation als neue In-Group gegen eine veränderte und mächtigere Out-Group verbunden hätten. Die SIT ist also bei allem Wissen um die Gefahr anachronistischer Kurzschlüsse gerade dank ihrer intergruppalen Dynamik, die das Individuum im Blick behält, zur Anwendung auf antike Texte geeignet.

Auch wenn es zumeist nicht um konkrete Konflikte geht, werden die Protagonisten der Bibel implizit oder explizit als Mitglieder einer konkreten Gruppe verstanden. Dabei kann es sich z.B. um das Volk Israel im Alten Testament oder die Jesusbewegung und die frühe Christenheit im Neuen Testament handeln. Weitere Gruppen zeichnen sich innerhalb des Volkes bzw. innerhalb der entstehenden Christenheit ab. Teilweise werden Gruppen, die sich gegenüberstehen, konkret benannt (z.B. die Fremdvölker, die Pharisäer[56] oder die Irrlehrer in den Briefen), bisweilen sind sie aber auch nur gedachte Größen. Während es in den Modellen der Sozialpsychologie vorrangig um die Erforschung von intergruppalem Verhalten und seine Auswirkung auf Diskriminierungstendenzen geht, liegt der Schwerpunkt der vorliegenden Arbeit nicht auf der Konfliktforschung, sondern auf der Frage nach der Bedeutung bestimmter Einzelaspekte für eine Gruppe bzw. für die soziale Identität der Gruppenmitglieder. Während

56 Gerade für eine realistische Darstellung der Konflikte zwischen den Pharisäern und der Schülerschaft Jesu (eine Grenze, die übrigens keineswegs geradlinig zu ziehen ist), können die Einsichten Tajfels erhellend sein. Sie helfen, Fakten und situationsbedingte Darstellung zu unterscheiden. Besonders die Erkenntnis, dass Gruppen stärker an einer maximum difference als einem maximum in-group profit interessiert sind, liefert möglicherweise einen hermeneutischen Schlüssel zum Verständnis von Konfliktgeschichten innerhalb des NT.

in den Experimenten, die zur Ausbildung der SIT führten, das (willkürliche) distinktive Moment der Grund für die daraus folgenden Verhaltensweisen war, sollen nun anhand der textlich fixierten Verhaltensweisen Aussagen über die Bedeutung eines konkreten distinktiven Moments, nämlich der Reinheit, getroffen werden. Hierbei macht sich die Arbeit die Prozesse der SIT zu Nutze, um das Potential, das Reinheit für die Konstruktion sozialer Identität hat, zu eruieren.

Als These formuliere ich die Annahme, dass sich die biblischen und antiken Vorstellungen und ihre Veränderungen von Reinheit präziser erfassen lassen, wenn auch die Funktion, die sie für die Konstruktion sozialer Identität einnehmen, untersucht und beschrieben wird. Die Texte der Bibel enthalten nur in den seltensten Fällen Berichte über individuelle Verhaltensweisen, die als Grundlage für eine solche Untersuchung dienen könnten. Die Frage nach der Reinheit Hiobs vor seinem Schöpfer (Hi 14,4) ist z.B. eine allgemein anthropologische, nicht aber eine konkret und ausschließlich auf Hiob und seine Situation bezogene. Insgesamt zeigen die biblischen Texte ein mindestens ebenso großes Interesse an der sozialen wie an der individuellen Dimension von Reinheit.

Versucht man Reinheitstexte anhand von Ursache und Wirkung zu verstehen (wie ich das im folgenden Kapitel vorschlagen werde), so wird deutlich, dass die Ursachen oft im individuellen Verhalten liegen, die Wirkungen jedoch immer im sozialen Bereich zu beobachten sind.

Wenn selbst die individuelle Verunreinigung soziale Folgen hat, dann ist die Verunreinigung des Volkes ein durchweg soziales Geschehen. Ein entscheidendes Charakteristikum der SIT besteht darin, dass sie zwar soziale Prozesse untersucht, ihr Interesse jedoch dem Individuum gilt. Im Blick auf die biblischen Texte und die Frage nach dem Identitätspotential von Reinheit handelt es sich dabei um eine Verbindung der individuellen mit der sozialen Dimension, wie sie sich in der Selbstkategorisierungstheorie Turners bereits andeutete.

Um durch die Anwendung der SIT das Identitätspotential bestimmter Phänomene zu erhellen, ist zu fragen, ob und auf welche Art das jeweilige Phänomen den oben benannten Prozessen sozialer Identität genügt. Angewandt auf die Frage nach Reinheit als Element in der Konstruktion sozialer Identität in den Texten der Bibel bedeutet dies eine thematische Konkretion der von Turner geprägten und bereits dargestellten Prozesse:

Soziale Kategorisierung: Inwieweit fungiert Reinheit als ein Merkmal, um die Umwelt des Individuums zu segmentieren? Inwieweit bieten Reinheitsbestimmungen dem Individuum die Möglichkeit, sich anhand der segmentierten Gruppe Orientierung zu verschaffen?

Soziale Identität: Inwieweit können anhand der durch Reinheit segmentierten Gruppen Aussagen über die soziale Identität eines Individuums getroffen werden? Welche Teile des Selbstbildes eines Individuums werden durch Reinheit beschrieben? Welche Werte sind mit dieser Identität verbunden?

Sozialer Vergleich: Inwieweit ist Reinheit eine Kategorie, die sich eignet, um im Vergleich etwas über die eigene Gruppe auszusagen? Lassen sich Vergleichsmaximen erkennen? In welchen Texten und wie wird dieser Vergleich deutlich?

Soziale Distinktheit: Inwieweit dient Reinheit dazu, sich positiv von der Out-Group abzusetzen?

In- und Out-Group müssen dabei mit Blick auf das Phänomen der Reinheit in jedem untersuchten Text klar bestimmt werden. Die Untersuchung muss immer auf mindestens zwei Ebenen verlaufen und zwei verschiedene In-Group/Out-Group-Konstellationen im Blick halten. Am Beispiel alttestamentlicher Texte ließe sich z.B. die Konstellation Israel als In-Group und die Völker als Out-Group zum einen, zum anderen jedoch die (situativ) Reinen innerhalb Israels als In-Group und dementsprechend die (situativ) Unreinen als Out-Group benennen. Anhand dieser doppelten Konstellation lassen sich die Identitätsfunktion von Reinheit ebenso wie ihr Wandel deutlich machen. In manchen Fällen dient Reinheit als Merkmal, um eine Gruppenzugehörigkeit zu beschreiben, in anderen Fällen konstituiert Reinheit diese Gruppenzugehörigkeit erst und wird somit zu ihrer Voraussetzung. Beides kann zur Konstruktion sozialer Identität beitragen, hat aber unterschiedliche Implikationen. Die soziale Identität, wie sie in diesem Kontext verstanden und auf die Frage nach Reinheit angewendet wird, fragt danach, ob und wie Reinheit ein Element darstellt, das eine für das Individuum wichtige Gruppenzugehörigkeit konstituiert.[57]

Im Blick auf eine Gruppe wie das Volk Israel ist Reinheit als Element zu sehen, welches diese Gruppe konstituiert. In anderen Fällen ist Reinheit selbst das tragende Element der Gruppe.[58] Im Blick auf die Bedeutungsstärke und den Bedeutungsinhalt von Reinheit sind beide Funktionen auskunftsfähig, müssen jedoch in der Analyse gesondert betrachtet werden.

57 Reinheit muss dabei nicht notwendigerweise das einzige Element sein, wohl aber eines, das prägenden bzw. ausschlaggebenden Charakter hat.

58 Für Fragen nach der Bedeutung sozialer Identität ist es zweitrangig, ob eine solche Gruppe empirisch fassbar ist oder lediglich imaginiert wird. Es genügt, dass sie in ihrem tatsächlichen oder narrativen Kontext als Bezugsgröße erkennbar ist.

Im Unterschied zu anderen vergleichbaren Untersuchungen fragt die vorliegende Arbeit nicht nach Identitätsprozessen der frühen Christenheit im Allgemeinen. Sie zielt vielmehr darauf ab, den Identitätsbegriff auf ein konkretes Thema, das die christusgläubigen Gemeinden der Anfangszeit nachweislich beschäftigt hat, anzuwenden. Die neutestamentlichen Texte und vor allem die in ihnen sichtbar werdende Diversität sind Ausweis dafür, dass der Umgang mit den überlieferten Reinheitsregeln ein diskutierter Topos in den Jahren und Jahrzehnten der frühen Gemeinschaftsbildung war.

Aufgrund der Beschaffenheit des Themas Reinheit als eine das Individuum betreffende, zugleich aber sozial formatierte Kategorie, liegt die Konzentration auf Fragen nach der sozialen Identität nahe.

Zur Definition dessen, was ich unter sozialer Identität verstehe, greife ich auf die prägnante Formulierung Tajfels zurück: Soziale Identität ist der Teil eines Selbstkonzeptes, der sich aus der Zugehörigkeit zu bestimmten, für das Individuum wichtigen Gruppen ergibt.[59]

Soll mit den Mitteln der SIT nach dem Identitätspotential von Reinheit gefragt werden, so spitzt sich die Frage folgendermaßen zu: Inwieweit ist Reinheit ein Faktor, der Prozesse fördert, die notwendig sind, damit soziale Identität durch die Zugehörigkeit zu einer konkreten religiösen bzw. kultischen Gruppe bestimmbar wird? Nur wenn Reinheit ein notwendiges Element ist, um als gruppenzugehörig anerkannt zu werden, ist sie für die soziale Identität relevant.

Auf das Anliegen der Arbeit angewandt bedeutet dies, dass jeweils zwei Ebenen bedacht werden. So wird zum einen gefragt, inwieweit eine solche Bedeutung vorliegt. Zum anderen wird die Veränderung, der diese Bedeutung unterliegt, im Zusammenhang beschrieben, um daraus Erklärungsmuster für ein verändertes Verständnis von Reinheit ableiten zu können.

1.2 Forschungsgeschichte im Überblick

Die Debatte um Reinheitsfragen im Neuen Testament und im Umfeld des historischen Jesus begleitet die neutestamentliche Wissenschaft schon lange. Eine Intensivierung der Diskussion lässt sich dabei vor allem seit dem Beginn des 20. Jahrhunderts beobachten. Es sind seitdem nicht mehr vorrangig Kommentare, die diese Frage im Zuge der Auslegung relevanter Stellen diskutieren,

59 Vgl. *Tajfel* (Hg.), Differentiation, 8.

sondern es entstehen ganze Studien zu verschiedenen Aspekten der Reinheitsthematik, die mit verschiedenen Herangehensweisen zu vielfältigen Lösungsansätzen führen.

In einem Großteil der Literatur wird die Reinheitsthematik ausgehend von Mk 7,1–23 diskutiert. Hinzutreten die Parallele in Mt 15,1–20 sowie die Perikope in Mt 23/Lk 11. Texte wie die Heilung der blutflüssigen Frau in Mk 5 oder Heilungen von unreinen Geistern oder Aussatz spielen eine untergeordnete Rolle, bestimmen aber dennoch das Bild von Reinheit im Neuen Testament. Diesem Umstand ist es geschuldet, dass sich der folgende Überblick schwerpunktmäßig mit Mk 7 befasst, auch wenn der Text in der vorliegenden Untersuchung nicht beachtet wird. Er war und ist aber für die Rezeption neutestamentlicher Reinheitsfragen maßgeblich.

Die vorliegende Arbeit unterscheidet sich aufgrund ihrer thematischen Zuspitzung in der Auswahl der Texte von anderen neutestamentlichen Arbeiten dadurch, dass sie ihren Schwerpunkt nicht auf die Gruppe der Mahltexte legt und dass Mk 7,1–23 und die Parallele in Mt 15, 1–20 nicht eigens behandelt werden. Der Verzicht auf Mk 7 ergibt sich aus der Zuspitzung der Arbeit auf Reinheit als Identitätsfaktor. Mk 7 behandelt ein konkretes Ritual, das nicht in einem direkten Zusammenhang zu Zugehörigkeitsfragen steht. Unabhängig davon, wie man Mk 7 bewertet und ob man die Diskussion für eine Chiffre für andere Diskussionen hält, liegt der Fokus nicht auf der Funktion von Reinheit, sondern ihrer Gestaltung und Bewertung. In dieser Arbeit werden Texte in den Blick genommen, die Zugehörigkeitsfragen berühren. Es sind Texte, die in anderen Studien weniger im Fokus von Reinheitsuntersuchungen stehen und die gerade dadurch das Bild erweitern.

Die Diskussion über mahlbezogene Texte wird nicht grundsätzlich ausgespart, sie erfährt aber keine eigenständige, zusammenhängende Behandlung. Dies erfolgt aus zwei Gründen. Zum einen ist das Mahl ein eigenes Querschnittsthema. Es behandelt Zugehörigkeit unter verschiedenen Aspekten, von denen Reinheit nur einer, bisweilen nur ein randständiger ist. Zum anderen liegt mit der Habilitation von Christina Eschner eine aktuelle und breit angelegte Studie zur sozialen Bedeutung des Mahls und damit zu eben diesem Querschnittsthema vor, die Reinheitsvorschriften als Zugehörigkeitsfaktor einschließt. Mahltexte werden daher im Rahmen der Arbeit an verschiedenen Stellen im Vergleich mit anderen Texten behandelt, bilden aber keinen eigenständigen Untersuchungsgegenstand.

Schon früh wurden die neutestamentlichen Texte im Lichte der jüdischen Halacha gelesen. Ein Beispiel dafür ist die kleine Schrift Wilhelm Brandts aus dem Jahr 1910, in der er sich mit verschiedenen in den Evangelien vorder- oder hintergründig auftauchenden Reinheitsriten befasst und versucht, diese in die jüdische Reinheitshalacha einzuordnen.[60] Sein abschließendes Kapitel gibt einen Überblick über die „Worte Jesu" im Blick auf die Reinheit.[61] Viele der Einsichten Brandts sind in den folgenden Studien leider vergessen oder vernachlässigt worden. Brandt geht nicht von einer jesuanischen Herkunft der als Herrenworte formulierten Logien aus. Gleiches gilt für ihn auch im Blick auf Mt 23 und Lk 11. Die Worte sind ihm schlicht zu „unjüdisch", als dass sie tatsächlich von Jesus gesagt worden sein könnten. Vielmehr erkennt er in ihnen eine Tradition der entstehenden christlichen Gemeinde, deren Intention es war, den judenchristlichen Gemeindegliedern die Scheu vor der Tischgemeinschaft mit Gemeindegliedern aus den Völkern und vor dem Genuss unreiner Speisen zu nehmen und gleichzeitig den nichtjüdischen Aspiranten den Einstieg in die Gemeinschaft zu erleichtern und im wahrsten Sinne des Wortes schmackhafter zu machen. „Nicht schwer anzunehmen scheint mir, daß die fraglichen Herrnworte von Sendboten des Christentums in heidnischem Lande geprägt seien, um Freunden der Synagoge, aus deren Kreisen die ersten heidenchristlichen Gemeinden sich hauptsächlich rekrutiert haben, die jüdische Scheu vor unreinen Speisen und Getränken als ganz überflüssig darzutun."[62] In jüngerer Zeit hat sich vor allem Thomas Kazen um die Einordnung neutestamentlicher Reinheitstexte in die Entwicklung der Halacha verdient gemacht.[63]

Es ist auch keineswegs eine neue, erst im Zuge des Third Quest und der erneuten Frage nach dem historischen Jesus entstehende Seite dieser Debatte, dass Beiträge von jüdischer Seite die Diskussion bereichern. Richtungsweisend ist an dieser Stelle der bereits 1909 erschiene Aufsatz Adolf Büchlers.[64] Er setzt mit einer Situationsbeschreibung, die auch über 100 Jahre später noch ähnlich formuliert werden könnte, ein: „the explanations of the passage offered by commentators are either unsatisfactory or do not do justice to the rules of purification as preserved in the early Jewish literature. In most cases the commentaries give criticisms of the Jewish law instead of trying to understand them."[65] Schon früh wandten sich Forschende gegen zwei Grundannahmen, die jedoch auch die nachfolgende Forschung noch begleiteten: Der erste Widerspruch galt der Zuschreibung der entscheidenden Logien in Mk 7,15.19 zum historischen Jesus. Der zweite Widerspruch galt der Annahme, mit den Logien sei ein Angriff auf die Tora, die levitischen Gesetze oder das jüdische Reinheitsverständnis per se vorgenommen worden. Hierbei ist es erst in zweiter Linie von Bedeutung, ob

60 Vgl. *Brandt*, Reinheitslehre.
61 Vgl. *Brandt*, Reinheitslehre, 56–64.
62 *Brandt*, Reinheitslehre, 63–64.
63 Vgl. dazu im Folgenden *Kazen*, Jesus.
64 *Büchler*, Law.
65 *Büchler*, Law, 34–35.

dies durch den historischen Jesus, durch gemeindliche Tradition oder markinische Redaktion geschehen sein soll.

Ebenso früh weist Solomon Zeitlin auf die Unterscheidung innerhalb der rabbinischen Literatur zwischen נטילת ידים – „Händewaschen" und טומאת ידים – „Verunreinigung der Hände" hin.[66] Während das Waschen der Hände eine תקנה, also eine Veränderung eines biblischen Gesetzes darstelle, betreffe die Verunreinigung eine גזרה, einen neuen Regelungsbedarf der Weisen. Die Veränderung des Gesetzes, so Zeitlin, sei zur Zeit Jesu noch nicht in Gebrauch gewesen, weshalb auch das Streitgespräch als solches nicht auf den historischen Jesus zurückgeführt werden könne.[67]

Diese drei Beispiele genügen, um zu zeigen, dass viele der Fragen, die auch die Forschung der letzten Jahrzehnte bewegte, schon einmal gestellt und zum Teil recht eindeutig beantwortet wurden.[68]

Ein erneuter Einsatz in der Reinheitsdebatte lässt sich in der zweiten Phase der Jesusforschung beobachten. Die Tradition, die sich an Ernst Käsemann festmacht, hat den Diskurs lange bestimmt. In seinem epochemachenden Vortrag von 1953 resümiert er:

> Aber wer bestreitet, dass die Unreinheit von außen auf den Menschen eindringt, trifft die Voraussetzungen und den Wortlaut der Thora und die Autorität des Moses selbst. [...] Jesus hat mit einer unerhörten Souveränität am Wortlaut der Tora und der Autorität des Moses vorübergehen können. Diese Souveränität erschüttert nicht nur die Grundlagen des Spätjudentums und verursacht darum entscheidend seinen Tod, sondern hebt darüber hinaus die Weltanschauung der Antike mit ihrer Antithese von kultisch und profan und ihrer Dämonologie aus den Angeln.[69]

Aussagen wie diese provozieren heute fundierten Widerspruch, der auch an vielen Stellen, zumeist explizit contra Käsemann, gegeben wird.[70] Diesem Impuls widerstehend warnt Kazen jedoch davor, forschungsgeschichtlich immer wieder an dieser Stelle einzusetzen und erneut eine – in Kazens Augen längst schon erfolgte – Abwendung von Käsemann zu rechtfertigen:

---

66 Vgl. *Zeitlin*, Halaka, 364.

67 Vgl. *Zeitlin*, Halaka, 365.

68 Einen Hinweis auf diese Untersuchungen fand ich in John P. Meiers ausführlicher Bibliographie, die viele an anderen Orten nicht berücksichtigte Titel enthält; vgl. *Meier*, Jew IV, 416–426.

69 *Käsemann*, Problem, 207–208.

70 Vgl. *Avemarie*, Jesus.

„the need to rebut Käsemann is perhaps not as urgent as the need to examine what kind of Jew and what particular kind of Jewish self-understanding Jesus represented"[71] Für Kazen ist die Käsemann-Bezogenheit ein Symptom jener Tatsache, dass auch Forschung immer kontextbezogen ist. Insofern sei es wenig überraschend, dass gerade über der deutschen Forschung nach wie vor der Geist Käsemanns schwebe.[72]

Kazen fordert nicht, die Forschungsgeschichte an den Punkten, an denen sie heute nicht mehr aktuell erscheint, außen vor zu lassen. Er plädiert vielmehr dafür, aus der Forschungsgeschichte zu lernen und daraus produktive Ergebnisse zu erzielen. Dazu gehört vor allem die von Kazen aufgeworfene Frage nach der Konkretion des jüdischen Selbstverständnisses Jesu. Dieses werde zwar zumeist vorausgesetzt, aber nicht näher gefüllt. Diesem Impuls folgend wird sich der forschungsgeschichtliche Überblick vorrangig jenen Auslegungen widmen, die diese Feststellung auf die eine oder andere Art berücksichtigen.

Es liegt auf der Hand, dass die Frage nach dem jüdischen Kontext Jesu unterschiedlich beantwortet werden kann.[73] Diese Antworten sollen im Folgenden kategorisiert und dargestellt werden sollen. Dabei werden zu jeder Kategorie exemplarisch Vertreterinnen und Vertreter genannt, deren Nennung keinen Anspruch auf Vollständigkeit erhebt.[74] Zugleich wird anhand des Überblicks deutlich werden, dass Fragen nach dem Verhältnis von Zugehörigkeit und Reinheit, bzw. Reinheit als identitätsprägendes Potential bisher keinen nennenswerten Platz in der Diskussion um Reinheit eingenommen haben.

Schon oft wurde das Verhältnis Jesu zu den Reinheitsriten seines Judentums untersucht. Dabei fußen die Versuche zumeist auf den Überlieferungen in den Evangelien, in denen Jesus mit dem Thema Reinheit in Berührung kommt. Dies geschieht, um eine auf Kazen zurückgehende Unterteilung aufzunehmen, in

---

71 *Kazen*, Response, 282.

72 Kazen reagiert an dieser Stelle direkt auf Friedrich Avemarie; vgl. *Avemarie*, Jesus, 255–279.

73 Die Frage nach der Einstellung Jesu zum Topos der Reinheit spielt in nahezu allen Überblicken, die sich mit dem historischen Jesus befassen, erwartungsgemäß eine wichtige Rolle. An dieser Stelle erübrigt es sich, näher darauf einzugehen; die wichtigsten Titel werden im Zusammenhang der jeweiligen Kategorien mitgenannt werden; Vollständigkeit wird nicht beansprucht.

74 Eine knappe Darstellung der jüngsten Forschung findet sich auch bei Thomas Kazen, der einen anderen Zugang wählt, aber einen guten Überblick über den „state of discusssion" gibt: *Kazen*, Motives, 113–122. Zu weiteren neutestamentlichen Studien vgl. den betreffenden Abschnitt in der Bibliographie Kazens, *Kazen*, Purity. John Meier hat in seinem Werk zum historischen Jesus eine beeindruckende Menge an Veröffentlichungen zur Reinheitsthematik zusammengestellt. Dort kann man sich den breitesten und detaillierteren Überblick verschaffen; vgl. *Meier*, Jew IV, 416–426.

Konflikt- und Nichtkonfliktgeschichten.[75] Meist wird jedoch den Konfliktgeschichten (Mk 7/Mt 15 und Mt 23/Lk 11) der Vorzug gegeben.

Ziel des folgenden Überblickes ist keine vollständige Auflistung aller Arbeiten zu diesem Themenfeld. Vielmehr werden die verschiedenen Auslegungen kategorisiert und die verschiedenen Ansätze in „Möglichkeiten der Auslegung" gebündelt. Dies dient einem inhaltlichen Überblick über die verschiedenen Herangehensweisen an dieses Thema.

Ein unvermeidbarer Nebeneffekt einer solchen Kategorisierung besteht darin, dass an den Rändern der Kategorien Unschärfen, Vereinfachungen und Pauschalisierungen entstehen. Die im Folgenden entworfenen Kategorien sind daher als Hilfsgerüste zu verstehen, die dazu dienen, einen Zugriff auf die Fülle der Auslegungen zu bekommen. Trotz der Tatsache, dass diese Zuschreibungen zu Kategorien immer unvollständig bleiben, bieten sie eine Orientierung über die Vielfalt und Disparatheit der Veröffentlichungen. Ebenso führt eine solche Darstellung dazu, dass Autorinnen und Autoren an mehreren Stellen genannt werden und dass Einiges möglicherweise vorweggenommen oder nachgetragen erscheint. Trotz dieser Einschränkungen halte ich dieses Vorgehen für dienlich, um einen inhaltlichen Überblick über das bisher Gedachte zu bekommen. Ich werden im Folgenden die Ansätze kurz charakterisieren, sie dann anhand einzelner Entwürfe darstellen und sie schließlich einordnen und bewerten.

1.2.1 *Innere statt äußere Reinheit oder: Moral statt Kult*

Ein erster Ansatz sieht das Reinheitsverständnis Jesu, wie es die synoptischen Evangelien überliefern, als neu und anders, nämlich moralisch bestimmt an. Es sei, so die Meinung, zu einer Vorordnung des Moralischen vor das Kultische gekommen. Dabei gehen die meisten Forschenden davon aus, dass zumindest das Logion in Mk 7,15 so oder in modifizierter Form auf den historischen Jesus zurückzuführen sei. Ihre Auslegungen unterscheiden sich dahingehend, dass sie die besondere Betonung der Moral in Kontinuität oder in Diskontinuität zur Tradition der Tora sehen. Die Vorordnung der Moral wird im Allgemeinen aus zwei Beobachtungen geschlossen: zum einen aus dem in Mk 7,15 formulierten Gegenüber von „innen" und „außen", das in den meisten Fällen als ein Gegenüber von rituell verstandener Reinheit und einer moralischen Reinheit des Herzens gesehen wird;[76] zum anderen aus der Nennung des Lasterkatalogs

75 Vgl. *Kazen*, Jesus, 45.

76 Interessanterweise wird dabei nur selten auf die „Reinheit des Herzens" als alttestamentlicher Topos Bezug genommen wird: besonders prominent in Ps 51,12; 73,13 und Prov 20,9.

in Mk 7,21–23, der mit der Bemerkung abschließt, dass es diese Dinge seien, die den Menschen verunreinigten.

In Folge dieser Beobachtungen stellt man dann in der Regel (und gelegentlich auch gegen die eigene Überzeugung) eine Relativierung der mosaischen Tora und ihrer Bestimmungen fest. Anders als in anderen Auslegungsansätzen[77] wird dies jedoch nicht als notwendige Folge praktischer Veränderungen gesehen, sondern gleichsam reinheitsontologisch begründet. Das Verständnis von Reinheit habe sich inzwischen gegenüber der vorgegebenen Tradition verschoben. Das sei selbst dort der Fall, wo die Kontinuität zur Tradition im Mittelpunkt stehe.

1.2.1.1 Darstellung einzelner Untersuchungen

Dagmar Henze formuliert das Ergebnis eines solchen Ansatzes pointiert: „Die Jesusbewegung knüpft an eine jüdische Tradition an, die auf dem Boden der prinzipiellen Anerkennung der rituellen Reinheit die Modifikation bestimmter Vorschriften gefordert hat und den Akzent auf die ethische Praxis gesetzt hat."[78] Henze macht deutlich, dass trotz grundlegender Modifikationen eine Kontinuität mit den Traditionen bewahrt werde. Ähnlich vertritt dies James Dunn in seiner traditionsgeschichtlichen Untersuchung von Mk 7,1–23.[79] Dunn plädiert dafür, das Logion weniger im Sinne eines „entweder – oder" als eines abwägenden „wichtiger als" zu verstehen. Auch hier wird von einer grundsätzlichen Anerkennung der Reinheitstora ausgegangen, der jedoch die Erfüllung ethischer Anforderungen vorgeordnet wird. Dunn betont dabei vor allem die Signifikanz des jeweiligen Kontextes. Während er den Impetus des Logions in Mk 7 in der Legitimation der Völkermission sieht, steht für ihn die Parallele in Mt 15 im Kontext einer Auseinandersetzung mit den Pharisäern und damit einer innerjüdischen Diskussion um die richtige Positionierung in theologisch relevanten Fragen. Jesu Wort, so Dunn, konnte je nach Kontext unterschiedlich gehört, verstanden und – vor allem – erinnert werden.[80]

Auch in seinem großen Werk „Jesus remembered" geht Dunn verschiedentlich auf die Perikope ein und kommt dabei letztendlich zu dem gleichen Schluss. Er grenzt sich deutlich von der Annahme ab, Jesus sähe in der Frage nach Reinheit eine grundsätzliche Frage für die Bedeutung und Beständigkeit des Bundes. Vielmehr, so resümiert er, verschiebe sich für Jesus der

77 So zum Beispiel im Blick auf die Völkermission, die als mögliche Intention für eine solche Aussage gilt, vgl. 2.4.
78 *Henze*, Speisevorschriften, 112.
79 *Dunn*, Mk 7,15.
80 Vgl. *Dunn*, Mk 7,15, 52.

Schwerpunkt von einer abgrenzenden, nach außen gerichteten Unreinheit hin zu einer gegen sich selber gerichteten, moralisch explizierten Unreinheit: „The emphasis on matters of purity, so characteristic of the factional rivalries of the time, was for Jesus an overemphasis. Such concern to keep oneself separate from the impure, as a way of professing Israel's set-apartness, found no echo in Jesus‘ conduct and association with fellow Jews, with ‚sinners', or with the Gentiles he occasionally encountered."[81]

Einen dazu leicht verschobenen Schwerpunkt setzt Lorenzo Scornaienchi: In seinen Überlegungen zum paulinischen Einfluss auf das Markusevangelium, den er anhand des Theologumenons „Reinheit" deutlich zu machen beabsichtigt, kommt er zu dem Schluss, dass von einer Diastase ritueller und ethischer Reinheit auszugehen ist, wobei die ethische Reinheit die für die Jesusbewegung bedeutende gewesen sei: „Es liegt nahe, anzunehmen, dass Jesus die Bedeutung der Reinheit des Herzens über die rituelle Reinheit stellen wollte, d.h. dass der Spruch eine ethische Intention hatte."[82] Zwar werden die Kategorien der Reinheit beibehalten, doch werden sie derart umgedeutet, dass nicht mehr von einer Kontinuität zur jüdischen Reinheitstora gesprochen werden kann. Scornaienchi geht viel stärker als z.B. Dunn von einem sich gegenseitig ausschließenden Verständnis aus, wenn er betont: „Hier gewinnt die ethische Reinheitsvorstellung auf der ganzen Linie."[83]

In seinem Kommentar formuliert Josef Ernst noch deutlicher: Jesus wende sich im Duktus prophetischer Kultkritik gegen die levitischen Reinheitsgesetze, gegen eine Veräußerlichung der Religion und fordere eine Verlagerung der Religion in das menschliche Herz, also in den Sitz sittlicher Entscheidungen.[84]

Iris Maria Blecker stellt eine Art „Reinform" des hier besprochenen Ansatzes vor.[85] „Sozialethisches Handeln im Dienst der Gerechtigkeit also eröffnet die Möglichkeit der Reinheit des ganzen Menschen."[86] Dadurch aber verlieren die mosaischen Gebote ihre Geltung auf grundsätzliche Weise. Reinheit wird losgelöst von Kult und Ritual betrachtet als Sozialethik, die den Menschen „rein" macht. In dieser Matrix bleibt unklar, welche anthropologischen Implikationen mit dem Status der Reinheit verbunden sind. Blecker zufolge zeigt die markinische Perikope eine Entwicklung Jesu an, der in Auseinandersetzung und Abgrenzung eine eigene Reinheitstora entwickele.[87] Ziel der markinischen

81 *Dunn*, Jesus, 577.
82 *Scornaienchi*, Relativierung, 523.
83 *Scornaienchi*, Relativierung, 523.
84 *Ernst*, Markus, xxx.
85 *Blecker*, Reinheit.
86 *Blecker*, Reinheit, 31.
87 Vgl. *Blecker*, Reinheit, S. 32.

Darstellung sei es, „den Leser die jesuanische Ethik wirklich verstehen zu lassen."[88] Blecker ordnet die Reinheitsvorstellung Jesu in den Kontext essenischer und pharisäischer Vorstellungen ein.[89] Der Vorzug dieses Verfahrens liegt darin deutlich zu machen, dass der (sozial-)ethische Aspekt der Tora im Allgemeinen und der Reinheit im Besonderen keine jesuanische Neuerung ist. Die Neuerung aber liege, so Blecker, in der Engführung und Deutung dieser Ethisierung: „Wenn Unreinheit im Herzen den Bruch mit Gott und den Mitmenschen bedeutet, wird Reinheit zur Chiffre für die Einheit von Gottes- und Nächstenliebe – in Bezug auf den Einzelnen und die Gemeinschaft."[90]

Claudia Losekam spricht sich deutlich gegen ein schematisches Ersetzen des Kultes durch Ethik aus: „Eine Deutung der Parabel nach dem Schema: Ethik statt Kultus und die Betonung einer privaten Innerlichkeit wären verfehlt. Gegen eine reine Gesinnungsethik oder Innerlichkeit spricht der in Mk 7,22 aufgezählte Lasterkatalog."[91] Die Diskussion sei vielmehr eine theologische Diskussion über die Gottesbeziehung des Menschen, Rein- und Unreinheit seien Relationsmetaphern. Der Beitrag Jesu zur Diskussion dieser Frage liege, so Losekam, in einem Perspektivenwechsel, der sich in einer umgekehrten Wirkrichtung ausdrücke: „Nicht das, was von außen nach innen langt, ist entscheidend, sondern das, was innen ist, ist auch entscheidend für das Außen."[92] Nicht im Sinne einer Vorordnung im klassischen Sinn will Losekam die Perikope verstanden wissen, sondern als eine Kritik an einer „ausschließlich auf Abwehr äußerer Unreinheit aufgebauten Reinheitskonzeption."[93]

In eine ähnliche Richtung argumentiert auch Peter Dschulnigg in seinem Kommentar. Er betont die Beibehaltung der Reinheitskategorien, sieht diese aber sittlich umgedeutet. Die Frage nach Reinheit behalte ihre Wichtigkeit, werde aber inhaltlich anders, neu gefüllt.[94] Obwohl er betont, dass dem Reinheitsverständnis der Hebräischen Bibel sowohl eine kultische als auch eine ethische Komponente zu eigen sei, sieht er am Ende dennoch die Bevorzugung des ethischen Aspektes als das innovative Moment der Jesusbewegung an. Es bleibt zu fragen, ob es ausreichend ist, die Position Jesu mit einer solchen, lediglich graduell veranlagten Schwerpunktverschiebung zu beschreiben.

---

88 *Blecker*, Reinheit, S. 32.

89 Auf die kurzschlüssige Gleichsetzung der in Qumran gefundenen Schriften mit den Essenern soll an dieser Stelle nicht weiter eingegangen werden; zur Diskussion vgl. die einleitenden Überlegungen von Jörg Frey: *Frey*, Archäologie.

90 *Blecker*, Reinheit, 40.

91 *Losekam*, Herzensangelegenheit, 344.

92 *Losekam*, Herzensangelegenheit, 344.

93 *Losekam*, Herzensangelegenheit, 345.

94 Vgl. *Dschulnigg*, Markus, 202–204.

Kazen legt 2013 eine umfangreiche Studie vor, in der er nach Motiven des neutestamentlichen Reinheitsverständnisses fragt. Kazen untersucht darin die Motive für die Taten und Worte Jesu anhand einzelner Themenbereiche. Im Zuge dessen kommt er neben der Frage nach dem Schwören und der Einhaltung des Sabbats auch auf das Thema der Reinheit zu sprechen. Das jesuanische Motiv sei in dem Vorzug innerer Reinheit vor äußerer Reinheit zu sehen: „In the case of the central saying in Mark 7:15, a dialectic negation, contrasting the impurity contracted by eating impure food with internal impurity or impurity of the heart, and regarding the latter as more serious than the former, is still the most plausible background."[95]

Etwas verschoben zu den bisher dargestellten Ansätzen beschreibt Menahem Kister diese Konstellation.[96] Er stellt der Bedeutung moralischer Reinheit nicht die rituelle Reinheit, sondern die Reinheit der Speisen entgegen, die, so versteht er die Worte Jesu, von den Pharisäern zu Unrecht priorisiert wird. Es sei Jesu Anliegen, die Konzentration der Pharisäer im Blick auf Reinheit nicht so sehr auf die Speisegesetze, sondern mehr auf die moralische Reinheit zu lenken.[97] „Such a shift from halakhic issues to moral ones and from issues of ritual purity to ethical statements is not surprising: Both ritual and spiritual purity are intertwined in many passages in the Bible, an in talmudic literature there are ethical sayings based on purity laws."[98]

Eine leicht veränderte Variante dieses Ansatzes bietet Eschner.[99] Sie sieht als eigentliches Thema des Abschnittes nicht die Frage nach Unreinheit, sondern nach Gesetzesobservanz. Im Ergebnis werde kein Gesetz abrogiert, sondern der Maßstab für die Einhaltung der Gesetze ethisiert. Das moralische Verhalten der Menschen sei ausschlaggebend für die Bestimmung derjenigen, die als observant gelten könnten. Sie macht dies vor allem an der Verwendung des Begriffs κοινός – „gemein" fest. Der sei ein Hinweis darauf, dass das Händewaschen als Kriterium abgelehnt werde, ohne dass der Ritus selbst dadurch eine negative Wertung erfahre. Eschner erkennt im Vorrang moralischer Anordnungen eine generelle Struktur der Gesetzesauslegung bei Mk.

Ein heute kaum noch verwendeter Zugang, der jedoch eine lange Wirkungsgeschichte hat, spricht im Kontext allgemeiner kultischer Bezüge von einer „Spiritualisierung" als Schlüssel zum Verständnis kultischer Sprache im Neuen Testament. Dieses Konzept wird hauptsächlich, wenn auch nicht

95 *Kazen*, Motives, 190–191.
96 Vgl. *Kister*, Law.
97 Vgl. *Kister*, Law, 153.
98 *Kister*, Law, 149.
99 *Eschner*, Essen, 582–631.

ausschließlich mit der Monographie von Hans Wenschkewitz aus dem Jahr 1932 verbunden.[100] Wenschkewitz versteht unter Spiritualisierung, „daß die Frömmigkeitsformen geistiger Art die Ausdrucksformen der kultischen Frömmigkeit für sich in Anspruch nehmen, sie in Sinnzusammenhänge ihrer Gestalt einfügen und umdeuten."[101] Für Wenschkewitz läuft diese Feststellung nach Auswertung entscheidender neutestamentlicher Texte darauf hinaus, dass erst durch die Spiritualisierung in Christus eine wahre Zuwendung zu Gott, wie sie der Kult ermöglichen soll, erfahrbar sei. Nicht nur aufgrund dieser offensichtlichen Abwertung jeglicher Gott-Mensch-Beziehung vor Christus, die den Zeugnissen der Hebräischen Bibel nicht gerecht wird, ist dieses Konzept vielfach und nachhaltig kritisiert worden.[102]

1.2.1.2 Kritik

Vertreterinnen und Vertreter dieses Ansatzes beobachten zu Recht, dass der ethische Aspekt der Reinheit in der neutestamentlichen Überlieferung auffallend stark betont wird. Auch der Perspektive, auf die besonders Losekam hinweist, wird zutreffend als ein entscheidendes Merkmal dieser Texte beschrieben. Die Einordnung eines solchen, auf ethische Maximen konkretisierten Reinheitsverständnisses in die Überlieferung des Botschaft Jesu insgesamt erscheint deshalb zunächst schlüssig und kohärent.

Der diesem Ansatz implizite (wenn auch nicht immer ausgesprochene) Fehlschluss liegt jedoch in der Annahme, dass Reinheit in der jüdischen Tradition des Zweiten Tempels einer ethischen Komponente ermangelte. Wird das traditionelle Reinheitsverständnis als ein statisches, auf äußerliche Handlungen beschränktes Konzept verstanden, so muss das Handeln Jesu auch unabhängig von der Frage nach der Reinheit oder Unreinheit bestimmter Speisen neuartig, umwälzend und zwangsläufig konfliktreich erscheinen. Dass dem nicht so ist, zeigen zumindest in Ansätzen auch einige der besprochenen Untersuchungen. Zu nennen ist hier vorrangig Bleckers Einordnung, die zwar reichlich knapp bleibt, aber dennoch zeigen kann, dass die Tatsache der

---

100 *Wenschkewitz*, Spiritualisierung.

101 *Wenschkewitz*, Spiritualisierung, 8.

102 Zur Kritik dieses Ansatzes verweise ich auf *Vahrenhorst*, Sprache, 10–14, der die Diskussion prägnant zusammenfasst und auf drei maßgebliche Kritikpunkte hinweist: Die Mehrdeutigkeit des Begriffs „Spiritualisierung", das unangemessene Gegenüber von Leiblichkeit und Geistigkeit und die Annahme, kultische Sachverhalte würden spiritualisiert, um ein Defizit auszugleichen. Am Beispiel der Tempelmetaphorik zeigt Christfried Böttrich, wie die Rede von der Spiritualisierung an der paulinischen Intention vorbeigeht und wie deutlich Paulus gerade die konkreten kultischen Bezüge für seine Argumentation braucht; Vgl. *Böttrich*, Tempel.

Ethisierung noch keine Neuerung darstellte. Trotzdem kommt auch sie zu dem Ergebnis, die Neuerung bestünde darin, Reinheit als eine Relationsmetapher für das Gott-Mensch-Verhältnis zu sehen.[103] Dass auch dieses Verständnis der jüdischen Tradition entspricht und keineswegs Folge einer Neuerung ist, hat Losekam klar herausgestellt.[104]

Die vorliegenden Studien fragen nur vereinzelt danach, wie sich ihre Sicht in die Entwicklung der Reinheitsvorstellungen zur Zeit des Zweiten Tempels einfügt. Oft werden zwar andere Quellen herangezogen, um die Diskussion zu erhellen. Diese dienen jedoch meist nur dazu, hilfsweise die neutestamentlichen Texte besser zu verstehen und werden nur punktuell, nicht aber grundsätzlich und gleichberechtigt einbezogen. Die Details einer Bestimmung der neutestamentlichen Reinheitskonzeptionen lassen sich nur dann umfassend und verantwortlich beantworten, wenn zuerst der traditions- und religionsgeschichtliche Kontext ausgeleuchtet wird. Dies trifft sicher auch auf einige der anderen Forschungsansätze zu. Gerade an dieser Stelle wird jedoch deutlich, in welchem Maße sich die Reinheitsvorstellungen des Neuen Testaments auf jüdische Traditionen beziehen. Ebenso ermangelt die Forschung bisher eines Konzeptes, das erkennbar macht, was z.B. Dunn und Losekam andeuten: dass es nämlich eine Alternative zu der ausschließlichen „entweder-oder" – Forderung gibt. Einzig Kister bietet mit dem Begriff der Prioritäten und der Vermeidung einer Gegenüberstellung von moralischer und ritueller Reinheit die Möglichkeit einer Lösung an.

1.2.2 *Die Autorität Jesu oder: Ein dynamisches Reinheitsverständnis*

Ein anderer Ansatz geht davon aus, dass die traditionellen jüdischen Reinheitsregeln durch die Autorität Jesu außer Kraft gesetzt würden. Dies zeige sich nicht nur an Mk 7 parr., sondern besonders an den Heilungsgeschichten, in denen eine scheinbare Indifferenz Jesu gegenüber der Gefahr ritueller Unreinheit zum Ausdruck gebracht werde. An die Stelle der Gefahr von Unreinheit trete die Reinigung durch Jesus. Die Überwindung dieser Gefahr sei die Botschaft und der konkrete Auftrag seiner Sendung.

Die Autorität und Wirkmacht Jesu wird als somit als eine Größe betrachtet, die – um es mit Worten Tom Holméns auszudrücken – eine umgedrehte Reinheitsstrategie bewirke: „Jesus thus appears to be pursuing a kind of inverse strategy, which, in reality, holds two remarkable notions: (a) the diametrical change of transferability of (im)purity and (b) Jesus' special role in being the

103 Vgl. *Blecker*, Reinheit, 40.

104 Vgl. *Losekam*, Herzensangelegenheit, xxx.

one who is the stem of the change which has taken place – in other words, his purity has become contagious."[105]

1.2.2.1 Darstellung einzelner Untersuchungen

An den Heilungsgeschichten in Mk 1 parr. entzündet sich die Frage, wie Jesus sich zu körperlich übertragbarer Unreinheit verhält. Sein Verhalten zeugt von einer Indifferenz oder Unangreifbarkeit, die sich nicht nur auf ihn selbst, sondern gerade auch auf die ihn umgebenden Menschen bezieht: Er setze die Unreinheit außer Kraft, indem er ihr seine eigene, ihm inhärente Reinheit entgegensetzt. Das zeige sich daran, dass er durch die Berührung Kranker selbst nicht unrein werde. Zum anderen aber könne er seine Reinheit auch übertragen, sie wirke ansteckend und reinige damit auch die Berührten: „Impurity did not threaten Jesus' state of purity, but was simply overcome by him."[106]

Holmén verweist außerdem auf Hag 2,11–13,[107] um zu zeigen, dass im Handeln Jesu eine Umkehr der üblichen Transferwege vorgenommen sei. Die grundsätzlichen Reinheitskategorien bleiben im Zuge dieses Ansatzes erhalten, werden aber durch das Handeln und Auftreten Jesu modifiziert. Es erfolge keine Wertung der tradierten Riten; vielmehr würden sie und die Tora an sich durch die Autorität Jesu und die mit ihm einsetzende Gottesherrschaft außer Kraft gesetzt. Dies erkläre auch die Unberührtheit und Indifferenz, mit der Jesus gegenüber der angenommenen Wirkmacht ritueller Reinheit auftrete.[108]

Offen bleibt an dieser Stelle die Frage, zu welchem Zweck Jesus die Geheilten im Anschluss an die Begegnung mit ihm dann zum Priester schickt, damit sie gereinigt werden (Mk 1,41 u.a.). Theißen z.B. geht davon aus, dass dies zur Einhaltung allgemeingültiger Regeln im Sinne einer praktischen Respektierung von Reinheitsnormen diene, aber nicht aus einer sachlichen Notwendigkeit heraus geschehen sei.[109]

Dem tradierten Verständnis von Verunreinigung und Reinigung werde durch Jesus eine neue Dimension hinzugefügt, indem Jesus als derjenige erscheint, der Unreines rein macht. Besonders die Heilungsgeschichten seien Zeugen für

105 *Holmén*, Purity, 2723.

106 *Holmén*, Purity, 2719.

107 „So spricht JHWH – Zebaoth: Frage doch die Priester um eine Weisung: Wenn jemand heiliges Fleisch in der Tasche seines Kleides trägt und berührt mit seiner Tasche Brot oder Eingekochtes oder Wein oder Öl oder irgendetwas Essbares – wird es dann geheiligt? Die Priester antworteten und sagten: Nein. Da sprach Haggai: Und wenn etwas Unreines all dieses berührt, wird es dann unrein? Die Priester antworteten und sagten: Es wird unrein." (Übersetzung M.H.)

108 Vgl. *Kazen*, Jesus, 198.

109 Vgl. *Theißen*, Reinheitslogion, 243.

diesen Selbstanspruch Jesu: „These three traditions in three different and independent sources [Mk 1,40–45; Mt 11,5 parr; Lk 17, 11–19, M.H.] thus offer plural attestation attest that Jesus saw his activity as resulting in the purification of uncleanness."[110]

In eine ähnliche Richtung weist die Untersuchung von Simone Paganini und Boris Repschinski, die konstatieren, dass Jesus kein Interesse an Reinheit zeige, sondern die von anderen proklamierte „inverse strategy" stattdessen für Heiligkeit gelte, da seine Heiligkeit in dem Maße ansteckend sei, dass sie Unreinheit überwinde. Mit diesem Ansatz stünde er zwar dahingehend in Kontinuität mit dem zeitgenössischen Judentum, dass er Reinheitsfragen neu interpretiere; in der Art des Umgangs bestehe aber eine Diskontinuität zu den Traditionen des Zweiten Tempels.[111]

An der Perikope in Mk 7 parr. entzündet sich die Frage, welche Konzeption an die Stelle der Reinheit trete, wenn diese durch das Auftreten Jesu außer Kraft gesetzt wird. Hier finden sich auch einige der Lösungsansätze, wie sie bereits diskutiert wurden, wieder. Insgesamt fällt aber auf, dass die Diskussion zum jesuanischen Reinheitsverständnis weniger an der Frage orientiert ist, wie dieses zu füllen sei, sondern mehr daran, ob es überhaupt eine Rolle gespielt habe.

Friedrich Avemarie greift den Begriff der dynamischen Reinheit auf und versteht darunter – in Einklang mit anderen – „a power, which turns uncleanness into cleanness and thus reverts the contaminative impact that is characteristic of levitical impurity".[112] Jesu Reinheit funktioniere dynamisch, also indem sie übertragbar sei. An die Stelle des Überlieferten tritt ein neues Reinheitsverständnis, das als eine eigene Macht gesehen werde. Diese neuverstandene Konzeption von Reinheit werde besonders an den Stellen deutlich, an denen von Unreinheit als Geist oder Kraft gesprochen wird (Mk 1,23–28; 3,11; Mt 10,1; Lk 4,36 uvm.). An die Stelle überlieferter Riten träten somit auch andere Instrumente, die die Reinheit gewährleisteten. Welche dies sind, darüber trifft Avemarie keine Aussagen. Er betont jedoch (gegen Meier u.a.), dass das grundsätzliche Interesse an Reinheitsfragen eine Gemeinsamkeit sei, die die Jesusbewegung mit den übrigen Strömungen des Judentums des ersten Jahrhunderts teile.

John Meier untersucht ausführlich Mk 7 und kommt auf Basis der Annahme, dass der Großteil des Materials nicht dem historischen Jesus zuzuordnen sei, zu dem Schluss, dass Jesus nicht an konkreten Reinheitsfragen interessiert

110 *Holmén*, Purity, 2715.

111 Vgl. *Paganini & Repschinski*, Kontinuität, bes. 465–470.

112 *Avemarie*, Jesus, 427.

gewesen sei, sich jedenfalls dazu nicht geäußert habe. Dies führe in konkreten Situationen, wie der Begegnung mit der blutflüssigen Frau in Mk 5, zu einer Indifferenz, die ihrer Begründung im direkten Zugang Jesu zum göttlichen Willen und seinem Selbstverständnis als charismatischer Prophet habe.[113]

Gerd Theißen sieht in der Forschungslandschaft der letzten Jahrzehnte im Wesentlichen zwei Dimensionen, um das Logion in Mk 7,15 zu verstehen.[114] Die eine Dimension sei die des inhaltlichen Verständnisses: Man könne das Logion entweder radikal als grundsätzliche Aufgabe des Reinheitsgedankens oder relativierend als Vorordnung der inneren gegenüber der äußeren Reinheit verstehen. Quer dazu liege, so Theißen, die zweite Dimension, die danach fragt, ob das Logion ein authentisches Jesuswort oder eine Bildung der frühen Gemeinde sei.

Das radikale Verständnis sei im Allgemeinen als unjüdisch, das relative als jüdisch verstanden worden, sodass spätestens im Zuge des „Third Quest" und der konsequenten Einordnung Jesu ins Judentum ein radikales Verständnis des Logions aus dem Munde Jesu als unmöglich angesehen worden sei. Theißen hingegen plädiert dafür, dass eben dies möglich sei, ohne dabei aus dem Rahmen des jüdisch Denkbaren hinauszufallen. Zugleich werde damit auch am Eindrücklichsten die urchristliche Wirkungsgeschichte erklärt, zu der er bereits den Erzählerkommentar in Mk 7,19c rechnet.

Er argumentiert, dass es sprachlich durch die Einführung οὐδέν ἐστιν in Mk 7,15 unmöglich sei, eine sog. weiche Negation anzunehmen, die zu einem relativierenden Verständnis des Logions führen würde. Stattdessen wäre es nur sachgemäß, das Logion radikal zu verstehen, auch wenn dies, so schränkt er ein, nicht heißen müsse, dass deshalb die Reinheitsrituale aufgegeben werden müssten. Aufgrund des Indikativs habe der Satz deklaratorischen, nicht auffordernden Charakter. Es gäbe genug Gründe, die Riten auch weiterhin zu respektieren. Theißen nennt u.a. Gewohnheit, Achtung vor der Tradition oder Anpassung.[115]

In einem weiteren Schritt zeigt er, wie auch ein radikales Verständnis des Logions im Kontext jüdischer Tradition erklärbar wäre. So nennt er neben Philo und Josephus auch Pseudo-Phokylides, Texte aus Qumran und Johannes den Täufer.

Crossley distanziert sich deutlich davon, dass Jesus die Speisegebote aufgehoben habe. Nachdrücklich insistiert er darauf, dass die fehlende Wirkungsgeschichte des Jesuslogions (gemeint ist Mk 7,19) ein Beleg dafür sei, dass es

113 Vgl. zum Ganzen *Meier*, Jew IV, 342–415, zum Ergebnis besonders 413–415.

114 Vgl. im Folgenden *Theißen*, Reinheitslogion, 236–38.

115 Vgl. *Theißen*, Reinheitslogion, 242.

dieses Jesuslogion in einer solchen Schärfe nicht gegeben haben kann. Konkret formuliert er: „the early church would not have faced problems over food if the historical Jesus declared the end of food laws and there would be evidence of an outcry if he had done so."[116]

Crossley geht in seinen Überlegungen sozialgeschichtlich vor und verortet – wenig überraschend, aber dennoch weiterführend – die Haupttätigkeit Jesu im bäuerlichen Umfeld Galiläas. Er sieht in der Perikope einen Hinweis darauf, dass Jesus seine Autorität in Galiläa genutzt habe, um die Gesetze aus dem Blickwinkel der Armen zu interpretieren. Crossley zufolge fällt die Jesusbewegung gerade in Galiläa in eine Zeit sozialer und politischer Umbrüche, die auch in religiöser Hinsicht für Neudefinitionen des bisher Gewohnten offen war. In einem solchen Umfeld konnte eine Person wie Jesus mit einer außergewöhnlich erscheinenden Autorität ohne Weiteres starken Einfluss gewinnen. Interessant ist an diesem Ansatz, dass Crossley die Autorität Jesu nicht göttlich-transzendental begründet oder inspiriert versteht, sondern sie in der sozialgeschichtlichen Situation verankert sieht.

Die meisten Auslegenden sehen in dem jesuanischen Reinheitsverständnis jedenfalls keinen direkten Sachkonflikt mit den mosaischen Gesetzen. Der Umgang Jesu mit Reinheit beinhalte keine Kritik an den levitischen Vorgaben, keine Preisgabe derselben und auch keinen sachlichen Angriff auf die Tora. Jesu Verhältnis zur Tora wird nicht als defizitär wahrgenommen. Vielmehr verändere sich mit dem Auftreten Jesu die Wirkmacht der Reinheit. Dies hänge mit der Autorität Jesu zusammen. Weil er als göttlich-bevollmächtigt und seinem Selbstverständnis nach unter dem Eindruck des nahen Gottesreiches handele, entkräfte er durch seine Existenz die Macht der Unreinheit.

Kazen verbindet in seiner Untersuchung die explizite Frage nach dem historischen Jesus mit der Wahrnehmung der Bedeutung von Reinheit für die Gesellschaft zur Zeit des Zweiten Tempels. Seine Untersuchung, so Kazen selber, „aims at an historical reconstruction of how a particular first-century Jew related to contemporary purity codes".[117] Der kaum zu überschätzende Wert seiner Studie liegt in der engen Einbindung der neutestamentlichen Texte in die Entwicklung der Reinheitsvorstellungen zur Zeit des Zweiten Tempels und darüber hinaus. Dabei greift Kazen auf Texte aus Philo und Josephus, den Qumrantexten und aus der Mischna zurück. Einem eindimensionalen Reinheitsverständnis Jesu setzt Kazen drei erklärende Modelle entgegen (Teil 3 seiner Untersuchung), die „neither to be seen as giving a complete picture, nor as mutually exclusive models. They are rather intended as partial and possible

116 *Crossley*, Explanation, 95.

117 *Kazen*, Jesus, 7.

explanations, and in my own view plausible as well, since they agree with textual evidence on one hand, and with the religious as well as the sociological context in first-century Palestine on the other."[118] Diesen Modellen zugrunde liegt eine Beobachtung, die Kazen an verschiedenen Stellen betont: Das Auftreten Jesu „implies an indifferent attitude of Jesus towards bodily impurity."[119]

Kazens erstes Modell greift die oben dargestellte Diskussion um das Verhältnis von ethischer und ritueller Reinheit erneut auf, nimmt aber weitere Differenzierungen vor. Vor allem wird hierbei der Erkenntnis Rechnung getragen, dass die ethische Dimension der rituellen Reinheit keine jesuanische Erfindung, sondern ein bereits vorgegebenes Erbe ist.

Das zweite Modell wählt einen sozialgeschichtlichen Ansatz und sieht in der mit Jesus verbundenen Reinheitskonzeption einen Ausweg aus dem von Kazen sogenannten „Galiläa-Dilemma". Dieses Dilemma bestünde in der Spannung zwischen steigender Hellenisierung auf der einen und steigendem Einfluss pharisäisch-jerusalemer Traditionen auf der anderen Seite, die sich nur schwer mit den Bedürfnissen und Situationen der bäuerlichen Bevölkerung vereinen ließen. Wunsch der galiläischen Bevölkerung sei es gewesen, „to regard oneself as remaining faithful to ancestral religion without compromising table fellowship or other types of social interaction, especially important at the village level. His attitude was more in line with the pragmatism of little tradition, and did not entail economic losses for the poor."[120] Jesu Reinheitskonzeption habe diese Spannung wahrgenommen und aufgelöst.

Das dritte Modell schließlich bezieht sich vorrangig auf die Heilungsgeschichten und erkennt Jesu Wirken „as overruling impurity with the kingdom".[121] Sein exorzistisches Wirken könne nur in einem eschatologischen Rahmen angemessen verstanden werden: „it is possible to argue that Jesus' miracles in general and his exorcisms in particular were understood as power struggles, paving the way for, or signaling the coming of God's eschatological reign."[122] Ähnlich wie Avemarie beschreibt auch Kazen die Reinheitsvorstellung Jesu als dynamisch „in which the holy status of the exorcist is understood as overcoming demonic impurity".[123]

118 *Kazen*, Jesus, 200.
119 *Kazen*, Jesus, 67.
120 *Kazen*, Jesus, 299.
121 So die Überschrift des Kapitels in *Kazen*, Jesus, 338.
122 *Kazen*, Jesus, 338.
123 *Kazen*, Jesus, 339.

1.2.2.2 Kritik

Der vorgestellte Ansatz trägt die Grundbewegung jesuanischer Botschaft in die Frage nach dem Reinheitsverständnis ein. Er berührt damit die Frage nach einer veränderten Tora durch das Auftreten Jesu sowie die sehr weitreichende Frage nach dem Selbstverständnis Jesu. Außerdem kann er das auffällige Schweigen der Texte über eine Sorge Jesu im Blick auf mögliche rituelle Unreinheit erklären, auch wenn hier die Meinungen, wie deutlich geworden ist, auseinandergehen.[124] Geht man mit Meier u.a. davon aus, dass die drohende Gefahr ritueller Unreinheit für Jesus schlichtweg nicht bestand, so lässt sich schwer erklären, warum die Geheilten in Mk 1 parr im Anschluss an ihre reinigende Heilung noch zum Priester geschickt werden. Schließt man sich jedoch der Meinung Avemaries an und erkennt in seiner Reaktion nicht ein Desinteresse, sondern vielmehr ein ausgesprochenes Interesse an der Reinheitsthematik, so stellt sich die Frage, wie sich Reinheit für die Jesusbewegung konstituiert. Avemarie resümiert: „The idea of purity is not only not discarded, it is clearly confirmed."[125] und fügt hinzu: „The reason is simply that for attaining purity, Jesus and his disciples disposed of means stronger than ablutions and food avoidances."[126]

Das Bestechende dieses Ansatzes liegt darin, dass er quer zu den bekannten Auslegungsmustern argumentiert. Das Verständnis des Reinheitstopos wird losgelöst von der eigentlichen Frage nach Reinheit in den Blick genommen. Das Rätselwort wird (scheinbar) aufgelöst durch die Wirkmacht der Autorität Jesu bzw. der nahegekommenen Gottesherrschaft. Diese Lösung ist charmant und fügt sich, wie anfangs bereits bemerkt, gut in das Gesamtgefüge der Verkündigung Jesu ein.

Dennoch liegt an eben dieser Stelle auch die Schwierigkeit dieses Ansatzes. Die Frage nach einem zeitgemäßen, lebbaren Reinheitsverständnis war so virulent, dass es nicht verwundert, ihr auch in der Jesusbewegung zu begegnen. Dies ist aber auch ein gewichtiger Hinweis darauf, dass eine Aushebelung des Gewohnten aufgrund des vollmächtigen Auftretens Jesu die Brisanz des Themas nur sehr unzureichend trifft. Es übersieht die flächendeckende Präsenz und Bedeutung der Ordnungskategorien Reinheit, die im Judentum des Zweiten Tempels immer zugleich gesellschaftliche Kategorien und auch Begriffe zur Gestaltung des Verhältnisses von Gott und Mensch waren. Es erscheint mir zu kurz gedacht, die aufkommende Problematik durch eine Eliminierung dieser Kategorien lösen zu wollen.

---

124 Besonders Meier und Avemarie.

125 *Avemarie*, Jesus, 418.

126 *Avemarie*, Jesus, 429.

1.2.3 *Händewaschen als Paradosis oder: Die Diskussion um Schrift vs. Tradition*

Kategorial unterschieden von den beiden diskutierten Ansätzen ist ein dritter, der in der Diskussion um Reinheit eine Chiffre für eine andere Diskussion erkennt. Dem Streitgespräch in Mk 7,1–23 läge die Frage zugrunde, wie mit Traditionen umzugehen sei, die über das in der Schrift Gebotene hinausgehen. Dieser Ansatz sieht in der Auseinandersetzung gerade eine Bestätigung der Tora und ihrer Autorität, indem sie das göttliche Wort gegen menschliche Satzungen und Neuerungen verteidigt. Ausschlaggebend erscheinen hier meist die Worte aus Mk 7,9–13, in denen anhand des Korban-Beispiels eine unlautere Modifizierung der Tora aufgezeigt wird. Die Grundbewegung dieser Argumentation wird in den meisten Fällen auf den historischen Jesus zurückgeführt, auch wenn Uneinigkeit darüber besteht, inwieweit die Evangelientradition überhaupt authentische Worte Jesu aufbewahrt hat.

1.2.3.1 Darstellung einzelner Untersuchungen

Aktuelle Beiträge zu dieser Position liefern Kazen,[127] Furstenberg[128] und (in einem bereits besprochenen Beitrag) Avemarie.[129] Aber auch in älteren Kommentaren wie dem von Walther Schmithals oder Ernst[130] ist dieser Zusammenhang wahrgenommen worden.[131] Aharon Shemesh bietet mit seinem Überblick über die Entwicklung der Halacha im Allgemeinen unter dem Abschnitt „Scripture vs. Tradition" weitere Beispiele.[132]

In vielen (meist älteren) Kommentaren wird der entscheidende Punkt der Perikope darin gesehen, dass nicht vorrangig eine Kritik einzelner Riten vorgenommen werde, sondern vielmehr die Vorordnung menschlicher Satzungen vor die göttlichen Gebote beanstandet werde. So formulieren es Ernst und noch pointierter Schmithals: Durch die ausführlichen Erklärungen werde deutlich, dass das Problem der Reinheit der markinischen Gemeinde fremd sei. Vielmehr, so Schmithals, gehe es dem Verfasser gar nicht um die Reinheitsriten; er benutze sie nur als eine Chiffre, um das verfehlte Verhältnis von Menschenlehre und Gottesgebot zu demonstrieren und um letztendlich das Verhältnis von Gesetz und Überlieferung zu bestimmen.[133] Am deutlichsten formuliert Hans Hübner: „Die ursprüngliche Überlieferung von Mk 7 – jedenfalls soweit

---

127 *Kazen*, Motives.
128 *Furstenberg*, Defilement.
129 *Avemarie*, Jesus.
130 *Ernst*, Markus.
131 Vgl. *Schmithals*, Markus.
132 Vgl. *Shemesh*, Halakhah.
133 Vgl. *Schmithals*, Markus, 340ff.

wir sie zurückverfolgen können – beinhaltet wahrscheinlich ein Diskussion um die Autorität der Überlieferung der Ältesten. Markus dagegen stellt dieses Streitgespräch [...] unter das Thema: rein – unrein."[134] An Aussagen wie diesen wird deutlich, dass lange Zeit die Meinung vorherrschte, die Frage nach Reinheit sei – gerade im markinischen Kontext[135] – nicht eigentliches Thema des Streitgesprächs, sondern Chiffre für einen dahinterliegenden Diskurs gewesen. Damit wird zumindest Markus, im Grunde aber auch Jesus, die Reinheitsfrage als eigener Topos entzogen.

Dieser Annahme widerspricht Avemarie, wenn er den weiteren halachischen Kontext der Debatte untersucht. Auch für Avemarie entzündet sich die Diskussion unter anderem an der Bedeutung der *Paradosis*, also der Überlieferung (der Alten) und ihrer Funktion und Berechtigung im Blick auf die Auslegung des göttlichen Wortes der Tora. Anders als seine Vorgänger hält Avemarie jedoch, darauf wurde bereits hingewiesen, explizit an der Reinheit als ebenso virulentem Topos im Leben der Jesusbewegung im Allgemeinen und im Streitgespräch in Mk 7 im Besonderen, fest: „It is the positive interest in purity, which the early Jesus movement shared with all other strands of ancient Jewish piety."[136] Avemarie betont jedoch, dass sich in der Perikope Jesu Ablehnung nichtbiblischer Innovationen spiegele.

Dem bereits dargestellten Fazits Kazens gehen Überlegungen zum Verhältnis von Schrift und Tradition voraus: Kazen wählt eine zurückhaltende Bewertung des Verhältnisses beider Aspekte. Er sieht in der Zitation des Jesajaverses keine Gegenüberstellung von Schrift und Tradition, sondern vielmehr ein Abwägen ursprünglicher Gesetze und notwendiger, zeitgemäßer Auslegung und Ergänzung. Das Jesajazitat diene einer Erinnerung an die Gebote, impliziere aber nicht den Anspruch der Alleingültigkeit: „The Isaiah reply, then, is not an example of Scripture versus tradition (...) the emphasis is on the people abandoning God's commandment, the content of which is never identified."[137] Des Weiteren sieht Kazen die Verteidigung biblischer Gesetze nicht als brauchbares Motiv des historischen Jesus an, sondern sieht in ihr das Werk des Evangelisten.

Grundlegend für eine heutige Betrachtung ist über das Gesagte hinaus eine Feststellung, die in jüngster Zeit pointiert Furstenberg herausgestellt hat: Das Händewaschen vor dem Essen sei nicht nur kein biblisches Gesetz, sondern

134 *Hübner*, Gesetz, 146.

135 Vgl. *Ernst*, Markus, der die Reinheitsthematik als für die markinische Gemeinde völlig irrelevant ansieht.

136 *Avemarie*, Jesus, 429.

137 *Kazen*, Motives, 179.

eine pharisäische Innovation, die wohl aus der Begegnung mit griechisch-römischen Ritualen entstanden sei.[138] Furstenberg vertritt die These, dass – entgegen vieler älterer Auffassungen – diese Innovation nicht den priesterlichen Gesetzen entstamme, sondern ein alltäglicher, aus der griechisch-römischen Umwelt übernommener und von den Pharisäern mit religiöser Bedeutung aufgeladener Brauch sei. Damit verliert die darauf aufbauende These an Boden, das Händewaschen sei Teil einer Ausweitung der priesterlichen Regeln für die gesamte Bevölkerung, wie oft konstatiert wird und wie es für andere Riten auch durchaus zutreffen mag.[139]

Diese Einsicht hat weitreichende Folgen für die Verhältnisbestimmung der Gesprächspartner in Mk 7 parr. Treten die Pharisäer in Mk 7 selbstbewusst und gleichsam als Hüter der Überlieferung auf, so zeigt doch der Vergleich mit den biblischen Gesetzen und mit der Darstellung der Pharisäer in der Mischna, dass sie diese Position mitnichten innehatten. In den Mischnatexten sind es im Allgemeinen die Pharisäer, die von den Sadduzäern auf die von ihnen eingeführten Neuerungen kritisch angesprochen werden und sich dafür rechtfertigen müssen. Die Verhältnisse, die Mk überliefert, sind also denen, wie sie in der Mischna tradiert werden, entgegengesetzt.[140] Kister erwägt mit Bezug auf Mt 23,13, ob es sich hierbei um eine geprägte Formel handelt, auf die beide Traditionskreise zurückgreifen.[141] Shemesh sieht jedoch gerade in den Sadduzäern jene, die eine Änderung herbeiführen wollen und dies täten mit dem angeblichen Rückgriff auf die ursprünglichen Quellen sowie die Ablehnung späterer Tradition: „The claim for returning to the origins, as is very well known to sociologists, is a common strategy within reform movements; that is, they claim that their proposed changes are not changes at all, but rather a genuine attempt to restore the old, lost, true tradition."[142]

1.2.3.2 Kritik

Besonders das Korbanbeispiel bietet Anlass, die Perikope aus einer anderen als der auf den ersten Blick suggerierten Perspektive zu lesen. Hinzu tritt das Wissen um weitreichende Diskurse zum Gesetzesverständnis, zum Verhältnis

138 Vgl. *Furstenberg*, Defilement, 192f.

139 Vgl. z.B. *Neusner*, Idea, 3.

140 Mischna Jaddaim (mJad 4,6–7) bietet zwei Beispiele, in denen den Pharisäern eine ihrer Modifizierungen vorgehalten wird, die sie rechtfertigen sollen. Eingeleitet wird dies mit der Formel:

אומרים צדוקים קובלין אנו עליכם פרושים שאתם ...

„Sagen die Sadduzäer, wir halten gegen euch, Pharisäer, dass ihr ...".

141 Literatur und weitere Bezüge bei *Kister*, Law, 145f.

142 *Shemesh*, Halakhah, 73.

von Tradition und Schrift und dessen Einwirkungen auf die Entwicklung der Halacha zur Zeit des Zweiten Tempels. Shemesh zufolge werden gerade zur Zeit des Zweiten Tempels im theologischen Gespräch zwischen Pharisäern und Sadduzäern die Grundlagen für die nachfolgende Entwicklung der Halacha, wie sie sich in den Schriften von Qumran sowie später in den rabbinischen Texten zeigt, geschaffen.[143] Die Krise um den Jerusalemer Tempel, die nicht erst mit seiner Zerstörung einsetzt, bietet hierfür den maßgeblichen Nährboden. Charmant an einer solchen Betrachtungsweise ist vor allem die Hermeneutik, die sich dahinter verbirgt: Das Streitgespräch Jesu wird nicht mehr als kleinteilige Diskussion einzelner Gesetze, sondern als grundlegende theologische Debatte verstanden. Damit entgeht man auch der Gefahr, die jesuanische Position auf ein Gegenüber von Glauben und Gesetz oder inneres und äußeres Handeln festzulegen. Die Orientierung am Willen Gottes wird beiden Parteien gleichermaßen zugestanden.

Dennoch halte ich diese Hermeneutik nicht für die (einzig) angemessene. Die Schilderungen sind zu konkret, als dass sie lediglich eine Chiffre sein könnten. Darüber hinaus sind die Erwägungen Avemaries und das Resümee des vorangegangenen Absatzes zu beachten: Reinheit war ein für die junge Jesusbewegung virulentes Thema, mit dem sie sich beinahe zwangsläufig auseinandersetzen musste. Auch der Aufbau der Perikope(n) lässt fragen, ob die Relation nicht eher umgekehrt zu verstehen ist: Das Korbanbeispiel fungiert als Aufhänger und Konkretion für die Reinheitsfrage und nicht als eigentlicher Kern des Gesagten.

1.2.4 *Neuer Aufbruch oder: Die Modifizierung des Reinheitsverständnisses als Vorbereitung zur Völkermission*

Der letzte Ansatz, der im Rahmen dieses Überblicks betrachtet wird, wählt den Ausgangspunkt der Auslegungen bei der Wirkungsgeschichte und den pragmatischen Folgen eines Diskurses, wie er in Mk 7 dargestellt wird. Von dem Nicht-Vorhandensein einer Wirkungsgeschichte war bereits die Rede. Besonders Crossley hatte darauf hingewiesen, dass eine Aussage wie Mk 7,15 im Munde Jesu sicher deutlicher erinnert worden wäre und viele der Streitigkeiten der jungen Kirche mit Verweis auf ein solches Herrenwort hätten vermieden oder vereinfacht werden können.

Auf einer anderen Ebene lässt sich aber eine zumindest indirekte Wirkungsgeschichte aufzeigen, auf die auch Crossley hinweist: Es ist die grundsätzliche und überzeugte Hinwendung der jungen Bewegung zu Menschen aus

143 Vgl. *Shemesh*, Halakhah, 72ff.

den Völkern. Die Völkermission und ebenso die Tischgemeinschaft kann kaum anders denn als Folge auch dieses Diskurses gelesen werden.

Besonders ein synoptischer Vergleich mit der Parallelstelle in Mt 15 legt schnell die Vermutung nahe, die der folgenden These zugrunde liegt: Entweder der Kontext des Logions oder das Logion selbst sind Bildungen der frühen Gemeinde, um die Zuwendung zu Nichtjuden zu erleichtern und zu legitimieren. Prägnant formulierte dies schon der am Anfang erwähnte Brandt, der in den vermeintlichen Herrenworten eine Bildung derjenigen Gemeindeglieder sieht, die aus den Völkern stammen, um den judenchristlichen Gemeindeteilen die Scheu vor der Tischgemeinschaft zu nehmen.[144] Die Perikope könnte also ihre Wirkung und Entstehung zwei Kontexten verdanken: Entweder ist der Entstehungskontext innerhalb mehrheitlich judenchristlicher Gemeinden zu suchen, die ihre Hinwendung zu den Völkern zu legitimieren beabsichtigen. Die Wirkung wäre dann die Völkermission. Oder der Ausgangspunkt liegt in gemischten Gemeinden, die diese Mission nachträglich legitimieren und als Konsequenz daraus für eine Tisch- und Mahlgemeinschaft plädieren.

1.2.4.1 Darstellung einzelner Untersuchungen

Dschulnigg erkennt in der Völkermission das eigentliche Ziel der sittlichen Umdeutung der kultischen Reinheit. Er hält dabei an der Beibehaltung der Reinheitsbestimmungen fest: „Die Abschaffung kultischer Reinheit / Unreinheit und deren Neubestimmung im Sinne sittlicher Reinheit / Unreinheit dient besonders auch der Mission unter den Völkern, da somit die kultischen Grenzen zwischen Juden und Nichtjuden überwunden werden und die sittlichen Standards des (bes. hellenistischen) Judentums der Völkerwelt vermittelt werden können."[145] Zu Recht weist Dschulnigg auf die Verbindung zu der nachfolgenden Perikope hin und erkennt, dass es der inneren Logik dieses Abschnittes entspricht, wenn Jesus direkt nach der Diskussion um Reinheit jüdisches Land verlässt[146] und sich einer Nichtjüdin zuwendet.[147]

Auch Rudolf Pesch hatte bereits auf den Zusammenhang dieser Perikope mit der folgenden hingewiesen und sie als eine Art Präskript zum „Wirken Jesu auf heidnischem Gebiet" beschrieben.[148] Die Reinheitsregeln seien menschlich geschaffene Schranken zwischen Heiden und Juden gewesen, die

144 Vgl. *Brandt*, Reinheitslehre, 63–64.

145 *Dschulnigg*, Markus, 202–203.

146 Die Diskussion, ob Jesus wirklich jüdisches Land verlässt oder sich nur an dessen Rand begibt, ist an anderer Stelle zu führen.

147 Bei Markus ist dies die erste Begegnung Jesu mit einer Nichtjüdin, während bei Matthäus in Kap. 8 bereits die Begegnung mit dem Hauptmann stattgefunden hat.

148 *Pesch*, Markus, 367.

aufgehoben gehörten, da es gottgewollt keine solche Schranke gäbe. Die Frage, die nach Pesch durch die Perikope grundsätzlich aufgeworfen wird, ist die nach der Möglichkeit des Zusammenlebens von jüdischen Menschen und Menschen aus den Völkern in einer Gemeinde. Nur weil dieses Zusammenleben durch die Reinheitsregeln erschwert werde, käme deren Aufhebung oder zumindest Relativierung überhaupt in Betracht. Damit wird weniger eine Aussage über die grundsätzliche Gültigkeit des Gesetzes oder der Idee von Reinheit an sich getroffen, als vielmehr das Zusammenleben angesichts überkommener Regeln neu geordnet. Pesch interpretiert das Logion als Aufhebung der Speisetora, die aber nicht antinomistisch zu verstehen sei, sondern „im Sinne der von ihm intendierten ‚Erfüllung des Gesetzes' (Mt 7,17). Sein Widerspruch zu Mose zielt – im Unterschied zu der von ihm gegeißelten pharisäischen Antithese – nicht auf eine Außerkraftsetzung, sondern auf die entscheidende Erhellung und Vermittlung des Willen Gottes".[149]

Für Heikki Räisänen steht außer Frage, dass das Logion in Mk 7,15 einen torakritischen Ton trägt. Eben diese Feststellung sei aber auch der ausschlaggebende Grund dafür, dass es als solches nicht dem historischen Jesus zuzurechnen sei, sondern eine nachträgliche Bildung der Gemeinde sein müsse, die möglicherweise im geistigen Umfeld von Röm 14,14, aber auch andernorts unter den Bedingungen der Mission entstanden sein könnte.[150] Räisänen grenzt den Grund nicht auf die Mission an sich ein, sondern auf die nachträgliche Legitimierung des Miteinanders von jüdischen Menschen und denen aus den Völkern.[151] Er parallelisiert dabei die Überlieferungen Mk 7 und Mt 15 mit Apg 10 und erkennt in beiden eine vergleichbare Grundbewegung: Während Petrus die Legitimation zur Tischgemeinschaft in einer Offenbarung Gottes finde, sei sie für Mk an ein Herrenwort geknüpft: „Mark 7.15 reflects an attempt to find a theological justification for the practical step taken in the Gentile mission long before (...) by tracing its beginning back to the commandments of the Lord."[152] Für Räisänen ist das Logion also Zeichen einer nachträglichen Legitimierung.

Wie bereits dargelegt geht Dunn davon aus, dass Mk 7,15 kein authentisches Jesuswort überliefert, sondern möglicherweise ein weniger radikales Logion aufnimmt und fortschreibt. Für ihn sei die Aussage deshalb nicht als starres Entweder – Oder, sondern als Komparation zu verstehen. Dunn gelangt des Weiteren zu der Erkenntnis, dass der prämarkinische historische Kontext die

149 *Pesch*, Markus, 383.

150 Vgl. dazu auch *Scornaienchi*, Relativierung.

151 Vgl. zwei Beiträge zum Thema in: *Räisänen* (Hg.), Torah, 209–219 und 220–242.

152 *Räisänen* (Hg.), Torah, 238.

Diskussion um die Völkermission sei: Die Perikope „leads into and obviously serves as an introduction to a period of ministry by Jesus among the Gentiles (7.24–8.10). It is hard to dispute, then, that the final form of the context of 7.15 has been shaped by concern for the Gentile mission".[153] Auch die heute vorfindliche Gesamtkomposition gehe, so Dunn, auf eine nachjesuanische, die Frage gemischter Gemeinden diskutierende Gemeindebildung zurück. Ähnlich wie Räisänen stellt auch Dunn den Gedanken der Legitimation heraus: Es gehe nicht nur um eine inhaltliche Abgrenzung gegenüber den Pharisäern oder eine Verteidigung gegen deren Vorwürfe; vielmehr werde dieser Disput als Rechtfertigung für eine eigenständige Völkermission ohne Beachtung der Reinheitsregeln genutzt.[154] Dunn geht davon aus, dass es sich im prämarkinischen Kontext um eine innerjüdische Debatte handelt, die sich um die korrekte Auslegung des göttlichen Willens dreht. Gerade der Verweis in V2, dass nur „einige" der Schüler Jesu den Unwillen der Pharisäer erweckten, ließe, so Dunn, daran erinnern, dass es immer schon Mitglieder auch der Jesusbewegung gab, die sich auf die striktere Seite der Pharisäer schlugen.[155]

Auch die Untersuchung des historischen Kontextes zeigt für Dunn, dass die Frage nach ritueller Reinheit ein für die Pharisäer, nicht jedoch, wie Mk es darstellt, für „alle Juden" entscheidendes Thema war. Das verstärkt den Eindruck, dass der eigentliche historische Disput ein innerjüdischer war, der aber durch den Verfasser des Mk-Evangeliums in einen anderen Diskurs hineingetragen wurde: nämlich in den über die Tischgemeinschaft mit Nichtjuden im Kontext der Mission.

Der bereits erwähnte Crossley geht in seinen Konsequenzen noch weiter: Er legt den Ansatzpunkt seiner Überlegungen auf das bäuerliche Umfeld des Anfangs der Jesusbewegung und die sozialen und kulturellen Aspekte, die prägend für die Verbreitung war. Die Frage, die er nicht nur im Titel seines Beitrags stellt, beantwortet er letztendlich auf zwei Ebenen: Für Crossley ist es nicht so sehr der Schritt hin zur Völkermission, der zu einer zunehmenden Relativierung der Speise- und Reinheitsgebote führte. Vielmehr sei dieser Prozess einer stärkeren Durchmischung der Gemeinden geschuldet gewesen: Anfänglich hätten sich auch die missionierten Nichtjuden aufgrund ihrer klaren Minderheitensituation an die Regeln gehalten. Mit zunehmender Größe dieser „Fraktion" sei jedoch zum einen das Selbstbewusstsein, eigene Ansichten in die neue Gemeinschaft einzubringen, gewachsen. Zum anderen aber

153 *Dunn*, Mk 7,15, 45.

154 Vgl. *Dunn*, Mk 7,15, 47.

155 Dunn verweist dabei auf die Streitigkeiten in Antiochien, wie sie in Gal 2,11–14 dargestellt werden.

habe der Druck innerhalb der Gemeinschaft zugenommen, sich mit diesen auseinanderstrebenden Tendenzen zu befassen. Davon zeugten, so Crossley, die Evangelienberichte.

In seinen Schlussfolgerungen unterscheidet sich Crossley von allen bisherigen Erklärungsversuchen: „The major theological attempt to deal with this issue was of course Paul, in particular his stunningly influential idea of justification by faith instead of works of the law, an idea in turn being a justification of the messy social reality on the ground very different from the situation of Jesus."[156] Crossley sieht also die frühchristliche Diskussion um Reinheitsvorstellung in einer Entwicklungslinie mit der paulinischen Rechtfertigungslehre. Beides sind für ihn Antworten auf die sich ändernden sozialen Strukturen der frühen Jesusbewegung und der entstehenden Gemeinde.

Für die meisten der dargestellten Ansätze ist die Diskussion um Reinheit eine Folge der Völkermission. Diese Diskussion gilt nun als deren nachträgliche, dafür aber umso gründlichere Legitimation und als theologische Untermauerung der teils schon vollzogenen, teils noch mit Zurückhaltung behandelten Mahlgemeinschaft. Da besonders die Frage nach der Mahlgemeinschaft bereits in den paulinischen Schriften eine große Rolle spielt, liegt es nahe, dass auch den Evangelisten an einer möglichst deutlichen, im besten Falle eben durch Jesus selbst autorisierten Legitimation derselben gelegen war.

1.2.4.2 Kritik

Es ist ein großer Verdienst dieses Ansatzes, erkannt und herausgestellt zu haben, dass die Pragmatik der Perikope und ihre (indirekte) Wirkung hilfreiche Ansätze zur Erschließung des Textes selbst bieten. In der Tat macht eine solche Herangehensweise einige der Fragen, die in den bislang dargestellten Ansätzen eine Rolle gespielt haben, gegenstandslos. Die grundlegende Frage nach der Stellung und Bedeutung der Tora tritt auffällig zurück. Besonders Dunn zeigt, dass die Perikope vor allem einen innerjüdischen Disput über die Möglichkeiten der Begegnung mit Menschen aus den Völkern widerspiegelt. Dies lässt sich nur auf dem Boden der Tora vorstellen. Ein solcher Ansatz sieht also als Kern der Überlieferung eine Diskussion, die zwar auf dem Boden der Tora, aber völlig unabhängig von der Frage nach ihrer Gültigkeit stattfindet. Interessant ist, dass die Frage nach Diachronie und Synchronie bzw. nach der Authentizität der Worte dabei an Bedeutung verliert. Zwar birgt die Berufung auf Jesus eine höhere Autorität in sich, doch das argumentative Ergebnis ist letztendlich das gleiche. Es ermöglicht den Zugang zu den Völkern als neue

156 *Crossley*, Explanation, 113.

Zielgruppe und zum gemeinsamen Mahl zwischen jüdischen und nichtjüdischen Gemeindegliedern.

In dieser Zuspitzung der Frage, die zugleich andere Fragen außenvorlässt, liegt m.E. auch die Problematik des Ansatzes. So sehr die Pragmatik des Textes auch in anderen Ansätzen unbeachtet blieb, so wenig lässt sich die Auslegung auf eine solche Pragmatik reduzieren. Den Text nur von seiner augenscheinlichen Wirkung her zu interpretieren, eröffnet zwar die Möglichkeit, auf historisch Nachweisbares zurückgreifen zu können, lässt jedoch es die Mehrdimensionalität des Textes unberührt. Auch sind die entscheidenden theologischen Fragen damit noch nicht beantwortet. Der Hinweis darauf, dass die Überlieferung dieser Perikope, welchen Ursprung auch immer sie haben mag, die Öffnung zu den Völkern bzw. die Legitimation einer bereits geschehenen Öffnung zum Ziel hat, kann nicht die theologische Grundlegung derselben ersetzen. Es ist ja erst die theologische Argumentation, die eine solche Hinwendung möglich macht und die sich doch zumindest teilweise den Fragen zu stellen hat, die an anderer Stelle bereits behandelt wurden.

Es überrascht deshalb nicht, dass die meisten Auslegungen eine Kombination aus einem der drei erstgenannten Ansätze und diesem pragmatischen Ansatz darstellen. Als Beispiel sei hier Dschulnigg genannt: Er verbindet die Annahme einer grundsätzlichen, nämlich moralisch-ethischen Umdeutung der Reinheitskategorien, mit dem eigentlichen Ziel, aller äußerlichen Grenzen zwischen Juden und Völkerwelt aufzuheben.

Crossley steht für eine andere Lösung: Er beschreibt die Bewegung hin zu den Völkern (und damit beinahe zwangsläufig auch weg von einer verpflichtenden Einhaltung der Vorschriften) als einen Prozess, dessen Eigendynamik schließlich neue theologische Begründungen erforderlich machte.

1.2.5 *Zusammenfassung*

Die vorangegangene Darstellung zeigt, dass die neutestamentlichen Reinheitskonzeptionen auf vielfältige Weise beschrieben und verstanden worden sind. Unter Bezug auf die bisherige Forschung werde ich im Folgenden Reinheit als einen entscheidenden Teil sozialer Identität verstehen und das Identitätspotential von Reinheit in den neutestamentlichen Texten erfassen. Der Überblick über die bisherigen Auslegungen hat gezeigt, dass eine Analyse nur dann gewinnbringend möglich ist, wenn die neutestamentlichen Texte in ihren traditionsgeschichtlichen Kontext eingeordnet und in diesem Rahmen verstanden werden. Damit reiht sich diese Arbeit in den Reigen jener Untersuchungen ein, die andere antikjüdische Texte als Bezugsgröße heranziehen, wie dies beispielsweise Kazen, Eschner und Furstenberg tun. Die Arbeit versucht dabei, die genannten Kritikpunkten aufzunehmen und die Diskussion um einen Aspekt, der bisher nur wenig an konzeptioneller Beachtung gefunden hat, zu erweitern.

Der forschungsgeschichtliche Überblick bestärkt zudem zwei Entscheidungen, die am Anfang bereits diskutiert wurden: Diese sind der Verzicht auf die Analyse von Mk 7 parr. sowie der Verzicht auf eine besondere Thematisierung der Mahlfragen. Mein Zugang zu diesem vieldiskutierten Thema kommt damit bereits in der Auswahl der Texte zum Ausdruck.

KAPITEL 2

Begriffliche Grundlagen im Alten Testament

Frank Crüsemann nennt das Alte Testament den „Wahrheitsraum des Neuen Testaments".[1] Mit dieser Formel beschreibt er die Einsicht, dass sich jeder neutestamentliche Text erst dann vollständig verstehen lässt, wenn auch die Hebräische Bibel und die in ihren Texten vermittelten Überzeugungen, Traditionen und Argumentationen mit in den Blick genommen werden. Besonders für die Evangelien, aber auch für alle anderen neutestamentlichen Texte gilt, dass das Alte Testament implizit, oft genug aber auch expressis verbis, der maßgebliche (Be-)Deutungsrahmen war. Die Autoren und ein Großteil der ersten Adressatinnen und Adressaten des Neuen Testaments waren selbst Juden und deshalb mit den Traditionen des Alten Testaments vertraut; zudem lebten sie in einer Welt, die von diesen Traditionen durchdrungen war.

Der Topos der Reinheit ist quantitativ ein bestimmendes Thema alttestamentlicher Überlieferung und hat auch qualitativ durch die Zeiten hinweg das religiöse Leben von Israelitinnen und Israeliten bzw. Jüdinnen und Juden geprägt – und prägt es bis heute. Daher ist es zur Untersuchung neutestamentlicher Reinheitstexte nicht nur hermeneutisch, sondern auch inhaltlich notwendig, nach den Reinheitskonzepten und ihrer Terminologie in der Hebräischen Bibel zu suchen. Der Blick auf den Verstehenshorizont neutestamentlicher Reinheitstexte wird dabei noch geschärft, wenn die Texte der Hebräischen Bibel zu denen der Septuaginta ins Verhältnis gesetzt werden, die bereits eine erste Interpretation der hebräischen Texte enthalten.

Grundsätzlich stehen sich die Begriffe „Reinheit" und „Unreinheit" in einem antagonistischen Verhältnis gegenüber; sie schließen einander aus und beschreiben doch erst zusammen ein Ganzes in dem Sinn, dass sie einander ergänzen und komplementieren. Beide Begriffe und Zustände lassen sich nur im Licht des jeweils anderen wirklich verstehen. Eine Aussage über Reinheit bezeichnet zugleich die Abwesenheit von Unreinheit. Unreinheit wiederum drückt in jedem Fall einen situativen Mangel aus, selbst wenn (wie noch zu sehen sein wird) damit keineswegs ein grundsätzlich moralisches Urteil getroffen ist. Um die Begrifflichkeit der Reinheitsterminologie in ihrem komplementären Charakter erfassen zu können, ist es nötig, im Folgenden gleichermaßen

1 So der Titel des 2011 erschienenen Buches von Frank Crüsemann, indem er seine langjährigen Studien zum Verhältnis von Altem und Neuem Testament zusammenfasst und konkretisiert: *Crüsemann*, Wahrheitsraum.

 | DOI:10.1163/9789004524651_003

Begriffe der Reinheit wie der Unreinheit zu berücksichtigen. Deren inhaltlicher Zusammenhang bildet sich interessanterweise im hebräischen Sprachgebrauch nicht ab. Wilfried Paschen hat in seiner Studie herausgearbeitet, dass das Hebräische im Gegensatz zum Griechischen, Lateinischen, Gotischen und Deutschen (u.v.m.) die Gegensätzlichkeit der Begriffe „rein" und „unrein" mit unterschiedlichen Wortstämmen ausdrückt: So sind טהר und טמא etymologisch nicht miteinander verwandt, während dies bei καθαρός und ἀκάθαρτος, mundus und immundus oder dem gotischen hrains und unhrains deutlich erkennbar ist.[2]

Reinheit wird im Allgemeinen als Voraussetzung für die Nähe zu Gott formuliert.[3] Sie stellt das anthropologische Pendant zur göttlichen Heiligkeit dar. Reinsein ist die Antwort des Menschen auf Gottes Heiligkeit und damit die Bedingung für die Kommunikation mit Gott. Das bezieht sich in vielen Fällen auf kultische Kontexte, weshalb Reinheit vornehmlich in der priesterlichen Literatur thematisiert wird. Dabei besteht ein Unterschied zwischen der Reinheit, die für die allgemeine Bevölkerung gilt, und jener, die von dem am Tempel arbeitenden Personal verlangt wird (vgl. dazu z.B. Num 8,5–22). Die Prüfung zweifelhafter Reinheitsfälle und die Feststellung wiedererlangter Reinheit fällt in den Kernbereich priesterlicher Kompetenz, wie es Lev 10,10 prägnant formuliert: Es ist Aufgabe der Priester, zwischen rein und unrein, heilig und profan zu unterscheiden.

Neben diese auf den Kult bezogene Reinheit tritt ein Reinheitsverständnis, das zwar ebenso an die Nähe zu Gott geknüpft ist, sich aber nicht durch Riten, sondern allein durch Alltagsverhalten beschreiben lässt. Spuren dieses Reinheitsverständnisses sind vor allem in den weisheitlichen Schriften zu finden.

Dass die ursprünglich an den Kult gebundenen und vom Tempel ausgehenden Reinheitsvorstellungen in das religiöse Selbstverständnis der Bevölkerung übergingen und nicht mehr ausschließlich an den Tempel gebunden waren, zeigt sich an der Erhaltung der ursprünglich kultbezogenen Riten nach Verlust des Tempels. Beispielhaft deutlich wird dies an der andauernden Produktion und Benutzung von Kreidegefäßen auch nach 70 n. Chr., die darauf hinweisen, dass diese als rein geltenden Gefäße ihre Notwendigkeit und Berechtigung mit Verlust des Tempels nicht verloren haben.[4]

---

2 Vgl. *Paschen*, Rein und unrein, 13.

3 Vgl. exemplarisch *Ego*, Reinheit, und *Staubli*, Levitikus, 89–95. Das bei Staubli zu findende Modell ist inzwischen ein Klassiker zur Erklärung des Verhältnisses von Reinheit und Heiligkeit, vgl. *Staubli*, Levitikus, 94.

4 Vgl. dazu den Artikel von Yonathan Adler, der auf Basis neuerer Funde aus Shuaʿfat einige Grundannahmen, die auf einer klaren Trennung kultischer Praxis in die Zeit vor und nach 70 n. Chr. beruhen, hinterfragt: *Adler, Purity*, 39–62. Adler verstärkt damit seine eigene These,

Im Folgenden soll über einen terminologischen Zugriff auf die Reinheitsbegriffe der Hebräischen Bibel und der Septuaginta die verschiedenen Reinheitskonzeptionen des Alten Testaments beschrieben werden. Dabei wird deutlich, dass bereits die Übertragung ins Griechische mit der begrifflichen auch eine inhaltliche Verschiebung mit sich bringt.

2.1 Die Hebräische Bibel

Die Beschreibung von Reinheitsvorstellungen der Hebräischen Bibel wird auf zweifache Weise erfolgen.[5] Zum einen zeigt eine Analyse der wichtigsten Begriffe von Reinheit und Unreinheit die Disparatheit der Vorstellungswelten auf und bewahrt davor, die verschiedenen Seiten vorschnell in *einem* Konzept harmonisieren zu wollen. Zum anderen soll dennoch das Gemeinsame und Verbindende herausgestellt werden. Dabei geht es weniger um einzelne, einschlägige Texte, wie etwa in Paschens instruktiver Studie. Vielmehr werden anhand übergreifender Kategorien gemeinsame Dynamiken und Strukturen beschrieben.

Die Hebräische Bibel kennt eine Vielzahl von Begriffen, mit denen sie das auszudrücken vermag, was im Deutschen mit dem Wortfeld „Reinheit" umschrieben ist. Ähnlich wie im Deutschen bleiben diese Termini jedoch unscharf und lassen sich auch nicht auf einen einzigen Kontext festlegen. Die Analyse wird zeigen, dass bereits innerhalb der Hebräischen Bibel kein einheitliches Verständnis dessen, was Reinheit ist oder sein soll, vorherrscht.

Die Begriffe für Reinheit und Unreinheit sind in allen Schriftkorpora der Hebräischen Bibel zu finden und durchziehen Texte unterschiedlicher Gattungen. Dabei werden durch diese Begriffe unterschiedliche Akzente gesetzt. Begibt man sich auf den Weg, Reinheitskonzeptionen in der Hebräischen Bibel

---

dass schon zu Zeiten des Tempels Reinheitsbestrebungen nicht nur durch den Tempel motiviert wurden, sondern auch unabhängig davon als Lebenshaltung fungierten. Reinheit, so Adlers Resümee, war von grundsätzlicher Bedeutung an jedem Ort und zu jeder Zeit, gewönne aber im Zusammenhang mit Kult und Tempel an besonderer Wichtigkeit: „the purity regulations were to be kept at all times and in all places, but failure to do so would have resulted in the most severe of consequences specifically when it came to the sanctum and the cult. This may be likened to perjury: while one should never tell a lie anywhere, uttering falsehoods in a courtroom is a particularly grievous offence that carries actual penalties." *Adler, Purity*, 56.

5 Reinheit ist nicht ohne Unreinheit zu denken. Im Folgenden spreche ich der Einfachheit halber von „Reinheitsbegriffen"/„Reinheitsthematik" etc. und schließe darin auch die Begriffe für Unreinheit mit ein. Unreinheitsbegriffe werden im Falle ihrer Diskussion dann auch als solche benannt.

zu beschreiben, so wird schnell deutlich, dass sich dieser Weg in viele Seitenwege verzweigt, die sich wieder kreuzen, vereinen und erneut trennen können. Es gilt, die Vielschichtigkeit der Phänomene wahrzunehmen, ohne dabei die verbindenden Elemente aus den Augen zu verlieren.[6]

2.1.1 *Die Grundbegriffe für Reinheit in der Hebräischen Bibel*

In den Texten der Hebräischen Bibel lassen sich etwas mehr als 300 Belege für Wörter finden, die dem deutschen Wortfeld „Reinheit" zuzurechnen sind.[7] Davon entfallen etwa die Hälfte der Belege auf die Schriften der Tora und je ein Viertel auf die Schriften der Nevi'im und der Ketuvim. Ein Großteil der Belege, etwa 200, wird mit Formen der Wurzel טהר gebildet. Das restliche Drittel teilt sich unter den Begriffen ברר, זכך, נקי und צרף auf.[8] Daneben gibt es noch einzelne weitere Begriffe, die nur selten vorkommen.

Aufgrund ihrer Häufigkeit steht die Wurzel טהר im Mittelpunkt der Diskussion, weshalb sie auch im Folgenden besondere Beachtung findet.

Der Blick in die Konkordanz zum Wortfeld Reinheit zeigt, dass hier kein Querschnittsthema vorliegt. Die Spannung zwischen Reinheit und Unreinheit ist auf die Korpora der Hebräischen Bibel jedenfalls höchst ungleichmäßig verteilt. Wiederum ist zu erkennen, dass die unterschiedlichen Wurzeln auch nicht einzelnen Schriftenkorpora zugeordnet werden können, sondern in unterschiedlicher Streuung vorliegen.

Aus diesen Beobachtungen ergibt sich, dass es sachgemäß ist, die Wurzeln zwar einzeln zu analysieren, das Bedeutungsspektrum von Reinheit jedoch

---

6 Über „Phänomen" spreche ich im Folgenden immer dann, wenn ich die Gesamtheit der Konzeptionen, die mit dem Begriff der Reinheit verbunden ist, beschreibe. Mit „Konzeption(en)" sind die einzelnen, besonderen Ausführungen und Verwendungen des Begriffs bezeichnet. Das Phänomen Reinheit kann demzufolge nie als Ganzes beschrieben werden, sondern bezeichnet stets nur eine abstrakte Größe, während die Konzeptionen den eigentlichen Inhalt darstellen.

7 Eine genaue Zahl lässt sich nur schwer festlegen, da der „Transportverlust" beim Übersetzen nicht eindeutig kalkulierbar ist. Ebenso trägt jeder Begriff mehrere Nuancen in sich, die nicht unbedingt der Reinheitsthematik zugehören, wohl aber bei einem Überblick numerisch miterfasst werden. Insofern markieren die Zahlen Tendenzen und Proportionen, nicht aber exakte statistische Befunde.

8 Interessanterweise wird in einigen wenigen Fällen auch die Wurzel קדש, die ihrer Grundbedeutung nach eher den Bereich des Heiligen als des Reinen bezeichnet, genutzt. Ein weiterer Sonderfall, der ebenfalls aus der Statistik herausfällt, ist die Wurzel חטא, die in ihrer Grundbedeutung „Sünde" meint, an einigen auffälligen Stellen jedoch auch als Begriff für Reinheit verwendet wird; darauf werde ich in einem gesonderten Abschnitt eingehen. Schließlich nennt Wilfried Paschen noch weitere Begriffe, die jedoch aufgrund ihres geringen Vorkommens in dieser Studie vernachlässigt werden können. Dazu gehören etwa: לבן, חף, זקק; vgl. *Paschen*, Rein und unrein, 21–26.

begriffsübergreifend zu untersuchen. Ein Auseinanderdividieren der einzelnen Wurzeln würde zu einer künstlichen Sezierung des Wortfeldes führen.

2.1.1.1 טהר

Die Wurzel טהר ist der Begriff, der bei Weitem am häufigsten gebraucht wird. Die Konkordanz weist 206 Belege in 175 Versen auf.[9] Alle übrigen genannten Reinheits-Begriffe zusammengenommen fallen quantitativ dahinter zurück. Bis auf wenige Ausnahmen wird diese Wurzel ausschließlich in einer Verb- oder Adjektivform verwendet. Seine Grundbedeutung „rein" sowie die Wurzelbildung hat es mit vielen anderen Sprachen gemein, etwa mit dem Arabischen, dem Aramäischen und dem Ugaritischen.[10]

Ein Großteil der Belege (90) entfällt auf die levitischen Gesetze zum Priestertum in den Büchern Levitikus und Numeri. Darüber hinaus wird der Begriff an 45 weiteren Stellen innerhalb des Pentateuchs genutzt. Auffällig ist, dass der Begriff in der Sprache der Propheten kaum auftaucht (33). Eine Häufung findet sich bei Ezechiel (15 der 33 Belegstellen), während es in den kultkritischen Passagen der Propheten Hosea, Amos und Jesaja gar nicht auftaucht. Auch in der Weisheitsliteratur wird dieser stark levitisch geprägte Begriff genutzt (Hi, Ps, Koh, Prov: 16 Belege).

טהר findet sich im Zusammenhang mit Menschen (z.B. Lev 11,37; 13,40; Num 9,13; Dtn 15,22; Hi 14,4 uvm.), Tieren (z.B. Gen 7,2; 7,8; 8,20; Lev 20,25), Orten (z.B. Lev 4,12; 6,4; Num 19,9) und Materialien (z.B. Ex 25,11; 28,14; 30,3; Lev 24,4; Sach 3,5). Es bezeichnet den Zustand der Reinheit, den Vorgang der Reinigung für Menschen oder Geräte und Materialien, menschliches Verhalten sowie den Zustand eines Materials.

Das Entscheidungsrecht und die -kompetenz, ob etwas oder jemand (wieder) den Zustand der Reinheit erlangt hat, liegen beim Priester (z.B. Lev 13,6. 23.28.37). Er hat die Fähigkeit, zwischen rein und unrein zu unterscheiden, weshalb טהר oft in Verbindung mit dem Hif'il von בדל „unterscheiden" steht.

טהר kommt in der verneinten Form als לא טהר vor (z.B. Gen 7,2; 1Sam 20,26; 1Chr 30,17).

Kontextübergreifend bezeichnet Reinheit den gewollten Status einer Sache, eines Menschen, eines Verhaltens o.ä.[11] Gold und andere Materialien für das Heiligtum in Ex 25 müssen טהר – „rein", also unvermischt sein, ebenso die

9 Vgl. *Lisowsky*, 543, Sp. 2–545, bes. Sp. 1.

10 Vgl. hier und im Folgenden *Ringgren*, טהר.

11 Diese grundlegende Einsicht in die Pragmatik von Reinheitskonzepten ist Mary Douglas zu verdanken, die in soziologischer Perspektive die maßgeblich ordnende Funktion von Reinheitsregeln erkannt hatte.

Materialien für die Gewänder der Priester in Ex 28. Die für das Opfer erlaubten, also für den Kult tauglichen Tiere, müssen unverletzt und von bestimmter Art sein, so in Gen 7f. oder Lev 20. Selbst die Orte, an denen geopfert werden darf, müssen, damit sie geeignet sind, bestimmten Kriterien entsprechen und werden erst dann als tauglich, also rein mit טהר bezeichnet. Der Berg, zu dem die Völker einst die Opfergaben bringen werden, gilt in Jes 66,20 als טהר.

Den Menschen betreffend gestaltet sich die Begrifflichkeit noch disparater. Hier hat Reinheit die (wieder) erlangte Kulttauglichkeit zur Folge, was sich daran zeigt, dass die Reinsprechung nur durch den Priester erfolgt – z.B. nach Geburt (Lev 12), nach Aussatz (Lev 13–14) oder nach dem Austreten von Körperflüssigkeiten (Lev 15) und in engem Zusammenhang mit den Opfern steht. Der semantische Bereich von טהר geht allerdings über den körperlichen Bereich hinaus. So fragt beispielsweise Hiob (Hi 14,4):

מִֽי־יִתֵּ֣ן טָ֭הוֹר מִטָּמֵ֗א לֹ֣א אֶחָֽד׃

Wörtlich:
Wer wird reines von unreinem geben? – Nicht einer.

Häufig (z.B. Luther[2017] oder Zürcher Bibel):
Kann/Könnte wohl ein Reiner aus einem Unreinen kommen? – Nicht einer.

Im Zuge anthropologischer Überlegungen wird hier mit טהר der Idealzustand des Menschen bezeichnet, ohne dass dieser näher beschrieben würde.

Wieder anders verwendet Jer 13,27b den Begriff:

א֤וֹי לָךְ֙ יְר֣וּשָׁלַ֔ם לֹ֣א תִטְהֲרִ֔י אַחֲרֵ֥י מָתַ֖י עֹֽד׃

Wehe dir, Jerusalem, du wirst nicht rein werden – wie lange noch?

Die personifizierte Stadt Jerusalem als Metapher für ihre Einwohnerschaft wird hier als ganze für ihre Verhaltensweisen gerügt und als unrein erklärt.[12]

12 In den vorangegangenen Versen wird eine Vielzahl an Verfehlungen, darunter Ehebruch und Hurerei, aufgelistet. Vgl. zu diesem Phänomen *Maier*, Daughter, 60–93, bes. 91–93, die in der Personifikation eine spezialisierte Metapher sieht.

Zahlenmäßig ist טהר zahlenmäßig der wichtigste Reinheitsbegriff der Hebräischen Bibel und deckt inhaltlich ein weites Feld ab. Während der Schwerpunkt in der priesterlichen Tradition zwar prägend für das Verständnis des Begriffs ist, haben die Belege außerhalb des Pentateuchs jedoch gezeigt, dass der Begriff nicht auf eine kult- und priesterbezogene Verwendung beschränkt bleibt, sondern weit darüber hinaus auch in anthropologische Bezüge hineinreicht.

2.1.1.2 ברר

Die Wurzel בר, bzw. ברר kommt 27mal in 25 Versen der Hebräischen Bibel vor. Sie findet keine Erwähnung innerhalb der Schriften der Tora und nur wenige (9mal) innerhalb der Nevi'im. Die Wurzel stellt vielmehr einen bestimmenden Begriff der Reinheitsthematik innerhalb der Ketuvim dar (18mal). Es dominieren die Verben (16) gegenüber den Adjektiven (6) und den Substantiven (5). Etymologisch liegt der Wurzel wohl die Grundbedeutung „frei sein" zugrunde, die sie mit anderen semitischen Sprachen gemein hat. Zumindest im Akkadischen ist die Bedeutung „rein sein" in diesem Sinn nachweisbar.[13]

In der Hebräischen Bibel taucht neben der Grundbedeutung „rein / lauter sein" zusätzlich die Bedeutung „ausgesondert / ausgewählt sein" auf (z.B. Ez 20,38; Neh 5,18; 1Chr 7,40).[14] Dies bezieht sich sowohl auf Menschen wie auch auf Tiere. Vereinzelt kommt die Bedeutung „sichten" oder „prüfen" vor (Jer 4,11; Koh 3,18). Auffällig ist, dass diese Verschiebung der Begriffe lediglich die Verbformen betrifft, während die Adjektive und Substantive eindeutig mit „rein" oder „lauter" zu übersetzen sind (z.B. Ps 24,4; Hi 11,4; 2Sam 22,21).

Häufig wird mit ברר ein anthropologischer Zustand beschrieben, der den Menschen als sittlich gut qualifiziert. Korrektes Verhalten wird umschrieben mit Herzens- oder Händereinheit, so besonders in den Psalmen, z.B. Ps 24,4–5:

> נְקִי כַפַּיִם וּבַר־לֵבָב אֲשֶׁר לֹא־נָשָׂא לַשָּׁוְא נַפְשִׁי וְלֹא נִשְׁבַּע לְמִרְמָה׃ יִשָּׂא בְרָכָה מֵאֵת
> יְהוָה וּצְדָקָה מֵאֱלֹהֵי יִשְׁעוֹ׃

> Wer unschuldige Hände und ein reines Herz hat, wer sein Leben nicht auf Falsches setzt und nicht zum Betrug schwört, der wird Segen von JHWH empfangen und Gerechtigkeit vom Gott seiner Rettung.

Aufgrund des Fehlens der Wurzel innerhalb der Tora und des häufigen Vorkommens in der Verbindung als „Reinheit der Hände" oder „Reinheit des Herzens"

---

13 Vgl. *Hamp*, ברר, 841–843.

14 Diese Bedeutungsnuance tritt in der LXX durch eine eigenständige Übersetzung (ἐκλεκτός anstatt καθαρός) noch deutlicher zutage.

sieht Hamp hier einen gegenüber טהר bewusst anders akzentuierten Begriff, der eben die sittlich-moralische, nicht aber die kultische Seite zu bezeichnen sucht. Er vermutet hinter den Ausdrücken in Ps und 2Sam eine Tradition des Händewaschens innerhalb der Sühneritus-Zeremonie, geht aber davon aus, dass „aus dem äußeren Ritus eine bloß bildliche Redeweise geworden ist".[15] Ein Beleg wie Jes 52,11 zeigt aber, dass auch ברר Anklänge an kultisch-rituelle Kontexte aufweist:

סֹ֤ורוּ סֹ֙ורוּ֙ צְא֣וּ מִשָּׁ֔ם טָמֵ֖א אַל־תִּגָּ֑עוּ צְא֣וּ מִתֹּוכָ֔הּ הִבָּ֕רוּ נֹשְׂאֵ֖י כְּלֵ֥י יְהוָֽה׃

> Weicht, weicht, geht weg von dort, Unreines fasst nicht an, geht weg aus eurer Mitte, reinigt euch, wenn ihr die Geräte JHWHs tragt.

Die Vorstellung einer „bloß bildlichen Redeweise" von Reinheit, die den moralischen im Gegenüber zum kultischen Aspekt betont, geht von einem dichotomischen Reinheitsverständnis aus, das qualitativ unterschiedene Reinheitskonzepte annimmt. Dass dies eine vereinfachende Wahrnehmung von Reinheit ist, zeigt schon die Polysemie von ברר, wird aber in der Gesamtschau der Reinheitsbegriffe noch deutlicher.[16] Dennoch ist das Fehlen des Begriffs im Pentateuch auffällig und weist möglicherweise darauf hin, dass ברר keinen semantischen Überschuss gegenüber טהר hat, sondern vielmehr eine Sonderfunktion übernimmt, die schwerpunktmäßig nicht-körperbezogene Reinheitsfragen beschreibt.

2.1.1.3 זך־

23mal finden sich in der Hebräischen Bibel in 23 Versen Wörter der Wurzel זכך/זך/זכה. Sie kommen zu großen Teilen innerhalb der Ketuvim (17mal) vor, lediglich 3 Belege sind innerhalb der Nevi'im und 4 innerhalb der Tora zu finden. Eine Häufung begegnet im Kontext anthropologischer Fragestellungen des Hiobbuches (z.B. Hi 8,6; 9,30; 11,4; 15,14). Die Wurzel kommt in ausgeglichenem Maß in Gestalt von Verben (12) und Adjektiven (11) vor; Belege für Substantive gibt es nicht.

Ähnliche Wurzeln mit vergleichbarer Grundbedeutung finden sich in verwandten Sprachen. Dass die Wurzel als זכה und als זכך überliefert ist, bleibt für ihre Bedeutung ohne Belang. In beiden Fällen liegen verschiedene Nuancen von „rein / lauter" zu Grunde. Die Grundbedeutung nimmt – טהר nicht

---

15 *Hamp*, ברר, 844.

16 Vgl. zum Verhältnis von „kultischer" und „moralischer" Reinheit den Exkurs in diesem Kapitel.

unähnlich – verschiedene Ausformungen an: So bezieht sich זכה häufig auf Menschen und deren Verhalten, z.B. in Jes 1,16:

רַחֲצוּ֙ הִזַּכּ֔וּ הָסִ֛ירוּ רֹ֥עַ מַעַלְלֵיכֶ֖ם מִנֶּ֣גֶד עֵינָ֑י חִדְל֖וּ הָרֵֽעַ׃

> Wascht euch, reinigt euch, entfernt eure schlechten Handlungen vor meinen Augen weg, hört auf, Böses zu tun.

Ähnlich besonders bei Hiob, aber auch Ps 51,12; 73,13 oder Prov 20,9

Ebenso bezieht es sich jedoch auch auf am Tempel gebrauchte Materialien, z.B. Ex 27,20:

וְאַתָּ֞ה תְּצַוֶּ֣ה אֶת־בְּנֵ֣י יִשְׂרָאֵ֗ל וְיִקְח֨וּ אֵלֶ֜יךָ שֶׁ֣מֶן זַ֥יִת זָ֛ךְ כָּתִ֖ית לַמָּא֑וֹר לְהַעֲלֹ֥ת נֵ֖ר תָּמִֽיד׃

> Und Du, gebiete den Kindern Israels, dass sie zu Dir reines und zerstoßenes Olivenöl für die Lampe bringen, um eine ewige Kerze zu errichten.

זכה wird mit לא verneint, wenn es die Abwesenheit von Reinheit zu bezeichnen sucht (so z.B. in Hi 15,15)

Ähnlich wie bei ברר fällt auf, dass die Verwendung von זכה in den Texten der Tora sehr sparsam erfolgt. Es weist keinerlei Bezüge zu den klassischen Reinheitsbestimmungen auf, sondern scheint diese vorauszusetzen und auf andere Kontexte anzuwenden. Der Begriff baut also auf die Verstehensformen von טהר auf und aktualisiert diese in anderen, meist anthropologischen Bezügen.

2.1.1.4 נקי/נקה

Die Hebräische Bibel weist 93 Belege der Wurzel in 80 unterschiedlichen Versen auf, darunter je 44 Verben und Adjektive und fünf Substantive. Davon stehen 24 in den Schriften der Tora, 42 innerhalb der Nevi'im und die verbleibenden 27 innerhalb der Ketuvim. Im Vergleich mit den zuvor untersuchten Wurzeln gestaltet sich die Analyse von נקי komplizierter, da die Grundbedeutung „frei", „sauber" oder „ledig" lautet, aber häufig auch eine juristische Konnotation trägt und entweder „schuldlos" oder „ungestraft" meint. Besonders häufig taucht die Formulierung דם נקי – „unschuldiges Blut" (z.B. 1Sam 19,5), zuweilen in Verbindung mit שפך – „vergießen" auf (z.B. Dtn 19,8). Ob die Verbindung mit שפך nicht nur auf Mord, sondern auch auf Justizmord verweist, wie Paschen annimmt, ist nicht sicher zu beantworten.[17] Sichtbar wird jedoch in jedem Fall

17 Vgl. dazu *Paschen*, Rein und unrein, 23.

die forensische Perspektive, die der Begriff in den Reinheitsdiskurs stärker als die anderen Begriffe einbringt.

נקה tritt wiederholt in der mit לא verneinten, verstärkenden figura etymologica auf: ונקה לא ינקה – „er wird keineswegs ungestraft lassen" (z.B. Ex 34,7; Num 14,18; Jer 46,28).

Interessant sind für die Untersuchung vor allem drei Stellen, an denen über die נְקִי כַפַּיִם – „Unschuld der Hände" (Gen 20,5 und Ps 24,4; beide Male in Parallelität zur Lauterkeit des Herzens) oder über אֶרְחַץ בְּנִקָּיוֹן כַּפָּי – „Waschen der Hände in Unschuld" (Ps 24,4/73,13) gesprochen wird. Auffällig ist außerdem der Beleg in Hos 8,5:

זָנַח עֶגְלֵךְ שֹׁמְרוֹן חָרָה אַפִּי בָּם עַד־מָתַי לֹא יוּכְלוּ נִקָּיֹן׃

> Er hat dein Kalb verworfen, Samaria. Mein Zorn ist gegen sie entbrannt. Bis wann sind sie nicht der Reinigung fähig?

Hier ist נקיון etwas, das nur möglich ist, wenn der Zorn Gottes nicht auf einem liegt. נקיון wird damit zu einem relationalen Begriff, der vom Verhältnis zu Gott abhängig ist.

Eine lange Diskussion schließt sich an die Verwendung der Wurzel **נקה** in Am 4,6a an:

וְגַם־אֲנִי נָתַתִּי לָכֶם נִקְיוֹן שִׁנַּיִם בְּכָל־עָרֵיכֶם וְחֹסֶר לֶחֶם בְּכֹל מְקוֹמֹתֵיכֶם.

> Und auch ich gab euch Reinheit / Unschuld der Zähne in allen euren Städten und Mangel an Brot in allen euren Orten.

Die Polysemie der Wurzel wird an dieser Stelle besonders deutlich, da unklar bleibt, ob es sich in Anlehnung an Ps 26,6 um eine metaphorisch-moralische Auslegung im Sinne besonderer Unschuld handelt oder aber um eine Plage-Metapher, die darauf abzielt, dass Zähne dann „rein" sind, wenn sie nichts zu beißen haben, der Mensch also Hunger leidet.[18]

---

18 Die Fortsetzung des Verses und der Verweis auf die Brotmenge legt letzteres nahe, so auch *Wolff*, Joel – Amos, 260. Eine Kombination aus beidem schlägt Fleischer vor, vgl. *Dahmen & Fleischer*, Joel – Amos, 183–184. Amüsant ist der Hinweis bei *Wolff*, Joel – Amos, 260, auf die Version der LXX, die mit γομφιασμὸς ὀδόντων an Zahnschmerzen zu denken scheint.

Eine ganz andere Erwähnung findet die Wurzel wiederum im aramäischen Teil des Danielbuches (Dan 7,9). Dort wird es als Attribut zu „Wolle" benutzt und mit weißem Schnee parallelisiert.

Die Wurzel נקי geht begrifflich über das hinaus, was die bisherigen Reinheitsbegriffe beinhalten. In diesem Begriff werden sowohl eine hygienische wie eine forensisch-juristische Perspektive aufgerufen. Er erweitert damit das Reinheitsphänomen um genau diese Aspekte. In den 93 untersuchten Belegen findet sich allerdings auch eine Vielzahl an Stellen, die über das Feld der Reinheit hinausgehen, weshalb sie auch nicht in die allgemeine Zählung mit eingegangen sind. Sie wirken dennoch indirekt auf das Bild von Reinheit ein.

2.1.1.5 צרף

Die Wurzel צרף taucht innerhalb der Hebräischen Bibel an 34 Stellen in 30 Versen auf. Es handelt sich dabei fast ausschließlich um Verbformen. Sie findet sich nur innerhalb der Nevi'im (19) und der Ketuvim (15). Verwandte Wurzeln lassen sich auch in anderen semitischen Sprachen belegen, was im Vergleich die Grundbedeutung „läutern" nahelegt.[19] Diese Bedeutung tritt auch an einigen Stellen innerhalb der Hebräischen Bibel zu Tage (so z.B. Jes 1,25; Jer 9,6 und vor allem als substantivierte Partizipialform in Ri 17,4; Jes 40,19; Jer 10,9; Neh 3,8 u.v.m.). Zugleich zeigt eine Sichtung der Belege in der Hebräischen Bibel auch, dass und inwiefern sich der Gebrauch des Wortes verschieben kann. So sind besonders die Parallelverbindungen zu anderen Reinheits-Wurzeln wie ברר und טהר auffällig (z.B. für ברר Dan 11,35 und 12,20 oder für טהר Mal 3,3 und Ps 12,7).

Es sind diese Parallelisierungen, die צרף für eine Untersuchung über Reinheitsvorstellungen relevant werden lassen. Die meisten dieser Belege greifen den metallurgischen Prozess des Läuterns (im Allgemeinen geht es um Silber oder Gold) auf, um ihn auf Erfahrungs- oder Lernprozesse zu übertragen.

Jes 48,10 macht diesen Zusammenhang anschaulich:

הִנֵּה צְרַפְתִּיךָ וְלֹא בְכָסֶף בְּחַרְתִּיךָ בְּכוּר עֹנִי׃

> Siehe, ich habe dich geläutert – und zwar nicht in Silber, sondern im Ofen des Elends.

Dieser Vers steht im Kontext des einzigen Kapitels in DtJes, das sich gegen Israel richtet. Er lässt sich gliedern in eine Hauptaussage: הִנֵּה צְרַפְתִּיךָ – „siehe,

19 Vgl. auch im Folgenden *Saebo*, צרף, 1133–1135.

habe dich geläutert" und eine zweistufige Erklärung zu dieser Aussage, die eine verneint: וְלֹא בְכָסֶף – „aber nicht in Silber", die zweite schließlich konstatierend: בְּחַרְתִּיךָ בְּכוּר עֹנִי – „sondern im Ofen des Elends".

Die Gegenüberstellung geht von zwei verschiedenen Kontexten des Läuterungsprozesses aus: der eine entspricht dem üblichen Verfahren des Edelmetallgewerbes, der andere verläuft unter irregulären und bedrückenden Umständen. Das Ergebnis der Läuterung ist in beiden Fällen dasselbe, nur der Weg dorthin verläuft im zweiten Falle auf unabsehbare Weise anders als erwartet.

צרף erweist sich als ein abgeleiteter Reinheitsbegriff, der jedoch die Weite der anderen Begriffe aufnimmt, indem er sich sowohl auf materielle wie auf anthropologische Kontexte beziehen lässt.

2.1.2 *Die Grundbegriffe für Unreinheit in der Hebräischen Bibel*

Im Blick auf die Begriffe für Unreinheit bringt die Analyse der Wortkonkordanz vergleichbare Ergebnisse zu Tage. Der Hauptbegriff ist טמא, der nicht zu Unrecht in vielen Beiträgen als Gegen- oder Ergänzungsbegriff zu טהר verstanden wird. Der Begriff taucht etwa 290mal innerhalb der Hebräischen Bibel auf. Er wird ergänzt durch eine Vielzahl anderer Begriffe, die jedoch einen weitaus geringeren Anteil stellen (zusammengenommen etwa 50 Belege). Hierzu zählen die Begriffe פגל, חנף, צאי und גאל. Gemeinsam ist diesen Begriffen, dass sie neben „unrein" auch im alltäglichen Sinn „dreckig sein" als Bedeutungsnuance aufweisen. In ihren Kontexten und Bedeutungsspektren werden sie im weiteren Verlauf dieser Arbeit untersucht werden.

70 Prozent der Unreinheitsbelege entfallen auf den Pentateuch, dabei – wie auch schon im Blick auf die Reinheitsbelege – weit mehr als die Hälfte auf die priesterlichen Gesetze in Lev. Knapp 25 Prozent entfallen auf die Nevi'im und nur gute 5 Prozent auf die Ketuvim. Das zeigt eine sichtbare Verschiebung im Blick auf die Reinheitsbelege an.

2.1.2.1 טמא

Die Wurzel **טמא**, das Gegenstück zu **טהר**, findet sich 286mal in 229 Versen der Hebräischen Bibel. Wenig überraschend ist davon ein Großteil der Stellen (200) in den Schriften der Tora belegt. Lediglich 75 Mal ist die Wurzel innerhalb der Nevi'im belegt und 11 Mal innerhalb der Ketuvim. Die überwiegende Anzahl wird von Verbformen gestellt (168), während lediglich 88 Mal Adjektiv- und 36 Mal Substantivformen vorkommen.

Die Grundbedeutung hat **טמא** ebenfalls mit einigen anderen semitischen Sprachen gemein. Sie lautet „unrein" mit der Nuance „schmutzig". Noch ursprünglicher und aus den verwandten Sprachen abgeleitet sei, so Paschen, eine Übersetzung mit „feuchter Schlamm".[20] Ein wortstatistischer Vergleich mit **טהר** zeigt, dass die Begriffe einander an vielen Stellen komplementär gegenüberstehen. Besonders deutlich wird dieser Zusammenhang an Stellen, an denen es zur Aufgabe der Priester erklärt wird, zwischen rein und unrein, heilig und profan zu unterscheiden, z.B. in Lev 10,10:

וּֽלֲהַבְדִּ֕יל בֵּ֥ין הַקֹּ֖דֶשׁ וּבֵ֣ין הַחֹ֑ל וּבֵ֥ין הַטָּמֵ֖א וּבֵ֥ין הַטָּהֽוֹר׃

> Zu unterscheiden zwischen dem Heiligen und dem Profanen und zwischen dem Unreinen und dem Reinen.

Nicht immer sind beide Begriffe jedoch aufeinander bezogen. Im Buch Exodus etwa kommt im Kontext des Baus der Stiftshütte und der Priestergesetze **טהר** 29mal vor, während **טמא** im gesamten Buch fehlt. Im Buch Levitikus dagegen finden sich doppelt so viele Belege für **טמא** wie für **טהר**. Dieser Überhang stammt vorrangig aus den Kapiteln 11 und 15, welche die unreinen Tiere zum einen und den Umgang mit körperlichen Ausflüssen zum anderen thematisieren.

Außerdem wird die Unreinheit des Menschen als das Gegenstück zur Heiligkeit Gottes verstanden und gerade deshalb abgelehnt.

Auffällig ist, dass **טמא** nicht selten parallel zu Begriffen der Sünde oder Lasterhaftigkeit steht, so z.B. Lev 16,19; 22,9; Jes 64,5; Ez 14,11; 37,23 u.v.m.

2.1.2.2 צאה

Die Wurzel **צאה** findet sich siebenmal in sechs Versen der Hebräischen Bibel. Ihre Grundbedeutung „Dreck" oder „Schmutz", bisweilen auch „Kot" hat sie in diesen Schattierungen mit anderen semitischen Sprachen gemein. Bisweilen wird eine etymologische Verbindung zu **יצא** – „hinausgehen" diskutiert, was aufgrund der Ähnlichkeit der Radikale und der begrifflichen Nähe zum Verlassen der Exkremente aus dem Körper möglich, aber nicht zwingend notwendig ist.[21] Während die Wurzel im Allgemeinen mit „Dreck" oder menschlichem Unrat übersetzt wird. (so prominent in Ez 4,12, aber auch in Dtn 23,14 oder Jes 28,8) kommt bei Sach 3,3 auch eine Übersetzung im Kontext des Wortfeldes „unrein" in Frage:

וִיהוֹשֻׁ֕עַ הָיָ֥ה לָבֻ֖שׁ בְּגָדִ֣ים צוֹאִ֑ים וְעֹמֵ֖ד לִפְנֵ֥י הַמַּלְאָֽךְ׃

> Und Jeshoschua trug unreine Kleider und stand vor dem Engel.

---

20 Vgl. *Paschen*, Rein und unrein, 27, und ihm folgend auch *André*, טמא, 352.

21 Vgl. dazu *Beyse*, צאה, 856–858.

Dafür spricht vor allem der Kontext in Sach 3,4, der das Thema der Verfehlungen aufruft: Im Vers selbst wird das Ausziehen der **בגדים צאים** – „unreinen Kleider" als Wegnehmen der Verfehlungen interpretiert, was zugleich impliziert, dass die Unsauberkeit der Kleidung nicht rein hygienisch gemeint sein kann, sondern metaphorisch. Das wird durch Sach 3,6 unterstrichen, wenn bei den neuen Kleidern, die dem Hohepriester angelegt werden, der Begriff צָנִיף טָהוֹר – „reines Kopfband" verwendet wird.

Ähnlich lässt sich auch Jes 4,4 verstehen. Besonders deutlich wird die Nähe zur Reinheitsthematik in Prov 30,12 durch die syntaktische Nähe und inhaltliche Gegenüberstellung zu **טהר**:

דּוֹר טָהוֹר בְּעֵינָיו וּמִצֹּאָתוֹ לֹא רֻחָץ׃

> Ein Geschlecht, rein in seinen (eigenen) Augen und (doch) ungewaschen von seiner Unreinheit.

Hier wird die Verunreinigung, durch die Wurzel **צאה** ausgedrückt, als das Gegenteil von **טהר** beschrieben. Somit beschreibt **צאה** eine Variante von Unreinheit, die zum einen als Verfehlung qualifiziert wird (vgl. Jes 4,4 und Sach 3,3f.) und zum anderen einen materiell-haptischen Charakter durch die Grundbedeutung „Schmutz" trägt.

Interesse verdient, dass auch diese Unreinheit in einer Art priesterlichem Akt von der betroffenen Person weggenommen werden muss – wie in Sach 3,4 beschrieben.

2.1.2.3 גאל

Aufschlussreich sind etwa 12 Belege der Wurzel **גאל**, weil sie sich deutlich von der mit dieser Wurzel verbundenen Grundbedeutung „befreien, erretten" unterscheiden. Die Belege liegen in ihrer Bedeutung der Wurzel **געל** deutlich näher, wenngleich sowohl Hans Fuhs als auch Helmer Ringgren eine Verwandtschaft ausschließen. Vielmehr stelle **גאל** II eine Nebenform zu **געל** dar.[22] Während **געל** jedoch als Grundbedeutung „Ekel erregen" oder „verwerfen" aufweist und somit außerhalb der Reinheitsthematik liegt, hat **גאל** II die Grundbedeutung „befleckt sein / unrein sein".

Die so verwendeten Belege dieser Wurzel finden sich je zur Hälfte innerhalb der Nevi'im und der Ketuvim, im Pentateuch findet die Wurzel in dieser Bedeutung keine Erwähnung.

---

22 Vgl. *Fuhs*, געל, 48, und *Ringgren*, גאל, 885.

Mit der Wurzel **גאל** II werden Menschen, Köperteile, Städte und Speisen beschrieben. Besonders auffällig ist der Ausdruck der „Befleckung des Priestertums" גָּאֳלֵי הַכְּהֻנָּה in Neh 13,29 und dessen Abwandlung **וַיְגֹאֲלוּ מִן־הַכְּהֻנָּה** in Neh 7,64 und Esr 2,62.

In Neh 13,29 heißt es:

זָכְרָה לָהֶם אֱלֹהָי עַל גָּאֳלֵי הַכְּהֻנָּה וּבְרִית הַכְּהֻנָּה וְהַלְוִיִּם׃

> Erinnere dich an sie, mein Gott, wegen der Verunreinigung des Priesteramtes und des Bundes der Priester und Leviten.

Für die beiden letztgenannten Stellen wäre zu diskutieren, ob hier eher eine Übersetzung von **גאל** I zutreffen würde und somit das Loslösen oder die Befreiung von der Priesterschaft gemeint wäre. Dagegen spricht jedoch der Kontext, der klar pejorativ bestimmt ist.

Der Terminus bringt einen Aspekt in die Diskussion ein, der das zugrundeliegende Konzept der Verunreinigung auf Institutionen wie das Priesteramt überträgt. Die gewohnten Reinheitsvorstellungen, die in den Priestern gerade die Bewahrer des Reinen sehen, sind hier vorauszusetzen, um die Brisanz eines verunreinigten Priestertums zu verstehen.

2.1.2.4 פיגול

Sehr selten, aber dennoch bedeutsam sind die Belege der Wurzel **פגל**, die sich viermal in vier Versen der Hebräischen Bibel immer in der Form **פִּגּוּל** finden. Der Begriff bezeichnet ausschließlich Speisen als „Unreines", also Speisen im Zustand der Untauglichkeit. Diether Kellermann weist auf die äußerst unklare Etymologie und die damit verbundenen Schwierigkeiten bei der Bedeutungsfindung hin.[23] Der pejorative Unterton macht deutlich, dass es sich „um dem JHWH-Kult zuwiderlaufende Speisen"[24] handelt, was besonders Lev 7,18 und 19,7 nahe legen. Der Begriff wird also zumeist in Verbindung mit Opferfleisch verwendet. Diese Feststellung reicht aus, um die Wurzel in die Betrachtung der Reinheitskonzeptionen einzubeziehen. Noch deutlicher wird das angesichts der Verwendung von **צאה** und **טמא** in Ez 4,9–14.

Im Zuge der Bestimmungen an Ezechiel, wie und was er zu essen habe, heißt es in Ez 4,13–14 unter Verwendung von **פיגול** und טמא:

---

23 Vgl. *Kellermann*, פיגול, 500–501.

24 *Kellermann*, פיגול, 501.

וַיֹּ֣אמֶר יְהוָ֗ה כָּ֛כָה יֹאכְל֥וּ בְנֵֽי־יִשְׂרָאֵ֛ל אֶת־לַחְמָ֖ם טָמֵ֑א בַּגּוֹיִ֕ם אֲשֶׁ֥ר אַדִּיחֵ֖ם שָֽׁם׃ וָאֹמַ֗ר
אֲהָהּ֙ אֲדֹנָ֣י יְהוִ֔ה הִנֵּ֥ה נַפְשִׁ֖י לֹ֣א מְטֻמָּאָ֑ה וּנְבֵלָ֨ה וּטְרֵפָ֜ה לֹֽא־אָכַ֤לְתִּי מִנְּעוּרַי֙ וְעַד־עַ֔תָּה
וְלֹא־בָ֥א בְּפִ֖י בְּשַׂ֥ר פִּגּֽוּל׃

Und JHWH sprach: So werden die Kinder Israels ihr unreines Brot essen unter den Völkern, wohin ich sie vertreiben werde. Und ich sprach: Ach, Herr JHWH, siehe meine Seele wurde nie unrein, nie habe ich Aas oder Zerrissenes seit meiner Jugend bis jetzt gegessen und es kam kein unreines Fleisch in meinen Mund.

Die textkritisch unklare Stelle in Jes 65,4 unterstreicht den Befund, dass **פיגול** als Ausdruck für unreine Speise genutzt wird, auch wenn eine konkrete Bestimmung unklar bleibt. Immerhin scheint der Verzicht auf eine Form von **טמא** oder die Verneinung von **טהר** bewusst erfolgt zu sein.

2.1.3 *Sonderfälle* חטא *und* כפר

Zwei Sonderfälle verdienen noch Beachtung, die auf den ersten Blick nicht direkt mit der Reinheitsthematik im Zusammenhang stehen, bei näherer Betrachtung jedoch inhaltlich in diesen Kontext gehören. Beide Termini sind eng mit der Kult- und Sühneterminologie verbunden und insofern direkt relevant für die Frage nach Reinheitskonzeptionen in der Hebräischen Bibel. Zugleich beschreiben sie ein breites semantisches Feld, das im Zuge dieser Untersuchung nur umrissen werden kann.

2.1.3.1 חטא

Von dieser Wurzel finden sich knapp 600 Belege in knapp 500 Versen der Hebräischen Bibel. Davon entfallen jeweils gut 230 Belege auf die Schriften der Tora und der Nevi'im und knapp 130 auf die Schriften der Ketuvim. חטא ist somit ein Begriff, der sich im Vergleich mit den anderen untersuchten Begriffen regelmäßiger und breiter über die Schriftkorpora verteilt.

Neben עון ist חטא der Hauptbegriff für „Schuld" oder „Sünde", der sich in vielen verschiedenen Kontexten findet: „Im AT drückt ht' mit seinen Ableitungen von den ältesten bis zu den jüngsten Schichten die religiöse Disqualifikation bestimmten menschlichen Tuns und Verhaltens am häufigsten aus."[25] Er ist ein Begriff, der in seiner Geschichte für unterschiedliche Arten menschlicher Verfehlung stand. So werden etwa Einzeltaten wie der Bau des goldenen Kalbes in Ex 32 oder das Vergehen Davids an Bathseba und deren Mann in 2Sam 12,13 explizit als חטא bezeichnet, aber auch ganz allgemein unredliches Verhalten in

---

25 *Koch*, חטא, Sp. 859.

z.B. Ez 18,4 oder Ps 41,5. Die Wurzel bezeichnet sowohl den Vollzug des Sündigens wie die einzelnen Verfehlungen an sich wie auch den sündigen Menschen.

Interessanterweise trägt חטא neben der Bedeutung „sündigen" auch die Bedeutung „entsühnen" in sich. Während die Sühne häufig mit Worten der Wurzel כפר ausgedrückt wird, finden sich ebenso Belege, an denen mit חטא das Opfer bezeichnet wird, das zur Entsündigung dient. Christian Eberhart zeichnet in seiner Dissertation zur Bedeutung der Opfer im Alten Testament die Vielschichtigkeit des Begriffs in Bezug auf konkrete Opfervollzüge sowie die bewegte Forschungsgeschichte, die dieser Begriff durchlaufen hat, nach.[26] Seine Verwendung lässt sich besonders an der Sündopferforderung für Priester in Lev 4,3 zeigen. In diesem Kontext ist der Hinweis Kochs auf die Nähe zum Wortfeld von טמא hilfreich. So fordert Num 19,20 etwa die Entsühnung dessen, der sich verunreinigt hat. Diese Nähe wird besonders deutlich, wenn die Tilgung der חטא als Bedingung für kultische Handlungen notwendig ist (vgl. Ex 29,1–14; Ez 44,27) oder wenn חטא indirekt als ein Gegenbegriff zu טהר qualifiziert wird (vgl. Jer 33,8). Interessant ist besonders die nachexilische Entwicklung, wenn die Sühnung von Sünde als der Hauptzweck der Stiftshütte verstanden wird. Dieser Gedanke zieht sich durch die Darstellung Ex 25-Lev 16 hindurch, wenn חטאת auch für das Opfer, das der Vernichtung der Sünde gelten soll, steht.[27] Bedeutsam für das Verständnis von חטא ist weiterhin die Einsicht aus 1Kön 8,46, es gäbe keinen Menschen, der nicht sündigte. Diese Einsicht stellt den Schluss einer Reihe von Bitten Salomos dar, die sich auf die Vergebung von Sünden in Notsituationen beziehen (1Kön 8,31–45). Somit ist חטא auch ein anthropologischer Grundbegriff. Das Verständnis von חטא als Opferhandlung, die eine gestörte Ordnung wiederherstellt und erneuten Zugang zum Kult verschafft, d.h. reinigt, verleiht dem Reinheitsbegriff eine weitere Nuance.

2.1.3.2 כפר

Etwas über 100 Belege von כפר finden sich in 97 Versen der Hebräischen Bibel, wobei die meisten in den Schriften der Tora (besonders in Ex und Lev) und denen der Nevi'im (besonders in Ez) stehen.

Über eine adäquate Übersetzung der Wurzel wird bis heute diskutiert; das betrifft vor allem die Vorschläge von Bernhard Lang, der in der

26 Vgl. *Eberhart*, Studien, 230–250.

27 Von Bedeutung ist an dieser Stelle auch die Beobachtung Kochs, dass mit der Übersetzung „Sündopfer" meist fälschlicherweise eine Opferdarbringung im Stil des do-ut-des verstanden werde, an dieser Stelle aber kaum gemeint sein könne. „Zwar zählt der Ritus als Darbringung am Heiligtum, aber nur weil er allein dort seine Wirksamkeit erhalten kann – zugunsten der Menschen!", vgl. *Koch*, חטא, Sp. 866.

Ursprungsbedeutung „bedecken" die abgeleitete Bedeutung „entsühnen" bildlich dargestellt sieht.[28]

Die Wurzel stellt das Komplementärstück zu חטא dar. Damit wird die menschliche Sühnehandlung, unter die auch das Entsühnungsopfer חטאת zählt, bezeichnet. Traditionell hat die Wurzel ihren stärksten Niederschlag in der Benennung des jüdischen Versöhnungstages als יום כיפור – „Jom Kippur" oder יום הכיפורים – „Jom haKippurim" gefunden. Das Subjekt der Entsühnung ist im Allgemeinen der Priester, der die Handlung durchführt, sowohl am Versöhnungstag wie auch in alltäglichen Situationen am Tempel. Gerade im Bereich der nichtpriesterlichen Texte kann das Subjekt dieses versöhnenden und wiedergutmachenden Handelns auch ein Laie sein, vor allem dann, wenn es sich um Störungen der zwischenmenschlichen Ordnung handelt.

Wenn כפר mit Begriffen der Versöhnung übersetzt wird, dann ist das eine Verengung seiner Bedeutung. Zuallererst beschreibt die Wurzel die Funktion der Wiederherstellung. Dass damit Versöhnung oder Wiedergutmachung einhergehen, ist nicht ausgeschlossen und liegt in vielen Fällen auch nahe, doch hat die Dynamik der Wurzel primär eine eher technisch anmutende Wirkung. Der versöhnende Aspekt tritt hinzu, da כפר und die mit dieser Wurzel verbundenen Opfer als Reaktion auf menschliches Vergehen oder Schuld notwendig werden. Im konkreten Vollzug aber bezeichnet כפר den beinahe handwerklichen Vorgang des „Aufdeckens" von Verfehlungen, was eine Entsühnung überhaupt erst möglich macht. Dieser Aspekt geht jedoch in vielen Übersetzungen verloren und wird durch den bereits mit theologischer Bedeutung aufgeladenen Begriff von „Sühne" oder „Versöhnung" überdeckt.

Der Bezug zur Reinheitsthematik entsteht durch die Verwendung der Wurzel im Kontext von Reinigungsriten, so z.B. in Lev 15,15:

וְעָשָׂה אֹתָם הַכֹּהֵן אֶחָד חַטָּאת וְהָאֶחָד עֹלָה וְכִפֶּר עָלָיו הַכֹּהֵן לִפְנֵי יְהוָה מִזּוֹבוֹ

> Und der Priester soll sie (2 Turteltauben, vgl. Lev 15,14) darbringen, eins als Hattat / Sühneopfer und eines als Ola / Brandopfer und er soll ihn vor JHWH entsühnen von seinem Ausfluss.

Dem Vers vorangegangen ist die Qualifizierung männlichen Ausflusses als Unreinheit (15,2) sowie die für den Mann und seine Umgebung folgenden Konsequenzen. Die Verwendung von כפר in diesem Kontext zeigt, dass körperlich verursachte Unreinheiten eine Störung des Gottesverhältnisses zur Folge

28 Vgl. *Lang*, כפר, 304–306.

haben, die wieder in Ordnung gebracht werden muss. Die Reinheitsbestimmungen erscheinen somit als Teil eines umfassenden Ordnungssystems. Die wiederherstellende Funktion von כפר wird an dieser Stelle im Gegenüber zu JHWH, ausgeführt durch den Priester, wirksam. Darin kommt noch einmal das relationale Moment, das allen Reinheitsbestimmungen eignet, zum Ausdruck.

Ähnliche Zusammenhänge finden sich auch an anderen Stellen innerhalb der levitischen Reinheitshalacha, so z.B. in Lev 12,7f; 14,18ff; 14,53; 15,30.

כפר als Verb der Versöhnung und Wiedergutmachung findet demzufolge im Kontext der Reinheitsthematik eine Konkretion, wodurch sowohl die Funktion dieser Bestimmungen wie auch die Dynamik des Verbs erhellt werden.

Eine besonders enge Verknüpfung der Wurzeln כפר und חטא mit Reinheitsbegriffen findet sich im Zuge der Weihe des neugebauten Tempels in Ez 43,19–26. Die Beschreibung der Opferabfolge, die unter Verwendung von כפר und חטא entworfen wird, gipfelt in der Funktion dieser Opfer in Ez 43,26:

שִׁבְעַת יָמִים יְכַפְּרוּ אֶת־הַמִּזְבֵּחַ וְטִהֲרוּ אֹתוֹ וּמִלְאוּ יָדוֹ

> Sieben Tage lang sollen sie den Altar entsühnen und ihn reinigen und ihre Hände füllen.

Die Untersuchung dieser beiden Sonderfälle zeigt auf eigene Weise, inwiefern Reinheitsfragen in andere Bereiche des priesterlichen und alltäglichen Lebens hineinreichen.

Der Überblick über die Reinheitsbegriffe der Hebräischen Bibel zeigt ein Doppeltes: Er zeigt zum einen die Vielschichtigkeit des Wortfeldes „Reinheit" und die Möglichkeit, diese Vielschichtigkeit auch begrifflich zu fassen. Zum anderen fällt die quantitative und inhaltliche Dominanz des Begriffspaares טהר und טמא bei aller Begriffsvielfalt ins Auge. Die Beobachtung kommt hinzu, dass sich die einzelnen Begriffe nicht auf bestimmte Kontexte festlegen lassen, sondern dazwischen oszillieren. Dass man deshalb nicht von klar abtrennbaren Reinheitskonzepten auszugehen kann, wird im Exkurs zum Verhältnis von Kult und Moral näher diskutiert werden.[29]

2.2 Die Septuaginta

Um die Entwicklung des Themas Reinheit im Alten Testament beschreiben zu können, muss auch die Septuaginta als eigenständige Quelle mit einbezogen

29 Vgl. den Exkurs in diesem Kapitel.

werden.[30] Damit stellt sich jedoch auch eine Reihe neuer Fragen. Sie reichen von der Diskussion um die textliche Grundlage über die genauen Entstehungs- und daher Interpretationsbedingungen der LXX bis hin zu vielfältigen Möglichkeiten, die griechische Version des Alten Testaments im Verhältnis zur hebräischen Version beschreiben zu können. Auch die Frage nach der Einordnung der LXX im Kontext (anderer) antikjüdischer Schriften ist relevant. Die vielfältige Diskussion hat sich in den letzten Jahren auf die Frage zugespitzt, ob es möglich sei, eine Theologie der Septuaginta zu schreiben und wenn ja, unter welchen Voraussetzungen. Die Frage ist für die vorliegende Studie in besonderer Weise relevant, weil die LXX bedingt durch die Überarbeitungs- und Übersetzungsstadien stärker noch als die Hebräische Bibel heterogen in ihren inhaltlichen Linien ist. Die Beschäftigung mit der Fragen nach der (Un-)Möglichkeit einer Theologie der LXX ist die Grundlage, um die LXX überhaupt als eine Textsammlung unter mehreren einbeziehen zu können. Die dazu vorherrschenden Positionen mit Kategorien wie Maximalismus und Minimalismus zu beschreiben, umreißt die Forschungslage nur sehr ungenau, deutet jedoch schon ihre Disparatheit an.[31] Auch Fragen nach den Übersetzungstechniken sowie äußeren Einflüssen auf die Gestalt der Septuaginta bestimmen immer wieder die Diskussion. Sie berühren auch die vorliegende Arbeit. Vor allem soll es darum gehen, Entwicklungen – oder vorsichtiger formuliert: Unterschiede – zwischen dem Hebräischen und dem Griechischen Text des Alten Testaments zu benennen und zu analysieren.

2.2.1 *Methodische Vorüberlegungen*

Die Diskussion über die (Un-)Möglichkeit einer Theologie der LXX sieht sich zunächst mit einer Reihe methodischer Fragen konfrontiert. Drei davon sollen im Folgenden näher betrachtet werden. Dabei beziehe ich mich exemplarisch auf vier Vertreter: Albert Pietersma und Martin Rösel markieren die minimalistische und die maximalistische Position, während sich Johann Cook und Timothy McLay mit unterschiedlicher Schwerpunktsetzung zwischen beiden positionieren lassen.

Einen bis heute in Abgrenzung und Anknüpfung zitierten Beitrag lieferte 2006 Rösel mit seinem auf der SBL in Atlanta gehaltenen Vortrag „Towards a ‚theology of the Septuagint'".[32] Der Titel macht bereits deutlich, dass Rösel die

30 Vgl. z.B. Timothy McLay in seinem Beitrag zu den (Un)Möglichkeiten einer Theologie der Septuaginta: „For any scholar to ignore the weight of the historical evidence and try and claim that in some way the early church was primarily dependent on the Hebrew scriptures, rather than the Greek, borders on the ridiculous.", *McLay*, Theology, 617.

31 Vgl. zu dieser Einteilung auch *Cook*, Interpreting, 590.

32 *Rösel*, Theology.

Möglichkeit eines solchen Unternehmens bejaht und nach dessen methodischen Voraussetzungen fragt, weshalb ihn Cook zu den Maximalisten zählt. In einem weiteren Artikel aus dem Jahr 2016 erweiterte er seine Überlegungen und reagierte auf die Anfragen der Kritiker.[33] Für Rösel geht es dabei weniger um das „ob" als um das „wie", das ihn bei seinen Überlegungen zur Theologie der Septuaginta bewegt.

Die 2008 in Wuppertal veranstaltete Fachtagung im Rahmen des Projekts „Septuaginta Deutsch" zum Thema „Die Septuaginta – Texte, Theologien, Einflüsse" nahm diese Diskussion auf und führte sie weiter. Cook positionierte sich mit seinem Vortrag „Interpreting the Septuagint – Exegesis, Theology and / or Religionsgeschichte" ausgewogen zwischen den maximalistischen und minimalistischen Lagern.[34] Eine Alternative stellte McLay vor: „Why not a theology of the Septuagint?"[35] Während der Titel bereits darauf hinweist, dass auch McLay ein solches Unterfangen nicht grundsätzlich ablehnt, formuliert er doch andere Anforderungen als Rösel und Cook. Allen drei Autoren ist gemein, dass sie an der Möglichkeit einer Theologie der LXX festhalten. Die Diskrepanz liegt in ihren Prämissen bzw. in ihrer unterschiedlichen Bewertung von Einzelbeobachtungen für das Ganze der LXX.

Ein klassischer Vertreter der minimalistischen Position ist Pietersma, der sich vor allem in der Septuagintaforschung zu den Psalmen einen Namen gemacht hat. Seine Kritik an Rösel formulierte er nicht erst in dem Band der SBL zur Septuaginta Research[36], in dem auch Rösel seinen bereits behandelten Beitrag veröffentlichte, sondern bereits ein Jahr vorher in seinem Artikel „Septuagintal Exegesis and the superscriptions of the Greek Psalter".[37] Im Zentrum der Auseinandersetzung stehen dabei vor allem drei Fragen.

Die erste und grundlegende Frage gilt dem sogenannten „Old Greek Text", also der ursprünglichen Textform der heutigen LXX. Welches Gewicht kommt diesem Text zu – und was bedeutet es, dass er bestenfalls rekonstruiert werden kann? Eine zweite Frage behandelt das Verhältnis der Bücher zueinander. Da die einzelnen Bücher von unterschiedlichen Bearbeitern übersetzt wurden, müssen die jeweiligen Eigenheiten zu den Grundlinien des gesamten Projektes in Beziehung gesetzt werden. Schließlich stellt sich drittens die Frage nach den Kriterien, die für eine Theologie der LXX zu veranschlagen sind. Anhand dieser

---

33 *Rösel*, Theologie.
34 *Cook*, Interpreting.
35 *McLay*, Theology.
36 *Kraus/Wooden* (Hg.), Septuagint, darin: *Pietersma*, Exegesis II.
37 *Pietersma*, Exegesis.

Fragen soll im Folgenden die Diskussion um eine Theologie der Septuaginta nachgezeichnet werden.

Die Frage nach der Textgrundlage baut auf einem Vergleich zwischen griechischer und hebräischer Überlieferung auf. Weder die gesicherte semitische Grundlage noch der ursprüngliche griechische Text der LXX liegen heute vor. Cook mahnt deshalb zu Zurückhaltung: „In the light of the fact that the OG of all the books of the LXX has not yet been prepared, I would suggest that the current phase of writing of exegetical commentaries be completed first, before proceeding with the formulation of theologies of the Septuagint."[38] Auf pragmatische Weise kommt Cook also zu dem Schluss, dass eine Theologie der LXX nicht geschrieben werden könne, solange der OG nicht zugänglich ist. Cook diametral entgegen steht Rösel, der die Schwierigkeit zwar anerkennt, jedoch den heute vorliegenden Text als Ergebnis einer Rezeptionsgeschichte und daher als ebenso gewichtig ansieht: „Even if we cannot be sure in every instance whether the translator, the *Vorlage* used, or a later redactor is responsible for these theological characteristics, it has to be stated that they are in the Greek text and therefore belong to the history of reception of the Septuagint."[39] McLay weitet die Frage nach der Grundlage aus und fordert, der OG könne und solle nicht die einzige Grundlage sein.[40] In der Rezeption durch die frühe Kirche habe das Verhältnis der LXX zu ihrer Vorlage keine Rolle gespielt, so dass dies für eine Theologie derselben zweitrangig sei, zumindest aber nicht darauf beschränkt bleiben sollte. Dabei betont er außerdem die Zeit- und Ortsgebundenheit jedes Übersetzers und Redaktors, so dass die Festlegung auf einen Punkt in der Entwicklung der LXX willkürlich sei und nur „a snapshot of the theology of an individual who represented a communal understanding of the text in one particular period" spiegele.[41] Pietersma misst als Skeptiker dem OG naturgemäß eine hohe Wertigkeit zu und fordert, anders als Cook innerhalb der LXX zwischen Komposition und Redaktion, bzw. in seinen Worten zwischen originalem Text und durch die Rezeption verändertem Text zu unterscheiden. Dabei versteht er unter dem originalen Text „the original, pristine Greek text as it left the hands of the translator in contrast to the subsequent reception history of that text."[42]

Es zeigt sich also, dass die Frage nach dem OG als hermeneutische Voreinstellung bei der Eruierung einer Theologie der LXX mitbedacht werden muss, will

38 *Cook*, Interpreting, 606.

39 *Rösel*, Theology, 251.

40 Vgl. *McLay*, Theology, 608.

41 *McLay*, Theology, 619.

42 *Pietersma*, Exegesis II, 34.

man die Frage nicht von vorneherein für unmöglich halten. Rösel nimmt dabei in seinem späteren Beitrag die Forderung Pietersma nach einer Unterscheidung von Produktion und Rezeption auf: Er möchte den Begriff „Theologie der Septuaginta" im Sinne der doppelten Genitivfunktion sowohl subjektivisch als „implizite Theologie der griechischen Übersetzungen" als auch objektivisch als „Theologie, die sich *aus* der Septuaginta ergibt" verstanden wissen.[43]

Das Verhältnis zwischen den Theologien der einzelnen Bücher und einer postulierten Theologie der gesamten LXX schließt direkt an die Frage nach dem OG an und weitet sie auf die Beobachtung aus, dass die einzelnen Bücher von unterschiedlichen Bearbeitern übersetzt worden sind. Rösel fordert hier ein Doppeltes: Zum ersten müssten die individuellen Schwerpunkte und Nuancen der Bücher sowie deren Übersetzungsprofile wahrgenommen werden, ohne vorschnell zu Gunsten einer allgemeinen Theologie nivelliert zu werden.[44] Zum zweiten dürfe dies jedoch nicht zu einer Sammlung unverbundener Studien führen, sondern müsse zugleich verbindende Elemente sowie wie übergreifende theologische Topoi sichtbar machen.[45] Zur Entfaltung des letzteren verweist Rösel paradigmatisch auf mögliche Themen, die Inhalt einer solchen Theologie sein könnten: Dazu zählen „Gottesbilder", „Gott und die fremden Götter", „Israel und die Völker", „Messianismus" und andere mehr. Cook fordert dagegen, dass „the diversity in the Septuagintal translations should be honoured and therefore one should expect many theologies".[46] Anders als Rösel sieht er es also nicht nur im Blick auf die Grundlage des Textes, sondern auch im Blick auf die Diversität der biblischen Bücher als kaum möglich an, *eine* Theologie zu entwerfen. Schließlich sollte, so Cook, ein Paradigma formuliert werden, um die Theologie jedes spezifischen Buches bestimmen zu können. Dabei leisteten Projekte wie die LXX. Deutsch gute Dienste.

Eindeutige Positionierungen ergeben sich bei der Frage, auf welchem Wege die theologischen Spezifika der LXX als Ganzer bzw. einzelner ihrer Bücher zu erheben seien. Hierbei sind sich Rösel und Cook einig, dass terminlogische Unterschiede zwischen dem Hebräischen und dem Griechischen sowie sich daraus ergebende Übersetzungstechniken Anhaltspunkte für eine Theologie bieten. Einen anderen Weg schlagen sowohl McLay als auch Pietersma ein. McLay formuliert in Abgrenzung zu Rösel, dass eine Theologie der Septuaginta nicht auf die Unterschiede zwischen griechischem Text und angenommener

---

43 *Rösel*, Theologie.

44 Vgl. *Rösel*, Theology, 240.

45 Vgl. *Rösel*, Theology, 241. Er betont, dass daraus jedoch ebenso wenig eine diachrone Herangehensweise folge, um den unterschiedlichen „hermeneutischen Großwetterlagen" (*Rösel*, Theologie, 28) gerecht zu werden.

46 *Cook*, Interpreting, 605.

semitischer Grundlage beschränkt bleiben könne, da es die Dynamik dessen, wie und wo Theologie entstehe, nicht ausreichend erfasse. McLay erkennt in einem solchen Vorgehen eine Mangelerscheinung: „one of the reasons for confining the analysis of the theology of the Septuagint to the differences between the translations and the source texts given me by scholars is that there would be little else of value to discover."[47] Für McLay verbirgt sich hinter einem solchen Vorgehen zugleich ein eindimensionales Verständnis von Theologie, das der Tatsache keine Rechnung trüge, dass „theology is inherently a reader, as opposed to author, centered discipline."[48] Somit plädiert er für eine Theologie, die sich nicht nur an begrifflichen Unterschieden, sondern ebenso an der Rezeption bei den Lesenden orientiert. Neben der bereits benannten Unterscheidung Pietersmas zwischen Produktion und Rezeption unterscheidet er zudem zwischen Interpretation und Exegese. Während es kaum noch der Diskussion bedürfe, dass jede Übersetzung auch Interpretation sei, folge daraus jedoch nicht notwendigerweise, dass auch jede Interpretation Exegese sei. Exegese müsse, um als solche bezeichnet werden zu können, einige grundlegende Kriterien erfüllen: „It would thus be fair to say, it seems to me, that exegesis, in any meaningful sense, presupposes as a minimum (a) deliberateness, (b) methodicalness and (c) a goodly degree of target orientedness."[49] Im Vergleich zu Rösel formuliert er mit Blick auf die Beweislast die Gegenposition: „No difference between the Hebrew and the Greek text shall be deemed exegetical, until proven so."[50] Das Proprium des Ansatzes von Pietersma liegt folglich in der Zurückhaltung gegenüber einer vorschnellen Annahme exegetischen oder interpretatorischen Handelns seitens des Übersetzers. Er legt daher großen Wert auf ein sorgsames linguistisches Vorgehen[51], das prüfen müsse, ob Unterschiede tatsächlich interpretatorischen Charakter haben oder nicht viel mehr als linguistische Phänomene, die beim Übergang von der einen in die andere Sprache deutlich werden, zu erklären sind.

Für die vorliegende Untersuchung steht die Frage nach den zugrunde gelegten Texten im Vordergrund. Rösels pragmatischer Umgang mit dieser Problematik bleibt auf der einen Seite unbefriedigend, da er viele Fragen offenlassen oder schlicht übergehen muss. Auf der anderen Seite bietet er jedoch

47 *McLay*, Theology, 608–609.

48 *McLay*, Theology, 616.

49 *Pietersma*, Exegesis, 452.

50 *Pietersma*, Exegesis, 451.

51 Pietersma beruft sich hier auf die Methode von Gideon Toury, der in jeder Übersetzung drei Aspekte sieht, die es zu beachten und mit einander ins Gespräch zu bringen gilt: „function", „product" und „process". Näheres zur Tourys *Descriptive Translation Studies* bei *Pietersma*, Exegesis, 445–447.

möglicherweise den einzig gangbaren Weg, um mit der griechischen Übersetzung des Alten Testaments arbeiten zu können. Denn trotz aller Schwierigkeiten ist die Wahrnehmung der Unterschiede und Veränderungen eine elementare Voraussetzung, um die Reinheitsterminologie in ihrer geschichtlichen Entwicklung zu verstehen. Es bleibt also zu eruieren, ob in der Übersetzung (und damit implizit der Interpretation) der Hebräischen Bibel ins Griechische signifikante Veränderungen im Blick auf die vorfindlichen Reinheitskonzeptionen und deren Bedeutung für die Identität des Volkes Israel erfolgt sind, die wiederum einen Einfluss auf die Traditionsbildung des Neuen Testaments gehabt haben. Die weitere Untersuchung wird sich deshalb an der Frage Rösels orientieren, bei welchen Themen des Alten Testaments signifikante Unterschiede zwischen den Texttraditionen der Hebräischen Bibel und der LXX bestehen.[52] Damit wird die Untersuchung gleichzeitig dem Anliegen McLays gerecht, der nachvollziehbar fordert, dass eine rein begriffliche Untersuchung weder einem angemessenen Verständnis von Theologie noch der Wirklichkeit der Entstehung und Rezeption der LXX entspricht. Diesem Anspruch wird besonders dadurch Rechnung getragen, dass in einem eigenen Abschnitt auch die „apokryphen" Spätschriften der LXX untersucht werden.

2.2.2 *Reinheits- und Unreinheitsbegriffe*

Im Folgenden wird die Reinheitsterminologie der LXX nicht nur vorgestellt, sondern vor allem in ihrer Korrelation zu den hebräischen Äquivalenten untersucht. Aus den Unterschieden zwischen beiden Texttraditionen lassen sich Verschiebungen auf der inhaltlichen Ebene ableiten.

In einem Übersetzungstext wie der LXX bezieht sich zumeist jeder Begriff auf einen entsprechenden Ausdruck seiner Vorlage. Im vorliegenden Fall werden sowohl טהר als auch ברר als auchזך mehrheitlich mit καθαρός übersetzt. Schon diese Zusammenführung mindestens dreier hebräischer Begriffe auf einen griechischen Begriff deutet eine Tendenz an, die sich weiter durchziehen wird. צרף wird mit Formen des Verbs πυρόομαι wiedergegeben. Daneben gibt es eine ganze Reihe weiterer Alternativbegriffe, die das Bild erweitern und die Frage aufwerfen, ob ihre Vielfalt den hebräischen Sprachgebrauch widerspiegelt oder auf das Konto der Übersetzer und ihrer stilistisch-theologischen Arbeit geht.

Im Folgenden soll dieser Frage exemplarisch anhand von zwei der genannten hebräischen Begriffe beantwortet werden: zum einen werden die Äquivalente für טהר untersucht, weil dies der bei weitem am häufigsten verwendete hebräische Begriff ist; zum anderen fällt bei ברר die Vielzahl an griechischen

52 Zitiert nach *Rösel*, Theology, 243.

Übersetzungen auf, weshalb auch dieser Begriff eine genauere Untersuchung verdient.

Von den 206 Belegen der Wurzel טהר finden sich nur 14 Stellen, an denen in der griechischen Übersetzung nicht καθαρός gewählt wurde. Das spricht für eine relativ vergleichbare Verwendung der beiden Begriffe und somit dafür, dass sich die Polysemie, die im vorherigen Abschnitt der Wurzel טהר attestiert wurde, auch in dem griechischen Pendant wiederfindet – was für die Verwendung des Begriffs in anderen griechischsprachigen Quellen dann ebenso von Bedeutung sein dürfte. Interessant ist außerdem, dass καθαρός auch als maßgebliches Äquivalent für זך dient. Hier findet also eine Zusammenführung zweier hebräischer Begriffe in einem griechischen statt. Das griechische καθαρός weist somit ein weiteres Bedeutungsspektrum auf die beiden hebräischen Begriffe je für sich genommen.

Es gibt nur wenige Stellen, an denen die Reinheitsbegrifflichkeit der Hebräischen Bibel nicht ins Griechische übernommen wird. Dazu zählen u.a. Ex 25,24; 36,16f, Jes 66,20b, 1Chr 28,17. Hier fällt die Thematik entweder ersatzlos weg oder wird, wie in Jes 66,20b, in andere Inhalte transformiert.[53] Ebenso fallen harmonisierende oder erklärende Tendenzen auf Seiten der LXX, besonders im Bereich des Pentateuchs, auf. Dazu zählt zum einen die Ergänzung des Adjektivs καθαρός in Bezug auf Materialien, obwohl es dafür im Hebräischen an dieser Stelle (anders als an vielen anderen) keine Entsprechung gibt. In Num 12,15 fügt der Übersetzer noch eine Erklärung ein: Während der hebräische Text hier lediglich die Absonderung Mirjams postuliert, ergänzt der griechische Text, dass sie unrein gewesen sei.[54] Diese Erklärung wäre nicht notwendig gewesen, da der unmittelbare Kontext die Unreinheit Mirjams aufgrund des von Gott gegebenen Aussatzes voraussetzt.

Auf den ersten Blick lässt sich somit eine große Nähe zwischen dem hebräischen und dem griechischen Begriff feststellen, was auch eine Vergleichbarkeit der Art und Weise, wie über Reinheit gesprochen wird, nahelegt. Dieser Eindruck verändert sich allerdings im Blick auf jene Stellen, an denen die LXX καθαρός nutzt und dabei weder טהר noch זך übersetzt. Quer durch alle Schriftkorpora ist καθαρός belegt als ein Wort, das eine Vielzahl von Bedeutungsnuancen ausdrückt, indem es für eine Vielzahl hebräischer Begriffe genutzt wird.

53 Während im Hebräischen von „reinen Geräten" – בִּכְלִ֥י טָה֖וֹר gesprochen wird, in denen die Kinder Israels ihr Opfer zum Haus JHWHs bringen, wird daraus im Griechischen der Psalmengesang – μετὰ ψαλμῶν.

54 MT: וַתִּסָּגֵ֥ר מִרְיָ֛ם מִח֥וּץ לַֽמַּחֲנֶ֖ה שִׁבְעַ֣ת יָמִ֑ים וְהָעָם֙ לֹ֣א נָסַ֔ע עַד־הֵאָסֵ֖ף מִרְיָֽם׃ LXX: καὶ ἀφωρίσθη Μαριαμ ἔξω τῆς παρεμβολῆς ἑπτὰ ἡμέρας· καὶ ὁ λαὸς οὐκ ἐξῆρεν, ἕως ἐκαθαρίσθη Μαριαμ.

Ausgesprochen häufig tritt καθαρός als Übersetzung für die hebräische Wurzel נקי/נקה auf, vor allem dann, wenn Wortfeld „schuldlos" oder „ungestraft" berührt wird. Im Allgemeinen wird נקי in der LXX jedoch mit Formen von ἁγνός wiedergegeben. Eine Verwendung von καθαρός ist besonders im Pentateuch (Gen 24,8; 44,10; Ex 20,7; 34,7; Num 14,18; Dtn 5,11), aber auch bei Hiob (4,7) oder Jeremia (32,29) zu beobachten. Neben נקי wird καθαρός für andere hebräische Begriffe genutzt, die im weitesten Sinn mit Entsühnung, Vergebung oder Heiligung in Verbindung stehen – so z.B. in Ex 29,37; 30,10 für die Wurzel כפר, in Ex 30,10 und Lev 8,15 für חטא, in Num 30,6.9 für סלח und in Num 5,17, Jer 65,5 und Hi 1,5 für קדש.

Die Wahrnehmung des Begriffs καθαρός ist in der LXX – zumindest zahlenmäßig – unverkennbar von der Bedeutung, die auch טהר eignet, geprägt. Gleichzeitig ist weder zu übersehen noch zu unterschätzen, dass die breitere Verwendung des griechischen Begriffs auch Rückwirkungen auf sein Verständnis hat. So erscheint καθαρός als ein Reinheitsbegriff, der breiter angelegt ist als טהר. Diese Breite drückt sich u.a. darin aus, dass καθαρός nicht nur einen Zustand beschreibt, sondern auch für Prozesse und Konsequenzen der Zustandsveränderung eingesetzt wird. Die Bedeutung des griechischen καθαρός verschiebt sich somit gegenüber dem hebräischen Äquivalent dahingehend, dass der Zustand der Reinheit in große Nähe zu Begriffen der Entsühnung und Vergebung gerückt wird. Im griechischen Text kann deshalb noch viel weniger von einer Diastase zwischen kultischer und moralischer Reinheit ausgegangen werden, als dies schon im Kontext der hebräischen Vorlage der Fall war.

Dieser Eindruck verstärkt sich noch einmal mit Blick auf die Alternativen, welche die LXX in der Übersetzung von טהר neben καθαρός bietet. Das betrifft sowohl eine begriffliche wie eine textliche Häufung. Zwölf der 14 Alternativen werden vom griechischen Stamm ἁγνίζ- gebildet.[55] Das Vorkommen dieser Variante findet sich schwerpunktmäßig in Num und 2Chr, daneben aber unter anderem auch in Ps und Prov in der Form des Adjektivs ἁγνός.[56] In seiner Grundbedeutung ist der Stamm des Wortes dem von καθαρός oder auch

55 Daneben treten als direkte Äquivalente noch ὅσιος in Prov 22,11 und δόκιμος in 2Chr 9,17 auf. Erwähnung verdienen noch einige Paraphrasen, die sich zum Teil ganz von der Reinheitsthematik entfernen und die in der Statistik deshalb auch nicht berücksichtigt sind. Ein besonders deutliches Beispiel bietet Jes 66,20b: כַּאֲשֶׁר יָבִיאוּ בְנֵי יִשְׂרָאֵל אֶת־הַמִּנְחָה בִּכְלִי טָהוֹר בֵּית יְהוָה׃ wird hier übersetzt als ὡς ἂν ἐνέγκαισαν οἱ υἱοὶ Ισραηλ ἐμοὶ τὰς θυσίας αὐτῶν μετὰ ψαλμῶν εἰς τὸν οἶκον κυρίου.

56 ἁγνός in Ps 11,7 und 18,10 (LXX) und Prov 15,26. ἁγνισμός in Num 8,7, ἁγνίζω und ἀφαγνίζω in Num 8,6.21; 2Chr 29,16.18; 30,17.18 und ἁγνεία in 2Chr 30,19.

טהר ähnlich, indem er das Wortfeld der Reinigung und Heiligung umfasst.[57] Ebenso wie bei καθαρός zeigt auch ἁγνίζω darüber hinaus eine auffällige Nähe zu Begriffen der Entsühnung und des Schuldopfers. So ist der Begriff in der LXX viel häufiger als für טהר ein Äquivalent der Wurzel חטא. Im vorherigen Abschnitt hatte sich gezeigt, dass חטא als einer der Hauptbegriffe für das Wortfeld der Sünde dient, zugleich aber auch im Kontext der Entsühnung, konkret des Schuldopfers, auftritt. Diese Komponente greift die LXX durch ἁγνίζω auf.

Martin Vahrenhorst hat diesen Eindruck einer Konkretion der Reinheitsterminologie im Septuaginta-Pentateuch bestätigt.[58] Grundsätzlich weist er auf die große Nähe zwischen καθαρός und טהר hin. Dabei ist für ihn von Bedeutung, dass die LXX als Äquivalent für טמא nur in den wenigstens Fällen einen eigenen Begriff (wie es z.B. mit μιαίνω möglich gewesen wäre)[59] wählt, sondern auf das Privativum von καθαρός (nämlich ἀκάθαρτος) zurückgreift und somit die Begriffe für „rein" und „unrein" auch begrifflich miteinander verknüpft. Das kommt einer gewissen Engführung gleich, weil die terminologische Eigenständigkeit der hebräischen Begriffe verloren geht.

Neben dieser Nähe sieht Vahrenhorst jedoch auch, dass die Weite, die im hebräischen טהר liegt, in der LXX noch zunimmt. Das geschieht vor allem dadurch, dass καθαρός stärker auf ethisch qualifizierte Wortfelder angewandt wird: „Diese Vorstellung [d.h. die ethische Komponente von Reinheitsbegriffen, MH] ist den entsprechenden Stellen auch im Hebräischen eigen, doch bringt die LXX – indem sie sich für ein einziges Lexem zur Wiedergabe entscheidet – die Sache gleichsam auf den Begriff."[60] Dadurch zeigt sich eine mehrdimensionale Verschiebung der Begrifflichkeiten: טהר wird maßgeblich wiedergegeben durch καθαρός, das aber im Kontext der griechischen Schriften zugleich den Klang des hebräischen כפר, קדש und סלח hat. Vereinzelt steht καθαρός sogar als Übersetzung für חטא. An den wenigen Stellen, an denen טהר nicht mit καθαρός übersetzt wird, stehen meistens ἁγνίζω oder verwandte Begriffe, deren eigentliches hebräisches Äquivalent jedoch ebenfalls die mit Sühnung verbundene Nuance von חטא besitzt.

Wie bereits gesehen, besetzt ברר ebenfalls ein breites begriffliches Spektrum im Kontext der Reinheitsthematik. Das Griechische nimmt dieses Spektrum dadurch auf, dass es für die etwas mehr als zwanzig Belege sieben

57 Nach Friedrich Hauck ist die ursprüngliche Bedeutung „tabu" und bezeichnet dasjenige, dem man mit einer gewissen religiösen Scheu begegnet; vgl. *Hauck*, ἁγνός, 123–124.

58 Vgl. im Folgenden *Vahrenhorst*, Reinheitsterminologie, 366–371.

59 Interessanterweise wird dieses Verb bei den Propheten durchaus verwendet, vgl. z.B. Ez 20/36. Außerdem findet sich die Verbalform häufig auch im Pentateuch, s. dazu unter 2.3.

60 *Vahrenhorst*, Reinheitsterminologie, 367.

Übersetzungsmöglichkeiten anbietet, die den jeweiligen Kontext oft pointierter treffen als die polyvalent verwendete Wurzel ברר. Auffällig ist dabei die Häufung des Stammes ἐκλέγ-, der sowohl als Verb wie als Adjektiv auftaucht und etwa an der Hälfte der Belegstellen genutzt wird. Die Grundbedeutung heißt „aussondern" und beschreibt damit eine Reinheitsnuance, die auch an anderen Stellen schon im hebräischen Text aufgefallen war bzw. die in grundsätzlichen Überlegungen zur Reinheit immer mitschwingt. Sowohl in Ps 18,21–27 wie auch in der davon abhängigen Stelle 2Sam 22,21–27 wird ברר einerseits mit Formen von ἐκλέγομαι, andererseits mit solchen von καθαρός übersetzt, wobei auffällt, dass die substantivierte Form בר mit καθαρίζω, die Verbform mit ἐκλέγομαι wiedergegeben wird. Diese Struktur hält sich dahingehend durch, dass insgesamt für Verbformen ausschließlich ἐκλέγομαι gewählt wird.[61] Etwas Ähnliches hatte sich bereits bei der Analyse von ברר gezeigt, wo die Bedeutung der Verbform über den Reinheitskontext hinaus erweitert wird. Die LXX profiliert dieses Verfahren dadurch, dass sie hier durchgängig ἐκλέγομαι wählt, während sie für die adjektivischen Formen eine Vielzahl von (jeweils nur einmalig als Übersetzung von ברר verwendeten) Begriffen gebraucht.[62]

Bei der Analyse der hebräischen Unreinheitsbegriffe hatte sich gezeigt, dass diese noch stärker als die Reinheitsbegriffe von einer Wurzel, nämlich von טמא, dominiert werden. Der Vergleich dieser Wurzel mit den griechischen Äquivalenten lässt sich indessen mit wenigen Sätzen beschreiben.

Die Übersetzung von טמא erfolgt konsistent und eindeutiger als die von טהר. Von zwei eher randständigen Ausnahmen abgesehen wird טמא entweder mit dem Privativum von καθαρός, nämlich ἀκάθαρτος oder mit Formen von μιαίνω übersetzt. Auf dieser Dopplung basiert die bereits zitierte Einsicht Vahrenhorsts, dass die LXX an vielen Stellen nicht einen eigenständigen Begriff wählt, sondern mit der verneinten Form arbeitet, obwohl es einen solchen durchaus gäbe. Diese Einsicht wird dadurch verstärkt, dass Formen von μιαίνω nur für bestimmte Verbformen der hebräischen Wurzel Verwendung finden, während für adjektivische und substantivische Verbindungen oder Zustandsbeschreibungen ἀκάθαρτος steht. Meist werden jene Verben mit μιαίνω wiedergeben, die den Vorgang der Verunreinigung, nicht aber den unreinen Zustand eines Menschen bezeichnen. Dabei unterscheidet das Griechische genauso wenig

61 Die einzige mir bekannte Ausnahme zu dieser Regel ist Jes 52,11b. Dort wird הִבָּרוּ נֹשְׂאֵי כְּלֵי יְהוָה wiedergegeben mit ἀφορίσθητε, οἱ φέροντες τὰ σκεύη κυρίου·.

62 So zum Beispiel τηλαυγής in Ps 18,9^{LXX} oder εὐθύς in Ps 72,1^{LXX} oder ἄμεμπτος in Hi 11,4.

wie das Hebräische zwischen einer körperlich und einer moralisch bedingten Verunreinigung. Gen 34 etwa benennt die Schändung der Dina mit den gleichen Wurzeln, mit denen in Lev 11 die Verunreinigung durch unreine Tiere bezeichnet wird. Auch das Pi'el der hebräischen Wurzel, das die Unreinerklärung des Priesters ausdrückt, wird mit μιαίνω übersetzt.

Die meisten anderen hebräischen Begriffe werden mit ἀκάθαρτος übersetzt, so dass sich eine ähnliche Entwicklung zeigt wie im Umgang mit טהר. An Stellen mit alternativen griechischen Äquivalenten kommen Begriffe zum Einsatz, die auch aus der Übersetzung von טמא bekannt sind, wie z.B. μίασμα für פִּגּוּל. In einem Fall wird das Hebräische auf eine ganz bestimmte Nuance zugespitzt: Sach 3,3 gibt das hebräische Wort צאה, das sowohl „unrein" als auch „schmutzig" heißen kann, mit ῥυπαρός wieder, was den Schmutz im physisch-haptischen Sinn beschreibt. Hier zeigt sich eine Tendenz, das weite Feld der Reinheitsphänomene einzugrenzen, indem Mehrdeutigkeiten vereindeutigt werden.

2.2.2.1 Die Reinheitsthematik in den Apokryphen

Die sogenannten Apokryphen der LXX, also jene Schriften oder Schriftteile, die nur in der griechischen, nicht aber in der hebräischen Version des Alten Testaments vorliegen, sind ein gesondert zu beachtendes Korpus. Da die möglichen hebräischen Vorlagen mit Ausnahme einiger Fragmente des Buches Tobit und des Buches Sirach (noch) nicht gefunden wurden, ist die Verwendung der Begriffe für „rein" und „unrein" ausschließlich über den des griechischen Textes zugänglich, so dass die semantische Analyse in diesem Fall nicht im Vergleich mit hebräischen Vorlagen, sondern nur im Anschluss an die Begrifflichkeit der übrigen LXX geschehen kann.

In den Apokryphen der LXX wird die Reinheitsthematik – wie in den übrigen Büchern auch – vorzugsweise von dem Begriffspaar καθαρός und ἀκάθαρτος geprägt. Etwa 75 Prozent der Belegstellen weisen beide Begriffe in unterschiedlichen Formen auf. Dabei wird das Privativum von καθαρός häufig durch Formen des Stammes μιαίνω ergänzt. Inhaltlich bewegt sich dieser Sprachgebrauch in ähnlichen Kontexten wie in der LXX-Version der hebräischen Bibel auch. Fast beiläufig wird an vielen Stellen auf die Möglichkeit und Notwendigkeit körperlich bedingter Unreinheit rekurriert, wie sie aus Lev 12–15 bekannt ist – so z.B. in dem Hinweis, Judith ginge jeden Abend gereinigt in das Lager des Holofernes zurück (Jud 12,9). Die Berührung von Leichnamen hat Unreinheit zur Folge (Tob 2,9); der reine Lobpreis, mit dem Raguel Gott anbetet, wird mit καθαρός beschrieben (Tob 8,15); für die Tilgung von Verfehlungen stehen Begriffe der Reinigung (Tob 12,9). Vor allem in den Makkabäerbüchern finden sich sichtbare Bezüge zu den levitischen Reinheitsregeln. In 1Makk 1 etwa wird mehrfach auf Lev 11, also auf unreine Tiere und das Essen unreiner Speise, Bezug genommen (1Makk 1, 47.62.63).

Nur an wenigen Stellen lässt sich ein Rückgriff auf andere, zum Teil ebenfalls schon bekannte, Begriffe beobachten. An sieben Stellen wird ἁγνεία, ἁγνίζω oder ἁγνός verwendet, das in den übrigen Texten der LXX häufig eng mit der Reinheitsterminologie verbunden ist und die Nähe zur Heiligkeit impliziert – wie z.B. in Num 8,6.21 im Kontext der Levitenreinigung. In den apokryphen Schriften kommt es gelegentlich (wie in 1Esdr und 1–2Makk) zur Verstärkung einer solchen Nähe zur Heiligkeit. An den meisten Stellen bedienen sie sich der bekannten Reinheitsbegriffe. Dort jedoch, wo Formen des Stammes ἁγν- gewählt werden, geschieht dies mit dem Ziel, die Nähe und Offenheit zur Heiligkeitsthematik zu betonen – wie z.B. in 1Esdr 7,10–11, wo es im Kontext um die Wiedereinweihung des Tempels und das erste Pessachfestes nach der Tempelweihe geht. Die Priester und Leviten werden – anders als der Rest der Israelitinnen und Israeliten – nach dem Vollzug des Pessachfestes in einen besonderen Zustand der ἁγνεία versetzt, für den wohl ganz bewusst dieser zwischen Reinheit und Heiligkeit changierenden Begriff steht. In den Makkabäerbüchern beschreibt das Wort immer den Tempel an sich oder dessen (durch Reinheit konstituierte) Heiligkeit (1Makk 14,36; 2Makk 1,33; 12,38; 13,8).

In 1Makk 1,47.62 wird κοινόω im Sinne von „unrein" oder „profan" verwendet. Ansonsten ist es im Sprachgebrauch der LXX nur selten zu finden. Lediglich in Prov kommt es in seiner Grundbedeutung „gemeinsam, öffentlich" vor.[63] Das „Profane" an sich wird im Hebräischen im Allgemeinen mit der Wurzel חל ausgedrückt, die im Gegensatz zu „heilig sein" steht und häufig die Bedeutung „entweihen" trägt. Während in der übrigen LXX dafür βέβηλος verwendet wird, findet sich κοινόω in anderen griechischen Quellen wie bei Josephus und im Neuen Testament.[64] Auffällig ist, dass Philo den Begriff nicht in dieser Bedeutung nutzt. Dies lässt Friedrich Hauck zu der Schlussfolgerung gelangen, dass eine solche Verwendung auf jüdischem Boden entstanden sein müsse.[65] Die wenigen Belege von κοινόω in den Apokryphen der LXX lassen noch keine klare Bestimmung zu, wie sich dieser Begriff zu dem (ebenfalls verwendeten) βέβηλος verhält, zumal er häufiger und dann meist im Sinne des hebräischen חל verwandt wird.

63 Vgl. z.B. Prov 1,14; 21,9.

64 So z.B. aus Mk 7 parr., wo es die unreinen, d.h. ungewaschenen Hände bezeichnet, mit denen – nach Anklage der Pharisäerschaft – die Schülerinnen und Schüler Jesu ihr Brot essen; vgl. auch Apg 10 und 11.

65 Vgl. *Hauck*, κοινός, 791. Auf dieser Beobachtung baut auch Eschner in ihrer Analyse des Begriffs auf, vgl. *Eschner*, Essen, 85–87.

Die Apokryphen der LXX weisen eine vergleichbare Verwendung der Reinheitsterminologie auf und stehen in vergleichbaren Kontexten. Bemerkenswert ist die Erweiterung des Bedeutungsspektrums durch κοινόω, weil dieser Begriff dann in den Reinheitstexten des NT eine entscheidende Rolle spielen wird. Warum einige der übrigen in der LXX verwendeten Termini hier nicht auftauchen, bleibt offen.

2.2.3 *Reinheit in der LXX im Vergleicht zur Hebräischen Bibel*

Die LXX übernimmt an fast allen Stellen die Reinheitsterminologie der Hebräischen Bibel, auch wenn sie bisweilen für eine hebräische Wurzel unterschiedliche griechische Äquivalente benutzt oder mit dem gleichen griechischen Begriff verschiedene hebräische übersetzt. Belege wie Jes 66,10, in denen die Reinheitsbegrifflichkeit im Zuge der Übersetzung entfällt, bilden die Ausnahme. Darüber hinaus bleibt die Reinheitsthematik nicht nur in naheliegenden Zusammenhängen wie Lev 11–15 bestehen, sondern auch in weisheitlichen Kontexten wie in den Psalmen oder in Hiob. Dadurch wird Reinheit in der LXX inhaltlich ähnlich konstituiert wie in der Hebräischen Bibel. Noch stärker als in der hebräischen Vorlage wird deutlich, dass kultische Aspekte nicht von moralischen Aspekten zu trennen sind.

Wie anhand der Beispiele טהר und ברר gezeigt wurde, weist die LXX ebenso wie der MT unterschiedliche Begriffe zur Beschreibung des Phänomens Reinheit auf. Die Übersetzungstechnik lässt sich aber nicht linear beschreiben. Zwar gibt es in einigen Fällen ein bevorzugtes Äquivalent (so z.B. καθαρός für טהר); dennoch wird eine hebräische Wurzel mit verschiedenen griechischen Begriffen wiedergegeben. Für טהר stehen z.B. ἅγιος, δίκαιος oder ἄμεμπτος. Vergleichbares lässt sich ebenso für die anderen hebräischen Begriffe zeigen. Eine feste Regel gibt es nicht. So weicht beispielsweise die Übersetzung von טהר in weisheitlichen Kontexten nicht häufiger von dem Standardäquivalent καθαρός ab als in anderen Kontexten (z.B. in Hi 4,17, anders jedoch in Hi 14,4 oder in Ps 50^{LXX}.) Angesichts dieses Befundes lassen sich – wie auch die Debatte um eine Theologie der LXX gezeigt hat – noch keine eindeutigen Schlussfolgerungen ziehen. Die Auswahl der griechischen Termini wirkt in einigen Fällen wie eine Reduktion, so z.B. in Lev 10,14, wenn בְּמָקוֹם טָהוֹר mit ἐν τόπῳ ἁγίῳ übersetzt wird und dadurch der in der Hebräischen Bibel „reine Ort" in der LXX als „heiliger Ort" konkretisiert wird. Dieser Vorgang lässt sich jedoch nicht verallgemeinern, da an vielen anderen Stellen die Übersetzung mit καθαρός im Kontext des Ortes gewählt wird (z.B. Lev 4,12; 6,4; Num 19,9). Letztlich muss man mit Rösel die Schwerpunktsetzungen der einzelnen Bücher mit dem Gesamtbild beider Korpora in Einklang bringen.

Die Analyse der Begriffe innerhalb der LXX bestätigt den Eindruck, dass die Vielfalt der Reinheitsterminologie unmittelbar mit der Polysemie des Phänomens Reinheit zusammenhängt. Das führt zu einer Ausgangslage, die zu ordnen und zu kategorisieren fast unmöglich zu sein erscheint – sowohl in der LXX als auch MT. Es ist also weniger ein Merkmal der hebräischen Sprache als ein Merkmal des Phänomens Reinheit selbst, das sich in dieser Diversität niederschlägt. Im Vergleich zwischen LXX und MT werden die Austauschbarkeit sowie die wechselseitige Bezugnahme der Begriffe untereinander deutlich. Darin machen auch die sogen. Apokryphen keine Ausnahme. Als gemeinsamer Nenner der hebräischen und griechischen Reinheitsterminologie lässt sich vor allem deren Vielschichtigkeit und Polysemie bestimmen.

2.3 Ergebnis: Beschreibung und Kategorisierung

Angesichts der verwendeten Terminologie stellt sich Reinheit in der alttestamentlichen Überlieferung als ein diverses und komplexes Phänomen dar. Der grundsätzliche und für das Selbstverständnis Israels konstitutive Charakter der Kategorien Reinheit und Unreinheit lässt sich gerade an dieser Vielfalt von Bedeutungen und Verwendungskontexten erkennen. Es wäre deshalb unsachgemäß, dieses Phänomen eindimensional beschreiben zu wollen. Schon die verschiedenen Aspekte von טהר entziehen sich jeder einfachen Festlegung – zumal dann, wenn man auch die übrigen Begriffe noch zu integrieren versucht.

Dieser terminologischen Schwierigkeit gesellt sich der Eindruck einer merkwürdigen Selbstverständlichkeit hinzu, die einer Erklärung in den Texten selbst gar nicht mehr zu bedürfen scheint. Erläuternde, einleitende oder begründenden Anmerkungen zu einer „Idee der Reinheit" gibt es nicht. Zwar werden verschiedene Konkretionen und Konsequenzen beschrieben; eine Ätiologie des Phänomens selbst aber sucht man vergeblich. Die Rede von „Reinheit" durchzieht das ganze Alte Testament, ohne eigens reflektiert zu werden. Dass Reinheit und Unreinheit Zustände des Menschen sind und dass das Streben nach Reinheit existenziellen Charakter hat, erschließt sich gleichsam *en passant*.

Reinheit und Unreinheit erscheinen dabei als Kategorien, die den Menschen ganzheitlich umfassen. Reinheit spielt sowohl in vielen Situationen des Alltags als auch in den großen Schwellenmomenten des Lebens (Geburt, Ehe, Sterben) eine wichtige Rolle. Sie hat eine körperliche sowie eine ethische Dimension und wird relevant vor allem in Bereichen, in denen es um Berührungen geht – etwa mit Speisen, Materialien, Orten und Tieren. Reinheit erweist sich in erster Linie als ein anthropologisches Phänomen, hat jedoch ihren letzten Bezugspunkt in Gott und der daraus abgeleiteten Heiligkeit.

Die statistische Übersicht zeigt, dass sich etwa die Hälfte der Reinheitsbelege in den Schriften der Tora findet, während sich die andere Hälfte auf die verbleibenden Schriften verteilt. Die Unreinheitsbegriffe nehmen in der Tora fast zwei Drittel aller Belege ein, während ein Großteil der übrigens Belege auf die Nevi'im entfällt; interessanterweise kommen Unreinheitsbegriffe in den Ketuvim nur selten vor.

Reinheit und Unreinheit stehen in den alttestamentlichen Texten immer in einer komplementären Beziehung. Ein Mensch ist immer rein oder unrein; er kann nicht beides und nicht nichts von beidem sein. Zwar gibt es offensichtlich graduelle Unterschiede, die sich in abgestuften Reinigungsriten zeigen; sie sind jedoch eher von praktischer als von ontologischer Bedeutung. Reinheit bezeichnet den angestrebten Zustand des Menschen, weshalb Unreinheit immer pejorative Züge trägt, ohne dass damit auch zwangsläufig eine ethische Wertung verbunden wäre, da viele Fälle von Unreinheit schlicht unvermeidbar sind.

Trotz der Komplexität des Phänomens gibt es verschiedene Möglichkeiten, Kategorien zur Klassifizierung der Reinheitsbegriffe zu definieren.

Eine erste Möglichkeit besteht darin, die jeweiligen Bezugsgrößen zum Maßstab einer Kategorisierung zu machen. Wie die bisherige Untersuchung gezeigt hat, können Reinheit und Unreinheit grundsätzlich Menschen, Tiere, Orte, Materialien und Speisen betreffen. Von den behandelten Wurzeln umfasst allerdings nur טהר alle diese Relationen. ברר bezieht sich ausschließlich auf den Menschen – mit Ausnahme jenes einen Belegs, an dem בר den Geboten Gottes als Attribut beigestellt ist (Ps 19,9). Ebenso verhält es sich mit נקי, wenn die eindeutig forensischen Begriffe unbeachtet bleiben. זך- bezieht sich vorrangig auf Menschen und innerhalb des Pentateuchs zusätzlich auch auf Materialien (Ex 27,20; 30,34; Lev 24,2).

Unter den Begriffen der Unreinheit ist es nur טמא, der alle genannten Relationen umreißt. צאה bezieht sich mittelbar immer auf Menschen oder menschliches Verhalten. In Sach 3,3f wird zwar von Kleidung gesprochen; der Kontext zeigt jedoch deutlich, dass sich der Begriff im Grunde auf Jeschua bezieht.

גאל bezeichnet sowohl Menschen (als Individuen in Jes 59,3 oder als Kollektiv in Zeph 3,1; Neh 13,29) wie auch Materialien (z.B. Kleidung in Jes 63,3) und Speisen (Mal 1,7). Neben טמא weist dieser Begriff den weitesten Rahmen an Relationen auf.

פגול wiederum bezieht sich auf Opferfleisch und bezeichnet auf unterschiedliche Art untauglich gewordenes Fleisch. Besonders interessant ist dabei aber Ez 4,14, da der Begriff hier auch als übergreifende Bezeichnung für unreine Speisen im Allgemeinen verwendet wird.

Diese Kategorisierung ist insofern hilfreich, als sie zeigt, dass der Mensch im Fokus der Reinheitsbestimmungen steht. Dennoch lassen sich die Reinheitsvorstellungen der Hebräischen Bibel nicht auf den Bereich der Anthropologie beschränken. Zudem ist mit der Bestimmung solcher Relationen nur wenig Konkretes gesagt, so dass es weiterer Überlegungen bedarf.

Eine zweite Möglichkeit nimmt jene Vorstellungen in den Blick, bei denen der Mensch die Bezugsgröße ist. Hier sind vor allem drei Sphären zu unterscheiden, die den Menschen unrein werden lassen: die Sphäre des Todes, die Sphäre des Körpers und die Sphäre des menschlichen Verhaltens. Insofern widerspreche ich an dieser Stelle der Grundthese von Paschens Studie, dass Unreinheit immer im Horizont des Todes stünde, wie er im Anschluss an Gerhard von Rad formuliert: „Die Beobachtungen, die hier an den übrigen Formen der Unreinheit vorgelegt worden sind, laufen dahin zusammen, daß in ihnen die Unheilsmacht des Todes wirksam wird. Sie befällt die Menschen, die in ihre Sphäre geraten."[66] Dagegen zeigen die bisherigen Untersuchungen, dass es keineswegs nur die Sphäre des Todes ist, die den Übergang von rein zu unrein markiert. Die genannte Dreiteilung mag darin schematisch erscheinen, dass sie etwas artifiziell zwischen einer Sphäre des Körpers und einer des Todes unterscheidet. Sie hilft jedoch, die Zugänge zum Phänomen der Reinheit differenzierter anzulegen. Dafür bieten die Begriffe selbst die entscheidenden Anhaltspunkte. So fällt z.B. auf, dass טהר fast ausschließlich als Komplementärbegriff zu טמא gelesen wird. Rein im Sinne von טהר ist der Mensch immer in der Abwesenheit von Unreinheit. Ein Großteil der Belege findet sich daher in Kontexten, in denen es um die Wiederherstellung von Reinheit nach einer Periode der Unreinheit geht. Dies betrifft alle drei der genannten Sphären.

In den übrigen Belegen werden die Begriffe auf andere Art verwendet. Sie definieren Reinheit nicht als Folge beseitigter Unreinheit, sondern als erstrebenswerten und erstrebten Grundzustand des Menschen, der in den meisten Fällen durch konkretes Verhalten zum Ausdruck kommt. Besonders deutlich wird das in jenen Fällen, in denen die Reinheit eines Körperteils *pars pro toto* für die Reinheit des ganzen Menschen steht – wie z.B. in Ps 24,4, wo demjenigen Segen zugesprochen wird, der unschuldige Hände (נְקִי כַפַּיִם) und ein reines Herz (וּבַר־לֵבָב) hat.

In eine ähnliche Richtung weisen solche Aussagen, in denen Reinheit mit Gerechtigkeit oder Rechtsein parallelisiert wird, wie z.B. in Hi 25,4:

66 *Paschen*, Rein und unrein, 63.

וּמַה־יִּצְדַּק אֱנוֹשׁ עִם־אֵל וּמַה־יִּזְכֶּה יְלוּד אִשָּׁה׃

> Und wie ist ein Mensch gerecht bei Gott, und wie ist einer, der von einer Frau geboren ist, rein?

Eine dritte Möglichkeit besteht darin, die Begriffe thematischen Bezügen zuzuordnen. Grundsätzlich gilt, dass keiner der Begriffe eindimensional verwendet wird oder auf einzelne Kontexte beschränkt bleibt. Dennoch lassen sich Nuancen und Fokussierungen beobachten, die bereits durch die Verteilung der Begriffe innerhalb der biblischen Korpora zum Ausdruck kommen.

Die gängigste und beliebteste Kategorisierung nimmt eine Einteilung in „kultische" bzw. „rituelle" und „moralische" bzw. „ethische" Reinheit vor.[67] Allein die großen Entwürfe des 20. Jh.s – man denke etwa an Hoffmann, Milgrom, Wright und Klawans – funktionieren alle nach diesem oder einem vergleichbaren Schema. Auch Wörterbücher und Lexika unterteilen ihre Artikel zu den Reinheitsbegriffen gern in kultische und ethische Abschnitte. Häufig wird dabei zunächst literarisch unterschieden: Die kultische Reinheit sei diejenige, die in der priesterlichen Literatur beschrieben werde, die moralische jene, die innerhalb des Heiligkeitsgesetzes eine Rolle spiele.[68] Belege außerhalb des Pentateuchs sind dabei meist nur am Rande im Blick.

Von einer solchen Gegenüberstellung zweier scheinbar klar abgrenzbarer Konzepte herkommend liegt die Interpretation der neutestamentlichen Perikopen im Sinne einer Ablehnung der kultischen zugunsten der ethischen Reinheit, wie sie im forschungsgeschichtlichen Überblick bereits angeklungen ist, nahe. Der Eindruck, dass eine solche Aufteilung der Reinheitsvorstellungen möglich und auch sachdienlich sei, entsteht besonders dann, wenn hauptsächlich טהר und טמא und ausschließlich die Schriften des Pentateuchs, besonders Levitikus und Numeri, untersucht werden. Doch der Blick über den Pentateuch hinaus verstärkt die Beobachtung, dass beide Bereiche durchaus nicht so sauber voneinander getrennt werden können, wie es scheint. Sowohl der physische, materiell-fassbare Aspekt der Reinheit als auch ihre metaphysische, ideelle, eben moralisch-ethische Dimension sind vielfach miteinander verquickt. Es reicht auch nicht aus, den rituellen Bereich als den ursprünglichen, den ethischen hingegen als den abgeleiteten Bereich rein metaphorischer Sprache zu betrachten. Vielmehr kommt das, was Reinheit ist, sowohl in kultischen als auch in ethischen Kontexten vollgültig zum Ausdruck. In dem

67 Alle vier Begriffe sind offen und werden in der Regel auch nicht näher bestimmt, so dass sie allenfalls einer groben Kategorisierung dienen.

68 Vgl. *Haber & Reinhartz*, Purify, 9–10.

folgenden Exkurs soll deshalb die forschungsgeschichtlich so belangvolle Diastase zwischen kultischer und moralischer Reinheit noch einmal dargestellt und kritisch hinterfragt werden.

Exkurs: Kult und Moral als Beschreibungsraster für Reinheit?

„Kult" und „Moral" werden gemeinhin als alternative syntagmatische Relationen zu Reinheit und Unreinheit gesehen. Deshalb ist es in der Forschungsgeschichte inzwischen seit langem üblich geworden, mit den Attributen „kultisch" / „rituell" oder „moralisch" / „ethisch" auf grundsätzliche Weise zwei voneinander getrennte und einander ausschließend gegenüberstehender Kategorien von Reinheit zu unterscheiden. Eine solche Unterscheidung hat auch einiges für sich. Sie gibt ein einfaches, leicht handhabbares Schema vor, mit dem sich die Vielfalt der Bezüge, in denen Reinheit thematisiert wird, inhaltlich erfassen lässt. Vor allem aber trägt sie der Beobachtung Rechnung, dass die Ursachen für Unreinheit auf unterschiedlichen Ebenen liegen: Durchgängig machen die Texte deutlich, dass zwischen Unreinheit durch sexuelles Fehlverhalten, Mord, Gotteslästerung oder Götzendienst auf der einen und Unreinheit durch Aussatz, die Berührung von Toten oder verschiedene körperliche Widerfahrnisse nicht nur ein gradueller, sondern auch sachlicher Unterschied besteht. Es ist genau dieser Unterschied, der mit den Attributen „moralisch" und „kultisch" markiert wird. Zugleich nimmt eine solche Beschreibung die Beobachtung auf, dass nur in einigen – dann als kultisch bezeichneten – Fällen konkrete Reinigungsriten benannt werden. Diese bestehen meist aus dem Dreischritt von Setzung einer Frist, Festlegung von Waschungsriten und Darbringung von Opfern nach erfolgter Präsentation und anschließender Reinerklärung durch einen Priester. Diese Riten werden z.B. mit Blick auf die Reinigung nach einer Entbindung, von Ausfluss, nach Berührung von Toten, nach dem Essen unreiner Speisen, von Aussatz sowie von Unreinheiten, die durch Übertragungen geschehen sind, festgesetzt. Für die Wiederherstellung von Reinheit nach sexuellem Fehlverhalten, Mord, Gotteslästerung oder Götzenanbetung werden hingegen keine expliziten Riten dieser Art benannt. Die Beobachtung sachlicher Unterschiede sowie nur teilweise vorgeschriebener Riten legt somit eine Einteilung in „kultische" und „moralische" Reinheit nahe. Besonders nachdrücklich ist sie von Jonathan Klawans vertreten worden und prägt seither den Diskurs über Reinheit und Unreinheit in der biblischen Überlieferung. Klawans nennt vor allem drei Aspekte „ritueller" Reinheit, die auf „moralische" Reinheit nicht zutreffen:[69]

1. Quellen ritueller Unreinheit sind im Allgemeinen natürlich und meistens unvermeidbar.
2. Es ist nicht sündhaft, sich anhand dieser Quellen zu verunreinigen.
3. Diese Art Unreinheit hat einen befristen Charakter.

Trotz der Eingängigkeit dieser These gibt es jedoch grundlegende Bedenken hinsichtlich ihrer Verifizierung aus den Texten selbst.

Das erste Bedenken betrifft die Abgrenzbarkeit beider Kategorien als solche. Um eine „kultische" gegen eine „moralische" Reinheit abgrenzen zu können, wäre es notwendig, auch Kult und Moral voneinander zu trennen. Schon in der Forschung herrscht Uneinigkeit darüber, was genau unter „kultischer" und „moralischer" Reinheit zu verstehen sei. Als kultisch werden zumeist alle jene Bezüge beschrieben, die körperlich anmuten, während alle Bezüge, die dem „ethisch und religiös Guten" nahestehen (wie Ringgren im THWAT formuliert), als Reinheit im übertragenen Sinn und damit moralisch verstanden werden.[70]

Schon der Versuch einer Definition von „Kult" bereitet Schwierigkeiten: Mit „Kult" und demzufolge mit „kultisch" lässt sich ganz Unterschiedliches beschreiben – wie etwa der Vollzug von Opfern im Tempel auf der einen oder jede Art der Kommunikation mit Gott auf der anderen Seite.

Selbst ein ausschließlich auf den Vollzug von Riten bezogenes Verständnis von „Kult" lässt jedoch noch keine klare Abgrenzung gegenüber „Moral" zu. Die neuere Forschung zur alttestamentlichen Kultkritik betont, dass z.B. Propheten wie Amos und Hosea mit ihren kultkritischen Texten nicht einfach „Moral statt Kult" fordern. Ihre Kritik ziele vielmehr darauf ab, dass der Vollzug des Kultes zuerst und ausschließlich auf der Basis moralisch angemessenen Verhaltens möglich sei. Die Forderung „Sozialkritik in Form der Kultkritik" formuliert ein Miteinander von Ethik und Kult – und keine Diastase. Der Kultkritik der Propheten geht es gerade nicht um eine Ablösung des Kultes durch Ethik, sondern um eine Vervollkommnung durch die Kombination beider Bereiche. Kult und Ethik gehören zusammen und sind aufeinander bezogen.[71]

Bestärkt wird dieses Bedenken weiterhin durch die Beobachtung, dass die Reinigung von sog. „kultischer" Unreinheit auffallend häufig mit

69 Vgl. im Folgenden *Klawans*, Impurity, 23.

70 *Ringgren*, טהר, 313.

71 Vgl. zu einem solchen Verständnis von Kultkritik exemplarisch *Willi-Plein*, 152, oder *Jeremias*, Amos, 77–82.

Begriffen von Sühne und Sünde beschrieben wird.[72] Dann aber scheinen auch die als kultisch eingestuften Vergehen einen moralischen Charakter zu haben.

In diese Richtung weist zusätzlich die Verwendung der Begriffe כפר und חטא und deren griechischer Parallelen. Beides sind Begriffe, die sich vorrangig im Kontext kultischer, nämlich opferbezogener Texte finden. Zugleich weisen sie mit dem Bedeutungsspektrum der Wiedergutmachung, des Ausgleichs und der Versöhnung jedoch einen eindeutig moralischen Charakter auf.

Auf der anderen Seite zeigen die Texte in Lev 16 zum Jom Kippur, dass die Reinigung von Verfehlungen bestimmten Regeln und Ritualen folgt und insofern auch des kultischen Vollzugs gar nicht entbehren kann. Die Bestimmungen zum Jom Kippur lassen vielmehr ein ganzes System von Reinigungsriten für die sog. „moralische" Reinheit erkennen. Die detaillierten Ausführungen zum Umgang mit dem Sündenbock laufen auf das Resümee in Lev 16,30 hinaus:

כִּֽי־בַיּ֥וֹם הַזֶּ֛ה יְכַפֵּ֥ר עֲלֵיכֶ֖ם לְטַהֵ֣ר אֶתְכֶ֑ם מִכֹּל֙ חַטֹּ֣אתֵיכֶ֔ם לִפְנֵ֥י יְהוָ֖ה תִּטְהָֽרוּ׃

> Denn an diesem Tag wird man für euch Sühnung erwirken, um euch zu reinigen: von all euren Verfehlungen werdet ihr rein sein vor JHWH.

Diese Aussage zeigt, dass die sog. „moralische" Unreinheit nicht rein metaphorisch zu verstehen ist. Reinigung erfolgt immer auf rituelle Weise, auch wenn sich dabei unterschiedliche Vollzüge hinsichtlich der jeweiligen Veranlassung erkennen lassen.

Eine eindeutige Abgrenzung zwischen „kultischer" und „moralischer" Reinheit als solcher gibt es demnach nicht, womit allerdings noch nichts über die unterschiedlichen Proportionen von rituellen und ethischen Aspekten im Reinheitsdiskurs gesagt ist. Als Bezeichnung eigenständiger, unterscheidbarer Kategorien scheint mir jedoch die Begrifflichkeit von „kultischer" und „moralischer" Reinheit ungeeignet zu sein. Eine solche Abgrenzung würde die Durchlässigkeit bzw. die wechselseitige Beziehung zwischen Kult und Moral jedenfalls auf eine ganz unangemessene Weise verwischen.

---

72 Vgl. z.B. die Aussatzregelungen in Lev 14,19. Dort wird zur abschließenden Reinigung ein Sündopfer (חַטָּאת) zur Sühnung (כִּפֶּר) erwartet.

Mal 3,3 bietet ein besonders deutliches Beispiel dafür, wie sich „klassisch kultische" und „klassisch moralische" Anteile miteinander vermischen:

> וְיָשַׁב מְצָרֵף וּמְטַהֵר כֶּסֶף וְטִהַר אֶת־בְּנֵי־לֵוִי וְזִקַּק אֹתָם כַּזָּהָב וְכַכָּסֶף וְהָיוּ לַיהוָה מַגִּישֵׁי מִנְחָה בִּצְדָקָה׃
>
> Und er wird sitzen und Silber schmelzen und reinigen, und er wird die Söhne Levi reinigen und sie läutern wie Gold und wie Silber, so dass sie solche werden, die JHWH Opfergaben in Gerechtigkeit darbringen.

Einzelne Aspekte bleiben bei einer solchen Einteilung unberücksichtigt: Dazu gehört beispielsweise die Beobachtung, dass bestimmte Arten von Verunreinigung unvermeidbar sind, wie z.B. Unreinheit, die auf Ausfluss oder auf das Gebären von Kindern folgt. Ob auch es auch unvermeidbares moralisches Fehlverhalten gibt, ist eine anthropologische, wenn nicht hamartologische Frage, die hier nicht weiter bedacht werden kann. Es genügt der Hinweis, dass sie sich keineswegs eindeutig beantworten lässt.

Die Vielfalt der Bedeutungsnuancen geht darüber hinaus verloren, wenn Reinheit nur entweder als „kultisch" oder als „moralisch" verstanden wird. Wenn an einigen Stellen צרף, an vergleichbaren anderen aber טהר oder ברר steht, dann muss zumindest die Frage nach dem semantischen Überschuss des Wortes in seinem jeweiligen Kontext gestellt werden. Da die begriffliche Verteilung aber quer zu den vorgeschlagenen Kategorien von „moralisch" und „kultisch" liegt, birgt eine solche Einteilung die Gefahr, den Eigenwert der Begriffe zu verwischen.

Eine Unterteilung in die Kategorien „kultisch" und „moralisch" suggeriert schließlich, dass beide unverbunden nebeneinanderstünden. Sie erweckt den Eindruck, als wäre kultische Reinheit eine qualitativ und grundsätzlich andere als moralische Reinheit. Sie verdeckt mit dem Wunsch nach Abgrenzung die Tatsache, dass jegliche Art von Reinheit oder Unreinheit ihren Konzentrationspunkt im Menschen selbst hat und allein dort ihre Wirkung entfaltet. Die Ganzheitlichkeit des Konzeptes, die bei aller Verschiedenheit erkennbar bleibt, geht durch eine schematische Abgrenzung verloren. Eine solche Ganzheitlichkeit ist den vielen Belegen jedoch deutlich zu entnehmen, die – quer durch die Schriftkorpora des Alten Testaments – „rein" oder „unrein" als nicht näher bestimmte Abstrakta beschreiben. Das beginnt im Pentateuch, indem es als originäre Aufgabe der Priester beschrieben wird, zwischen rein und unrein zu unterscheiden, und durchzieht die weiteren Schriften, in denen beide Abstrakta als Werturteile ohne nähere Erläuterung verwendet werden, wie in dem bereits zitierten Beispiel Hi 14,4. Ebenso wird in Hiob mehrfach gefragt, wie ein Mensch überhaupt rein vor seinem Schöpfer stehen könne (Hi 15,15; 25,4). Ähnlich verhält es sich mit dem Geschick des Menschen, das laut Koh 9,2 für den Reinen wie den Unreinen festgelegt ist.

In seinem Levitikuskommentar formuliert Thomas Hieke, dass „unrein" ein Synonym für „Kultuntauglichkeit" sei, für die es jedoch vielfältige Gründe gebe.[73] Kultuntauglichkeit kann sowohl durch physisch wie auch durch moralisch begründete Unreinheit ausgelöst werden, weshalb sich eine Klassifizierung von Reinheits- und Unreinheitsbegriffen anhand ihrer Ursachen besser anbiete als anhand einer Einteilung nach „kultisch" und „moralisch".[74]

Eine Beschreibung der Reinheitsphänomene muss meines Erachtens beides leisten: Sie muss die Unterschiedenheit der Phänomene wahrnehmen und trotzdem ihre Verbundenheit und wechselseitige Bezogenheit in einem System erkennbar werden lassen.

Ich schließe mich daher dem Vorschlag Christophe Nihans an, eine Einteilung nach der Ursache von Reinheit bzw. Unreinheit vorzunehmen, wie auch Hieke sie aufgreift.[75] Nihan geht von zwei maßgeblichen Ursachen für Unreinheit aus. Unreinheit entsteht entweder durch moralisches Fehlverhalten oder durch körperliche Zustände. Diese Einteilung hat nicht das Ziel, klar abgrenzbare Kategorien zu beschreiben, denen sich jeder einzelne Fall zuordnen ließe. Der Anspruch der Eindeutigkeit widerspricht m.E. auch der Dynamik der Reinheitsphänomene insgesamt. Vielmehr soll die Unterteilung anhand der jeweiligen Ursache helfen, die Unterschiede der Reinheitsphänomene wahrzunehmen und zu beschreiben.

Der Verlust von Reinheit hat durch alle Schriftkorpora der Hebräischen Bibel hindurch denselben Effekt: Er führt zu einer Störung des Verhältnisses zwischen Gott und Mensch. Reinheit ist deshalb der Garant und die Voraussetzung dafür, dass die Kommunikation zwischen Gott und Mensch möglich ist.

Ebenso berichtet die Hebräische Bibel quer durch alle Schriftkorpora von unterschiedlichen Möglichkeiten, der Reinheit verlustig zu gehen. Dabei stellt

73 Vgl. *Hieke*, Levitikus, 121.

74 In grundlegenden jüdischen Werken wie der Enzyklopaedeia Mikra'it ist diese Unterteilung nicht zu finden. Stattdessen spricht der Autor z.B. davon, dass sich der Körper des Menschen oder des Tieres verunreinigt, vgl. *Ben-Shammai*, טהר, 392.

75 Vgl. *Nihan*, Forms, 321.

moralisches Fehlverhalten nur eine Möglichkeit dar. Wollte man einige der anderen Ursachen unter einem ähnlich weiten Begriff zusammenfassen, müsste man von körperlichen Ursachen sprechen, wie dies z.B. Hoffmann tut[76].

Allerdings stellt sich auch bei einer solchen Einteilung die Frage der Abgrenzungen. Besonders dringlich geschieht das etwa am Beispiel der Sexualvorschriften in Lev 18–20, die sowohl moralisch als auch körperlich zu verstehen sind. Bereits auf den ersten Blick wird deutlich, dass menschliches Verhalten zumeist steuerbar und Unreinheit damit bis zu einem gewissen Grade vermeidbar ist, während die körperlichen Zustände naturgemäß unvermeidbar sind, was somit auch für die daraus folgende Unreinheit gilt.

Der Wegfall der Kategorie „kultisch" ist in diesem Zusammenhang konsequent, weil der kultische Aspekt stets auf die Seite der Folgen gehört und deshalb kein adäquates Gegenüber zu der Kategorie „moralischer" Ursachen darstellen kann. Ein solches Gegenüber bildet sachgemäß hingegen die Kategorie „körperlich" ab. Dadurch kann auch die Breite der Reinheitskonzepte, die sich in den unterschiedlichen Kontexten findet und die sich in verschiedenen Begriffen konkretisiert, sehr viel besser aufgenommen werden.

Neben den Versuchen einer Kategorisierung stellt sich jedoch auch die Frage nach jenen Elementen, die alle Reinheitsvorstellungen miteinander verbinden. Diese liegen vor allem auf zwei Ebenen:

Zum einen ist Reinheit immer ein anthropologischer Zustand, zum anderen dient sie der Identitätsstärkung nach außen wie nach innen.

Reinheit ist in der Hebräischen Bibel eine Dimension menschlichen Lebens in seinem alltäglichen Vollzug. Dabei erscheint die Ursache für einen temporären Verlust der Reinheit nachrangig gegenüber der Tatsache als solcher, dass dieser Verlust eingetreten ist. Die Gründe für den Verlust sind unterschiedlicher Art und werden deshalb auch unterschiedlich bewertet. Immer ist Reinheit jedoch der erstrebenswerte Zustand. Menschen qualifizieren sich und andere nach dem Zustand ihrer Reinheit und ziehen aus dieser Qualifizierung entsprechende Konsequenzen. Reinheit bestimmt damit sowohl das individuelle Gottesverhältnis als auch die zwischenmenschlichen Verhältnisse. Schnittpunkt ist das Verhältnis zwischen Israel als Kollektiv und Gott.

Insofern lässt sich Reinheit auch als Identitätsmerkmal Israels beschreiben, das je nach historischer und religiöser Situation anders gewichtet ist. Dabei wird der Identifizierungsvorgang auf zwei Ebenen vollzogen. Die erste Ebene ist die einer Abgrenzung nach außen. Hier fungiert Reinheit als Unterscheidungsmerkmal gegenüber anderen, namentlich „den" Völkern, und bezeichnet das Verhältnis zwischen Gott und seinem auserwählten Volk. Das wird

76 Vgl. *Hoffmann*, Leviticus, 430f.

besonders deutlich im Kontext der Sexualvorschriften in Lev 18,24.29. Die zweite Ebene ist die der Verbundenheit innerhalb einer Gemeinschaft. Reinheit fungiert hier als ein Gemeinschaftsbegriff, weil er die religiöse und soziale Gemeinschaft des Volkes strukturiert, prägt und stärkt. Besonders deutlich wird dies in jenen Fällen, in denen jemand aufgrund von Unreinheit ausgeschlossen oder aufgrund erfolgter Reinigung wieder aufgenommen wird. Eine vorschnelle Bewertung dieser Texte begründete lange Zeit die Annahme, Reinheit sei ein die Gemeinschaft spaltendes Phänomen. Vielmehr muss m.E. aber auch in diesem Fall das Augenmerk auf die Details gerichtet werden. Dabei zeigt sich, dass nämlich der temporäre Ausschluss (wie z.B. im Falle von צרעת – „Aussatz") zwar eine Folge von Unreinheit ist, die einzelnen Bestimmungen aber vorrangig darauf ausgerichtet sind, den Menschen baldmöglichst wieder zu integrieren.

2.4 Zusammenfassung

Die alttestamentlichen Reinheitsvorstellungen sind ein schillerndes Phänomen, das sich nicht eindimensional erfassen lässt. Das ist bereits an der Polysemie der Hauptbegriffe טהר und טמא bzw. καθαρός und ἀκάθαρτος zu erkennen, die ein breites Spektrum an verschiedenen Reinheitskonzepten widerspiegeln. Der Bezug auf Tiere, Materialien, Orte, Speisen oder Menschen wird begrifflich nicht spezifiziert. Ein und derselbe Begriff kann auch für unterschiedliche Stadien menschenbezogener Reinheit stehen: Neben die körperliche Reinheit tritt die moralische, die beide Grundlage sind, um Zugang zum Kult zu erlangen. Gerade die weisheitlichen Schriften zeigen, dass sich die Nähe zu Gott mit Hilfe von Reinheitsmetaphorik beschreiben lässt, ohne zwangsläufig mit dem Kult verbunden zu sein.

Neben die genannten Hauptbegriffe treten weitere, die das Spektrum erweitern oder präzisieren. Sie machen deutlich, dass Reinheit in den alttestamentlichen Schriften ein Phänomen mit vielen Bedeutungsnuancen ist.

Während die körperlichen und moralischen Ursachen von Reinheit und Unreinheit bisweilen weit auseinanderliegen, zeigt sich, dass die abstrakte Idee der Reinheit selbst in ihren unterschiedlichen Ausformungen immer zwei Aspekte beschreibt: Reinheitsvorstellungen prägen zum einen die alttestamentliche(n) Anthropologie(n), weil sie für das Verständnis und die Wahrnehmung des einzelnen Menschen von Bedeutung sind. Reinheit ist zum anderen ein Identitätsmerkmal, wobei die Träger wechseln und sowohl von Mitgliedern des eigenen Volkes als auch von Mitgliedern anderer Völker und Stämme gestellt werden können.

Die semantische Analyse hat den breiten Horizont der Reinheitsterminologie in der Hebräischen Bibel und in der Septuaginta beschrieben. Beide Versionen des alttestamentlichen Textes weichen dabei im Detail voneinander ab und treffen unterschiedliche Entscheidungen. Die Dynamik, dass Reinheit ein den Alltag und das Miteinander strukturierendes Phänomen ist, das seine Wurzel in der Begegnung zwischen Gott und den Menschen hat, bleibt jedoch erhalten. Diese Dynamik vermittelt auch zwischen den verschiedenen Ursachen von Unreinheit und spricht gegen eine Diastase kultischer und moralischer Reinheit. Zwar lassen sich durchaus unterschiedliche Formen von Reinheit und Unreinheit erkennen, doch das Verbindende dominiert.

KAPITEL 3

Rein sein, um dabei zu sein: Die Texte des Alten Testaments

Die semantische Analyse hat gezeigt, wie divers die Reinheitsbegriffe und die damit verbundenen Reinheitskonzeptionen im Alten Testament sind. Dass Reinheit relevant für identitätsprägende Prozesse ist, ließ sich dabei nicht auf einzelne Begriffe festlegen, sondern wurde als Querschnittsthema festgestellt. Im Folgenden soll der Zusammenhang zwischen Reinheit und sozialer Identität anhand ausgewählter Texte analysiert werden. Bei der Auswahl wurde zum einen darauf geachtet, Texte aus unterschiedlichen Epochen heranzuziehen. Zum anderen galt es, verschiedene inhaltliche Nuancen von Reinheit in den Blick zu nehmen. Schließlich lag ein Augenmerk bei der Auswahl darauf, die verschiedenen Teile der Hebräischen Bibel zu berücksichtigen und somit neben Texten aus der Tora und den Nevi'im auch solche aus den Ketuvim wahrzunehmen. Daraus folgt eine bis zur Inkommensurabilität reichende Streuung der inhaltlichen Bezüge sowie der Modi, in denen Reinheit thematisiert wird. Diese Streuung entspricht der Disparatheit des Textbefundes und ist geeignet, ein aussagekräftiges Bild über die identitätsprägende Form von Reinheit zu entwerfen.

Nach einer kurzen Einführung in die zu untersuchenden Texte wird zunächst die vorliegende Reinheitsterminologie beschrieben; anschließend erfolgt eine Analyse des jeweiligen Reinheitskonzeptes mit Hilfe der in der Einleitung erläuterten Prozesse der SIT.[1]

3.1 Reinheitsbestimmungen als Kategorisierung – Lev 12–15

In Lev 12–15 finden sich jene Texte, die in der Regel als erste zum Thema Reinheit assoziiert werden. Sie haben eine lange inner- und nachbiblische Wirkungsgeschichte entfaltet und sind bis heute in vielen Strömungen des

1 Das sind soziale Kategorisierung, soziale Identität, sozialer Vergleich, soziale Distinktheit; vgl. die Ausführungen in der Einleitung, Kap 1.1.

 | DOI:10.1163/9789004524651_004

zeitgenössischen Judentums prägend für halachische Entscheidungen und die Entwicklung von Traditionen geblieben.[2]

Um den historischen Kontext des Buches Levitikus angemessen erfassen zu können, wäre eine Auseinandersetzung mit der Entstehungsgeschichte der Tora im Ganzen erforderlich. Ich schließe mich in dieser Frage Hieke an, der in den Prolegomena seines Kommentares zu den Schwierigkeiten eines solchen Unternehmens schreibt: „Dennoch ist eine grundsätzliche – wenngleich auch immer nur mutmaßliche – historische Verortung sinnvoll, um die 'Enzyklopädie' einschätzen zu können, die der Text aus seiner Entstehungssituation heraus als Voraussetzung für die Lektüre und das Verstehen einfordert."[3] Für diese Enzyklopädie ist es von Belang, dass Lev 12–15 zum priesterschriftlichen Teil des Pentateuchs gehört. Dieser Teil wird fast einhellig auf die frühe nachexilische Zeit datiert, wobei auch ein vorexilischer Ursprung einzelner Texte oder einzelner Traditionen nicht auszuschließen ist. Gelegentliche Vorschläge, diese und andere Texte im Ganzen in die vorexilische oder gar in die Zeit von Mose zu datieren, haben keinen Bestand. Das lässt sich aus der grundlegenden redaktionskritischen Studie von Nihan lernen, der den Übergang von „P" zum Pentateuch methodisch umsichtig zu beschreiben versucht.[4]

Für die vorliegende Fragestellung sind vor allem zwei entstehungsgeschichtliche Beobachtungen von Bedeutung: Zum einen führt die Datierung in die frühe nachexilische Zeit in eine Situation des Umbruchs und der Neuorientierung, in der die Frage nach Identität, Kult und Volk besondere Relevanz gewinnt. Zum anderen mahnt die redaktionsgeschichtliche Unbestimmtheit dazu, dem „dass" der erzählten Ereignisse und ihrer theologischen Profilierung entschieden den Vorzug vor den Überlieferungen selbst und ihren hypothetisch bleibenden geschichtlichen Ursprüngen zu geben.[5]

Die Gliederung des Buches war in der exegetischen Diskussion lange umstritten. Schon immer hat man wahrgenommen, dass ein sprachlicher und

---

2 Als aktuelles Beispiel kann die Tatsache dienen, dass die religiöse Bildung orthodoxer Kinder mit Levitikus und nicht mit Genesis einsetzt. Der Midrasch Levitikus Rabba kommentiert dazu:

> אָמַר רַבִּי אַסֵּי מִפְּנֵי מָה מַתְחִילִין לַתִּינוֹקוֹת בְּתוֹרַת כֹּהֲנִים וְאֵין מַתְחִילִין בִּבְרֵאשִׁית, אֶלָּא שֶׁהַתִּינוֹקוֹת טְהוֹרִין וְהַקָּרְבָּנוֹת טְהוֹרִין יָבוֹאוּ טְהוֹרִין וְיִתְעַסְּקוּ בִּטְהוֹרִים.
>
> Rabbi Asi sagte: Warum beginnt man mit den Kindern mit der Priestertora und nicht mit Bereschit? Weil die Kinder rein sind. Also sollen doch die Reinen kommen und sich mit Reinem beschäftigen. (LevR 7,3, Übersetzung M.H.)

3 *Hieke*, Levitikus, 65–66.

4 *Nihan*, Priestly Torah; darin besonders der knappe Forschungsüberblick, 1–20, sowie die einführenden Bemerkungen zu Beginn der Kapitel III–V.

5 Das wird noch deutlicher im Blick auf das Verhältnis zwischen Heiligkeitsgesetz und P, worauf noch einzugehen ist.

sachlicher Bruch zwischen Lev 1–16 und 17–26 besteht. Während im ersten Teil des Buches noch feinere Gliederungen möglich sind, gelingt dies im zweiten Teil nur mühsam, so dass dieser meist als ein einheitlicher Block behandelt wurde.[6] Neuere Kommentare sehen die Kapitel 11–15 als Hinführung auf die Bestimmungen zu Jom Kippur, dem großen Versöhnungstag, an.[7] Um Kapitel 16 herum seien die übrigen Kapitel konzentrisch aufgebaut, so dass die Kapitel 11–15 damit das Korrelat zu den Kapiteln 18–20 darstellten, die sich mit der Heiligkeit im Alltag beschäftigen.[8] Diese Argumentation überzeugt gerade im Blick auf die neueren Forschungen zum Heiligkeitsgesetz, die darin einen integralen Bestandteil des Buches sieht.

Reinheit und Unreinheit werden im Kontext des Levitikusbuches mit den aus der semantischen Analyse bekannten Grundbegriffen für Reinheit und Unreinheit, טהר und טמא, beschrieben und zielen im weitesten Sinne auf körperliche Besonderheiten und Unregelmäßigkeiten. Der Eindruck, dass Unreinheit die vorgegebene Ordnung häufig auf unvorhersehbare Weise stört, erhält in diesen Kapiteln verschiedene Bestätigungen. Körperliche Unregelmäßigkeiten sind im Kontext von Lev 12–15 meist unverschuldet: In Lev 12 handelt es sich etwa um jene Unreinheit, der eine Frau nach der Geburt ihres Kindes ausgesetzt ist, wobei noch einmal zwischen der Geburt eines Jungen (7 Tage im Status der Unreinheit, 33 Tage im Status der Reinigung) und eines Mädchens (14 Tage im Status der Unreinheit, 66 Tage im Status der Reinigung) unterschieden wird.[9] Kapitel 13 und 14 behandeln verschiedene Formen einer Krankheit,

6 Vgl. die älteren Kommentare von *Elliger*, Leviticus, 7–9; *Noth*, Leviticus, 1–3; *Staubli*, Levitikus.

7 Die Kapitel 11–15 stellen sachlich eine Einheit dar. Dennoch werden hier nur die Kapitel 12–15 näher betrachtet, weil sich an ihnen identitätsprägende Merkmale zeigen lassen. Kapitel 11 beschäftigt sich mit unreinen Tieren und ihrer Berührung. Auch diese Fragen haben selbstverständlich Einfluss auf die religiös bedingte soziale Identität, müssen aber in diesem Zusammenhang unberücksichtigt bleiben. Thomas Hieke verweist auf die Reihenfolge der Schöpfungswerke als Gliederungsmerkmal für die Zusammenstellung der Kapitel, vgl. *Hieke*, Levitikus, 403.

8 Hieke spricht dabei von einer spiegelbildlichen Anordnung und weitet den Charakter des Konzentrischen auch auf die übrigen Kapitel aus: *Hieke*, Levitikus, 56. Ähnlich argumentiert auch *Hartley*, Leviticus, xxxivf., wenngleich er sich dabei auf Lev 16 als Zentrum des Abschnittes konzentriert und weniger auf die Beziehung der Teile untereinander achtet.

9 Über die unterschiedlichen Zeitangaben, für die der Text selbst keinerlei Begründung liefert, ist viel nachgedacht worden, häufig unter Bezug auf religionsgeschichtliche Vergleiche oder auf Texte wie Jub und Mischna; vgl. dazu *Hieke*, Levitikus, 452–457. Ich schließe mich Hiekes Vorsicht an und teile seinen Widerspruch gegenüber jenen exegetischen Versuchen, die mit Hilfe dieser Bestimmungen eine Abwertung des Weiblichen oder Unterordnung unter das Männliche begründen wollen; vgl. *Hieke*, Levitikus, 455 gegen Noth. Dies sei nur möglich, wenn fälschlicherweise „unrein" mit gesellschaftlicher Verachtung gleichgesetzt werde.

die mit „Aussatz" nur sehr unzulänglich übersetzt ist.[10] Kapitel 15 wendet sich schließlich körperlichen Ausflüssen zu. Im Vergleich zu Reinheitsbestimmungen in anderen Texten fällt an diesen Kapiteln auf, dass die Rahmendaten hier eindeutig formuliert sind: Deutlich wird gesagt, an wen sich die Vorschriften richten, was sie sachlich beinhalten und wie sie technisch umgesetzt werden sollen. Diese Umsetzung bezieht sich auf Reinigungsriten, die ebenso detailliert beschrieben werden, wie der vorher notwendige Schritt der Feststellung von Unreinheit oder Reinheit. Das Ziel scheint immer eine möglichst differenzierte Vorgehensweise zu sein: Es wird mehrfach (jeweils nach Ablauf von sieben Tagen) geprüft, ob ein von Aussatz befallener Mensch oder ein Gewebe oder Haus tatsächlich als unrein zu qualifizieren sind. Bei der Wiederherstellung von Reinheit wird durch die Anpassung der Opferforderungen an das jeweilige Vermögen dafür Sorge getragen, dass alle die Möglichkeit zur Restitution ihres Status erhalten.

Die Reinheitsbestimmungen im Buche Levitikus werden als eine durch Mose vermittelte Gottesrede an das ganze erwählte Volk der Israelitinnen und Israeliten stilisiert. Sie richten sich an das Volk im Ganzen, geben jedoch im Detail auch individualisierte Bestimmungen zum Umgang mit Reinheit vor. So unterschiedlich die Bestimmungen auch in ihren Begründungen sein mögen, so einheitlich ist doch ihre Zielsetzung: Sie alle zielen darauf ab, das als Einheit bestehende und durch Gottes Erwählungshandeln versammelte Volk in Gruppen von „Reinen" und „Unreinen" zu kategorisieren. Bereits in Lev 10,10 wird der Akt der Unterteilung und Unterscheidung zwischen rein und unrein als Hauptaufgabe der Priester definiert. Hieran wird bereits die Korrespondenz zwischen Reinheit und Heiligkeit deutlich:[11]

---

10 Alle Versuche, „Aussatz" mit heute bekannten Krankheiten zu identifizieren, sind bislang ergebnislos geblieben. Sie reichen von einer allgemeinen Bestimmung als „menschliche Hautkrankheiten" (*Noth*, Leviticus, 89) oder als „eine ganze Reihe von Hautkrankheiten" bzw. „alle möglichen Formen von Ausschlag" (*Elliger*, Leviticus, 180) über eine Form von Lepra (vgl. die Übersetzungen in LXX und Vg) bis hin zu der heute meist angenommenen Variante einer Psoriasis/Schuppenflechte (*Gerstenberger*, Leviticus, 145). Diese Uneindeutigkeit hängt sicher mit der Ungenauigkeit der Beschreibung sowie einem grundlegend anderen Verständnis von Krankheit zusammen; vgl. zu den Schwierigkeiten einer Identifizierung *Gerstenberger*, Leviticus, 143–145. Gesteigert wird die Unsicherheit durch die Feststellung, dass „Aussatz" nicht nur den Menschen im Zuge einer Hautkrankheit, sondern darüber hinaus auch Gewebe und Häuser befallen kann (vgl. Lev 13,47–49 und 14,34–57). Für die vorliegende Fragestellung ist jedoch der Umgang mit der Krankheit wesentlich, nicht so sehr ihre genaue Bestimmung, so dass ich im Bewusstsein aller Unschärfe bei der gewohnten Übersetzung mit „Aussatz" bleibe.

11 Vgl. auch Lev 11,47 und andere.

וּֽלֲהַבְדִּ֕יל בֵּ֥ין הַקֹּ֖דֶשׁ וּבֵ֣ין הַחֹ֑ל וּבֵ֥ין הַטָּמֵ֖א וּבֵ֥ין הַטָּהֽוֹר

Zu unterscheiden zwischen heilig und profan, unrein und rein.

Das vorangehende Kapitel 11 hat die Einteilung der Tiere in reine und unreine zum Inhalt. Im Rahmen der vier untersuchten Kapitel wird anhand verschiedener Kriterien entschieden, wer zur Gruppe der „Reinen" und wer zur Gruppe der „Unreinen" gehört. Daran wird erkennbar, dass der jeweilige Zustand als Segmentierungsmerkmal dient. Innerhalb des Volkes wird die wahrgenommene Wirklichkeit (auch) dadurch bestimmt, ob jemand rein oder nicht rein ist. Zwei Kernmerkmale für Elemente sozialer Identität sind ihre Funktion als Kategorisierungsmechanismen sowie die aus einem Vergleich mit anderen Gruppen resultierende positive Bewertung der eigenen Gruppe. Beide Merkmale sind in den untersuchten Kapiteln gegeben, woran deutlich wird, dass Reinheit in diesen Texten eine identitätsprägende Funktion erfüllt.

Die Kategorisierung realisiert sich auf zweifache Weise. Zum einen handelt es sich dabei um eine affirmative, nicht sichtbare Segmentierung, die allein durch ihre Deklaration konstituiert wird. Zum anderen ist diese Segmentierung auch von außen sichtbar.

Äußerlich sichtbar wird der Status der Unreinheit immer dann, wenn Reinigungsriten erforderlich werden. Auch wenn sie unterschiedlich ausfallen, machen sie doch nach außen hin sichtbar und für den/die Einzelne/n spürbar, dass ein Wechsel der Kategorien stattfindet. Eine gesteigerte Form der sichtbaren Segmentierung ist die Absonderung bei offensichtlichem Aussatz oder die Quarantäne bei vermutetem Aussatz. Die (erst nach mehreren Prüfungen erfolgte) Deklaration eines mit Aussatz geschlagenen Menschen als unrein hat zur Folge, dass dieser sich absondern, andere vor sich warnen und somit von sich weghalten muss (vgl. Lev 13,45f.). Bereits vor der Deklaration wird der zu untersuchende Mensch immer wieder separiert, um die Reinheit der Übrigen nicht zu gefährden (vgl. Lev 13,4f.21.26.31.33 uvm.).

Neben diese sichtbare Absonderung, die aus einem Kategorisierungsmechanismus folgt, tritt eine Art gedankliche Segmentierung. Sie besteht darin, dass die Individuen des Volkes sich selbst und andere aufgrund ihrer Kenntnis der Reinheitsbestimmungen als „rein" und „unrein" kategorisieren und somit innerhalb des Volkes ständig neue In- und Out-Groups kreieren.[12] Weder ist

12 Das geschieht da, wo von „den" Reinen oder „den" Unreinen die Rede ist, und bleibt auf das Buch Deuteronomium begrenzt (12,15.22; 15,22). Udo Rüterswörden zeigt, dass sich gerade an der Verwendung der Reinheitsbegriffe im Deuteronomium und im Tetrateuch deren theologische Besonderheiten ablesen lassen, wobei aber im Ganzen das Dtn auf

es möglich, beiden Gruppen anzugehören noch keiner von beiden Gruppen anzugehören. Selbst in jenen Fällen, in denen die Wiedererlangung des Reinheitsstatus allein durch das Verstreichen von Zeit geschieht (so z.B. im Falle nächtlichen Ausflusses Lev 15,2–5), befindet sich der/die Betroffene für die Zeit der Unreinheit in einer Art situativer Out-Group.

Soziale Identität konstituiert sich durch Kategorisierungsvorgänge. Erst dadurch, dass die Umwelt als in Gruppen befindlich wahrgenommen wird, ist eine Zuordnung und Bewertung dieser Gruppen und eine Deduktion sozialer Identität möglich. Die Bestimmungen in Lev 12–15 tragen dazu bei, dass sich die religiöse Umwelt des Volkes Israel nach ihrem Reinheitsstatus in Gruppen segmentieren lässt. Teil des Volkes Israel zu sein, bedeutet zugleich, entweder rein oder unrein zu sein. Somit geht mit der Teilhabe am Volk Israel auch einher, dass die soziale Identität der Individuen unter anderem durch die Zugehörigkeit zu „Reinen" oder „Unreinen" bestimmt ist.

Die Reinheitsbestimmungen in Lev 12–15 weisen dabei eine merkwürdige Ambivalenz auf. Obwohl unmittelbar einsichtig ist, dass die Gründe zur Verunreinigung (anders als z.B. in Lev 18) unabwendbar und nicht steuerbar sind, werden die Verunreinigungen selbst dennoch eindeutig negativ bewertet. Trotz der Unvermeidbarkeit bestimmter Unreinheitsfälle in Lev 12–15 muss der Zustand der Reinheit immer wieder aktiv hergestellt werden, wozu es einer detaillierten Beschreibung von Reinigungsriten bedarf. Dabei dürfen diese Riten jedoch nicht als eine Art Bußleistung oder Kompensation missverstanden werden. Vielmehr sind sie ein praktisch-ritueller Vorgang, der die Wiederherstellung der Reinheit zur Folge hat. In der Regel bringt die Reinerklärung durch den Priester den performativen Charakter der Riten zum Ausdruck (vgl. Lev 13,13.17 uvm.). Alles ist dabei auf die Wiedererlangung der Reinheit und damit auf das Individuum ausgerichtet. Das wird z.B. an der Abstufung der Riten oder am Umfang der Opferforderungen deutlich, die sich nach dem fiskalischen Vermögen des oder der zu Reinigenden richtet (vgl. Lev 14,32). Die Bewertung von Reinheit als positiv(er) und dadurch erstrebenswert wird in der griechischen Terminologie noch weiter verdeutlicht. Während das Hebräische zwei etymologisch unterschiedene Begriffe zur Beschreibung wählt (טהר und טמא), drückt die LXX den Status der Unreinheit durch das mit einem

dem älteren Tetrateuch aufbaut. Das gilt auch für die genannten Stellen zu den personal formulierten Bezügen auf „Reine" und „Unreine"; vgl. dazu *Rüterswörden*, Conceptions, insbesondere seine Würdigung der These Moshe Weinfelds, 416–420.

α-Privativum verneinte Wort für „rein" aus (καθαρός/ἀκάθαρτος), was beide Begriffe auch etymologisch miteinander verbindet.[13]

Die soziale Dimension kommt darin zum Vorschein, dass es Nachteile mit sich bringt, unrein zu sein. Primär betrifft das den Ausschluss von allen kultischen Handlungen. Darüber hinaus aber werden der/die Unreine insgesamt als ansteckend empfunden und somit auch dann abgesondert und ausgegrenzt wird, wenn dies nicht wie in Lev 13–14 ausdrücklich gefordert ist. Auch unter dem Aspekt des sozialen Vergleichs fungiert Reinheit also identitätsprägend, weil sich Individuen innerhalb einer Gemeinschaft anhand ihres Reinheitsstatusses vergleichen und bewerten können.

Durch die Bestimmungen in Lev 12–15 werden dem Individuum, das sich als Teil des erwählten Volkes Israel sieht, Kategorien an die Hand gegeben, anhand derer er oder sie innerhalb der In-Group des Volkes erneut In- und Out-Groups segmentieren kann. Die Reinheitsvorschriften dieser Kapitel bestimmen die soziale Identität des Individuums dahingehend, dass es sich durch deren Beachtung einer Gruppe zugehörig fühlt. Die Vorschriften sind außerdem so formuliert, dass Reinheit als der ideale, erstrebenswerte Zustand erscheint. Somit erfüllen diese Kapitel ein doppeltes Kriterium der SIT: Sie dienen nicht nur der schlichten Kategorisierung der Umwelt, sondern bieten dafür zugleich auch eine positive Wertung an. Reinheit im Gegenüber zu Unreinheit ist also von Bedeutung für eine positive soziale Identität. Ein Individuum, das sich zum Volk Israel zählt, weiß seine Identität nicht nur durch diese allgemeine Volkszugehörigkeit bestimmt, sondern außerdem durch die Zugehörigkeit zu entweder den Reinen oder den Unreinen innerhalb des eigenen Volkes. Durch die direkten oder indirekten Auswirkungen, welche die jeweilige Zugehörigkeit impliziert, wird dieser Teil der Identität weiter verstärkt.

Dennoch bleiben Fragen. Die Segmentierung in Untergruppen erweist sich als ein dynamischer und ständig wechselnder Prozess. Eine konkrete Zuordnung zur Gruppe der „Unreinen" hält demnach nur wenige Tage oder bisweilen auch nur wenige Stunden an, bis die geforderten Reinigungsriten vollzogen sind. Somit ist zu fragen, ob hier überhaupt von „Gruppen" im eigentlichen Sinne gesprochen werden kann – von Gruppen, die Einfluss auf die soziale Identität eines Individuums nehmen. Andererseits sind solche Gruppenzugehörigkeiten schlichte Realität, so dass sie – auch wenn sie befristet bleiben – das alltägliche Leben und die Selbstwahrnehmung von Menschen prägen.

Zu fragen wäre auch, ob körperlich ausgelöste Un-/Reinheit identitätsprägend sein kann, da sie nicht steuerbar oder vermeidbar ist. Kann etwas

13 Diesen Hinweis verdanke ich den Beobachtungen Vahrenhorsts zur Verwendung der Reinheitsterminologie in der LXX; vgl. *Vahrenhorst*, Reinheitsterminologie.

identitätsprägend im Sinne sozialer Identität sein, das sich nicht beeinflussen lässt? Allerdings beruht soziale Identität eben nicht nur auf dem Selbstbild, das bewusst generiert wird, sondern auch auf vorgegebenen Faktoren. Reinheit nach Lev 12–15 ist – abgeleitet aus der Zugehörigkeit zum Volk Israel – auch unter den genannten Einschränkungen identitätsprägend.

3.2 Sexualbestimmungen als Element sozialer Identität – Lev 18

Levitikus 18 stellt den Beginn eines Redekomplexes dar, der sich explizit an die Gemeinschaft der Israelitinnen und Israeliten richtet. Dieser Redekomplex steht im zweiten Teil des Levitikusbuches, der im Unterschied zum ersten Teil als „Heiligkeitsgesetz" bezeichnet wird.

Die Entstehungsgeschichte des Heiligkeitsgesetzes wird nach wie vor kontrovers diskutiert. Es liegt nahe, H nicht – wie lange angenommen – als selbstständiges (möglicherweise sogar noch vor P bestehendes) Rechtskorpus zu verstehen, sondern als eine Komposition aus Einzelüberlieferungen, die als interpretatorische Ergänzung und theologische Auslegung zu P gesammelt und an Lev 1–15 angefügt wurden. Ziel dieser Komposition ist es, die Heiligkeitsforderungen, die im ersten Teil des Buches an die Priester gerichtet werden, auf das ganze Volk zu übertragen.[14]

Lev 18 folgt auf die Anordnungen für den großen Versöhnungstag (Lev 16), die zugleich den Schluss der priesterlichen Texte in Lev darstellen, und auf die Anweisungen zur Bereitung der Opferstätte (Lev 17).[15] Direkt im Anschluss folgen Bestimmungen zur Heiligkeit des alltäglichen Lebens sowie zum Umgang mit schweren Verfehlungen (Lev 19 und 20). Es liegt nahe, Lev 18–20 als eine Einheit aufzufassen. Verbindendes Merkmal ist die Redeeinleitung, mit der sich JHWH (durch Mose vermittelt) an das gesamte Volk wendet.[16] Die Kapitel 18 und 20 bilden einen Rahmen um Kapitel 19; beide Kapitel handeln von Bestimmungen zu Ehe und Geschlechtsverkehr mit Fokus auf der Frage,

14 Vgl. zu diesem Diskurs sowie zu einer detaillierten Betrachtung des Heiligkeitsgesetzes *Nihan*, Priestly Torah, 4–11, *Hieke*, Levitikus, 65–70 sowie *Ruwe*, Heiligkeitsgesetz, 27ff. Ruwe schließt sich in weiten Teilen den Überlegungen Blums und Crüsemanns an, die Lev 17–26 für einen integralen Bestandteil des priesterlichen Textbestandes halten.

15 Ob mit Lev 16 auch das Ende der Priesterschrift im Pentateuch erreicht ist, wie Nihan vorschlägt, ist an dieser Stelle nicht zu entscheiden. Vgl. zu dieser These *Nihan*, Priestly Torah, 340–379; zur aktuellen Diskussion *Hieke*, Levitikus, 68.

16 Interessanterweise geschieht das dreimal auf je leicht unterschiedliche Weise:
Lev 18,2 דַּבֵּר אֶל־בְּנֵי יִשְׂרָאֵל וְאָמַרְתָּ אֲלֵהֶם // Lev 19,2 דַּבֵּר אֶל־כָּל־עֲדַת בְּנֵי־יִשְׂרָאֵל וְאָ
מַרְתָּ אֲלֵהֶם // Lev 20,2 וְאֶל־בְּנֵי יִשְׂרָאֵל תֹּאמַר

mit wem es (nicht) erlaubt ist, zu verkehren. Bestimmungen über Ehe und Geschlechtsverkehr sind nicht einfach nur auf den Akt als solchen konzentriert, sondern beziehen stets auf die daraus folgenden sozialen Konsequenzen und Verantwortlichkeiten ein.[17] Das belegt z.B. die hebräische Formulierung לְגַלּוֹת עֶרְוָה: Deren wörtliche Übersetzung mit „die Blöße / Nacktheit aufdekken" erscheint nicht nur als Euphemismus, sondern lässt zugleich Raum für die Vorstellung eines komplexen Beziehungsgeschehens.

Die Gliederung von Lev 18 deutet bereits eine Interpretationsrichtung an. Feste Elemente sind die Selbstbezeichnungen JHWHs als Gott Israels, die bereits konkrete Forderungen zur Abgrenzung gegenüber der Praxis anderer Völker in der alten (Ägypten) oder neuen (Kanaan) Heimat implizieren. Wenn auch erst am Ende (Lev 18,26–30) explizit benannt, so ist doch die Kategorie der Reinheit die, welche das entscheidende Vorzeichen vor alle diese Bestimmungen setzt. Deren Missachtung führt zu Unreinheit, die wiederum den Ausschluss aus dem Land zur Folge hat und deshalb unbedingt zu vermeiden ist. Bezeichnend ist hier, dass sich die Unreinheit der Bewohnerinnen und Bewohner auch auf das Land ausweitet und das Land mit dem „Ausspeien" der Bewohner reagiert (Lev 18,28).

Für die Frage nach identitätsprägenden Elementen von Reinheit sind vor allem die Rahmenverse des Kapitels aufschlussreich. Lev 18,6–23 beschreiben die konkreten Ausführungen und Bestimmungen, die für den weiteren Zusammenhang nur eine mittelbare Rolle spielen und daher in der folgenden Analyse in den Hintergrund treten.

Die Ein- und Ausleitungsverse Lev 18,1–5.24–30 liefern hingegen die Begründung für jene Bestimmungen. Formal lässt sich der Anfangsrahmen auch noch in die Redeeinleitung (18,1–2) und die wörtliche Rede (18,3–5) einteilen.

Für die Gliederung der Rahmenverse gibt es verschiedene Konzepte.[18] Erkennbar sind aufgrund syntaktischer und semantischer Elemente vor allem lineare Strukturen. Der narrativen Redeeinleitung schließt sich eine erweiterte Anrede in Form einer Aufforderung an Mose an. Sie ist im üblichen Duktus von

17 Vgl. *Hieke*, Levitikus II, 653. Hieke stellt vor allem die mehrdimensionale Bedeutung der Sexualbestimmungen heraus und beleuchtet deren wirtschaftliche, soziale und ethische Perspektive.

18 Erwogen wird z.B. der Gedanke konzentrischer Kreise oder eines Chiasmus. Die Ein- und Ausleitungen in den Versen 1–2/30 scheinen diesen Eindruck auch zu bestärken, doch schon die nächste Ebene trägt diese Konzeption nicht mehr mit. Während die Verse 3–5 das Folgende gleichsam in einen historischen Kontext (nämlich die vergangene Zeit in Ägypten und die zukünftige in Kanaan) einordnen möchten, stellen die Verse 24–29 eine zweistufige Begründung der Forderungen aus den Versen 6–23 dar und korrespondieren somit nicht mit den Einleitungsversen.

Redeeinleitungen durch Verben des Sagens und durch den jeweiligen Kommunikationspartner geprägt.

Diese Einleitung macht deutlich, dass die folgende Rede kein Spezialwissen beinhaltet, das nur einzelnen (z.B. den Priestern) zugänglich wäre, sondern dass sie sich an ganz Israel (an die בְּנֵי־יִשְׂרָאֵל – „Kinder Israels") richtet.

18,2 bringt ein weiteres Spezifikum zum Ausdruck, das die folgende Rede im Ganzen charakterisiert und das an einigen weiteren Stellen (18,4.5.6.21.30) erneut aufgenommen wird: JHWH selbst stellt sich vor bzw. bringt sich selbst als Gott der Angeredeten ins Gespräch. Dadurch ist die Rede als Ganze wie auch die Bestimmungen im Einzelnen geprägt durch eine enge Bezogenheit Gottes auf sein Volk. Dieser direkte kommunikative Bezug kommt z.B. durch das Suffix der 2.Pl. (אלהיכם, 18,2.4.30) immer wieder zum Ausdruck. Dass es jedoch nicht nur um das Volk im Ganzen, sondern ebenso um jede/n Einzelne/n geht, wird anhand der konkreten, auf einzelne Individuen bezogenen Forderungen deutlich.

Die Verse 3–5 sind geprägt vom Wortfeld der Tora, auch wenn der Begriff selbst nicht fällt. Dadurch wird dem Abschnitt eine hohe Bedeutung als Teil der lebensstiftenden Vereinbarung zwischen Gott und Volk zugemessen. Dieser Gesetzeskontext kommt durch Substantive und Verben, die in dieses Wortfeld gehören, zum Vorschein. Dazu zählen verschiedene Synonyme der Tora wie חוק, משפט, und מעשה oder die Verben שמר und עשה. Die Wurzel הלך lässt sich ebenfalls in diesen Kontext einbeziehen, da sich aus ihr der Begriff für die Halacha, also das konkrete Regelwerk jüdischer Gruppen, ableitet. Auffällig ist die parallele Syntax in 18,3, die eine vergangene und eine zukünftige Perspektive miteinander verbindet. Auch die Verse 4 und 5 enden mit der Selbstvorstellung, die schon aus Vers 2 bekannt ist. Die im masoretischen Text verkürzte Form unter Wegfall der Erklärung אלהיכם wird in der LXX ergänzt.[19]

Die individuelle Perspektive drückt sich erneut im letzten der Einleitungsverse (18,5) aus, wo demjenigen Menschen, der sich an die Weisungen JHWHs hält, das Leben versprochen wird.

Erst in den Abschlussversen 18,24–30 kommen Reinheitsbegriffe explizit zum Tragen. Dennoch lassen sich die vorangehenden Ausführungen nur im Blick auf diese Schlussbemerkungen angemessen verstehen. Die konkreten Sexualbestimmungen münden nun in die verallgemeinernde Aufforderung ein, sich nicht durch solche Handlungen zu verunreinigen (18,24 – אַל־תִּטַּמְּאוּ), weil dadurch das Land verunreinigt würde (18,25). Vers 27 stellt schließlich den

19 Lev 18,5^{LXX}: καὶ φυλάξεσθε πάντα τὰ προστάγματά μου καὶ πάντα τὰ κρίματά μου καὶ ποιήσετε αὐτά, ἃ ποιήσας ἄνθρωπος ζήσεται ἐν αὐτοῖς· ἐγὼ κύριος ὁ **θεὸς ὑμῶν**. (Die Ergänzung der LXX ist fettgedruckt.)

Bezug zu den anfangs genannten Völkern wieder her, die sich und das Land eben genau so verunreinigt hätten.

In besonderer Weise bindet Vers 30 die verschiedenen Begründungen noch einmal zusammen:

> וּשְׁמַרְתֶּם אֶת־מִשְׁמַרְתִּי לְבִלְתִּי עֲשׂוֹת מֵחֻקּוֹת הַתּוֹעֵבֹת אֲשֶׁר נַעֲשׂוּ לִפְנֵיכֶם וְלֹא תִטַּמְּאוּ
> בָּהֶם אֲנִי יְהוָה אֱלֹהֵיכֶם׃

> Und ihr sollt meine Weisungen bewahren, damit ihr nicht Gesetze der Gräuel tut, die vor euch getan wurden, und dadurch unrein werdet! Ich bin JHWH, euer Gott!

Das Ziel dieser Weisungen besteht darin, vor Unreinheit zu bewahren. Ihre Begründung resultiert aus der Verbundenheit zwischen Volk und Gott sowie aus der Zugehörigkeit des Volkes zu JHWH.

Anhand von Lev 18,30 lässt sich zeigen, wie diese Art von Reinheitsbestimmungen die soziale Identität der zum Volk Israel gehörenden Individuen prägt. Gleiches wird auch anhand der übrigen Rahmenverse deutlich. Dazu dienen drei der für die SIT bestimmenden Prozesse: die soziale Kategorisierung, der soziale Vergleich und die soziale Distinktion.

Anders als in Lev 12–15 werden in diesem Fall jedoch In- und Out-Group nicht innerhalb des Volkes Israel kreiert, sondern Lev 18 dient als Maßstab dafür, wie die In-Group (Israel) von der Out-Group (andere Völker) unterschieden werden kann.

Weil diese drei Prozesse miteinander verbunden sind und ineinander übergehen, werden sie im Folgenden auch gemeinsam behandelt. Die Rahmenverse enthalten bereits den Deuteschlüssel für jene konkreten Vorgaben, die dann in 18,6–23 zu Entfaltung kommen.

Die Missachtung der Reinheitsregeln führt dazu, dass Land und Leute unrein werden und das Land daraufhin seine Bewohnerinnen und Bewohner „ausspeit". Reinheit ist auf abstrakter Ebene der angestrebte Status des Volkes. Dieser Status hat verschiedene Aspekte, die sich mit den Prozessen der SIT beschreiben lassen. Inhaltlich handelt es sich dabei um ein deskriptives Moment der Zugehörigkeit zu JHWH, um die Beachtung bestimmte Weisungen, die von JHWH ausgehen, und um das Gegenüber von Israel zu anderen, zum Teil konkret benannten Völkern wie Ägypten und Kanaan (18,3).

Im Sinne der sozialen Kategorisierung dienen die Reinheitsbestimmungen dazu, die Grenzen der segmentierten Welt deutlicher zu formulieren. Dabei entstehen – deskriptiv, nicht normativ – Gruppen, an Menschen, die zu JHWH gehören und solche, die das nicht tun. Die Unterscheidung zwischen deskriptiver und normativer Wirklichkeit ist hierbei entscheidend. Beides kann zwar in eins fallen, die normativen Zugehörigkeitsfragen liegen jedoch nicht in den Reinheitsbestimmungen, sondern in der Erwählung durch JHWH begründet. Die Reinheitsbestimmungen drücken Zugehörigkeit dagegen deskriptiv aus. Die Zugehörigkeit zu diesen Gruppen äußert also sich darin, dass Weisungen befolgt werden, die JHWH entsprechen und von ihm gegeben sind. Die soziale Identität eines Individuums ist damit geprägt von einer Zugehörigkeit, die sich in der Beachtung bestimmter Weisungen äußert. Dadurch kann sich das Individuum mit anderen Individuen vergleichen und auf diese Weise seine Zugehörigkeit erkennen. Das Kriterium der Unterscheidung ist die Reinheit. Anders als Individuen anderer Völker verunreinigt sich ein Mitglied des Volkes Israel nicht, da es die Weisungen seines Gottes hält. Im Unterschied zu den Bestimmungen von Lev 12–15 ist der Status der Reinheit in Lev 18 dadurch als positiv qualifiziert, dass er vor dem „Ausgespienwerden" bewahrt. Der soziale Vergleich mit anderen Völkern führt also anhand der gleichen Kriterien (Zugehörigkeit zu JHWH, Halten der ihm eigenen Weisungen, Erlangung bzw. Bewahrung von Reinheit) zu einer sozialen Distinktheit.

Das Ziel der Gottesrede in Lev 18 besteht in der Unterscheidung des Gottesvolkes von den Völkern der Umwelt, die hier – religionsgeschichtlich sicher nicht korrekt – mit Ägypten und Kanaan bezeichnet sind. Beiden Namen kommt eine besondere Bedeutung zu, weil sie im Rahmen der literarischen Chronologie die nahe Vergangenheit (Ägypten) und die mit Blick auf die Landnahme noch bevorstehende Zukunft (Kanaan) bezeichnen. Vor der positiv formulierten Verkündung des eigenen Gesetzes steht die Abgrenzung gegenüber den Gesetzen und Weisungen der benachbarten Völker. Dadurch wird der Wunsch nach Distinktion gegenüber der Umwelt formuliert. Die konkreten Bestimmungen stellen dann jene Kategorien dar, nach denen zwischen In-Group (Volk Israel) und Out-Group (andere Völker) unterschieden werden kann. Im Vergleich geht es vor allem um das Verhalten der anderen Völker und um das Verhalten des Volkes Israel. Lev 18,24, der erste der abschließenden Verse, macht diese Gegenüberstellung deutlich, die dann mit stereotyper Prägnanz auch die folgenden Verse durchzieht (vgl. 18,26–28) und immer wieder mit Reinheitsbegriffen operiert.

Aufschlussreich ist weiterhin ein Vergleich zwischen Lev 18 und Lev 20. Auch dieses Kapitel behandelt die Abgrenzung von anderen Völkern unter dem Blickwinkel der Sexualbestimmungen und setzt dabei lediglich andere inhaltliche Schwerpunkte. In gleicher Weise gilt die Zugehörigkeit zu JHWH als Begründung der folgenden Bestimmungen (20,7–8.22–26), die sich der Reinheitsmetaphorik bedienen. Auffällig ist, dass die Absonderung des Volkes aus den Völkern mit der Absonderung des Reinen vom Unreinen parallelisiert wird. Bis in die Terminologie hinein stellen die Verse 20,24–26 eine sachliche Verbindung zwischen der Erwählung des Volkes Israel aus den Völkern und der Scheidung zwischen rein und unrein her.[20]

Somit zeigen sowohl Lev 18 wie auch Lev 20, dass Reinheit eng mit der sozialen Identität verbunden ist. Während Lev 12–15 dabei vorrangig auf einen Unterscheidungsprozess innerhalb des Volkes abzielt, heben die Texte des Heiligkeitsgesetzes auf eine Unterscheidung Israels von den Völkern ab.

3.3 Fremdgötterei als Unreinheit – Ez 20 und 36

Dass Unreinheit auch durch religiöse Vergehen hervorgerufen werden kann, ist im terminologischen Überblick bereits deutlich geworden. Ezechiel bietet für ein solches Reinheitsverständnis eine ganze Reihe von Beispielen, an denen sich zeigen lässt, wie eng die Frage der Reinheit mit der Gottesbeziehung verbunden ist.

Unstrittig ist die Datierung und Lokalisierung des Ezechielbuches in die Zeit des Babylonischen Exils.[21] Es erweist sich primär als ein Werk der Gegenwartsdeutung der Exilanten, die ihre Situation theologisch zu bewältigen versuchen und sich dabei mit dem imaginierten Gegenüber derer, die im Land geblieben sind, auseinandersetzen. Ez 11,15 formuliert eine der Kernfragen, welche die Gemeinschaft dabei im Exil umtreibt:

> בֶּן־אָדָ֗ם אַחֶ֤יךָ אַחֶ֙יךָ֙ אַנְשֵׁ֣י גְאֻלָּתֶ֔ךָ וְכָל־בֵּ֥ית יִשְׂרָאֵ֖ל כֻּלֹּ֑ה אֲשֶׁ֨ר אָמְר֜וּ לָהֶ֗ם יֹשְׁבֵ֤י יְרוּשָׁלִַ֙ם֙
> רַֽחֲקוּ֙ מֵעַ֣ל יְהוָ֔ה לָ֥נוּ הִ֛יא נִתְּנָ֥ה הָאָ֖רֶץ לְמוֹרָשָֽׁה׃

> Menschenkind, deine Geschwister, deine Geschwister, die Menschen deiner Verbannung und das ganze Haus Israel, über diese sagen die, die noch in Jerusalem leben: JHWH ist ferne von ihnen, uns aber ist das Land zum Eigentum gegeben.

Das für Prophetenbücher typische dreigliedrige eschatologische Schema (Gericht über Israel: 1–24, Gericht über die Völker: 25–32, Heil für Israel: 33–48) wird bei Ezechiel erweitert durch eine übergreifende Zwei-Phasen-Struktur, in

---

20 Sowohl das Handeln Gottes an Israel wie auch das von Gott aufgegebene Handeln Israels an den Tieren wird mit Formen der Wurzel בדל beschrieben: vgl. 18,24: הבדלתי, 25: הבדלתם und 26: אבדל.

21 Vgl. z.B. *Greenberg*, Ezechiel 1, 28–34, aber auch *Hossfeld*, Ezechiel, 594.

deren erstem Teil (Kap. 1–24) Unheilsansagen stehen, während der zweite Teil (Kap 24–48) von Heilsverkündigungen geprägt ist.

In Ez 20 und 36 spielt die Reinheitsterminologie mit Blick auf die Beziehung zwischen Gott und seinem Volk eine tragende Rolle. Ez 20 entwirft eine Art Gründungsmythos des Volkes Israel, der mit den Vergehen der Vergangenheit beginnt, die zu der gegenwärtigen Situation geführt haben, und schließlich in einen verheißungsvollen Blick in die Zukunft mündet. Rückblickend wird das Handeln Gottes in Form einer Gottesrede dargestellt, die den Erwählungsvorgang expliziert und zugleich die dauerhafte und besondere Bindung des Volkes an JHWH verdeutlicht. Die für Ezechiel typische Anrede mit בן אדם (20,3), die Luther ungewohnt geschlechtsneutral mit „Menschenkind" wiedergibt, weist auf die enge Verbundenheit von Redner und Angeredetem hin.[22] Schon früh wird dabei eine Forderung formuliert: Von den fremden Göttern, den Götzen Ägyptens, deren Anbetung als Unreinheit bezeichnet wird, soll das Volk ablassen (Ez 20,7):

> וָאֹמַ֣ר אֲלֵהֶ֗ם אִ֣ישׁ שִׁקּוּצֵ֤י עֵינָיו֙ הַשְׁלִ֔יכוּ וּבְגִלּוּלֵ֥י מִצְרַ֖יִם אַל־תִּטַּמָּ֑אוּ אֲנִ֖י יְהוָ֥ה אֱלֹהֵיכֶֽם׃
>
> Und ich sprach zu ihnen: Die Kultbilder vor euren Augen werft hinweg und verunreinigt euch nicht an den Götzenbildern Ägyptens, ich bin JHWH euer Gott.

Die Geschichte Israels wird in mehreren Etappen erzählt, die sich immer wieder als Wechselspiel von Abfall des Volkes und Treue Gottes darstellen. Auf die szenische Redeeinleitung (20,1–4) folgen drei dreiteilige Episoden, die jeweils für eine Generation des Gottesvolkes stehen; die erste Generation befindet sich noch in Ägypten, die beiden folgenden schon in der Wüste. Das Schema dieser Episoden beginnt mit einer Proklamation der Erwählung, verbunden mit der Gabe des Gebotes, und der Forderung, sich nicht zu verunreinigen (20,5–7.10–12.18–20).[23] Darauf folgt der Ungehorsam der Ältesten und ihrer Söhne, der einhergeht mit der Überlegung JHWHs, seinen Zorn ausbrechen zu lassen und das Volk zu zerstreuen (20,8.13.21). Dieses Vorhaben wird jedoch um der Rettung des heiligen Namens willen wieder verworfen; stattdessen setzt

---

22 Die *Elberfelder Bibel* übersetzt mit „Menschensohn", ebenso *Buber/Rosenzweig*, die *Einheitsübersetzung* und *Schlachter*. *Hoffnung für alle* verschiebt den Akzent etwas und übersetzt „Sterblicher Mensch", *Gute Nachricht* und *Zürcher Bibel* wählen schlicht „Mensch".

23 An diesen Stellen begegnen bis in die Wortstellung hinein die gleichen Formulierungen wie in Lev 18,11. Das Leben, das durch die Beachtung der Weisungen hervorgerufen wird, wirkt in der Zusammenschau schon fast wie ein Epitheton der Tora selbst, ohne dass auch hier (wie in Lev 18) der Begriff Tora erwähnt wird.

mit einer erneuten Gabe der Gebote die nächste Episode ein (20,9.14.22).[24] Moshe Greenberg bezeichnet die Wahrung des heiligen Namens als das „Hauptmovens der Geschichte".[25]

Im zweiten Durchgang wird die Überlegung JHWHs, das Volk zu strafen, noch umfangreicher ausgeführt, bevor sie auch hier zurückgenommen und stattdessen die Gabe der Gebote erneuert wird. (20,15–17). Im dritten und letzten Durchgang handelt JHWH entgegen dem, was er in 20,6 beschlossen hat und kündigt die Zerstreuung des Volkes unter die Völker an sowie eine Strafe, die in der Verunreinigung des Kultes liegt.[26]

In der wiederholten Entscheidung JHWHs, sich seinem Volk bleibend zuzuwenden, wird jedes Mal auch die Forderung erneuert, sich nicht (erneut) zu verunreinigen. Die Verunreinigung hat dabei konkret die Gestalt einer Anbetung fremder Götter.

Die spezifische Situation, in die hinein das Ezechielbuch spricht und auf die es Bezug nimmt, fordert Fragen nach der Identität der darin Angesprochenen heraus. Wie lässt sich das Verhältnis zu dem Gott Israels außerhalb des Mutterlandes gestalten? Und wie kann Israel seine Beziehung zu den anderen Völkern im fremden Land klären? Andere Fragen betreffen das Kollektiv selbst: Wodurch definiert sich das „Volk" außerhalb seines Landes? Wie sind Gegenwart und Vergangenheit zu deuten, und was lässt sich für die Zukunft erhoffen? Die durch Ezechiel vermittelten Gottesreden richten sich immer an Gruppen, die auf unterschiedliche, meist wenig spezifische Weise bezeichnet werden: Berge Israels, Älteste Israels, Hirten Israels u.v.m. Frank-Lothar Hossfeld sieht in der mangelnden Ausdifferenzierung dieser Gruppen einen „Hinweis auf die spezifische soziale Zusammensetzung der Gola".[27]

Dennoch lassen sich anhand dieser dem Kollektiv geltenden Aussagen auch Hinweise auf Elemente sozialer Identität finden. Der grundsätzliche Zusammenhang zwischen Reinheit und sozialer Identität wird bei Ezechiel über das Verbot der Anbetung fremder Götter vermittelt. Dies wird daran deutlich, dass an drei Stellen beide Topoi miteinander verbunden werden (20,7.18–19.31), aber auch darüber hinaus eine enge Verbindung besteht.

---

24 Die einzelnen Abschnitte wären noch differenzierter darzustellen; so werden beispielsweise je unterschiedliche Gebote gegeben; vgl. dazu z.B. *Greenberg*, Ezechiel 1, 413.

25 *Greenberg*, Ezechiel 1, 418.

26 Moshe Greenberg weist darauf hin, dass sich dieser Geschichtsrückblick von denen in anderen Kapiteln des ersten Teils (16/23) unterscheidet: „Kein anderer Geschichtsrückblick konzentriert sich so auf das Kultische unter Ausschluss des Politischen (…). Kein anderer Überblick macht so viel Aufhebens um das gelobte Land als Gegensatz zu anderen Ländern." *Greenberg*, Ezechiel 1, 418.

27 *Hossfeld*, Ezechiel, 595.

Ez 20,7 wurde bereits zitiert, ergänzend sei noch 20,18–19 angeführt:

> וָאֹמַר אֶל־בְּנֵיהֶם֙ בַּמִּדְבָּר בְּחוּקֵּי אֲבוֹתֵיכֶם֙ אַל־תֵּלֵכוּ וְאֶת־מִשְׁפְּטֵיהֶם אַל־תִּשְׁמֹרוּ וּבְגִלּוּ
> לֵיהֶם אַל־תִּטַּמָּאוּ׃ אֲנִי֙ יְהוָה אֱלֹהֵיכֶם בְּחֻקּוֹתַי לֵכוּ וְאֶת־מִשְׁפָּטַי שִׁמְרוּ וַעֲשׂוּ אוֹתָם׃
>
> Und ich sprach zu ihren Kindern in der Wüste: Wandelt nicht in den Gesetzen eurer Väter, und ihre Rechtsprechungen bewahrt nicht, und verunreinigt euch nicht an ihren Götzen. Ich bin JHWH euer Gott. Wandelt in meinen Gesetzen und bewahrt meine Rechtsprechungen und tut sie.

Die Verunreinigung vergangener Generationen besteht darin, dass sie die Götzen, an denen die „ihre Augen“ hingen, nicht losließen. Diese Bindung an fremde Götter holt auch die gegenwärtige Generation noch ein. Sie wird selbst im Kontext der Heilszusagen, besonders in Ez 36, erneut aufgegriffen.

Anders als in den bisher untersuchten Texten lassen sich In- und Out-Group in diesem Falle nicht eindeutig bestimmen. Vielmehr erscheint Reinheit als ein grundlegendes Element, das die Zusage, überhaupt Volk JHWHs zu sein, sichert. Unreinheit führt in die Zerstreuung und löst damit den Charakter des erwählten Volkes auf. Dass dies nicht geschieht, verdankt sich allein der freien und unbeirrbaren Entscheidung JHWHs. Um seines Namens willen (vgl. 20,9.14.22) entscheidet er sich immer wieder für sein Volk. Unreinheit führt dazu, dass die soziale Kategorisierung nicht mehr greift, weil das Volk ununterscheidbar und in seiner sozialen Identität geschwächt wird. Somit wird der soziale Vergleich unmöglich und die Distinktion hinfällig. Unrein werden heißt in diesem Falle, sich nicht mehr von den Fremdvölkern zu unterscheiden. Grund und Folge der Unreinheit gleichen sich: Das Anbeten der fremden Götter, also die Nichtunterscheidung zwischen dem einen Gott JHWH und den Göttern Ägyptens, führt zu einer Zerstreuung des Volkes unter die Völker. Auf besondere Weise werden in Ez 20 die Erwählung des Volkes durch JHWH und die geforderte Absage an andere Götter mit Begriffen der Reinheit ausgedrückt. Auch wenn die Reinheitsterminologie nur am Rande auftaucht, ist sie doch zentraler Bestandteil dieser Dynamik. Das wird vor allem daran deutlich, dass die Strafe, die dem Volk letztlich doch widerfährt, mit Begriffen der Reinheit beschrieben wird, wobei als Begriff טמא, also der Grundbegriff körperlich bedingter Reinheit und nicht etwa ein metaphysischer Reinheitsbegriff gewählt wird, vgl. Ez 20,36:

> וָאֲטַמֵּא אוֹתָם֙ בְּמַתְּנוֹתָם בְּהַעֲבִיר כָּל־פֶּטֶר רָחַם לְמַעַן אֲשִׁמֵּם לְמַעַן֙ אֲשֶׁר יֵדְעוּ אֲשֶׁר
> אֲנִי יְהוָה׃

> Und ich machte sie durch ihre Gaben unrein, indem sie alle Erstgeburt des Mutterleibes durch [das Feuer] gehen ließen: damit ich ihnen Entsetzen einflößte, damit sie erkannten, dass ich JHWH bin.

An dieser Stelle lohnt es, auch Ez 36 einzubeziehen, das ein Komplementärstück zu Ez 20 darstellt. Wie Ez 20 ist auch Ez 36 zweigeteilt. Während in 20 dem Geschichtsrückblick die Unheilsansage folgt, geht in 36 dem Geschichtsrückblick (36,16–38) die Heilsansage (6,1–15) voraus, die wiederum im Kontext von 35 und der Unheilsansage gegen Edom zu sehen ist.

Ez 36 setzt mit einer Rede an die „Berge Israels" ein. Weil Edom und andere Völker sich schändlich an Israel vergangen haben, so dass es zum Besitz der Völker wurde, wendet sich nun das Blatt. Die Heilsverkündigung (1–15) kennt keine andere Begründung als die, dass Israel Leid durch die anderen Völker erfahren hat.

Erst im Rahmen des Geschichtsrückblicks (16–38) wird die Heilslinie nun auch in die bereits in Ez 20 entworfene Geschichte zwischen JHWH und seinem Volk eingetragen. Inhaltlich und sprachlich schließt Ez 36 an Ez 20 an. Erneut fungiert der Zorn über die Unreinheit als Auslöser dafür, dass JHWH sein Volk zerstreut und vertreibt. Der Grund, es wieder zu sammeln und dadurch (wie es in 18,24–26 heißt) zu „reinigen", liegt nicht in dem Volk selbst (18,22) und auch nicht im Handeln der anderen Völker. Die erneute Sammlung und Reinigung des Volkes hat ihr Ziel vorrangig in der Heiligung des Namens JHWHs und in seiner Bekanntmachung.[28]

War die Zerstreuung des Volkes und Gottes Zorn Folge des Götzendienstes als Ausdruck von Unreinheit, so ist nun auch die Reinigung des Volkes das entscheidende Element einer erneuerten Gottesbeziehung. Mit der Sammlung aus den Völkern und der Rückführung in das Land ist die Reinigung von den Götzen verbunden, die – ganz im Sinne bekannter levitischer Regeln – durch Besprengung mit reinem Wasser geschieht. Einige Verse später (36,31.33) wird dieses Ritual mit der Reinigung von Verfehlungen gleichgestellt und als Neubeginn qualifiziert.

In der Zusammenschau beider Kapitel, die sich inhaltlich und sprachlich in vielem ähneln, wird sichtbar, dass auch in der Diaspora, in der die Bindung an den Tempel und seine Riten nur noch als Erinnerung existieren, Reinheit

---

28 Das Motiv der Sammlung wird in Ez 36,22 explizit so formuliert:
לָכֵ֞ן אֱמֹ֣ר לְבֵֽית־יִשְׂרָאֵ֗ל כֹּ֤ה אָמַר֙ אֲדֹנָ֣י יְהוִ֔ה לֹ֧א לְמַֽעַנְכֶ֛ם אֲנִ֥י עֹשֶׂ֖ה בֵּ֣ית יִשְׂרָאֵ֑ל כִּ֤י
אִם־לְשֵׁם־קָדְשִׁי֙ אֲשֶׁ֣ר חִלַּלְתֶּ֔ם בַּגּוֹיִ֖ם אֲשֶׁר־בָּ֥אתֶם שָֽׁם.
Darum sollst du zum Hause Israel sagen: So spricht der Herr JHWH: Ich tue es nicht um euretwillen, ihr vom Hause Israel, sondern um meines heiligen Namens willen, den ihr entheiligt habt unter den Völkern, zu denen ihr gekommen seid.

weiterhin als identitätsprägendes Element gilt. Reinheit dient als Deutungsmuster für die Widerfahrnisse, mit denen das Volk im Exil zu kämpfen hat. Unreinheit trennt von JHWH, während Reinheit das Gottesverhältnis wiederherstellt. Im Lichte der SIT lässt sich Reinheit bei Ezechiel verstehen als etwas, das essentiell zu der Kategorie „Volk Israel" oder „Gottesvolk" gehört. Dass JHWH sich mehrfach trotz der Unreinheit des Volkes gegen dessen Zerstreuung entscheidet, hat seinen Grund nicht etwa in einem allmählichen Bedeutungsverlust der Kategorien Reinheit und Unreinheit, sondern allein in der autonomen Entscheidung JHWHs selbst.

Im Exil werden die bekannten Reinheitstraditionen somit auf neue Weise fruchtbar gemacht, um das Erfahrene als Handeln Gottes zu deuten und zu verstehen. Reinheit steht hier für Unterscheidbarkeit und damit für ein Kernelement sozialer Identität.

3.4 Reinheit im Psalter – am Beispiel von Ps 51

Reinheitsterminologie begegnet im Alten Testament auch außerhalb halachischer Diskurse, wofür gerade der Psalter eine ganze Reihe von aufschlussreichen Beispielen bietet. Anders als in anderen Textzusammenhängen kommt dabei auch die ganze Bandbreite terminologischer Möglichkeiten zum Zuge. Zwar dominieren auch hier zunächst die Wurzeln טהר und טמא, doch die übrigen Begriffe werden ebenso genutzt. Wortstatistisch lässt sich daran bereits eine größere Vielfalt an Reinheitskonzepten innerhalb des Psalters erkennen. Hossfeld/Zenger konstatieren in der Einleitung zu ihrem Kommentar hinsichtlich des gesamten Psalters: „Die Vielgestaltigkeit der sprachlichen Bilder und Formen, die in den Einzelpsalmen auftreten, ist Spiegel der Vielschichtigkeit der Lebenssituationen, für die diese Texte geschaffen wurden."[29] In den meisten Psalmen, die Reinheitsbegriffe verwenden, werden primär andere Themen entfaltet. Auffällig ist eine Häufung solcher Begriffe, die den Gedanken der „Läuterung" beschreiben, wie z.B. Ps 17,3; 26,2; 66,10. Als besonders charakteristisch erscheint die Wendung לב טהור – reines Herz, z.B. in Ps 24,4; 51,12; 73,1.13. Konsequenter als in anderen Korpora ist die Reinheitsterminologie von einem moralisch-ethischen Verständnis geprägt, auch wenn sich dieses nicht auf einen einzigen Begriff festlegen lässt. Explizit wird die ethische Konkretisierung der Unreinheitsterminologie in Ps 106,39 der טמא als den Unreinheitsbegriff par excellence in einem ethischen Zusammenhang verwendet:

29 *Hossfeld & Zenger*, Psalmen II, 26.

וַיִּטְמְאוּ בְמַעֲשֵׂיהֶם וַ֝יִּזְנוּ בְּמַעַלְלֵיהֶם׃

> Und sie verunreinigten sich durch ihre Handlungen und hurten mit ihren Werken.

Wenige Verse vorher wurde dem Volk vorgeworfen, Götzen anzubeten und sich mit anderen Völkern zu vermischen (106,35–36). Dies konkretisiert die Vorwürfe in V39 und erinnert an Ez.

Dass jedoch auch innerhalb des Psalters keine Gegenüberstellung oder Trennung moralischer und kultischer Bezüge herzustellen ist, zeigt im Besonderen die Analyse von Ps 51. Bei diesem Psalm handelt es sich um einen Text, der inhaltlich und strukturell von der Reinheitsthematik geprägt ist und nicht nur punktuell darauf verweist.[30] Er gehört zum sogenannten elohistischen Psalters (Ps 42–83) und eröffnet darin die zweite Sammlung von Davidspsalmen (Ps 51–72). Der literarische Kontext des Psalms wird durch eine Überschrift in den Versen 1–2 mit 2Sam 11–12, also mit Davids Vergehen an Batseba und der Aufdeckung seiner Schuld durch den Propheten Natan, identifiziert:

לַמְנַצֵּחַ מִזְמוֹר לְדָוִד:בְּבוֹא־אֵלָיו נָתָן הַנָּבִיא כַּאֲשֶׁר־בָּא אֶל־בַּת־שָׁבַע׃

> Dem Musizierenden, ein Psalm von David, als Natan der Prophet zu ihm kam, nachdem er zu Batseba gegangen war

Der Psalm ist als Sündenbekenntnis stilisiert, das angesichts der eigenen Verfehlungen (3–11) auf die Bitte um Restitution (12–19) zuläuft und daher in der Auslegungsgeschichte auch gern als vierter Bußpsalm bezeichnet wird.[31]

---

30 Interessanterweise findet Ps 51 in Studien zum gesamten Psalter wenig Erwähnung. In Janowskis Psalmenanthropologie (*Janowski*, Konfliktgespräche) wird er nicht genannt, in den einführenden Werken von Schnocks (*Schnocks*, Psalmen) und Gerstenberger (*Gerstenberger & Gerstenberger*, Psalmen) nur am Rande. Anders in der theologischen Einführung in die Psalmen von McCann (*McCann*, Introduction, 101–108), der Ps 51 unter der Überschrift „Prayer and Identity" einen ganzen Abschnitt widmet. Er konzentriert sich dabei auf den Psalm als Schuldbekenntnis und Rechtfertigungsbitte im Kontext der Geschichte von David und Batseba, ohne jedoch den Reinheitsaspekt zu thematisieren.

31 Trotz aller redaktionsgeschichtlichen Differenzen besteht weitgehend Konsens darüber, dass die Verse 20 und 21 aus nachexilischer Zeit bzw. noch genauer aus der Zeit des Mauerbaus unter Nehemia stammen; vgl. *Hossfeld & Zenger*, Psalmen II, 45. Eine ähnliche Deutung bietet *Weber*, Werkbuch I, 235, aber auch *McCann*, Introduction, 108. Ausleger wie Oeming/Vette warnen jedoch unter Verweis auf die Opferthematik davor, die Verse voreilig späteren Redaktionsstufen zuzuschreiben; Vgl. *Oeming & Vette*, Psalmen, 70.

Überlegungen, die den Psalm als einen Krankheitspsalm begreifen wollen und ihm dafür die Vorstellung eines Zusammenhangs zwischen Krankheit und Sünde unterstellen, wurden von Hossfeld/Zenger kritisch diskutiert und abgewiesen.[32]

Die Struktur des Psalms spiegelt seinen Inhalt wider. Die grundlegende Zweiteilung in Sündenbekenntnis und Bitte um Restitution erfährt dann jeweils eine weitere Dreiteilung. Der erste Teil enthält die Bitte um Wegnahme der Sünde (3–4), das Bekenntnis der Verfehlung (5–8) und die erneute Bitte um die Wegnahme der Sünde (9–11), so dass die Bitte das Bekenntnis umrahmt. Diese Rahmung wird darin besonders anschaulich, dass die Qualifizierung der Wegnahme in den Versen 3–4 und 9–11 chiastisch mit den gleichen Verben beschrieben wird:

> מְחֵה – Vers 3; כַּבְּסֵנִי – Vers 4; טַהֲרֵנִי – Vers 5 //
> וְאֶטְהָר – Vers 9; תְּכַבְּסֵנִי – Vers 9; מְחֵה – Vers 11.

Die Verben „tilgen", „waschen" und „reinigen" beschreiben den Vorgang der Befreiung von Verfehlungen auf differenzierte Weise. Diesem Spiel mit verschiedenen Wegnahme-Verben korrespondiert eine nicht weniger differenzierte Sündenbegrifflichkeit, die sich jedoch eigene Akzente setzt. Nach Beat beschreibt die Vielfalt der Begriffe den Umfang der Tat: „Die Häufigkeit und Varianz der Sünden-Begrifflichkeit unterstreicht die Grösse der Verfehlungen und macht deutlich, dass sich darin verschiedene Aspekte überlagern."[33]

Die Dreiteilung des zweiten Teils weist durch die Wiederaufnahme der Begriffe לב und רוח ebenfalls eine sachliche Rahmung auf, die jedoch weniger parallel verläuft als im ersten Teil. Die Verkündigung von Gottes Ehre (15–17) wird dabei von Aussagen zur Bedeutung von Herz und Geist umschlossen. Während die Verse 12–13 um eine Wiederherstellung von Herz und Geist bitten, beteuern die Verse 18–19 die Darbringung von Herz und Geist als dasjenige Opfer, welches vor Gott anerkannt wird. Ähnlich der Vielfalt der Sünden- und Sündentilgungsbegriffe im ersten Teil, wird auch in diesem Teil die Dramatik der Aussagen durch die Wahl der Begriffe unterstrichen. So stehen mit ברא – „schaffen" und חדש – „erneuern" Begriffe im Zentrum, die durch ihre Grundsätzlichkeit die Tiefe der Verstrickung und die Unmöglichkeit des Menschen, sich selbst daraus zu befreien, erkennen lassen.

32 Vgl. *Hossfeld & Zenger*, Psalmen II, 42–44.
33 *Weber*, Werkbuch I, 234.

Beide Themen des Psalms – das Sündenbekenntnis und die Bitte um Restitution – werden durch die Verwendung von Reinheitsbegriffen entfaltet. Schon genannt wurden die in 51,4.5.9 verwendeten Wurzeln טהר und כבס. Während טהר als Reinheitsbegriff bekannt ist, wurde כבס bisher noch nicht behandelt. Es handelt sich dabei um keinen klassischen Reinheitsbegriff, sondern um einen terminus technicus für das Entfernen von Schuld durch Waschungen, weswegen er auch nur in den weiteren Kontext der Reinheitsterminologie gehört. Er findet Verwendung z.B. bei der Heiligung des Volkes durch Mose mittels einer Waschung der Kleidung (Ex 19,10.14). Konkret wird der Bezug zur Reinheitsthematik auch in Lev 11–15 hergestellt: Das Unreinwerden durch die Berührung unreiner Tiere oder deren Aas, durch den Befall von Aussatz oder durch körperliche Ausflüsse, fordert Waschungen, die mit כבס benannt werden (z.B. Lev 11,25.28.49; 13,34.55; 14,8; 15,11.13.17). Auch außerhalb der Tora und der Psalmen ist die Verwendung von כבס im Kontext der Sündenbeseitigung bekannt, so z.B. in Jer 2,22 oder 4,14.

Eine aufschlussreiche Rolle spielt im Psalm die Wurzel חטא, da sie in eben jener Doppelfunktion zu finden ist, die auch in der semantischen Analyse beschrieben wurde.[34] Zum einen bezeichnet sie den Zustand der Sündhaftigkeit wie in 51,5–7. In Abgrenzung zu anderen Begriffen steht חטא nach Hossfeld/Zenger für „das Abweichen vom richtigen Lebensweg und die Verfehlung des aufgetragenen Zieles".[35] Zum anderen tritt die Wurzel im zweiten Teil, der Bitte um Erneuerung, auch in der Bedeutung „entsündigen, reinigen" auf, wie in Vers 9:

תְּחַטְּאֵנִי בְאֵזוֹב וְאֶטְהָר תְּכַבְּסֵנִי וּמִשֶּׁלֶג אַלְבִּין׃

> Entsündige mich mit Ysop, und ich werde rein sein; wasche mich, und ich werde schneegleich weiß sein.

Hossfeld/Zenger bemerken dabei zu Recht eine Traditionslinie, die von Psalm 51 mittels der Verbindung von Ysop und der Wurzel חטא zu den Reinheitsbestimmungen in Lev 14 und Num 19 gezogen wird.[36]

Vers 9 weist erneut eine hohe Konzentration an Reinheitsbegriffen auf: טהר, כבס, חטא und לבן: Alle diese Begriffe gehören im weitesten Sinne in den

34 Vgl. Kap. 2.

35 *Hossfeld & Zenger*, Psalmen II, 50.

36 Vgl. *Hossfeld & Zenger*, Psalmen II, 52.

Kontext der Reinheitsthematik.[37] Somit wird der Vers, der die Bitte um Restitution einleitet, eng mit Begriffen der Reinheit durchsetzt. Restitution zu einem neuen, gelingenden Leben vor Gott konkretisiert sich also in der Reinigung des sündigen Menschen.

Psalmen sind grundsätzlich anthropologische Texte, insofern und weil sie menschliche Grunderfahrungen einfangen und widerspiegeln. Psalmen sind damit immer auch Texte, die sowohl mit der Identität des Individuums als auch mit der eines Kollektivs zu tun haben. Das gilt im Besonderen für Ps 51, der gerade mit dem Gedanken einer Restitution oder Neuschöpfung grundsätzlich auf die Frage nach menschlichem Sein und menschlicher Identität im Angesicht Gottes anspielt.

Auf die Frage nach der Bedeutung von Reinheit für die soziale Identität des Individuums gibt der Psalm keine direkte Antwort, da er die Auswirkungen der Schuld eines Einzelnen auf dessen Rolle in der Bezugsgruppe nur am Rande berührt. Das Gegenüber einer anderen Gruppe, einer Out-Group, fehlt vollends. Hilfreich könnten hierzu die Verse 20–21 sein, auch wenn sie meistens als sekundär betrachtet werden. Sie geben dem Psalm und damit auch denen, die ihn beten, einen Bezug zur Gemeinschaft, indem sie das zu bauende Jerusalem und den funktionierenden Kult in die Bitte miteinschließen. Das suggeriert, dass die Restitution des Einzelnen auch Auswirkungen auf die Kultgemeinschaft als Ganze hat. Erst nach der „Neuschöpfung", die durch Reinigung geschieht, scheinen auch der Kult und damit Gemeinschaft wieder möglich zu sein. Besonders deutlich wird dies angesichts der Frage nach Brand- und Speiseopfern, die erst dann wieder ihre Kraft erlangen, wenn auch der Mensch in den Status der Reinigung zurückgekehrt ist. Dies entspricht den bekannten Reinheitsbestimmungen, dass jede Form von Unreinheit die Teilnahme am Kult unmöglich macht. Die aus Levitikus bekannten Muster, dass die soziale Identität des Individuums von seiner Kultfähigkeit abhängig ist, wird im Psalm auf die Verunreinigung Davids durch sein Vergehen an Batseba übertragen. Insofern lassen sich auch hier identitätsprägende Elemente erkennen, die aber weniger offensichtlich sind als in den vorher untersuchten Textzusammenhängen. Psalm 51 ist damit ein Text, der die Reinheitsterminologie in einem neuen Genre verwendet, dabei bekannte Begriff miteinander kombiniert, der Frage nach sozialer Identität jedoch keine neuen Gesichtspunkte hinzufügt. Die aus anderen Texten bekannten Funktionen, die Reinheit bei der Ausprägung sozialer Identität erfüllt, stehen jedoch auch hier im Hintergrund.

37 Vgl. *Paschen*, Rein und unrein, 22.

3.5 Mischehen als Unreinheit – Esr 9/Neh 13

Die Mischehenproblematik in den Büchern Esra und Nehemia behandelt auf ganz eigene Weise die Frage, welchen Stellenwert Reinheit für die soziale Identität des Individuums hat.[38] In beiden Schriften spielt die Reinheitsthematik keine vordringliche Rolle; über die Identität des Volkes Israel sowie über die Bedeutung dieser Identität für jede/n Einzelne/n wird auf eher grundsätzliche Weise nachgedacht. Für die vorliegende Untersuchung sind beide Texte deshalb interessant, weil sie den Identitätsdiskurs an vielen Stellen mit Topoi und Begrifflichkeiten von Reinheit beschreiben. Vorzugsweise sprechen sie über Identität mit Hilfe von Reinheitsbegriffen, während in anderen Texten umgekehrt Identität eher dazu dient, die im Mittelpunkt stehenden Reinheitsbestimmungen zu beschreiben.

Ihre historische Verortung erhalten beide Schriften durch die im Text vermittelte Rückkehr der Exilierten nach Jerusalem, den Wiederaufbau und die Wiedereinweihung des Tempels sowie die Festigung der Gemeinde.[39] Mit dem Ziel, in Israel Recht und Weisung zu verbreiten, war Esra aus dem Exil zurückgekehrt (Esr 7,10) – dank eines Edikts des Perserkönigs Ataxerxes (Esr 7,11–26) autorisiert, um eine in Chaos geratene Ordnung wiederherzustellen. Kaum in Jerusalem eingetroffen, wird Esra von den Obersten als Richter über ein in der Zwischenzeit entstandenes Problem in Anspruch genommen:

לֹא־נִבְדְּלוּ הָעָם יִשְׂרָאֵל וְהַכֹּהֲנִים וְהַלְוִיִּם מֵעַמֵּי הָאֲרָצוֹת כְּתוֹעֲבֹתֵיהֶם לַכְּנַעֲנִי הַחִתִּי
הַפְּרִזִּי הַיְבוּסִי הָעַמֹּנִי הַמֹּאָבִי הַמִּצְרִי וְהָאֱמֹרִי

---

38 Katherine Southwood warnt davor, die Darstellungen in Esr 9–10 und Neh 13 zu schnell auf eine gemeinsame Quelle zu beziehen und daher als unmittelbar vergleichbar anzusehen. Sie verweist auf Unterschiede in Darstellung und Argumentation sowie auf möglicherweise verschiedene historische Kontexte; vgl. dazu *Southwood*, Speech. Für die vorliegende Untersuchung überwiegt jedoch die begriffliche und inhaltliche Nähe der beiden Texte, um anhand der literarisch vermittelten Wirklichkeit die Frage nach dem Zusammenhang von Reinheit und Identität zu stellen, zumal auch Southwood betont, dass die größte Verbindung beider Textkomplexe in der Suche nach Bewahrung der ethnischen Identität bestünde; vgl. *Southwood*, Speech, 5.

39 Mit Georg Steins lässt sich der Textkomplex in Esra/Nehemia gut anhand zweier Gliederungsschemata fassen: Das eine teilt die Texte in zwei historische Abschnitte ein (Rückkehr und Aufbau in Esr 1–6 und Konsolidierung in Esr 7 und Neh 13), das andere ordnet die Texte einander anhand der Themen vom Bau des Tempels und der Stadtmauer auf der einen und der Durchsetzung der mosaischen Gesetze auf der anderen Seite zu; Vgl. *Steins*, Esra, 333.

> Das Volk Israel und die Priester und Leviten haben sich nicht von den Völkern der Länder wegen ihrer Gräuel abgesondert, von den Kanaanäern, den Hetitern, den Perisitern, den Jebusitern, den Ammonitern, den Moabitern, den Ägyptern und den Amoräern.
>
> Esr 9,1

Die „Gräuel", die der Grund für die Absonderung hätten sein sollen, werden im nächsten Vers als Mischehen, die mit Frauen dieser Völker geschlossen wurden, bestimmt, weil diese eine Verunreinigung des Samens des Volkes Israel nach sich zogen. Diesem Bericht folgt ein langes Bußgebet Esras, in dem er die Aussichtslosigkeit der Lage beschreibt und an die unverdienbare und unverdiente Güte Gottes appelliert, die einem bußfertigen Volk widerfährt.

Dasselbe Thema wird bei Neh mit einem ähnlichen Ablauf dargestellt. Auch Nehemia kehrt (zum Aufbau der Mauer autorisiert) aus Babylon nach Jerusalem zurück und sieht sich vor Ort mit verschiedenen Vergehen des Volkes konfrontiert. Neh 13 thematisiert diese Vergehen – wie die Entweihung der ehemaligen Speiseopfer-Räume (13,4–9), die Entweihung des Sabbats durch fremde Händler (13,15–22) und schließlich die Vermählung der eigenen Kinder mit Söhnen und Töchtern fremder Völker (13,23–30). Dies alles ist eingebettet in ein Gebet Nehemias um die Gnade Gottes (13,14.22b).

Die Reinheitsbegrifflichkeit fällt in den vorliegenden Textzusammenhängen nicht sofort ins Auge. Sie wird aber auf vielfältige Weise eingebracht und durch eine differenzierte Terminologie entfaltet. Es sind vor allem sechs Begriffe, die dabei eine Rolle spielen.

Abstrakt wird das Verhalten des Volkes immer wieder als תעובה (Esr 9,1.11.13) oder als חטא bezeichnet (Neh 13,26), beides Begriffe, die ein ethisch disqualifiziertes Verhalten benennen und die auch in anderen Kontexten Nuancen von Reinheit markieren.[40] Konkret wird die kritisierte Unreinheit mit טומאה (Esr 9,11, vgl. den begrifflichen Rückbezug auf Lev 18) und גאל (Neh 13,29) beschrieben. In Neh 13,9.22.30 spricht Nehemia im Zuge der Wiederherstellung des Volks expressis verbis von der Aufforderung zur Reinigung ויטהרו – „und ihr sollt euch reinigen". In vergleichbar abgegrenzten Texten ließ sich die Thematik klarer auf einen Begriff wie z.B. טהר zuspitzen. Diese Feststellung weist darauf hin, dass Reinheit oder die Abwesenheit derselben an dieser Stelle nicht den Skopus der Argumentation darstellt. Vielmehr dient die Reinheitsterminologie dazu, die Größe der Vergehen und ihrer Folgen auszudrükken und sie in einen Kontext von Traditionen einzuordnen. Raik Heckl kommt in seiner Untersuchung zu den hermeneutischen Strategien bei Esr und Neh

40 Vgl. z.B. Lev 18,22.26 oder Ez 20,4.

zu dem Schluss, dass gerade in der Verknüpfung verschiedener grundlegender theologischer Topoi die Bedeutung des Mischehenverbotes zum Ausdruck komme: „Es werden also unterschiedliche Konzepte des Pentateuchs verwendet, um den intendierten Adressaten die geforderte Abgrenzung zu begründen. Die eigentümliche Kombination der Völker des Landes mit den Vorschriften des Gemeindegesetzes und die Einbeziehung des Konzeptes von Reinheit / Unreinheit aus priesterlichen Kontexten zeigt, dass man Mischehen generell ausschließt."[41]

Neben diese Begriffe, die direkt mit dem Thema Reinheit zusammenhängen, tritt die Wurzel בדל, die in diesen Textzusammenhängen als ein sinntragendes Verb erscheint, vgl. z.B. Esr 6,21; 9,1; 10,8; Neh 10,29; 13,3. Schon in der Analyse der Begriffe, u.a. in der Untersuchung der levitischen Texte, wurde deutlich, dass die Wurzel בדל die „priesterliche Tätigkeit par excellence" definiert.[42] Sie dient in Lev 10,10 und an anderen Stellen der Absonderung und Unterscheidung von Reinem und Unreinem oder Heiligem und Unheiligem. Durch die Verwendung dieser Wurzel wird die Reinheitsterminologie deutlich ins Bewusstsein gerückt.

Der Skopus der Texte liegt auf der Wiederherstellung der Bundesordnung, die zu einer neuen Konstitution des Volkes unter Ausschluss anderer Völker führen soll. Die Beschreibung dieses Ziels weist bereits auf Fragen der Identität hin. An mehreren Stellen innerhalb der vorliegenden Textzusammenhänge wird deutlich, dass dies die eigentlich behandelte Thematik ist.

Die Mischehenproblematik in Esra und Nehemia ist kein klassischer Topos, an dem sich die *soziale* Identität Einzelner zeigen ließe, da sie vielmehr die Identität einer ganzen Gruppe, also die kollektive Identität betrifft. Sie gehört auch nicht zu den klassischen Reinheitstopoi, weil die Frage der Reinheit hier nur als Mittel zum Zweck eine Rolle spielt. Diese Thematik eignet sich jedoch besonders aufgrund des Zusammenspiels beider Faktoren dazu, die Bedeutung von Reinheit für die soziale Identität aufzuzeigen.

Zwei weitere Textstellen machen diesen Zusammenhang deutlich. Zum einen wird bereits in Esr 6,21a nach der Einweihung des Tempels im Zuge des Passafestes die Absonderung von der Unreinheit der Völker als Zugangskriterium genannt:

41 *Heckl*, Neuanfang, 294.

42 *Böhler*, Esdras, 196.

וַיֹּאכְלוּ בְנֵי־יִשְׂרָאֵל הַשָּׁבִים מֵהַגּוֹלָה וְכֹל הַנִּבְדָּל מִטֻּמְאַת גּוֹיֵ־הָאָרֶץ

> Und es aßen die Kinder Israel, die aus der Gola zurückgekehrt waren und jeder, der sich von der Unreinheit der Völker des Landes abgesondert hatte.

Auch ohne, dass die Mischehen hier ausdrücklich genannt werden, ist anzunehmen, dass sie zumindest als Teil der benannten Unreinheit vorausgesetzt sind. Zudem wird aber auch unabhängig von einer inhaltlichen Qualifizierung der Unreinheit deutlich, dass das Stadium der Reinheit bleibend Voraussetzung für den Zugang zu religiösen Handlungen und damit für die Zugehörigkeit zu dem sich neu konstituierenden Volk ist.

Über Esra hinaus ist der Vergleich mit dem mutmaßlichen Bezugstext für das Mischehenverbot der Tora (Dtn 7,3 und im Falle des Esratextes auch Dtn 23,7) von Interesse. In Dtn 7,3 heißt es dazu:

וְלֹא תִתְחַתֵּן בָּם בִּתְּךָ לֹא־תִתֵּן לִבְנוֹ וּבִתּוֹ לֹא־תִקַּח לִבְנֶךָ׃

> Und du sollst dich nicht mit ihnen verheiraten. Gib deine Tochter nicht ihrem Sohn und ihre Tochter nimm nicht für deinen Sohn.

Auf dieser Formel (in Dtn 7,1 werden einige der Völker genannt, die auch in Esr/Neh angeführt werden[43]) beruht die Ablehnung von Mischehen. Ein Spezifikum von Esr/Neh liegt darin, dass in ihrem Kontext das Verbot mit Begriffen von „rein" und „unrein" beschrieben wird, was in Dtn nicht der Fall ist. Hier erfolgt also keine bloße Traditionsübernahme, die in den Kontext der Mischehenproblematik gehört. Vielmehr erhält diese Terminologie im Rahmen der Identitätsthematik ein eigenes Gewicht. Diese Beobachtung macht erneut die enge Verbindung zwischen Identität und Reinheit deutlich. Christine Hayes hat dafür den Begriff der „genealogischen Reinheit" geprägt, die sie als dritte Form der Reinheit neben kultischer und moralischer in den Texten des Alten Testaments angelegt sieht.[44] Das Mischehenverbot ziele auf die Reinheit des Volkes, die sich über die Fortpflanzung, also die Genealogie realisiere. Ihre Begründung beziehe diese „genealogische Reinheit" aus der Vorstellung von Israel als einem heiligen Volk. Auch wenn Hayes betont, dass die Idee genealogischer Reinheit nicht neu sei, findet sie dafür in Esr/Neh eine neuartige Zuspitzung, die gerade in der Verwendung der Reinheitsbegrifflichkeit

43 Vgl. zu den Völkerlisten z.B. *Heckel*, Mensch, 299, sowie *Böhler*, Esdras, 196.

44 Vgl. dazu und im Folgenden *Hayes*, Impurities, bes. 27–34.

besteht. Diese Begrifflichkeit unterscheide sich wiederum von ihrer sonstigen Verwendung dadurch, dass „in its genealogical context, the term ‚pure' means unalloyed or free of admixture".[45] Unabhängig davon, wie weit man Hayes in der Etablierung einer eigenen Reinheitskategorie folgen möchte, beschreibt sie zutreffend, dass die Vorstellung von Reinheit in Esr/Neh genutzt wird, um die Besonderheit und Abgegrenztheit des Volkes zu beschreiben und zu befördern. Reinheit dient hier dem Streben nach Erkennbarkeit und Distinktion und wird somit zum Faktor der Identitätsprägung im Sinne sozialer Identität. Strukturell erinnert das an das Bestreben in Ez 20 und 36.

Die Verwendung der Reinheitsterminologie dient in Esr/Neh der Klärung der eigenen Identitätsgrenzen. Das zeigt sich daran, dass die ergriffenen Maßnahmen nach innen richten gerichtet sind. Verbote werden an die eigenen Leute adressiert. Sie betreffen zwar Außenstehende, nehmen aber zuerst die eigenen Priester und dann alle anderen in die Verantwortung. Die distinktive Abgrenzung nach außen ist somit nur indirekt eine Aussage über die Out-Group. Vor allem dient sie der eigenen Selbstvergewisserung in einer unsicheren Zeit. Die Reinheitssprache wird gezielt genutzt, um eine Begründung für die exklusiven Forderungen zu bieten, die im Ergebnis eine nicht mehr zu durchdringende Grenze zwischen Israel und der Völkerwelt etablieren.[46]

Die Besonderheit der Texte aus Esr/Neh liegt in ihrer Argumentationsrichtung: Während bisher gezeigt werden konnte, dass Reinheitstexte stets auch Identitätselemente in sich tragen, wird an diesen Texten deutlich, dass auch im Kontext von Identitätsfragen von Reinheit gesprochen wird, dass sich also auch Identitätstexte der Reinheitsbegrifflichkeit bedienen.

3.6 Fazit

Die Theorie der sozialen Identität beschreibt die Bedeutung ausgewählter Elemente für das Selbstbild eines Individuums, wie es sich aus der Zugehörigkeit zu relevanten Gruppen ergibt.[47]

Sowohl in Lev 12–15.18.20 als auch in Ez 20.36 ist Reinheit ein solches Element, wobei jeweils unterschiedliche Prozesse zu beobachten sind. Ps 51 greift die aus Lev bekannten Muster auf, während Esr 9/Neh 13 weniger Reinheit als

45 *Hayes*, Impurities, 28.

46 Vgl. dazu auch *Olyan*, Rites, 62.80.

47 Eine ausführliche Beschreibung der dabei ablaufenden Prozesse vgl. die einleitenden Überlegungen zum Begriff Identität in Kap 1.

die Identität des Volkes zum Thema haben, diese jedoch mit Hilfe von Reinheitsterminologie entfalten.

In Lev 12–15 ist Reinheit ein Distinktionsmoment, das innerhalb des Volkes zur Bildung unterschiedlicher Kategorien führt. Die Dynamik der Bestimmungen läuft darauf hinaus, dass im Sinne des sozialen Vergleichs Reinheit als der erstrebenswerte Zustand deutlich wird. Am Beispiel des Aussatzes zeigt sich, dass Reinheit keineswegs nur einen Abgrenzungsmechanismus nach außen darstellt, sondern zugleich innerhalb einer Gruppe weitere Gruppierungen schafft, die untereinander vergleichbar sind. Reinheitsbestimmungen dienen dazu, den zu erstrebenden Status der Reinheit wiederzuerlangen. In Lev 12–15 wird darüber hinaus deutlich, dass sich anhand von Reinheit zwar Zugehörigkeitsfragen entscheiden, der Status der Unreinheit jedoch nicht zwangsläufig auch schon ein moralisches Urteil enthält.

In Lev 18.20 sowie in Ez 20.36 dient Reinheit zur Abgrenzung gegenüber anderen Völkern und fungiert damit gleichzeitig als Identitätsmerkmal für die Zugehörigkeit zu JHWH. In diesen Texten verläuft die Trennlinie zwischen rein und unrein nicht wie in Lev 12–15 innerhalb des eigenen Volkes, sondern zwischen dem eigenen Volk und den Fremdvölkern. Während in Lev 12–15 Unreinheit zu einer zeitweiligen Unterteilung der gesamten In-Group führt, stellen Lev 18 und 20 und Ez 20 und 36 Fälle dar, in denen Reinheit eine unabdingbare Voraussetzung für Zugehörigkeit überhaupt darstellt. Reinheit ist somit zugleich Kennzeichen und Bedingung von Zugehörigkeit. Sie erscheint als eine Art Gradmesser für die Differenz, an der sich Zugehörigkeit und damit Identität ablesen lassen.

Eine ähnliche Situation besteht in Esr 9 und Neh 13, wobei allerdings die Argumentationsrichtung eine andere ist. Auch hier besteht das Ziel in der Kategorisierung und im Vergleich mit den Outgroups, namentlich mit den nichtjüdischen, im Land lebenden Völkern. Während jedoch die anderen Texte verschiedene Reinheitsbestimmungen zum Thema haben, anhand derer sich etwas über die Identität erkennen lässt, ist das vordringliche Thema dieser Texte die Wahrung und Erneuerung der Identität der aus dem Exil Zurückgekehrten, die anhand von Reinheitsbegriffen reflektiert wird. Darin zeigt sich die identitätsprägende Funktion von Reinheit auf eine thematisch neue, eigenständige Weise.

Ps 51 hat weder Reinheits- noch Identitätsfragen zum Thema. Vielmehr reflektiert er grundlegend über Anthropologie, bedient sich dabei jedoch auffallend stark der traditionellen Reinheitsterminologie einschließlich ihrer identitätsprägenden Elemente. Er profiliert diese aber nicht eigens und erweist sich damit als Beispiel für einen Text, der die Reinheitsthematik anschneidet, ohne zugleich auch das Identitätsthema aufzurufen.

Der exemplarische Überblick über Reinheitstexte im Alten Testaments unter Einbeziehung der verschiedenen Korpora hat gezeigt, dass die meisten der untersuchten Texte, die von Reinheit handeln, auch Auskunft über Fragen der sozialen Identität des Individuums geben. Reinheit ist damit im Alten Testament nicht nur ein Begriff, der die praktische Zugangsmöglichkeit zum Kult regelt und in Einzelfällen auch auf moralische Zusammenhänge übertragen werden kann. Er fungiert vielmehr als Parameter, der auf vieldimensionale Weise die Zugehörigkeit des Individuums zu seinem Volk bzw. zu einem Teil dieses Volkes beschreibt und seine soziale Identität bestimmt.

KAPITEL 4

Reinheit am Rande: Die Schriften des Flavius Josephus

Eine Untersuchung zur Auslegungs- und Wirkungsgeschichte biblischer Texte im antiken Judentum kommt an dem Werk des Flavius Josephus nicht vorbei. Wie kein anderer ermöglicht er Einblicke in jüdische Traditionen des ersten Jahrhunderts unserer Zeitrechnung. Seine Geschichtswerke sind damit zugleich auch ein Zeugnis biblischer Texttradition, das den frühesten unserer vollständigen Manuskripte um einige Jahrhunderte vorausgeht. Darüber hinaus ist Josephus Zeuge für politische, kulturelle, religiöse und rechtliche Entwicklungen seiner Zeit, über die wir ohne ihn kaum Aussagen treffen könnten.

Seinen Werken ist zu entnehmen, dass Josephus aus einer noblen priesterlichen Familie stammte und über eine gediegene Schriftkenntnis verfügte.[1] Für ihn sind die biblischen Erzählungen Teil einer umfassenden Weltgeschichte, die er in ihrem Gesamtzusammenhang darzustellen versucht. Dabei stellt sich vor allem die Frage nach der biblischen Grundlage, auf die er sich stützt. Weder Umfang noch Form sind bisher gesichert, auch wenn Josephus an einer Stelle zumindest auf eine Art fixierten Kanon verweist (Ap 1,42).[2] Nach Herbert Basser spricht Vieles dafür, dass Josephus bereits auf einen ähnlichen Kanon zurückgegriffen hat, wie er uns heute vorliegt. Seine lange Zeit ganz zu Unrecht unterschätzte exegetische Arbeit äußert sich dabei immer wieder in Auslassungen oder Ergänzungen, die das Ergebnis eigener Textkonstitutionen und gezielter Interpretationen sind.[3] Dabei ist zu berücksichtigen, dass

1 Vgl. die Darstellung in Vit 1–12 über seine Abstammung und Jugendzeit, seine drei Jahre bei dem Einsiedler Bannus und seine Zeit bei den Pharisäern.

2 Vgl. dagegen exemplarisch *Feldman*, Interpretation, 25.

3 Vgl. *Basser*, Josephus. Anders Naomi Cohen in ihrem 1964 veröffentlichten Aufsatz, in dem sie durch einen rein lexikographischen Zugang versucht, dem Schriftverständnis des Josephus und vor allem seinem Umgang mit der Schrift auf die Spur zu kommen; vgl. *Cohen*, Scripture. Dieser Zugang scheint jedoch nicht geeignet zu sein, um der Komplexität der exegetischen Probleme gerecht zu werden, wie Basser sie beschreibt. Seinen Beobachtungen stehen andere (eher ergänzend als konträr) zur Seite, die eine sichtbare Hellenisierung einzelner Erzählungen (wie z.B. der Geschichte von Joseph und Potiphar) wahrnehmen; vgl. dazu *Braun*, Roman, oder auch *Sprödowsky*, Hellenisierung. Das bestätigt auch die Grundthese Cohens. Dennoch bleibt zu fragen, ob Hellenisierung des Inhalts und Umgang mit der Schrift aus exegetischer Sicht tatsächlich so eng miteinander verwoben sind, wie Cohen es voraussetzt.

 | DOI:10.1163/9789004524651_005

zur Zeit des Josephus mehrere Textvarianten der LXX im Umlauf waren. Ihre Eigenheiten bestanden nicht allein in der Sprache, sondern auch in unterschiedlichen Umfängen.[4] Über diese grundlegenden Einsichten wird heute kaum noch gestritten, auch wenn manche Details weiterhin offen bleiben: Unstrittig ist, dass zwar der Kanon des Josephus nicht mehr rekonstruierbar ist, anhand der Textbezüge aber sichtbar wird, dass er dem heutigen sehr nahe kommt; der maßgebliche Bezugstext ist die LXX; Josephus, der aus einer priesterlichen Familie stammte,[5] hatte aber von früh auf auch den hebräischen Text vor Augen und zog vermutlich unterschiedliche Textformen heran.[6]

Die Pragmatik seiner Werke ist bis heute Gegenstand heftiger Diskussionen, ebenso wie das Selbstverständnis, das sich aus seiner Art der Geschichtsschreibung ablesen lässt. Ob Josephus sich selbst als römischer Jude oder jüdischer Römer, als jüdischer Geschichtsschreiber für das römisch-hellenistische Umfeld oder als römischer Geschichtsschreiber für seine jüdischen Geschwister gesehen hat, bleibt offen. Gregory Sterling prägte Anfang der 90er Jahre den Begriff der „apologetischen Geschichtsschreibung", der seitdem als Analysebegriff insbesondere im Blick auf die Antiquitates verwendet wird.[7] In seiner Dissertation von 1992 versucht Sterling, sowohl das Werk des Josephus als auch das lukanische Doppelwerk in die Tradition hellenistischer Geschichtsschreibung einzuordnen und beschreibt schließlich beide Werke als eine Sonderform, die er „apologetic historiography" nennt. Darunter versteht er „the story of a subgroup of people in an extended prose narrative written by a member of the group who follows the group's own traditions but hellenizes them in an effort to establish the identity of the group within the setting of the larger world."[8] Um seiner apologetischen Absicht willen übertrage Josephus Inhalte und (biblische) Texte nicht nur in die griechische Sprache, sondern zugleich auch in griechisch-römisches Denken; er hellenisiere sie also, um das Judentum einem neuen Adressatenkreis gegenüber verständlich zu

4 Louis Feldman warnt davor, Gemeinsamkeiten (vor allem gemeinsame Unterschiede) mit Textabhängigkeit gleichzusetzen: „Moreover, what appears to be a divergent text may actually be exegesis of that text." *Feldman*, Interpretation, 24.

5 Vgl. Vit 1.

6 Heinz Schreckenberg vertritt die These der Gleichzeitigkeit von hebräischem und griechischem Text bei gleichzeitiger Ablehnung der Möglichkeit einer präzisen Rekonstruktion; vgl. *Schreckenberg*, Josephus-Tradition, 65–66. Sid Leiman bezeichnet Josephus als „ersten Zeugen eines geschlossenen hebräischen Kanons" und zeigt, dass die ihm vorliegende Schriftensammlung vergleichbar mit der des Talmuds und der Kirchenväter ist; vgl. *Leiman*, Canon. Feldman setzt auch die Kenntnis aramäischer Schriften voraus; vgl. *Feldman*, Interpretation, 23.

7 *Sterling*, Historiography.

8 *Sterling*, Historiography, 17.

machen. Inhalte aus einer Sprache in eine andere zu übersetzen bedeute daher „not simply to offer a literal rendition of the native sources into Greek, but to hellenize them".[9] Sören Swoboda arbeitet in seiner Dissertation die Intention der beiden Hauptwerke des Josephus anhand einer differenzierten, vergleichenden Untersuchung mit anderen Werken griechisch-römischer Geschichtsschreibung zu Tod und Sterben im Krieg heraus.[10] Er zeigt dabei, wie Ant und Bell von den Vorgaben klassischer Geschichtsschreibung offensichtlich bewusst abweichen.[11] Swoboda nimmt in seiner Arbeit die These und Begrifflichkeit Sterlings auf, meldet jedoch auch vorsichtige Zweifel an. Sie beziehen sich zum einen auf eine klare Gattungszuordnung der Werke des Josephus.[12] Die unterschiedlichen Einflüsse auf Ant und Bell zeigen, „dass eine Zuordnung zu bestimmten mehr oder weniger festen Formen antiker Historiographie im Blick auf das Bellum und die Antiquitates noch stärker zum Scheitern verurteilt ist, als es für griechisch-römische Geschichtswerke ab spätestens dem 1. Jh. v.Chr. ohnehin der Fall ist."[13] Die apologetischen Elemente sieht er in beiden Werken unterschiedlich verteilt und umgesetzt. Das Bellum zeichne sich durch eine emotionalisierende Tendenz aus, die sich mit apologetischen Inhalten bezüglich der Juden als Volk und bezüglich Josephus' eigenen Lebens verbinde, während der Ton der Ant spürbar nüchterner sei, dadurch aber auch die apologetischen Aspekte weniger betone. Darin spiegele sich bereits die zeitliche Distanz zum Geschehen und ein weiter entwickeltes Selbstbewusstsein in der Selbstdarstellung. Die Bezeichnung eines Werkes als apologetisch hängt nach Swoboda maßgeblich davon ab, ob sie sich an dessen Anliegen, Ziel oder Erscheinungsbild orientiert. Zum anderen sieht Swoboda den theologischen Charakter zumindest der Antiquitates in der Beschreibung Sterlings noch zu wenig gewürdigt. Er erkennt darin nicht nur ein Unterscheidungsmerkmal gegenüber griechisch-römischer Historiographie, sondern im konkreten Umgang auch ein Alleinstellungsmerkmal innerhalb der jüdischen Geschichtsschreibung überhaupt.[14]

Beiden Werken geht es letztlich im weitesten Sinne um die Verteidigung des Judentums bzw. die Verbesserung der Lebensumstände der Juden,

9 *Sterling*, Historiography, 263.

10 *Swoboda*, Tod.

11 Vgl. *Swoboda*, Tod, 2.

12 Diese Zurückhaltung merkt er auch an späterer Stelle noch einmal an, wenn er sich mit der sog. „pathetischen" oder „tragischen" Geschichtsschreibung auseinandersetzt, der vor allem die Antiquitates bisweilen zugerechnet werden; vgl. *Swoboda*, Tod, 480–482.

13 *Swoboda*, Tod, 4.

14 Vgl. nach einer längeren Auseinandersetzung mit Sterling *Swoboda*, Tod, 479.

> doch nur bei den Antiquitates ist dies strukturiertes Programm, wobei entsprechend dem oben Gesagten präzisiert werden muss: Ihrem Grundcharakter nach treten die Antiquitates nicht als apologetisches Werk auf, aber sie verfolgen apologetische Ziele.[15]

Bedenkenswert ist schließlich auch die These von Michael Tuval: In seiner Studie geht er der Vermutung nach, dass Josephus selbst eine theologische Wandlung vollzogen habe, die sich vor allem an einem Vergleich seiner beiden Hauptwerke ablesen lasse.[16] Tuvals These läuft auf die Feststellung hinaus, dass „Josephus' religious views and values had undergone dramatic changes – he became a Diaspora Jew."[17] Sichtbares Beispiel dafür sei das Verhältnis zwischen Tempel und Tora: Während in Bell noch der theologische Kampf um das (auch theologische) Verständnis der Tempelzerstörung zu erkennen sei, verfolgten die Ant das Ziel, „to convey to his readers that the Temple was a memory and Torah was his present life".[18] Ob man das wirklich in dieser Konsequenz konstatieren kann und welche Folgen sich daraus ergeben, wäre zu diskutieren. In jedem Falle aber weist Tuvals Studie auf einen weiteren, nicht zu vernachlässigenden Aspekt hin: Auch die Historiographie des Josephus ist den geschichtlichen und theologischen Veränderungen ihrer Zeit unterworfen. Die römische Herrschaft über Palästina, die Vielgestaltigkeit jüdischer Strömungen und die sich verschärfende Tempelkrise sind Faktoren, von denen Josephus spürbar bestimmt ist. Deshalb lassen sich auch weder der Autor noch sein Werk eindeutigen Kategorien zuordnen. Das Oszillieren zwischen verschiedenen Welten und Kulturen sowie das Spiel mit verschiedenen Motiven und Intentionen bestimmen sein Werk, aber auch sein Leben und Denken. Bei der Lektüre und Interpretation seiner Texte gilt es dieses Oszillieren, das sich bisweilen in einer unübersehbaren inhaltlichen Ambivalenz äußert, wahrzunehmen und zu beachten. Steve Mason schreibt zur Motivation des Josephus: „A historical account, if not for show or entertainment, was a major statement by an actor."[19]

Für die vorliegende Untersuchung ist Josephus als Zeitzeuge jüdischer Traditionen in einer Zeit des Umbruchs interessant. Seine Werke sind ein weiterer Hinweis darauf, wie Reinheit als identitätsprägendes Merkmal des/der

---

15 *Swoboda*, Tod, 6.
16 *Tuval*, Priest.
17 *Tuval*, Priest, 3.
18 *Tuval*, Priest, 12.
19 *Mason*, Josephus, 17.

Einzelnen für die Zugehörigkeit zum Volk Israel eine Rolle spielte, ob Reinheit also entscheidender Teil der sozialen Identität war.

Um die Aussagen, die sich seinen Texten entnehmen lassen, sachgemäß in die Argumentation der gesamten Arbeit einfügen zu können, ist zunächst nach der Bedeutung der Topoi „Identität" und „Reinheit" in den Werken des Josephus zu fragen.

4.1 Identität als Topos in den Werken des Josephus Flavius

Die einleitenden Überlegungen zum Identitätsbegriff im Allgemeinen und zum Begriff der sozialen Identität im Besonderen haben gezeigt, wie viel für das Verständnis der Sache von den methodischen Vorklärungen abhängt. Das gilt für die Analyse außerbiblischer antiker Texte nicht weniger als für die biblischen. Daher liegt auch in Bezug auf Josephus der Schwerpunkt auf der Suche nach Faktoren *sozialer* Identität. Im Folgenden soll der Begriff bewusst unschärfer als bisher gefasst werden, um ausreichend Raum für eine Erfassung des Phänomens auch jenseits seiner begrifflichen Fixierung zu lassen. Das Phänomen als solches umfasst dann auch alle Aussagen zum Selbst des Individuums oder des Kollektivs überhaupt.

Je nach Charakterisierung seiner Werke könnte man die Frage nach der Identität überhaupt als zentrales Anliegen des Josephus verstehen. Das trifft besonders dann zu, wenn sein Werk als eine Art Ätiologie der gegenwärtigen Situation oder als eine nachgetragene Begründung der Geschichte und ihrer Konsequenzen gelesen wird. Das Gegenteil ließe sich dem von Josephus selbst formulierten Programm entnehmen (Ant I 17[20]), eine bloße Darstellung des Geschehenen liefern zu wollen.[21] Die Wahrheit liegt vermutlich in der Mitte, denn Geschichtsschreibung – im modernen wie im antiken Verständnis! – führt

---

20 τὰ_μὲν οὖν_ἀκριβῆ_τῶν_ἐν ταῖς_ἀναγραφαῖς προϊὼν_ὁ_λόγος κατὰ_τὴν οἰκείαν τάξιν σημανεῖ: τοῦτο γὰρ διὰ_ταύτης ποιήσειν τῆς πραγματείας_ἐπηγγειλάμην οὐδὲν προσθεὶς οὐδ᾽αὖ_παραλιπών. (Im Folgenden werde ich also das Wort der Schriften genau und gemäß seiner eigentlichen Ordnung beschreiben. Denn ich habe ja erklärt, dass ich dieses in dieser Unternehmung so tun werde und nichts hinzufügen oder auslassen werde.)

21 Auch diese Anmerkung des Autors ist in ihren literarischen und historischen Kontext einzuordnen. Feldman versteht Josephus so, dass die gewissenhafte Übernahme seiner Traditon in „not merely translating, but also interpreting" (46) bestünde und er damit an sein eigenes Verständnis der LXX anschlösse; Vgl. *Feldman*, Interpretation, 47–46. Paul Collomp wiederum versteht das Vorgehen des Josephus, das er ähnlich wie Swoboda vor allem mit der Geschichtsschreibung des Dionysios von Halikarnassos vergleicht, als eine bewusste Alternative zur ausschmückenden griechische Geschichtsschreibung; Vgl. *Collomp*, Platz, besonders 285ff.

niemals nur Fakten auf, sondern liefert immer zugleich auch deren Deutung für die Gegenwart. In seiner Auseinandersetzung mit der jüdischen Geschichte (Bell und Ant) wie mit der religiösen Verfassung des Judentums (Ap) ringt Josephus mit der Frage, worin genau das Wesen seines Volkes im Gegenüber zu anderen Völkern besteht. Das Bemühen, jüdische Geschichte und jüdische Traditionen nichtjüdischen Menschen nachvollziehbar darzustellen, setzt eine intensive Beschäftigung mit der eigenen Identität voraus. Es ist genau diese Intention seines Werkes, die den wichtigsten Anknüpfungspunkt für Fragen nach Identität bietet. Die Darstellung des Eigenen (apologetisch oder nicht) setzt notwendigerweise ein Bewusstsein derjenigen Elemente voraus, die dafür entscheidend sind. Dieses Bewusstsein aber spiegelt im Kern die eigene individuelle, kollektive und soziale Identität wider.[22] In der Kommentierung zu Contra Apionem stellt das Team um Folker Siegert fest: „die Argumentationsweise des Josephus passt (…) bruchlos eigentlich nur für gebildete Juden, die wissen wollen oder sollen, wie sie sich ausdrücken können, wenn ihre Identität in Frage stehen sollte."[23] Die Beschäftigung mit der eigenen Identität ist somit die Voraussetzung für jede Art der Selbstdarstellung nach außen.

Unter den Werken des Josephus ist Contra Apionem besonders geeignet, Auskunft über das Identitätsverständnis seines Autors zu geben, weil es sich explizit mit der Wahrnehmung des Judentums in den Augen anderer und der Richtigstellung dieser Wahrnehmung im Sinne des Josephus beschäftigt. Identitätsrelevante Fragestellungen finden sich jedoch auch in den übrigen Werken. Die Vita gibt – in individueller Perspektive – Auskunft über den Werdegang des Josephus sowie über seine Aktivitäten im Jüdischen Krieg. In Ant beschäftigt sich Josephus intensiv mit der Darstellung der jüdischen Gesetze.[24] Zwar passt er sie dabei an die Vorstellungswelt seines primär nichtjüdischen Publikums an, behält jedoch (wie auch in Ap) stets auch seine jüdischen Geschwister im Blick hat, denen seine interpretierende Darstellung zu Selbstvergewisserung dienen kann.[25] Sein frühestes Werk (Bell) behandelt Identitätsfragen in der

22 Diese Formulierung soll nicht etwa suggerieren, dass Josephus hier ganz bewusst einen Identitätsfindungsprozess gestaltet und erlebt habe. Vielmehr stellt sie den nachträglichen Versuch dar, die Entwicklung seiner Werke zu beschreiben.

23 *Josephus*, Apion, 13.

24 Im weiteren Verlauf dieser Untersuchung wird gezeigt werden, an welchen Stellen sich Josephus an der biblischen Tradition orientiert, und wo er von ihr abweicht. Grundsätzlich lässt sich gerade bei der Darstellung biblischer Inhalte erkennen, dass er eine nichtjüdische Hörerschaft vor Augen hat und dass die Selektion der Beispiele stärker dem Diktat der Nachvollziehbarkeit als dem der Vollständigkeit unterliegt.

25 So auch *Gerber*, Schriften, 112.

Beschreibung der Geschichte Israel und des jüdischen Aufständen sowie im Kontext einer theologischen Bewältigung der Tempelzerstörung.

In allen einzelnen Schriften wie auch im Gesamtwerk als solchem sind daher identitätsprägende und -erklärende Aussagen zu erwarten.

4.2 Reinheit als Topos in den Werken des Flavius Josephus

Josephus schreibt Geschichte. Insofern steht die Beschäftigung mit dezidiert religiösen Themen bei ihm stets im Kontext historisch-politischer Diskurse; die theologische Dimension seiner Werke hingegen hat eher sekundären Charakter. Daraus erklärt sich die Tatsache, dass Aussagen über Reinheit an einigen Stellen wie zufällig anmuten, sowohl bezüglich ihres Inhalts als auch ihres Kontextes.[26] Viele Themen der alttestamentlichen Theologie sind übernommen, aber bisweilen auf ungewohnte Weise miteinander verbunden und neu formatiert.

Josephus bewegt sich beim Thema Reinheit hauptsächlich auf zwei terminologischen Feldern. Zum einen greift er auf das bereits aus der LXX bekannte Wortfeld καθαρός sowie dessen Ableitungen und verwandte Begriffe zurück; das Antonym ἀκαθαρτός verwendet er kaum (es taucht nur je einmal in Ant und Bell auf) und vollzieht stattdessen die in der LXX ausgebliebene Verschiebung zu μιαρός samt Ableitungen. Zum anderen bevorzugt er ἁγνεύω und dessen Verwandten. Dieser Befund lässt jedoch keine weiteren inhaltlichen Bestimmungen zu und bestätigt lediglich den Eindruck einer eher unreflektierten Verwendung der biblischen Reinheitsterminologie.[27] Zwar lässt sich eine gewisse Tendenz erkennen, für Reinheitsdiskurse im Kontext des Tempels ἁγνεύω zu verwenden, ohne dass der Begriff jedoch dafür reserviert bliebe; wiederum sind Tempel- und Heiligkeitsdiskurse mit Begriffen aus dem Wortfeld καθαρός und eben nicht mit ἁγνεύω belegt.[28] Eindeutige Regeln für die Verwendung der jeweiligen Begriffe scheint es nicht zu geben.

26 Oliver Gussmann wagt den Versuch, die Verwendung von Reinheitsbegriffen bei Josephus zusammenzustellen, entwirft jedoch noch kein Schema, in dem sie auch inhaltlich beschrieben wären. Die Schwierigkeit einer solchen Systematik sieht er in der Disparatheit und Kontextabhängigkeit der Begriffe; Vgl. *Gussmann*, Priesterverständnis, 346.

27 Zu einem ähnlichen Schluss kommen *Gussmann*, Priesterverständnis, 345; *Vahrenhorst*, Sprache, 56.

28 *Gussmann*, Priesterverständnis, 346–347, greift hier auf die wohlbekannte Unterteilung von ethischer und kultischer oder ritueller Reinheit zurück und will mit den Begriffen um ἁγνεύω vor allem rituelle Reinheit, mit καθαρεύω vorrangig die moralische Reinheit bezeichnet wissen. Meine Vorbehalte gegenüber dieser Einteilung habe ich an anderer Stelle deutlich gemacht; auch hier zeigt jedoch die Probe, dass die Kategorien zu

Mit Begriffsbeobachtungen ist der Reinheitsthematik bei Josephus deshalb kaum beizukommen. Dazu bedarf es vor allem einer Untersuchung jener sachlichen Zusammenhänge, in denen Josephus in Anlehnung oder Abgrenzung bzw. Ergänzung zur biblischen Tradition Reinheitsfragen behandelt.

Das Ziel von Ant und Ap besteht darin, das Judentum, wie Josephus es kannte und lebte, so darzustellen, dass es auch für römische Menschen nachvollziehbar wird und als „vernünftig" erscheint. Beide Werke bieten sich deshalb für eine Beschäftigung mit dem Thema Reinheit an. Als integraler Bestandteil jüdischen Lebens und jüdischer Frömmigkeit kann und darf Reinheit in einer Darstellung des Judentums nicht fehlen. Es überrascht daher wenig, dass sich z.B. im Kontext der Gesetzesdarstellung in Ant III eine Häufung an Reinheitsbegriffen findet. Sie beruht auf der Darstellung jener Bestimmungen, die schon in der Hebräischen Bibel überliefert sind, stellt sie jedoch neu zusammen. So werden zum Beispiel die Regelungen bezüglich des Verdachts auf Ehebruch, die in der biblischen Überlieferung in Num 5,12–31 zu finden sind, unmittelbar im Anschluss an die Regeln zur körperlichen Reinheit dargestellt.[29]

Interessanterweise wird bei der Darstellung der „Jüdischen Verfassung" (Ap II 190–219) kein eigenständiger Schwerpunkt auf Reinheitsthemen erkennbar, obwohl das in diesem Kontext durchaus naheliegend wäre. Zwar lässt sich in Ap II 198–205 eine gewisse Verdichtung erkennen, doch geht diese an keiner Stelle über das in der Hebräischen Bibel Gesagte hinaus. Reinheitsregelungen werden hier im Ansatz zwar genannt und in Einzelfällen auch ausgeführt, gegenüber ihrer Vorlage jedoch meistens auch gekürzt. Das deutet darauf hin, dass Josephus das identitätsprägende Potential der Texte in der Hebräischen Bibel entweder nicht für überzeugend oder in vorliegenden Kontext nicht für relevant hielt.

Im Bell hingegen spielen Fragen der Reinheit eine deutlich größere Rolle. Mehr noch als die anderen Werke ist Bell von der Erfahrung des Krieges und dessen Narrativen geprägt. So verwundert es nicht, dass auch die Reinheitsterminologie vermehrt in Kriegskontexten begegnet. Das betrifft z.B. die Entweihung der Tempelanlagen, die gehäuft mit Begriffen von Reinheit und Unreinheit

durchlässig sind, um zur Analyse taugen zu können. So gibt es gerade bei Josephus eine enge Verbindung zwischen Unreinheit und Sünde.

29 Ant III 258–269 beschreibt viele der aus der Lev 12–15 bekannten Reinigungsriten. Besonders interessant ist an dieser Stelle das Gerücht, Mose sei selbst an Aussatz erkrankt, mit dem sich Josephus hier und auch in Ap I 280ff auseinandersetzt. Direkt im Anschluss Ant III 270–273 erklärt er – mit wenigen inhaltlichen Verschiebungen – die aus Num 5,12–31 bekannten Regelungen beim Verdacht auf Ehebruch; vgl. dazu im Fortgang des Kapitels zur Stelle.

beschrieben wird.[30] Die Häufung der Reinheitsbegriffe hängt mit der Konzentration des Werkes auf den Tempel zusammen.

Im Folgenden werde ich unter zwei Aspekten nach Reinheitstexten im Werk des Josephus fragen. Die erste Fragerichtung gilt dem Vergleich mit den bereits untersuchten Texten der Hebräischen Bibel: Inwieweit greift Josephus hier die Vorstellung von Reinheit als Funktion sozialer Identität auf? Die zweite Frage gilt den Eigenheiten und Neuerungen der Konzeption, die im Werk des Josephus zu erkennen sind.

4.3 Die Darstellung alttestamentlicher Reinheitstopoi

Im Folgenden werden die Abhandlungen über Reinheit, die bereits im Kontext (hebräischer und griechischer) alttestamentlicher Überlieferung untersucht worden sind, mit ihrer Darstellung bei Josephus verglichen. Hierbei liegt der Fokus vor allem auf den Regelungen zu Reinheit und Reinigung wie in Lev 12–15 sowie auf der Diskussion um die Mischehen in Esr 9 und Neh 13. Die anhand von Ez 20 und 36 diskutierte Bestimmung des Götzendienstes als Form von Unreinheit ist bei Josephus nicht in gleicher Klarheit und vor allem nicht in Anbindung an die biblische Tradition zu finden. Der Topos des Götzendienstes wird bei Josephus vorrangig unter dem Aspekt der Bedeutung des Tempels diskutiert. Auch die Beobachtungen zur Reinheitsthematik in den Psalmen haben bei Josephus keine Parallele.

Während also die grundlegenden Themen von Josephus verhandelt werden, weicht die Darstellung sowohl im Umfang wie auch im Inhalt von den Vorgaben der hebräischen Bibel bzw. der LXX ab. Solche Abweichungen haben häufig, wenn auch nicht ausschließlich, Auswirkungen auf die Frage nach der sozialen Identität.

Der umfangreichste Text, in dem Josephus von Reinheitsregelungen berichtet, findet sich in der Gesetzesdarstellung in Ant III. Strukturell und inhaltlich ist Ant III 258–273 mit dem Regelkorpus zur Reinheit im Pentateuch vergleichbar. Dabei folgt die Darstellung der traditionellen Gesetze einer eigenen Anordnung, die sich jedoch nur schwer systematisieren lässt.[31] Das ist kein

30 So zum Beispiel die Verunreinigung des Tempels durch das Blut der verwundeten Zeloten, wie in Bell IV 201 berichtet.

31 Vgl. zur Darstellung der Gesetze bei Josephus vor allem die Dissertation von *Schröder*, Gesetze, der nach einer bestimmten Sicht der Gesetze bei Josephus, nämlich der „väterlichen Gesetz", fragt. Er erkennt in diesem Terminus einen bewusst qualifizierenden Begriff für eigenständige jüdische Traditionen, der über andere Begriffe für Halacha oder nicht-halachische Gesetze hinausgeht. Schröder stellt fest, dass der Begriff an den Stellen

Spezifikum der Reinheitsgesetze, sondern lässt sich auch bei anderen Themensträngen erkennen. Auffällig ist zum einen die Hellenisierungstendenz des Josephus, wie sie sich etwa in der Darstellung des Moses als des Gesetzgebers,[32] in der Beschreibung der Gesamtheit aller gesetzlichen Bestimmungen im Sinne einer Verfassung[33] oder in der Stilisierung der Pharisäer als Stoiker[34] äußert. Zum anderen wird die Kompositionsleistung des Josephus deutlich.[35] Bei allen Modifikationen folgt Josephus dennoch dem Anspruch, die Gesetze sachgemäß darzustellen. Seine Gestaltungsaufgabe sieht er lediglich darin, die Gesetze in ein schlüssiges System zu bringen.[36] Mason macht dabei besonders auf die Einflüsse des historischen und theologischen Settings aufmerksam, in dem sich Josephus befindet, so dass er selbst kaum noch zwischen dem überlieferten Gesetz und dessen Interpretationen unterscheiden könne: „although Josephus identifies the νόμοι of the Jews with the Mosaic Law, he evidently sees the Law only through the filter of post-biblical tradition and current practices familiar to him, which he finds already implicit in the Law."[37]

Ant III erzählt die Wanderschaft des Volkes durch die Wüste und mündet in die Übergabe der Tora am Sinai ein. Im Unterschied zur biblischen Tradition lässt Josephus die ausführlichen Erläuterungen und Einzelbestimmungen zu den Gesetzen aus Lev und Num bereits in die Erzählung von Ex einfließen. Ant III 1–74 folgen in relativer Nähe dem Text von Ex 15–18. Ant III 75–101 erzählt in freier Form, wie Mose das Volk zurücklässt, um auf den Berg zu

---

verwandt wird, an denen die für Josephus entscheidenden Gesetze diskutiert werden (so z.B. das Götzendienstverbot, das Bilderverbot und das Sabbatgebot). Vgl. *Schröder*, Gesetze, darin besonders 263ff.Die Besonderheit der priesterlichen Gesetze spielt auch in der Abhandlung über das Priesterverständnis des Josephus von Oliver Gussmann als Querschnittskategorie eine Rolle, vgl. *Gussmann*, Priesterverständnis. Älter aber nicht weniger wahrnehmenswert ist *Mason*, Josephus II, besonders 97–110. Er verweist besonders auf die austauschbare Benutzung der Begrifflichkeiten zum Gesetz. Die 2013 erschienen Untersuchung von Jonathan Klawans stellt eine Gegenmeinung dar. Er postuliert eine weit höhere Nähe zwischen Josephus und den Pharisäern als allgemeinhin angenommen, vgl. *Klawans*, Josephus, zum Gesetz vgl. besonders 137–140.

32 Νομοθέτης, vgl. Ant I 118 oder Ap II 165.

33 Πολιτεία vgl. Ant III 213 oder Ap I 250.

34 „Παρ "Ελλησιν Στωϊκῇ λεγομένῃ" Vit 12.

35 Vgl. *Basser*, Josephus.

36 Vgl. Ant IV 196–197:

γέγραπται δὲ πάνθ᾽ ὡς ἐκεῖνος κατέλιπεν οὐδὲν ἡμῶν ἐπὶ καλλωπισμῷ προσθέντων οὐδ᾽ ὅτι μὴ κατελέλοιπε Μωυσῆς. Νενεωτέρισται δ᾽ ἡμῖν τὸ κατὰγένος ἕκαστατάξαι.
Es ist hier alles so geschrieben, wie jener es zurückgelassen hat, und es wurde von uns nichts zur besseren Darstellung hinzugefügt und auch nicht etwas, das nicht von Mose hinterlassen wurde. Das der Ordnung gemäße wurde erneuert, um alle zu ordnen.

37 *Mason*, Josephus II, 100.

steigen. Die Assoziationen zu Ex 19–20 sind in diesem Abschnitt eher zu ahnen als am Text nachzuvollziehen. So beschreibt Ant III 79–88 beispielsweise die Abwesenheit und Rückkehr des Mose auf eine Weise, die sich vom biblischen Text deutlich unterscheidet.[38] In Ant III 91–92 wird der Dekalog aufgeführt. Inhaltlich gleicht er zwar der biblischen Vorlage, weicht sprachlich jedoch merklich davon ab. So verzichtet Josephus etwa im Dekalog auf die direkte Gottesrede und leitet die Gebote stattdessen mit Redewendungen ein, die das Gesetz als Subjekt fassen: „das Gesetz lehrt uns …", „es befiehlt uns …"; die Begründungen sämtlicher Gebote fallen weg bzw. werden lediglich aufgelistet. Inhaltlich aber stimmt die Darstellung mit der biblischen Überlieferung überein. Interessanterweise werden die Selbstvorstellung und das Fremdgötterverbot zu einem Gebot zusammenfasst und das Bilderverbot als eigenständiges zweites Gebot formuliert. In der Josephus nachfolgenden talmudischen Tradition verschmelzen dann Fremdgötter- und Bilderverbot zum zweiten Gebot.

Ant III 102–294 schließlich führt die Gesetze, die Mose vom Sinai verkündet, orientiert an der biblischen Überlieferung nach Ex, Lev und Num aus. Dabei entsteht ein Konglomerat an Gesetzen, das sich weder in der Reihenfolge noch im Umfang mit denen der biblischen Überlieferung deckt. Die Darstellung beginnt mit den Bestimmungen zum Bau der Stiftshütte, gefolgt von den Kleidungsvorschriften für Priester und Hohepriester sowie Anordnungen für das Priestertum Aarons.[39] Die Bestimmungen des sog. Bundesbuches aus Ex 20–23 finden keine Erwähnung.

Im Kontext dieser Sammlung beschäftigt sich Josephus auch mit Regelungen zur Reinheit, die in großer Nähe zu den im Alten Testament Überlieferten stehen. Sie folgen Bestimmungen zu den Opfern und Festen, werden jedoch nicht gesondert eingeführt und gehen anschließend in eine Sammlung vermischter Gesetze, unter anderem zum Thema der verbotenen Ehekonstellationen, über. Im Kontext dieser Sammlung wird erneut auf Reinigungsriten zu bestimmten Fällen Bezug genommen.

> Ant III 258–279 behandelt folgende Themen:
> 258 Absonderung der Priester und Leviten
> 259–260 Regeln zum Verzehr bestimmter Nahrungsmittel
> 261 Aussätzige und vom Ausfluss Behaftete
> 262 Unreinheit eines Leichnams

38 So wird z.B. in Ant III 83–87 explizit und ausführlich darauf hingewiesen, dass nicht Mose, sondern Gott Autor der folgenden Worte sei.

39 Auch an dieser Konzentration auf die tempelbezogenen Themen ist das besondere Interesse am Tempel zu erkennen.

263 Samenerguss im Schlaf
264 Möglichkeit der Heilung von Aussatz
265–268 Gerücht über Moses und dessen Widerlegung
269 Reinigungsregeln nach einer Geburt
270–272 Umgang mit dem Verdacht auf Ehebruch
273 Abschluss der Reinigungsregeln im engeren Sinne
274–275 Sexualitätsbezogene Ge- und Verbote
276–279 Regeln für (Hohe-)Priester

Die Nähe zur alttestamentlichen Überlieferung ist bereits durch die inhaltliche Ausgestaltung gegeben: Die Themen, die im Zusammenhang mit Begriffen der Reinheit stehen, sind die gleichen wie in Lev 12–15. Es sind vorrangig Fälle körperlich bedingter Unreinheit, wie der nächtliche Samenerguss des Mannes oder die Menstruationsblutung der Frau, die verschiedene Reinigungsriten nach sich ziehen. Anders als in Lev 12–15 wird an dieser Stelle auch die verbotene Berührung toter Körper und der Umgang mit dem Verdacht auf Ehebruch diskutiert. Beides sind Inhalte, die im Pentateuch erst im Buch Numeri (5; 19; 23) stehen.

In Ant III 274–279 werden zusätzliche Bestimmungen genannt, die in einem weiteren Sinne im Zusammenhang mit Reinheit stehen. Dazu zählen Bestimmungen, wie sie aus Lev 18 bekannt sind, zum sexuellen Umgang, der außerhalb der Ehe und während der Regel der Frau verboten ist. Die Abschnitte 276–279 beschreiben Reinheitsbestimmungen für Hohepriester, die einer διπλασίονα τὴν ἁγνείαν – „doppelten Reinheit" unterliegen. Auch sie ermangeln in dieser Deutlichkeit einer Grundlage im Pentateuch. Diese doppelte Reinheit beinhaltet zusätzlich zu den für alle geltenden Reinheitsvorgaben noch einige weitere, wie z.B. das Verbot Prostituierte, Sklavinnen oder Gefangene zu heiraten; auch der Umgang mit Toten ist restriktiver gestaltet.

Josephus hat die Parameter, anhand derer er über Reinheit nachdenkt, aus der Tradition seiner Heiligen Schriften übernommen. Auch die Hinzufügung der ausführlicheren Regeln bezüglich der Hohepriester fügt sich gut in das überlieferte System ein, da es dem Tempel und damit auch denen, die dort tätig sind, eine erhöhte Aufmerksamkeit gegenüber Reinheitsfragen zuschreibt.

Immer wieder verzichtet Josephus jedoch gerade da auf die Verwendung von Reinheitsterminologie, wo sie in der Tradition verankert ist. Das trifft z.B. auf die Frage nach den zum Verzehr erlaubten und nicht erlaubten Tieren zu,[40] aber ebenso – möglicherweise noch erstaunlicher – auf die Regelungen

40 An anderer Stelle in Ap II 173–174 erwähnt sie Josephus immerhin im Blick auf die Genauigkeit der mosaischen Gesetzgebung. Hier wird das Essen an sich und die Speise

für eine Frau, die ein Kind geboren hat. Zwar ist es ihr verboten, den Tempel zu betreten; auch die Anzahl der Tage dieses Verbots wird expliziert und deckt sich mit den Vorgaben aus der Tradition. Dass der Grund für das Verbot, den Tempel zu betreten, jedoch der Status ihrer Unreinheit ist, in dem sie sich seit der Geburt befindet, weiß nur, wer die biblische Überlieferung kennt.

Moritz Duschak hat in einer schon älteren, aber immer noch aufschlussreichen Studie das Verhältnis des Josephus zur biblischen Tradition untersucht.[41] Er stellt die Ausführungen des Josephus dabei immer der biblischen Vorlage sowie den folgenden Traditionen aus Mischna, Talmud und Maimonides gegenüber. Anders als andere – auch neuere und umfassendere – Studien zu diesem Thema geht er in einem eigenen Kapitel dabei auch auf die Reinheitsbestimmungen ein.[42] Er bemerkt, dass Josephus an vielen Stellen Details verändert, so z.B. die Anzahl der Tage, die jemand unrein ist, oder die Art der Waschung, die zur Reinigung erforderlich ist. Duschak führt dieses Verfahren – seine Grundthese zum Verhältnis des Josephus gegenüber der Tradition bestätigend – auf eine Verbindung von biblischer Vorlage und späterer Tradition zurück. Dafür spricht besonders die auffällige Tatsache, dass ein Aussätziger wie ein Toter zu behandeln sei.[43] Duschak schreibt dazu: „Indem Jos. den Aussätzigen mit einer Leiche vergleicht, deutet er auf das hin, was die Tradition von der Unreinheit der Aussätzigen lehrt. Der Aussätzige wird von der Tradition wie ein an einer Leiche Verunreinigter behandelt und wird denselben Vorschriften unterworfen (…)."[44] Im Vergleich mit der biblischen Vorlage zeigt sich in der Verschärfung der Regel zugleich eine Vereinfachung ihrer Handhabung: Während die biblische Vorlage in ihrem mehrstufigen System stets auf (Re-)Integration des Erkrankten ausgelegt war, unterminiert Josephus diese Zielsetzung und spitzt das Vorgehen auf den Ausschluss des Kranken zu. Daran wird zum einen die Orientierung an der Hörerschaft deutlich: Ein derart vielstufiges Verfahren ist für ein Publikum, welches den tatsächlichen Vollzug dieser Regeln weder vor Augen hat noch ihre Bedeutung kennt, schlicht nicht nachvollziehbar und im Zweifel auch nicht von Interesse. Zum anderen wird deutlich, dass die

---

im Besonderen als sozialer Faktor deutlich. Baumgarten schreibt: „according to Josephus, *Ag. Ap* 2.173–174, food is the point of departure of the law and connects directly to social relations."; *Baumgarten*, Sects, 92.

41 *Duschak*, Tradition.

42 Vgl. *Duschak*, Tradition, 78–82.

43 Ant III 264:

τοὺς δὲ λεπροὺς εἰς τὸ παντελὲς ἐξήλασε τῆς πόλεως μηδενὶ συνδιαιτωμένους καὶ νεκροῦ μηδὲν διαφέροντας.

Die Leprakranken jedoch verwies er vollständig der Stadt und sie sollten auch nicht mit anderen leben und unterschieden sich in nichts von Toten.

44 *Duschak*, Tradition, 79.

Faktoren, die in der biblischen Vorlage als identitätsprägend ausgemacht worden waren, bei Josephus durch solche Verkürzung und Verschärfung entfallen.

Grundsätzlich neu und ohne Analogie im Pentateuch ist eine Ergänzung zu den Aussatzregeln. Josephus reagiert in Ant III 265 offensichtlich auf ein Gerücht, welches besagt, die Aussatzregeln seien deshalb so detailliert überliefert worden, weil Mose selbst an Aussatz gelitten habe.[45] Daran schließt er in Ant III 266–268 die Diskussion und Widerlegung dieses Gerüchts an: Das Kernargument seiner Widerlegung ruht auf der faktischen Befolgung der Gesetze zur Absonderung Aussätziger. Ein von Aussatz befallener Anführer, so Josephus, hätte solche Gesetze nicht eingeführt, sondern – in Anlehnung an bekannte Sitten anderer Völker – die Aussatzkranken besonders ehrenvoll behandelt. Darin schwinge vielmehr die Autonomie des Moses mit, die Gesetze eigenständig zu interpretieren und umzusetzen, wie die bereits bekannte Rede von Mose als dem Gesetzgeber zeigt. Bezeichnenderweise gibt es eine Parallele dieser Stelle in Ap I 280–282. Es scheint also nicht nur ein verbreitetes Gerücht gewesen zu sein, sondern zugleich eines, dessen Widerlegung Josephus besonders am Herzen lag.[46] In der Perspektive sozialer Identität sind diese Belege interessant, weil sie auf die Bedeutung des Merkmals „Reinheit" hinweisen. Es war für Josephus offensichtlich nicht hinnehmbar, den Gesetzgeber Mose durch Aussatz verunreinigt zu sehen. Unreinheit konnte und sollte nicht dem eigenen Anführer zugeschrieben werden. Es fungierte als negatives

45 Ant III 265:

῞Οθεν καὶ καταγελάσειεν ἄν τις τῶν λεγόντων Μωυσῆν λέπρᾳ κεκακωμένον αὐτόν τε ἀπ' Αἰγύπτου φυγεῖν καὶ τῶν ἐκπεσόντων διὰ ταύτην τὴν αἰτίαν ἡγησάμενον εἰς τὴν Χαναναίαν ἀγαγεῖν αὐτούς.

Daher macht sich auch der zum Gespött, der zu denen gehört, die sagen, dass Mose selbst an Aussatz gelitten habe und aus Ägypten geflohen sei und sich dann zum Führer der Vertriebenen durch seine Schuld gemacht habe, um sie nach Kanaan zu führen. Vgl. zur Diskussion und Widerlegung Ant III 266–268.

46 Wo dieses Gerücht seinen Ursprung hat, ist unklar. Eine ähnliche Darstellung dieser Erzählung findet sich bei Tacitus in den Historien V 3: Dort wird berichtet, dass in Ägypten eine Seuche, „die den Körper verunreinigt / entstellt" (quae corpora foedaret), ausgebrochen war, der – einem Orakelspruch zufolge – nur begegnet werden konnte, in dem das Land sich von jenem Volk, das für diese Seuche verantwortlich war, reinigte. Dieses Volk wird in die Wüste getrieben und zieht unter seinem Anführer, Mose, davon. Auch Tacitus übernimmt diese Darstellung des Exodus wahrscheinlich aus jener Darstellung des Lysimachus, die etwas später auch bei Josephus in Ap I 304ff Erwähnung findet; vgl. zu den Quellen des Tacitus *Heubner*, Tacitus, 30. Zu Lysimachus und dessen Verwendung durch Josephus vgl. *Josephus*, Apion, 33.

Möglicherweise hat das Gerücht seine biblische Quelle in der Erzählung von der Berufung des Mose. Eines der Legitimierungszeichen, die er gegenüber dem Volk Israel nutzen soll, ist seine Hand, die erst von Aussatz befallen und dann wieder rein wird (Ex 4,6–8). Auf diese Erzählung nehmen aber weder Josephus noch Tacitus explizit Bezug.

Unterscheidungsmerkmal. Die im Pentateuch angelegte Spur, dass Reinheit der erstrebenswerte Zustand innerhalb einer Gruppe ist, wird bei Josephus aufgenommen und in seiner Wirkung durch die vehemente Widerlegung des Gerüchtes um Mose bestärkt. Darin spiegelt sich eine Reaktion auf polemische Außenwahrnehmungen des Judentums wider. Anliegen der Ant war es gerade, die Ehrwürdigkeit des Judentums im Reigen anderer Völker darzustellen. Ein aussätziges Volk hätte als verachtenswertes Volk keinen Platz unter anderen Völkern gefunden. Interessanterweise findet sich weder hier noch im Kontext der aufgenommenen Pentateuchtraditionen eine bewusste Abgrenzung gegenüber anderen Völkern. Josephus argumentiert im Allgemeinen nur innerhalb der eigenen In-Group. Angewandt auf die Prozesse sozialer Identität bedeutet dies, dass Reinheit bei Josephus zwar kategorisierenden, nicht aber explizit distinktiven Charakter hat. Reinheit dient der Unterteilung, nicht aber der wertenden Abgrenzung nach außen. An dieser Stelle ist zudem zwischen narrativer Darstellung und tatsächlichem Vollzug zu unterscheiden. Obwohl Josephus das distinktive Moment nicht eigens herausstellt, muss man davon ausgehen, dass es im Vollzug dennoch wirksam ist. Im Zuge apologetischer Geschichtsschreibung, die sich nicht nur dem eigenen Volk verpflichtet fühlt, sondern maßgeblich eine fremde Hörerschaft im Blick hat, liegt es nahe, das distinktive Moment zu begrenzen. Josephus gelingt es auf diese Weise, das Judentum als eine ehrwürdige und ernsthafte Religion darzustellen, ohne den bereits kursierenden Vorwürfen der Feindseligkeit weiteren Vorschub zu leisten. Ein solches Changieren zwischen Explikation des Eigenen und Integration des Anderen wird auch an einigen weiteren Beispielen deutlich. Die vehemente Abwehr jenes Gerüchts vom Aussatz des Moses zeigt aber, wie stark der Impuls ist, die Mitglieder des eigenen Volkes und den Anführer im Besonderen als rein darzustellen. Zwar findet keine wertende Unterscheidung nach außen statt; innerhalb des Volkes wird dem Status der Reinheit jedoch sehr wohl ein hoher distinktiver Wert beigemessen.

Die Darstellung des Josephus von der Auflösung der Mischehen nach der Rückkehr aus dem Exil, wie sie in Esr 9–10 und Neh 13 überliefert ist (Ant XI 139–153), verstärkt den Eindruck, dass er vor allem die Perspektive der In-Group aufnimmt. In vielen Details folgt Josephus der biblischen Überlieferung. So erwähnt er z.B. die Winterzeit (der LXX folgend; der hebräische Text spricht von Regenzeit), die die Verzögerung der Entlassungen fordere. Anders als die biblische Überlieferung und wahrscheinlich dem Interesse seiner Leserschaft entsprechend, hält er es auch nicht für nötig, die Namen der betreffenden Personen zu nennen.[47]

47 Vgl. Ant XI 152, anders: Esr 10,18–43.

Der entscheidende Unterschied zur biblischen Darstellung liegt jedoch im Fehlen aller gruppenbezogenen Aspekte sowie in dem Verzicht auf die Reinheitsterminologie. Bereits der markante Beginn in Esr 9,1,[48] der das Fehlverhalten des Volkes nicht nur mit einem technischen Reinheitsbegriff beginnt, sondern umgehend in den Kontext des Verhaltens anderer Völker stellt, fehlt bei Josephus. Während die biblische Überlieferung in der Parallelität zwischen dem Verhalten der Völker und dem des eigenen Volkes gerade die Schwere des Vorfalls begründet sieht, spielt diese Bezugsgröße für Josephus keine Rolle. Daran lässt sich das in der Einleitung beschriebene Oszillieren zwischen verschiedenen Intentionen, Hörerschaften und inhaltlichen Schwerpunkten exemplarisch zeigen: Auf der einen Seite ist Josephus bestrebt – nicht zuletzt mit Blick auf seine (wenngleich begrenzte) jüdische Adressatenschaft –, das Judentum so quellengetreu wie möglich darzustellen, zum anderen muss er darauf achten, bestehende Vorurteile nicht weiter zu bedienen.[49] Eine starke Betonung der Abgrenzung gegenüber anderen Völkern könnte den Vorwurf des Menschenhasses schüren, der zum festen Inventar antiker antijüdischer Polemik gehörte.[50]

Auch die Verwendung eindeutiger oder zumindest mittelbar verwandter Reinheitsbegriffe fehlt. Lediglich am Ende der Erzählung wird die Handlung Esras, die einen Abschluss des Geschehens markiert und den erlaubten ehelichen Sexualverkehr wieder ermöglichen soll, mit Begriffen der Reinheit beschrieben (Ant XI 153): τὸ μὲν οὖν ἁμάρτημα τὸ περὶ τοὺς γάμους τῶν προειρημένων οὕτως ἐπανορθώσας Ἔσδρας **ἐκαθάρισε** τὴν περὶ ταῦτα συνήθειαν, ὥστ᾽

48 וּכְכַלּ֣וֹת אֵ֗לֶּה נִגְּשׁ֨וּ אֵלַ֤י הַשָּׂרִים֙ לֵאמֹ֔ר לֹֽא־נִבְדְּל֞וּ הָעָ֤ם יִשְׂרָאֵל֙ וְהַכֹּהֲנִ֣ים וְהַלְוִיִּ֔ם מֵעַמֵּ֖י הָאֲרָצ֑וֹת כְּת֨וֹעֲבֹֽתֵיהֶ֜ם לַֽכְּנַעֲנִ֣י הַחִתִּ֗י הַפְּרִזִּ֡י הַיְבוּסִי֩ הָעַמֹּנִ֨י הַמֹּֽאָבִ֜י הַמִּצְרִ֖י וְהָאֱמֹרִֽי׃
Als diese Dinge vollzogen waren, kamen die Fürsten zu mir und sagten: Das Volk Israel und die Priester und die Leviten haben sich nicht abgesondert von den Völkern der Länder wegen deren Gräueltaten – von den Kanaanitern, den Hetitern, den Perisitern, den Jebusitern, den Ammonitern, den Moabitern, den Ägyptern und den Amoritern.

49 Vgl. zu seinem eigenen Anspruch erneut Ant I 17:
τὰ μὲν οὖν ἀκριβῆ τῶν ἐν ταῖς ἀναγραφαῖς προϊὼν ὁ λόγος κατὰ τὴν οἰκείαν τάξιν σημανεῖ: τοῦτο γὰρ διὰ ταύτης ποιήσειν τῆς πραγματείας ἐπηγγειλάμην οὐδὲν προσθεὶς οὐδ᾽ αὖ παραλιπών.
Im Folgenden werde ich also das Wort der Schriften genau und gemäß seiner eigentlichen Ordnung beschreiben. Denn ich habe ja erklärt, dass ich dieses in dieser Unternehmung so tun werde und nichts hinzufügen oder auslassen werde.

50 In Ap II 291ff geht Josephus indirekt auf diesen Vorwurf ein: Die Gesetze führten zu Gemeinschaft und nicht zu Menschenhass. Schon zu Beginn der Darstellung der jüdischen Konstitution in Ap II 148 nennt er Misanthropie als einen Teil des Vorwurfes durch Apollonius.

αὐτὴν τοῦ λοιποῦ μόνιμον εἶναι.[51] Die Formulierung ἐκαθάρισετὴν συνήθειαν – „den Verkehr reinigen" – ist weder ein Terminus Technicus noch eine Formulierung, die bei Josephus häufiger auftaucht. Sie ist vielmehr ein bewusst gewählter Ausdruck, um das vorher Dargestellte zum Abschluss zu bringen. Vermutlich liegt hier eine Reminiszenz an Nuancen vor, die in der biblischen Überlieferung deutlicher zutage treten, die Josephus aber ansonsten für nicht überlieferungsrelevant hält. Auch hier bestätigt sich das bisher Gesagte: Reinheit wird als Parameter der Identität für das eigene Volk festgehalten – nicht in Abgrenzung zu anderen Völkern, sondern als positives Kriterium der eigenen Wertigkeit und somit als eine Art innerer Selbstvergewisserung.

Mit den Kriterien der sozialen Identität, die dazu beitragen, die im biblischen Text geforderte Abgrenzung gegenüber den Völkern verständlich zu machen, lässt sich Josephus nicht beikommen. Sein Interesse ist sehr viel stärker integrativ ausgerichtet. Er versucht, das eigene Volk in den Reigen der anderen Völker einzuordnen. Dazu lässt er all jene Details aus der Überlieferung in den Hintergrund treten, die den Eindruck eines sich selbst absondernden Volkes verstärken könnten.

Auch die Bedeutung der Reinheit tritt an dieser Stelle gegenüber der biblischen Überlieferung spürbar zurück. Josephus qualifiziert das Verhalten des Volkes sehr viel stärker durch die Begrifflichkeit der Gesetzesübertretung als durch die Reinheitsterminologie.[52] Das hängt unter anderem damit zusammen, dass es so für das Publikum verständlicher war. Damit setzt sich aber, wie bereits in den Parallelen zum Pentateuch gesehen, die Reduktion der identitätsprägenden Bedeutung von Reinheit weiter fort. Während in den Parallelstellen zu Lev 12–15 die Reinheitsterminologie dominant bleibt, steht in der Darstellung der Mischehenauflösung die Frage nach der Identität des Volkes im Mittelpunkt. Sowohl das Thema Reinheit als auch das Thema der (sozialen) Identität behält seine Bedeutung. Dass beide Topoi auch inhaltlich und argumentativ zusammenhängen, tritt jedoch bei Josephus merklich zurück.

In der alttestamentlichen Überlieferung war als drittes Beispiel für den Zusammenhang von Reinheit und sozialer Identität das Thema des Götzendienstes ausgemacht worden. Obwohl dieses Thema für Josephus durchaus an verschiedenen Stellen relevant ist,[53] verwendet er es nicht in einem

51 „Als er die Heirats-Sünden der Vorhergenannten wiederhergestellt hatte, reinigte Esra den diesbezüglichen Verkehr, sodass er im Folgenden legitim wäre."

52 Die Verwendung von παραβεβήκασιτὴνπολιτείανκαὶλελύκασιτοὺςπατρίουςνόμους und vergleichbaren Formulierungen findet sich 3mal in dem betreffenden Abschnitt.

53 So überliefert er zum Beispiel in Ant I 322–323 sehr detailgetreu die Erzählung von der Flucht Jakobs und seiner Frauen aus Gen 31. Rahel verhindert unter Verweis auf ihre „monatliche Unreinheit", dass Laban in ihren Kleidern den gestohlenen Hausgott findet.

vergleichbaren Szenario wie Ez 20 und 36. Das hängt zum einen damit zusammen, dass Josephus grundsätzlich nur selten auf die prophetische Literatur zurückgreift. Zum anderen aber zeichnet er das Bild des Götzendienstes insgesamt anders, als dies in der biblischen Vorlage geschieht. Ein besonders anschauliches Beispiel bietet dafür die Bileamgeschichte bzw. die Verführung der Israeliten durch die Midianiterinnen, die gemeinhin als eine der zentralen Stellen zur Auseinandersetzung des Josephus mit anderen Religionen gesehen wird.[54] In der Version des Josephus wird diese Geschichte viel weniger konkret dargestellt und gerät dadurch zu einer Art allgemeinem Lehrstück.[55] Barbara Eberhardt untersucht neben dieser Erzählung auch den Wettstreit zwischen Elia und den Baalspriestern (Ant VIII 335–343) sowie die Ermordung der Baalspriester durch Jehu (Ant IX 132–139). Interessanterweise ist die Erzählung von der Ermordung der Baalspriester die einzige, in der Reinheitsterminologie begegnet: In Ant IX 138 wird das Resultat der Ermordung der Baalspriester als „Reinigung Samariens von fremden Sitten" (ἐκάθηραν οὕτως ἀπὸ τῶν ξενικῶν ἐθισμῶν τὴν Σαμάρειαν) verstanden.

Götzendienst wird also auch von Josephus mehrfach thematisiert und ähnlich wie in der biblischen Überlieferung als Grund für (von Gott) erfahrenes Unheil angesehen. Bernd Schröder zeigt in seiner Dissertation, dass Götzendienst und der Verstoß gegen das Bilderverbot oft im Kontext der sog. „väterlichen Gesetze" genannt werden.[56] Dass in der jüdischen Konstitution in Ap II unter den Strafbestimmungen (Ap II 215–219) gerade die Strafen für Götzendienst fehlen, ist auffällig und offenbart eine gewisse Inkonsistenz im Umgang mit dem Thema.[57] Die wenigen Male, bei denen im Zusammenhang mit Götzendienst auch von Reinheit gesprochen wird, wirken jedoch zufällig und decken sich nicht mit den Parallelen in der hebräischen Bibel. Ein Bezug zur prophetischen Tradition in Ez 20 oder 36 ist nicht erkennbar. Allerdings sind auch im Alten Testament Götzendienst und Reinheit nicht zwingend

---

Der Zusammenhang von Unreinheit mit der Götzenbildthematik fällt hier zwar auf, hat aber m.E. keine Auswirkung auf die Frage nach dem Identitätspotential von Reinheit.

54 Vgl. *Eberhardt*, Toleranz.

55 So zum Beispiel *Schröder*, Gesetze, 72, und *van Unnik*, Account, 260. Im Anschluss an beide auch *Eberhardt*, Toleranz, 11.

56 Vgl. *Schröder*, Gesetze, 34–36. Hier bezieht er sich auf die Nennung der väterlichen Gesetze im Kontext einer größeren Erzählung in Bell I und II, die von einem Volksaufstand im Zuge des Regierungswechsels nach dem Tode Herodes d. Gr. erzählt. Weitere Stellen, an denen Schröder einen Zusammenhang zwischen Götzendienst und väterlichen Gesetzen erkennt, sind z.B. Ant IV 207 (Ablehnung der Blasphemie auch im Gegenüber zu anderen Völkern), Ant VIII 129 (Forderung, die Treue zu Gott durch das Halten der Gesetze, besonders aber des Fremdgötterverbots, zu zeigen).

57 So auch *Schröder*, Gesetze, 148–149.

miteinander verbunden. Die Belege in Ez zeigen, dass dies eine unter mehreren möglichen Ausdrucksweisen ist, Götzendienst zu beschreiben. Der Abschluss des sog. Heiligkeitsgesetzes, der erneut zur Alleinverehrung JHWHs auffordert (Lev 26), oder die Weherufe über die „abtrünnigen Söhne" in Jes 30–31 zeigen aber, dass dies ebenso gut auch ohne die Verwendung von Reinheitsterminologie möglich ist.

Im Blick auf den Götzenopferdienst stellt Schröder fest: „So ist zu vermuten, dass Josephus wohl bewußt die spezifischen Termini hebräischer Tradition zugunsten allgemein verständlicher verläßt. Sachlich bleibt jedoch das Götzendienstverbot gemeint."[58] Auch hier verfolgt Josephus wohl die Motivation, seine römische Hörerschaft, auf die das biblische Verständnis des Götzendienstes zutreffen würde, nicht zu brüskieren. Der Vorwurf des Götzendienstes und die Forderung, denselben zu meiden, trägt ein starkes distinktives Moment in sich, weil es durch die Betonung der Einzigkeit des eigenen Gottes die Götter anderer Out-Groups abwertet. An dieser Stelle greift Josephus nicht auf die Tradition zurück, Besonderheit und Wertigkeit des eigenen Volkes mit Begriffen der Reinheit zu beschreiben. Es entsteht somit ein ähnlicher Eindruck wie im Blick auf die Mischehenfrage: Josephus bemüht sich, die Besonderheit des eigenen Volkes herauszustellen, bedient sich dafür aber nur selten der Reinheitsterminologie. In der Zusammenschau mit den anderen Bezugstexten verstärkt sich somit der Eindruck, dass Josephus Reinheit in einem direkten, unmittelbaren Sinne verwendet und sehr viel weniger die biblisch vorgegebenen Möglichkeiten ihrer Nuancierung und Modifizierung nutzt.

Während somit die Grundstruktur der alttestamentlichen Reinheitsregeln erhalten bleibt, reduziert Josephus nicht nur deren Umfang, sondern vor allem ihre inhaltliche Ausgestaltung. Zwar benennt er jene Punkte, an denen sich Reinheit und Unreinheit entscheiden (Körperflüssigkeiten, Totenberührung, Aussatz, Geburt), übergeht aber die detailreichen Ausführungen, wie sie in Lev 12–15 bzw. in Num vorliegen. Auch im Gebrauch der Reinheitsbegriffe bleibt Josephus zurückhaltender. Die Reinheitsterminologie tritt in Ant III zugunsten der Rede von Gesetzeserfüllung in den Hintergrund. Allgemeinverständliches erhält einen Vorzug vor Fremdartigem.

Auf der einen Seite erweckt Josephus den Anschein, dass er die konkreten Reinheitsregeln weiterhin für evident hält. Seiner Leserschaft führt er vor Augen, wie er sich selbst an diese Regeln gehalten habe. Auf der anderen Seite setzt er die theologische Funktion und Qualifikation, die Reinheit über die Ordnung des alltäglichen oder religiösen Lebens hinaus in den biblischen Traditionen innehat, herab. Diese Tendenz wird durch die besondere Konzentration

58 *Schröder*, Gesetze, 73.

der Reinheitsthematik auf den Tempel weiter verstärkt. Dennoch sind Reinheitsregeln ein integraler Bestandteil des Gesetzes, dem Josephus als Ganzem – mehr als den einzelnen Bestimmungen – ein großes Gewicht beimisst. Umso auffälliger erscheint das weitgehende Fehlen der Reinheitsthematik in der zweiten Behandlung der Gesetze in Ant IV ebenso wie in der sog. „jüdischen Verfassung" Ap II: Dort stellt Josephus Aufbau, Inhalt und Sinn der jüdischen Gesetze in groben Zügen dar. Sein Ziel ist es dabei – wie in anderen Fällen auch – die Verfassung („καταστάσεως τοῦ πολιτεύματος") möglichst nachvollziehbar und für alle Freunde der „guten Ordnung" verständlich zu erklären. Seine Darstellung ist außerdem so angelegt, dass das jüdische Volk als friedlich und gemeinschaftsfähig erscheint. So behandelt das Gebet bei den Opfern etwa zuerst das Gemeinwohl und erst dann die Einzelnen.[59] Der Aufbau der Verfassung orientiert sich insgesamt an der Struktur des Dekalogs. Reinheitsbestimmungen werden lediglich in Ap II 198 erwähnt. Dabei nennt Josephus explizit nur diejenigen Reinigungen, die am Anfang und am Ende des Lebens stehen. Diese empfindet er aber als „zu klein, um weiter darüber zu schreiben" (ἃ μακρὸν ἂν εἴη γράφειν).

Aus der Perspektive sozialer Identität verschiebt Josephus den Akzent gegenüber der alttestamentlichen Überlieferung. Während sich im Alten Testament das distinktive Moment gleichermaßen nach innen und nach außen richtet, Reinheit also innerhalb des Volkes Israel wie auch in Abgrenzung zu anderen Völkern als ein positiv konnotiertes Unterscheidungsmerkmal fungiert, nimmt Josephus die Kategorie Reinheit nur in der Binnenperspektive wahr. In- und Outgroup werden narrativ allein innerhalb des Volkes konstituiert. Im Verhältnis zu den anderen Völkern aber ist Josephus bestrebt, das Judentum als integrativ darzustellen. Deshalb vermeidet er es, eine Out-Group außerhalb des Volkes Israel zu beschreiben, die von den nichtjüdischen römischen Adressatinnen nur allzu leicht mit sich selbst identifiziert werden könnte. Das trifft in besonderem Maße auf den Umgang mit fremden Göttern oder Götzendienst zu.

Inwieweit sich dieser Eindruck bestätigt, wenn über die Parallelen zur alttestamentlichen Überlieferung hinaus die eigenen Schwerpunktsetzungen bei Josephus in den Blick genommen werden, wird der nächste Abschnitt zeigen.

4.4 Eigenständige Akzente und Intentionen

Die Aufnahme alttestamentlicher Reinheitstexte bei Josephus lässt eine Traditionsbindung erkennen, die bei aller Freiheit dennoch ihren Bezugstexten

59 Vgl. Ap II 195ff.

gerecht zu werden versucht. Zugleich spiegelt sie die Wirklichkeit gelebter Religion im 1. Jh. wider. Insofern treten bei Josephus auch neue, innovative Züge zutage. Sowohl die Verwendung der Reinheitsbegrifflichkeit als auch die Argumentation im Zusammenhang konkreter Regelungsfälle machen immer wieder deutlich, dass er durchaus seine eigenen Schwerpunkte zu setzen vermag. Deshalb liegt der Fokus der folgenden Beobachtungen auf jenen Texten, die sich inhaltlich von der übernommenen Tradition unterscheiden.

Drei Besonderheiten fallen dabei ins Auge: Erstens verwendet Josephus Reinheitstermini in einem forensischen Kontext, zweitens entwickelt er eine besondere Reinheitsvorstellung hinsichtlich des Zeugungsaktes, und drittens thematisiert er Reinheitsfragen vor allem im Blick auf den Jerusalemer Tempel.

4.4.1 *Reinheitstermini im forensischen Kontext*

Reinheit erhält im Werk des Josephus bisweilen einen forensischen Charakter. Das wird besonders in solchen Kontexten deutlich, die von Gerichtsszenarien bestimmt sind: Als Alexander und Aristobul, die beiden Söhne der Mariamne, vor Caesar eines Anschlages gegen ihren Vater Herodes beschuldigt werden (Bell I 453), verteidigt Alexander zunächst die Unschuld seines Bruders, bevor er sich dann über die Findigkeit seines Stiefbruders Antipater beklagt:

> καθαρὸν δὲ καὶ τὸν ἀδελφὸν ἀποδείξας κοινωνοῦντα τῶν κινδύνων.
>
> Als er die Reinheit / Unschuld des Bruders aufgezeigt hatte, der mit ihm in Gemeinschaft der Gefahren war, (…)

Ein weiteres Beispiel findet sich in Vit 79. Im Kontext seiner Aufgaben in Galiläa nimmt Josephus die galiläischen Würdenträger für seine Sache ein, indem er sie angemessen und gerecht behandelt. Dazu zählt nach eigener Darstellung auch, dass er an ihnen nicht durch materielle Vorteilnahme schuldig geworden sei, wobei er das Nichtschuldig-Werden mit einer Form von καθαρός ausdrückt:

> καθαρεύειν τε παντὸς ἐπ᾽ αὐταῖς λήμματος.
>
> und auch rein zu sein, von allem, was ich von ihnen empfangen habe.

An beiden Stellen wird καθαρός im Sinne von „unschuldig" verwendet, obwohl Josephus selbst an anderen Stellen zu üblicheren Begriffen wie ἀθῷός (z.B. in Ant IV 217.277) greift.[60] Eine solche Akzentuierung der Reinheitsterminologie

60 Einen ähnlichen Kontext bietet Bell I 621–622: An dieser Stelle ist es Antipater, der von seinem Vater angeklagt wird und um Gehör bittet, um ihm seine Unschuld bezeugen

erfolgt an beiden Stellen deshalb wohl nicht ganz zufällig. Die Belege reichen jedoch noch nicht aus, um eine klare Intention ausmachen zu können.

4.4.2 *Reinheit und Zeugung*

Von besonderem Interesse ist der Umgang des Josephus mit den alttestamtlichen Sexualbestimmungen. Sie treten, wie bereits gezeigt wurde, im Kontext der Gesetzesübermittlung und -vermittlung in Ant III und IV erstaunlich stark in den Hintergrund und werden erst an anderer Stelle, nämlich im Rahmen der „jüdischen Konstitution" in Ap II, gesondert aufgenommen. Die Verbindung von Sexualbestimmungen und Reinheitsbegriffen an sich stellt noch keine Neuerung dar, wohl aber ihr Bezug auf die Seelenlehre, wie er hier in Ansätzen zu finden ist.

Der Abschnitt beginnt in Ap II 199 und endet in 204; diese fünf Paragrafen behandeln schwerpunktmäßig Gesetze, die mit Heirat und Ehe zusammenhängen, klären Fragen zu Ehekonstellation und -motivation, zum Verhältnis von Mann und Frau in der Ehe und zu möglichen Sanktionen bei allen Zuwiderhandlungen. Den Abschluss bilden zwei Paragrafen, die solche gesetzlichen und ungesetzlichen Handlungen beschreiben, die Reinigungen nach sich ziehen. Dazu gehören Abtreibung und Geschlechtsverkehr kurz nach der Geburt ebenso wie legitimer Geschlechtsverkehr. In dem entscheidenden Abschnitt heißt es:

> καὶ μετὰ τὴν νόμιμον συνουσίαν ἀνδρὸς καὶ γυναικὸς ἀπολούσασθαι: ψυχῆς γὰρ ἔχειν τοῦτο μερισμὸν πρὸς ἄλλην χώραν ὑπέλαβεν: καὶ γὰρ ἐμφυομένη σώμασι κακοπαθεῖ καὶ τούτων αὖ θανάτῳ διακριθεῖσα. διόπερ ἁγνείας ἐπὶ πᾶσι τοῖς τοιούτοις ἔταξεν.
>
> Und nach der gesetzesmäßigen Verbindung von Mann und Frau [gemeint ist ehelicher Geschlechtsverkehr, M.H.] soll man sich waschen. Denn es [d.i. das Gesetz] meint, dass dies eine Absonderung der Seele an einen anderen Ort bedeutet. Denn sie leidet Schlimmes, sowohl wenn sie in den Körpern eingepflanzt wird als auch wenn sie im Tod von diesem getrennt wird. Deshalb hat es [d.i. das Gesetz] Reinigungen für alle solcher Fälle angeordnet.

---

zu können: „ἀποδείξω γὰρ ἐμαυτὸν καθαρόν, ἂν σὺ θέλῃς" (Ich werde dir meine Reinheit/Unschuld zeigen, wenn du willst.)

Die merkwürdig anmutende Vorstellung von einer Teilung oder Absonderung[61] der Seele lässt sich ohne weiteres auf die Annahme eines Leib-Seelen-Dualismus der platonischen Philosophie zurückführen, von der auch Josephus beeinflusst ist.[62] Sie geht davon aus, dass bei der Zeugung eines Kindes ein Teil oder Splitter der väterlichen Seele in den Embryo übergeht. John Barclay sieht in dieser Vorstellung das Erbe älterer Denker wie etwa von Demokrit aufbewahrt.[63] Für Josephus dient also auch der legitime Geschlechtsverkehr lediglich der Zeugung von Nachkommenschaft (vgl. Ap II 199). Er ist erst dann erfolgreich vollzogen, wenn ein Kind entsteht und der Prozess der Seelentrennung beginnt.

Für das vorliegende Thema ist daran nicht nur der enge Zusammenhang zwischen Reinheit und Sexualität von Interesse, wie er aus zahlreichen alttestamentlichen Texten bekannt ist. Vielmehr wird hier eine Aussage über das Sein an sich bzw. über die Form der Seele getroffen, wie sie in der jüdischen Theologie ihrer Zeit einzig dasteht. Neues Leben entsteht aus einer Situation der Unreinheit. Die unsterbliche Seele wird in einem Akt sexueller Verunreinigung mitgeteilt und weitergegeben. Hier vermischen sich offensichtlich überlieferte Vorstellungen von körperlicher Reinheit mit einer philosophischen Seelenlehre und entwerfen so eine neue anthropologische Situation. Der Mensch kann gar nicht anders als in Unreinheit geschaffen werden. Die Spannung zwischen neuer Schöpfung und vorgegebener Unreinheit ist damit in die Identität eines jeden neuen Individuums von vornherein schon eingeschrieben.[64] Diese anthropologische Grundkonstante kommt ansonsten bei Josephus nicht mehr vor und bleibt hier singulär. Sie lässt sich zudem zwar mit einem weiten Begriff von Identität, nicht aber in den Kategorien sozialer Identität erfassen. Dennoch scheint sie für Josephus charakteristisch zu sein: Er nimmt bekannte Denkmodelle auf, fügt sie in neue Zusammenhänge ein und schreibt ihnen dadurch eine verändere Bedeutung zu.

Der späte rabbinische Midrasch Tanhuma enthält einen *Traktat über die Bildung des Kindes*, in dem ein ganz ähnlicher Einfluss der platonischen

61 Zur Diskussion um das Verständnis und die Lesart von μερισμός vgl. *Barclay*, Apion, 286; *Gerber*, Bild, 405.

62 John Barclay sieht in dieser Formulierung eine essenische Zuspitzung dieses Gedankens, der die Unsterblichkeit der Seele voraussetzt, jedoch ihre Gebundenheit an den Körper als Gefangenschaft begreift, vgl. *Barclay*, Apion, 287.

63 Vgl. für weiteres *Barclay*, Apion, 286.

64 Wer in der christlichen Tradition geschult ist, wird an dieser Stelle unweigerlich Strukturparallelen zur späteren Erbsündenlehre eines Augustin wahrnehmen. Dass in dieser Hinsicht jedoch irgendein traditionsgeschichtlicher Zusammenhang bestünde, ist nicht anzunehmen. Weder ist wahrscheinlich, dass Augustin die Schriften des Josephus kannte, noch ist der Gedanke prägnant genug, um als Vorlage gewirkt haben zu können. Auch über eine weitere direkte Wirkungsgeschichte ist nichts bekannt.

Seelenlehre sichtbar wird.[65] Im Gegensatz zur rabbinischen Mehrheitsmeinung, die gerade nicht von einer Unsterblichkeit der Seele und deshalb auch nicht von einer Unterordnung des Körpers ausgeht, ist auch hier der beschriebene Zeugungsvorgang spürbare vom platonischen Leib-Seele-Dualismus beeinflusst.[66] Auch der rabbinische Traktat beschreibt die Entstehung des Menschen so, dass die Seele beim Akt der Zeugung gleichsam in den Körper eingenistet wird und dass sie denselben am Ende des Lebens wieder verlässt, ihn also lediglich als Vehikel benutzt.[67] Das Modell, das Josephus entwickelt, lebt also auch noch in der späteren jüdischen Tradition fort, wenngleich es dort eine Minderheitsmeinung bleibt.[68]

4.4.3 *Reinheit im Tempelkontext*

Häufig thematisiert Josephus Reinheit in Texten, die sich mit dem Tempel beschäftigen. In Bell, dem ersten seiner Werke, das mit der Zerstörung des zentralen Heiligtums endet, steht der Tempel ganz besonders im Mittelpunkt. Tuval spricht deshalb von einer „Temple-centered, priestly presentation of Judaen history"[69] und ist überzeugt, dass „anybody familiar with BJ will agree that the Temple, its cult and priests (especially, high priests) are at the center of Josephus' narrative in this work."[70]

In seiner Darstellung des Tempels knüpft Josephus grundsätzlich an die biblische Tradition an, erweitert und verändert diese jedoch in vielfacher Hinsicht. Der Tempel ist für ihn deutlicher noch als in den biblischen Bezugstexten ein Ort der Gegenwart Gottes. Tempel und Gott scheinen bisweilen sogar

65 Publiziert wurde der Traktat auf Hebräisch in einer Sammlung von Midrashim durch Adolph Jellinek, eine deutsche Übersetzung liegt bei August Wünsche vor; vgl. *Jellinek*, Bet, 153–158, und *Wünsche*, Lehrhallen, 213–219.

66 Vgl. zum rabbinischen Seelenverständnis die Beobachtungen bei *Grözinger*, Denken, 263–273.

67 Der Traktat hat vor allem ethische Implikationen, die sich darin äußern, dass die Eigenschaften des Menschen im Akt der Zeugung von Gott festgelegt werden, mit Ausnahme der Zugehörigkeit zu Frevlern oder Gerechten, die in der Verantwortung des Menschen selbst liegt.

68 Das Reinheitsmotiv wird hier nicht in vergleichbarer Weise verwendet; immerhin findet sich ein Anklang da, wo der beseelte Geist Gott bittet, ihn nicht auf die Erde zu schikken. Als Argument führt er seine eigene Reinheit und Heiligkeit an: אם רצונך אל תכניסני בטיפה זו סרוכה כי קדושה וטהורה אני – *Wenn es dein Wille ist, schicke mich nicht in diesen stinkenden Tropfen, denn ich bin heilig und rein.* Mit dem Verlassen der himmlischen Welt wird also ebenfalls eine Verunreinigung assoziiert, jedoch in einem anderen Maße, als das bei Josephus der Fall ist.

69 *Tuval*, Priest, 100.

70 *Tuval*, Priest, 99.

in eins zu fallen.[71] Daraus ergibt sich zugleich eine Konzentration auf priesterliche Belange. Während Josephus an anderen Stellen spürbar kürzt, führt er seine Darstellung über Tempel und Hohepriester auffällig detailliert aus. Das gilt in begrenztem Maße auch für den Umgang mit jenen Reinheitsbestimmungen, die auf den Tempel bezogen sind.

Schon im Vorwort zu Bell nennt Josephus mit Blick auf den Tempel sieben unterschiedliche Reinheitsgrade: Wörtlich spricht er von τὰς ἑπτὰ ἁγνείας – „sieben Reinigungen" (Bell I 26). Diese sieben Reinheitsgrade oder -stufen werden in Bell V 227 indirekt wieder aufgenommen. Bell V 222–227 beschreiben die Außenansicht und Aufteilung des Tempels in unterschiedliche Bereiche, allerdings werden hier ebenso wie in Ap II 104 nur vier Bereiche genannt. Wie diese Diskrepanz zwischen den sieben Reinheitsgraden und den vier Bereichen zu verstehen ist, bleibt umstritten. Erklärungsversuche heben entweder auf einen Bezug zu der Anzahl der Reinigungstage oder auf Reinheitsstufen des Tempels selbst ab. Beide Versuche lassen Fragen offen.[72] In Bell V 227 wird außerdem noch der Ausschluss von Aussätzigen und Samenflüssigen aus dem Tempelbereich genannt, was jedoch noch nicht über die biblische Tradition hinausgeht.

Häufig verwendet Josephus Unreinheitsbegriffe, wenn er von der Entweihung des Tempels spricht. Dabei liegt ein gewisser Schwerpunkt auf Entweihungen, die durch Gewalttaten verursacht sind, wie z.B. das Blutbad des Archelaos (Bell I 15–34). Vorrangig richtet sich die Darstellung jedoch gegen verschiedene Vergehen, die Josephus den Zeloten zuschreibt: Dazu zählen der Vorwurf des Tempelraubes (Bell V 562–566) ebenso wie die Sitte, verwundet den Tempel zu betreten und ihn dadurch zu entweihen (Bell IV 201). Einen Höhepunkt der Verunreinigung und Entweihung erfährt der Tempel, als Samaritaner Menschenknochen in seinen Vorhöfen verteilen (Ant XVIII 29–38). Ähnliches berichtet Josephus nicht nur über den Tempel in Jerusalem, sondern auch über andere heilige Orte wie etwa die Synagoge in Caesarea, die durch ein Vogelopfer verunreinigt wird (Bell II 289).

Diese wenigen Beispiele zeigen bereits, dass Josephus den grundsätzlichen Zusammenhang zwischen Tempel, Heiligkeit und Reinheit, wie er aus den alttestamentlichen Texten bekannt ist, weiter stärkt und profiliert.

71 Über die Beziehung des Josephus zum Jerusalemer Tempel liegen ausführliche Studien vor; vgl. besonders die Abschnitte in den Monographien von Oliver Gussmann (*Gussmann*, Priesterverständnis, 325–365) und Michael Tuval (Vgl. *Tuval*, Priest, 99–109). Beide Studien betrachten diese Beziehung nicht isoliert, sondern im Kontext anderer Fragestellungen (wie etwa der des Priesterverständnisses).

72 Vgl. dazu näher *Gussmann*, Priesterverständnis, 340, FN 53.

Darüber hinaus finden sich bei Josephus auch Aussagen über die Zugehörigkeit zu bestimmten Gruppen, die unter Verwendung von Reinheitsterminologie getroffen werden. Meist antworten sie auf Fragen der Zugangsbedingungen zum Tempel.

Bell v 194–195 und Ant xii 145 berichten übereinstimmend von einer Mauer, die den ersten vom zweiten Hof des Tempels trennt. Diese Mauer wird zusätzlich kenntlich gemacht durch Schilder, die das „Gesetz der Reinheit" verkünden, das lautet, kein Fremder dürfe den Tempel betreten:

> ἐν αὐτῷ δὲ εἱστήκεσαν ἐξ ἴσου διαστήματος στῆλαι τὸν τῆς ἁγνείας προσημαίνουσαι νόμον αἱ μὲν Ἑλληνικοῖς αἱ δὲ Ῥωμαϊκοῖς γράμμασιν μηδένα ἀλλόφυλον ἐντὸς τοῦ ἁγίου παριέναι.

> Auf ihr [der Mauer] standen in regelmäßigem Abstand zueinander Steintafeln, die das Gesetz der Reinheit verkündeten, sowohl in griechischen wie in römischen Buchstaben: Fremdstämmige sollen das Heiligtum nicht betreten.

In eine vergleichbare Richtung weist Bell i 229: Nach der Befriedung Samariens kehrt Herodes nach Jerusalem zurück. Dort wird er von Hyrkanus dazu aufgefordert, sicherzustellen, dass keine Fremden mit Juden in Berührung kämen, die sich soeben gereinigt hätten.[73]

Die Aufforderung, nach der Reinigung den Kontakt mit Fremden zu meiden, erfüllt ebenso wie die Aufforderung zur Abgrenzung verschiedener Bereiche innerhalb des Tempelgeländes mehrere Kriterien, die unter den Kategorien sozialer Identität beschrieben werden können: In-Group und Out-Group werden gut erkennbar durch die Bezeichnung der „Fremdstämmigen" (ἀλλόφυλοι) unterschieden. Das Leitkriterium der Fremdheit wird weiterhin durch das Merkmal der Reinheit bzw. Unreinheit qualifiziert. Reine sollen sich von Unreinen fernhalten. Reinheit wird dadurch geschützt, dass Fremde einen gekennzeichneten Bereich nicht betreten dürfen. Für das Individuum – von dem hier nicht gesprochen wird, das aber im alltäglichen Vollzug dieser Regeln im Vordergrund steht – entscheidet sich die Frage der Identität in dem Moment, in dem es den Tempel betritt, an seinem Reinheitsstatus. Die Unterscheidung von anderen erfolgt dabei gerade nicht im unmittelbaren Gegenüber von Fremden und Juden, sondern durch die Befolgung der Reinheitsgesetze. Deshalb ist Christine Gerber zuzustimmen, die dem Gesetz im Allgemeinen identitätstragenden Charakter zuschreibt: „Jedoch markiert sie

73 „(…) ἐκώλυεν τοὺς ἀλλοφύλους εἰσαγαγεῖν ἐφ᾽ ἁγνεύοντας τοὺς ἐπιχωρίους. (…)."

[die Darstellung des Josephus] eine Grenze nicht einfach durch eine Bezeichnung, nicht durch die Bestimmung der Herkunft oder Abstammung der Menschen. (…) Vielmehr wird die Grenze qualitativ gezogen, nämlich durch das Gesetz."[74] In diesem konkreten Fall wird das Gesetz durch den Reinheitsstatus repräsentiert.

Im Vergleich zu den vorher untersuchten Belegen fällt auf, dass hier In-Group und Out-Group nicht mehr nur innerhalb des Volkes unterschieden werden. Nun findet auch eine explizite Abgrenzung zu anderen Völkern statt. Das ist im Kontext des Tempels und vor allem der Zugangsbestimmungen verständlich und sogar notwendig; es folgt auch der Motivation, die Adressatenschaft nicht zu brüskieren. Die Wahrung der Heiligkeit und damit der Reinheit des Tempels dient in diesem Kontext vor allem dazu, das Judentum als ernsthafte und darum ehrbare Religion darzustellen. In diesem Falle lassen sich auch die Werke des Josephus bisweilen mit den Kategorien sozialer Identität erfassen.

4.4.3.1 Anmerkung zur „Vita"

Auffälligerweise schweigt die Vita zum Thema der Reinheit. Neben der bereits genannten Belegstelle zum forensischen Gebrauch von καθαρός findet sich nur noch ein weiterer Beleg, der in den Bereich der Reinheitsterminologie fällt: In Vit 74ff berichtet Josephus, wie sein Kontrahent Jochanan von Gishala vermeintlich wohlwollend dafür Sorge trägt, dass die in Caesarea Philippi eingesperrten Juden an reines Öl gelangen. Freilich engagiert sich Jochanan nur deshalb in dieser Angelegenheit, weil er selbst daran reichlich verdient. Das bringt Josephus in eine Dilemmasituation: Entweder nimmt er dieses Verfahren hin – oder er veranlasst die jüdische Gemeinde dazu, griechisches (also unreines) Öl zu verwenden und damit das Gesetz zu übertreten. Er entscheidet sich für das erstere. Aus dieser singulären Szene lassen sich noch keine weiterreichenden Schlüsse zu dem Verhältnis von Reinheit und Identität ziehen. Sie macht jedoch deutlich, dass auch im Kriegsfalle die Einhaltung von Reinheitsgeboten hohe Relevanz besitzt. Zugleich zeigt sie einmal mehr, dass Fremdes (in diesem Fall Griechisches) mit Unreinem gleichgesetzt wird.

Für die Frage nach sozialer Identität ist Vit daher nur wenig aussagekräftig. Das hat seinen Grund darin, dass die Gruppen, die einander gegenüberstehen, Gruppen innerhalb des eigenen Volkes sind. Die maßgebliche Trennlinie zwischen In-Group und Out-Group verläuft in Vit zwischen denen, die sich Josephus anschließen und ihm treu bleiben und jenen, die ihm feindlich gegenüberstehen oder abtrünnig werden. Beide Gruppen eint aber die Zugehörigkeit

---

74 *Gerber*, Bezeichnungen, 148.

zum jüdischen Volk, so dass Reinheit nicht als distinktives Moment erscheint. In den Schlussteilen der Vit betont Josephus schließlich mehrfach, welche Ehren er von den römischen Feldherren erhalten habe. Dazu habe auch gehört, dass er ein einheimisches Mädchen (παρθένον ἐγχώριον) habe heiraten dürfen (Vit 414). Hier klingt von ferne die Erinnerung an die Mischehenfrage nach, die Josephus aber nicht mehr explizit thematisiert.

4.5 Fazit

Die Theorie der sozialen Identität wird als modernes Konzept von außen an das Denken des Flavius Josephus herangetragen. Dennoch stellt sie eine Hilfe dar, seine Aussagen zur Reinheit besser verstehen zu lernen. Die Untersuchung sowohl der traditionsgebundenen Texte als auch jener Akzente, die der Autor darüber hinaus setzt, hat gezeigt, dass Fragen der sozialen Identität weniger eindeutig, in jedem Falle aber anders als in der alttestamentlichen Tradition behandelt werden. Die Theorie der sozialen Identität betrachtet das Individuum in seiner Zugehörigkeit zu einer Gruppe und gewinnt dadurch ihr spezifisches Profil. Josephus ist vor allem an der Gruppe und weniger am Individuum interessiert. Dennoch lassen Aussagen über das Kollektiv immer wieder auch Rückschlüsse auf das Individuum zu.

Pragmatik und Intention der Werke des Josephus legen nahe, dass Reinheit darin kein bestimmendes Thema ist. An zentralen Stellen, an denen aus der Tradition heraus Reinheitsterminologie zu erwarten wäre, fehlt diese. Überraschenderweise kommt der gesamte Themenkreis auch im Kontext der „Jüdischen Verfassung" in Ap II nicht vor. Josephus setzt hingegen eigene Schwerpunkte und spitzt das Verständnis von Reinheit auf einen bestimmten Gegenstand, nämlich den Tempel und seine Heiligkeit, zu. Hier zeigt sich bereits, dass die Reinheitsthematik keineswegs ein vernachlässigter Topos im Werk des Josephus ist. Die Besonderheit des Tempels kommt in einer erhöhten Aufmerksamkeit für dessen Reinheit zum Ausdruck. Dabei knüpft Josephus zwar an seine biblische Vorlage an, entwickelt diese aber weiter, wie sich das z.B. anhand der verschiedenen Reinheitsstufen in Bell I oder der Rede von einer doppelten Reinheit für den Hohepriester in Ant III beobachten lässt.

Trotz dieser Konzentration auf den Tempel fällt auf, dass die Bedeutung von Reinheit gegenüber der biblischen Tradition an vielen Stellen zurücktritt. Häufig dient sie nur der Erläuterung anderer Sachverhalte. Reinheit erscheint bei Josephus als ein Identitätsmerkmal unter anderen, um das Judentum zu beschreiben. Selbstverständlich gehört die Überlieferung der Reinheitsregeln zur Erzählung von der Wüstenwanderung und der Gabe der Tora am Berg Sinai hinzu. In der Darstellung des Josephus geht es jedoch sehr viel mehr um die Bedeutung des Gesetzes im Ganzen als um ein spezifisches Interesse an der Bedeutung von Reinheit im Besonderen. Josephus behandelt Themen, die er aus der biblischen Überlieferung übernimmt, tut dies jedoch häufig in verkürzender oder komprimierender Weise. Die These Duschaks, wonach sich in dieser Neuformulierung eine Verbindung biblischer Tradition mit späteren theologischen Entwicklungen zeige, ist nicht von der Hand zu weisen.

Auf den ersten Blick entsteht so bisweilen der Eindruck einer gewissen Gleichgültigkeit oder Zufälligkeit gegenüber den Traditionen von Reinheit und Unreinheit. Doch dieser Eindruck täuscht – zumal dann, wenn er als Ausdruck einer realen historischen Einstellung gewertet wird. Josephus, der aus einer priesterlichen Familie stammt, wird die Bedeutung dieser Kategorien fraglos akzeptiert haben. Dies wird durch seine Darstellung des Tempels und durch die Nennung der wichtigsten Reinheitsregelungen aus dem Pentateuch bestätigt.

Diese Beobachtungen weisen auf einen der Prozesse sozialer Identität hin: Josephus beschreibt Reinheit als ein kategorisierendes Moment. Anhand des Merkmales Reinheit entstehen Gruppen, wenn auch bisweilen nur für eine begrenzte Zeit. Waschungsriten signalisieren, dass sich unreine Menschen einer gesonderten Behandlung unterziehen müssen. Josephus spitzt diesen Sachverhalt über die biblischen Traditionen hinaus zu, wenn er Aussätzige mit Toten gleichsetzt. An dieser Stelle trägt Unreinheit nicht nur ein kategorisierendes, sondern auch ein distinktives Moment in sich: Sie bewirkt nicht nur eine Abgrenzung, sondern impliziert auch eine Wertung. Der Aussätzige wird mit seiner Absonderung zugleich dem Bereich des Todes zugeordnet. Besonders deutlich wird der positive Wert der Reinheit am Beispiel des Gerüchtes, Mose habe an Aussatz gelitten. Die Vehemenz, mit der Josephus dieses Gerücht zurückweist und die Tatsache, dass er wiederholt darauf zu sprechen kommt, belegt, dass Reinheit auch bei Josephus die Funktion sozialer Distinktion erfüllt. Die Vorstellung, der eigene Anführer sei unrein, ist derart empörend, dass sie auf logischem Weg widerlegt werden muss.

Generell bewegen sich die Kategorisierung und mehr noch die Distinktion bei Josephus im die Binnenraum des jüdischen Volkes. So entsteht der Eindruck, als würde Josephus die Bedeutung von Reinheit für die soziale Identität des Individuums mit einer Art doppeltem Maßstab messen: Während sich innerhalb des Volkes anhand der Reinheitsvorgaben In- und Out-Group unterscheiden lassen, wird dies nach außen, im Gegenüber zu anderen Völkern, vermieden. Hinweise darauf, die Reinheit des Volkes wie in der alttestamentlichen Tradition als Abgrenzungsmerkmal gegenüber anderen Völkern zu bestimmen, fehlen nahezu vollständig. Die Prozesse sozialer Identität bleiben ein internes Phänomen. Die Out-Group, die hier sichtbar wird, konstituiert sich aus den (zeitweilig oder längerfristig) Unreinen im eigenen Volk. Andere Völker als Out-Group, wie sie in Lev 18, Esr 9 oder Ez 20 in den Blick kommen, werden bei Josephus in diesem Kontext nicht benannt. Es ist unmittelbar einsichtig, dass dies mit seiner literarischen Intention und dem Modus der apologetischen Geschichtsschreibung zusammenhängt. Indem Josephus Reinheit nach außen hin zwar als kategorisierendes, nicht aber als distinktives Moment anwendet, verbleibt er auf einer deskriptiven anstatt auf einer wertenden Ebene. Er vermeidet damit die Gefahr, bestehenden Vorurteilen weitere Nahrung zu geben. Sein Ziel besteht darin, das vornehmlich nichtjüdische Lesepublikum zu gewinnen anstatt zu brüskieren. Eine Darstellung Israels als des (einzig) reinen Volkes im Kreise aller anderen Völker wäre in dieser Hinsicht kontraproduktiv. Deutlich unverfänglicher ist hingegen die Frage des Tempelzugangs (vgl. Bell v und Ant xii). Wie bereits dargelegt, wird an dieser Stelle sehr deutlich zwischen „Reinen" auf der einen und „Fremden" auf der anderen Seite unterschieden. Reinheit ist also in den Augen des Josephus etwas, das eindeutig dem Volk Israel zukommt. In dieser Gegenüberstellung klingt schon die Gleichsetzung von „rein" und „Volk Israel" bzw. „Fremde" und „unrein" an.

Die Zugangsregelungen zum Tempel sind besonders geeignet, um Abgrenzungen vorzunehmen und explizit zu formulieren. Sie stehen für einen der wenigen Bereiche, in denen Josephus keine Gefahr lief, damit den üblichen Vorurteilen Vorschub zu leisten. Die Heiligung des Tempels im Sinne einer „Reinerhaltung" musste auch der römischen Hörerschaft unmittelbar einleuchten.

Das Gesamtbild erweist sich als ein Mosaik: Inhaltlich greift Josephus viele der ihm aus der biblischen Tradition bekannten reinheitsbezogenen Themen auf, ordnet sie jedoch anderen Zusammenhängen ein. Dadurch verschiebt sich der Akzent dahingehend, dass die Prozesse sozialer Identität an Sichtbarkeit verlieren. Josephus unterscheidet offenbar bewusst zwischen einer Sichtweise auf das Volk Israel als solches und das Volk im Kontext anderer Völker. Prozesse sozialer Identität lassen sich vor allem im Binnenraum des Volkes zeigen. Im Blick auf andere Völker sind sie gelegentlich mitgedacht, werden aber kaum ausgeführt. Der einzig explizite Fall – der Zugang zum Tempel – stützt diese Beobachtung.

KAPITEL 5

Die Reinen, das sind wir: Die gruppenbezogenen Texte aus Qumran

5.1 Einleitung

Neben den Schriften des Alten Testaments und den Werken des Josephus tritt mit den Schriftrollen aus Qumran ein drittes, ganz anders geartetes Korpus in den Blick. Interesse verdient es deshalb, weil in seinen Texten Reinheitsregeln nicht nur der praktischen Lebensgestaltung dienen, sondern ausdrücklich und gezielt als Differenzkriterium gegenüber anderen Gruppen fungieren. Aus diesem Korpus sind es vor allem die sogenannten gruppenbezogenen Texte, die im Fokus des folgenden Kapitels stehen. Sie behandeln Fragen des gemeinschaftlichen Lebens und seiner Organisation sowie theologische, liturgische und kalendarische Themen.[1] In ihnen spiegelt sich das Selbstverständnis einer oder möglicherweise auch mehrerer Gruppen wider, die nicht auf den Fundort allein begrenzt bleiben. Nicht berücksichtigt werden biblische, parabiblische und andere nicht-gruppenbezogene Texte, auch wenn sie bisweilen Auskunft über Reinheitsfragen geben.[2] Diese Entscheidung ist der Fragestellung der Arbeit geschuldet, die nicht ausschließlich nach Reinheit, sondern nach der Bedeutung von Reinheit für die soziale Identität des Individuums fragt und damit Bezüge zu Gruppen untersucht.[3] Die Schriftrollen vom Toten Meer sind nicht nur hinsichtlich ihrer literarischen Dimension von Bedeutung, sondern auch im Blick auf ihren historischen Kontext sowie das theologische Profil, das sie repräsentieren.

---

1 Spätestens seit der vollständigen Veröffentlichung aller Schriftrollen ist es auch Konsens, dass (entgegen der früheren Meinung) nur ein Teil der Texte als gruppenbezogen angesehen werden kann.

2 Die Rede von „biblischen" Texten oder Bezüge zu „der" Schrift ist insofern anachronistisch, als sie einen Kanon voraussetzt, den es erst nach der Entstehung der Schriftrollen gibt. Eine solche Zuordnung hat lediglich heuristischen Wert.

3 Selbstverständlich verweisen auch die sogenannten „non-sectarian texts", allen voran das Jubiläenbuch, auf eine Gruppe, wie besonders die Diskussion um „in-between texts" und den unklaren Übergang zwischen gruppenbezogenen und nicht gruppenbezogenen Texten zeigt. Die Erweiterung auf diese Texte ist inhaltlich lohnenswert, unterbleibt an dieser Stelle aber, um die verhältnismäßige Eindeutigkeit der Kategorie „gruppenbezogen" zu wahren. Vgl. zur Diskussion über die Klassifizierung der Qumrantexte in Kategorien: *Dimant*, Texts.

 DOI:10.1163/9789004524651_006

Für die Arbeit mit den Schriftrollen vom Toten Meer im Allgemeinen und die vorliegende Fragestellung im Besonderen sind vor allem fünf Problemfelder zu bedenken.

Erstens gilt es, den Rückbezug der Texte auf die Hebräische Bibel zu untersuchen. Als methodisch schwierig erweist sich dabei der Umstand, dass zu dieser Zeit weder ein Kanon der alttestamentlichen Schriften vorliegt noch ein fester, dem heutigen entsprechender Text existiert. Das wird gerade durch die Uneinheitlichkeit der hebräischen Bibeltexte unter den Funden von Qumran belegt.

Zweitens ist die Bedeutung des archäologischen Kontextes, d.h. der Höhlen und der Siedlung, zu klären. Inwiefern besteht ein inhaltlicher Zusammenhang zwischen den Texten und ihrem Fundort? Haben die Gemeinschaft(en), die in den Texten sichtbar werden, einen Haftpunkt in der Siedlung von Khirbet Qumran?

Drittens geht es um eine genauere Bestimmung jener Gemeinschaft(en), die in den Texten sichtbar werden. Lassen sie sich überhaupt mit real existierenden jüdischen Gruppen identifizieren? Setzt man diese Möglichkeit voraus, bleibt zu klären, ob es sich in allen Texten um dieselbe Gemeinschaft handelt, ob von mehreren unabhängigen Gemeinschaften auszugehen ist, oder ob `die Texte unterschiedliche Entwicklungsstufen ein und derselben Gemeinschaft abbilden.

Der vierte Fragenkomplex berührt die Zuordnung der in den Texten vorausgesetzten Gemeinschaft(en) zu anderen Gemeinschaften ihrer Zeit. Aus soziologischer Sicht ist in diesem Zusammenhang der Begriff der „Sekte" zu diskutieren.

Schließlich ist fünftens die Frage zu stellen, ob die Reinheitstexte in den Schriftrollen Teil eines konsistenten Systems sind oder lediglich sporadische Aussagen in verschiedenen Zusammenhängen. Darüber haben vor allem Hannah Harrington und Ian Werrett diskutiert.[4]

An diesen fünf Problemfeldern wird sich im Folgenden sowohl der forschungsgeschichtliche Überblick als auch die Frage nach den Bezügen der Reinheitstexte aus Qumran zur Hebräischen Bibel orientieren. Harrington schreibt: „The laws of purity and impurity were a central concern for the authors of the Dead Sea Scrolls. In fact, the majority of the community's laws recorded in the extant manuscripts deal with matters related to the cult and purity."[5] Der zweite Abschnitt der Einleitung hat vorrangig das Ziel, die biblischen Haftpunkte

4 Vgl. dazu vor allem *Werrett*, Purity, *Harrington*, Purity 11 und *Harrington*, Rezension.
5 *Harrington*, Purity, 7.

dieser Reinheitsregeln aufzuspüren.[6] Damit ist das Fundament für den Hauptteil dieses Kapitels gelegt. Für die Analyse des Zusammenhangs von Reinheit und sozialer Identität sind drei Themenbereiche entscheidend: erstens die Bestimmungen zum gemeinschaftlichen Leben, die im Besonderen den Eintritt in die Gemeinschaft und den Ausschluss aus derselben sowie verschiedene interne Abstufungen betreffen; zweitens die Frage nach dem Selbstverständnis der Gemeinschaft(en) und ihrer Mitglieder; drittens die Bedeutung des Zusammenhangs von Unreinheit und Sünde, in Form konkreter Verfehlungen.

Der Hauptteil stellt eine exemplarische Textanalyse der beiden gruppenbezogenen Texte 1QS und CD dar. Beide Texte werden deshalb als „gruppenbezogen" bezeichnet, weil sie das Leben einer Gemeinschaft beschreiben und regeln. Die Analyse gilt der Beziehung zwischen beiden Texten, ihren Argumentationsstrukturen sowie ihrer Darstellung von Reinheitsfragen im Horizont sozialer Identität. Die Fragen zum Selbstverständnis der Gemeinschaft(en) und zum Zusammenhang von Unreinheit und Sünde werden durch die Einbeziehung weiterer Texte ergänzt.

Das Fazit versucht eine Antwort auf die Frage, ob und auf welche Weise die Reinheitstexte der gruppenbezogenen Texte 1QS und CD Reinheit als ein Merkmal sozialer Identität darstellen.

5.1.1 *Forschungsgeschichtlicher Überblick*

Auf die Gemeinschaft(en) hinter den Schriftrollen vom Toten Meer trifft in besonderem Maße zu, was Christian Frevel im Blick auf jüdische Gruppierungen zur Zeit des Zweiten Tempels im Allgemeinen formuliert hat: „Ancient Jewish culture is characterized by a great diversity of purity concepts that can be related to the forming of internal and external processes of differentiation and demarcation, resulting in a plurality of ‚Judaisms'."[7] Reinheit gehört ganz offensichtlich zum Selbstverständnis der in den Texten sichtbar werdenden Gemeinschaft(en) hinzu – was von den ersten Publikationen an immer wieder bemerkt worden ist. Allerdings sah sich die Erforschung der Schriftrollen lange Zeit mit dem Problem einer schleppenden, von vielen Verzögerungen beeinträchtigten Erschließung des Materials konfrontiert. So ist es auch zu erklären, dass ältere Studien zum Thema der Reinheit in den Schriftrollen noch zu

---

6 In der Darstellung und Untersuchung der Reinheitstexte im Allgemeinen greife ich auf umfangreiche Vorarbeiten im Bereich der Qumranforschung zurück und wende sie auf die Fragestellung dieser Arbeit an. Auch die Auswahl der analysierten Texte wird davon beeinflusst sein.

7 *Frevel/Nihan* (Hg.), Purity, 2.

anderen Ergebnissen kommen als jüngere, die inzwischen über eine breitere Textgrundlage verfügen. Dennoch ist das Thema schon früh identifiziert und bis heute in einer Fülle von Untersuchungen bearbeitet worden.[8]

Zu den ältesten Studien gehören Jacob Neusners *The Idea of Purity in Ancient Judaism*[9] und Michael Newtons *The concept of Purity in Qumran and the letters of Paul*.[10] Beide ordnen die Qumrantexte in ihren weiteren literarischen und historischen Kontext ein. Da sie noch vor der Veröffentlichung der 4QD-Fragmente erschienen sind, bleiben sie auf die frühen Rollen und die Funde aus der Kairoer Geniza beschränkt. In jüngerer Zeit ist vor allem die 2000 erschienene Studie von Klawans über *Impurity and Sin in Ancient Judaism*[11] bestimmend geworden.

Neusners Studie von 1973 bietet zunächst eine Zusammenstellung alles verfügbaren Materials und versucht, auf dieser Basis eine Gesamtschau vorzunehmen. Vorzugsweise wertet Neusner dazu CD, 1QS (mit Seitenblicken 1QM und 1QH) sowie das Jubiläenbuch aus: „What is new in the yahad's ideas concerning purity is not the substance, but the locus of application of the laws. (…) Cleanness involved morality, not merely taking a bath or refraining from sexual relations with a menstruating woman. (…) What would have surprised the priestly authors was the requirement of purity outside of the Jerusalem Temple and for a purpose other than the conduct of the Temple cult. Indeed, the yahad's obsessive concern for purity is matched by its claim to have a monopoly on it."[12]

Newtons Fokus liegt auf den Reinheitskonzepten in Qumran und in den paulinischen Schriften. Das Verdienst seiner Arbeit, die in den folgenden Untersuchungen breit und positiv rezipiert wird, besteht in der Feststellung, dass in den Schriftrollen kultische und moralische Aspekte ineinander übergehen und nicht als zwei getrennte Kategorien wahrgenommen werden können. Darin sieht er – im Gegensatz zu den meisten der folgenden Untersuchungen – nicht eine grundsätzliche Neuerung gegenüber der Hebräischen Bibel, sondern eine konsequente Umsetzung dessen, was dort bereits angelegt sei. Ihm liegt daran, „to view the concept of purity not as either moral or ritual purity but as having religious value in itself and see it used as a means

8 Einen detaillierten Überblick bis ins Jahr 2000 bietet Jonathan Klawans in seiner Einleitung, vgl. *Klawans*, Impurity, 4–19.

9 *Neusner*, Idea, ist das Ergebnis der von Neusner 1972–73 in Berlin gehaltenen Haskell Lectures, die er in einem späteren Aufsatz noch einmal zusammenfasst, vgl. *Neusner*, Idea II.

10 *Newton*, Purity.

11 *Klawans*, Impurity.

12 *Neusner*, Idea, 53.

of elucidating an understanding of religious belief."[13] Reinheit stellt für ihn eine Art Demarkationslinie dar, die jeder, der zur Gemeinschaft gehören will, überschreiten muss. Dadurch erhalten die Reinheitsregeln die Funktion eines Zulassungskriteriums. Newton sieht die besondere Funktion der Reinheitsbestimmungen demnach in der Regelung von Übergängen – also beim am Eintritt, Ausschluss und an der Schwelle zwischen unterschiedlichen Gruppen innerhalb der Gemeinschaft.

Einem ähnlichen komparativen Ansatz wie Neusner folgt die Untersuchung von Klawans. Die Studie widmet sich dem Zusammenhang von Unreinheit und Sünde, einem Thema, dem in der Vielfalt der Publikationen zu Reinheitsfragen bislang nur wenig Aufmerksamkeit geschenkt wurde. In seinem grundlegenden Kapitel zur Hebräischen Bibel postuliert Klawans, dass diese zwei unterscheidbare Arten der Verunreinigung aufzeige, die sich anhand ihrer Quellen als „rituell" und „moralisch" beschreiben ließen.[14] „The starting point is the observation that the Hebrew Bible addresses two distinct types of defilement, the first caused by natural and largely unavoidable bodily functions (‚ritual impurity'), and the second brought about by certain sins (‚moral impurity')."[15] Klawans zeichnet über mehrere Kapitel die Rezeption dieser biblischen Unterscheidung nach. In zahlreichen Texten aus Qumran sieht er dabei bereits einen grundlegenden Wechsel vollzogen, indem Unreinheit und Sünde miteinander gleichgesetzt würden. Sünde verunreinige und Unreinheit sei Sünde. In Qumran, so Klawans, herrsche „a nearly complete identification of what we have called ritual and moral impurity, with the result that sin was considered to be a source of ritual impurity in its own right".[16] Mit dieser Feststellung formuliert er eine Einsicht, die für die Reinheitsforschung an den Schriftrollen inzwischen prägend geworden ist.[17]

In besonderem Maße wichtig für meine Untersuchungen waren darüber hinaus die Arbeiten von Harrington, Werrett und Jutta Jokiranta. Deren Bedeutung wird sich im Folgenden zeigen, wenn auf die fünf bereits genannten Kernfragen näher eingegangen wird.

---

13 *Newton*, Purity, 4.

14 Vgl. dazu den Exkurs zum Thema in Kapitel 2.

15 *Klawans*, Impurity, viii.

16 *Klawans*, Impurity, 49.

17 Dabei ist Klawans keineswegs der erste, dem dieses Zusammenfallen auffällt. Auch Neusner greift darauf zurück und betont, dass moralische Unreinheit in Qumran keineswegs als metaphorisch, sondern als qualitativ der rituellen Unreinheit gleichwertig zu verstehen sei; vgl. *Neusner*, Idea, 45. Klawans nennt diese Forschungen jedoch „both imprecise and insufficient", *Klawans*, Impurity, 67.

Die erste Kernfrage richtet sich auf die Art und Weise, wie in den nichtbiblischen Texten auf die heute als biblisch kanonisierten Texte des griechischen und hebräischen Alten Testaments Bezug genommen wird. Dabei erweisen sich die Texte aus Qumran auch als frühe Zeugen der Auslegung der im Entstehen begriffenen Hebräischen Bibel. Das Maß, in dem sie sich an „der Schrift" orientieren, ist je nach Text unterschiedlich und bleibt Gegenstand der Diskussion; die theologische und formale Abhängigkeit sowie die bewusste Bezugnahme zur Tradition als solche sind jedoch evident. Nach wie vor ist der Vorschlag James VanderKams, die unterschiedlichen Interpretationsansätze innerhalb der Schriftrollen nach drei Kategorien zu unterscheiden, anerkannt: Gesetzesauslegung, narrative Auslegung und prophetische Auslegung.[18] Damit tritt neben die innerbiblische Fortschreibung und die Interpretationen der Pseudepigraphen ein weiteres Korpus religiöser Texte, welches die biblischen Schriften aufnimmt und der eigenen Situation anpasst, sie auslegt und weiterentwickelt. Diese Texte sind damit auch für die weitere Entwicklung jüdischen Denkens und (damit verbunden) für die Entstehung des Christentums und seiner Schriften von entscheidender Bedeutung, weil sie deren Denk- und Traditionshorizont mit hoher Wahrscheinlichkeit geprägt haben. Auch das Verhältnis der Schriftrollen vom Toten Meer zur Entstehung des Kanons neutestamentlicher Schriften wie der später verschriftlichten rabbinischen Literatur ist Gegenstand weitreichender Diskussionen geworden.[19]

Eine zweite Kernfrage betrifft das Verhältnis zwischen den Schriften und den archäologischen Funden. Die Siedlung Khirbet Qumran, die in unmittelbarer Nähe zu den Fundhöhlen liegt, war zwar schon lange bekannt, hat aber erst nach dem Fund der Schriftrollen archäologische Aufmerksamkeit auf sich gezogen. Die räumliche Nähe beider Orte – verbunden mit Diskussionen über die Identität der Gemeinschaft – führte relativ schnell zu der Annahme einer

18 Vgl. dazu *VanderKam & Flint*, Meaning, 294–307. Eine ähnliche, etwas stärker differenzierte Unterscheidung bietet Brooke, der den von VanderKam eingeführten Kategorien zwei weitere hinzufügt: er unterscheidet zusätzlich noch Texte, die poetischen, liturgischen oder weisheitlichen Charakter haben und solche, die als Ermahnung dienen; vgl. *Brooke*, Commentaries, 134.

19 Auskunft darüber gibt in verschiedenen Einzelstudien ein von Florentino Garcia Martinez herausgegebener Sammelband: *García Martínez* (Hg.), Echoes. Auch wenn eine genauere Verhältnisbestimmung nicht ohne weiteres möglich ist, kann doch davon ausgegangen werden, dass die späteren Korpora zumindest von einzelnen Motiven, die in den Schriftrollen präsent sind, beeinflusst wurden. Dass dabei auch Abgrenzung eine Rolle spielt, zeigt Hannah Harrington in Bezug auf den Umgang mit biblischen Regelungen in den Texten aus Qumran und in der rabbinischen Literatur. Nach Harrington tendieren die Schriftrollen eher zu einer Verschärfung, während die rabbinischen Texte vor allem nach Praktikabilität und Alltagstauglichkeit streben; vgl. *Harrington*, Purity, 5–27.

Beziehung zwischen den literarischen und den archäologischen Funden. Spätestens seit Abschluss der Editionsarbeit an den Texten in den 1990er Jahren ist diese These jedoch zunehmend auf Widerstand gestoßen und wird heute kaum noch unhinterfragt vertreten. Unwahrscheinlich ist, dass überhaupt kein Zusammenhang zwischen beiden Bereichen besteht sollte. Eine unmittelbare Verbindung und die Annahme vielfältiger wechselseitiger Beeinflussungen, wie sie bis in die 1990er Jahre an- und vorgenommen wurde, lässt sich jedoch ebenso wenig nachweisen. Letztlich ist das Verhältnis von Archäologie und Textfunden bei jeder einzelnen Frage neu zu prüfen.

Funde, die dezidierte auf Reinheitspraktiken hinweisen, tragen jedoch zweifellos auch zum Verständnis der Reinheitsthematik in den Schriftrollen bei. Dazu zählen besondere Gefäße, die der Reinigung dienen, oder bauliche Strukturen, die möglicherweise als Mikven gedeutet werden können. Der heuristische Wert solcher Objekte und Artefakte hängt dabei stets von der konkreten Verhältnisbestimmung zwischen Ort und Textfund ab. Für die vorliegende Untersuchung tritt diese Frage in den Hintergrund, da der Zusammenhang von Reinheit und sozialer Identität vorrangig auf Basis der in den Texten entworfenen Konstellationen analysiert wird, ohne deren konkrete Umsetzung im Alltagleben in den Blick zu nehmen.

Die dritte und möglicherweise komplexeste Kernfrage gilt der Identifikation jener Gemeinschaft(en), die in den Texten sichtbar wird oder werden und die für jede Untersuchung der Schriftrollen vom Toten Meer elementare Bedeutung hat. Diese Identifikation ist vor allem deshalb von Interesse, weil, wie Harrington zu Recht feststellt, fast alle Thesen auch und gerade auf dem Reinheitsverständnis der Gemeinschaft(en) aufbauen. Nach jahrzehntelanger Diskussion, in der noch immer kein allgemeiner Konsens erreicht werden konnte, ist die sog. Essenerthese in einer modifizierten Form nach wie vor diejenige, welche die größte Zustimmung findet. Die entscheidenden Modifikationen liegen darin, dass der *Jachad* nicht mehr einfach mit den Essenern, die schon selbst keine homogene Größe darstellen, gleichgesetzt, sondern als ihnen verbunden und strukturell verwandt verstanden wird. Zudem wird der Jachad nicht mit den Bewohnerinnen und Bewohnern der antiken Siedlung Kirbeth Qumran identifiziert, sondern letztere werden als ein Teil von ersterem angesehen. Weithin anerkannt ist mittlerweile auch, dass es zumindest unterschiedliche Gruppierungen innerhalb der Gemeinschaft gegeben haben muss.[20] Am deutlichsten zeigt sich das in der Frage nach der Beteiligung von Frauen und der Möglichkeit, zu heiraten. Darüber geben z.B. die beiden gruppenbezogenen

20 Wenn ich im Folgenden von Gemeinschaft im Singular spreche, so dient das vor allem der Lesbarkeit; die offene und plurale Situation, die dahintersteht, bleibt immer im Blick.

Texte 1QS und CD Auskunft, die grundlegende Aussagen über den Aufbau der Gemeinschaft und deren Leben enthalten, sich jedoch im Blick auf die Rolle von Frauen deutlich unterscheiden.[21] Die in den Texten sichtbar werdenden Gruppierungen sind sehr wahrscheinlich miteinander verwandt, wobei jedoch der Grad und die Beschaffenheit dieser Verwandtschaft weiterhin diskutiert werden.

Für die vorliegende Arbeit ist die exakte historische Identifikation der Gemeinschaft(en) von nachrangiger Bedeutung, weil sich die Fragestellung an die Texte richtet. Sie sind (wie alle Texte) von ihrer Herkunft und ihrem historischen Kontext geprägt, werden jedoch zuerst als literarische Werke befragt und analysiert. Dort, wo die konkrete Gemeinschaftsform relevant ist, wird auf die modifizierte Essenerthese zurückgegriffen.

Die Texte selbst lassen offen, ob sie sich stets auf dieselbe Gemeinschaft beziehen. Sicher ist, dass zumindest unterschiedliche Stadien einer oder mehrere Gemeinschaften Einfluss auf die Entstehung der Texte hatten. Während also zu konkreten Gemeinschaftsformen nur hypothetische Aussagen getroffen werden können, ist für die Texten insgesamt ein Bezug auf Gemeinschaft als solche kennzeichnend. Offensichtlich sind sie im Zuge einer Gemeinschaftsbildung oder -erhaltung geschrieben und teilweise auch verwendet worden. Damit verdienen diese gruppenbezogenen Texte aus Qumran für die vorliegende Fragestellung besonderes Interesse. Der Zusammenhang von Reinheit und sozialer Identität lässt sich in besonderem Maße an den gruppenbezogenen Texten beobachten, da in ihnen auch die Rolle des Individuums innerhalb des Gruppensystems reflektiert wird.

Die vierte Kernfrage hat die Funktion der Gemeinschaft im Kontext anderer Gemeinschaften und damit ihren soziologischen Status zum Gegenstand. Wiederholt erwecken die Texte den Eindruck, die Entstehung einer Gemeinschaft in bewusster und markanter Abgrenzung zu anderen Gruppen bzw. anderen Strömungen des Judentums zur Zeit des zweiten Tempels zu reflektieren. Immer wieder spiegeln sich darin die Abgrenzungsbemühungen sowie die Erfahrung einer Minderheitsgruppierung wider. Diese Dynamik, die von distinktiven Momenten bestimmt wird, eignet sich besonders, um Faktoren sozialer Identität auszumachen.[22] Im Zuge der Diskussion um die Identität der Gemeinschaft ist dafür vor allem im englischsprachigen Bereich der Begriff der

21 Vgl. dazu ausführlich und grundlegend *Rupschus*, Frauen. Nicole Rupschus zeigt, dass die archäologischen Funde es notwendig machen, neben dem offensichtlich männlichen Überhang auch Frauen in die Deutung der Gemeinschaft(en) zu integrieren und sie als Teil derselben zu postulieren.

22 Vgl. zu den Prozessen und Grundbestimmungen sozialer Identität die Einleitung, Kap 1.1.

„Sekte" oder einer „sektiererischen" („sectarian") Gruppe populär geworden, was sich der Rezeption sozialwissenschaftlicher Forschung verdankt. Gerade in Bezug auf die Schriftrollen vom Toten Meer hat die sozialwissenschaftliche und damit die sozialpsychologische Identitätsforschung größere Fortschritte als in anderen Bereichen der Bibelwissenschaften gemacht. Dies gilt besonders für Forscherinnen und Forscher an der Fakultät Helsinki wie Petri Luomanen und mehr noch für seine Schülerinnen und Schüler Jutta Jokiranta und Raimo Hakola. Ihre weitläufigen Studien befragen neutestamentliche und qumranische Texten vorzugsweise mit den Mitteln des Social Identity Approach (im Folgenden: SIA). Die Anwendung dieses Ansatzes soll im Folgenden etwas ausführlicher anhand der Untersuchung von Jokiranta dargelegt werden.

Jokiranta gilt als eine Protagonistin des Qumran-Diskurses, die weit über ihre Dissertation *Social identiy and sectarianism in the Qumran Movement* hinaus Fragen der sozialen Identität an die Texte stellt.[23] Primär befasst sie sich mit den sogenannten gruppenbezogenen Texten 1QS und CD und behandelt an ihnen die Themen Identität, Gruppenzugehörigkeit und Abgrenzung. Reinheit und Unreinheit erscheinen dabei als untergeordnete Themen, die nur am Rand Gegenstand ihrer Untersuchungen sind. Wie Philipp Davies auch bezieht sie sich auf die klassischen Entwürfe der Soziologie.[24] Davies etwa nennt im Anschluss an Douglas vier Kriterien, aufgrund derer er die Gemeinschaft, von der 1QS und CD handeln, als „sectarian" einordnet.[25] Jokiranta vertritt demgegenüber einen fluideren Sektenbegriff, der sich nicht anhand festgelegter Kriterien bestimmen lässt. Sekte definiert sie als „a religious movement that is at the high-tension end on a continuum that reflects the relationship of the religious group to the wider socio-cultural environment."[26] Damit ordnet sie die Gemeinschaft auf einer Skala ein, die sich zwischen den Polen „sectarian" und „mainstream" bewegt. Ihr Fokus liegt auf sogenannten „group beliefs", welche die Gemeinschaft charakterisieren und mit den Mitteln der Sektenforschung wie auch der Theorie der sozialen Identität erfasst werden können. „Group beliefs" versteht sie dabei als „convictions that group members are aware that they share, and consider as defining their groupness".[27] Zu diesen „group

---

23 *Jokiranta*, Identity.

24 Vgl. z.B. Max Weber, Mary Douglas oder Rodney Stark und William Bainbridge.

25 Den von Mary Douglas übernommenen Kriterien ordnet Davies die in Qumran vorfindlichen Konkretionen zu: 1) „apostasy" als „danger pressing on social boundaries", 2) „penal codes" als „danger from transgressing the internal lines of the system", 3) „hierarchical divisions" als „the margin of the lines" und 4) „dualism" oder „authority" als „internal contradiction"; vgl. *Davies*, Food, 156.

26 *Jokiranta*, Identity, 215.

27 *Jokiranta*, Identity, 90.

beliefs" zähle nach Jokiranta zum Beispiel auch die Überzeugung der Gemeinschaft, Empfängerin der Offenbarung zu sein und deshalb in Übereinstimmung mit dem göttlichen Willen zu leben. Daraus folge dann der Anspruch, diesen Willen in einem andauernden Verstehensprozess zu ergründen und zu bewahren, um die Gemeinschaft rein zu erhalten.

Für Jokiranta lässt sich die soziale Identität der Qumrangemeinschaft anhand dreier Aspekte beschreiben: anhand des relativen Verständnisses der Gruppe als „Sekte", anhand der Bezogenheit des Einzelnen auf die Gruppe bzw. der Bedeutung der Gruppe für das eigene Selbstbild (also im Grunde der Kern jeder sozialen Identität), und anhand des Umgangs mit Neumitgliedern. In besonderem Maße komme die soziale Identität in der Darstellung der Strafkataloge in den Texten 1QS und CD vor. Auf komprimierte Weise werde hier deutlich, dass die gruppenbezogenen Regeln darauf hinauslaufen, die Gemeinschaft von innen her zu stärken, um sie ihrem Ziel, nämlich dem Gehorsam gegenüber dem (im Sinne der Gemeinschaft verstandenen) Wort der Tora, näher zu bringen. Was die soziale Identität ausmacht, beruht dabei nach Jokiranta gar nicht vorrangig auf dem Konflikt mit anderen Gruppen, sondern dient der Stärkung der eigenen Gruppenidentität: „the serakhim may not have so much to do with conflict with out-groups, or distinguishing from the out-groups, but with the question how to harness the personal identity into the service of the social identity, how to safeguard the purpose of the community, and how to deal with the contesting identities within the groups."[28] Jokirantas Forschungen sind somit ein Beispiel dafür, wie sich die Theorie der sozialen Identität erfolgreich auf antike Texte anwenden lässt. Dabei fungiert die Theorie als Analyseinstrument zur Beschreibung der Gruppe als Ganzer. Reinheitsfragen spielen in diesem Zusammenhang eine untergeordnete Rolle und werden lediglich als Teil der Erfüllung göttlichen Willens genannt.[29] Doch die Beziehung zwischen Individuum auf die Gruppe, die für ihre Arbeit maßgeblich ist, sowie die daraus resultierende Bedeutung für das religiöse Selbstbild

28 *Jokiranta*, Identity, 109.

29 Christine Hayes fragt in ihrer Studie nach dem Zusammenhang von Reinheit und Identität. Sie tut dies jedoch nicht dezidiert mit Hilfe der SIT, sondern mit einem eher unspezifischen Begriff von Gruppenidentität. Sie sieht Reinheitsfragen als essentiellen Bestandteil der Gruppenidentität der Qumrangemeinschaft an, geht dabei aber von einem „genealogischen Reinheitsbegriff" aus, den sie in der Tradition Esras entwickelt sieht und der sich von einem moralisch-religiösen Identitätsbegriff absetzt; vgl. *Hayes*, Impurities. Besonders in dem Abschnitt zur Unreinheit bei Außenseitern werde ich ihre Studie ausführlicher rezipieren. Auch Hannah Harrington greift diese Überlegungen auf, um sie auf den Reinheitsdiskurs zuzuspitzen. Sie betrachtet Reinheit dabei als einen, wenngleich nicht einzigen Aspekt zur Bestimmung des „Sektencharakters" und bezieht sich dabei explizit auf die Vorüberlegungen von Philip Davies; vgl. *Harrington*, Purity II, 403–404.

der Adressatinnen und Adressaten, bahnt der Anwendung des SIA auch auf weiterführende Untersuchungen den Weg.

Die fünfte Kernfrage wirft schließlich das Problem auf, ob überhaupt von einem konsistenten Reinheitskonzept innerhalb der Schriften aus Qumran zu sprechen ist. Diese Frage rundheraus zu verneinen, würde der Besonderheit dieses Korpus, das sich – enger als beispielsweise die alttestamentlichen Schriften – auf ein konkretes, wenn auch nicht notwendigerweise konstantes Gemeinschaftsgefüge bezieht, sicher nicht gerecht. In jüngerer Zeit wurde diese Frage vor allem zwischen Harrington und Werrett, der in Klawans prominente Unterstützung findet, verhandelt. Während hinsichtlich der zentralen Bedeutung von Reinheit für die hinter den Texten stehende Gemeinschaft Konsens besteht, gehen die Meinungen hinsichtlich der Gewichtung von Gemeinsamkeiten und Unterschieden auseinander.

Im Besonderen hat sich Harrington um die Erforschung der Reinheitstexte verdient gemacht. Bereits 1993 fragt sie in ihrer Dissertation *The impurity systems of Qumran and the rabbis*, noch vor der Veröffentlichung der letzten Fragmente aus Höhle 4, der Tempelrolle und 4QMMT, nach dem Unreinheitssystem in den Schriftrollen und in der rabbinischen Literatur.[30] 2004 aktualisierte sie diese Studie noch einmal durch ihre Monographie *The Purity Texts* unter Einbeziehung aller inzwischen veröffentlichten Fragmente.[31] Darin analysiert sie die maßgeblichen Texte (1QS, CD, 4QMMT, 11QT, 4QToh) und stellt ihre Ergebnisse anschließend anhand von vier verschiedenen Quellen der Unreinheit dar (Leichen, Aussatz, körperliche Ausflüsse, Außenstehende). Zusammenfassend beschreibt sie das Ziel der Studie „to discover fundamental principles of the sect as well as the particular details of each type of impurity."[32] Während sie einerseits eine klare Bezogenheit auf die Schrift ausmacht, beobachtet sie andererseits eine Tendenz der Vereinheitlichung von Ambivalenzen, wie sie in der Schrift angelegt sind. An jenen Stellen, an denen die biblische Tradition nicht eindeutig ist oder zu einem Thema mehrere Entscheidungen anbietet, zeige sich in den Qumrantexten das Bestreben, die Gebote im Sinne einer maximalistischen oder strengeren Anwendung auszuweiten. Ein besonders prägnantes Beispiel bietet dafür die Ansteckungsfähigkeit von Unreinheit, die sich beispielsweise im Fall von Totenunreinheit nicht nur auf das Haus, in dem der Leichnam gelegen hat, sondern auch auf alles, was sich im Haus befindet,

30 *Harrington*, Systems.

31 *Harrington*, Purity. Inzwischen kommen weitere Artikel zu einzelnen Aspekten hinzu; vgl. besonders *Harrington*, Purity II und *Harrington*, Outsiders. Auch der Artikel im Theologischen Wörterbuch zu den Qumranfunden stammt aus ihrer Feder: *Harrington*, טהר.

32 *Harrington*, Purity, 129.

sowie auf Materialien wie Holz und Stein ausweite (vgl. 11Q19 XLIX 12–16).[33] In einem späteren Aufsatz fasst sie einige dieser Überlegungen noch einmal zusammen und kommt dabei zu dem Schluss, dass Reinheitsfragen in Qumran geeignet sind, auf viele grundlegende Fragen Antwort zu geben. Sie seien ein Gradmesser für die Beschaffenheit der Gemeinschaft, die hinter den Texten steht und sich in den Texten konstituiert. Alle maßgeblichen Hypothesen zur Entstehung der Gemeinschaft bedienen sich bei Aussagen über Reinheit, um ihre These zu stützen.[34] Harrington postuliert: „Although there are some differences between the texts, the similarity of the concept and laws of purity in the scrolls are more striking than the differences."[35] Sie geht sogar so weit zu sagen, dass die vielen Texte zur Reinheit innerhalb der Schriftrollen einen stringenten Zugang zu diesem Thema eröffneten.[36]

Eine Gegenposition vertritt die Dissertation von Werrett *Ritual Purity and the dead sea scrolls*.[37] Werrett folgt dem Ansatz, die Texte je möglichst unabhängig voneinander zu betrachten und so die Eigenheiten jedes einzelnen Textes zu respektieren. Erst in einer Schlussbetrachtung bringt er die verschiedenen Texte miteinander ins Gespräch und kommt zu dem Schluss „that there is nearly as much explicit disagreement on the subject of ritual purity in the Dead Sea Scrolls as there is agreement".[38] Damit hält er die These Harringtons, an die er explizit anschließt und die er mehrfach zitiert, für widerlegt.[39] In seinem Fazit schließt er sich daher dem Ansatz Klawans an, der schon früher den Versuch, einen einheitlichen Ansatz zur Reinheitsfrage aufzuzeigen, abgelehnt hat.[40] Warum er dabei jedoch gerade die Gemeinderegel 1QS aus seiner

33 Harrington verweist hier, wie an vielen anderen Stellen auch, auf die Parallelen in der rabbinischen Literatur, die oft weit weniger strikt argumentiert und an dieser Stelle z.B. die gefährdeten Materialien begrenzt, während die Texte aus Qumran die offene Formulierung von Num 19,14 im weitest möglichen Sinn interpretieren; *Harrington*, Purity, 20–21.

34 Vgl. dazu auch die Einleitung und *Harrington*, Purity II, 398–399.

35 *Harrington*, Purity, 12.

36 So ihre steile und vorerst auch nicht weiter begründete These in dem einleitenden Kapitel zu Reinheit in den Schriftrollen; vgl. *Harrington*, Purity, 12.

37 *Werrett*, Purity.

38 *Werrett*, Purity, 18.

39 Er zitiert die These mehrfach – in seiner Einleitung (3 und 18) und erneut im Fazit (293).

40 Werrett greift auf Klawans Überlegungen zurück, die zwar in einigen Texten ein ähnliches Konzept erkennen lassen (das sich vor allem auf das Zusammenfallen von Unreinheit und Sünde bezieht), ein solches aber in anderen Texten wie der Tempelrolle und 4QMMT wiederum entbehren; vgl. zu Werrets Aufnahme von Klawans *Werrett*, Purity, 293–294 und zu Klawans selbst *Klawans*, Impurity, 90–91: „For this reason, the 'systematic' method advocated by some scholars – whereby a single purity system is discerned in diverse Qumran texts – is to be called into question."

Untersuchung ausspart, bleibt unklar.[41] Immerhin bietet seine Studie einen guten Einblick in die jüngere Forschung und fördert durch die separierte Analyse der Texte einen anderen Zugang, als ihn der komparativer Ansatz verfolgt. Werrett untersucht das Damaskus Dokument, die Tempelrolle, die halachischen Fragmente aus 4QMMT und die übrigen themenrelevanten Fragmente aus Höhle 4. Sein Anliegen besteht in dem Nachweis, dass die Texte mindestens so viele Unterschiede aufweisen, wie sie an Gemeinsamkeiten haben.[42]

Harrington reagiert auf die Kritik Werretts an ihrer Arbeit in einer Rezension. Während sie seinen Ansatz würdigt, die Texte unabhängig voneinander wahrzunehmen, kritisiert sie, dass er die identifizierten Unterschiede überbewerte.[43] „In conclusion, in his effort to make a more ‚nuanced' presentation of the purity texts of the Scrolls, Werrett has unfortunately left the impression that the Scrolls are unrelated in the matter of purity."[44]

Auch Klawans hat Werretts Arbeit rezensiert und kommt erwartbarer Weise zu einem anderen Schluss.[45] Er sieht bei Werrett einen Wendepunkt gegenüber der bislang vorherrschenden, seiner Ansicht nach falschen, Auffassung Harringtons. Seine Kritik richtet sich gegen die Zuspitzung auf rituelle Reinheit und das Fehlen der archäologischen Quellen. In der Streitfrage um ein kohäsives Reinheitssystem stimmt er Werretts Einschätzung zu.

Für die Untersuchung des Zusammenhangs von Reinheit und sozialer Identität ist die Frage eines kohäsiven Reinheitskonzeptes innerhalb der Schriftrollen von Bedeutung, weil sie Auskunft darüber verspricht, ob und inwieweit die Schriften aufeinander bezogen und miteinander ins Gespräch gebracht werden können. Die Mahnung, nicht vorschnell von einem einheitlich fassbaren System auszugehen, halte ich daher für ebenso wichtig wie das

---

41 Werrett begründet die Auswahl seiner Texte mit im Vorhinein festgelegten Kategorien, denen sich die Reinheitstexte einfügen sollen: „The relevance of a particular document is determined by whether or not it contains purity rulings in any of the five major categories of impurity recorded in the Torah: diseases, clean/unclean animals, corpses, bodily discharges, and sexual misdeeds." *Werrett*, Purity, 18 An dieser Einteilung übt Klawans in seiner Rezension Kritik: Durch eine derart ausschließlich Tora-basierte Einteilung blende Werret alle möglichen Neuentwicklungen von vornherein aus.

42 Vgl. dazu auch den Streit zwischen Harrington und Werrett.

43 In ihrer detaillierten Rezension hinterfragt sie die von Werrett benannten Unterschiede, die sie z.T. widerlegt oder so zuordnet, dass sie an Aussagekraft verlieren. Ihr Hauptargument stützt sich jedoch auf die Tatsache, dass die Texte angesichts ihres langen Entstehungszeitraumes dennoch so erstaunlich viele Gemeinsamkeiten aufweisen, weshalb sie auch die von Werrett ausgemachten Unterschiede als nachrangig ansieht; vgl. *Harrington*, Rezension.

44 *Harrington*, Rezension, 139.

45 *Klawans*, Rezension.

Beharren Harringtons auf überraschend vielen Gemeinsamkeiten. Die folgenden Abschnitte werden zeigen, ob die Funktion von Identität als Äußerungsform für Reinheitsregeln diese Frage klären kann.

5.1.2 *Textauswahl und Reinheitsbegrifflichkeit in den Schriftrollen*

Für die vorliegende Fragestellung eignen sich die sogenannten gruppenbezogenen Texte in besonderer Weise, um eine aussagekräftige Analyse zum Zusammenhang von Reinheit und sozialer Identität vornehmen zu können. Die Abgrenzung und Qualifizierung der gruppenbezogenen Texte aus Qumran ist nach wie vor Gegenstand der Diskussion. Unumstritten gelten 1QS[46] und CD[47] jedoch als gruppenbezogene Texte, da sie die Geschichte, den Aufbau, die Werte und Regeln einer Gemeinschaft beschreiben. Häufig wird auch die Zugehörigkeit des fragmentarisch erhaltenen halachischen Textes 4QMMT zu dieser Kategorie angenommen. Einigen gilt er als frühester, von den Gründern der Gemeinschaft verfasster Text (z.B. Qimron, Xeravits), andere sind (auch aufgrund materieller Rekonstruktionen) eher zurückhaltend gegenüber solchen Festlegungen.[48] In den meisten Veröffentlichungen zur Reinheitsthematik hat dieser halachische Text einen festen Platz, weshalb er auch in dem folgenden Überblick berücksichtigt werden soll, jedoch unter der Einschränkung, dass sein Gruppenbezug strittig ist. Die Hymnenrolle (1QH) wird häufig aufgrund ihres Inhalts unter die liturgisch-poetischen Texte eingeordnet; der Charakter ihrer Lob- und Danklieder ist jedoch zugleich Medium, um Identität und Selbstverständnis zu artikulieren. Unabhängig von der konkreten Entstehungsgeschichte postuliert Carol Newsom, dass „the Hodayot of the community clearly serve as a template for the distinctive experience of the self, cultivated in the sect. Both by hearing others describe themselves in these poetic prayers and by the practice of articulating one's own experience in terms of the shaped story of the self in the Hodyaot, the sectarian is drawn into a radical reinterpretation of his identity."[49] Die Reinheitsbegrifflichkeit und -thematik ist hier jedoch weniger stark vertreten als in den anderen Schriftrollen, so dass der Text nur am Rande eine Rolle spielen wird. Für die Reinheitsthematik entscheidend sind schließlich noch die Fragmente 4Q274–278, die allgemeinhin

46 Die Ergänzung 1QSa könnte inhaltlich auch einbezogen werden, weist aber zum einen wenig reinheitsrelevante Themen auf und ist zum anderen auch nur in einer einzigen Fassung als Erweiterung der Gemeinderegel 1QS bezeugt.

47 Siehe zur Einleitung in beide Texte die einführenden Abschnitte zu 1QS und CD in diesem Kapitel.

48 Stökl Ben Ezra argumentiert auf Basis materialer Befunde gegen eine Komposition im Raum des Jachad; vgl. im Anschluss an Strugnell *Stökl Ben Ezra*, Qumran, 167–168.

49 *Newsom*, Self, 347.

unter 4QToh zusammengefasst werden und Texte über Reinigungsrituale enthalten. In den gleichen Kontext gehören auch 4Q414 und 4Q512. Diese Texte sind Opisthographe, bei denen es nicht möglich ist, gefestigte Aussagen über ihre Herkunft und Entstehung zu treffen, so dass auch ihr gruppenbezogener Charakter nicht vorausgesetzt werden kann.

Die Reinheitsterminologie ist in diesen Texten stark von der Begrifflichkeit der Hebräischen Bibel geprägt; sie zeigt jedoch auch einige Besonderheiten. Neben der Verwendung der bekannten Wurzeln טמא und טהר wird häufig auch der Stamm נדה verwendet. Aus der Hebräischen Bibel ist dieser vorrangig im Zusammenhang zeitlich begrenzter weiblicher Unreinheit, wie bei Menstruierenden oder nach einer Geburt, bekannt, in seltenen Fällen auch im Zusammenhang mit männlichem Ausfluss. Er steht häufig in Kombination mit dem Begriff טמא.[50] In den Schriftrollen vom Toten Meer wird diese Engführung nicht übernommen; hier kann die Wurzel auch in anderen Kontexten und als abstrakter Reinheitsbegriff[51] verstanden werden.[52] Dabei zeigt sich eine Tendenz, die inhaltlich auch von den nicht-biblischen Qumrantexten bestätigt wird: Das Erbe der Hebräischen Bibel wird aufgenommen und weiterentwickelt.

5.1.3 *Bezüge zu den Traditionen der Hebräischen Bibel*

Der Umgang mit Reinheitsvorstellungen und die Vielfalt der dabei verwendeten Begriffe gewinnen im Vergleich zur Hebräischen Bibel an Profil. Dass hierbei eine große inhaltliche Nähe der behandelten Themen besteht, überrascht kaum. Denn die Hebräische Bibel ist die entscheidende Bezugsgröße der Schriftrollen, auch und gerade in den nicht-biblischen Texten. In allen Texten werden Anklänge an Themen und Kontexte sichtbar, die das Thema Reinheit in der Hebräischen Bibel aufrufen. Deshalb können Überblicksstudien wie die

50 Vgl. z.B. in Lev 12,2.5 die Regelungen nach der Geburt eines Mädchens oder eines Jungens, oder auch Ez 22,10 und 36,17 (Stellen, die die Motive aus dem Pentateuch aufgreifen und in den Kontext des Götzendienstes übertrasge). Das Wasser, das mit der Asche der roten Kuh vermischt werden soll, wird auch als „Wasser der Reinigung" beschrieben:

וְאָסַ֣ף ׀ אִ֣ישׁ טָה֗וֹר אֵ֚ת אֵ֣פֶר הַפָּרָ֔ה וְהִנִּ֛יחַ מִח֥וּץ לַֽמַּחֲנֶ֖ה בְּמָק֣וֹם טָה֑וֹר וְ֠הָיְתָה לַעֲדַ֨ת בְּנֵי־יִשְׂרָאֵ֧ל לְמִשְׁמֶ֛רֶת לְמֵ֥י נִדָּ֖ה חַטָּ֥את הִֽוא׃

Und ein reiner Mann sammelt die Asche der jungen Kuh außerhalb des Lagers an einem reinen Ort und (dort) soll sie für die Versammlung der Kinder Israels aufbewahrt werden als *Reinigungswasser*, es ist eine Entsündung.

51 CD i 21–2,1: ויחר אף אל בעדתם להשם כל המונם ומעשיהם לנידה לפניו – Und es entbrannte der Zorn Gottes gegen ihre Gemeinde, um ihre ganze Menge zu verstören und ihre Werke wurden zu **Unreinheit** vor ihm.

52 Ähnliches lässt sich auch am Begriff תעובה zeigen; vgl. dazu *Klawans*, Impurity, 77.

von Werrett ihre Untersuchungen anhand jener Kategorien gliedern, wie sie in der biblischen Überlieferung schon vorgegeben sind.[53]

Zugleich zeigt ein Vergleich, dass mit dem Bezug zur Tradition auch eine Veränderung einhergeht. Die Schriftrollen vom Toten Meer weisen in vielen Fällen eine Tendenz zur Vereinheitlichung, zumeist im Sinne einer Verschärfung auf. Bei Ambivalenzen der Schrift neigen die Schriftrollen zu Harmonisierung und rigoristischer Auslegung.[54] Aussagekräftig ist hier z.B. die Tempelrolle, die im Allerheiligsten nicht nur einen Raum innerhalb des Tempels, sondern den Tempel als Ganzen sieht (11Q19 XXXV 8–9). Auch die Ausdehnung der Sexualregeln auf ganz Jerusalem anstatt auf den Tempelbezirk allein fallen unter diese Beobachtung.[55] Unreinheit erhält den Charakter einer nahezu autonomen Macht, die durch ihre Ansteckungsfähigkeit bedrohliche Züge für die Gemeinschaft annimmt. „Impurity was the biggest threat to the group's holiness and hence its access to God."[56] Garcia Martinez zufolge lässt sich die Tendenz der Ausweitung anhand dreier Sphären beschreiben: Die Sphäre des Tempels werde auf die gesamte Stadt ausgeweitet, die Sphäre der Priester auf das ganze Volk (zumindest im Blick auf die Reinheitsregeln) und die Sphäre der Verunreinigung an sich auf alle Art von Materialien.[57]

Die Reinheit und Unreinheit von Speisen erfährt in den Schriftrollen eine markante Weiterentwicklung gegenüber der biblischen Tradition: Während die Hebräische Bibel reine und unreine Speisen zu unterscheiden weiß und konkret vor dem Verzehr unreiner Speisen warnt, finden derlei spezifische Bestimmungen in den Schriftrollen schon keinen Niederschlag mehr. Eine nähere Betrachtung verdient das Mahl in Qumran, das eine gemeinschaftsprägende Funktion innehat. Ob diese Funktion auch Auswirkungen auf die Bedeutung von Reinheit als Faktor sozialer Identität hat, soll der folgende Exkurs erhellen:

---

53 Werrett wählt die zu untersuchenden Dokumente aus Qumran danach aus, „whether or not it contains purity rulings in any of the five major categories of impurity recorded in the Torah: diseases, clean / unclean animals, corpses, bodily discharges, and sexual misdeeds."; *Werrett*, Purity, 18. Die Kategorisierung übernimmt er in abgewandelter Form von *Neusner*, Idea, 18–22.

54 Harrington sieht darin ein zentrales Kennzeichen des Umgangs mit der biblischen Tradition: „the authors usually combine and harmonize Scripture's laws to the most rigorous interpretation."; *Harrington*, Purity, 16.

55 Vgl. z.B. CD xii 1–2, Verbot des Geschlechtsverkehrs in Jerusalem und 11Q19 XLV 11–12, Verbot, drei Tage nach erfolgtem Geschlechtsverkehr die Stadt zu betreten.

56 *Harrington*, Purity, 18.

57 Vgl. *García Martínez*, Problem, 143–147.

Exkurs: Gemeinschaftsmähler in Qumran und ihr Verhältnis zu Fragen der Reinheit

Mahlzeiten sind in allen antiken Gemeinschaften ein Mittel, um den Gruppencharakter zu fördern und zu betonen. Die Studien von Matthias Klinghardt[58] und Dennis Smith[59] haben eindrücklich gezeigt, dass das gemeinschaftliche Mahl kein Spezifikum christlicher oder jüdischer Gemeinschaften ist, sondern dass sich vielmehr jede antike Gemeinschaft, gerade die des hellenistischen Vereinswesens, (auch) durch Mahlgemeinschaft konstituiert. Smith formuliert: „for when any group of people in the ancient Mediterranean world met for social or religious purposes, their gathering tended to be centered on a common meal or banquet. (...) The meals at which they gathered also tended to follow the same basic form, customs, and rules regardless of the group, occasion, or setting. (...) In this sense, the banquet can be called a social institution in the Greco-Roman world."[60] So liegt es nahe, auch in den Qumrantexten nach Hinweisen auf die Bedeutung von Mahl und Mahlzeiten zu suchen und nach ihrem Zusammenhang zu Reinheit zu fragen. Dabei fallen zwei Texte aus der Sammlung gruppenbezogener Texte ins Auge, nämlich 1QS VI,2–8 und 1QSa II,17–22.

Die Passage aus der Gemeinderegel 1QS steht im Kontext jener Anordnungen für die Gemeinschaft, die auf die Zweigeisterlehre folgen und in die Strafbestimmungen münden; unmittelbar schließt sie an die Frage nach Gehorsam und Verhalten der Mitglieder untereinander an. Übergangslos wird berichtet, dass die Mitglieder essen, Segenssprüche sprechen und sich beraten sollen, und zwar jeweils יחד – gemeinsam". Der Abschnitt führt aus, dass dabei (sobald es mehr als 10 Männer sind) ein Priester von Nöten sei und ein jeder einer bestimmten Sitzordnung „gemäß seiner Zuordnung" (כתכונו) folgen solle, an der sich auch die Abfolge der Redebeiträge orientiert. Brot und Wein[61] werden als Speisen

58 *Klinghardt*, Gemeinschaftsmahl.

59 *Smith*, Symposium, kommt zu ähnlichen Ergebnissen wie Klinghardt im Blick auf die Entwicklung der christlichen Mahlpraxis im Kontext einer antiken, nicht nur jüdischen Banketttradition.

60 *Smith*, Symposium, 1–2.

61 Nach Michael Becker sind mit dem für „Wein" genutzten Begriff תירוש metonymisch alle Erzeugnisse von Weinreben gemeint und nicht nur, wie oft übersetzt, der Frühwein; dass die Texte hier von תירוש und nicht von יין sprechen, deutet einen Bezug zu priesterlichen Belangen an. Die Entwicklung des Begriffes von reinem Wein hin zu verschiedenen Traubenerzeugnissen sei zudem schon in der Hebräischen Bibel festzumachen; vgl. *Becker*, תירוש, 1118–1120.

des Mahls benannt, über die der Segen zu sprechen ist. Weiterhin wird gefordert, dass immer jemanden da sein solle, der unablässig in der Tora forscht, wobei diese Aufgabe auch delegiert werden kann. Derartige Sitzungen werden für ein Drittel der Nächte während eines Jahres angesetzt. Diese Bestimmungen gehen in die Beschreibung der Ordnung im „Rat der Vielen" über.

Die zweite Passage aus der Gemeinschaftsregel 1QSa stellt den Abschluss des gesamten Textes dar und schließt an die Bestimmungen zur Versammlung der Mitglieder an. 1QSa II stellt detaillierte Kriterien besonders für diejenigen auf, die untauglich sind, an der Versammlung teilzunehmen. Darunter fallen verschiedene, vor allem körperlich bedingte Unreinheiten (1QSa II,3–8). Die Begründung für diese Ausschlusskriterien liegt darin, dass auch die heiligen Engel selbst in der Versammlung der irdischen Gemeinschaft präsent sind (1QSa II,8–9). Außerdem wird zur Versammlung die Ankunft des Messias erwartet (1QSa II,12), der auch beim anschließend geschilderten Mahl anwesend gedacht ist. Dies stellt den größten Unterschied gegenüber 1QS dar, während viele andere Charakteristika (Vorrang des Priesters, Segenssprüche, Brot und Wein) deckungsgleich sind.

Besondere Aufmerksamkeit haben diese beiden Passagen lange Zeit weniger wegen ihres Inhalts als vielmehr wegen externer Parallelen zu der geschilderten Situation erlangt:[62] Sowohl Flavius Josephus (Bell II 129–133) als auch Philo von Alexandrien (in seiner Schrift *quod omnibus* sowie in der bei Euseb tradierten *Apologie pro Ioudaeis*) berichten über Mahlzeiten in Qumran und deren Bedeutung. Dies geschieht bezeichnenderweise sehr viel ausführlicher und konkreter als in den Qumranschriften selbst. Zu den aus Qumran bekannten Aspekten treten nun auch noch weitere Charakteristika hinzu. So berichtet beispielsweise Josephus über die genaue Uhrzeit des Mahls, über seinen zweimaligen Vollzug pro Tag, über seinen detaillierten Ablauf aus Gebeten und Segenssprüchen, sowie über Speisen, die in den Qumranschriften nicht erwähnt werden; schließlich weiß er auch von einer besonderen Kleidung zu berichten. Zu den Voraussetzungen des Mahls zählen auch vorangehende Reinigungen (Bell II 129), was einen deutlichen Unterschied zu den eben genannten

62 Die Zuordnung der Texte zu den möglichen Gemeinschaften, von denen die gruppenbezogenen Texte in Qumran berichten, ist nach wie vor strittig. Dennoch wird sie als ein sekundäres Kriterium benutzt; vgl. dazu auch *Frey*, Gemeinschaftsmähler, 107–108.

Mahltexten aus Qumran markiert. Außerdem spricht Josephus von einer strikten Ordnung und betont Nüchternheit und Mäßigung.[63]

Lange Zeit versuchte man, in diesen Berichten Hinweise auf die Entstehung des Herrenmahls in den frühchristlichen Gemeinden zu entdecken.[64] Heute ist die Forschung in dieser Hinsicht viel vorsichtiger geworden. Klinghardt arbeitet in seiner Studie zu Gemeinschaftsmählern in der Antike solche Irrwege und Versuche auf und zeigt, wie die Qumrantexte dennoch fruchtbar gemacht werden können.[65] Bei der Untersuchung und Erhebung der Mahlpraxis in Qumran spielen unter anderem folgende Aspekte eine Rolle: Die Frage nach der Bedeutung von Gemeinschaftsmählern bemisst sich zunächst daran, welche Formen von Mählern überhaupt praktiziert wurden. Daran schließen sich Fragen nach dem Ablauf dieser Mahlzeiten an Sie betreffen sowohl ihre rituelle Dimension als auch den alltäglichen Vollzug oder das Wie und Was des Essens und der Speisen. Dabei zeigt sich, dass das Verständnis des Mahls vom (Selbst-)Verständnis der Gemeinschaft abhängt bzw. das Verständnis des Mahls Ausdruck des Selbstverständnisses der Gemeinschaft ist. Diese Verknüpfung aus Selbstwahrnehmung und Mahlverständnis erkennt dem Mahl seine besondere soziale Bedeutung zu. Entscheidend sind schließlich noch die Teilnahmevoraussetzungen bzw. die Möglichkeiten des Ausschlusses von bestimmten Mahlzeiten.[66] Eine

63 Jörg Frey sieht in den Spezifika der Darstellung bei Josephus einerseits ein apologetisches Motiv und andererseits eine Anknüpfung an griechische Mysterien, womit er auch die starken Abweichungen erklärt, vgl. *Frey*, Gemeinschaftsmähler, 110.

64 Das geschah in der allgemeinen Erwartungshaltung, die Schriftrollen hielten vor allem Informationen für die Geschichte der frühen Christenheit und für die Erforschung des Neuen Testaments bereit. Diesen Zusammenhang präsentiert auf eindrückliche Weise etwa Herbert Braun (*Braun*, Qumran), der in seinem zweibändigen Werk neutestamentliche Texte und Themen in Beziehung zu den Qumrantexten setzt. Gegenüber den Mahltexten plädiert er jedoch für eine klare Zurückhaltung, was Analogie zwischen der qumranischen und neutestamentlich-frühchristlicher Mahlpraxis angeht, und positioniert sich damit klar gegen die bis dahin vorherrschende Position etwa von Karl Georg Kuhn; vgl. *Braun*, Qumran, 35–43.

65 Klinghardt legt an seine Arbeit vor allem einen phänomenologischen Maßstab an. Anders als viele der von ihm referierten Untersuchungen, die anhand von konkreten Formen das Besondere an der frühchristlichen Mahlpraxis darzustellen versuchen, ist ihm an „der Erhebung von typischen, überindividuellen Phänomenen" gelegen; *Klinghardt*, Gemeinschaftsmahl, 10. Jörg Frey sieht die einzig hilfreiche und valide Analogie in der Tatsache, dass beide Gruppierungen ihre Zeit als eine Art Endzeit ansehen und ihre Mahlgemeinschaften zumindest teilweise (in Qumran trifft dies auf die Belege in 1QSa zu) unter diesem Vorzeichen begründen und verstehen; vgl. *Frey*, Gemeinschaftsmähler, 126–127.

66 Diese Fragen sind intensiv diskutiert worden. Zuletzt ist das in einem von David Hellholm und anderen herausgegeben Sammelband geschehen, der sich auf die Feier der

qumranischen Mahlpraxis in ihren Grundzügen darstellen zu wollen, ist angesichts dieser multidimensionalen Aspekte hier nicht möglich. Wichtig bleibt jedoch die Einsicht, dass bestimmte Mähler und Mahlzeiten einen hohen Stellenwert für die Gemeinschaft als solche hatten.[67]

Für die vorliegende Arbeit kommt die Mahlpraxis vor allem unter dem Aspekt von Reinheit als Zugehörigkeitsmerkmal in Betracht. Deshalb ist zu fragen, ob Reinheit eine Voraussetzung für die Teilnahme an bestimmten Mählern sein konnte und ob diese Mähler ein integraler Bestandteil der Gemeinschaftsbestimmung waren?

In den beiden genannten, zentralen Passagen aus den gruppenbezogenen Texten wird Reinheit nicht als Kondition oder als Merkmal dieser Mähler genannt. 1QS VI nimmt weder begrifflich noch inhaltlich auf irgendwelche Reinheitsbestimmungen Bezug, die für die Teilnahme am gemeinsamen Mahl als Voraussetzung gelten würden. 1QSa II benennt hingegen unter denjenigen, die nicht zur Versammlung zugelassen werden, auch solche, die aufgrund körperlich bedingter Unreinheit ausgeschlossen werden. Daraus geht jedoch nicht hervor, ob diese Fälle pars pro toto für jede Art der körperlich bedingten Unreinheit stehen und ob der Ausschluss exklusiv auf das Mahl bezogen ist. Das Ergebnis der Textanalyse mutet in dieser Hinsicht überraschend an, ist doch Reinheit in vielen anderen gemeinschaftsprägenden Situation, wie beispielsweise bei dem der Eintritt in die Gemeinschaft sowie im Umgang mit Delikten, der entscheidende Gradmesser.

Dass Reinheitsfragen dennoch in den meisten Untersuchungen auch für das Mahl als bestimmend angesehen werden, ist zweierlei Umständen geschuldet. Zum einen legen die externen Belege (vor allem bei Josephus) nahe, dass Reinheitsfragen durchaus von Bedeutung waren. Josephus nennt, wie bereits dargelegt, explizit Reinigungen, die vor den Mahlzeiten zu absolvieren sind. Zum anderen spielt in den Zulassungs- und Strafbestimmungen, die im Folgenden genauer analysiert werden, der Begriff der so genannten טהרת הרבים („Reinheit der Vielen") eine entscheidende Rolle. In beiden Textkomplexen wird der Zugang zu bzw. Ausschluss von der טהרת הרבים zum entscheidenden Moment. Aus den Texten geht nicht eindeutig hervor, wie diese Wendung genau zu verstehen ist, obwohl es sich dabei offensichtlich um einen Zentralbegriff handelt. Sowohl aus

---

Eucharistie konzentriert, dieselbe aber in ein breites Spektrum verschiedene Arten von Mahlpraxis in der Antike einordnet; vgl. in *Hellholm/Sänger* (Hg.), Eucharist, besonders die Beiträge von Jörg Frey, Jodi Magness und Cecilia Wassén.

67 Dennis Smith zeigt auch für die qumranischen Mahltexte, dass sie sich in ihrer Funktion als „focus for communal identity" in die griechisch-römische Banketttradition einfügen, *Smith*, Symposium, 155.

den Einlassbestimmungen wie auch aus den Strafregelungen lässt sich jedoch die Nähe zum Mahl belegen. Im Kontext der Zugangsbestimmungen wird der vollständige Zugang zur „Reinheit der Vielen" nur noch gesteigert durch den Zugang zum „Getränk der Vielen". Im Zuge üblicher Reinheitslogik ist Flüssigkeit anfälliger für Unreinheit als feste Nahrung, was im Umkehrschluss nahelegt, dass es sich bei der „Reinheit der Vielen" um eine Form von Nahrung oder um ein (gemeinsames) Mahl handelt. Der Ausschluss davon wird in den Strafregelungen wiederum häufig mit einer Reduktion von Nahrung kombiniert, was erneut eine Verbindung vermuten lässt. Einleuchtend erscheinen mir hierbei die von Avemarie in Anschluss an Jacob Licht ausgeführten Überlegungen, die Grundlage vieler Übersetzungen sind: Der Begriff bezeichne keine Mahlzeit, sondern eine konkrete Speise, die für ein besonderes, in Reinheit zu vollziehendes Mahl vorgesehen ist. Menschen, die noch nicht zugelassen waren oder aufgrund von Straffälligkeit in ihrem Status zurückgestuft wurden, durften diese Speise (und noch wichtiger: die betreffenden Flüssigkeiten, משקה הרבים) nicht berühren, da deren Unreinheit diese sonst untauglich für das in Reinheit zu haltenden Mahl gemacht hätten.[68] Die häufige Verwendung des Terminus טהרת הרבים zeigt also, dass es durchaus Fälle gegeben hat, in denen zwischen Reinheit und Mahlgeschehen ein enger Zusammenhang bestand. Von Avemarie und Licht nicht bestätigt, jedoch von vielen anderen angenommen, ist eine Gleichsetzung der טהרת הרבים mit den in 1QS und 1QSa geschilderten Gemeinschaftsmählern, obwohl diese nicht in den Texten selbst angelegt ist.[69] Dieser Zusammenhang wird aufgrund der Bedeutung der טהרת הרבים, auf Basis der externen Belege und aufgrund fehlender alternativer Mahltexte hergestellt.

Cecilia Wassén kommt das Verdienst zu, den Zusammenhang zwischen der Wendung טהרת הרבים und den genannten Mahltexten detailliert untersucht zu haben.[70] Dabei kommt sie (gegen die Mehrheitsmeinung) zu dem Schluss, dass eine Gleichsetzung des hinter der Begrifflichkeit טהרת הרבים stehenden Mahles mit jenen Gemeinschaftsmählern, wie sie in 1QS VI und 1QSa II beschrieben werden, zu weit gehe. Vielmehr folgert Wassén, dass die טהרת הרבים zu speziellen, unregelmäßig veranstalteten

68 Friedrich Avemarie erklärt dieses Verständnis im Anschluss an Jacob Licht im Kontext der Halacha in der Mischna, vgl. *Avemarie*, Tohorat, bes. 217–220.

69 Vertreter dieser These sind beispielsweise *Newton*, Purity, 43–44 oder *Davies*, Food, 160–161. Auch Harringtons Auslegung zu den Zulassungsregelungen ist in diese Richtung zu deuten; vgl. *Harrington*, Purity, 24; vgl. ebenso ihre Äußerungen zur Ausweitung ritueller Reinheit über die Priester hinaus. Dabei setzt sie, ohne dies weiter zu kommentieren, die טהרת הרבים mit dem gemeinschaftlichen Mahl gleich; vgl. *Harrington*, Purity III, 331.

70 Vgl. *Wassén*, Meals.

Mählern gehört und diese beschreibt, dass also auch der hohe Grad von Reinheit nur für diese speziellen Mähler gefordert war.

Die Vorstellung einer für alle Mahlzeiten geltenden Reinheitsvorstellung sei, so Wassén, ausschließlich durch die Darstellung des Josephus und nicht durch die genuinen Qumrantexte zu belegen. Eine Gleichsetzung von טהרת הרבים mit den beschriebenen alltäglichen Mählern ist aus den Texten nicht ableitbar, zumal die genannten Texte selbst nicht von Reinheitsbedingungen sprechen und 1QSa zwar einige Personengruppen aufgrund von Verunreinigungen exkludiert, Unreinheit aber keineswegs pauschal zum Ausschlussgrund erhebt. Die Darstellung des Josephus muss hinsichtlich ihrer Historizität hinterfragt werden; die Gleichsetzung der Essener bei Josephus mit den Gemeinschaften hinter den gruppenbezogenen Texten aus Qumran ist keineswegs gesichert. Auch Vertreterinnen und Vertreter der Qumran-Essener-These setzen die Essener des Josephus und die angenommenen Qumran-Essener nicht einfach in eins, was besonders mit der Vorstellung einer zölibatär lebenden Gemeinschaft, die so heute nicht mehr postuliert wird, zusammenhängt.

Nach Wasséns Meinung postulieren die Texte klar, dass rein sein musste, wer טהרת הרבים berühren wollte; dennoch spricht ebenso viel dafür, dass auch unreine Menschen Teil an den Gemeinschaftsmählern haben konnten. Wasséns rekurriert hierbei besonders auf Texte, die außerhalb der gruppenbezogenen Regeln liegen, wie 4Q274 und 4Q514. Somit lehnt sie nachvollziehbar die Gleichsetzung der טהרת הרבים mit den in 1QS und 1QSa geschilderten alltäglichen Mählern ab.

Für den Zusammenhang von Reinheit und sozialer Identität bleiben die Aussagen über die Gemeinschaftsmähler in Qumran daher ambivalent. Nach Wasséns Argumentation ist davon auszugehen, dass im alltäglichen Leben die Bedeutung von Reinheit für die Bildung sozialer Identität nicht in erster Linie an der Mahlpraxis abzulesen ist, weil Reinheitsfragen dafür nicht vordringlich relevant waren. In diese Überlegungen fließt auch die Beobachtung ein, dass in den Qumrantexten interessanterweise die „klassischen Speiseregeln" eine auffällig geringe Rolle spielen: Während die Hebräische Bibel reine und unreine Speisen zu unterscheiden weiß und vor dem Verzehr konkreter unreiner Speisen warnt, finden solche spezifische Bestimmungen in den Schriftrollen keinen Niederschlag. Eine gewisse Ausnahme bilden hier 4Q251 11–12 1–7. Diese Texte sind jedoch bei Weitem nicht ähnlich bestimmend wie die Speisenkategorisierung der Hebräischen Bibel.

Im Blick auf die von Wassén nicht näher bestimmten, aber mit großer Sicherheit anzunehmenden besonderen Mahlzeiten, die hinter dem

Begriff טהרת הרבים stehen könnten, lässt sich jedoch feststellen, dass hier anhand des Merkmales der Reinheit jene Gruppe konstituiert wird, die für das Mahl zugelassen ist.[71] Offen bleibt, ob 1QS und 1QSa von der gleichen Art Mahl sprechen. Ich halte es für sehr wahrscheinlich, dass die in den Texten vermittelten mahlbezogenen Reinheitsstandards nicht grundsätzlich für alle Mähler im Rahmen der Gemeinschaft galten, sondern auf bestimmte Mähler beschränkt waren. Reinheit im Kontext des Mahlgeschehens lässt sich damit an dieser Stelle nicht als eine alltägliche Ursache für die Bildung sozialer Identität beschreiben. Zugleich bleibt jedoch die Einsicht bestehen, dass es Mahlzeiten gegeben haben muss, für die ein bestimmter Grad an Reinheit Zulassungsbedingung war. Ob diese Mähler den Zweck verfolgten, die Gemeinschaft nach außen hin abzugrenzen und damit Reinheit auch an dieser Stelle als boundary marker zu etablieren, wie es Smith verstanden wissen will,[72] oder ob die besonderen Mähler einer Strukturierung und Kategorisierung innerhalb der Gemeinschaft dienten, bleibt weiterhin offen. Deutlich wird aber, dass Reinheit an dieser Stelle eine identitätsprägende Funktion zukommt. Dass diese wiederum für das Selbstverständnis der Gemeinschaft von Bedeutung war, wird daran deutlich, dass diese Mähler und ihre Voraussetzungen eigens beschrieben werden. Der Zusammenhang von Reinheit und sozialer Identität im Kontext von Gemeinschaftsmählern lässt sich also derart beschreiben, dass er zwar nicht grundlegend gegeben, aber an besonderen Momenten spürbar manifestiert ist. Möglicherweise hängt dies auch mit den Zugangs- und Strafbestimmungen zusammen, auf die im Folgenden gesondert eingegangen wird. Wahrscheinlich wird diese Uneindeutigkeit in Bezug auf die Mähler auch dadurch verursacht, dass der entscheidende Schwellenmoment, an dem Reinheit prägend ist, im Moment des Eintritts bzw. der strafbedingten Zurückstufung liegt. Die Mähler haben dann nicht vorrangig eine distinktive, nach außen gerichtete Funktion, sondern vorrangig eine nach innen gerichtete, gemeinschaftskonstituierende, für die nur in besonderen Fällen starke Reinheitsbestimmungen greifen.

71 Auch diese Annahme entbehrt nicht einer gewissen Hypothetik, da für solche besonderen Mahlzeiten keine textlichen Belege vorliegen. Die Rede von „besonderen Mahlzeiten" bleibt deshalb ein Hilfskonstrukt, das markieren soll: Hinter טהרת הרבים verbirgt sich ein Geschehen, das mit einer an Bedeutung aufgeladenen Mahlzeit zusammenhängt, sich aber nicht näher bestimmen lässt.

72 „This function of the meal as a boundary marker, setting the community apart from the outside world, is a feature it shared with meals in the culture at large."; *Smith*, Symposium, 155.

Die Zugangs- und Strafbestimmungen, auf die im Folgenden gesondert eingegangen wird, zeigen, dass sich dieser Zusammenhang an anderen Stellen der Gemeinschaft eindeutiger beschreiben lässt und Reinheit dort unübersehbar als Faktor sozialer Identität fassbar wird.

5.2 Reinheitsfragen und soziale Identität

Über Bezüge zu den Traditionen der Hebräischen Bibel und die Besonderheiten der Mahlsituation hinaus lässt der Zusammenhang zwischen Reinheit und sozialer Identität mithilfe von drei Themen analysieren.

Der erste Themenkomplex betrifft die Reinheitsvorstellungen der gruppenbezogenen Texte und dabei besonders Fragen des gemeinschaftlichen Lebens. Hierbei sind es vor allem Schwellenmomente wie Eintritt und Ausschluss und der Umgang mit Straftaten, wie er in den Strafkatalogen, den in der Forschung sog. „penal codes", beschrieben wird, die auskunftsfähig über die Bedeutung von Reinheit für die soziale Identität sind. Die verschiedenen gruppenbezogenen Texte nehmen konkrete Lebensbeschreibungen vor und liefern Einblicke, wie das Leben der hinter den Schriften stehenden Gemeinschaft gedacht war.

Der zweite Themenkomplex behandelt die Ausweitung der Reinheits- und Heiligkeitsbestimmungen auf Laien und über heilige Orte hinaus. Er steht in Zusammenhang mit der Frage nach Selbstbezeichnungen und dem Selbstverständnis der Gemeinschaft: Lässt sich die Gemeinschaft als ein zeitweiliges oder dauerhaftes Substitut für den Tempel verstehen, und sehen sich die Mitglieder der Gemeinschaft als Priester? Diese Fragen sind vor allem für die Außenwahrnehmung relevant. Das Selbstverständnis der Gemeinschaft hat jedoch auch Auswirkungen auf die soziale Identität der Einzelnen, die sich vom Selbstverständnis der salienten Gemeinschaft her bestimmt.

Drittens hängen Unreinheit und Sünde in Qumran in besonderer Weise zusammen.[73] Im Exkurs in Kapitel 2 wurde gegen eine strikte Trennung von moralischer und körperlicher Unreinheit argumentiert. In Qumran zeigt sich, dass diese Sphären noch weiter ineinander übergehen. Hier lässt sich erneut

73 Der Begriff „Sünde" ist ein schwieriger. Die Bedeutung des Wortfeldes reicht je nach Kontext von einzelnen Vergehen minderschwerer Art bis hin zu einer anthropologischen Konstitution der Gottesferne. Je nach zeitlichem und kulturellem Kontext sind mit dem Begriff unterschiedliche Aspekte gemeint. Im Kontext von Qumran sind es, wie der penal code zeigt, zumeist einzelne Verfehlungen. Da diese einzelnen Verfehlungen jedoch grundlegende Auswirkungen auf die Gemeinschaft, bzw. auf das Verhältnis Einzelner zur Gemeinschaft hat, wird weiter der abstrakte Begriff „Sünde" genutzt, wie er auch in den meisten Veröffentlichungen zum Thema verwendet wird.

die Tendenz des Kombinierens und Harmonisierens, die u.a. von Harrington beschrieben wurde, erkennen.[74] Unreinheit und Sünde, so vermitteln es viele, wenn auch nicht alle der untersuchten Texte, korrespondieren miteinander. Für die vorliegende Frage ist dieser Zusammenhang interessant, da hier Reinheitsbestimmungen Auswirkungen auf die moralische Bewertung der Individuen haben und somit etwas über ihren Status innerhalb der Gruppe aussagen.

Alle drei Themenkomplexe werden im Folgenden anhand der gruppenbezogenen Texte 1QS und CD analysiert. Die Fragen nach dem Selbstverständnis der Gemeinschaft sowie nach dem Verhältnis von Unreinheit und Sünde werden darüber hinaus durch die in der Einleitung vorgestellten Texte ergänzt. Ziel ist es, dabei die Mehrdimensionalität des Zusammenhangs von Reinheit und sozialer Identität sichtbar zu machen. Alle drei Komplexe sind eng miteinander verwoben. So ist z.B. das an Reinheit orientierte Leben innerhalb der Gemeinschaft, dessen Schwellenmomente durch Reinheitsterminologie markiert werden, ein Zeichen für das priesterliche Selbstverständnis der Gemeinschaft, deren Anliegen wiederum darin besteht, die der Gemeinschaft innewohnende Reinheit zu bewahren.

Abschließende Aussagen über die in den Schriftrollen vorausgesetzte Gemeinschaft lassen sich nicht treffen. Die Texte, die miteinander ins Gespräch gebracht werden, zeugen nicht notwendigerweise von ein und derselben bzw. von mehreren einander verwandten Gemeinschaften. Doch auch, wenn sie nicht vorschnell als Beleg konkreter Gemeinschaftsformen in Anspruch genommen werden dürfen, sie sagen etwas über die Bedeutung des Themas in den Schriftrollen aus.[75] Die Gemeinschaft, um die es im Folgenden geht, wird immer als diejenige angenommen, die in den Texten erscheint, ohne auf deren geschichtliche Wirklichkeit schließen zu können.

5.2.1 *Einführung in die gruppenbezogenen Texte*

Die im Folgenden untersuchten Texte sind die als Regeltexte bekannten gruppenbezogenen Schriften: einerseits die Gemeinderegel 1QS und andererseits all jene Texte, die unter dem Label „Kairo-Damaskus-Dokument" CD bekannt sind, wobei sich diese Bezeichnung sowohl auf die mittelalterlichen Fragmente aus der Kairoer Geniza wie auch auf die korrespondierenden Fragmente aus

74 Die Studie von Jonathan Klawans (*Klawans*, Impurity) untersucht diese Fragestellung en detail; auch in den Publikationen von Neusner und Harrington spielt diese Frage eine entscheidende Rolle.

75 Unbenommen bleibt bei dieser Formulierung auch die Möglichkeit, dass es sich durchaus um mehrere Gemeinschaften, um mehrere Ausdrucksformen einer Gemeinschaft oder um mehrere Entwicklungsstadien derselben Gemeinschaft handeln kann.

Höhlen 4, 5 und 6 (4Q266–273, 5Q12, 6Q15)[76] in Qumran bezieht. Nach einer kurzen Vorstellung, Charakterisierung und Gliederung beider Texte richtet sich mein Interesse anhand zweier Schwellenmomente auf die spezifische Funktion von Reinheit für die soziale Identität des Individuums. In den Fokus nehmen werde ich dabei den Eintritt und den Ausschluss bzw. den Status innerhalb der Gemeinschaft. Eine besondere Rolle wird der Strafkatalog spielen. Beide Texte sind außerdem Grundlage für die Frage nach dem Selbstverständnis der Gemeinschaft und nach dem Zusammenhang von Unreinheit und Sünde.

Die Gemeinderegel 1QS und das Kairo-Damaskus-Dokument CD verbindet, dass sie detailliert Auskunft über eine Gemeinschaft geben. Beide Texte sprechen von den Gründungsmythen der Gemeinschaft, von den Regeln, um Neumitglieder aufzunehmen, vom Verhältnis zu Nichtmitgliedern, von der Strukturierung der Gemeinschaft, von Regelungen innerhalb der Gemeinschaft sowie von Strafen, die der Missachtung der Regeln folgen. Sie unterscheiden sich darin, dass die Gemeinderegel zudem eine grundlegende Abhandlung über die Theologie und Anthropologie der Gemeinschaft enthält. Die sogenannte Zwei-Geister-Lehre (1QS III,13–IV,26) findet sich in CD nicht. Außerdem endet die Schrift mit einem Psalm, der in CD fehlt. Auch die Selbstbezeichnung יחד kommt lediglich in 1QS vor, während CD zumeist den Begriff עדה nutzt. Das Kairo-Damaskus-Dokument enthält die Figur des „Lehrers der Gerechtigkeit", der auch als Gründungsfigur eingeführt wird und in 1QS fehlt. Außerdem gibt es in CD anders als in 1QS deutliche Hinweise auf Frauen und Kinder, die Teil der Gemeinschaft sind. Daraus ergibt sich die doppelte Frage nach dem literarischen und dem historischen Verhältnis beider Texte zueinander. Auf der historischen Ebene geht es darum, sie als Dokumente zweier verschiedener Gemeinschaften oder als Zeugen unterschiedlicher Entwicklungsstadien ein und derselben Gemeinschaft zu identifizieren.[77] Auf der literarischen Ebene wird lediglich nach der Abhängigkeit der Texte und Textversionen untereinander und nach deren Entstehungs- und Redaktionsgeschichte gefragt. Reinhard Kratz warnt zurecht vor einer Vermischung beider Fragen und wählt selbst einen literarischen Ansatz.[78] Die Frage nach

76 Die Fragmente aus der Kairoer Geniza sind dabei stets im Blick, werden aber nur an jenen Stellen, an denen sie von denen in Qumran abweichen oder jene diese ergänzen, eigens vermerkt.

77 Charlotte Hempel kommt am Ende ihrer Analysen zu den Rechtstexten in CD zu dem Schluss, dass CD wahrscheinlich eher die Struktur der Gemeinschaft spiegelt, aus der schließlich der sich in 1QS beschriebene Jachad entwickelt. Vgl. *Hempel*, Laws, 150–151.

78 Vgl. *Kratz*, Penal Code, 213–221. Einen Überblick über die verschiedenen Ansätze bieten *Beyerle & Ruwe*, Comparison, 361–363.

dem Zusammenhang von Reinheit und sozialer Identität wird in dieser Untersuchung auf Basis der vorliegenden Texte und ihrer Textwelten analysiert. Diachrone Fragen treten dabei zugunsten einer synchronen Wahrnehmung in den Hintergrund.[79] Die zu vermutende Nähe beider Texte ermöglicht es nicht, Leerstellen des einen durch Informationen des anderen zu füllen und beide auf diese Weise zu harmonisieren.

Beide Texte weisen eine komplizierte Entstehungs- und Auffindungsgeschichte auf. Im Falle von CD ist es außerdem notwendig, mit unterschiedlichen Fragmentengruppen zu arbeiten. Der Text der Gemeinderegel 1QS, dessen vollständigste Fassung in Höhle 1 gefunden wurde, wird durch Fragmente der Höhlen 4, 5 und 6 ergänzt. Er zeichnet sich dadurch aus, dass von ihm zahlreiche Fragmente existieren, was wiederum Rückschlüsse auf seine hohe Bedeutung und häufige Nutzung (und damit die Herstellung vieler Kopien) zulässt. Diese zusätzlichen Fragmente gestatten Einblicke in die Entstehungsgeschichte, fügen dem Text aus Höhle 1 jedoch keine neuen Inhalte hinzu, so dass ich mich im Folgenden auf den Basistext beziehen werde.[80] Der Text der Gemeinderegel wurde erstmals 1951 durch Millar Burrows veröffentlicht. Paläographischen und orthographischen Untersuchungen zufolge lässt sich das vorliegende Manuskript auf den Übergang vom zweiten zum ersten vorchristlichen Jahrhundert datieren.[81] Dass die Inhalte älter als das Manuskript sind, ist möglich, lässt sich aber nicht belegen.

Als Kairo-Damaskus-Dokument im engeren Sinne wird ein aus dem 10. oder 11. nachchristlichen Jahrhundert stammendes Manuskript, das 1897 in der Geniza der Ben Ezra Synagoge in Kairo gefunden und 1910 von Salomon Schechter unter dem Titel „Fragments of a Zadokite Work" veröffentlicht wurde, bezeichnet, dessen Text jedoch sehr viel älter als diese Abschrift ist. Schechter wählte diesen Titel, weil die Söhne Zadoks (בני צדוק) an zentralen Stellen des Werkes eine Rolle spielen. Der spätere und bis heute geläufige Titel des Werks steht bereits unter dem Einfluss der späteren Qumranfunde, in denen der Ort „Damaskus" eine wiederkehrende Rolle spielt. Aus den Belegen

79 Ähnlich auch *Beyerle & Ruwe*, Comparison. Dass die in 1QS und CD vermittelten Gemeinschaften miteinander verwandt oder sogar identisch sind, auch wenn sie unterschiedliche Formen aufweisen, zeigt *Jokiranta*, Experiment, unter Zuhilfenahme der SIT. Sie richtet den Fokus dabei auf die Außenwahrnehmung der Identität der Gemeinschaft. In eine ähnliche Richtung geht auch die soziologische Untersuchung beider Dokumente, die deren die strukturelle Ähnlichkeiten im Hintergrund konkreter Unterschiede herausarbeitet; vgl. *Jokiranta & Wassén*, Tension.

80 Zur Entstehungsgeschichte von 1QS sowie zur Beschaffenheit der anderen Fragmente vgl. *Metso*, Serekh, 1–7; 15–21.

81 Zu den Details der Redaktionsgeschichte von 1QS vgl. *Stökl Ben Ezra*, Qumran, 245–247 und *Metso*, Serekh, 16–18.

ergibt sich, dass der Ort möglicherweise nicht im wörtlichen Sinne die in Syrien liegende Stadt meint, sondern einen Exilsort bezeichnet, der entweder Babylon oder ein Ort der Gemeinschaft wie Qumran sein könnte.[82] Über 50 Jahre nach dem Kairoer Fund förderte die Entdeckung von zehn Schriftrollen aus den Höhlen 4, 5 und 6 in Qumran neue Erkenntnisse über den Inhalt und die möglicherweise hinter dem Text stehende Gruppe zutage. Ein Großteil der Texte erwies sich inhaltlich wie formal als deckungsgleich. Darüber hinaus konnte jedoch der Kairoer Fund durch die neuen Qumrantexte ergänzt werden. Auch kam es auf Basis der in Qumran gefundenen Handschriften, die auf das erste vorchristliche Jahrhundert datiert werden, zu einer neuen Anordnung der Textteile.[83]

Spricht man heute von dem Kairo-Damaskus-Dokument, so ist damit eine Kompilation beider Funde gemeint, die sich in einem nicht zirkulären Verständnis gegenseitig stützen und ergänzen. Auch im Folgenden ist mit dieser Bezeichnung immer die kombinierte Fassung, nicht allein das Dokument aus der Kairoer Geniza gemeint.[84]

Im Folgenden werde ich, um die Texte auf den Zusammenhang von Reinheit und sozialer Identität befragen zu können, drei Punkte näher betrachten: Ein kurzer Blick wird erneut auf die Nennung von Reinheitsbestimmungen und dabei besonders auf mögliche Begründungen geworfen. Zweitens werden die Bestimmungen zum Eintritt in die Gemeinschaft untersucht. Schließlich soll es um die Struktur innerhalb der Gemeinschaft gehen, was anhand einer Untersuchung der jeweiligen Strafkataloge geschehen soll.

5.2.2 *Reinheitsbestimmungen in CD und 1QS*

Mit Blick auf die Reinheitsbestimmungen in 1QS fällt zunächst ihre weitgehende Abwesenheit auf. Es gibt – anders als in CD – keine Zusammenstellung an Reinheitsregeln, weder im Rahmen eines Kataloges noch im Kontext anderer Bestimmungen. Auch wenn sich 1QS im Ganzen auf die Tora des Moses bezieht, wird nicht ausgeführt, welcher Teil damit gemeint ist. Diese Feststellung hat beispielsweise Werrett dazu veranlasst, 1QS in seiner Arbeit über rituelle Reinheit in den Schriftrollen vom Toten Meer überhaupt nicht

82 Eine solche übertragene Verwendung ist in der biblischen Tradition z.B. aus Amos 5,27 bekannt.

83 Vgl. zu den Einleitungsfragen des Kairo-Damaskus-Dokuments die Darstellung und Kommentierung von *Hempel*, Damascus, 15–18.

84 Stellen, an denen nur auf eines der beiden zugrundeliegenden Dokumente verwiesen wird, werden kenntlich gemacht.

zu berücksichtigen.[85] Meines Erachtens gestattet dieser Befund jedoch keine vorschnellen Rückschlüsse auf die Schrift selbst. Auch wenn sie keine expliziten Reinheitskataloge enthält, werden Reinheitsbestimmungen immer wieder impliziert. Vier Gründe lassen sich anführen, um diese These zu stützen. Als erstes genügt der Hinweis auf den noch folgenden Abschnitt zum Verhältnis von Unreinheit und Sünde, das u.a. mit intertextuellen Verweisen aus 1QS beschrieben wird. Zum zweiten lässt sich an vielen Stellen eine Begrifflichkeit erkennen, die aus der Tradition der Hebräischen Bibel stammt und dort mit körperlicher Reinheit in Verbindung gebracht wird.[86] Drittens ist davon auszugehen, dass die Traditionen der Hebräischen Bibel nicht nur terminologisch, sondern auch inhaltlich übernommen werden.[87] Besonders gut lässt sich das an dem mehrfach verwendeten Terminus (משה) תורת (z.B. 1QS V 2.8; VIII 22), also eines expliziten Bezugs auf die „Tora des Mose", zeigen. Da an keiner Stelle explizit gemacht wird, auf welche konkreten Weisungen sich dieser Terminus beziehen soll, ist davon auszugehen, dass er die Gesamtheit der Gesetze des Pentateuchs im Blick hat. Schließlich ist viertens der Strafkatalog mit seiner besonderen Reinheitsterminologie zu nennen. Der Strafkatalog, auf den in einem eigenen Abschnitt noch einmal Bezug genommen werden soll, folgt einem Grundmuster von Ausschluss und Integration. Dabei werden zum einen Ausschlusszeiten mit Unreinheit begründet, zum anderen nimmt der Katalog die Verwendung priesterlichen Terminologie von בדל auf und beschreibt den Kern der Gemeinschaft, von dem jemand ausgeschlossen wird, als טהרה, Reinheit.

Anders als Werrett meine ich, dass in 1QS, auch wenn hier Reinheitskataloge fehlen, die Reinheitsvorstellungen der Hebräischen Bibel nachweislich den Denkhorizont des Werkes bestimmen.

Ein grundlegend anderes Bild bieten die Texte aus CD. Reinheitsregeln werden an verschiedenen Stellen explizit thematisiert. Sie finden sich sowohl in den Fragmenten der Kairoer Geniza wie auch in den Texten vom Toten Meer. Die Fragmente aus Qumran gehen dabei über jene aus der Geniza hinaus. Lediglich Aussagen über die Reinigung des Altars (CD XI 18c-21a) lassen sich allein in den Kairoer Fragmenten finden. Gemeinsam haben die Quellen

85 Er begründet diese Entscheidung damit, dass 1QS keine Themen ritueller Reinheit behandle; vgl. *Werrett*, Purity, 18.

86 Vgl. z.B. die häufige Verwendung der Termini טהר (1QS III 4–7; V 13; 11,14), טמא (1QS III 5; V 20) oder נדה (1QS III 9; IV 21–22; X 24).

87 Vgl. zu inhaltlichen und terminologischen Bezügen zwischen der Gemeinschaftsregel und der Hebräischen Bibel *Metso*, Serekh, 41–44. Die Gemeinschaftsregel wie auch die anderen Texte des Qumrankorpus nehmen die Welt und die Sprache der Hebräischen Bibel durchgängig auf; *Metso*, Serekh, 41.

Aussagen über die Reinigung mit Wasser (CD x 10b-13, 4Q266 8 iii 9–10 und 4Q270 6 iv 20–21), das Verbot sexuellen Verkehrs in ganz Jerusalem (CD xii 1b-2a, 4Q271 5 i,17–18) und eine Sammlung von Regelungen (CD xii 11b-20a, 4Q266 9 ii 1–7, 4Q271 5 ii 9), die unter anderem Bestimmungen über unreine Tiere sowie die Verunreinigung eines Hauses durch einen Leichnam beinhalten. Die kontextuelle Anordnung der Belege folgt einem vergleichbaren Schema; so findet sich beispielsweise die Regelsammlung in beiden Fällen direkt im Anschluss an die Aussagen zum Umgang mit Nichtmitgliedern. Zusätzlich zu den Belegen aus der Geniza finden sich in den Qumranfragmenten noch Aussagen über Unreinheit, die durch Hautkrankheiten, Ausfluss oder Geburt entsteht (4Q266 6 i-iii, 4Q269 7, 4Q273 4 ii) und Aussagen, die offensichtlich einem Regelkatalog zur Reinigung von Materialien aus der Hand von Nichtjuden entstammen.[88]

CD zeigt insgesamt einen dynamischen Umgang mit den biblischen Traditionen. Während die großen Linien übernommen werden und ganze Themenkomplexe eindeutig tradiert sind, zeigen sich jedoch auch markante Eingriffe und Veränderungen gegenüber der Hebräischen Bibel. So lässt sich z.B. im Blick auf die konkreten Regelungen eine Tendenz der Ausweitung erkennen. Die Regeln bezüglich reiner und unreiner Tiere werden erweitert und konkretisiert, die Diagnose von Hautkrankheiten erfährt besondere Aufmerksamkeit, während der Reinigung von dieser Krankheit wiederum weniger Beachtung geschenkt wird. Eine Neuerung besteht darin, dass die Priester von dem Aufseher der Gemeinschaft in der Diagnose der Krankheit unterwiesen werden (CD xiii 7b-14a). Ein besonderes Augenmerk des Textes liegt auf Regelungen bezüglich sexueller Beziehungen. Hier ist vor allem das schon mehrfach genannte Verbot, in Jerusalem sexuell zu verkehren, zu nennen.[89]

Die Reinheitsbestimmungen der Hebräischen Bibel stellen für beide Texte eine entscheidende Bezugsgröße dar, auch wenn dieser Bezug unterschiedlich hergestellt wird. 1QS nimmt die biblischen Texte stärker als einen Traditions- und Denkhorizont wahr, ohne konkrete Regelungen zu zitieren. CD setzt sich dagegen in ein eigenständiges Verhältnis zu den überlieferten Bestimmungen,

88 Sie sind jedoch bisweilen nur sehr fragmentarisch erhalten, wie im Fall von 4Q269 8 i, wo lediglich die Wörter שלוש פעמים vorkommen. Eine aussagekräftigere Parallele besteht möglicherweise in 4Q270 3 iii 19–21 und 4Q271 2,7–13.

89 Zu einer detaillierten Wahrnehmung der besonderen Akzente in CD vgl. *Werrett*, Purity, 93–106. Werrett plädiert dafür, die Ausweitungstendenz nicht zu einseitig zu betonen, da es durchaus auch Einzelfälle gebe, in denen CD eine weniger strikte Handhabung erkennen lasse. Dazu zählte zum Beispiel die Diagnose von Hautkrankheiten, wie sie in 4Q266 6 i 1–13 belegt ist. Werrett sieht diese Unterschiede im Anschluss an Hempel als Folgen einer redaktionellen Bearbeitung mit dem Ziel, den Text von CD inhaltlich an die Form von 1QS anzunähern.

indem es dieselben expliziert. Das Verhältnis zur Überlieferung ist dabei – folgt man Hempel und Werrett – wiederum von der Theologie von 1QS bestimmt.

5.2.2.1 Eintritt in die Gemeinschaft

Die Zeremonien und Regelungen, die den Eintritt neuer Mitglieder in die Gemeinschaft gestalten, sind in beiden Texten unterschiedlich dargelegt. 1QS enthält ein ausführliches und elaboriertes Aufnahmeverfahren, das in 1QS I 16–3,12 und 1QS V 20b-VI 1.6.13–23 in zwei Varianten vorliegt.

Die erste Variante ist geprägt von Gebeten und Segenssprüchen sowie von Fluchformeln durch die Priester und Leviten, welche der Einzutretende mit Amen-Rufen zu bestätigen hat. Durch diese Gebete wird der Aspirant über das Erbarmen Gottes einerseits und das Versagen Israels andererseits in Kenntnis gesetzt. Seinen individuellen Anteil bekennt er in einer Art Schuldbekenntnis (I 24b-II 1a).

Die zweite Variante mutet technischer an. Als Grundlage dient in diesem Fall die explizite Aufforderung, umzukehren und sich der Tora des Moses (im Sinne der Gemeinschaft) zuzuwenden. 1QS 5–6 beschreiben ein dreistufiges Verfahren, das den Eintrittswilligen immer näher an den Kern der Gemeinschaft heranführt.[90] Einer Prüfung durch den sogenannten פקיד, dessen Aufgabe es ist, das Neumitglied zu befragen, folgt eine erste Aufnahme durch den Rat der Gemeinschaft, מושב הרבים, die eine probeweise Aufnahme zur Folge hat, jedoch die Erlaubnis noch suspendiert, sich der Reinheit zu nähern, bevor weitere Prüfungen absolviert sind (1QS VI 16f). Nach Ablauf des ersten Jahres und einer erneuten Prüfung durch den Rat wird ihm Zugang zum festen Teil der reinen Speise gewährt (1QS VI 20f). Nach Ablauf des zweiten Jahres und einer letzten Prüfung steht die Aufnahme als Vollmitglied in die Gemeinschaft, die auch den vollständigen Zugang zur reinen Speise beinhaltet. In 1QS VI 21b-22 werden vier Komponenten dieser Gemeinschaft genannt:

> ואם יצא לו הגורל לקרבו ליחד יכתובהו בסרך תכונו בתוך אחיו לתורה ולמשפט ולטהרה ולערב את הונו (...)

> Und wenn das Los für ihn fällt, ihn in die Gemeinschaft einzuführen, soll man ihn in die Ordnung seiner Stufe zwischen seinen Brüdern

90 Begrifflich wird dieser Kern als טהרה beschrieben. Es herrscht weitgehend Konsens, dass damit die reine Speise (flüssig wie fest) der Gemeinschaft gemeint ist. Lawrence Schiffman zeigt, dass sich alternative Ansätze, die hinter טהרה konkrete Reinigungsriten vermuten, vorschnell und methodisch unzulässig von der Überlieferung bei Josephus beeinflussen lassen; vgl. *Schiffman*, Law, 162–164.

> einschreiben, für Tora und Gesetz und Reinheit und der Beteiligung seines Besitzes.

Bemerkenswert ist in diesem Prozess die mehrfache Verwendung der Wurzel בדל, die als ursprünglich priesterlicher *terminus technicus* dem Kontext von Reinheitsunterscheidung entstammt. Im Zuge seiner Aufnahme wird das Neumitglied aufgefordert, sich von anderen abzusondern. Zugleich nähert sich das Neumitglied einem immer höheren Grad an Reinheit an. Der Prozess von außen nach innen verläuft also zugleich als ein Prozess von unrein zu rein. Das werdende Mitglied wird mit fortschreitender Zugehörigkeit reiner; seine fortschreitende Zugehörigkeit hängt von zunehmender Reinheit ab. In jedem Falle sind Zugehörigkeit und Reinheit prozessual miteinander verknüpft.

Gemeinsam ist beiden Varianten, dass im Rahmen des Aufnahmeprozesses immer auch jene in den Blick genommen werden, die sich einem Beitritt verweigern. Sie werden verflucht; vor ihnen wird gewarnt. Der Unwille einzutreten und das damit verbundene Unheil kommen dabei mit Begriffen von Reinheit und Unreinheit zum Ausdruck.

In 1QS II 25b-III 6b wird der Fall beschrieben, der mit der Weigerung eingeleitet wird. Die Konsequenz für die Reinigung formuliert 1QS III 4b-6aa:

> לוא יזכה בכיפורים ולוא יטהר במי נדה ולוא יתקדש בימים ונהרות ולוא יטהר בכול
> מי רחץ טמא טמא יהיה כול יומי מואסו במשפטי אל.

> Und er soll nicht entsühnt werden durch die Kippurim und er soll nicht in den Reinigungswassern gereinigt werden und nicht geheiligt in den Meereswassern und Flüssen und er soll durch keinerlei Reinigungswasser gereinigt werden. Unrein, unrein soll er sein an allen Tagen, da er die Rechtssätze Gottes verweigert.

In der Gemeinderegel wird demnach im Kontext des Eintritts in die Gemeinschaft immer dann mit dem Begriff der Unreinheit und dem Versagen der Reinigung operiert, wenn die Out-Group beschrieben wird. Daraus ergibt sich im Umkehrschluss, dass so wie die Nichtmitglieder mit Unreinheit assoziiert werden, die Mitglieder mit Reinheit assoziiert sind. Dieser Sachverhalt wird dadurch verstärkt, dass sich die Neumitglieder im Laufe des Eintrittsprozesses immer weiter dem Kern der Gemeinschaft, der als טהרה beschrieben wird, annähern und damit selbst einen höheren Grad an Reinheit erreichen. Außerdem hat eine solche Zuspitzung der Unreinheitsbegrifflichkeit auf die Out-Group zur Folge, dass Reinheit ein geeignetes und wirksames Merkmal wird, um In- und Out-Group voneinander zu unterscheiden und zu trennen.

Die Darstellung der Eintrittsriten in CD fällt im Vergleich zu 1QS knapper und weniger detailliert aus. „The admission process laid down here contrasts sharply with the elaborate and complex admission process prescribed in the Community Rule, although a comparable procedure is described in 1QS V 7c-9a par."[91] Die größte zusammenhängende Passage bietet CD XV 5b–XVI, 6a mit den Parallelen in 4Q266 8 i 1–9; 4Q270 6 i 21 // ii 5–10, 17–19 und 4Q271 4 i 10–12 // ii 1–7. Im Kontext verschiedener Aussagen zum Eid und zum Schwören wird ein Eid genannt, der beim Eintritt in die Gemeinschaft zu leisten ist; auf ihn bezieht sich auch die Parallele in 1QS V 7ff. Über den konkreten Ritus des Übergangs selbst wird dabei nur wenig gesagt, der Eid jedoch gibt Auskunft über eine Art innere Zuwendung, die vollzogen sein muss und die in dem Eid zum Ausdruck kommt. Voraussetzung für den Eintritt (und Inhalt des Eides) ist לשוב אל תורת משה – „die Umkehr zum Gesetz des Mose" (CD XV 9). Der Aufnahme geht die Prüfung durch einen dafür eingesetzten Funktionsträger, den sogenannten מבקר, voraus. Erst wenn dieser zustimmt, wird dem Einzutretenden der Schwur des Bundes abgenommen, der zugleich besiegelt, dass das Neumitglied mit ganzem Herzen und ganzer Seele[92] zum Gesetz des Mose umgekehrt ist. Darin ähnelt die Darstellung der zweiten Variante in 1QS. Erst nach dieser Prüfung erhält das Mitglied Kenntnisse über die Gemeinschaft, die ihm vorher verwehrt waren. Newton sieht darin eine Bewahrung der Einheit (und damit auch der Reinheit) der Gemeinschaft, dass erst mit dem Eintritt auch das Erlernen ihrer Regeln und Eigenheiten einhergeht.[93] In CD XVI 10b-11 wird explizit darauf hingewiesen, dass die Kenntnis der Rechtssatzungen erst nach der Prüfung erlangt werden dürfe – für den Fall, dass der מבקר den zu Prüfenden evtl. als „töricht" einschätzt. Ein konkreter Ritus lässt sich nur erahnen; beschrieben wird er nicht. Aus den Hinweisen auf die Prüfinstanz geht hervor, dass es durchaus einen solchen Ritus gegeben haben muss. Der vorliegende Text vermittelt den Eindruck, dass es dabei vor allem um die innere Zuwendung zu den Zielen der Gemeinschaft ging. Leider sind die Fragmente zum Ende von CD XV hin ausgesprochen brüchig und unvollständig, so dass sich im Übergang zu CD XVI nicht eindeutig klären lässt, ob ursprünglich auch einmal ein Abschluss des Ritus vorhanden war.

Auffälligerweise spielen in diesen Zeilen über die Aufnahme Reinheitsbegriffe (im Unterschied zu 1QS) keine Rolle. Sie treten jedoch an einer anderen Stelle zutage, die zwar keinen Eintrittsritus im engeren Sinne darstellt, aber

91 *Hempel*, Damascus, 36.

92 Die Anklänge an das שמע ישראל in Dtn 6,4–6 sind sicher nicht zufällig gewählt.

93 Das Erlernen der Regeln sei ein entscheidender Teil des Aufnahmeritus (vgl. 1QS I 12) und gewährleiste die Reinheit der Gemeinschaft; vgl. *Newton*, Purity, 24–26.

Aussagen über jene trifft, die in den Bund eintreten bzw. – so die im Passiv gebildete Formulierung הובאו – „in den Bund gebracht wurden" (CD vi 11–vii 4). Einige Beispiele dieses Schemas sind explizit im Duktus der Unterscheidung von rein und unrein formuliert: Dazu zählen die Forderungen, sich von den Kindern der Grube abzusondern (בדל), sich von unreinem Besitz (טמא) zu trennen und zwischen rein und unrein, heilig und profan zu unterscheiden (בדל). Diese Aufforderungen münden schließlich in den Appell in vii 3b-4a ein:

> ולהבדיל מכול הטמאות כמשפטם ילא ישקץ איש את רוח קדשיו כאשר הבדיל אל להם.

> Und sich zu trennen von allen Unreinheiten gemäß ihrer Gesetze, damit niemand seinen heiligen Geist verunreinige, wie Gott für sie getrennt / unterschieden hat.

Dieser Abschnitt weist eine Verdichtung der Reinheitsbegrifflichkeit auf, die inhaltlich stark mit den Traditionen der Hebräischen Bibel korrespondiert und anders als 1QS nicht explizit der Unterscheidung von In-Group und Out-Group dient. Der einzige Hinweis darauf ist die Forderung, sich von der Gruppe der Kinder der Grube fernzuhalten.

Die Eingangsrituale, wie unterschiedlich sie auch beschrieben sind, zeigen, dass dem Übergang von „außen" nach „innen" wichtige Bedeutung zukommt. In 1QS handelt es sich dabei sogar um einen detaillierten, mehrjährigen Prozess. Der Übertritt in die Gemeinschaft stellt nicht nur einen Schwellenmoment dar, der zwar markiert, aber zügig absolviert wird, sondern gestaltet sich als ein eigenständiger Akt, der unter Beachtung besonderer Regeln zu begehen ist. 1QS unterstützt diesen Eindruck dadurch, dass im Anschluss an die Eintrittsbestimmungen eine Zeremonie der Bundeserneuerung (1QS II 19–25a) stattfindet. Die mit dem Eintritt verbundene Abwendung von „außen" wird also noch einmal, gleichsam zur Bestätigung, inszeniert. Dass in beiden Texten dazu an je unterschiedlichen, aber entscheidenden Stellen Reinheitsterminologie gebraucht wird, verstärkt den Eindruck, dass für die Mitglieder der Gemeinschaft ein spezifisches Reinheitsverständnis Teil ihrer sozialen Identität ist.

5.2.2.2 Strafkatalog bei Verfehlungen

Lange Zeit fand ausschließlich der Strafkatalog in 1QS Beachtung, da aus den Fragmenten der Kairoer Geniza lediglich ein kleiner, stark fragmentarischer Abschnitt als Paralleltext zugeordnet werden konnte (CD xiv 18–23), der nur den Anfang des Katalogs beinhaltet und deshalb keine weiteren Auskünfte über dessen Inhalt und Aufbau bietet. Erst mit der Entdeckung der Fragmente in 4QD (4Q266-273) wurde es möglich, dieses Bild zu erweitern. Dem zusammenhängenden Strafkatalog in 1QS VI 24–VII 25[94] stehen inzwischen verschiedene Fragmentengruppen aus Höhle 4 gegenüber: 266, 267 und 270.[95] Eine detaillierte Untersuchung des gesamten Überlieferungszusammenhanges liegt jenseits der Fragestellung dieser Arbeit.[96] Insofern wird auf diese Aspekte lediglich am Rand verwiesen. Die Grundstruktur und die gezielte Verwendung der Begrifflichkeiten für Strafe und Bestrafung, die beiden überlieferten Fassungen des Strafkataloges zugrunde liegen, geben ausreichend Auskunft über den Zusammenhang von Reinheit und sozialer Identität in den Gemeinschaften, von denen die Schriften zeugen.[97]

Die Strafkataloge folgen einem einfachen, kasuistischen Muster und liegen in CD und 1QS parallel, bisweilen sogar wortgleich vor. Sie benennen Vergehen und führen die daraus folgenden Konsequenzen auf. In beiden Katalogen finden sich vier Arten von Strafen: der vollständige und endgültige Ausschluss aus der Gemeinschaft; eine zeitweilige Trennung von der טהרה, eine Bestrafung, die zumeist die Reduzierung von Nahrung meint; oder Kompensationsforderungen.[98] Diese Strafen gelten für unterschiedliche Fristen; im Falle des Ausschlusses werden sie unbefristet verhängt. Hinsichtlich der Zeitangaben sowie der Zusammenstellung verschiedener Strafen unterscheiden sich 1QS und CD voneinander. Für die verschiedenen Strafen werden je eigene Begriffe gebraucht. Der Ausschluss kommt durch die verneinte Form לא ישוב – „er kehre nicht zurück" zum Ausdruck; die Trennung von der טהרה wird mit dem Verb der Absonderung בדל in einer Hif'il- oder Hof'al-Form beschrieben; die Bestrafung in Form der Nahrungsreduktion wird abstrakt mit ענש – „strafen" benannt; die Kompensationen mit Formen der Wurzel שלם – „erfüllen, vervollständigen". Die Zuordnung der Begriffe zu den einzelnen Strafen erfolgt in allen Texten konsistent. Auch die Syntax ähnelt sich: Die Sätze

94 Unter den Paralleltexten zu denen aus Höhle 1 ist der Strafkatalog in fragmentarischer Form ebenfalls erhalten, bietet jedoch keine zusätzlichen Informationen und wird deshalb auch nicht weiter berücksichtigt.

95 Das ebenfalls in Höhle 4 gefundene, jedoch nicht dem Damaskusdokument zuzurechnende Fragment 4QD265 werde ich im Folgenden nicht beachten.

96 Die meisten Untersuchungen halten den Strafkatalog für das jeweils älteste Stück und schließen von dort aus auf den historischen und soziologischen Entstehungskontext zurück; vgl. z.B. *Kratz*, Penal Code, 216–217.

97 Charlotte Hempel meint, dass die Gattung des Strafkatalogs keine Erfindung eines der beiden vorliegenden Texte sei, sondern schon dem „parent movement" von 1QS vorgelegen habe und von dort aus übernommen wurde; vgl. *Hempel*, Penal Code.

98 Zu den Details der Bestrafungen vgl. *Beyerle & Ruwe*, Comparison, 365–366, besonders Table 1 mit einer vollständigen Übersicht aller Strafen in 1QS.

beginnen in der Regel mit „ואם" – „und wenn" oder „ואשר" – „einer, der", worauf die konkrete Verfehlung und die Strafankündigung folgen.

Die Vielfalt der zu ahndenden Vergehen ist groß und reicht in beiden Texten von wildem Gestikulieren mit der linken Hand (1QS VI 15 // 4Q266 10 ii 13–14 par) bis zu Lügen oder Beleidigungen. Dabei spielt in vielen Fällen die Frage, ob etwas absichtlich geschehen ist, eine Rolle für die Festlegung des Strafmaßes. Beide Texte zeichnen sich durch eine vergleichbare dreiteilige Struktur aus, auch wenn nicht alle Vergehen in beiden Texten enthalten sind:[99]

- 1QS VI 24–VII 9 / CD XIV 20; 4Q266 10 ii 3: verhältnismäßig schwere Taten
- 1QS VII 9–15 / 4Q266 10 ii 3–13: weniger schwere Taten
- 1QS VII 15–25 / 4Q270 7 i 5–15: besonders schwere Taten

Bezeichnenderweise gibt es weder in den übereinstimmenden noch in denjenigen Fällen, die nur eine der beiden Schriften nennt, Vergehen, die direkt oder indirekt mit Reinheit als Tatbestand in Verbindung stehen. Die Vergehen sind zumeist zwischenmenschlicher Art oder solche, die einen Konflikt mit der Gemeinschaft als Ganzer betreffen.[100] Einzige Ausnahme hiervon ist ein Vergehen, das jedoch nur in den 4QD-Texten vorkommt (und Assoziationen an Lev 18–20 aufruft):

4Q270 7 i 12–13:

ואשר יקרב לזנות לאשתו אשר לא כמשפט ויצא ולא ישוב עוד.

Und einer, der sich seiner Frau nähert, um mit ihr Unzucht zu betreiben gegen das Gesetz, gehe hinaus und kehre nicht zurück.

Mit Ausnahme dieses indirekten Bezugs sind Verstöße gegen Reinheitsbestimmungen nicht Teil des Strafkatalogs. An vielen Stellen gehen die Tatbestände jedoch auf biblische Traditionen zurück, die eng mit dem Phänomen „Heiligkeit" verknüpft sind. Aharon Shemesh hat gezeigt, dass es vor allem Lev 19, Dtn 23 und Num 16–17 sind, die den traditionsgeschichtlichen Hintergrund des Strafkatalogs bilden. Dessen übergeordnete Pragmatik besteht demnach darin, die Heiligkeit der Gemeinschaft zu bewahren, was traditionell wiederum durch Reinheitsbestimmungen geschieht.[101]

---

99 Die Struktur übernehme ich von *Beyerle & Ruwe*, Comparison, 367–375.

100 Als Beispiel für letzteres gilt z.B. das Verlassen der Sitzung der Vielen, das unter bestimmten Bedingungen als Vergehen gewertet wird, vgl. 1QS VI 10–12.

101 Zur Analyse des biblischen Hintergrundes vgl. *Shemesh*, Background.

Anhand der Strafkataloge lässt sich das Verhältnis von Reinheit und sozialer Identität sowohl aus inhaltlicher als auch aus formaler Perspektive beleuchten. Inhaltlich zählt der Ausschluss von der טהרה zu den schwereren Strafformen innerhalb der Kataloge. Die Eingangsrituale wie auch die Strafmaßnahmen zeigen, dass sich anhand der טהרה eine entscheidende soziale Größe konstituiert.[102] Wie bereits aus den Untersuchungen zu den Eintrittsriten hervorgegangen ist, stellt die טהרה den Kern der Gemeinschaft im Sinne einer Statusgruppe dar. טהרה bedeutet Zugang zu einer bestimmten reinen Speise und damit Zugang zu einem kultischen Kulminationspunkt der Gemeinschaft. Mit Harrington und Davies lässt sich feststellen, dass der Zugang zu reinem Essen als Statusfrage die Charakteristika einer *sectarian community* konstituiert, weil dadurch Aufnahme und Ausschluss gleichermaßen markiert werden.[103] Der Ausschluss von der טהרה kommt einer Zurückstufung in den Status des Aufnahmeprozesses gleich. Die טהרה fungiert damit als maßgeblicher Ausdruck dafür, den sozialen Status eines Individuums innerhalb der Gemeinschaft zu bezeichnen. Reinheit wird als Maßstab für die Position des Individuums und seinen Bezug zur Gemeinschaft genutzt und verstanden. Reinheit, die im Sinne der טהרה eine Statusposition definiert, folgt dabei einem abstrakten Reinheitsverständnis, das jedoch an Konkretion gewinnt, wenn man die Zugangs- und Ausschlussbedingungen in den Blick nimmt. Die Markierung all jener, die nicht in die Gemeinschaft eintreten wollen, als zutiefst unrein unterstreicht den Zusammenhang von Reinheit und individuellem Bezug zur Gemeinschaft, der sich bereits aus der Textanalyse ergeben hat. Der Ausschluss von der טהרה als Strafmaß macht zugleich deutlich, dass die Zugehörigkeit zu ihr den erstrebenswerten Status darstellt.

Diese inhaltliche Perspektive wird durch eine sprachlich-formale Auffälligkeit gestützt. Für den Ausschluss von der טהרה kommt genau jener Begriff in Anwendung, der in der Tradition dazu dient, Reines von Unreinem zu trennen: בדל. Dadurch wird diese Art priesterlicher Unterscheidung in das Strafverfahren eingetragen, was die Devianten (ohne es explizit zu machen) als Unreine klassifiziert. Die Absonderung (בדל) von der טהרה macht jene, die abgesondert werden, zu Unreinen – was der Logik folgt, Sünde als physisch verunreinigend anzusehen.

Das Zusammenspiel von inhaltlichen und formalen Aspekten zeigt, dass Reinheitsvorstellungen auch im Strafkatalog präsent sind und dass sie den Kern der Gemeinschaft und damit der Zugehörigkeit betreffen und beschreiben.

102 Vgl. dazu ebenso den Exkurs in diesem Kapitel.

103 Vgl. dazu die Überlegungen bei *Davies*, Food, 156–161, die Hannah Harrington später noch einmal aufnimmt (*Harrington*, Purity 11).

Wenn Menschen, die Verfehlungen begangen haben und in diesem Sinn als Sündige verstanden werden, auch auf diese Art als Unreine kategorisiert und ausgeschlossen werden, verstärkt sich der Eindruck, dass Reinheit ein zentraler, das Individuum betreffender Wert ist, der die Zugehörigkeit zur Gemeinschaft konstituiert.

5.2.3 *Priestertum der Gemeinschaft*

Die Etablierung und Absonderung der essenischen Gemeinschaft hat ihren Grund vermutlich in verschiedenen Kontroversen um den Tempel, die sich als eine Art Spätfolge der makkabäischen Erhebung verstehen lassen.[104] Im Kreis des „Jachad" galt der Tempelkult als verunreinigt, was maßgeblich mit der Figur des aus 4QMMT bekannten „Frevelpriesters", einem unrechtmäßig installierten Hohepriester, zu tun hatte. Eine derartige Verunreinigung des Kultes machte jede weitere Teilnahme unmöglich. Unabhängig davon, wie die nicht mehr im Einzelnen zu rekonstruierenden Details dieses Zerwürfnisses ausgesehen haben mögen, ergibt sich aus dieser Entwicklung zwangsläufig die Notwendigkeit einer Neubestimmung des Verhältnisses der Gemeinschaft zum Tempel und damit die Frage nach dem Selbstverständnis als priesterliche Gemeinschaft. Beides ist aus den Texten nicht eindeutig ersichtlich. Vieles weist jedoch darauf hin, dass sich die Gemeinschaft aufgrund des fehlerhaften und verunreinigten Kultes vom Tempel abgewandt hat und sich nun selbst als Substitut des Tempels versteht.[105]

Ein solches Selbstbild lässt sich den Texten auf zweierlei Weise entnehmen: Zum einen enthalten sie explizite Hinweise darauf, dass sich die jeweilige (Teil-)Gemeinschaft als eine priesterliche verstand, indem sie Selbstbezeichnungen wählte, die eine Identifikation mit dem Tempel signalisierten. Zum anderen ist zu beachten, dass immer wieder priesterliche Attribute ausgeweitet werden. Das geschieht z.B. durch die Anwendung priesterlicher und tempelbezogener Regeln auf die Gemeinschaft als Ganze oder auf den Ort ihrer Zusammenkunft. Damit verändert sich aber auch der Status der Mitglieder auf signifikante Weise: „the community itself is seen as a substitute for the Temple. This implies a transfer of the requirements of purity to the sphere of the community."[106]

---

104 Auskunft zur historischen Entwicklung dieser Kontroversen sowie zu einigen inhaltlichen Punkten auf der Basis von 4QMMT und der Tempelrolle 11QT gibt *Schiffman*, Withdrawal.

105 Die Verunreinigung des Kultes wird oft im Zusammenhang mit Unzucht genannt, die im Allgemeinen als Sexualverkehr mit einer menstruierenden Frau gilt. Beide stellen zwei der drei Netze Belials dar, von denen das Kairo-Damaskus-Dokument spricht; vgl. CD V 18–20. Ein Hinweis darauf, dass sich die Gemeinschaft abgewandt habe, weil das Heiligtum verunreinigt war, findet sich beispielsweise in CD XX 23.

106 *García Martínez*, Problem, 157.

Prägnante Beispiel für Selbstbezeichnungen dieser Art sind etwa das „Haus der Heiligkeit", das „Heiligtum in Aaron" oder das „Haus der Wahrheit in Israel".[107] Sie weisen darauf hin, dass sich die Gemeinschaft als Ganze in ihrer Selbstwahrnehmung mit dem Heiligtum, das auf unterschiedliche Art qualifiziert wird, identifiziert.

Die Ausweitung priesterlicher Attribute und die Übertragung von Tempelterminologie auf die Gemeinschaft finden sich in unterschiedlichen Zusammenhängen: Regeln, die im biblischen Kontext nur auf Priester angewandt werden, gelten in den Schriften von Qumran für alle Mitglieder der Gemeinschaft. Besonders klar wird dieser Gedanke in CD VI 17–18 formuliert, wenn den Mitgliedern der Gemeinschaft die Unterscheidung von rein und unrein sowie von heilig und profan als eine Art Kernkompetenz zugesprochen wird. Inhaltlich und begrifflich findet sich dabei eine Formulierung, die in der biblischen Tradition den Priestern vorbehalten ist.[108] Newton zufolge erklärt das priesterliche Selbstverständnis auch die auffällige Übernahme der aus dem Alten Testament als priesterlich bekannten Begrifflichkeit: „The Words [בדל and נזר, MH.] express the conviction that they were a priestly community and as such had to be protected from any intrusion of uncleanness, either from without, in the form of unconverted Israelites, or from within, in the form of the sinful member who either temporarily or permanently is tainted with impurity and has to separate himself from the membership."[109]

11Q19 XLV 12–13 berichtet von einer „blinden Person", die den Tempel nicht betreten dürfe, um die Stadt nicht zu verunreinigen. Nach der Interpretation von Yadin und Garcia Martinez handelt es sich hierbei nicht allein um blinde Personen an sich, sondern um einen Anklang an die vom Priestertum Ausgeschlossenen aus Lev 21,17–20 überhaupt, deren erste Konkretion die Blinden sind.[110] Die biblischen Ausschlusskriterien für Priester werden in den Schriftrollen auf die gesamte Gemeinschaft übertragen.[111] Bertil Gärtner weist auf einen weiteren Vergleichspunkt hin: Das in der Bibel überlieferte Eintrittsalter für den Dienst am Tempel divergiert je nach Quelle;[112] ähnlich divergente, in den Zahlen aber übereinstimmende Angaben finden sich in den Schriftrollen zur Frage des möglichen Eintrittsalters in die Gemeinschaft bzw. zur

107 1QS VIII 5–10.

108 Gemeint sind hier Formulierungen wie die aus Lev 10,10, die den Priestern die Unterscheidung zwischen rein und unrein, heilig und unheilig auferlegt.

109 Newton, Purity, 18–19.

110 Vgl. *García Martínez*, Problem, 146–147.

111 Eine ähnliche Schilderung findet sich auch in CD XV 15–16.

112 Esra 3,8 gibt das Mindestalter mit 20 Jahren an, Num 8,23ff belegt ein Alter von 25 Jahren, in Num 4,3 findet sich sogar die Angabe von 30 Jahren. Das Maximalalter wird in Num 8,23 mit 50 Jahren angegeben.

Übernahme bestimmter Funktionen.[113] Hier liegt ein besonders alltagsnahes Beispiel vor, das zeigt, wie Traditionen, die innerbiblisch an Priester und priesterliche Funktionen gebunden waren, nun auch auf andere Mitglieder der Gemeinschaft übergehen.[114]

Trotz einer solchen Ausweitung priesterlicher Bestimmungen gab es jedoch auch weiterhin Priester, die eine eigene Stellung mit eigenen Aufgaben innehatten. Ihnen kamen unter anderem die Aufgaben der Richtens, des Segensspendens und des Lehrens zu.[115] Ein Grund für die besondere Betonung priesterlicher Belange könnte in dem immer wieder postulierten priesterlichen Ursprung der Gemeinschaft liegen.[116] Auch wenn diese These heute nicht mehr unhinterfragt akzeptiert wird, bleibt unbestritten, dass nicht durch die historischen Entwicklungen, sondern auch deren jeweiliges Milieu den Charakter einer neuen Gemeinschaft prägen.

Für die vorausgesetzte Gemeinschaft ist der Tempel demnach nicht nur eine kultische Bezugsgröße, sondern auch ein Modell, das auf ihre Genese theologisch Einfluss nimmt. Die Selbstbezeichnungen wie die Übertragung verschiedener priesterlicher Bestimmungen auf die ganze Gemeinschaft lassen dies deutlich erkennen, auch wenn es Schriften gibt, die solcher Hinweise entbehren. Eine solche gelegentliche Uneinheitlichkeit ist lediglich Ausdruck für die Uneinheitlichkeit der Schriftrollen insgesamt. Sie entwickeln offenkundige Tendenzen, lassen aber kein einheitliches, für alle Schriftrollen gleichermaßen gültiges System erkennen. Möglicherweise verweisen sie sogar auf unterschiedliche (bisweilen wohl nur imaginierte) Gemeinschaften, mindestens aber auf unterschiedliche Entwicklungsstadien.[117] Lawrence Schiffman vertritt die Position, dass die Substitution des Tempels durch die Gemeinschaft vorrangig als eine Art Interimslösung verstanden worden sei, die dazu dienen

---

113 Der Anhang zur Gemeinderegel, die Gemeinschaftsregel 1QSa I 8, gibt Auskunft darüber, dass Menschen mit 20 Jahren geeignet sind, um in die Gemeinschaft einzutreten, mit 25 Jahren in den inneren Kreis der Gemeinschaft („die Fundamente der Gemeinschaft" – ביסודות עדת) aufgenommen werden und mit 30 Jahren das Richteramt ausüben können. Dem Maximalalter ist keine Grenze gesetzt; in 1QSa II 7–8 wird jedoch bei der Aufzählung ungeeigneter Männer auch das Alter im Allgemeinen als Kennzeichen der Untauglichkeit genannt.

114 Dieser Gedanke sowie die zu vergleichenden Schriftbelege finden sich mit ausführlicher Erörterung bei *Gärtner*, Temple, 7–8.

115 Garcia Martinez beschreibt in einem Beitrag die vielfältigen Aufgaben der Priesterschaft, die – wie zum Beispiel im Fall der Lehre – über die aus der biblischen Tradition bekannten, hinausgehen, vgl. *García Martínez*, Functions.

116 Einen dezidiert priesterlichen Ursprung der Gemeinschaft vermuten z.B. *Gärtner*, Temple, 12, *Baumgarten*, Sacrifice, 155–157, und *Schiffman*, Law, 215.

117 Vgl. zu diesen Überlegungen auch die Einleitung zu diesem Kapitel.

sollte, den eschatologischen, neuen Tempel, der einst der Gemeinschaft übergeben würde, vorzubereiten.[118] Deshalb ist auch für diese Zwischenzeit schon eine wachsende Bedeutung der Reinheitsregeln für das Individuum sowie eine Intensivierung der Verbindung zwischen Individuum und Gemeinschaft zu beobachten.

In dem Maße, in dem sich die Gemeinschaft als Substitut für den Tempel verstand und ihre Mitglieder mit priesterlichen Aufgaben betraute, gewann auch die alltägliche Bewahrung von Reinheit an Bedeutung. Wenn sich die Mitglieder der Gemeinschaft als Priester verstanden, so wurde die Bewahrung von Reinheit und Heiligkeit ihre Hauptaufgabe. Was bisher nur einigen wenigen zukam und für das Volk nur an bestimmte Feste und Riten gebunden war, wird in Qumran zur Aufgabe aller und zu einer den Alltag bestimmenden Grundstruktur. Das Selbstverständnis des Individuums hängt in einer Gemeinschaft wie Qumran maßgeblich am Selbstverständnis der Gemeinschaft. Die Identität des Individuums ist also immer schon soziale Identität. Im Blick auf das Selbstverständnis der Gemeinschaft lässt sich daher ein klarer Zusammenhang zwischen Reinheit und sozialer Identität erkennen.

5.2.4 *Unreinheit und Sünde*

Der Zusammenhang von Reinheit und sozialer Identität erfährt in den Schriften von Qumran ein eigenes Profil, das auch vom veränderten Zusammenhang zwischen Unreinheit und Sünde geprägt ist. „In Qumran the concept of impurity has been equated with the concept of sin."[119] Diese Feststellung von Garcia Martinez hat in der Forschung weitgehende Zustimmung gefunden. Schon früh hatte Neusner 1973 auf die Tatsache aufmerksam gemacht, dass „the *yahad's* laws treat committing a sin not as a metaphor for becoming unclean, but as an actual source of uncleanness. (…) It is not *as if* he was unclean, as with the biblical metaphor. He is *actually* unclean and requires a rite of purification."[120]

In dieser Studie wurde das Verhältnis von moralischer und kultischer Reinheit entgegen einer lange dominierenden Forschungsposition nicht als ein dichotomisches bestimmt.[121] Anerkannt wurde indessen, dass sich in der

118 Lawrence Schiffman zieht den Schluss, dass die Gemeinde zwar ein Substitut für den momentan verunreinigten Tempel darstelle, dass jedoch auch dieser am Ende der Tage durch einen von Gott gebauten Tempel ersetzt werde; vgl. *Schiffman*, Withdrawal, 278–280. Auf diese Annahme baut auch der bereits erwähnt Artikel von Garcia Martinez zu den priesterlichen Funktionen in Qumran; vgl. *García Martínez*, Functions. Hannah Harrington schließt sich einer solchen Interimslösung an; vgl. *Harrington*, Purity II, 409.

119 *García Martínez*, Problem, 154.

120 *Neusner*, Idea, 54.

121 Vgl. dazu den Exkurs zum Verhältnis von Kult und Moral in Kap. 2.

Hebräischen Bibel zwei Kategorien von Quellen der Unreinheit feststellen lassen. Um auch sprachlich der Gefahr einer Dichotomie zwischen Kult und Moral zu entkommen, lassen sich diese am besten als körperliche oder natürliche Quellen auf der einen und moralische Quellen auf der anderen Seite beschrieben. Anerkannt wurde auch, dass Unreinheit unterschiedliche Formen von Reinigung fordert. Unreinheiten körperlichen Ursprungs können selbststätig oder mit Hilfe eines Priesters durch bestimmte Riten und das Verstreichen einer gewissen Zeit gereinigt werden; Unreinheiten moralischen Ursprungs werden im Zuge der Sündenvergeben am Versöhnungstag gereinigt.[122] Die Hebräische Bibel geht m.E. zwar von einem konsistenten Reinheitssystem aus; in seinem Rahmen lassen sich jedoch zwei unterschiedliche Ausdrucksformen von Unreinheit beschreiben. Diese deutliche Unterschiedenheit ist in Qumran nicht nachzuweisen. Vielmehr zeigt sich, dass Unreinheit und Sünde hier auf das Engste miteinander korrespondieren. Unreinheit wird als Folge moralischen Vergehens angesehen und moralisches Vergehen hat den Status der Unreinheit zur Folge, wie er in der Hebräischen Bibel nur durch Quellen körperlicher Unreinheit hervorgerufen wird. In der Konsequenz bedeutet das: Reinigung bedarf immer auch der Reue, und Reue erlangt erst durch Reinigung ihre volle Gültigkeit.

Die beiden bereits zitierten, in der Qumranforschung verhältnismäßig frühen Beobachtungen zur Sache werden durch die ausführliche Studie von Klawans ergänzt, die ihnen den nötigen kontextuellen Rahmen gibt. Klawans Hauptthese besteht darin, dass zwei in der Hebräischen Bibel noch unterschiedene Konzepte in den Schriftrollen in eins gesetzt werden, wodurch sich der Rahmen der moralisch qualifizierten Unreinheit aufweitet, da nun jede Sünde Unreinheit hervorrufen kann.[123] „At Qumran the once distinct concepts of ritual and moral impurity were merged into a single conception of defilement. That is, what we see at Qumran is not merely an association between ritual and moral impurity, but a basically complete identification of ritual and moral impurity."[124]

Auch Harrington sieht die Verschmelzung der beiden Kategorien als eine der entscheidenden Neuerungen im Reinheitsverständnis der Schriftrollen gegenüber dem der biblischen Tradition an. Sie betont, dass die (moralische) Empfänglichkeit für Unreinheit in zunehmender Weise mit dem Status

---

122 Vgl. dazu den Verweis auf die eindeutig reinheitsbezogene Terminologie in Lev 16.

123 Klawans baut auf eine grundsätzliche innerbiblische Unterscheidung zwischen kultischer und moralischer Unreinheit auf, um seine These in dieser Schärfe postulieren zu können; vgl. *Klawans*, Impurity, 90–91.

124 *Klawans*, Impurity, 75.

innerhalb der Gemeinschaft korrespondiert.[125] Die Verbindung aus fehlerhaften Verhalten und Unreinheit stehe außerdem mit der grundsätzlichen Unfähigkeit des Menschen, vor Gott zu bestehen, in engem Zusammenhang.[126] Der Mensch als sündiges Wesen sei immer auf die gnädige Reinigung Gottes angewiesen und drücke dies auch in seinen Gebeten aus, so z.B. in 1QS XI 14. Zugleich sei es jedoch eine unzulässige Vereinfachung, den Texten aus Qumran überhaupt jede Unterscheidung zwischen moralischer und ritueller Reinheit abzusprechen.

Einen deutlichen Kontrapunkt setzt an dieser Stelle Martha Himmelfarb und auch wenn ich der Absolutheit ihrer Argumente nicht folge, zeigen ihre Untersuchungen doch, dass auch den qumranischen Texten die ursprüngliche Unterschiedenheit verschiedener Formen von Reinheit weiterhin abzuspüren ist. Sie sieht in den Texten aus Qumran eine Parallelstruktur fortgeführt, wie sie bereits in der Hebräischen Bibel in priesterlichen Texten und den Texten des Heiligkeitsgesetzes angelegt ist. Während die ersteren Reinheit lediglich unter kultischen Aspekten betrachteten und Moral nur in der Verweigerung der Reinigung erkennen konnten, seien die Texte des Heiligkeitsgesetzes stärker von einem Miteinander von Kult und Moral geprägt.[127] Auch die bereits genannten Texten aus 1QS bieten ihrer Auffassung nach keinen Anlass, eine Verschmelzung beider Kategorien festzustellen, was auch die Hinweise in CD betrifft: „Altogether, I think it is accurate to say that 4QD maintains P's view of impurity as a ritual state without moral implications, although the requirement of a nurse for the newborn baby hints at a desire for purity for its own sake that does not appear in P."[128]

Das Ineinander kultischer und moralischer Aspekte von Unreinheit bzw. der Zusammenhang von Unreinheit und Sünde gewinnt, so Klawans, anhand von fünf Merkmalen der Qumrangemeinschaft Gestalt: Erstens werden Sünden als Unreinheiten beschrieben. Zweitens gelten Außenstehende, die per definitionem sündigen, als rituell unrein. Drittens sollen Mitglieder der Gemeinschaft nicht sündigen; wenn sie es dennoch tun, werden sie als verunreinigt und

125 Sie bezieht sich dabei z.T. auf die Darstellungen des Josephus, der behauptet, dass die Ältesten der Gemeinschaft am stärksten für Unreinheit empfänglich seien. Daraus zieht sie den Schluss: „Apparently, as one matures in moral character, sensitivity to impurity increases."; *Harrington*, Purity, 27.

126 Garcia Martinez erkennt im Anschluss an Paolo Sacchi Unreinheit als Teil der conditio humana in Qumran, deren Reinigung einer Rechtfertigung gleichkomme: „This is to view the very structure of a human being as impure and to equate purification with justification."; *García Martínez*, Problem, 155.

127 Himmelfarb wendet sich damit zugleich gegen eine vorschnelle Bewertung der Texte (besonders der CD Gruppe) als sektiererisch; vgl. *Himmelfarb*, Impurity, 35–37.

128 *Himmelfarb*, Impurity, 28.

verunreinigend beschrieben. Viertens umfassen die Eintrittsriten nicht nur Umkehr und moralisches Umdenken, sondern auch rituelle Reinigung. Fünftens wird jede rituelle Verunreinigung unter Mitgliedern als Folge moralischen Fehlverhaltens angesehen. Die rituelle Reinigung der Mitglieder erfährt erst dann ihre volle Gültigkeit und Wirksamkeit, wenn mit ihr eine grundsätzliche Umkehr verbunden ist.[129]

Beispiele finden sich dafür vor allem in der Gemeinderegel 1QS, und darüber hinaus auch in anderen Texten wie 1QH oder CD. Die frühen Texte, die sich mit der Abgrenzung zu anderen Gemeinschaften beschäftigen, wie etwa 4QMMT und die Tempelrolle 11QT, lassen hingegen kaum Tendenzen einer solchen Kombination erkennen.[130]

1QS III 6–9 spricht beispielsweise davon, dass die Novizen durch Reue und Wasser gereinigt werden. 1QS III 24–IV 14 beschreibt in der für die Gemeinderegel typischen „dualistischen" Sprache den Geist des Lichts und dessen Kennzeichen (2–8) und den Geist der Dunkelheit bzw. des Frevels und dessen Kennzeichen (9–14). 1QS IV 9–11 zufolge zeigt sich der „Geist des Frevels" anhand verschiedener moralischer Vergehen wie Lüge und Hochmut, die schließlich als „Wege des Schmutzes im Dienst der Unreinheit" (10) zusammengefasst werden.[131] Dieser Beleg ist besonders aussagekräftig für die Verschmelzung beider Konzepte, weil im Kontext keinerlei Aussagen über rituelle Reinheitsbestimmungen getroffen, dafür aber moralische Vergehen mit Begriffen der körperlichen Unreinheit (נדה, טמאה) beschrieben werden. CD erscheint in sich mehrdeutig; IV 12–V 11[132] weist ein eigenes Profil moralischer Unreinheit auf, das eher dem der Hebräischen Bibel als der übrigen Literatur aus Qumran gleicht. CD X 2 hingegen konstatiert, dass das Wort eines Gesetzesübertreters erst dann wieder gilt, wenn er sich gereinigt hat. Ein weiterer Beleg, der diese Verschiebung der Terminologie deutlich werden lässt, findet sich in den Lobliedern 1QH XI 10–11. Im Gebet wird Gott dafür gedankt, dass er den Menschen von aller Sünde gereinigt habe, um heilig werden zu können. Interessant ist hierbei das Aufeinandertreffen verschiedener reinheitsbezogener Termini.[133]

---

129 Diese Kategorisierung schlägt Klawans vor: vgl. *Klawans*, Impurity, 75.

130 Klawans zeigt, dass sich diese Texte (wenn sie überhaupt moralische Aspekte von Unreinheit benennen) relativ eng an den Traditionen der Hebräischen Bibel orientieren und noch nicht die später in Qumran zu beobachtenden Entwicklungen erkennen lassen; vgl. *Klawans*, Impurity, 48–52; 72–75.

131 Ähnliche Belege finden sich in 1QS IV 5 und V 19.

132 Der Abschnitt stellt eine Art Exegese von Jes 24,17 und der Figur Belials dar. Darauf wird in der Behandlung von CD noch einzugehen sein.

133 למען כבודכה טהרתה אנוש מפשע להתקדש לכה מכול תועבותנדה ואשמת מעל – Zu deiner Ehre hast du den Menschen *gereinigt* von der Sünde, damit er sich heilige für dich von allen *unreinen Gräueln* und schuldhafter Sünde.

Ein Textkomplex, in dem sich die Beziehung zwischen Unreinheit und Sünde in besonderer Weise verdichtet, ist der bereits analysierte Strafkatalog, der sich ausführlich in 1QS VI 24–VII 25 und in stark verkürzter Form auch in CD XIV 18–22 findet. Der Ausschluss von der טהרת הרבים, also der Teilnahme an einem besonderen, gemeinsamen, in vollkommener Reinheit vollzogenem Mahl, stellte hier die gängigste Bestrafung für moralische Vergehen dar. Der Strafkatalog verdeutlicht, dass Unreinheit innerhalb der Gemeinschaft zwar vorkommt, aber ausgesprochen unerwünscht ist. Die Strafe zeigt damit aber auch, dass die Deliquenten in einer sehr konkreten, übertragbaren Weise als unrein verstanden wurden. So sehr, dass sie von dem zentralen Gemeinschaftsmoment, für den Reinheit die Voraussetzung ist, ausgeschlossen werden. Er entspricht damit par excellence der von Klawans angeführte Kategorie, dass Mitglieder der Gemeinschaft nicht sündigen sollen und dass sie, wenn sie es doch tun, als unrein gelten. Exemplarisch ist hier die Einführung des Strafkatalogs in 1QS VI 24f zu nennen.[134]

Außer durch Textbelege, die den engen Zusammenhang von kultischen und moralischen Aspekten aufzeigen, wird diese Tendenz auch dadurch verdeutlicht, dass Reinigung in vielen Fällen als Akt der Gnade betrachtet wird. Als Ergebnis seiner Überlegungen zu den Reinigungsritualen in einigen Texten sieht Joseph Baumgarten dies beispielsweise in der Liturgie verankert: „What may safely be said is that the authors of this liturgy viewed purification from any defilement as a gift of divine grace and a restoration of one's spiritual and social integrity."[135] Dies drückt sich auch in den Gebeten, die zur Reinigung gesprochen werden, aus, wenn die betende Person wie in 1QS XI 14 die Möglichkeit der gnädigen Reinigung durch Gott mit Begriffen wie „durch die Gerechtigkeit seiner Wahrheit" (בצדקת אמתו) und „durch den Reichtum seiner Güte" (ברוב טובו) preist.

Wenn Unreinheit mit Sünde weitgehend gleichzusetzen ist bzw. wenn das eine das andere nach sich zieht, dann hat die soziale Identität des Individuums in Qumran auch moralische Aspekte: Sie ist derjenige Teil des individuellen Selbstbildes, der sich aus der Zugehörigkeit zu einer bestimmten Gruppe, ergibt.[136] Die Prozesse sozialer Identität lassen sich in Qumran somit stärker als in der Hebräischen Bibel auch anhand moralischer Verhaltensweisen beschreiben, da Reinheit deutlicher als bisher mit Moral assoziiert wird.

---

134 Nach einer Art Überschrift wird dort der Ausschluss von der Reinheit der Vielen für ein Jahr, sowie eine Reduktion der erlaubten Nahrung als Strafe für das bewusste Lügen hinsichtlich eigenen Besitzes genannt.

135 *Baumgarten*, Rituals, 201.

136 Vgl. dazu *Tajfel*, Categorization, 63, sowie das einführende Kapitel zur Theorie der sozialen Identität, Kap 1.1.

Eine weitere Auswirkung dieser Entwicklung ist die Deklaration aller Außenstehenden als unrein. Der Ursprung dieser Entwicklung lässt sich ebenfalls in der Hebräischen Bibel erkennen, wo Reinheitsbestimmungen unter anderem den Zweck hatten, das eigene Volk von den Völkern abzugrenzen und insofern anhand der erhaltenen Reinheit zu qualifizieren. Nun aber expliziert sich diese Zuschreibung nicht nur an anderen Völkern als einer mehr oder minder abstrakten Größe, sondern an konkreten Individuen, die nicht Teil der Gemeinschaft sind oder es werden wollen. Dabei halte ich die von Harrington aufgeworfene Frage, ob hier zwischen Juden, die nicht Mitglieder der Gemeinschaft sind, und Nichtjuden im Allgemeinen zu unterscheiden ist, für nachrangig. Den Texten ist zu entnehmen, dass die Gemeinschaft grundsätzlich zwischen „in" und „out" unterscheidet und keine weitere Abstufung der Bewertung von „out" vornimmt. Das ist deutlich in 1QS III 4–5 zu sehen, wo selbst der Unwillen, Buße zu tun und sich wieder der Gemeinschaft anzuschließen als derart verunreinigend angesehen wird, dass sich der Betroffene von allen anderen fernhalten muss und auch nicht rituell reinigen darf.[137] 1QS VI 16–22 beschreibt den Eintrittsritus in die Gemeinschaft, der als mehrgliedriges Reinigungsverfahren vorgestellt wird. Nichtmitglieder legen dabei auf dem Weg zum Status der Mitgliedschaft schrittweise ihre Unreinheit ab. Baumgarten hat in einem Beitrag von 1992 dargestellt, welche Folgen ein zu enger Kontakt mit Außenstehenden nach sich ziehen kann: Die Parallelen des Kairo-Damaskus-Dokuments in 4Q266 lassen erkennen, dass Priester, die in Gefangenschaft waren, nach ihrer Freilassung aufgrund der erlittenen Verunreinigung nicht mehr zum Tempeldienst zugelassen werden können.[138] Die besondere Betonung der Unreinheit von Außenstehenden verstärkt dabei den Eindruck, dass Reinheit die Funktion einer klar definierten Abgrenzung im Sinne der Kategorisierung von „innen" und „außen" zukommt: „the scrolls not only indicate a moral aversion to outsiders (both Jew and Gentiles) but some texts also consider them ritually impure as an effort to maintain group identity."[139]

Der Zusammenhang von Unreinheit und Sünde verstärkt den kategorisierenden Charakter, der Reinheit eignet, also nicht nur nach innen, sondern auch nach außen, und schärft somit das Profil der sozialen Identität des Individuums.

Das Verhältnis der Qumranschriften zur Hebräischen Bibel, die gruppenbezogenen Regeltexte, die Einstellung der Texte zum Tempel und das damit

---

137 Das ist zugleich ein weiterer Beleg für die Verknüpfung von Reinigungsriten und Reue bzw. Umkehr, deren einer Teil ohne den jeweils anderen unwirksam bliebe.

138 Vgl. *Baumgarten*, Disqualification, 512–513.

139 *Harrington*, Purity II, 412.

verbundenen Selbstverständnis sowie die Verhältnisbestimmung von Unreinheit und Sünde belegen, dass auch in diesem Korpus Reinheit als Faktor sozialer Identität erscheint.

5.3 Fazit

Reinheit dient in den gruppenbezogenen Schriften aus Qumran dazu, soziale Identität zu konstruieren, indem Strukturen der alttestamentlichen Reinheitskonzeptionen aufgegriffen, entwickelt und weiter profiliert werden. Dabei erfolgt die kategorisierende Abgrenzung jedoch nicht wie üblich gegenüber nicht-jüdischen Gruppen, sondern gegenüber allen anderen, die nicht Teil der Gemeinschaft sind, unabhängig davon, ob sie sich als jüdisch oder nicht verstehen.

Am augenfälligsten ist die Entwicklung der Reinheitsterminologie zu einem Vokabular, das sowohl die Gemeinschaft als Ganze als auch die maßgebliche soziale Größe innerhalb der Gemeinschaft zu beschreiben vermag. Reinheit als Abstraktum wird zu einem Spezifikum der Gemeinschaft, die deshalb als Ganze mit Reinheitsbegriffen beschrieben und synonymisiert wird. Darin drückt sich zugleich das Verständnis aus, eine priesterliche Gemeinschaft zu sein. Tätigkeiten und Zuschreibungen, die in der Tradition der Hebräischen Bibel den Priestern vorbehalten waren, werden nun auf die Gemeinschaft als Ganze ausgedehnt. Diese Ausdehnung lässt sich auch lokal, nämlich über den Tempelbezirk hinaus, beobachten. Neben der Gemeinschaft selbst werden auch die verschiedenen Mitgliedschaftszustände mit Reinheitsbegriffen beschrieben. Das aus der hebräischen Bibel bekannte konzentrische Heiligkeitskonzept des Tempels wird adaptiert und in ein Reinheitskonzept der Mitgliedschaft überführt: Je näher ein Mitglied dem Kern der Gemeinschaft kommt, desto reiner muss es sein bzw. wird als desto reiner angesehen. All jene, die keine Mitglieder sind, gelten eindeutig als unrein, während die Vollmitgliedschaft durch den vollständigen Zugang zur טהרה, also zur reinen Speise, gekennzeichnet ist.

In dieser Ausrichtung unterscheiden sich die Texte der Schriftrollen erkennbar von den bisher untersuchten Korpora. Zwar wird die doppelte Funktion von Reinheit als Abgrenzung nach außen und Strukturmerkmal nach innen übernommen. Doch diese Unterschiede werden nun stärker profiliert. Das Gegenüber, von dem sich die Texte aus Qumran absetzen, wirkt realer und direkter als in den Texten der Hebräischen Bibel oder in den Schriften des Josephus. Die Notwendigkeit der Abgrenzung sowie die konkreten Folgen, die sich daraus ergeben, sind somit klarer zu fassen.

Reinheit als sozialer Faktor und als Merkmal sozialer Identität prägt das Individuum während aller Stadien seiner Mitgliedschaft. Reinheit nimmt in den Schriften von Qumran vorrangig eine vergleichende Funktion ein. Sie gewinnt ihre Relevanz primär in den Prozessen des sozialen Vergleichs und der sozialen Distinktheit. Diese beschreiben, wie sich die In-Group im Vergleich zur Out-Group darstellt und wie sie sich positiv absetzt. Reinheit lässt sich unter beiden Aspekten begreifen: Zum einen unterschiedet sich die qumranische In-Group anhand ihrer Reinheitsvorstellungen von der postulierten Out-Group und setzt sich in ihrer Selbstwahrnehmung positiv von derselben ab. Der Prozess der sozialen Identität ereignet sich dadurch, dass Reinheit innerhalb der Gemeinschaft zu einem Gradmesser für den Bezug des Individuums zur Gemeinschaft wird. Der Status innerhalb der Gemeinschaft bemisst sich am Grad der Reinheit. Somit fungiert Reinheit kategorisierend, indem sie die Umwelt des Individuums, sei es im Rahmen der In-Group oder der Out-Group, einteilt und dadurch Orientierung schafft.

Im Blick auf den Streit um ein konsistentes Reinheitskonzept in den Qumranschriften, wie er zu Beginn des Kapitels anhand von Harrington und Werrett referiert wurde, stimme ich grundsätzlich der Skepsis von Werrett und Klawans zu. Die konkreten Aussagen in ihren jeweiligen Kontexten ergeben ein buntes und disparates Bild. In der Funktionalisierung der Reinheitsthematik zur Charakterisierung und Identifizierung der Gemeinschaft hingegen sehe ich eine stringente Konzeption, die das Proprium der untersuchten Texte ausmacht.

Das Spezifikum der behandelten Texte liegt in der Tatsache, dass ihre Abgrenzungsprozesse innerhalb der ursprünglich eigenen In-Group stattfinden, die dadurch zu einer neuen Out-Group wird. Innerhalb Israels, das traditionell eine eigene In-Group darstellt, bildet sich eine neue In-Group, die sich vom übrigen Israel ebenso wie von allen Völkern abgrenzt. Dabei fungiert für die hinter den Schriftrollen stehende Gemeinschaft wie auch für die Gruppen, von denen sie sich absetzt, Reinheit als ein entscheidendes und unterscheidendes Identitätsmerkmal. Dies gilt es dann auch bei der Lektüre der neutestamentlichen Texte im Auge zu behalten, weil die Dynamik beider Gruppenbewegungen zwar Ähnlichkeiten aufweist, Reinheit aber unterschiedlich funktionalisiert.

KAPITEL 6

Rein sein in unreiner Umgebung: Die Texte der Mischna

6.1 Einleitung

Kaum ein Textkorpus der jüdisch-christlichen Tradition hat Reinheit und Unreinheit so umfangreich thematisiert wie die Mischna. Von ihr aus ergeben sich zahlreiche Seitenblicke auf Texte aus der Tosefta und dem Babylonischen Talmud, in denen die Überlieferungen der Mischna weiter erhellt und kontextualisiert werden. Obwohl der Talmud eine zeitlich nachgeordnete Diskussion widerspiegelt, lassen sich in seinem Licht Argumentationsstrukturen der Mischna mitunter besser verstehen. Das Verhältnis zwischen Mischna und Tosefta wiederum ist Gegenstand einer lang andauernden, kontroversen Diskussion.[1] Shamma Friedman, der zwischen den Extremen zu vermitteln sucht, sieht in der Tosefta eine Sammlung von Materialien, die in enger Verbindung zur Mischna und ihren Inhalten steht. Während die Zusammenstellung als solche vermutlich jünger als die Redaktion der Mischna ist, können einzelne Traditionen durchaus älter als das Mischnamaterial sein. Friedman betont, dass zumindest eine solche Möglichkeit in Betracht gezogen werden muss.[2] Dann aber ließen sich die Texte der Tosefta als Erweiterungen zur Mischna zu lesen, wohl wissend, dass die Kompilation der Tosefta eigenen Intentionen folgt. Unter dieser Prämisse wird im Folgenden der Blick auf die Mischna durch exemplarische Texte aus Talmud und Tosefta ergänzt.

In einer Arbeit, die bei den Texten des Neuen Testaments ansetzt, bedarf eine Untersuchung von Mischnatexten der Erklärung – sofern man nicht der von Samuel Sandmel angeprangerten und von Neusner explizierten

---

1 Die klassische Sicht hält die Tosefta für jünger als die Mischna und sieht in ihr einen ihrer frühesten Kommentare bzw. eine Erweiterung, die kommentiert und illustriert; so z.B. *Goldberg*, Tosefta, 283–284. Eine andere Theorie sieht hingegen in der Tosefta die eigentliche Quelle der Mischna. Die prominenteste Vertreterin dieser These ist Judith Hauptmann, die anhand detaillierter Textanalysen nachzuweisen versucht, dass Teile der Tosefta umgedacht und umgeschrieben und dann in die Mischna integriert wurden; vgl. *Hauptmann*, Mishnah. Eine weitere, weniger breit rezipierte Position sieht in beiden unterschiedlich interpretierende Wiedergaben einer gemeinsammen, inzwischen verlorenen Quelle; vgl. dazu die Studie von *Jaffee*, Torah.

2 Vgl. *Friedman*, Primacy, bes 121.

 | DOI:10.1163/9789004524651_007

„Parallelomania" verfallen möchte, die beide Textkorpora ohne Ansehen ihres zeitlichen Abstands miteinander vergleicht.[3]

Im Rahmen dieser Arbeit ergibt sich die Einbeziehung von Mischnatexten vor allem aus zwei Gründen: Erstens verstehe ich das Neue Testament als eine Schriftensammlung des antiken Judentums, die erst später durch ihre Rezeption sowie durch die Etablierung des Christentums als eigenständige Religion im nominellen Sinn „christlich" geworden ist.[4] Diese Überzeugung bringt es mit sich, dass das Neue Testament nicht nur im Kontext der ihm vorausgehenden Schriften gelesen werden kann und muss, sondern dass auch die ihm nachfolgenden Korpora in eine (nicht parallele, sondern sukzessive) Beziehung zu ihm gestellt werden können. Dabei sehe ich das Neue Testament nicht als eine Art literarischen Sonderfall an, der vor dem Hintergrund anderer Schriften gelesen wird, sondern als integralen Bestandteil eines Bereiches religiöser Traditionsliteratur in der von unterschiedlichen jüdischen Strömungen geprägten Antike. Somit gehört auch die Mischna zu jenen Schriften, die im Entstehungsraum des Neuen Testaments angesiedelt sind.

Ein zweiter Grund liegt in dem Thema selbst. Wenn sich der Zusammenhang von Reinheit und sozialer Identität als Schlüssel zu den neutestamentlichen Reinheitstexten erweisen sollte, stellt sich die Frage nach seinen weiteren Verwendungsmöglichkeiten. Ein zeitlicher Abschluss der Untersuchung bei den Texten des Neuen Testaments würde suggerieren, dass damit auch die Tradition der Reinheitskonzeptionen einen Schlusspunkt gefunden habe und das Neue Testament diesen Schlusspunkt, womöglich sogar im Sinne eines Höhepunktes, markiere. Die Einbeziehung der dem Neuen Testament chronologisch

3 Dieses Stichwort verweist auf einen Streit in den 1990er Jahren, der den Stellenwert der rabbinischen Literatur für die neutestamentliche Forschung zum Inhalt hatte und bis heute immer wieder aufgegriffen wird; vgl. zu Begriff und Phänomen *Sandmel*, Parallelomania. Sandmel definiert Parallelomania als „that extravagance among scholars which first overdoes the supposed similarity in passages and then proceeds to describe source and derivation as if implying literary connection flowing in an inevitable or predetermined direction."; *Sandmel*, Parallelomania, 1. Später beschreibt er diese Haltung sogar als „Krankheit" und wünscht, dass sie überwunden werde, vgl. *Sandmel*, Parallelomania, 13. Der entschiedenen Ablehnung jeder Vergleichbarkeit durch Neusner (vgl. exemplarisch *Neusner*, Judentum) traten in den frühen 90er Jahren vor allem hebräischsprachige Forschende der Judaistik entgegen (vgl. exemplarisch *Sussman*, חקר, dessen Position auf die Frühphase der Qumranforschung zurückgeht und entsprechende Parallelen heranzieht).

4 Eine solche Einordnung war vor wenigen Jahren noch alles andere als selbstverständlich, scheint sich heute aber schon weitgehend durchgesetzt zu haben. Das zeigt sich auch daran, dass jüdisch-hebräischsprachige Überblicksuntersuchungen das Neue Testament fast durchgehend als Bezugs- und Vergleichsgröße heranziehen; vgl. exemplarisch etwa die Untersuchung Furstenbergs zu Reinheit und Gemeinschaft, die Jesu Umgang mit Reinheit immerhin zwei ganze Kapitel widmet: *Furstenberg*, טהרה.

nachfolgenden Schriften hingegen zeigt, dass und wie diese Konzeptionen im Laufe der Zeit weiterentwickelt wurden. Löst das Neue Testament eine Art neuen Trend aus, oder beschreitet es einen Sonderweg? Sind es vielleicht andere jüdische Quellen, die Sonderwege wählen? Bewegt sich die rabbinische Literatur hinsichtlich der Reinheitsthematik auch weiterhin in der Spur der vorausliegenden Tradition, oder geht sie darüber hinaus?

Hinzu kommt, dass die Mischna und das Neue Testament in dieser Arbeit die einzigen Textkorpora sind, die Traditionen aus der Zeit nach der Tempelzerstörung bewahren. Damit präsentieren sie zwei Möglichkeiten, den Zusammenhang von Reinheit und sozialer Identität auch nach dem Verlust des gemeinsamen kultischen Zentrums weiter zu entwickeln. Die Mischna stellt somit für das Neue Testament eine besonders instruktive Bezugsgröße dar, wobei das *tertium comparationis* in der Wahl des Themas sowie in einer vergleichbaren Traditionsbindung, nicht aber in einer Zeitgleichheit der Texte liegt.

Die Tempelzerstörung im Jahre 70 darf dabei nicht überbewertet werden. Während der letzten anderthalb Jahrhunderte hat die Forschung in steten Pendelbewegungen die Bedeutung dieses Ereignisses als Einschnitt oder Wendepunkt in der jüdisch-christlichen Geschichte höchst unterschiedlich bewertet. Dabei war es von erheblichem Gewicht, wie man die Rolle der Pharisäer und/oder Rabbinen im Gegenüber zu den Angehörigen der Priesterschicht vor und nach 70 bestimmte.[5] Gegenüber einer einseitigen Vorordnung der Rabbinen vor alle anderen Strömungen des Judentums nach 70 tritt in jüngerer Zeit die zunehmende Relativierung dieser Gruppe zumindest für die ersten vier Jahrhunderte unserer Zeitrechnung. Die jüngste Forschung, wie sie etwa in dem Sammelband von Daniel Schwartz und Zeev Weiss zu finden ist, nimmt deshalb Abstand von allen eindeutigen Antworten und beschreibt vor allem Kontinuitäten und Diskontinuitäten. Differenzierungsprozesse, die schon in der Zeit vor 70 beginnen, setzen sich auch danach weiter fort und lassen den Bruch eher als Kulminationspunkt einer längeren Übergangsphase erscheinen.[6]

Die Beschäftigung mit der Mischna und dem in ihr sichtbar werdenden Selbstverständnis jüdischer Theologie rückt zwei Problemkreise in den Blick: Zum einen geht es dabei um die Frage der Kontinuität zwischen den Pharisäern vor 70 und den späteren Rabbinen, deren positive Beantwortung aufgrund

---

5 Vgl. zur Übersicht über die Forschungsgeschichte *Schwartz*, Watershed.

6 Der von Schwartz und Weiss herausgegebene Sammelband erörtert aus Sicht verschiedener Textkorpora und verschiedener inhaltlicher Perspektiven die Frage nach der Bedeutung des Jahres 70; vgl. *Schwartz/Weiss* (Hg.), Watershed. Dabei geht es vor allem um Themen wie das Verhältnis zwischen Priestern und Rabbinen, den Tempel als Ort neben anderen Orten, Kunst, heilige Texte und deren Exegese oder die Frage nach gemeinschaftlicher Identität.

einer voreingenommenen Lektüre der Mischna sowie einer Fixierung auf ausgewählte Themen lange Zeit die dominierende Meinung darstellte. Zum anderen geht es dabei um den auffälligen Sachverhalt, dass die Rabbinen in einer der grundlegenden Urkunde ihrer Tradition (mAv 1) die Tempelzerstörung gar nicht erwähnen und ihr Selbstverständnis auf andere Pfeiler als auf den Tempel gründen – nämlich auf Gerechtigkeit, Wahrheit und Frieden (mAv 1,18).[7] Die Bedeutung des Jahres 70 für die formative Phase des „rabbbinischen" Judentums bleibt umstritten.[8] Dass der Verlust des Tempels jedoch weitreichende Auswirkungen auch auf die theologischen Diskurse der Folgezeit hatte, ist nicht von der Hand zu weisen. Insofern ist es von Belang, dass die Reinheitsthematik der alttestamentlich-jüdischen Tradition im Neuen Testament und in der Mischna einen zweifachen Ausgang findet.

Einen themenspezifischen Zugang zu den Texten der Mischna zu wählen, ist eine reizvolle und faszinierende Aufgabe. Die Antworten, die das Studium der Mischna bietet, sind nie einfach, selten eindeutig und oft überraschend. Sie erweisen sich immer wieder als Zeugnisse einer lebendigen Diskussionskultur und eines kreativen Umgangs mit theologischen Fragestellungen und vermögen praktische Anliegen wie abstrakte Überlegungen gleichermaßen zu integrieren. Das gelingt dank einer Hermeneutik, die nicht nach Eindeutigkeit strebt, sondern „Vielfalt ohne Beliebigkeit" ermöglicht.[9]

In dieser Offenheit liegt jedoch auch ein methodisches Problem: Menge und Diversität des Materials lassen sich kaum erschöpfend bewältigen. Sicher sind die in der Mischna versammelten Traditionen durch einen gemeinsamen Rahmen miteinander verbunden; unterschiedliche Entstehungszeiten und -kontexte bringen jedoch auch unterschiedliche Interpretationsmöglichkeiten mit sich. Es kann deshalb nicht der Anspruch der folgenden Ausführungen sein, die Vielzahl von Aussagen zur Reinheit in der Mischna auch nur annähernd vollständig zu analysieren. Vielmehr wird es um eine exemplarische Auswahl von Texten gehen, die das Verhältnis von Reinheit und sozialer Identität auf besonders charakteristische Weise zum Ausdruck bringen. Das betrifft im Besonderen solche Texte, in denen Zugehörigkeitsfragen thematisiert werden.

7 Vgl. zur Selbstdarstellung der Rabbinen in der Mischna und zu dem auffälligen Schweigen der Rabbinen zur Tempelzerstörung *Schwartz*, Watershed, 5.

8 Schwartz verweist auf die Assymetrie zwischen einer derart weitgespannten Fragestellung und einer derart fragmentarischen Materialbasis; vgl. *Schwartz*, Watershed, 16.

9 Vgl. zu dieser Formulierung Jürgen Ebachs Antrittsvorlesung in Bochum aus dem Jahr 1977, in der er unter diesem Stichwort in die Hermeneutik rabbinischer Texte einführt: *Ebach*, Vielfalt.

Reinheit ist in der Mischna ein höchst komplexes Thema. Innerhalb der sechs Ordnungen der Mischna nimmt es mit einer eigenen Ordnung eine prominente Stellung im Thementableau ein. Die Ordnung „Toharot" setzt sich ihrerseits wieder aus 12 Traktaten zusammen, die das Thema in unterschiedlicher Perspektive behandeln. Verschiedene Aspekte von Reinheit tauchen auch in Traktaten anderer Ordnungen auf. So werden z.B. im Traktat Chagiga – „Feierlichkeiten" neben detaillierten Regeln für die Wallfahrtsfeste auch verschiedene Reinheitsstufen definiert; im Traktat Sota – „die Ausschweifende" werden die Gesetze aus Num 5 bezüglich der Feststellung des Ehebruchs diskutiert. Dabei wird das Thema an keiner Stelle systematisch-umfassend dargestellt, sondern stets nur anhand von Fallbeispielen und Einzelthemen behandelt. Wie die Rezeption der Mischna (namentlich im Rahmen des Babylonischen und Palästinischen Talmuds) zeigt, nimmt das Interesse an der Reinheitsthematik im Laufe der Zeit ab. Mit Ausnahme des Traktats Nidda – „die Menstruierende", der sich mit Unreinheit im Zusammenhang der Menstruation beschäftigt, gibt es zu keinem weiteren Traktat der Ordnung Toharot – „Reinheiten" eine Gemara im Babylonischen oder Palästinischen Talmud. Ein Grund für diese Leerstelle liegt sicher in der Kultbezogenheit der entsprechenden Traktate, die sowohl im Babylon als auch im Jerusalem des 5. Jahrhunderts keine Relevanz mehr hatte. Gleiches ließe sich jedoch auch für die Abfassungszeit der Mischna sagen, denn schon um 200 n. Chr. war der Kultbetrieb längst erloschen; spätestens die Folgen der Bar-Kochba-Revolte um 135 n. Chr. dürften alle Hoffnungen auf einen baldigen Wiederaufbau des Tempels und eine Restitution des Kultes endgültig begraben haben. Trotzdem bewahrt die Mischna umfangreiche Diskussionen um Reinheit und Unreinheit auf, während die Talmudim auf einen großen Teil derselben verzichten.[10]

So entsteht ein ambivalenter Eindruck: Die Mischna diskutiert Fragen, deren kultischer Bezug längst schon verlorengegangen ist. Einerseits steht die Vielfalt der Themen sowie die Detailgenauigkeit, mit der sie erörtert werden, in einem Missverhältnis sowohl zu deren Praxisrelevanz als auch zu ihrer fehlenden Rezeption in beiden Talmudim. Andererseits ist die Behandlung der Reinheitsthematik nicht nur Reminiszenz biblischer Traditionen, die lediglich konserviert würden, sondern Entfaltung eigenständiger Diskurse und neuer konzeptioneller Ansätze. Gelegentlich hat man versucht, das Thema

10 Interessanterweise verhält es sich mit den Opferhalachot anders: Auch sie haben nach der Tempelzerstörung keine konkrete Relevanz mehr, werden aber in den Talmudim ausführlich diskutiert. Ein Grund dafür könnte sein, dass die täglichen Gebete an die Stelle der Opfer getreten sind und die Thematik somit wachhalten.

im Ganzen zu beschreiben. Neben dem opulenten Werk Neusners[11] kommen dabei vor allem hebräischsprachige Untersuchungen[12] in den Blick, wie die von Gedalyahu Alon[13], Vered Noam[14] und in jüngster Zeit vor allem Furstenberg.[15] Häufig werden die Reinheitskonzepte der Mischna aber auch im Kontext anderer Fragestellungen untersucht.[16] Daran wird deutlich, vor welche methodischen Herausforderungen die Analyse von Texten aus der Mischna stellt. Das betrifft vor allem die Frage nach der Datierung von Texten sowie die Frage der Zuschreibungen von Überlieferungen an verschiedene namentlich genannte Rabbinen.

Ein besonderes Problem stellt die Datierung einzelner Überlieferungseinheiten dar. Konsens besteht hinsichtlich des Endpunktes: Nach dem Weggang des Sanhedrins aus Yavneh (nach 135 n. Chr.) lässt sich der Abschluss der Redaktionsarbeit unter Rabbi Jehuda Ha-Nasi und seines Gelehrtenkreises in Galiläa relativ sicher um 200 n. Chr. bestimmen. Weniger eindeutig sieht es mit

11 Neusner ist für seine ausufernde Publikationstätigkeit bekannt. Ihm kommt das Verdienst zu, die Mischnatexte neu erschlossen und einen praktikablen Vorschlag zu ihrer Stratifizierung gemacht zu haben. Im Folgenden werde ich vor allem auf seine Untersuchung zu den Traditionen der Pharisäer (*Neusner*, Traditions 1), auf einzelne Ausgaben aus seiner Reihe zu den Gesetzen der Mischna (z.B. *Neusner*, Purities: Nega'im) und auf seine Zusammenfassung der Auseinandersetzung mit Ed P. Sanders (*Neusner*, Law) eingehen.

12 Zur leichteren Nachvollziehbarkeit beziehe ich mich dabei auf englische Übersetzungen (soweit sie vorhanden sind), verweise aber bei der ersten Nennung immer auf die Originaltitel. Zitate werden im Haupttext in einer eigenen deutschen Übersetzung, in der Fußnote im hebräischen Original geboten.

13 Gedalyahu Alon hat Ende der 50er Jahre eine Reihe von hebr. Studien zu verschiedenen Themen biblischer Traditionen veröffentlicht, darunter auch zwei Artikel, die sich mit levitischer Reinheit beschäftigen. Ende der 70er Jahre sind beide dann auf Englisch erschienen und werden seither breit diskutiert. Einerseits vertritt er einen Gegenentwurf zu dem lange Zeit gültigen Konsens, andererseits wird er bis heute für seine harmonisierende Lektüre der unterschiedlichen Quellen in der Mischna kritisiert; vgl. *Alon* (Hg.), מחקרים, darin 121–176; engl. *Alon* (Hg.), Jews.

14 Vered Noam ist mit zu ihren Untersuchungen zur Totenunreinheit in den Qumranschriften (*Noam*, יבטים) bekannt geworden und hat diese Fragen seither über Qumran hinaus weiterverfolgt; vgl. z.B. *Noam*, Impurity; *Noam*, Gentileness.

15 Die grundlegenden Arbeiten Furstenbergs werden bisher kaum rezipiert, da sie nur auf Hebräisch erschienen sind. Furstenberg befasst sich (auf der Basis konkreter Datierungen) vor allem mit der geschichtlichen Entwicklung der Reinheitsobservanz – etwa anhand der Frage, welche Rolle das Essen in Reinheit in der Mischna spielt (*Furstenberg*, אכילה) oder aktuell an der Frage nach dem Zusammenhang von Reinheit und Gemeinschaft (*Furstenberg*, טהרה).

16 So z.B. *Sanders*, Law, oder *Stern*, Identity. Auch archäologische Forschungen beschäftigen sich zunehmend mit Reinheitsthemen. Das ist vor allem hinsichtlich der Texte aus Qumran, aber auch im Blick auf spätere Texte zu sehen; vgl. exemplarisch *Miller*, Pools.

dem Beginn dieser Arbeit aus. Die meisten Einleitungswerke sind sich darin einig, dass die Wurzeln der Sammlung bis in die Zeit vor der Tempelzerstörung 70 n. Chr. reichen; einige gehen dabei sogar bis in die Exilszeit zurück.[17] Solche Detailfragen können hier außer Acht gelassen werden. Doch auch wenn das genaue Ursprungsdatums einer konkreten Tradition nur von untergeordneter Bedeutung ist, kann die Beobachtung von Entwicklungsprozessen innerhalb der Mischna nicht einfach zugunsten einer rein literarisch-synchrone Leseweise suspendiert werden. Denn das hätte eine verkürzte Wahrnehmung dieses gewachsenen Materials zur Folge, dessen Stärke gerade auch darin besteht, Minderheiten und deren Meinungen, sowie Meinungen aus unterschiedlichen Epochen im Gespräch zu halten. Datierungsfragen brechen bei der Auslegung der Mischna vor allem dann auf, wenn nach pharisäischen Traditionen und damit nach Traditionen aus der Zeit vor der Tempelzerstörung gesucht wird. Neusner hat dazu die umfassendste Studie vorgelegt, in der er die Zuschreibung von Traditionen zu konkreten Personen oder Schulen für authentisch hält.[18] Auch in der jüngsten Arbeit von Furstenberg zu Reinheit und Gemeinschaft basieren die Thesen (wie schon in seiner Dissertation) auf einer Unterscheidung von mindestens drei Schichten der Mischna.[19] Damit verbindet sich auch die Frage nach jenen Gruppen, die für die formative Phase der Mischna prägend waren. Gegenüber der postulierten Erbfolge (wenn nicht sogar Gleichsetzung) von Pharisäern und Rabbinen ist man heute zu Recht vorsichtig geworden. Günther Stemberger zufolge wirft diese Debatte ohnehin mehr an Fragen auf, als sie zu beantworten vermag.[20] Schon die Gruppe der Pharisäer vor 70 lässt sich nur in Umrissen erfassen, da die Quellenlage disparat und wenig verlässlich ist. Viele Aspekte, die gerne den Pharisäern zugesprochen werden (wie etwa das Streben nach einer besonderen Toratreue, eine eschatologischen Jenseitserwartung oder das Interesse an außerbiblischen Traditionen), lassen sich so auch bei den Rabbinen finden. Zudem gibt es auch einige wenige personelle Kontinuitäten zwischen Pharisäern und Rabbinen. Man kann somit annehmen, dass pharisäische Traditionen auch in der

17 Vgl. exemplarisch; *Krupp*, Einführung, 25–28; älter und optimistischer in der Quellenbestimmung als heute üblich auch *Albeck*, Einführung, 4–55.

18 *Neusner*, Traditions 1.

19 Furstenberg vergleicht vier verschiedene Textabschnitte, die in der Mischna verteilt vorkommen, und weist nach, dass sie alle einer gleichen Argumentationsstruktur folgen. Daraus leitet er ab, dass die Herauslösung einzelner Abschnitte aus ihrem literarischen Kontext und ihre Reintegration in argumentationslogische Kontexte einen Ansatzpunkt zur Datierung bietet; vgl. dazu *Furstenberg*, עריכת.

20 *Stemberger*, Pharisäer, 118.

Neuformierung des Judentums nach 70 wirksam wurden, ohne darin jedoch so etwas wie eine Hauptwurzel des rabbinischen Judentums ausmachen zu können.[21] Die Pharisäer vor 70 erscheinen auch bei Josephus nur als eine Religionspartei unter anderen; ihr theologisches Profil fügt sich in ein vielgestaltiges Bild theologisch profilierter „Judentümer" ein. Ähnlich ausdifferenziert wird man sich auch die Situation vorstellen müssen, aus der heraus schließlich das rabbinische Judentum entstand.[22] Offensichtlich setzt sie sich auch während der ersten Jahrhunderte des rabbinischen Judentums fort.[23] Insofern ist ein bleibender Einfluss der Pharisäer weder zu verneinen, noch absolut zu setzen oder gar bis ins Detail aufzuspüren.

Im Folgenden soll zunächst eine Übersicht über die Reinheitstexte der Mischna geboten werden. Daran schließt sich die Analyse exemplarischer Texte an, für deren Auswahl die Beziehung zwischen Reinheit und sozialer Identität ausschlaggebend war. Darin geht es vorzugsweise um die Unterscheidung zwischen In-Groups und Out-Groups sowie um den Umgang mit Angehörigen der Out-Groups. Im Kontext der Mischna ist diese Frage mehrdimensional, da sie in unterschiedlichen Graden beantwortet wird. Die Mischna reflektiert nicht nur den Umgang mit Nichtjuden, sondern führt als relevante Größe immer auch eine Bevölkerungsgruppe an, die sie unter dem Begriff „Am ha-Aretz" fasst. Diese Gruppe gehört offensichtlich noch auf die jüdische Seite; dennoch wird ihr mit großer Vorsicht begegnet. Auf beide Größen

---

21 Vgl. exemplarisch *Stemberger*, Pharisäer, besonders 35–57 und 113–117 zur Frage der Pharisäer in den rabbinischen Texten. Ebenso *Vahrenhorst*, Schwören, 16–20 und 293–302; dort auch der Verweis auf weitere Vertreter/innen von Kontinuität und Nichtkontinuität. Beide kritisieren Neusner für seine einseitige Bewertung der rabbinischen Texte als „pharisäisch".

22 Vgl. Stembergers Kritik, in den Sadduzäern, Essenern und Pharisäern die Gesamtheit des vorrabbinischen Judentums sehen zu wollen, *Stemberger*, Pharisäer, 8. Zu den verschiedenen Strömungen, die Einfluss auf das rabbinische Judentum und seine soziale Struktur genommen haben, vgl. *Hezser*, Structure, 69–76, die vor allem noch Priester, Zeloten, Essener, die sog. Chaverim und sogar die entstehende Christenheit als prägend ins Spiel bringt. Entscheidend ist ihrer Meinung nach nicht die Zugehörigkeit zu einer bestimmten Gruppe, sondern ein besonderes Interesse am Torastudium als leitendes Kriterium für die Entwicklung des rabbinischen Judentums.

23 Vgl. *Hezser*, Structure, 1–43, bes. 1–12, die in ihrer Forschungsgeschichte das lange Zeit von Heinrich Graetz geprägte Bild, die Rabbinen hätten als direkte Nachfolger der Pharisäer die segmentierte jüdische Landschaft geeint und alle widersprüchlichen Meinungen ausgeschlossen, nachzeichnet. Davon setzt sich ihre eigene Arbeit grundlegen ab; vgl. exemplarisch die Zusammenfassung, 490–498, und *Stemberger*, Pharisäer. Eine Darstellung der im Wandel begriffenen Forschungslage findet sich auch bei *Vahrenhorst*, Schwören, 16–18.

konzentriert sich die Analyse. Neben der Abgrenzung nach außen ist im Sinne der Theorie der sozialen Identität auch die Funktion von Reinheitsfragen für das Selbstverständnis relevant. An dieser Stelle werden die Schwierigkeiten mit dem Textkorpus Mischna besonders deutlich, weil zu klären ist, um wessen Selbstverständnis es sich jeweils handelt. Hier schlägt im Besonderen auch ein Streit zwischen Neusner und Ed Sanders zu Buche, der noch zu skizzieren sein wird.

6.2 Reinheit und Unreinheit in den Texten der Mischna – ein Überblick

Die Reinheitsbegrifflichkeit der Mischna schließt im Wesentlichen an die der Hebräischen Bibel an, wobei eine Verringerung der Polysemie des Wortfeldes zu beobachten ist. Nutzte die Hebräische Bibel in unterschiedlichen Kontexten noch wechselnde Begriffe, um etwas als rein oder unrein zu klassifizieren, so nimmt die begriffliche Vielfalt in der Mischna ab und konzentriert sich auf das traditionell dominierende Gegensatzpaar טהר und טמא. Andere Begriffe wie זך oder ברר kommen nur vereinzelt (2mal, bzw. 30mal) vor.

Der Eindruck, dass Reinheit in der Mischna ein wichtiges Thema ist, lässt sich anhand von Zahlen untermauern. Weit über 4000mal werden Formen von טהר und טמא in der Mischna verwendet, wovon etwa 66% Unreinheitsbegriffe und nur ein Drittel Reinheitsbegriffe sind.[24] Interesse verdient vor allem die Verteilung der Belege auf einzelne Traktate und Ordnungen. Wenig überraschend entfallen etwa 75% dieser Belege auf die Ordnung Toharot, womit immer noch etwa 1200 weitere Belege in anderen Traktaten zu finden sind. Innerhalb der Ordnung Toharot tauchen prozentual gesehen die meisten Belege in den Traktaten Toharot, Kelim – „Gefäße", Ohalot – „Zelte" und Zavim – „Ausflüssige" auf. In diesen Traktaten sind 6% bis 8% Prozent der verwendeten Wörter Reinheits- oder Unreinheitsbegriffe.[25] Häufig kommen in einer Mischna mehrere Nennungen vor. Auch in allen anderen Traktaten der Ordnung wird das Wortfeld „Reinheit" überdurchschnittlich häufig verwendet,

24 Das stützt die Beobachtung von Matthias Hopf, dass der Begriff „Toharot"-Reinheiten als Titel für eine Ordnung sowie einen eigenen Traktat höchstens als Euphemismus gelten kann und dass es viel eher „Unreinheiten" heißen müsste; vgl. *Hopf*, Toharot, VII.

25 Zum Vergleich: Selbst das Waw-Kopulativum stellt nur in zwei Traktaten knapp mehr als zehn Prozent der Wörter dar. Andere Begriffe wie beispielsweise Wörter der Wurzel קדש bringen es auf maximal drei Prozent (mQid).

jedoch bewegen sich die Verteilungen zwischen 2,7% und 5,1%. Außerhalb der Ordnung Toharot gibt es lediglich acht Traktate, die gänzlich ohne Reinheitsbegriffe auskommen.[26] Besonders häufig werden die Begriffe in den Traktaten Edujot – „Zeugnisse" (3,21%) und Nazir – „Geweihter" (2,68%) verwendet.

Die Reinheitstexte der Mischna lassen sich nur schwer kategorisieren. Zu breit ist ihre Streuung und zu disparat sind ihre Entstehungssituationen. Mitunter nehmen die Texte selbst eine Strukturierung von Unreinheit und ihren Folgen vor. Das ist z.B. im ersten Kapitel des ersten Traktats der Ordnung Toharot, im Traktat Kelim, der Fall. Die Ursache einer Unreinheit, auch „Ursprungsunreinheit" oder „schwere Unreinheit" oder früher „Vater der Unreinheit" genannt, hat für diejenigen Menschen oder Dinge, die mit ihr in Berührung kommen, Folgen. Zu diesen Ursprungsunreinheiten zählen das (tote) Kriechtier, Sperma, Menschen, die sich an Toten verunreinigen, ein mit Aussatz geschlagener Mensch in den Tagen, in denen er wieder rein wird, und eine kleine Menge Sühnewasser (mKel 1,1). Noch effektiver als diese Ursprungsunreinheiten sind lediglich Aas und größere Mengen von Sühnewasser. Sie verunreinigen allein schon durch „Tragen", also durch indirekte Berührung (mKel 1,2). Dinge oder Menschen, die mit jenen in mKel 1,1 genannten Ursprungsunreinheiten in Berührung kommen, werden unrein, jedoch in unterschiedlichem Maße, was wiederum unterschiedliche Konsequenzen nach sich zieht. Diese Maße werden in Form von vier Graden ausgedrückt, wobei die aufsteigende Zahl ein absteigendes Maß bezeichnet. Die daraus abgeleiteten Konsequenzen beziehen sich auf die notwendigen Reinigungsriten sowie auf die Fähigkeit, die empfangene Unreinheit weiterzugeben.[27] Weitere Kapitel des Traktates regeln konkrete Einzelfälle.[28] In mKel werden über die grundsätzlichen Unreinheiten hinaus auch noch weitere von Menschen ausgehende Unreinheiten genannt, die jedoch in anderen Traktaten ausführlich diskutiert werden.

Das Unreinheitssystem, wie es in mKel 1 geschildert wird, lässt sich wie folgt darstellen:

26 Das sind mBer, mPea, mRosh, mTaan, mAb, mArak, mMid – wobei zu beachten ist, dass z.B. im Mischnatraktat Avot der Am ha-Aretz zwar eine Rolle spielt, aber nicht ausdrücklich mit Reinheitsbegriffen beschrieben wird. Sie sind jedoch allein durch seine Nennung zu assoziieren.

27 Zu den Details der Unterscheidung vgl. mKel 1,1–8.

28 Vgl. zur Systematik der Gradeinteilung und deren Folgen auch *Krupp*, Kelim, VII–IX.

TABELLE 1 Das Unreinheitssystem, wie es in mKel 1 geschildert wird

Urpsrungsreinheit	Totes Kriechtier	Sperma	Menschen, die Tote berührt haben	Aussätzige in den Tagen ihrer Isolation	Eine kleine Menge Sühnwasser aus der Asche der roten Kuh
Unreinheit ersten Grades	Alles, was die Ursprungsreinheit berührt hat				
Unreinheit zweiten Grades	Alles, was Unreinheit ersten Grades berührt hat	Profanes kann nicht weiter verunreinigt werden			
Unreinheit dritten Grades	Alles, was Unreinheit zweiten Grades berührt hat	Hebe kann nicht weiter verunreinigt werden			
Unreinheit vierten Grades	Alles, was Unreinheit dritten Grades berührt hat	Opfer können nicht weiter verunreinigt werden			

Vielen Stellen liegt diese Einteilung zugrunde. Darüber hinaus können die meisten Texte einer der folgenden drei Gruppen zugeteilt werden: erstens Texte, die auf biblischen Traditionen beruhen und dieselben weiter ausführen; zweitens Texte, die dem biblischen Thementableau neue Inhalte hinzufügen; drittens Texte, in denen Reinheitsfragen losgelöst von praktischen, konkreten Kontexten diskutiert werden. Aus diesen drei Gruppen soll im Folgenden jeweils ein Beispiel vorgestellt werden.

Grundsätzlich greifen die meisten Diskussionen in der Mischna auf biblische Traditionen zurück, auch wenn die Art und Weise ihrer Bezugnahme sehr unterschiedlich (und bisweilen kaum mehr als assoziativ) ausfällt. Das lässt sich auch an der Ordnung Toharot beobachten, die viele Themen aus der biblischen Überlieferung versammelt: So wird z.B. im Traktat Nidda – „monatliche Unreinheit" die gesamte Diskussion um Fragen der Menstruation verhandelt; die Problematik des männlichen Ausflusses bestimmt den Traktat Zavim; der Traktat Para – „Kuh" erweitert und erläutert die biblischen Anweisungen zur roten Kuh aus Num 19. Im Traktat Nega'im – „Plagen" finden sich Erläuterungen zu den Aussatzregeln aus Lev 13–14. Außerhalb der Ordnung Toharot ist es vor allem der Traktat Sota – „Ehebruchsverdächtige" im Rahmen der Ordnung Naschim – „Frauen", der auf biblische Reinheitskonzeptionen zurückgreift. Er enthält Regelungen, die bei Verdacht auf Ehebruch greifen und die schon in Num 5 und Dtn 20 diskutiert werden. Im Rahmen der Ordnung Nezikin – „Schädigungen" befasst sich ein ganzer Traktat mit dem Thema des Götzendienstes, bezieht sich dabei jedoch hauptsächlich auf Ex 20, Lev 5 und Num 30 und nicht auf die in dieser Studie untersuchten Prophetentexte zum Thema, in denen Götzendienst und Unreinheit begrifflich miteinander verbunden sind. Auch der bereits erwähnte Traktat Nazir fällt in diesen Bereich: mNaz geht auf Num 6,1–21 zurück und behandelt den Nasiräer oder die Nasiräerin, die sich freiwillig Gott weihen und auf besondere Weise hingeben. Basierend auf den drei biblischen Grundpfeilern des Nasiräats (kein Genuss von Erzeugnissen des Weinstocks, Haare nicht scheren, keine Totenverunreinigung) diskutiert der Traktat besonders die Fragen nach Unreinheit und Verunreinigung der Nasiräer und welche Folgen dies für den weiteren Verlauf des Nasiräats hat.

Der Umgang mit den biblischen Traditionen lässt sich exemplarisch auch an mNeg zeigen, wo die Bestimmungen aus Lev 13–14 über Menschen mit Hautveränderungen und über deren Auswirkungen für die Betroffenen näher erläutert werden. Alle aus der biblischen Überlieferung bekannten Aspekte werden auch in der Mischna erwähnt und ausgelegt: Beschaffenheit der Hautveränderung, unterschiedliche Veränderungen, Ausbreitung, die Möglichkeit, dass Häuser und Kleidung befallen sind und schließlich die Reinigung und die notwendigen Opfer. Bei der Untersuchung der biblischen Regelungen war die separierende Funktion, die die Unreinerklärung zur Folge hatte, deutlich geworden, zugleich aber auch das vorsichtige und schrittweise Vorgehen, das letztlich auf eine möglichst dauerhafte und schnelle (Re-)Inklusion der Kranken ausgerichtet ist. Die Frage nach Ausschluss und (Re-)Integration wird in der Mischna kaum bedacht; viel wichtiger sind hier die konkrete Identifikation von Aussatz und die Klärung von Zweifelsfällen. Ein Beispiel für eine solche Erläuterung biblischer Traditionen bietet mNeg 2,3 – eine Auskunft über die

Details der Reinheitserklärung auf Basis von Lev 13,12 und zugleich ein Beispiel rabbinischer Schriftauslegung:

> כֹּהֵן הַסּוּמָא בְּאַחַת מֵעֵינָיו, אוֹ שֶׁכָּהָה מְאוֹר עֵינָיו, לֹא יִרְאֶה אֶת הַנְּגָעִים, שֶׁנֶּאֱמַר (ויקרא יג), לְכָל מַרְאֵה עֵינֵי הַכֹּהֵן
>
> Ein Priester, der auf seinem eine Auge blind ist oder dessen Augenlicht getrübt ist, soll nicht die Hautveränderungen beurteilen, wie gesagt ist (in Lev 13): Auf all das schauen die Augen des Priesters.

Die Entscheidung der Rabbinen, wer über die Hautveränderungen urteilen darf und wer nicht, wer also letztlich für die Reinerklärung des Menschen zuständig ist, wird hier an die Details des biblischen Textes geknüpft. Da in Lev 13,12 der Dual steht, folgern die Rabbinen, dass nur jene Priester die Beurteilung vornehmen dürfen, deren beide Augen funktionstüchtig sind.

In mNeg liegt ein instruktives Beispiel für den Umgang mit biblischen Reinheitstraditionen vor: Die Bestimmungen des biblischen Textes werden von der Mischna bis ins Detail hinein durchdacht und entfaltet. Dafür gibt es zahlreiche Beispiele, die alle in ähnlicher Detailtreue verlaufen wie die über das Nasiräat oder die Zuständigkeit der Priester.

Die zweite Gruppe enthält Texte, in denen die Mischna den biblischen Themenbereich im Duktus der biblischen Traditionen erweitert; sie behält dabei deren Argumentationsweise bei, setzt aber neue thematische Schwerpunkte. Keine biblische Basis im engeren Sinn haben die Traktate Jadajim – „Hände", Uqzin – „Stiele" und Toharot – „Reinheiten". Sie behandeln neue Themen, verfahren jedoch im gleichen Modus. Im Traktat Jadajim wird beispielsweise die in der Hebräischen Bibel nicht verhandelte Anfälligkeit der Hände für Unreinheit und deren Folgen diskutiert. Argumentation und Logik der Regeln nehmen biblische Sprachmuster auf, das Thema der Hände aber ist neu. Dieser Traktat hat insofern große Bedeutung erlangt, weil er über die Hände hinaus auch die Frage nach der Reinheit von „Heiligen Schriften" sowie überhaupt deren Identifikation als „heilig" diskutiert. Er ist damit zu einem entscheidenden Referenztext für die Kanondebatte und für die Entstehungsgeschichte der tannaitischen Bewegung geworden.[29] Kapitel 3 stellt den Versuch dar, die Unreinheitsanfälligkeit von Händen zu systematisieren. Das geschieht anhand der verschiedenen Grade, die Unreinheit hervorbringen kann. In mJad 3,1 wird – gegen den Willen und die Meinung R. Akibas – die grundlegende

29 Zu den Einleitungsfragen und zur Problematisierung des Traktats vgl. die Einleitung in *Samuel*, Jadajim, 7–10.

Entscheidung getroffen, dass die Hände nicht losgelöst vom restlichen Körper erstgradig unrein werden können, sondern immer nur zweitgradig, ebenso kann auch nur eine erstgradige Unreinheit Hände verunreinigen, keine zweitgradige. Diese Entscheidung stellt den Ausgangspunkt für Mischna 2 dar, in der die Überleitung zu den Heiligen Schriften erfolgt:

> כֹּל הַפּוֹסֵל אֶת הַתְּרוּמָה מְטַמֵּא אֶת הַיָּדַיִם לִהְיוֹת שְׁנִיּוֹת וְהַיָּד מְטַמֵּא אֶת חֲבֶרְתָּהּ דִּבְרֵי ר׳ יְהוֹשֻׁעַ וַחֲכָמִ׳ אוֹ׳ אֵין שֵׁנִי עוֹשֶׂה [שֵׁנִי] אָמַ׳ לָהֶן וַהֲלֹא כִּתְבֵי הַקּוֹדֶשׁ שְׁנִיִּין וּמְטַמִּין אֶת הַיָּדַיִם אָמְרוּ לוֹ אֵין דָּנִין דִּבְרֵי תוֹרָה מִדִּבְרֵי סוֹפְרִין וְלֹא דִבְרֵי סוֹפְרִים מִדִּבְרֵי תוֹרָה וְלֹא דִבְרֵי סוֹפְרִין מִדִּבְרֵי סוֹפְרִין:
>
> Alles, was die Hebe untauglich macht, macht die Hände zweitgradig unrein. Und eine Hand macht ihre Gefährtin unrein; Worte Rabbi Jehoschuas; und die Gelehrten sagen: Ein zweit(gradig)es macht kein zweit(gradig)es. Er sagte zu den Gelehrten: Und sind denn nicht die Heiligen Schriften zweitgradig (unrein) und machen die Hände unrein? Sie sagten zu ihm: Man urteilt weder über die Angelegenheiten der Tora ausgehend von den Schriftgelehrten noch über Angelegenheiten der Schriftgelehrten ausgehend von Angelegenheiten der Tora noch über Angelegenheiten der Schriftgelehrten ausgehend von Angelegenheiten der Schriftgelehrten.[30]
>
> mJad 3,2

Die Argumentation erfolgt in den gewohnten Bahnen. Mit der Unreinheit der Hände wird jedoch eine neue Möglichkeit der Verunreinigung eingeführt. Im Hintergrund steht noch immer die biblische Tradition, die nun ausdifferenziert wird: mJad 3,1 diskutiert die Frage, ob Hände unrein werden, wenn sie in ein von Aussatz befallenes Haus gestreckt werden. Das ist eine Erweiterung der biblischen Entscheidung aus Lev 14,46: Unrein wird, wer ein solches Haus betritt. Unreinheit erscheint dabei als eine Kraft, die ihre Wirkung selbst ohne direkte Berührung auszuüben vermag. Der Diskussionspunkt liegt in der Frage, ob die Hände erstgradig oder nur zweitgradig unrein werden. Entgegen der Argumentation von Rabbi Akiba erfolgt die Festlegung, dass die Hände nicht unabhängig vom Körper erstgradig unrein werden können. Die zitierte Stelle aus mJad 3,2 zeigt die Folgen einer solchen Ausdifferenzierung an. Die Heiligen Schriften, offensichtlich selbst zweitgradig unrein, scheinen eine Ausnahme darzustellen, da sie – auch dies wird vorausgesetzt – als zweitgradig

---

30 Die Übersetzung ist übernommen von *Samuel*, Jadajim, 12.

unrein die Hände verunreinigen.[31] Diesem Widerspruch wird mit einem allgemeinen Aphorismus begegnet, der versucht, dieses Argument abzuwehren. Die Argumentation führt auf eine Tosefta zum Traktat Tevul Jom (tTevJ 1,8–10) zurück, in der sie den Schriftgelehrten zugeschrieben wird. Die vorsichtige Erweiterung der biblischen Entscheidung ermöglicht nun die Eröffnung neuer Diskurse, wie z.B. die Frage nach der Verunreinigung durch Heilige Schriften, die im weiteren Verlauf zur Definition der Heiligkeit von Schriften und schließlich zu Kanonisierungsfragen führt.

Neusner sieht darin eine Diskussion um Analogien von Unreinheiten, in diesem Fall zwischen Händen und Schriften. Während R. Jehoschua eine solche Analogie annimmt, wird sie von den Gelehrten verneint.[32]

In der dritten Gruppe werden schließlich Reinheitsfragen losgelöst von praktischen und konkreten Kontexten behandelt. Dafür stellt der Traktat Edujot – „Zeugnisse" ein gutes Beispiel dar. Er versammelt Aussprüche verschiedener tannaitischer Autoritäten, die auffallend häufig Reinheitsfragen zum Inhalt haben. Sie dienen aber selten der halachischen Diskussion, sondern primär der Bewahrung rabbinischer Aussprüche. So befasst sich mEd etwa mit Zeugnissen zu verschiedenen Themen, unter denen Reinheitsfragen neben Fragen zur Tempelordnung oder zu Heiratsbestimmungen eine besondere Rolle spielen. Der Traktat ähnelt in seiner Art dem Traktat Avot – „[Sprüche der] Väter", was sich besonders daran zeigt, dass die Zeugnisse nicht thematisch, sondern nach den Personen, denen sie zugeschrieben sind, geordnet wurden, was wiederum Auswirkungen auf die Diskussion zu ihrer Redaktionsgeschichte hat.[33] Thematisch werden Reinheitsfragen in einzelnen Aussprüchen oder kurzen Streitgesprächen verhandelt, die sich zumeist um Spezialfälle drehen, in denen Gegenstände oder Personen für rein oder unrein erklärt werden.[34] Diese Aussagen sind von konkreten Situationen abgelöst und decken zugleich

31 Dass Heilige Schriften überhaupt unrein oder verunreinigend sind, überrascht, da sich Unreinheit und Heiligkeit im Allgemeinen ausschließen. Im Rahmen der Mischnadiskussion wird dies jedoch nicht weiter erklärt, sondern vorausgesetzt. In mJad 3,5 wird die verunreinigende Wirkung aller Heiligen Schriften thetisch formuliert, durch den Nachsatz, dass dies auch für das Hohelied der Liebe und Kohelet gelte, werden diese *en passant* kanonisiert.

32 Neusner verweist auf weitere Belege, in denen die Meinung Jehoschuas ähnlich dargestellt wird; sie ist also kein Einzelfall, sondern wird auch in der Tosefta und in anderen Mischnabelegen diskutiert; vgl. *Neusner*, Purities: TebYom/Yadayim, 140–141.

33 Vgl. zu den Einleitungsfragen *Müller*, Edujot, VII–XII.

34 Der Abschnitt mEd 3,1–9 behandelt beispielsweise ohne inneren Zusammenhang die Fragen, ab welcher Größe Totenunreinheit wirksam wird (ab der Größe einer halben Olive), ob die Reinigung der Hände den ganzen Körper reinigen kann, wie Unterlagen oder Matten hergestellt sein müssen, damit sie Totenunreinheit übertragen und weiteres mehr.

ein breites thematisches Spektrum ab. Reinheitsfragen waren also nicht nur für die konkrete Lebensführung Einzelner und damit in halachischer Hinsicht von Bedeutung, sondern dienten auch der Charakterisierung tannaitischer Autoritäten in Form besonders auffälliger, bisweilen skurriler Diskussionen. Die Bedeutung von Reinheitsfragen für deren Selbst- oder Fremdbeschreibung wird in diesem „zeugnisgebenden" Traktat an der Zusammenstellung von Lehren einzelner Autoritäten deutlich. Aussagekräftig sind dafür z.B. die Lehren von Rabbi Zadok und Rabban Gamliel in mEd 3,8–9:

> שְׁלֹשָׁה דְבָרִין ר׳ צָדוֹק מְטַמֵּא וַחֲכָמִים מְטַהֲרִין מַסְמֵר שֶׁלַּשּׁוּלְחָנִי וְאָרוֹן שֶׁלַּגְּרוּסוֹת וּ
> מַסְמֵר שֶׁל אֶבֶן שָׁעוֹת ר׳ צָדוֹק מְטַמֵּא וַחֲכָמ׳ מְטַהֲרִין: אַרְבָּעָה דְבָרִין רַבָּן גַּמְלִיאֵ׳
> מְטַמֵּא וַחֲכָ׳ מְטַהֲרִין כִּסּוּי טֵנִי שֶׁלְּמַתֶּכֶת וְשֶׁלְּבַעֲלֵי בָתִּים וּתְלוּי הַמַּגְרֵדוֹת וְגוֹלְמֵי כְלֵי
> מַתְּכוֹת וְטַבְלָה שֶׁ{ה}נֶּחְלְקָה לִשְׁנַיִם מוֹדִים חֲכָ׳ לְרַבָּן גַּמְלִיאֵל בְּטַבְלָה שֶׁ{ה}נֶּחְלְקָה
> לִשְׁנַיִם אֶחָד גָּדוֹל וְאֶחָד קָטָן הַגָּדוֹל טָמֵא וְהַקָּטָן טָהוֹר:

> Drei Dinge erklärt Rabbi Zadoq für unreinheitsfähig, und die Gelehrten erklären (sie) für rein: Ein Nagel eines Geldwechslers[35] und ein Kasten der Graupenhändler und ein Nagel eines Stundensteins. Rabbi Zadoq erklärt für unreinheitsfähig und die Gelehrten erklären für rein. Vier Dinge erklärt Rabban Gamliel für unreinheitsfähig und die Gelehrten erklären (sie) für rein: Ein Deckel eines Gefäßes aus Metall und von Hausherren und der Henkel von Kämmen und unfertige Metallgegenstände und eine Tafel, die in zwei (Teile) geteilt ist, (wenn) eins größer und eins kleiner (ist), so, dass die größere unreinheitsfähig und die kleinere rein ist.[36]

Beide Fälle laufen parallel: Zwei tannaitische Autoritäten[37] profilieren ihre Lehre durch abweichende Entscheidungen in Bezug auf Reinheitsfragen konkreter Gegenstände im Gegenüber zu der Mehrheit der Gelehrten. Die Beispiele sind ausgesprochen kleinteilig und wirken dadurch geradezu banal; es handelt sich um randständige Alltagsgegenstände und keineswegs um Dinge,

---

35 Die Funktion dieses Nagels beim Geldwechseln ist unklar. Müller schlägt zwei Möglichkeiten aus der Tradition vor: Es könnte entweder der Nagel sein, an dem die Münzwaage befestigt ist (Maimonides), oder es könnte der Nagel sein, der dazu dient, die Luke der Wechselbude zu fixieren (Raabed); vgl. *Müller*, Edujot, 39, FN 72.

36 Die Übersetzung ist übernommen von *Müller*, Edujot, 40.

37 Rabbi Zadoq ist ein Tannait der ersten Generation; bei Rabban Gamliel ist unsicher, ob es sich um den Älteren oder den Jüngeren handelt – er ist also der ersten oder zweiten Generation zuzuordnen.

die etwa den Kult betreffen.[38] Die scheinbare Banalität der Beispiele unterstreicht jedoch die Bedeutung, die Reinheit für das Selbstverständnis der Autoritäten hat, da schon geringe Unterschiede in diesen Entscheidungen als Charakteristika verstanden werden. Reinheitsentscheidungen, selbst in noch so nachrangigen Details, machen einen Unterschied zwischen den Autoritäten aus und werden daher von der Mischna als „Zeugnisse" überliefert. Losgelöst von halachischen Entscheidungen, die auf konkrete Handlungen abzielen, zeigen diese Zeugnisse, dass sich einige der tannaitischen Autoritäten auch über ihre Position im Reinheitsdiskurs definierten.

Zusätzlich zu diesen drei Gruppen behandeln andere Mischnatraktate Themen, die mit Reinheitsfragen verwandt sind, ohne dass dies an der Statistik erkenntlich wird. So spielt z.B. der Traktat Demai – „Zweifelhaftes" im Blick auf den Am ha-Aretz, der oft im Kontext von Reinheitsfragen behandelt wird, eine entscheidende Rolle, auch wenn Reinheit kein explizites Thema des Traktats darstellt. Dieser Traktat wird im Folgenden noch ausführlich diskutiert werden. Traktat Chagiga – „Festopfer" wiederum bietet im zweiten Kapitel einen Grundlagentext dafür, dass anhand von Reinheit graduelle Abstufungen innerhalb der Gesellschaft vorgenommen werden können und dass der Effekt von Reinigung auf die Bestätigung solcher Zugehörigkeiten abzielt – was deren soziale Funktion unterstreicht.

Neuere Untersuchungen zu den Reinheitstexten der Mischna richten ihr Interesse weniger auf einzelne Themen als vielmehr auf die Funktion dieser Texte. Alon wies bereits 1957 darauf hin, dass die rabbinische Literatur eine Doppelstruktur aus Erweiterung und Beschränkung der Reinheitsgebote aufweise.[39] Zum einen beschränkt sie, den biblischen Traditionen folgend, das Reine auf den Bereich des Heiligen, zum anderen erweitere sie die alltäglichen Praktiken auch in den Bereich des Profanen hinein. Die israelische Forscherin Vered Noam sieht darin einen die Reinheitsbestimmungen betreffenden Sonderfall. Während etwa Alon solche Widersprüche aus der biblischen Tradition ableiten wollte, führt Noam sie auf die Unterscheidung zwischen biblischer und antiker Tradition zurück, die sachlich zwar im Widerspruch stünden, faktisch in der rabbinischen Literatur aber nebeneinander herliefen und somit produktiv harmonisiert würden. Noam unterbreitet deshalb einen Vorschlag zum grundsätzlichen Verständnis von Reinheit in der

---

38 Zur Erläuterung und Verortung der einzelnen Beispiele vgl. *Müller*, Edujot, 39–40. Seine Ausführungen zeigen, dass es sich um höchst alltägliche Dinge handelt; zugleich verweist er auch auf die späteren Diskussionen wie z.B. die genaue Bestimmung des Nagels durch Maimonides.

39 Vgl. den lange Zeit grundlegenden Artikel zu dieser Frage von *Alon*, תחומין, später auch auf Englisch *Alon*, Bounds.

Mischna. Sie bezieht dabei Position in einer seit 1992 andauernden Debatte um Realismus und Nominalismus zwischen sadduzäisch-priesterlichen und pharisäisch-rabbinischen Texten[40]: Reinheit werde, so Noam in Konkretion dieser Diskussion, einerseits als „realistisch", als tatsächliche und konkrete Macht, andererseits als „nominalistisch", als abstrakte, menschengemachte Größe, dargestellt. Diese beiden Verständnisformen von Unreinheit prägten die Reinheitsdiskurse der Mischna. Während der realistische Ansatz das Gros der Texte bestimme, mache gerade die Einflechtung einer nominalisitischen Denkweise die Eigenheit der Mischnatexte aus, die (so Noam) für diese Zeit analogielos sei.[41]

Mira Balberg legt einen eigenen Entwurf vor, um die Besonderheiten des Reinheitssystems in der Mischna zu beschreiben. Einerseits sieht sie eine große Kontinuität gegenüber der biblischen Tradition,[42] andererseits erkennt sie eine Fokusverschiebung im Reinheitsdiskurs. Es stünden nicht mehr nur oder vorrangig die Quellen der Unreinheit im Zentrum; vielmehr ginge es nun vor allem um diejenigen Personen, die davon betroffen sind. Reinheitsfragen würden zu einem Modus, durch den das Verständnis des jüdisch-rabbinischen Selbst beschrieben werde. Balberg erkennt in vielen Reinheitstexten zugleich einen Diskurs über das Selbst. Ob z.B. Gegenstände verunreinigen, hängt vom Bezug des jüdischen Subjekts zu diesem Gegenstand ab. Balberg beschreibt das Selbst als „in many ways the ultimate point of reference of this discourse".[43]

---

40 Daniel Schwartz eröffnete diese Debatte 1992 mit seinem Artikel „Law and Truth", in dem er pointiert konstatierte, dass sadduzäisches oder priesterliches Gesetz vor allem realistisch zu verstehen sei, während die pharisäisch-rabbinischen Einflüsse hier eine nominalistische Lesart eintrügen. Unterstützt wurde er dabei von Christine Hayes gegen den deutlichen Einspruch Jeffrey Rubensteins. Eine Vermittlungsposition, der sich mittlerweile auch Hayes und Schwartz angeschlossen haben, vertreten Vered Noam und Aharon Shemesh, zeigt auf, dass beide Rechtssysteme auf realistischen Rechtsvorstellungen basieren, dass die rabbinisch-pharisäisch geprägten Texte jedoch zunehmend nominalistisch rezipiert und weitergedacht wurden. Vgl. zur Diskussion: *Schwartz*, Law. *Hayes*, Realism, 128–133. *Rubinstein*, Nominalism. *Noam*, Impurity, 94–102. *Shemesh*, Halakhah, XXX 95. Einen guten Überblick über die Debatte sowie weiterführende Erkenntnisse bietet: *Rubenstein*, Nominalism again, 79–82.

41 Sie führt diese theoretischen Überlegungen anhand der Totentunreinheit aus; vgl. *Noam*, Impurity.

42 Balberg formuliert die Rückbindung der Reinheitstexte der Mischna an die biblischen Traditionen als Ausdruck unmittelbarer Kontinuität: „In essence, the Mishnah's vast purity and impurity corpus can be seen as a direct continuation of frames of thought and of hermeneutic and legislative endeavors that preceded it, and as an edifice whose foundations are firmly grounded in the Second Temple Period." *Balberg*, Purity, 4.

43 *Balberg*, Purity, 182.

Ein dritter Entwurf, der momentan kaum Beachtung findet, da er bislang lediglich auf Hebräisch erschienen ist, findet sich in den Forschungen von Furstenberg. Sowohl in seiner Dissertation[44] als auch in seinem aktuellen Werk zum Zusammenhang von Reinheit und Gemeinschaft in der Antike[45] verhandelt er die einzelnen Texte und Diskussionen mit Blick auf ihre Funktion, die er wiederum dem Wandel der sozialen Wirklichkeit unterworfen sieht. Die Veränderung der Reinheitsgesetze und deren Befolgung spiegelt dabei die sich verändernde soziale Situation wider. Einer ähnlichen Spur wie Balberg folgend (wenn auch andere Schwerpunkte setzend) beobachtet Furstenberg eine abnehmende gesamtgesellschaftliche Bedeutung von Reinheitsfragen. Anders als zu biblischen Zeiten und zur Zeit des Zweiten Tempels wird Unreinheit nicht mehr nur als etwas Vorhandenes, sondern vielmehr als etwas Unausweichliches angesehen. Die Aufgabe der Reinheitsgesetze sei es nun, denen, die nach Reinheit streben, ein Leben in Reinheit trotz einer gleichsam allumfassenden Situation der Unreinheit zu ermöglichen. Das führt nach Furstenberg zu einer Entwicklung hin zu einem völlig neuen Reinheitskonzept, das sich in den seiner Meinung nach späteren Texten wie mToh ausmachen lässt. Wurde Unreinheit bislang vor allem anhand ihrer Quellen identifiziert, so ermöglicht das gestufte System der Rabbinen nun auch eine Klassifizierung, die sich an der Empfänglichkeit für Unreinheit bemisst. Was für Profanes ungefährlich ist, kann wiederum für Heiliges verunreinigend sein. Bezogen auf die Verunreinigung von Menschen bedeutet dies letzten Endes, dass die Anfälligkeit für Unreinheit von der individuellen Intention abhängig ist.[46] Furstenberg resümiert: „In der späteren Mischna ist die Wahl, Reinheit zu befolgen, eine persönliche (…) und Reinheit wird allein durch (persönliche) Intention bedingt."[47]

Alle genannten Entwürfe zeigen, dass sich die Bewahrung von Reinheitsregeln nicht einfach nur der Traditionsbindung oder der Erwartung eines neuen Tempels verdankt, sondern vor allem ihrer identitätsstiftenden oder -beschreibende Funktion. Die grundsätzliche Frage, in welchem Maße Reinheitsstreben ein oder vielleicht sogar das entscheidende Movens für den Trägerkreis der Mischna war, lässt sich exemplarisch an jenem Streit zeigen, der in der Einleitung bereits angesprochen wurde und der im Folgenden noch einmal diskutiert werden soll.

---

44 *Furstenberg*, אכילה.

45 *Furstenberg*, טהרה.

46 Diesen Aspekt behandelt er besonders im Zusammenhang mit dem Am ha-Aretz; vgl. *Furstenberg*, אכילה, 209–263.

47 "במשנה האחרונה הבחירה להקפיד על טהרה היא אישית (…) והטהרה הופכה להיות תלוי בכוונה בלבד", *Furstenberg*, אכילה, 351, Übersetzung im Text MH.

Exkurs: Die Diskussion um das Selbstverständnis der Pharisäer in der Mischna

Der Streit, um den es hier geht, ist maßgeblich zwischen Neusner und Sanders ausgetragen worden. In der Sache waren beide Kombattanten aufrichtig bemüht, dem Mysterium, das die Mischna und ihre Redaktoren umgibt, näherzukommen. Im Ton wurde die Auseinandersetzung indessen auf beiden Seiten zwischenzeitlich mit harten Bandagen geführt.[48] Denn immerhin berührte sie auch die fundamentale Frage, wie das Judentum in der Antike überhaupt zu definieren sei. Beide Autoren hatten dazu bereits viel geschrieben – und hatten die Werke des jeweils anderen kritisch bzw. rundheraus ablehnend rezensiert. Zwischen 1978 und 1993 kreuzten sie immer wieder die literarischen Klingen.[49] Neusner versuchte in zahlreichen detaillierten Studien zu beschreiben, dass Reinheit das maßgebliche Merkmal der Pharisäer gewesen sei. Dies äußere sich besonders darin, dass sie für sich einen Grad an Reinheit beanspruchten, der ansonsten dem der Priester entsprochen habe. Nach Neusner galt die Hauptsorge der Pharisäer dem Erhalt ihres Reinheitsstatus. Sanders jedoch widerspricht einer solchen Vorstellung von den Pharisäern als einem „pure food club" und will vielmehr zeigen, dass die Pharisäer ihr Profil weniger im Grundsätzlichen als im Besonderen

48 Sanders nimmt seine eigene Person in der Beurteilung von Werk und Methodik Neusners weitgehend zurück: „Perhaps when the personalities of the present day are forgotten, such a person will appear."; *Sanders*, Law, 167. Dass Neusner seinem Opponenten am Ende seiner „systematic reply" vorwirft, eine Neuauflage der Christentums-Definition Harnacks zu formulieren, dürfte Sanders getroffen haben: „Moreover, Sanders pairs Jesus and Paul in contrast to early Christianity generally, and so provides – in effect – a new account of the essence of Christianity in the manner of Adolf von Harnack: the radical practically antinomian teaching of the founders is rejected by Judaism and subverted by Christianity."; *Neusner*, Law, 230. Er hält die von Sanders vorgetragene Apologie für „obnoxious because of its condescension", auch wenn er ihre Intention wertschätzt (als „sake for heaven") und gleichzeitig Bewunderung für Sanders äußert; *Neusner*, Law, xi–xii.

49 Neusner hat die beiden grundlegenden Werke von Sanders (*Sanders*, Paul, und *Sanders*, Judaism) rezensiert; vgl. *Neusner*, Comparing (Rev.), und *Neusner*, Review. Sanders wiederum hat in verschiedenen Zusammenhängen auf die weitläufigen Publikationen Neusners reagiert, am konsistentesten in seinem Werk über das Jüdische Gesetz von Jesus bis zur Mischna; vgl. *Sanders*, Law. Er bezieht sich dabei besonders auf *Neusner*, Traditions 1, und auf *Neusner*, Judaism. Darauf reagierte Neusner noch einmal in einer systematischen Zusammenstellung seiner Erkenntnisse zu jenen Themen, die ihn und Sanders verbinden; *Neusner*, Law.

entwickelt haben.[50] Ihr Anliegen bestehe nicht in der Beachtung grundsätzlich strikterer Reinheitsregeln, sondern in der Etablierung einzelner Gesten und einzelner Verschärfungen der Reinheitsobservanz. Ihr stärkstes Charakteristikum sieht Sanders im Studium der Tora und deren Anwendung auf das alltägliche Leben. Dabei komme der Sorge um Reinheit zwar eine wichtige, keinesfalls aber eine essenzielle Rolle zu.

Dieser Streit, der noch eine Reihe weiterer Aspekte aufzuweisen hat, zeigt vor allem eins: Mit einem klaren „entweder-oder" lässt sich der Bedeutung, die den Reinheitskonzeptionen in der Mischna eignet und die sich mit der Zeit auch verändert, nicht beikommen. Neusners Sicht, dass Reinheit das zentrale Movens der Pharisäer gewesen sei, findet ihren Anhalt an der Vielzahl und Streuung reinheitsbezogener Themen und Texte in der Mischna. Aber auch die Zurückhaltung von Sanders hat ihr Recht, wenn man erkennt, dass viele dieser Themen durch ihren Bezug auf den Kult eher einen bewahrenden oder vorbereitenden, jedoch kaum einen aktuellen Charakter haben. Sanders weist anhand einzelner Beispiele darauf hin, dass eine quasi-priesterlicher Reinheitsobservanz von nicht-priesterlichen Personen kaum möglich gewesen wäre.[51] Dabei wird deutlich, dass die Pharisäer auch vieles taten, was Priester nicht getan hätten. Das prägnanteste Beispiel stellen in dieser Hinsicht etwa Bestattungen dar. Dass Pharisäer an manchen Stellen dennoch über das geforderte Maß hinaus reinheitsobservant waren, bewertet Sanders als eine Geste in Richtung der Priesterschaft: „Their achievement of a special degree of purity – higher than that of ordinary people, lower than that of priests' families – was doubtless an important characteristic, perhaps the third important."[52]

Neusner formuliert seine Kritik am Sanders'schen Reinheitsverständnis, das er als viel zu abstrakt ansieht, in einem eigenen Unterdiskurs.[53] Dabei kommt ein weiterer Gegensatz in den Blick, der Reinheit in der Mischna entweder als konkrete Bedrohung oder als abstrakten Wert verstanden wissen will, was stark an die immer wieder postulierte, wenngleich unzutreffende Opposition von „kultischer" und „moralischer" Reinheit erinnert.[54] Der Ansatz von Noam, der in der rabbinischen

50 Vgl. die Charakterisierung der Darstellung Neusners und ihre Widerlegung bei *Sanders*, Law, 167.

51 Als Beispiele führt er hier z.B. Totenunreinheit, Abgabenverpflichtungen, Midrasunreinheit und das Händewaschen an; vgl. *Sanders*, Law, 184–236.

52 *Sanders*, Law, 236.

53 *Neusner*, Law, 205–230.

54 Vgl. dazu vor allem den Exkurs in dieser Arbeit in Kap. 2.

Literatur realistische und nominalistische Reinheitsvorstellungen nebeneinanderstehen sieht, stellt eine Möglichkeit dar, diese Dichotomie aufzulösen, ohne dabei ihre jeweiligen Pole in den Texte selbst nivellieren zu müssen. Eine weitere Frage zum Reinheitsverständnis der Mischna und zu den in ihr verarbeiteten Traditionen, die auch im Neusner-Sanders-Streit eine Rolle spielte, hat die Forschung lange Zeit beschäftigt: Verstanden sich die Pharisäer als Priester bzw. versuchten sie zumindest partiell als solche zu leben, so dass sie auch profane Speise im Status der Reinheit aßen? Diese Frage berührt die Identität und das Selbstverständnis der Pharisäer ebenso wie ihre Einstellung zu Reinheitsfragen. Deshalb sollen die Grundlinien, die Hauptargumente und die Konsequenzen, die sich aus dieser Frage ergeben, im Folgenden kurz dargestellt werden. Die Positionen sind in diesem Streit relativ klar verteilt: Neusner mit seiner Wahrnehmung der Pharisäer als „pure food club" sieht das Essen in Reinheit als eines der entscheidenden Zugehörigkeitsmerkmale der Pharisäer an.[55] Daran zeige sich deren Selbstbild „as if one were a Temple priest".[56] Neusner folgt damit älteren Forschungen wie denen von Alon;[57] in jüngerer Zeit hat auch Hannah Harrington gegen Sanders Neusners These noch einmal bestärkt und darüber hinaus gegen Alon konstatiert, dass diese Tendenzen keine späten Entwicklungen seien, sondern bereits in das erste Jahrhundert der Zeitrechnung datiert werden könnten.[58] Die Gegenposition vertritt wiederum Sanders, der schon die These, die Gemeinschaft der Pharisäer kreise hauptsächlich um Reinheitsfragen, abgelehnt hatte. In seiner Auseinandersetzung mit Neusner[59] hinterfragt er vor allem den Begriff der „priesterlichen" Reinheit und weist anhand verschiedener Beispiele nach, dass die Pharisäer für sich selbst keine priesterliche Reinheit in Anschlag brachten.[60]

Unterstützung erhielt Sanders in jüngster Zeit durch die Argumentation von Hanan Birenboim, der die Frage noch einmal im Kontext der

55 Vgl. *Neusner*, Traditions 3, 288ff.

56 *Neusner*, Traditions 3, 288.

57 Vgl. dazu den bereits zitierten Aufsatz *Alon*, תחומן; *Alon*, Bounds. Zu weiteren Vorläufern vgl. *Sanders*, Law, 152–166.

58 *Harrington*, Food, widmet den größten Teil ihres Beitrages einer Widerlegung der Argumente von Sanders. Dabei macht sie sich immer wieder gerade das Schweigen und die Leerstellen in den biblischen wie auch in den Mischnatexten für ihre Argumentation zunutze.

59 *Sanders*, Law, 166–184.

60 *Sanders*, Law, 184–242.

Ereignisse um das Jahr 70 n. Chr. aufnahm.[61] Gemeinsam mit Sanders distanziert er sich von Neusner, legt nun aber den Fokus auf die Intention der Pharisäer: Deren Ziel habe nicht in einer priesterlichen Lebensweise, sondern in der Ausdehnung der Gottesbeziehung, wie sich besonders ernsthaft gerade am Tempel- und damit am Reinheitsbezug der Priester zeige, auf das ganze Volk bestanden. Dazu aber seien Abgrenzungs- und Reinheitsmechanismen notwendig gewesen: „Their main purpose, accordingly, was to provide the common people with a temporal separation from everyday life and a religious experience of closeness to God."[62]

Dass auch diese Frage letztlich an der Datierung einzelner Überlieferungen hängt, zeigt die Dissertation von Yair Furstenberg. Er unterscheidet innerhalb des Mischnamaterials klar zwischen den früheren Pharisäern und den späteren Tannaim und sieht (trotz aller Animositäten) eine große Nähe zwischen den Pharisäern und der Qumrangemeinschaft einerseits sowie einen Bruch zu den späteren Tannaim andererseits, der im Reinheitsverständnis begründet sei und Auswirkungen auf die Mahlpraxis habe. Die Reinheitsobservanz selbst beim Essen profaner Speise, die Furstenberg in den Kreisen der frühen Pharisäer und der Qumrangemeinschaft beobachtet, sei in späterer Zeit einem gewissen Pragmatismus gewichen.[63] Dieser Pragmatismus wiederum liege in den gesellschaftlichen und historischen Veränderungen begründet, die einen anderen Umgang mit Reinheit im Kontext einer dauerhaft verunreinigten Umwelt erforderten.[64]

Die Textbelege, die von beiden Seiten herangezogen werden, ergeben im Ganzen noch kein eindeutiges Bild. Auch die Frage, ob Entscheidungen und Lebensweisen über die biblischen Traditionen hinausreichen, lässt sich nicht zweifelsfrei klären. Harrington zeigt, dass das biblische Reinheitssystem Vieles zwar nicht expliziert, aber Rückschlüsse zulässt, die geeignet sind, die von Sanders postulierte Lücke zu schließen.[65] Eine Entscheidung lässt sich nicht eindeutig treffen. Ich halte es für wahrscheinlich, dass sich bestimmte Traditionen zwar auf biblischer Basis,

61 Vgl. seinen Beitrag in dem bereits zitierten Sammelband von Schwartz/Weiss: *Birenboim*, Kingdom.

62 *Birenboim*, Kingdom, 68.

63 Vgl. zu den Entwicklungen von Qumran bis in die Mischna *Furstenberg*, אכילה, 123–160.

64 Vgl. *Furstenberg*, אכילה, 353–354.

65 Sanders betrachtet die pharisäische Regel, dass ein geschlossenes Gefäß vor Unreinheit schützt, was in ihm ist, als eine nachbiblische Erweiterung, Harrington hingegen lediglich als Anwendung von Num 19,15: *Auch jedes offene Gefäß, auf das kein Deckel gebunden ist, wird unrein.*

aber dennoch weit über das bis dahin Praktizierte hinaus entwickelt haben. Für die vorliegende Arbeit ist die Frage, ob Pharisäer in Reinheit gegessen haben, nicht im Hinblick auf ihre Entscheidung relevant, sondern im Hinblick auf den diskursiven Prozess. Die Quellentexte und ihre Rezeption zeigen einen ambivalenten Umgang mit dem Thema: Jede Entscheidung hat mit Leerstellen zu kämpfen oder muss (wie bei Furstenberg) auf klare Datierungen setzen. Gerade die Argumente von Sanders und Neusner beschreiben (trotz ihrer wechselseitigen Polemik) diese Ambivalenz sehr gut. Dass es ein erhöhtes Interesse an priesterlichen Reinheitsansprüchen gab, ist den Texten der Mischna ebenso zu entnehmen wie auch die Tatsache, dass diese Ansprüche nicht in allen Belangen umgesetzt wurden. Anspruch und Wirklichkeit scheinen nicht immer deckungsgleich gewesen zu sein. Vermutlich wurde dieser Sachverhalt jedoch weniger als Defizit wahrgenommen und eher als adäquater Umgang mit der alltäglichen Realität verstanden.[66]

Bei aller Diversität und Weitläufigkeit lassen die Konzepte von Reinheit und Unreinheit in der Mischna zwei Strukturelemente erkennen.

Das erste Strukturelement besteht in der Gleichzeitigkeit aus Kontinuität und Erweiterung. Einerseits knüpft die Mischna an biblische Traditionen und Argumentationsmuster an, entwickelt sie andererseits jedoch weiter. So wird z.B. in der biblischen Überlieferung festgestellt, dass Nichtjuden durch Aussatz nicht verunreinigt werden können. Die Mischna übernimmt das Thema, weitet aber seine Anwendung aus. Zugleich wird, dem Argumentationsmuster folgend, das Thementableau erweitert. Die Diskussion, ob Stiele unreiner Früchte verunreinigen (mUkz) oder inwieweit Hände unabhängig vom Körper unrein werden können (mJad), sind Beispiele dafür.

Das zweite Strukturelement besteht in der polaren Anlage von Reinheitsvorstellungen, wie sie vor allem in der Debatte zwischen Sanders und Neusner oder in den Arbeiten von Noam in Erscheinung getreten ist. Reinheit kommt in der Mischna in „two opposing perspectives"[67] in den Blick. Neben der realistischen Perspektive gibt es auch eine nominalistische, die zwar die realistische

66 Birenboims Vorschlag vermittelt zwischen beiden Extremen, indem er das Streben nach einer besonderen Form der Reinheit und dessen Ausweitung auf das Gros des Volkes als Bemühen um die Nähe Gottes versteht, wobei die Reinheitsbestimmungen in den Hintergrund rücken. Mir scheint dieser Entwurf textlich noch zu wenig abgesichert zu sein. Dennoch wird man sich die Beziehung zwischen Anspruch und Wirklichkeit wohl auf diese oder ähnliche Weise vorstellen müssen.

67 So der Untertitel von Noams Aufsatz, vgl. *Noam*, Impurity.

nicht aufhebt, ihr aber einen Kontrapunkt entgegensetzt: „This view subjects the concept of impurity to human awareness and intention, severing it from reality and, in so doing, also stripping it of its ‚natural' substance."[68] Für Sanders und Neusner entzündet sich diese Frage an der Gegenüberstellung von ontologisch und moral-eschatologisch, wobei Neusner die erste und Sanders die zweite Lesart vertritt.[69] Strukturell ähnelt diese Beschreibung jedoch den beiden Polen, die Noam beschreibt.

Der komplexe Charakter von Datierungsfragen erschwert es, in der Mischna lineare Entwicklungsprozesse nachzuzeichnen. Die Überlegungen Furstenbergs, die zu Teilen auf Neusners Stratifizierung des Materials beruhen, bestechen durch ihre Aussagekraft. Da sie aber bestimmte Datierungsentscheidungen voraussetzen, bleiben sie immer auch bis zu einem gewissen Grad hypothetisch. Neusners und Furstenbergs Ergebnisse zur chronologischen Einteilung des Materials sind insofern überzeugend, als sie die Traditionstreue der Rabbinen zugrunde legen. Grobe Linien lassen sich durchaus zeichnen, doch die Festlegung einzelner Aussagen auf konkrete Zeiträume und die Bindung einzelner Aussprüche an konkrete Persönlichkeiten bleibt in historischer Hinsicht immer ein Wagnis.

Die Wahrnehmung einer solchen Diversität bestätigt, was Noam, Furstenberg und Balberg mit jeweils unterschiedlichen Fokussierungen vertreten: Die Texte der Mischna überliefern Traditionen der späten Tannaim, in denen die Sorge um Reinheit zu einer individuellen Aufgabe wird. Reinheitsobservanz ist nicht mehr nur eine Frage der allgemeinen Anerkennung, sondern der persönlichen Entscheidung und Intention. Hierin sieht Furstenberg die veränderte soziale Wirklichkeit abgebildet, Balberg hingegen erkennt darin einen Ausdruck für die Zuwendung der Rabbinen zum jüdischen Selbst, Balbergs Begrif für den Kern jüdischer Identität, dessen Definition mit der Fähigkeit, sich zu verunreinigen, zusammenhängt.[70]

Welche Auswirkungen diese Hinwendung zum Subjekt auf den Zusammenhang von Reinheit und sozialer Identität hat, werden zwei Analysen zeigen, die sich mit unterschiedlichen, wenn auch ähnlichen Grenzphänomenen befassen: einerseits der Funktion des Am ha-Aretz als eine Art „internem Outsider", und andererseits der Unreinheit von Nichtjuden als „externen Outsidern".

---

68 *Noam*, Impurity, 103.

69 Vgl. zur Neusners Kritik an Sanders und zu seinem eigenen Entwurf den gemeinsamen Beitrag mit Bruce Chilton „Sander's Misunderstanding of Purity"; in *Neusner*, Law, 205–230.

70 Vgl. dazu *Furstenberg*, אכילה, 351–354, und *Balberg*, Purity, 150.

6.3 Die „Anderen" in der Mischna 1: Der Am ha-Aretz

Der Am ha-Aretz (hebr.: עם הארץ) ist eine Figur, die in der Mischna an verschiedenen Stellen als Orientierungsgröße gruppenbezogenen Verhaltens präsentiert wird. Sie ist geeignet, um die Funktion von Reinheit oder Unreinheit als distinktive Größe und damit als entscheidend für die Bildung sozialer Identität zu untersuchen. Der Am ha-Aretz wird in der Mischna als Teil der Gesellschaft betrachtet, dem man nur mit besonderer Vorsicht begegnen sollte. Gelegentlich werden ein solcher Kontakt und seine Konsequenzen mit Unreinheit in Verbindung gebracht. Der Am ha-Aretz dient zur Unterscheidung verschiedener Reinheitsgrade und fordert eine besondere Aufmerksamkeit in Reinheitsfragen für diejenigen, die observanter sind als er selbst. Anhand der Figur des Am ha-Aretz, die im Korpus der Mischna keineswegs homogen verwendet wird, lassen sich Aussagen über die Bedeutung von Reinheit als Faktor sozialer Identität treffen.

Die Wendung „Am ha-Aretz" taucht nicht erst in der Mischna auf. Sie ist biblischen Ursprungs und wird in verschiedenen Kontexten und mit unterschiedlichen Bedeutungsnuancen gebraucht. Schwerpunktmäßig findet sie sich in 2Kön, Esr und Neh. Daneben taucht sie noch in Gen, Ez und 2Chr auf. Einzelbelege lassen sich zudem auch in vielen anderen Büchern des Alten Testaments finden. Esr und Neh, aber auch Dtn, Jos und Zeph verwenden vorzugsweise den Plural עמי הארץ, womit dann vor allem nicht-jüdische Gruppen bezeichnet sind. Die griechische Entsprechung der LXX lautet ὁ λαὸς τῆς γῆς. Beide Begriffe bleiben in ihrer Bedeutung – „Volk des Landes" – zunächst unklar. Dem Am ha-Aretz kommen dabei ganz unterschiedliche Aufgaben zu: in Lev 20,2 ist das „Volk des Landes" für die Steinigung dessen zuständig, der sein Kind dem Moloch übergibt; in 2Kön 11,14 bläst es im Rahmen der Thronübernahme durch Joasch die Trompeten; in 2Kön 21,24 erschlägt es die Aufrührer gegen den König. Der Begriff kann aber auch als Gruppenbezeichnung neben anderen Gruppen wie Priestern oder Propheten gebraucht werden (vgl. z.B. Jer 1,18; Jer 34,19; 37,2; Ez 7,27; 22,29). Daher liegt die Vermutung nahe, dass es sich bei dieser Gruppe um eine stärker profilierte Größe handeln muss als lediglich die „Landbevölkerung" im Sinne einer soziographischen Bezeichnung für „das einfache Volk".[71] Vielmehr scheint der Begriff eine Art gesellschaftliche Oberschicht zu bezeichnen, der konkrete verantwortungsvolle Aufgaben

71 Diese Einsicht liegt auch der frühen, noch immer instruktiven Untersuchung Würthweins zu Grunde; vgl. *Würthwein*, Am ha-Aretz. Er widerspricht damit z.B. der Definition im Jüdischen Lexikon, das in erster Auflage 1927 erschienen ist; vgl. *Dienemann*, Am ha-Aretz.

zukamen.[72] Entscheidend für das Verständnis des alttestamentlichen Begriffes ist seine Bedeutungsverschiebung von der vorexilischen zur nachexilischen Zeit. Während der Am ha-Aretz in vorexilischer Zeit noch die eigene Oberschicht bezeichnet, die (ungeachtet aller geschichtlichen Entwicklungen) durchgängig besteht, nimmt der Begriff in nachexilischer Zeit (vor allem in Esr und Neh) eine Oberschicht in den Blick, die den Rückkehrern aus dem Exil entgegentritt und von der man sich abzusetzen versucht (z.B. Neh 10,29; Esr 6,19–21; 9,1).[73] Der Begriff wandelt sich somit von einem deskriptiv-positiven zu einem distinktiv-negativen. Daran knüpft die tannaitische Literatur an, wobei hier nicht vorschnell von Kontinuitäten zwischen den Korpora auszugehen ist – so wie auch innerhalb der Korpora unterschiedliche Verwendungsweisen zu beobachten sind.

Schwerpunktmäßig findet sich der Begriff Am ha-Aretz in den Mischnatraktaten Demai und Toharot. Toharot stammt aus der gleichnamigen Ordnung über verschiedene Reinheitsfragen, während Demai Teil der Ordnung Sera'im („Samen") ist, die sich mit Natur und der Ernte beschäftigt. Darüber hinaus kommt der Begriff noch vereinzelt in anderen Traktaten vor, wird dort jedoch weniger programmatisch behandelt als in den beiden genannten. Auch wenn die Mischna im Fokus der folgenden Beobachtungen steht, darf gerade hier ein Blick auf die talmudische Rezeption nicht fehlen. Ein Abschnitt aus dem Traktat Berachot führt verschiedene Antworten auf die Frage nach der Identität des Am ha-Aretz aus, bBer47b:[74]

---

72 Diese These folgt den Einsichten Würthweins und setzt sich damit von der älteren, genau gegenläufigen These ab, mit עם הארץ werde die Untertanenschaft bezeichnet, wie sie zum Beispiel Klamroth vertreten hat; vgl. *Klamroth*, Exulanten, 99–101. Oppenheimer wiederum sieht im עם הארץ keine eigenständige soziale Schicht neben anderen, sondern eine Art Bewegung, jedoch ohne organisatorische Struktur; vgl. *Oppenheimer*, Am ha-Aretz, 10–11. Der früheren These Sulzbergers, der עם הארץ stelle gar eine Art Parlament dar, das für die Ernennung und Absetzung des Königs sowie für die Belange des obersten Gerichtes zuständig sei (*Sulzberger*, Am ha-Aretz), widerspricht Würthwein mit Verweis auf Belege, die außerhalb von 2Kön 11, der Hauptquelle der Sulzberger'schen These, liegen.

73 Würthwein sieht den Begriff innerhalb des AT jedoch durchgehend soziologisch und nicht religiös bestimmt, was sich erst mit seinem Eintritt in die rabbinische Literatur ändert; vgl. *Würthwein*, Am ha-Aretz, 70–71. Oppenheimer verweist auf die Unsicherheit, ob es sich in Esra und Neh um eine zwar jüdische, aber an anderen Göttern verunreinigte, oder aber um eine ganz und gar fremde, nichtjüdische Gruppe handelt; vgl. *Oppenheimer*, Am ha-Aretz, 10–11.

74 Parallelen zu dieser Stelle, die alle Aspekte der oben genannten Charakteristika aufweisen, finden sich in bGitt 61 und bSot 21b–22a, sowie in tAbod.Zar 3,10. Interessanterweise behandelt der Mischnatraktat Berachot die Thematik nicht.

> דתניא איזהו עם הארץ כל שאינו אוכל חוליו בטהרה דברי רבי מאיר וחכמים אומרים כל שאינו מעשר פירותיו כראוי (...) תנו רבנן איזהו עם הארץ כל שאינו קורא קריאת שמע ערבית ושחרית דברי רבי אליעזר רבי יהושע אומר כל שאינו מניח תפילין בן עזאי אומר כל שאין לו ציצית בבגדו רבי נתן אומר כל שאין מזוזה על פתחו רבי נתן בר יוסף אומר כל שיש לו בנים ואינו מגדלם לתלמוד תורה אחרים אומרים אפילו קרא ושנה ולא שמש תלמידי חכמים הרי זה עם הארץ אמר רב הונא הלכה כאחרים
>
> Wie gelehrt wurde: Wer ist der Am ha-Aretz? Jeder, der Profanes nicht in Reinheit isst, sagt R. Meir. Und die Weisen sagen: Jeder, der nicht seine Früchte ordnungsgemäß verzehntet (…) Es lehrten die Rabbanim: Wer ist ein Am ha-Aretz? Jeder, der nicht das Shema am Abend und am Morgen betet, sagt Rabbi Eliezer. Rabi Jehoschua sagt: jeder, der keine Gebetsriemen anlegt. Ben Azai sagt: Jeder, der keine Zizit an seinem Oberhemd hat. Rabbi Natan: jeder, der keine Mezuza an seiner Tür hat. Rabbi Natan bar Yosef sagt: Jeder der Kinder hat, aber sie nicht zu Toralernenden erzieht. Die anderen sagen: Sogar jemand, der liest und lehrt, aber nicht den Schülern der Weisen dient, ist ein Am ha-Aretz. Rab Huna sagt, die Halacha ist wie die Meinung der anderen.

Besonders eindrücklich an dieser Perikope, für den Talmud indessen durchaus charakteristisch, ist die Vielzahl der Meinungen, die unkommentiert und unverbunden nebeneinanderstehen. Einig sind alle jedoch darin, dass sich ein Am ha-Aretz an eine bestimmte Halacha, die die Rabbinen für verbindlich halten, nicht oder weniger genau hält. Aus diesem biblisch begründeten Konsens fällt allein die Meinung des R. Meir heraus. Das Essen profaner Speise in Reinheit ist nur für Priester und ihre Familien bzw. für jene, die im Tempel Opfergaben essen, erforderlich, nicht jedoch für alle anderen. R. Meir charakterisiert somit (aus biblischer Sicht) den Am ha-Aretz als einen, der priesterlichen Reinheitsansprüchen nicht untersteht. Die Ausdehnung solcher Ansprüche auf das Volk könnte indessen schon verbreitete Praxis sein, so dass (aus talmudischer Sicht) auch R. Meir einen Verstoß gegen das Gesetz formuliert.[75] Die talmudische Baraita steht im Kontext weiterer Diskussionen des Traktates Berachot, die sich mit der Inklusion bestimmter Personen in rituellen Kontexten beschäftigen. Der Am ha-Aretz dient hier im Sinne eines rabbinischen *kal*

---

75 Die Frage, ob die Pharisäer oder andere Gruppen, die in der tannaitischen Literatur prägend sind, säkulare Speise in priesterlicher Reinheit gegessen haben und dadurch den Bereich priesterlicher Reinheit und Heiligkeit auf sich ausgeweitet haben, wird weiterhin diskutiert. Sie stellt eine Variante der Kontroverse zwischen Neusner und Sanders dar und wurde zuletzt in einer umfassenden Studie von Furstenberg behandelt; vgl. dazu den Überblicksteil des Kapitels.

va-homer, also eines Schlusses vom Leichteren auf das Schwerere, der Argumentation hinsichtlich der Einladung eines Kuti (Samaritaners). Wie genau wäre er demnach zu definieren?

Zwei Dinge werden aus dieser talmudischen Diskussion deutlich: Zum einen führt die Diskussion der Mischna nicht zu einer eindeutigen Definition des Am ha-Aretz, sondern zu einer Mehrzahl an möglichen Antworten, die sich der Sache nach ähneln, im halachischen Detail jedoch unterscheiden. Zum anderen zeigt sich, dass der Am ha-Aretz immer als ein solcher verstanden wird, der mit dem Gesetzesverständnis der Rabbinen in Spannung gerät. Die Bandbreite der Möglichkeiten signalisiert zwei gegensätzliche Möglichkeiten: entweder kennt er die Gesetze, missachtet sie aber ganz bewusst, oder er weiß ganz grundsätzlich nichts von ihnen und will auch gar nichts wissen. Das eine Extrem schließt also jene mit ein, die über eine gewisse religiöse Bildung verfügen, dieselbe aber nicht anwenden, während das andere Extrem jene beschreibt, die aus jüdischer Sicht gänzlich ungebildet sind. Der Kontext des Zitats, die Diskussion um die Einladung zu bestimmten Gelegenheiten und die Analogie zu den Samaritanern deutet jedoch an, dass dieser Am ha-Aretz jedenfalls kein Nichtjude sein kann.

Vor diesem Hintergrund sollen im Folgenden die beiden Traktate untersucht werden, in denen sich die ausführlichsten Diskussionen um den Am ha-Aretz finden. Im Traktat Demai steht nicht die Reinheitsthematik, sondern die Abgabenpraxis im Mittelpunkt. Dennoch ist die Untersuchung dieses Traktates für die Fragestellung sinnvoll, weil sie die sonstige Engführung des Am ha-Aretz auf Fragen der Reinheit aufzubrechen vermag. In mToh finden sich zwei Kapitel, die explizit Reinheitsregelungen in Bezug auf den Am ha-Aretz gewidmet sind.

6.3.1 *Der Am ha-Aretz im Traktat Demai*

Der Mischnatraktat Demai ist der dritte Traktat in der ersten Ordnung Sera'im, die sich nach dem die Mischna eröffnenden Traktat Berachot – „Segenssprüche" mit verschiedenen landwirtschaftsbezogenen Themen auseinandersetzt. In diese Ordnung fallen zum Beispiel die Regeln für das Schabbatjahr (Traktat Shevi'it) oder Regeln für die Verzehntungen (Traktate Maaser und Maaser Sheni). Der Traktat Demai befasst sich mit einem Sonderfall der Abgabe von Landesfrüchten.[76] Dabei handelt es sich um Produkte, die man kauft, bei denen aber unsicher („zweifelhaft") ist, ob sie teilweise oder vollständig verzehntet worden sind. Demai regelt eine eigene Art der Abgabe, die sich an

76 Zu den Einleitungsfragen und den grundlegenden Themen des Traktats vgl. *Krupp*, Demai, VII–XII.

dem Grundmuster der regulären Abgaben orientiert. Der Traktat behandelt in seinen sieben Kapitel verschiedene Fallbeispiele.[77] Demai werden Dinge besonders dadurch, dass sie ursprünglich oder zwischenzeitlich in der Hand von Personen waren, bei denen eine angemessene Verzehntung in Zweifel zu ziehen ist. Dabei geht es naturgemäß immer wieder um Übergänge zwischen verschiedenen Personengruppen. Demai-Abgaben sind also nicht unmittelbar auf Reinheitsfragen bezogen. Ihre Erfüllung oder Nicht-Erfüllung hat auch keinen direkten Einfluss auf den Reinheitsstatus eines Menschen. Allein in der Auseinandersetzung mit dem Am ha-Aretz wird die Reinheitsfrage relevant, weil derselbe in anderen Zusammenhängen stets unter dem Vorzeichen von Reinheit und Unreinheit thematisiert wird. Die Vorsicht, die mDem gegenüber dem Am ha-Aretz anmahnt, spiegelt sich auch an anderen Stellen wider.

Der Traktat hat keine Entsprechung im babylonischen Talmud, wohl aber im Talmud Jeruschalmi.[78] Er enthält in größerem Umfang anonymes Material, das Michael Krupp in die Zeit des Zweiten Tempels datiert. Vermutlich erhielt der Traktat dann seine endgültige Gestalt durch die Schüler Rabbi Akibas, denn die meisten der namentlich genannten Personen entstammen der vierten tannaitischen Generation.

In dem einleitenden Kapitel des Traktates wird der Am ha-Aretz zweimal im Kontext der Zweitverzehntung erwähnt als einer, der von Demai-Produkten und deren Auslöse profitiert (mDem 1,2) und als einer, dessen Teighebe demaifrei ist (1,3). Mit den Demaifrüchten und dem Erlös aus ihnen kann, das ist Inhalt der zweiten Mischna, freier umgegangen werden als mit regulären Zweitverzehntungen. Sie können dem Am ha-Aretz gegeben werden oder in seinem Beisein gegessen werden, was mit regulären Zweitverzehntungen nicht möglich ist. Daran wird deutlich, dass der Am ha-Aretz eine Art sozialreligiösen Grenzfall darstellt: Grundsätzlich ist er Teil des Abgabensystems und damit auch Teil des religiösen Alltags. Seine explizite Erwähnung im Fall der Demaiprodukte zeigt jedoch im Umkehrschluss, dass bei Produkten, die eine höhere Heiligkeit haben, eine Berührung mit dem Am ha-Aretz ausgeschlossen wäre.

77 Kapitel 1 fragt nach der Unterscheidung zwischen demaipflichtigen Früchten und solchen, die nicht demaipflichtig sind. Kapitel 2 führt die Unterscheidung zwischen einem Haver und einem Ne'eman ein. In Kapitel 3 werden verschiedene Einzelbestimmungen diskutiert. Kapitel 4 fragt nach schabbatbezogenen Regelungen. Kapitel 5 behandelt den Sonderfall des Brotes von nicht vertrauenswürdigen Bäckern sowie Waren von Nichtjuden. Kapitel 6 diskutiert Pachtverhältnisse in unterschiedlichen Konstellationen. Kapitel 7 entscheidet über Besuche bei Menschen, die möglicherweise nicht korrekt verzehnten.

78 Krupp erklärt dies mit den landesbezogenen Themen des Traktates; vgl. *Krupp*, Demai, XII.

Der Fall in mDem 1,3 beleuchtet diese Sonderstellung aus der anderen Richtung: Die Teighebe, welche die reguläre Priesterabgabe darstellt, ist deshalb auch für ihn demaifrei, weil die Rabbinen den Am ha-Aretz für vertrauensvoll genug halten, dass er seine Abgabe ordnungsgemäß verzehntet.[79] Der Am ha-Aretz wird also dargestellt als einer, der einerseits die grundlegenden Regeln kennt und befolgt, andererseits aber mit dem, was höhere Aufmerksamkeit erfordert, nicht in Berührung kommen soll.

In Kapitel 2 werden der Vertrauensmann[80] und das Vollmitglied[81] definiert – beide in Abgrenzung zum Am ha-Aretz. Dem Vertrauensmann wird nach Meinung einiger untersagt, beim Am ha-Aretz zu Gast zu sein (mDem 2,2),[82] während dem Vollmitglied darüber hinaus untersagt wird, mit dem Am ha-Aretz Handel zu treiben und ihn als Gast zu empfangen (mDem 2,3). Der Grund für diese Einschränkungen liegt in beiden Fällen in der Gefahr, mit Dingen, die nicht korrekt verzehntet sind (wie dies vom Am ha-Aretz zu befürchten ist) in Kontakt zu kommen. An dieser Staffelung wird nicht nur die Unterscheidung zwischen Vertrauensmann und Vollmitglied deutlich, sondern auch die Tatsache, dass die Vermeidung des Kontaktes mit einem Am ha-Aretz zur Sicherung der eigenen Stellung dient, da man vermeiden möchte, nicht ordnungsgemäß verzehntete Produkte zu kaufen oder zu essen.

Das dritte Kapitel nennt den Am ha-Aretz nur an einer Stelle, an der es um Mehl geht, das in die Hände von einem Samaritaner oder einem Am ha-Aretz gegeben wird (mDem 3,4).[83] Das kann unbesorgt geschehen, da beiden ein korrekter Umgang mit dem Anvertrauten zugetraut wird. An Stellen wie dieser wird deutlich, dass die distinktiv-negative Stellung des Am ha-Aretz auf bestimmte Bereiche beschränkt bleibt und keine grundsätzliche Charakterisierung darstellt. Vergleichbares wird an dieser Stelle auch über Früchte ausgesagt – mit dem Zusatz, dass Früchte, die man in Hände von Nichtjuden gibt, verzehntet werden müssen. Das folgt aus der naheliegenden Annahme,

---

79 Vgl. zu den Erläuterungen *Krupp*, Demai, 5, FN 21,21,32.

80 נאמן ist eine Personenbezeichnung für jemanden, der vertrauenswürdig ist. Ich übernehme hier Krupps Übersetzung „Vertrauensmann".

81 חבר ist von Krupp mit „Genosse" zwar sachlich korrekt wiedergegeben, hat im Deutschen aber einen politisch besetzten Beigeschmack, weshalb ich mich für „Vollmitglied" entscheide. Als solches charakterisiert Krupp den חבר auch in seinen einleitenden Bemerkungen und nutzt bisweilen auch die Übersetzung „Mitglied"; vgl. *Krupp*, Demai, VIII.

82 Die Gegenmeinung von R. Jehuda wird mit einem Verweis auf die Glaubwürdigkeit des Am ha-Aretz verworfen.

83 Hier taucht zum ersten Mal eine solche Parallelisierung auf, die später im Talmud dann Anlass zur grundlegenden Definition des Am ha-Aretz geben wird. Beide Gruppen sind Teil des religiösen Alltags, unterliegen aber in bestimmten Fällen besonderen Regeln.

dass ein Nichtjude nicht verzehntet, während man das einem Am ha-Aretz zutrauen kann.

Kapitel 5 diskutiert unterschiedliche Szenarien, in denen Handel mit strittigen Gruppen wie Bäckern, Großhändlern, Hausherren oder Armen betrieben wird. Interessanterweise wird hier zwar der Handel mit Nichtjuden und Samaritanern (mDem 5,9) thematisiert, nicht aber der mit einem Am ha-Aretz.

Kapitel 6 handelt von Verzehntungen im Kontext verpachteter Felder. Hierbei spielt sowohl die eigene Identität wie auch die Identität dessen, der das Feld verpachtet, eine Rolle. In Mischna 9 wird der Fall diskutiert, dass zwei Menschen ein Stück Land erben; einer der beiden ist ein Vollmitglied, einer ein Am ha-Aretz. Da das Vollmitglied anders und mehr verzehntet als der Am ha-Aretz, muss eine Regelung bezüglich der Aufteilung des Feldes gefunden werden. Die Mischna entscheidet, das Feld gemäß seiner Fläche, nicht aber gemäß seinen Erzeugnissen aufzuteilen.[84] Daran werden auch die Folgen einer unterschiedlichen Bewertung deutlich, die dazu führen, nicht nur Handel und Besuch, sondern auch die gemeinsame landwirtschaftliche Arbeit mit dem Am ha-Aretz einzuschränken. Der Status des Am ha-Aretz ist zudem weder angeboren noch unveränderlich. In mDem 6,9 sind die beiden Partner offensichtlich Brüder, da ihr Vater ebenfalls ein Am ha-Aretz war:

חָבֵר וְעַם הָאָרֶץ שֶׁיָּרְשׁוּ אֲבִיהֶם עַם הָאָרֶץ

> Ein Mitglied und ein Am ha-Aretz erbten von ihrem Vater, der ein Am ha-Aretz war.

Dass sich die vaterschaftliche Beziehung auf beide Subjekte und nicht nur auf den Am ha-Aretz bezieht, wird hier an dem im Plural stehenden Suffix von אֲבִי deutlich.[85]

Die letzte Mischna in mDem 6 nennt einen Fall, in dem ein Vollmitglied im Auftrag eines Am ha-Aretz Brot oder Gemüse kauft. Zur Diskussion steht die Frage, ob das Vollmitglied etwas davon verzehnten muss. Das trifft nur zu,

84 In mDem 6,7–8 werden ähnlich gelagerte Fälle diskutiert; dabei geht es um die Folgen von Vermischungen solcher Erzeugnisse, an deren Herstellung Partner beteiligt sind, die unterschiedlich verzehnten. Krupp sieht darin die Tendenz, Partnerschaften mit Leuten, die anders verzehnten, besser zu vermeiden, um nicht unnötigen Aufwand zu verursachen; vgl. *Krupp*, Demai, 27–28, FN 16,17,22.

85 Dass der Status nicht festgeschrieben ist, wurde auch schon in mDem 2,2 deutlich, wo die Zugehörigkeit zu einer der drei Gruppen mit einer Form des Verbs קיבל beschrieben ist. Krupp übersetzt hier „auf sich nehmen"; in jedem Falle geht es dabei um ein aktives Annehmen und nicht um ein erlittenes Geschehen.

wenn es zugleich auch etwas für sich selbst kauft. Dann jedoch muss das Vollmitglied die gesamte Menge verzehnten, selbst wenn sein Eigenanteil nur bei einem Prozent liegt. Diese Aussage fällt aus der bisherigen Linie heraus, weil der Auftrag, den der Am ha-Aretz gibt, hierbei keine Rolle zu spielen scheint. Für die Sicht auf die soziale Stellung eines Am ha-Aretz wird aber erneut klar, dass sich die Distinktion auf konkrete Bereiche bezieht und nicht das Ganze seiner gesellschaftlichen Position beschreibt.

Im Mischnatraktat Demai erscheint der Am ha-Aretz somit als einer, dessen soziale Stellung von der Stellung anderer, vornehmlich der des Vertrauensmanns und des Vollmitglieds, unterschieden wird. Die Unterscheidung orientiert sich dabei an unterschiedlichen Abgaberegelungen. Für Produkte des Am ha-Aretz gelten andere Anforderungen als für die des Vertrauensmanns oder des Vollmitglieds, weil jene nicht davon ausgehen können, dass dieser in erforderlichen Maße Abgaben geleistet hat. Unklar bleibt, inwieweit diese Unterscheidungen direkte Folgen auch auf andere Bereiche des gesellschaftlichen Lebens im Sinne einer Hierarchisierung haben. Zum einen zeigt mDem 6,12, dass Aufträge von einem Am ha-Aretz an ein Vollmitglied durchaus nichts Ungewöhnliches sind. Zum anderen wird dabei klar, in welchem Maße sich die Abgabepraxis auch auf das konkrete, alltägliche Miteinander auswirkt. Handel und Begegnung mit einem Am ha-Aretz sind mindestens erschwert, wenn nicht sogar unmöglich. Die genannten Regelungen und Entscheidungen lassen die gesamtgesellschaftliche Stellung des Am ha-Aretz noch unberührt, fördern in der Folge jedoch die Segregation der Gesellschaft in voneinander getrennte Gruppen. In mDem wird an keiner Stelle begründet, wie es zu diesen Unterschieden kommt, noch wird (anders als in der nun zu untersuchenden mToh) die Unreinheit des Am ha-Aretz als Begründung herangezogen.

6.3.2 *Der Am ha-Aretz im Traktat Toharot*

Der Traktat Toharot gehört als fünfter Traktat der gleichnamigen sechsten Ordnung der Mischna an, die sich ihrem Namen entsprechend mit verschiedenen reinheitsbezogenen Themen befasst. Der Titel ist, um es mit den Worten von Matthias Hopf zu sagen, euphemistisch, da der Traktat eher Unreinheiten als Reinheiten zum Thema hat. Er macht jedoch deutlich, dass Reinheit als der erstrebenswerte Zustand die maßgebliche Bezugsgröße bleibt, selbst wenn es sich in den diskutierten Einzelfällen zumeist um den Umgang mit Unreinheit handelt.[86] Kernthemen des Traktats sind der Umgang mit Speisen sowie die Auswirkung von Flüssigkeiten auf die Übertragbarkeit von Unreinheit. Über die biblischen Basistexte hinaus haben die Rabbinen dazu ein mehrstufiges

86 Vgl. hierzu wie zu den folgenden Einleitungsbemerkungen *Hopf*, Toharot, VII–XII.

Unreinheitssystem entwickelt, das z.B. auf Speisen angewandt wird. Die Grundstruktur des Traktates ist darauf angelegt, viele Regeln, die in der biblischen Überlieferung nur für Priester galten, auf das Volk im Ganzen auszuweiten. In diesem Zusammenhang kommt auch dem Am ha-Aretz eine besondere Rolle zu.

Die Themen der einzelnen Kapitel behandeln Spezifika, vermitteln jedoch auch grundsätzliche Einsichten zum Verständnis von Reinheit und Unreinheit in der Mischna.[87] Der Traktat hat keine Entsprechung in den Talmudim, wohl aber eine ausführliche Tosefta. Die genannten Personen und Gelehrten stammen hauptsächlich aus der zweiten und vierten Generation, die vier Vertreter der dritten Generation sind nur mit wenigen Aussprüchen vertreten.

Anders als im Traktat Demai ist der Umgang mit dem Am ha-Aretz kein Querschnittsthema. Schwerpunktmäßig wird er allein in den Kapiteln 7 und 8 behandelt. Darüber hinaus kommt er nur noch an zwei Stellen vor: In mToh 4,5 werden im Rahmen der Diskussion um Zweifelsfälle all jene Fälle benannt, in denen man die Priesterhebe verbrennen muss, weil sie unrein sein könnte. Zu diesen Zweifelsfällen zählen verschiedene klassische Unreinheitstopoi: die Gefahr, dass die Hebe mit einem Gräberfeld in Berührung kam; dass sie aus dem Land der Völker kommt; dass sie mit Urin (der möglicherweise von einem Aussätzigen oder anders Unreinen stammt) in Berührung kommt und vieles mehr. Unter diesen Gefahren wird auch die genannt, dass die Hebe mit der Kleidung eines Am ha-Aretz in Berührung kam. Das wird zwar nicht weiter begründet – aus mChag 2,7 lässt sich jedoch lernen, dass die Kleidung eines Am ha-Aretz Midrasunreinheit[88] überträgt, was hier wohl im Hintergrund steht. Unreinheit wird mit dem Am ha-Aretz dabei auf verschiedene Weise assoziiert: mDem beschreibt sein Verhalten als möglicherweise ungesetzlich; mChag bezieht sich auf seine Kleidung und damit auf etwas gleichsam Körperliches. In eine ähnliche Richtung weist auch der zweite Beleg außerhalb

87 Der Traktat besteht aus 10 Kapiteln. Kapitel 1 handelt von dem Umgang mit Aas und der Übertragungsfähigkeit von Flüssigkeiten. Kapitel 2 erklärt die verschiedenen, von den Rabbinen eingeführten Unreinheitsstufen. Kapitel 3 diskutiert Zweifelsfälle, die sich auf unklare Aggregatszustände zwischen flüssig und fest beziehen. Kapitel 4 setzt diese Frage mit Blick auf Orte fort, während Kapitel 5 und 6 Zweifelsfälle auf der Grenze zwischen öffentlichem und privatem Raum behandelt. Kapitel 7 widmet sich dem Zweifelsfall, den ein Am ha-Aretz darstellt und aus dem sich besondere Regeln ergeben. Das weitet Kapitel 8 noch einmal aus und fragt erneut nach den Übertragungsvorgängen von Unreinheit. Kapitel 9 und 10 beschäftigen sich mit der Anfälligkeit von Unreinheit für Oliven und Trauben und Fragen zur ordnungsgemäßen Reinigung von Arbeitsgeräten.

88 Midrasunreinheit bezeichnet die zweitgradige Unreinheit, die ein Ausflüssiger an Dinge vermittelt, die er berührt. Vgl. zur Funktion der Midrasunreinheit in der Mischna *Sanders*, Law, 205–209.

der Kapitel 7 und 8. In mToh 10,1 wird diskutiert, ob eine Ölpresse unrein ist, wenn in ihr über Nacht midras-unreine Geräte lagern und die Presser[89] mit eingeschlossen waren. Neben einer klaren Zustimmung und einer klaren Ablehnung sind vor allem die Meinungen von Rabbi Schimon und Rabbi Josse von Interesse, die ihre Entscheidung an das Bewusstsein der Presser, also der Ammei ha-Aretz knüpfen:

ר׳ שִׁמְעוֹן אוֹמֵ׳ אִם טְהוֹרִין לָהֶן בֵּית הַבַּד טָמֵא אִם טְמֵאִין לָהֶן בֵּית הַבַּד טָהוֹר

> R. Shimon sagt: Wenn sie für sie rein sind, dann ist die Presse unrein. Wenn es für sie unrein ist, dann ist die Presse rein.

Hinter dieser Entscheidung steht die Annahme, dass der Am ha-Aretz nicht mit dem Chaver oder anderen Observanten in allen Reinheitsfragen übereinstimmt, dass er aber dennoch ein Teil des Systems ist. Die Unterscheidung in rein und unrein und die sich daraus ergebenden Konsequenzen separieren die Gruppen, ohne die Dinge selbst zu betreffen. Somit konnten die Weisen davon ausgehen, dass der Am ha-Aretz die Presse selbst nicht berühren (und dadurch verunreinigen) würde, wenn er sie für unrein hielte. Andersherum bestünde aber eine Gefahr der Verunreinigung, wenn er sie selbst für rein erachten würde. Daran lassen sich zwei Facetten des Am ha-Aretz zeigen: Zum einen wirkt er für andere Gruppen durch Berührung verunreinigend, wie an der Unreinheit seiner Kleider deutlich wird, zum anderen teilt er aber mit ihnen die grundlegende Unterscheidung anhand der Kategorien „rein" und „unrein".

Die Kapitel 7 und 8 beschreiben verschiedene Szenen des Zusammentreffens zwischen einem Am ha-Aretz und anderen Menschen. Im Gegensatz zu mDem spielt hier die Unterscheidung zwischen Vertrauensmann und Vollmitglied keine Rolle. Die Gegenüberstellung findet nur mit dem Am ha-Aretz statt, ohne denselben dabei zu charakterisieren oder die Gegenüberstellung zu begründen. In mToh 7,1–5 geht es um verschiedene Situationen, in denen ein Am ha-Aretz unbeaufsichtigt in einem Haus oder in der Nähe sensibler Dinge allein gelassen wurde, so dass sich die Frage stellt, ob diese Dinge nun unrein sind. Die Entscheidungen hängen immer davon ab, ob der Am ha-Aretz sich bewegt haben könnte oder nicht.[90] In jedem Falle aber geht eine Gefahr der Verunreinigung von dem Am ha-Aretz aus, die lediglich durch bestimmte

89 Hopf weist darauf hin, dass die Presser höchstwahrscheinlich Ammei ha-Aretz waren, die in sich midras-unrein sind, aber für die Arbeit gereinigt wurden.

90 Im Fall von mToh 7,4 ist es die Frau eines Am ha-Aretz, die offensichtlich den gleichen Regelungen unterliegt.

Umstände eingeschränkt wird. Sie bleibt folgenlos, wenn durch Überprüfung sichergestellt werden kann, dass sich der Am ha-Aretz nicht bewegt und somit auch nichts angerührt hat. Sein verunreinigendes Potential leibt davon aber unberührt. Der Am ha-Aretz verunreinigt offenbar bereits durch die Berührung von Gegenständen oder Flächen. Das wird aus der Mehrheitsmeinung der betreffenden Mischnajot ersichtlich, die jenen Bereich als unrein deklariert, den der Am ha-Aretz berührt haben könnte (mToh 7,2–4). Zugleich wird ihm jedoch auch eine gewisse Aufmerksamkeit oder zumindest ein Maß an Respekt zugestanden. In mToh 7,8 geht es um einen Menschen, der lange Zeit hohe Reinheitsstandards beachtet hat und sich dann entscheidet, davon wieder Abstand zu nehmen. Die Weisen erklären daraufhin alle Dinge, mit denen er in Berührung kommt, aufgrund seiner Entscheidung und der Handlungen, die dieser Entscheidung folgen, für unrein; nur R. Jehuda plädiert für Reinheit:

ר׳ יְהוּדָה מְטַהֵר שֶׁדֶּרֶךְ טְמֵאִין פּוֹרְשִׁין מִמֶּנּוּ

> R. Jehuda erklärt es für rein, weil im Allgemeinen die Unreinen sich von ihm fernhalten.[91]

Aus der Argumentation des R. Jehuda geht hervor, dass Unreine, mit denen hier wohl der Am ha-Aretz gemeint ist, also jene, die weniger strikte Reinheitsregeln halten, aus Umsicht Abstand von denen halten, die stärker auf Reinheit achten.[92] Die darauffolgende Mischna 9 diskutiert Neugierde oder Hunger im Gegenüber zum Respekt vor den Reinheitsregeln. Das Beispiel schildert unbeaufsichtigte Brotlaibe, die für die Priesterhebe gedacht sind, und einen unbeaufsichtigten Kochtopf, der von einem Am ha-Aretz oder seiner Frau möglicherweise berührt wurde. Während Rabbi Akiba für unrein plädiert, plädieren die Gelehrten für rein.[93]

---

91 Die Argumentation ergibt dann Sinn, wenn man hier ergänzt, dass die Unreinen sich fernhalten, auch wenn die betreffende Person beschlossen hat, die Regeln nicht mehr im gleichen Maße zu halten.

92 So auch *Hopf*, Toharot, 59, FN 67.

93 Eine von der Frage nach Hunger und Respekt losgelöste Antwort gibt R. Elasar ben Pila im zweiten Teil der Mischna. Er geht davon aus, dass die Frau den Kochtopf auf jeden Fall unerlaubterweise berührt habe, weil Frauen grundsätzlich naschhaft seien. Diese Aussage steht isoliert und ohne weiteren Bezug auf den Kontext. Hopf weist darauf hin, dass der genannte Gelehrte unabhängig von diesem polemischen Ausspruch ansonsten in der Mischna unbekannt sei.

Die Beispiele aus Kapitel 8 unterstützen die doppelte Charakterisierung des Am ha-Aretz: Hier werden Situationen diskutiert, in denen der Am ha-Aretz noch enger mit anderen in Berührung kommt, so z.B. durch das gemeinsame Leben auf einem Hof (8,1). Das Verunreinigungspotential ist auch in diesen Beispielen allgegenwärtig und geht in 8,2 sogar über das aus 7,6 hinaus; zugleich aber wird deutlich, dass dem Am ha-Aretz eine bewusste Vorsicht für das Reinheitsbedürfnis seines Gegenübers zugetraut wird:

> הַמַּפְקִיד כֵּלִים אֵצֶל עַם הָאָרֶץ טְמֵאִין טְמֵא מֵת וּטְמֵאִין מִדְרָס אִם מַכִּירוֹ שֶׁהוּא אוֹכֵל בִּתְרוּמָה טְהוֹרִין מִטְּמֵא מֵת אֲבַל טְמֵאִין מִדְרָס

> Gibt einer Geräte einem Am ha-Aretz zur Aufsicht, so sind sie Toten- und Midrasunrein. Wenn er [d.h. der Am ha-Aretz] weiß, dass er [d.h. der Auftragsgeber] die Hebe in Reinheit isst, so sind sie [d.h. die Geräte] rein von der Totenunreinheit, aber midrasunrein.

Die Midrasunreinheit wird vor allem durch Frauen ausgelöst, sodass mit dieser zweiten Einschränkung erklärt wird, dass der Am ha-Aretz, der um das erhöhte Reinheitsbewusstseins seines Gegenübers weiß, versuchen wird, diesem gerecht zu werden.

An dieser Struktur aus Grundsituation und Sonderfall wird eine differenzierte Sichtweise auf den Am ha-Aretz erkennbar: Während er einerseits eindeutig eine Gefahr der Verunreinigung darstellt, wird ihm andererseits zugestanden, dass er, obwohl er die Gesetze selbst nicht hält, dieselben dennoch respektiert und sich bemüht, das eigene Gefährdungspotential nach Möglichkeit zu begrenzen.

Die Texte in mToh folgen einem anderen Zungenschlag als die in mDem. In mDem geht es vor allem um die Differenzierung zwischen Am ha-Aretz, Vertrauensmann und Vollmitglied; mToh betont hingegen die Gefahr, die von dem Am ha-Aretz und seinem Potential, Dinge zu verunreinigen, ausgeht. Deshalb muss auch der Kontakt zu und mit ihm genau geregelt werden. Anders als in mDem gibt es allerdings keine Anweisungen dafür, wie diese Kontakte zu vermeiden sind. Vielmehr gehören sie ganz einfach zu den alltäglichen Gefahren der Verunreinigung, deren man sich bewusst ist, ohne sie deshalb vollständig vermeiden zu können. Daraus ergibt sich jedoch eine erhöhte Aufmerksamkeit gegenüber Mitgliedern dieser Gruppe, die sich in vielfältigen Regelungen des Alltags ausdrückt. Auch in mToh wird der Am ha-Aretz nicht eigens definiert. Er wird als bekannt vorausgesetzt; das betrifft auch die Folgen, die sich aus dem Kontakt mit ihm ergeben.

6.3.3 *Der Am ha-Aretz in weiteren ausgewählten Mischnastellen*

Über mToh und mDem hinaus wird der Am ha-Aretz noch an einigen anderen Stellen erwähnt, jedoch nicht mehr so systematisch und vertieft behandelt wie in den vorangegangenen Traktaten. Auf einige dieser Belege soll hier noch eingegangen werden, weil sie zum weiteren Verständnis des Am ha-Aretz und seiner sozialen Rolle beizutragen vermögen. Einige der bekannten Charakteristika wie die abgestufte Reinheit oder die gesteigerte Vorsicht gegenüber Dingen, die der Am ha-Aretz berührt hat, finden sich auch in diesen Einzelbelegen wieder.[94]

Der Traktat (Pirke) Avot – „[Sprüche der] Väter", der sich in der Ordnung Nezikin – „Schädigungen" befindet, stellt eine theologisch gewichtige Zitatensammlung dar. Ueberschaer und Krupp sehen den Traktat in großer Nähe zur biblischen Weisheitsliteratur, was sich auch in Zitaten und Reminiszenzen an die biblische Überlieferung insgesamt zeigt.[95] Die Datierung und auch Charakterisierung ist hoch umstritten. Die Vorschläge reichen einer sehr frühen, vorrabbinischen Datierung auf der einen Seite bis zu einer, mittlerweile in der rabbinischen Forschung mehrheitlich akzeptierten Annahme, das Werk sei eine späte Hinzufügung zur Mischna. Der Traktat hat weder eine Gemara im Babylonischen noch im Jerusalemer Talmud und auch keine Tosefta, was als Hauptargument für eine Spätdatierung genutzt wird. Bekannt ist er vor allem für die Traditionskette in den Kapiteln 1 und 2, mit der die schriftliche Form der Mischna an die Offenbarung am Sinai geknüpft und das Schema der Gelehrtengenerationen einführt wird. Für diese Arbeit sind vor allem die Aussagen von mAv über den Umgang mit dem Am-ha Aretz von Interesse. Der Am ha-Aretz kommt an drei Stellen innerhalb des Traktates vor. Im Vergleich zu den anderen Belegstellen werden hier jedoch keine halachischen Fragen entschieden, sondern eher aphoristische Sentenzen formuliert, in denen der Am ha-Aretz mehrfach als Bezugs- und Vergleichsgröße fungiert. In mAv 2,5 werden z.B. verschiedene Unmöglichkeiten aufgezählt – wie auch die, dass ein Am ha-Aretz zur Gruppe der Chassidim (der Frommen) gezählt werden könne.[96] Datierung und historische Zuordnung dieser Sprüche lassen sich nur schwer bestimmen. Ihre Aussagen transportieren eher eine Art Allgemeinwissen, das Aufschluss darüber gibt, womit der Am ha-Aretz üblicherweise

---

94 So z.B. in mShev 5,9; mGit 5,9 und mMaasSh 2,3.

95 Vgl. dazu und zu den Einleitungsfragen *Krupp & Ueberschaer*, Avot, VII–XI und *Stemberger, Weisheitsschrift.*

96 Unklar ist, ob dies als Adjektiv oder als Ausdruck der Gruppenzugehörigkeit gemeint ist; in jedem Falle aber spricht die Aussage dem Am ha-Aretz das Potential ab, ein gewisses Frömmigkeits- oder Religiositätslevel zu erreichen.

assoziiert wurde. In mAv 3,10b geht es etwa die Frage, was den Menschen „aus der Welt bringt“:

> ר׳ דוֹסָה בֶן הַרְכִּינָס אוֹ׳ שְׁנָת {שֶׁלְ} שַׁחְרִית וְיַיִן {שֶׁל} צָהֳרַיִם וְשִׂיחַת הַיְלָדִים וִישִׁיבַת כְּנֵסִיּוֹת שֶׁלְ עַמֵּי הָאָרֶץ מוֹצִיאִין אֶת הָאָדָם מִן הָעוֹלָם:
>
> R. Dosa ben Harkinas sagt: Der Schlaf am Morgen, der Wein am Mittag, das Geplapper der Kinder und das Sitzen in der Versammlung der Ammei ha-Aretz bringt den Menschen aus der Welt.

Die Wendung „den Menschen aus der Welt bringen“ findet sich noch an zwei weiteren Stellen im Traktat Avot (2,11; 4,21), in der übrigen Mischna aber nicht. An keiner Stelle wird erklärt, was genau diese Wendung bedeutet; unzweifelhaft scheint sie jedoch pejorativ konnotiert zu sein. Die Aussage unterstreicht die grundsätzlich negative Einstellung, die dem Am ha-Aretz in der Mischna entgegengebracht wird. Aber nur hier erscheint er dabei auch als Teil einer Versammlung, die den Eindruck einer eigenständigen, organisierten Gruppe vermittelt.[97] Der singuläre Charakter dieses Belegs mahnt zur Zurückhaltung in der Bewertung oder gar Beschreibung einer solchen Gruppe, die vielleicht auch nur ein literarischer Topos sein mag. In das bisherige Gesamtbild aber fügt sich diese Sentenz durchaus stimmig ein.

Schließlich benennt mAv 5,10 vier Arten von Menschen, unter denen sich auch der Am ha-Aretz befindet. Diese Typen unterscheiden sich jeweils in ihrem Besitzverständnis:

> אַרְבַּע מִידּוֹת בְּאָדָם הָאוֹמֵר שֶׁלִּי שֶׁלִּי וְשֶׁלָּךְ שֶׁלָּךְ זוֹ מִידָּה בֵינוֹנִית וְיֵשׁ אוֹמְ׳ זוֹ מִידַּת סְדוֹם שֶׁלִּי שֶׁלָּךְ וְשֶׁלָּךְ שֶׁלִּי עַם הָאָרֶץ שֶׁלִּי שֶׁלָּךְ וְשֶׁלַּךְ שֶׁלַּךְ חָסִיד {ו}שֶׁלָּךְ שֶׁלִּי וְשֶׁלִּי שֶׁלִּי רָשָׁע:
>
> Es gibt vier Arten von Menschen: Der, der sagt: Was mein ist, ist mein und was dein ist, ist dein, das ist die mittlere Art Mensch,[98] und es gibt solche, die sagen, das sei die Art Sodoms. Mein ist dein und dein ist mein – das ist der Am ha-Aretz. Mein ist dein und dein ist dein – das ist ein Chasid. Und dein ist mein und mein ist mein, das ist ein Böser.

---

97 Sacha Stern sieht in dieser Versammlung eine eigene Synagoge des Am ha-Aretz, die nicht zu betreten sei. Das ist der Formulierung aber nicht zu entnehmen und würde eine deutlich schärfere, auch religiöse Trennung bedeuten; vgl. *Stern*, Identity, 116.

98 Gemeint ist die „normale Art“, im Sinne von „durchschnittlich“, so übersetzen Krupp/Ueberschaer.

Diese Aussage ist eine der wenigen, bei denen die Rolle des Am ha-Aretz nicht bewertet wird. Er repräsentiert hier lediglich einen Typos, der, wie Krupp/ Ueberschaer es ausdrücken, „nicht zwischen dem Besitz unterscheidet".[99] Auch von Reinheit oder von der Einhaltung irgendwelcher Gesetze ist an dieser Stelle keine Rede. Vielmehr bezeugt sie, dass der Am ha-Aretz auch über seine jeweilige Charakterisierung hinaus eine gesellschaftliche Bezugsgröße war.[100] Dieser Mischna folgen noch fünf weitere, die ebenfalls nach dem Muster „Es gibt vier Arten von …" funktionieren. Weiteren Beispiele sind Gemütsarten, Schüler, Almosengeber, Lehrhausbesucher und Weizenbesitzer. In vier der insgesamt sechs Beispiele werden zwei der Arten als Frevler und Fromme (5,10.13.14) bezeichnet. Das zeigt im Umkehrschluss, dass der Am ha-Aretz nicht zum Grundrepertoire einer solchen Aufzählung gehörte.

Eine weitere Diskussion, die das Bild des Am ha-Aretz prägt und die teilweise im Widerspruch zu den bisher untersuchten Texten steht, findet sich in mChag. Der Traktat Chagiga – „Feierlichkeiten" stellt den Abschluss der Ordnung Mo'ed – „Festzeiten" dar und zählt mit drei Kapiteln zu den kürzeren Traktaten überhaupt. Mit den Feierlichkeiten der Wallfahrtsfeste im engeren Sinne befasst sich nur das erste Kapitel. 1,7–2,4 behandeln verschiedene Anhänge an die Festregelungen, bevor in einem – nach Meinung Krupps nachträglich angefügten – dritten Teil Bestimmungen über Reinheit und Unreinheit, die auch im Kontext der Wallfahrtsfeste zu lesen sind, diskutiert werden. In diesem Rahmen werden die Modalitäten effektiver Reinigungsvorgänge sowie ein nach Personengruppen gestuftes Reinheitssystem vorgestellt. Die Kernbelege dafür sind mChag 2,6–7, die im Folgenden ausschnittweise zitiert werden:

> הַטּוֹבֵל לַחוּלִּים וְהוּחְזַק לַחוּלִּים אָסוּר לַמַּעֲשֵׂר(...)הַטּוֹבל לַחֹמֶר הוּתַּר לַקַּל טָבַל וְלֹא הוּחְזַק כְּיִלּוּ לֹא טָבַל: בִּגְדֵי עַם הָאָרֶץ מִדְרָס לַפְּרוּשִׁים בִּגְדֵי פרוּשִׁין מִדְרָס לְאוֹכְלֵי תְרוּמָה בִּגְדֵי אוֹכְלֵי תְרוּמָה מִדְרָס לַקּוֹדֶשׁ בגדי אוכלי קודש מדרס לחטאת (...)
>
> 6 Derjenige, der für Profanes untertaucht und bestätigt wird für Profanes, dem ist der Zehnte verboten (…) Derjenige, der für Schweres untertaucht, ist auch für Leichtes zugelassen. Wer untertaucht und nicht bestätigt ist, es ist als sei er nicht untergetaucht. 7 Die Kleider eines Am ha-Aretz sind midras-unrein für die Pharisäer, die Kleider der Pharisäer sind midras-unrein für die, die Teruma essen, die Kleider derer, die Teruma essen,

99 *Krupp & Ueberschaer*, Avot, 55, FN59.

100 Die Zusammenstellung der vier Menschenarten ist in dieser Form innerhalb der Mischna singulär und kann in ihrer Zusammensetzung auch nicht als pars pro toto für das Gros der Gesellschaft gelesen werden.

> sind midras-unrein für Heiliges, die Kleider derer, die Heiliges essen, sind unrein für das Sühnemittel. (…)

In dem vollständigen Zitat der Mischna, das die Liste von 2,6 weiter ausführt, wird deutlich, dass das Untertauchen mit einer konkreten Intention geschieht und dass die Reinigung ihren Effekt nur für das anvisierte Ziel hat. Keinen Effekt hat die Reinigung für ein Ziel, das einen höheren Reinheitsstatus verlangt als das geplante. So folgen dem Profanen und dem Zehnten in aufsteigender Reihenfolge die Priesterhebe, das Heilige und das Sühneopfer. Mischna 2,6 schließt mit den zitierten Grundsätzen, dass erstens eine Reinigung für etwas mit höherem Reinheitsgrad auch für die darunter liegenden Reinheitsgrade effektiv ist, und dass es zweitens der Bestätigung im Zuge des Geschehens bedarf, damit die Reinigung überhaupt wirksam werden kann. Die folgende Mischna mChag 2,7 belegt, dass zwischen verschiedenen Gruppen anhand von Reinheitszuständen unterschieden wird und dass sich diese Unterscheidung an der Übertragung von Unreinheit bemisst. Um die Reinheit der eigenen Gruppe zu bewahren, ist es daher angebracht, den Kontakt – zumindest durch Berührung – mit Mitgliedern der anderen Gruppe zu vermeiden. Die soziale Interaktion wird also im Idealfall auf die eigene Gruppe begrenzt. „In other words, a person's group affiliation determines the scope of his permissible social interactions."[101]

Für das Verständnis von mChag 2,6 ist die Formulierung הוּחְזַק – „bestätigt" entscheidend, der es jedoch an Eindeutigkeit mangelt. Das Verb stammt von der Wurzel חזק, die das Wortfeld der „Stärke" oder auch „Bestärkung" beschreibt. In dieser Form kommt das Verb innerhalb der Mischna nur in mChag 2,6 vor; an anderen Stellen wird meistens eine Hif'il-Form verwendet, die dann im Sinne von „unterstützen" oder „festhalten" zu verstehen ist. Offen bleibt an dieser Stelle, durch wen oder wie die Bestätigung geschieht: Furstenberg diskutiert die unterschiedlichen Möglichkeiten und zeigt, dass sowohl ein persönlich-individuelles wie auch ein öffentliches Verständnis in Frage kommt.[102] Aus der Entscheidung folgt die Verlagerung des Reinigungsvorganges entweder in den öffentlichen oder den privaten Bereich. Das wiederum hat weitreichende Folgen, weil es den Grad der Reinheit als sozial anerkannten Segregationsfaktor bestimmt. Furstenberg argumentiert für eine öffentliche Anerkennung und stellt damit den Vorgang als ein integratives Geschehen dar, das Folgen für das soziale Gefüge hat. In mChag 2,6f findet er Bezüge zu Tendenzen, die schon aus

101 *Furstenberg*, Outsider, 51.

102 Dabei verweist er auch auf Parallelstellen des Verbs und seiner Verwendung; vgl. *Furstenberg*, Outsider.

den gruppenbezogenen Texten von Qumran bekannt sind. Unklar bleibt auch bei ihm, wie die Anerkennung aussieht. Er nimmt an, dass sie sich nicht auf den Akt der Reinigung an sich, sondern auf den Zugang zu einem bestimmten Level an Reinheit bezieht. Das lässt sich dem Text selbst aber nicht entnehmen. Immerhin stellt mChag 2,6–7 fest, dass die Reinigung einer Anerkennung bedarf und daher nicht allein der persönlichen Intention anheimgestellt sein kann.

Der Abschnitt in mChag 2,6–7 belegt ein weiteres Mal die segregierende Wirkung von Reinheit und geht zugleich davon aus, dass der Am ha-Aretz zwar Teil des anerkannten Reinheitssystems ist, aber auf dessen unterster Stufe steht, von der sich die Mitglieder anderer Gruppen abgrenzen. In mChag 2,6 und 7 verlaufen die Argumentationen parallel und spiegeln den Grundsatz wider, dass derjenige, der sich für etwas Schwereres reinigt, auch für etwas Leichteres rein ist. Daraus folgt umgekehrt, dass der Zugang zu Dingen mit höherem Reinheitsanspruch denen verschlossen bleibt, die nur für leichteres gereinigt sind.

6.3.4 *Der Am ha-Aretz als Testfall*

Die Figur des Am ha-Aretz stellt einen guten Testfall für die Bedeutung von Reinheit für die soziale Identität des Individuums in der Mischna dar. Basierend auf einem (keineswegs eindeutigen) biblischen Konzept, nimmt sie in der gesellschaftlichen Realität, die die Mischna spiegelt, eine Sonderstellung ein. Dies betrifft häufig, aber nicht ausschließlich, Fragen nach der Toraobservanz im Allgemeinen und nach Reinheitsfragen im Besonderen. Aus den Einzelbelegen wird deutlich, dass sich der Am ha-Aretz nicht in dem Maße an die Gesetze hält, wie das die Weisen der Mischna wünschen.[103] Darauf müssen diejenigen reagieren, die es mit den Gesetzen genauer nehmen und die vor allem die Reinheitsregeln detaillierter einhalten. Das rabbinische Verständnis des Am ha-Aretz greift verschiedene Elemente des biblischen Vorbildes auf, formt sie aber um, so dass ein neues Bild entsteht: Wie bereits die Texte aus vorexilischer Zeit nahelegen, ist der Am ha-Aretz auch in der Mischna Teil einer Bevölkerungsgruppe innerhalb Israels, die aber in bestimmter Hinsicht pejorativ konnotiert ist. Kritikpunkte sind die Gesetzesobservanz und das Themenfeld der Unreinheit, wobei die Mischna auf Traditionen aus nachexilischer Zeit, besonders aber auf Esr und Nehemia, zurückgreift.

Die Unbestimmtheit im Blick auf die Identität des Am ha-Aretz hält bis in die talmudische Literatur hinein an. Seine Assoziierung mit Unreinheit

103 Die Diskussion im Mischnatraktat Demai setzt voraus, dass der Am ha-Aretz seine Produkte nicht in dem Maße verzehntet, wie das z.B. ein Vollmitglied tut.

durchzieht hingegen wie ein roter Faden alle ansonsten so unterschiedlichen Belege.

Die Texte der Mischna entwerfen ein mehrdimensionales Bild des Am ha-Aretz. In mDem wird die soziale Sonderstellung des Am ha-Aretz anhand der besonderen Abgaberegelungen expliziert. Die Argumentationsstruktur weist dabei schon auf ein Spezifikum des Am ha-Aretz hin: Er wird nie direkt charakterisiert; ihm wird auch kein bestimmtes Verhalten unterstellt. Eine Charakterisierung erfolgt indirekt, indem jenen, die strengere Regeln beachten, besondere Vorsichtsmaßnahmen im Umgang mit dem Am ha-Aretz nahegelegt werden. Das Verhalten des Am ha-Aretz wird also nicht grundsätzlich negativ bewertet, sondern nur hinsichtlich der Konsequenzen für sein observantes Gegenüber. Die Mischna argumentiert nicht vom Standpunkt des Am ha-Aretz aus, sondern aus Sicht derer, die in besonderem Maße der Tora folgen und in Reinheit leben. Der Traktat mDem kommt dabei ganz ohne die Reinheitsbegrifflichkeit aus; die findet sich erst in mToh, wo Szenarien diskutiert werden, in denen ein Am ha-Aretz Dinge eines Observanten verunreinigt haben könnte. Hinsichtlich der Konsequenzen werden keine expliziten Aussagen getroffen; aus der Terminologie geht aber hervor, dass reguläre Reinigungsriten durchaus erforderlich sind. Das Potential zur Verunreinigung verlangt zwar den Observanten erhöhte Aufmerksamkeit ab, nötigt sie aber zur sozialen oder gar räumlichen Trennung. Am deutlichsten wird dies in mToh 8,1: Hier leben ein Chaver und ein Am ha-Aretz auf dem gleichen Hof – was also möglich, wenn nicht sogar weithin üblich war. Die Mischna regelt lediglich die Modalitäten einer solchen Situation, fordert aber keine Trennung, auch wenn sie die Gruppen explizit voneinander unterscheidet und aus dieser Unterscheidung praktische Konsequenzen zieht.

Die Figur des Am ha-Aretz bleibt in der Mischna schwer zu fassen. Furstenberg versucht deshalb, zwischen den beiden maßgeblichen Theorien zu vermitteln: Weder stimmt er der Meinung Büchlers zu, der Am ha-Aretz beschreibe lediglich eine zahlenmäßig sehr kleine Oberschicht in Galiläa, die gesellschaftlich nur wenig Bedeutung habe,[104] noch schließt er sich der These Aharon Oppenheimers an, dass der Am ha-Aretz ein kontinuierliches Phänomen und als soziale Größe ein festes Element der Gesellschaft in all ihren Wandlungen sei.[105] Furstenberg bestreitet, dass der Am ha-Aretz eine konkrete soziale Gruppe darstelle; vielmehr sieht er in ihm eine Analysekategorie, die es den Weisen der Mischna ermögliche, ihre soziale Welt zu beschreiben und

---

104 Vgl. *Büchler*, Am-ha Ares.

105 Vgl. *Oppenheimer*, Am ha-Aretz. Zur Kritik vgl. *Furstenberg*, עם הארץ, darin besonders 287–289.

sich darin sicher und dem Grad ihrer Observanz entsprechend zu bewegen. Er sieht die Figur als Chiffre eines innerhalachischen Streites und die Widersprüche innerhalb der halachischen Diskussionen als Spiegel einer sich verändernden Wirklichkeit, die eine Neuordnung halachischer Inhalte erfordert.[106] Der Am ha-Aretz hat also nach Furstenberg die Funktion, soziales Leben zu beschreiben und zu gestalten. Begriff und Charakteristik veränderten sich je nach historischer Situation; die Unterschiede in der Wahrnehmung des Am ha-Aretz innerhalb der Mischna spiegeln somit auch die historischen Veränderungen in tannaitischer Zeit wider. Die Mehrdeutigkeit des Begriffs verweist auf die Vielzahl sozialer Bereiche, in denen sich die Weisen bewegen. Furstenberg erkennt dabei eine Entwicklung, die sich unter zwei Aspekten beschreiben lässt: Geographisch verschiebt sich in der Folge des Bar Kochba Aufstandes das rabbinische Zentrum von Javne in das agrarisch bestimmte Galiläa; inhaltlich wird der Am ha-Aretz nicht mehr nur an Reinheitsfragen, sondern nun auch an Fragen der Abgabe und der Verzehntung gemessen.[107] In dieses Bild fügen sich auch die Auffälligkeiten von mChag 2,6–7 ein: Furstenberg betrachtet diesen Abschnitt als eine frühe Mischna,[108] die halachische Traditionen noch aus der Zeit des Zweiten Tempels bewahrt habe – ein weiterer Beleg also für den Wandel der historischen Situation und der damit verbundenen rabbinischen Wirklichkeit.

Dennoch muss die Tragfähigkeit dieser Argumentation an zwei Stellen noch einmal relativiert werden: Zum einen widerlegt die These Furstenbergs, der Am ha-Aretz sei vor allem eine Chiffre sozialer Interaktionen, noch nicht die gesellschaftliche Realität einer bestimmten Gruppe, wie sie immerhin in den alttestamentlichen Bezugstexten noch vorausgesetzt wird; auch die Detailgenauigkeit, mit der alltägliche Situationen und Szenen unter Beteiligung des Am ha-Aretz geschildert werden, spricht für eine soziale Größe hinter den Texten. Zum anderen basiert Furstenbergs Beschreibung einer historischen Entwicklung auf der Überzeugung, die Traktate und mehr noch die einzelnen Mischnajot einigermaßen genau datieren zu können.[109]

106 Furstenberg sieht offenbar keine Kontinuität zum biblischen Begriff des Am ha-Aretz; vgl. *Furstenberg*, עם הארץ, 290–293.

107 Dieser Unterschied ließ sich schon in der Lektüre von mDem und mToh zeigen; vgl. dazu *Furstenberg*, עם הארץ, 318–319.

108 Bei aller Zurückhaltung gegenüber Furstenbergs Datierungssicherheit wird dies auch von anderen wie z.B. Krupp angenommen; vgl. *Krupp*, Chagiga.

109 Das gilt auch für Furstenbergs jüngstes Werk zu Reinheit und Gemeinschaft. Ein vollständiger Verzicht auf alle Datierungen würde dem Selbstverständnis der Rabbinen sowie dem Situationsbezug ihrer Aussprüche sicher nicht gerecht; eine historische Rekonstruktion, die modernen methodischen Ansprüchen genügt, lässt sich jedoch ebenso wenig realisieren.

Die Annahme jedoch, dass die Regelungen zum Verhalten gegenüber dem Am ha-Aretz auf konkrete, soziale Wirklichkeit reagieren und dieselbe lebbar zu machen versuchen, ermöglicht einen hilfreichen Zugang, um das Phänomen in seiner Vielgestaltigkeit zu verstehen. Der Konflikt innerhalb der jüdischen Gesellschaft kreist um strengere und laxere Formen der Gesetzesobservanz, die miteinander auszuhandeln sind. Dabei ist es von Bedeutung, dass die unterschiedlichen Gruppen überhaupt noch miteinander im Gespräch sind, ohne einander von vornherein auszugrenzen. Vielmehr geht es darum, nach einem sorgfältig ausbalancierten System zu integrieren, was bereits auseinander zu driften beginnt. In diesem Zusammenhang erweist das Regelwerk der Reinheitsvorschriften seine Funktionsfähigkeit. In diese Richtung geht auch die Schlussfolgerung Sacha Sterns, der in seiner Arbeit zu jüdischer Identität in frühen rabbinischen Texten danach fragt, ob der Am ha-Aretz als Teil Israels gesehen werde:

> The category of ‚common people' or amei haAretz is always referred to in our sources in contradistinction with that of the rabbis and their disciples, or in the Mischna, in contradistinction with the meticulously observant haver. The question arises, therefore, whether this relative slackness of observance meant, in rabbinic terms, that the common people failed to achieve, effectively, the distinctive features of rabbinic ‚Israel'; and hence, whether the distinction of the rabbis from the common people may have extended as far as excluding the latter, in some way, from the distinctive category ‚Israel'.[110]

Stern kommt zu dem Schluss, dass der Am ha-Aretz durchgängig als Teil des Volkes Israel gesehen wurde. Allerdings übernahm er dabei unterschiedliche Rollen und Funktionen. Unter Einbeziehung verschiedener Toseftatexte und des Midrasch Levitikus Rabba weist Stern nach, dass dem Am ha-Aretz gelegentlich sogar religiöse Relevanz zugestanden wurde.[111] Bestehen bleibt allein der Unterschied in Fragen der Reinheit, wie an einer Diskussion in tDem 2,10 sichtbar wird: Ein Am ha-Aretz, der ein Chaver werden möchte, muss zuvor erst noch in der Reinheitshalacha unterrichtet werden. Daran zeigt sich jedoch nicht nur die fehlende Reinheitsobservanz, sondern auch die Tatsache, dass ein Übergang von einer zur anderen Gruppe möglich und vorgesehen war.

110 *Stern*, Identity, 114.

111 Das wird beispielsweise an jenem Ausspruch in LevR deutlich, der Am ha-Aretz sei ein Schutz für die Rabbinen, so wie die Schale ein Schutz für den Kern einer Nuss ist; vgl. LevR 36,2, zitiert nach *Stern*, Identity, 118.

Auch wenn man mit Furstenberg davon ausgeht, dass der Am ha-Aretz keiner eigenständigen Gruppe angehört, lässt er sich doch von anderen Gruppen unterscheiden.

Die Darstellung des Am ha-Aretz in der Mischna ist für die vorliegende Fragestellung in doppelter Weise interessant: Während an vielen anderen Stellen eine Unterscheidung oder eine Trennung vollzogen wurde, weil das Gegenüber unrein war, verschiebt sich die Aufmerksamkeit nun auf diejenigen, die Reinheit bewahren. Musste bislang das/der Unreine ausgegrenzt werden, wird nun den auf Reinheit Achtenden ein besonderes Maß an Sorgfalt auferlegt – mit dem Effekt, dass auch der/das Unreine Teil der Gruppe bleiben kann. Reinheit kreiert in diesem Falle also keine In- und Out-Groups, sondern markiert Übergänge, an denen ein bestimmtes Verhalten gefordert ist, um die Einheit der Gruppe zu bewahren.[112] Lediglich mChag 2,6–7 bildet an dieser Stelle eine gewisse Ausnahme.

Folgt man der These Furstenbergs, was auch die Anerkennung seiner Datierung voraussetzt, dann lässt sich erkennen, dass Reinheit als segregierendes Merkmal abnimmt. Der Am ha-Aretz wird damit zu einem Beispiel dafür, dass sich – sei es im Wandel der Zeit, sei es in der Vielfalt rabbinischer Meinungen – Reinheit nicht als das einzige distinktive Merkmal behauptet, sondern auch von anderen Merkmalen wie etwa verschiedenen Abgabenregelungen ersetzt werden kann. Was das für die Frage nach Reinheit als einem Merkmal sozialer Identität bedeutet, lässt sich im Blick auf die Mischna erst nach der Untersuchung weiterer Testfälle beantworten. Für den Am ha-Aretz zeichnet sich immerhin schon ab, dass sich diese Bedeutung sichtlich verändert. Reinheit bleibt ein Thema innerhalb der Gruppe, ohne jedoch in gleichem Maße wie früher Zugehörigkeit oder Nichtzugehörigkeit zu beschreiben. Der Vergleich des Umgangs mit Menschen, die eindeutig als Fremde oder Nichtjuden gekennzeichnet sind, wird zeigen, ob sich dieser Eindruck bestätigt.

6.4 Die „Anderen" in der Mischna II – Die Nichtjuden

Der „Am ha-Aretz" stellt gleichsam eine gruppenintern bestehende Out-Group dar, die der sozialen Segregation dient, ohne selbst ausgegrenzt zu werden. Im Folgenden soll der Umgang mit einer externen Out-Group, nämlich den Nichtjuden, untersucht werden.

---

112 Oppenheimer erkennt in einigen späteren Mischnajot, dass das Streben nach Reinheit hinter dem Streben nach Einheit zurücktritt; vgl. *Oppenheimer*, Am ha-Aretz, 93–94.

6.4.1 *Die Unreinheit der Nichtjuden in der Diskussion*

An der Frage, ob und auf welche Art bzw. mit welchen Folgen Nichtjuden unrein sind oder Unreinheit übertragen, hat sich eine lange Diskussion entzündet, deren Ausgangspunkt im späten 19. Jahrhundert bei Emil Schürer liegt. Schürer vertrat die Meinung, dass Nichtjuden zu allen Zeiten und in allen Strömungen des antiken wie rabbinischen Judentums als eindeutig unrein und verunreinigend angesehen wurden. Den Grund sah er darin, dass die biblischen Reinheitsgebote für Nichtjuden keine Gültigkeit besaßen. Aus der fehlenden Observanz folge deshalb Unreinheit, die wiederum strikte Abgrenzung zwischen Juden und Nichtjuden nach sich gezogen habe.[113] Die Gegenposition zu Schürer bezog 1926 Adolf Büchler, der in der Unreinheit der Nichtjuden eine der entscheidenden Neuerungen des rabbinischen Judentums und der tannaitischen Literatur sah. Büchler zufolge war diese Neuerung das Ergebnis eines rabbinischen Dekrets, das in der Mischna überliefert und im Talmud diskutiert wird. Es enthält in komprimierter Form eine Reihe von Festlegungen der Gelehrten, die darin Fragen der Reinheit in Angriff nehmen.[114] Nach Büchlers Meinung zielt die Logik dieses Dekrets darauf ab, die levitischen Bestimmungen zur Unreinheit von Menstruierenden auch auf nichtjüdische Frauen auszudehnen, die ihre Unreinheit dann wiederum an ihre Männer weitergeben und diese (da sie den jüdischen Reinigungsregeln nicht folgen) in permanent levitisch Unreinheit versetzen.[115] Zahleiche Forscher wie etwa Gedalyahu Alon folgen indessen auch weiterhin der These Schürers.[116] Gegen Büchler hält Alon daran fest, dass die Auffassung von der Unreinheit der Nichtjuden ihren sichersten Anhalt an der biblischen Überlieferung besitzt.[117] Anders als Schürer

---

113 *Schürer*, Geschichte II, 89–94, bes 91–92.

114 Eine Darstellung des Dekrets und dessen Diskussion folgt unter 4.1. Der Text steht in mShab 1,4 und lautet:

אֵילּוּ מֵהֲלָכוֹת שֶׁאָמְרוּ בַּעֲלִיַּית חֲנַנְיָה בֶּן חִזְקִיָּיה בֶּן גָּרוֹן שֶׁעָלוּ לְבַקְּרוֹ נִימְנוּ וְרָבוּ בֵּית שַׁמַּי
עַל בֵּית הִילֵּל שְׁמוֹנָה עָשָׂר דָּבָר גָּזְרוּ בוֹ בַּיּוֹם:

Dies sind einige der Halachot, die sie festlegten, im Obergemach von Hananiah ben Heze-kia ben Garon, als sie zum Besuch zu ihm aufstiegen. Sie wurden gezählt und die Schule Schammais überwog über die Schule Hillels. Achtzehn Dinge entschieden sie an diesem Tag.

115 Büchler nimmt dabei auf verschiedene Fallbeispiele Bezug. Dazu zählen die Unreinheit der Samaritanerin und der Nichtjüdin, die Unreinheit nichtjüdischen Weines, die Haltung gegenüber Götzenbildern und die Befugnis von Nichtjuden im Tempelbezirk. Anhand dieser Beispiele versucht Büchler eine Entwicklung nachzuzeichnen, die aus einer Art Ursprungssituation des rabbinischen Judentums resultiere und aus einer Erweiterung von Lev 15 erwachse; vgl. *Büchler*, Impurity.

116 Weitere Studien, die Schürer folgen, vgl. bei *Hayes*, Impurities, 4, FN 6.

117 *Alon*, Uncleanness. Dieser Aufsatz ist die englische Übersetzung eines zuerst im Rahmen seiner gesammelten Studien erschienenen hebr. Artikels; vgl. *Alon*, טומאת.

sieht er ihre Unreinheit jedoch nicht in der fehlenden Observanz, sondern gleichsam essentiell in ihrem Sein als Nichtjuden begründet. Ihre Unreinheit resultiere weniger aus einer Unterlassung als vielmehr aus dem Götzendienst, den sie aktiv betrieben:[118] „The defilement of non-Jews is therefore an extension of the ambit of the uncleanness of the idol itself, incorporating its worshippers."[119] Das genannte Dekret, das Büchler für den Ausgangspunkt der Unreinheitstradition von Nichtjuden hält, bewertet Alon als den Versuch, dieselbe zu begrenzen, was schließlich zu ihrer Auflösung geführt habe.[120]

In jüngerer Zeit haben Klawans[121] und Hayes[122] weitere Studien vorgelegt, die der Grundlinie Büchlers, dass die Unreinheit der Nichtjuden nicht biblisch fundiert sei, mit einer Reihe von Modifikationen folgen. Klawans baut auf der Unterscheidung zwischen moralischer und ritueller Reinheit auf.[123] Daraus leitet er auch die Unreinheit von Nichtjuden ab, für die der biblischen Überlieferung rituelle Kontexte unbekannt sind. Schürer folgend sieht auch Klawans Nichtjuden als moralisch unrein an. Dieser Umstand habe jedoch keinen Einfluss auf das Miteinander von Juden und Nichtjuden gehabt, da Nichtjuden deswegen noch nicht als rituell verunreinigend und daher gefährdend galten.[124]

Hayes knüpft an diese Argumentation an und führt sie fort. Schon in den biblischen Texten sieht sie neben der moralischen und der rituellen zusätzlich eine genealogische Reinheit angelegt, die besonders bei Esra und Nehemia in der Sorge um die Reinerhaltung des jüdischen Volkes zu Tage tritt. Hayes zufolge ist es die unterschiedliche Bewertung gerade dieser genealogischen Reinheit und die damit verbundene Durchlässigkeit oder Undurchlässigkeit von Gemeinschaftsgrenzen, die zu einer Ausprägung unterschiedlicher jüdischer Gruppen führte. Zeigen ließe sich dies exemplarisch an der Einstellung zu Konversion und Mischehen. Die rabbinische Literatur steht nach Hayes (ebenso wie die paulinische Theologie auch) in einer Tradition, die nicht der Linie Esras folgt und die genealogische Reinheit nicht zu einer conditio sine qua non der Zugehörigkeit macht. Vielmehr sei es auch Nichtjuden möglich,

118 Diesen Zusammenhang hatte auch schon Schürer gesehen, der die Abgrenzung zu den Nichtjuden nicht allein in ihrer Ignoranz gegenüber den Reinheitsgesetzen, sondern auch in ihrem Götzendienst begründet sah; vgl. *Schürer*, Geschichte II, 89–91.

119 *Alon*, Uncleanness, 147.

120 Vgl. *Alon*, Uncleanness, 149.

121 *Klawans*, Notions.

122 *Hayes*, Impurities.

123 Diese Unterscheidung entfaltet er in seiner umfassenden Studie zu Unreinheit und Sünde; vgl. *Klawans*, Impurity, besonders 288.

124 Vgl. zu diesem Argument besonders *Klawans*, Notions, 287–292.

der rabbinischen Gemeinschaft durch Konversion beizutreten, wenn sie eine gewisse Gesetzesobservanz akzeptierten und damit den notwendigen Status der Reinheit erreichten; Ähnliches gelte für Mischehen. Hayes beschreibt das rabbinische Israel-Verständnis damit als ein elastisches, „embracing the foreign-born Jew, as well as the native-born Jew, under the rubric of sanctity."[125]

In jüngster Zeit schließlich haben sich israelische Forschende von neuem mit diesem Thema befasst. Zu nennen sind hier exemplarisch Noam[126] und Birenboim,[127] die beide der Spätdatierung von Klawans und Hayes widersprechen. Birenboim zufolge ist die Auffassung, dass von Nichtjuden rituelle Verunreinigung ausgeht, bereits in persischer Zeit als eine Art Abgrenzungs- und Schutzmechanismus nachzuweisen – mit durchaus praktische Konsequenzen, auch wenn dieselben noch nicht ausformuliert sind wie in späterer Zeit.[128] Noam sieht in den biblischen Bestimmungen zur Totenunreinheit, vor allem in Num 31, die Grundlagen für die Unreinheit der Nichtjuden,[129] was ihrer Meinung nach von Klawans und Hayes unterschätzt werde.[130]

Die Diskussion der biblischen Überlieferung zeigt, dass die Frage, ob und wie Nichtjuden verunreinigen und unrein sind, innerbiblisch nur von untergeordneter Bedeutung war und deshalb auch einer eindeutigen Klärung ermangelt. Eine Unterscheidung zwischen moralischer und ritueller Reinheit hilft an dieser Stelle nur bedingt weiter, indem sie die Mehrdeutigkeit des Befundes bestimmten Kriterien zuordnet. Aufgrund meiner Zweifel an der Möglichkeit, rituelle und moralische Aspekte überhaupt voneinander trennen zu können,[131] halte ich eine solche Unterscheidung auch diesem Falle für wenig sinnvoll. Sie markiert allenfalls die Uneindeutigkeit des Befundes. Einerseits machen Lev 18 und 20 (s. oben Kap. 3) deutlich, dass auch von Israel eine Verunreinigung der Völker ausgehen kann.[132] Andererseits sind die konkreten Reinheitsgesetze aus Lev 12–15 explizit an Israel adressiert, während die Völker von solchen Bedenken ausgenommen bleiben.[133] Auf dieser Mehrdeutigkeit bauen die nachfolgenden Texte auf, wie das auch schon an den Schriftrollen vom Toten Meer zu

125 *Hayes*, Impurities, 191.

126 *Noam*, Gentileness, und *Noam*, Conception.

127 *Birenboim*, Impurity.

128 Vgl. zu den Entwicklungen in persischer Zeit *Birenboim*, Impurity, 9–16.

129 Vgl. dazu *Noam*, Conception.

130 Zur Argumentation von Hayes bezüglich der Aussagen im Buch Num vgl. *Hayes*, Impurities, 114–116.

131 Vgl. dazu den Exkurs in Kap 2.

132 Israel solle sich von bestimmten Praktiken fernhalten, um sich nicht zu verunreinigen, weil sich eben daran auch schon die Völker verunreinigt haben; vgl. z.B. Lev 18,24.

133 Darin sind sich auch die genannten Untersuchungen einig.

beobachten war.[134] In der Mischna setzt sich dieses Phänomen fort: Die Rabbinen unterscheiden zwischen Gesetzen, die der Tora folgen, und Gesetzen, die sie selbst aufstellen.[135] Für die Auffassung, der verunreinigende Charakter von Nichtjuden sei eine Innovation der Rabbinen, sind drei Texte besonders relevant geworden: erstens das bereits genannte „Dekret über achtzehn Streitfragen", über das in der Mischna berichtet wird und dessen Inhalt in den Talmudim erklärt wird; zweitens eine Bestimmung, die Nichtjuden in Analogie zu Ausflüssigen, sogenannten Zavim, sieht und deren Hauptbeleg in der Tosefta zu finden ist; drittens ein Passus aus Mischna Pessachim, der eine Art intrinsischer Unreinheit der Nichtjuden vertritt. Dazu kommen weitere Belege, die eine Nichtanfälligkeit der Nichtjuden für Unreinheit postulieren. Im Folgenden soll es vor allem darum gehen, die Frage nach dem Reinheitsstatus der Nichtjuden mit der Frage nach Differenzierungsprozessen in der Mischna und der Bestimmung sozialer Identität zu verbinden.

6.4.2 *Das Dekret über achtzehn Streitfragen*

Im Mischnatraktat Schabbat wird über ein Dekret berichtet, das nach einer zugunsten des Beit Shammai ausgehenden Abstimmung über achtzehn Streitfragen entscheidet (mShab 1,4):

> אֵילּוּ מֵהֲלָכוֹת שֶׁאָמְרוּ בַּעֲלִיַּית חֲנַנְיָה בֶּן חִזְקִיָּה בֶּן גָּרוֹן שֶׁעָלוּ לְבַקְּרוֹ נִימְנוּ וְרָבוּ בֵּית שַׁמַּי עַל בֵּית הִילֵּל שְׁמוֹנָה עָשָׂר דָּבָר גָּזְרוּ בוֹ בַּיּוֹם:
>
> Dies sind einige der Halachot, die sie festlegten, im Obergemacht von Hananiah ben Hezekia ben Garon, als sie zum Besuch zu ihm aufstiegen. Sie wurden gezählt und die Schule Schammais überwog über die Schule Hillels. Achtzehn Dinge entschieden sie an diesem Tag.

Damit ist zunächst noch nichts über den Inhalt der Entscheidungen gesagt. Es liegt nahe, sie vom Kontext her auf jene Bestimmungen für den Schabbat zu beziehen, die in mShab 1,1–3 genannt werden. Darunter fallen etwa Bestimmungen zu erlaubten Entfernungen bei dem Transport von Dingen oder das Verbot, sich kurz vor Schabbat frisieren zu lassen. In der Gemara beider Talmudim werden die achtzehn Bestimmungen dann näher erläutert, die Tosefta

134 Hayes untersucht über die für diese Arbeit ausgewählten Texte hinaus noch 4QMMT und das Jubiläenbuch; in beiden erkennt er eine Anknüpfung an die von Esra geprägt genealogische Reinheit; vgl. *Hayes*, Impurities, 68–91.

135 Vgl. dazu *Hayes*, Impurities, 122–123. Erhellend ist auch die oben genannte Kontroverse zwischen Alon und Noam über die Gründe der dualen Strategie in der rabbinischen Literatur.

wiederum weist nur eine lückenweise Darstellung des Dekrets auf; im Folgenden beziehe ich mich auf die Gemara des babylonischen Talmudes. Zu mShab 1,4 gibt es eine ausführliche Gemara, die bShab 13b–17b umfasst. Nach einer einleitenden Klärung des syntaktischen Bezugs fragen die Rabbinen, wovon die genannten achtzehn Streitfragen handeln. Ein Großteil der Diskussion bezieht sich dabei auf Fälle, in denen jemand die Priesterhebe untauglich macht. Jeder einzelne Fall wird ausführlich erwogen und begründet. Ein Bezug zu Nichtjuden findet sich erst am Ende der Gemara, klingt aber schon im Kontext der Diskussion um die Priesterhebe an. In bShab 14b und 15a wird auf eine Baraita Bezug genommen, die von einer früheren Entscheidung berichtet. Danach hätten Jose ben Jo'ezer aus Zereida und Jose ben Johanan aus Jerusalem oder – bShab 15a folgend – Hillel und Shammai selbst das Land der Völker als unrein erklärt:

גזרו טומאה על ארץ העמים

> Sie erklärten das Land der Völker für unrein.
>
> bShab 14b, par 15a

Der Kontext der Diskussion wird weniger von der konkreten Sachfrage als von der Frage nach der Datierung bestimmter Entscheidungen und deren Bedeutung für die Auseinandersetzung zwischen Shammai und Hillel bestimmt. Die Assoziation von Nichtjuden mit Unreinheit wird hier ganz einfach vorausgesetzt und durch das Wort der Autoritäten legitimiert. Die Gemara verdeutlicht diese Aussage noch einmal, wozu die Tosefta weitere Analogien bietet.[136]

In bShab 17b schließt die Gemara mit einer Argumentation in drei Schritten. Zuerst führt sie den Nichtjuden anhand eines kritischen Falls ein, der den Schabbat betrifft und damit noch im Rahmen des Hauptthemas verbleibt:

ואידך אמר רבי חייא בר אמי משמיה דעולא אף מי שהחשיך לו בדרך נותן כיסו לגוי בו ביום גזרו:

> Und weiter? Es sagt R. Hija bar Ami im Namen von Ula: Wenn jemand in Dunkelheit geriet und noch unterwegs war, so gab er seinen Geldbeutel einem Nichtjuden – auch das beschlossen sie an diesem Tag.

Im ersten Schritt imaginiert die Gemara eine Szene, in der ein Jude bei Anbruch des Schabbats noch unterwegs ist. Gemäß rabbinischer Entscheidung wurde

136 Vgl. dazu das folgende Textbeispiel aus tZav und dessen Rezeption.

das am Shabbat geltende Handelsverbot so weit ausgelegt, dass selbst das Mitsichführen von Geld nicht erlaubt ist. Deshalb beschließen die Weisen, dass es möglich sei, einem Nichtjuden das Geld in Verwahrung zu geben.

In einem zweiten Schritt geht die Diskussion daraufhin über die Klärung der schabbatbezogenen Sachfrage hinaus und wendet sich verschiedenen Dingen zu, die Nichtjuden von Juden anzunehmen verboten ist, nämlich deren Brot, Öl, Wein sowie deren Töchter.[137] Die Gemara diskutiert die Abhängigkeit der Verbote untereinander und konzentriert sich schließlich darauf, dass die Verbote von Brot, Öl und Wein, wenn auch in ungeklärter Abhängigkeit, schließlich verhindern sollen, dass Nichtjuden jüdische Töchter heiraten. Die Annahme der elementaren Lebensmittel führt zu wachsender Nähe und zunehmendem Kontakt, so dass es am Ende sogar zu einer Hochzeit kommen könnte.

In einem dritten Schritt wird das Verbot der Heirat zwischen einer Jüdin und einem Nichtjuden schließlich explizit begründet und halachisch entschieden. Das Verbot, die Töchter zu heiraten, beruhe auf einer anderen Sache (דבר אחר), die umgangen werden sollte. Mit der Umschreibung „eine andere Sache" vermeidet der Talmud, Dinge zu benennen, die aus Gründen der Höflichkeit oder des Unbehagens besser ungenannt bleiben. Häufig sind damit nichtjüdische Praktiken, wie zum Beispiel Götzendienst, gemeint. An dieser Stelle wird der Fall aber ausgeführt, denn die Rabbinen fordern eine Erklärung dieser Sache (bShab 17b):

> מאי דבר אחר אמר רב נחמן בר יצחק גזרו על תינוק גוי שמטמא בזיבה שלא יהא תינוק ישראל רגיל אצלו במשכב זכור
>
> Und was ist diese andere Sache? Sagt Rabbi Nachman bar Jizchaq: Sie erklärten, dass ein nichtjüdisches Kind verunreinigend sei wie im Zustand des Ausflusses, damit ein jüdisches Kind nicht mit ihm männlichen sexuellen Kontakt habe.

Zu den achtzehn Entscheidungen gehört somit auch jene, die nichtjüdische Kinder und damit Nichtjuden generell in den Status eines aufgrund von Ausfluss Unreinen versetzt. Nichtjuden sind damit grundsätzlich untauglich für den Kult und vor allem – dem rabbinischen graduellen Reinheitssystem entsprechend – verunreinigend für andere. Die Unreinerklärung einzelner

137 Im Hintergrund steht die Frage nach der Zählung der einzelnen Bestimmungen, die nur teilweise genannt und erläutert werden.

Lebensmittel ebenso wie das Verbot der Heirat dient also letztlich dem Zweck, bereits im Kindesalter den Kontakt zwischen Juden und Nichtjuden zu verhindern.

Die Begründung liegt in einer Abgrenzungsforderung, die wiederum mit einem ausgesprochen drastischen Argument (nämlich dem des sexuellen Kontakts unter Männern) unterlegt wird. Der Gedanke, dass die Unreinheit der Völker aus bestimmten (sexuellen) Praktiken resultiert, ist nicht neu; er findet sich so auch schon in Lev 18 und 20. Neu ist an diesem rabbinischen Dekret jedoch die Fokussierung auf den Nichtjuden und die Tatsache, dass aus seiner (sexuellen) Praxis eine Verunreinigung folgt, die ihn in das Raster jüdischer Verunreinigungen integriert. Aus dieser pauschalen Unreinheitserklärung, die von der talmudischen Erläuterung auf die Zeit des Mischnatextes zurückdatiert wird, leitet sich die Annahme ab, dass die Rabbinen Nichtjuden per se für unrein hielten bzw. diese Einschätzung weit über das biblische Maß hinaus verstärkten.

6.4.3 *Nichtjuden sind unrein wie Ausflüssige oder wie an Toten Verunreinigte*

Ein weiterer Text, der als eine Art hermeneutischer Schlüssel nicht nur für eine ganze Reihe von Mischnatexten, sondern auch für die wissenschaftliche Diskussion dieses Themas fungiert, findet sich in der Tosefta[138] zum Traktat Zavim; dazu liegt auch eine Parallele in tNid 9,14 vor. Möglicherweise stand dieser Text auch schon hinter der zuvor diskutierten Stelle aus dem babylonischen Talmud.

In tZav 2,1 heißt es:

> העובדי כוכבים והגר תושב אינן מטמאין בזיבה ואע"פ שאינן מטמאין בזיבה טמאין כזבין לכל דבריהם
>
> Die Sternenanbeter [gemeint sind Nichtjuden] und der fremde Bewohner sind nicht anfällig für Unreinheit durch Ausfluss. Und obwohl sie nicht anfällig für Unreinheit sind, sind sie doch unrein wie Ausflüssige in allen Dingen.

Wie schon die Formulierung, die im Talmud als Teil des Dekrets eingeführt wurde, wird auch hier der Nichtjude als einer dargestellt, der zwar nicht dem

138 Ich sehe in der Tosefta eine Ergänzung zur Mischna, die aber zu Teilen auch Traditionen enthält, die der Mischna vorausgehen. Zum Verhältnis von Mischna und Tosefta vgl. *Balberg*, Purity, und *Hauptmann*, Rereading.

levitischen Reinheitssystem unterworfen ist, aber von seinem Status her dennoch als unrein gilt. Dabei wird diese Setzung nicht weiter begründet; sie eröffnet vielmehr das zweite Kapitel dieser Tosefta, das im Anschluss die Konsequenzen dieser Setzung zu erörtern beginnt. Dazu gehört auch der Umgang mit der Priesterhebe. Diese Diskussion wiederum bietet eine gute Anknüpfungsmöglichkeit, über andere „zweifelhafte" Personen, wie diejenigen, deren Geschlechtsorgane unsichtbar sind bzw. deren biologisches Geschlecht unbekannt ist (טומטום)[139] oder den Androgynos (אנדרוגינוס) zu sprechen.

Obwohl die Mischna für diese Formulierung keinen textlichen Anhalt liefert, scheint sie dennoch deren Ausgangspunkt gewesen zu sein. Ein Beispiel dafür bietet etwa mNidd 4,3:[140]

> דַּם נָכְרִית וְדַם טַהֲרָה שֶׁלִּמְצוֹרַעַת בֵּית שַׁמַּי מְטַהֲרִין וּבֵית הִלֵּל אוֹ׳ כְּרוֹקָהּ וּכְמֵימֵי רַגְלֶיהָ. דַּם יוֹלֶדֶת שֶׁלֹּא טָבְלָה, בֵּית שַׁמַּאי אוֹמְרִים, כְּרֻקָּהּ וּכְמֵימֵי רַגְלֶיהָ. וּבֵית הִלֵּל אוֹמְרִים, מְטַמֵּא לַח וְיָבֵשׁ. וּמוֹדִים בְּיוֹלֶדֶת בְּזוֹב, שֶׁהִיא מְטַמְּאָה לַח וְיָבֵשׁ:
>
> Das Blut einer Nichtjüdin und das Blut der Reinigung einer sich von Aussatz reinigenden Frau – Beit Shammai sagt: Es ist rein. Beit Hillel sagt: Es ist wie ihr Speichel und ihr Urin [also unrein]. Das Blut einer Gebärenden, die nicht untergetaucht ist – Beit Shammai sagt: Es ist wie ihr Speichel und ihr Urin, und Beit Hillel sagt: Es verunreinigt feucht und trocken. Sie sind sich einig im Fall einer Frau, die gebiert und dabei im Status einer Zavah ist, dass es [das Blut der Frau] feucht und trocken verunreinigt.

Dieser Text bietet eines der wenigen Beispiele, in denen die Schule Hillels zu Teilen strenger entscheidet als die Schule Shammais. Auch die überraschend laxe Entscheidung des Beit Shammai bleibt ohne Begründung. In beiden Texten wird das Blut einer Nichtjüdin nach der Schule Hillels als unrein verstanden, ebenso wie ihr Speichel und ihr Urin. Sie wird damit in Analogie zu einer ausflüssigen Frau, also einer Zavah, gesehen. Aus der Analogie lässt sich schließen, dass ihr Blut (ebenso wie ihr Speichel und ihr Urin) immer dann verunreinigende Kraft haben, wenn sie feucht sind, nicht aber im getrockneten Zustand. Hayes hat die Parallelen von Mischna und Tosefta untersucht und

---

139 Vgl. zum טומטום und dessen Identifikation *Dalman*, Handwörterbuch, 171 und *Jastrow*, Dictionary, 524.

140 In mEd 5,1 findet sich dazu eine Parallele. Eine andere Parallele in mMak 2,3 nimmt auf den Urin von Nichtjuden Bezug, dessen Unreinheit in der partiellen Analogie zu einem Zav begründet ist.

dabei vor allem gezeigt, dass der Vergleich in der Tosefta nur partiell erfolgt. Sie weist auch darauf hin, dass Menstruationsblut und Samenflüssigkeit erstaunlicherweise ausgeschlossen werden, während – wie auch in dem Beispiel aus der Mischna – Speichel und Urin verunreinigen. Eine direkte Gleichsetzung findet nicht statt. Syntaktisch ist dafür die vergleichende Präposition כ entscheidend.[141] Der Abschnitt steht in engem Zusammenhang mit den beiden vorangegangenen Mischnajot, die ebenfalls „Andere" als unrein beschreiben, nämlich samaritanische und sadduzäische Frauen (mNid 4,1 und 4,2) – und nun eben auch nichtjüdische Frauen. Weniger explizit als die Tosefta stellt auch die Mischna eine Nähe zwischen Nichtjuden und Ausflüssigen her. Die Partikularität der Analogie ist jedoch zu beachten; es bleibt bei einem punktuellen Vergleich.

Eines der Hauptargumente Alons, die Rabbinen führten lediglich eine alte Bestimmung neu aus, basiert auf einem Abschnitt aus Mischna Pessachim (mPes 8,8):

> גֵּר שֶׁנִּתְגַּיֵּיר עֶרֶב פְּסָחִים בֵּית שַׁמַּ׳ אוֹ׳ טוֹבֵל וְאוֹכֵל אֶת פִּסְחוֹ לָעֶרֶב וּבֵית הֶילֵּל אוֹ׳ הַפּוֹרֵשׁ מִן הָעוֹרְלָה כְּפּוֹרֵשׁ מִן הַקֶּבֶר:
>
> Ein Fremder, der am Vorabend zu Pessach konvertiert – Beit Shammai sagt: Er taucht unter und isst das Pessachmahl am Abend. Beit Hillel sagt: Wer sich von seiner Vorhaut trennt, der ist wie einer, der sich vom Grab [und dessen Unreinheit] trennt [also reinigt].

Im Kontext dieser Szene werden verschiedene Fälle diskutiert, in denen sich Menschen kurz vor Beginn des Pessachfestes verunreinigt haben – weshalb unklar ist, ob und wie sie am Pessachmahl, für das Reinheit vorausgesetzt ist, teilnehmen dürfen. Im Falle eines Menschen, der gerade erst konvertiert ist, setzt das Beit Shammai die Regel des „Tevul Yom" an. „Tevul Yom" ist ein in der Mischna (mTev) auf Basis von Lev 15,5.22 entwickelter Grundsatz: Wer sich verunreinigt hat, soll ein Tauchbad nehmen, und bleibt bis zum Abend unrein. Ein Tevul Yom ist einer, der diese Reinigung schon vollzogen hat, sich aber noch im Status der Unreinheit befindet, solange es Tag ist. Abends gilt ein Mensch jedoch als rein, wenn er tagsüber die Reinigungsriten des Untertauchens vollzogen hat. Grundlage dieser rabbinischen Bestimmung ist die Festlegung, dass der neue Tag am Abend beginnt, wie auch Lev 22,7, wo die Anerkennung der Reinheit nach Sonnenuntergang erfolgt. In der Mischna wird dieser Sachverhalt kontrovers diskutiert. Beit Shammai greift an der

141 Vgl. zu den Details der Analogie *Hayes*, Impurities, 124–130.

genannten Stelle jedenfalls darauf zurück, dass die Reinigung mit Beginn des Abends wirksam wird.[142]

Beit Hillel hingegen vergleicht einen Konvertiten mit jemandem, der sich am Grab verunreinigt hat und daher Num 19,14 zufolge sieben Tage lang unrein sein müsste. Lange Zeit hat sich die Forschung gerade an dieser Stelle fest gemacht.[143] Hayes legt indessen eine alternative Lesart vor.[144] Sie argumentiert, dass die Mischna keinerlei Anlass dafür biete, die Unreinheit von Nichtjuden auf grundsätzliche Weise mit der Totenunreinheit von Juden zu vergleichen. Wiederum geht es nur um eine Analogie: Das Beispiel ziele auf die Frage, ab wann ein Konvertit am Pessachmahl teilnehmen könne, und nicht auf die rituelle Unreinheit von Nichtjuden. Beit Hillel nutze diese Analogie, um sein Verbot einer direkten Teilnahme deutlich zu machen. Der Vergleichspunkt liege jedoch nicht in einer generellen Unreinheit, sondern in der Notwendigkeit einer längeren Reinigungsphase, wie sie die Totenunreinheit erfordere.[145] Weder der Kontext noch die Rezeption in den Talmudim sprechen dafür, dass hier eine Aussage über Nichtjuden getroffen werde.

6.4.4 *Nichtjuden sind nicht von Unreinheit betroffen – die Gegenstimmen*

An einer Reihe von Stellen bezieht die Mischna auch eine Gegenposition, die die Exklusion der Nichtjuden von den Reinheitsgesetzen postuliert. Am deutlichsten kommt sie im Mischnatraktat Nega'im – „Schädigungen" zum Ausdruck, der bereits im Überblicksabschnitt beleuchtet wurde. An drei Stellen werden Nichtjuden explizit von den Regelungen ausgeschlossen: mNeg 3,1/11,1/12,1. In allen drei Fällen wird die Möglichkeit, sich an durch Aussatz verursachter Unreinheit zu verunreinigen diskutiert. Diese gilt für alle Menschen, Häuser und jede Kleidung, explizit ausgenommen sind davon jeweils Nichtjuden.[146]

Im Anschluss an die Diskussion um mPes 8,8 sind noch einige weitere Regelungen zur Totenunreinheit zu beachten, wobei es zu unterscheiden gilt, ob

142 Vgl. zu den Details und Alternativen *Neusner*, Purities: TebYom/Yadayim, 3–10.; dazu auch die Erläuterungen bei *Krengel*, Tevul Jom.

143 Besonders einflussreich war ihre Vermittlung bei *Büchler*, Impurity, 46–47 und 80, und *Alon*, Uncleanness, 172–177. Das fällt umso mehr auf, als beide in ihrem Urteil über die Unreinheit von Nichtjuden ansonsten zu unterschiedlichen Ergebnissen kommen, hier jedoch vergleichbar argumentieren.

144 *Hayes*, Converts.

145 Vgl. zur Argumentationslogik des Hillel auch *Hayes*, Impurities, 119–122.

146 Vgl. exemplarisch mNeg 11,1:

כָּל הַבְּגָדִים מִטַּמְּאִין בַּנְּגָעִין חוּץ מִשֶּׁלַּגּוֹיִם הַלּוֹקֵחַ בְּגָדִים מִן הַגּוֹיִם יֵרָאוּ כַתְּחִילָּה

Alle Kleidungsstücke werden durch Berührung verunreinigt, außer die von Nichtjuden. Derjenige, der Kleidungsstücke von Nichtjuden nimmt, besehe sie wie neue.

nur die Leichname von Nichtjuden verunreinigend für Juden wirken,[147] oder ob Nichtjuden auch im lebendigen Zustand Totenunreinheit übermitteln. Hier kommt ganz besonders der Traktat Ohalot – „Zelte" in den Blick, der sowohl in der Mischna als auch in der Tosefta die vielfältigen Folgen einer Verunreinigung durch Tote oder Gräber diskutiert. Dazu gehören die Verunreinigung einer Person an einem Toten ebenso wie die Auswirkungen auf Haushaltsgeräte, die Übertragungsmöglichkeiten, die Unreinheiten in einem Haus sowie die Besonderheiten eines Gräberortes. Die Mischna behandelt dabei vorrangig jene Dinge, die Totenunreinheit übertragen; die korrespondierenden Tosefta formuliert jedoch auch Ausschlusskriterien. In tOha 1,2 wird festgelegt:

> העובד כוכבים והבהמה ובן שמנה וכלי האוכלים חרס והמשקין הנוגעין במת כלים הנוגעין בהן טהור
>
> Der Sternenanbeter [gemeint ist der Nichtjude] und das Rind, ein acht(monatiges) und Tongefäße für Speise und Getränke, die einen Toten berühren – wenn Geräte sie berühren, werden sie nicht unrein.

Hier wird der Nichtjude unter jene Größen subsumiert, die nicht durch die Berührung mit einem Toten verunreinigt werden. Das wird daran deutlich, dass sie keine Unreinheit an Geräte oder Gefäße weitergeben, was aber bei einer Behaftung mit Totenunreinheit nach mKel 1 der Fall wäre.

Wenige Abschnitte später wird dem Nichtjuden dann sogar die Fähigkeit zugestanden, die Ausbreitung von Unreinheit aufzuhalten. Grundlage dafür ist die Auffassung der Mischna, dass Unreinheit den Raum, in dem sie sich befindet, verlassen und in andere Räume übergehen kann, wenn es eine Lücke von mindestens einer Handbreit gibt (mOha 3,6; 7,3; 13,1–4). Eine solche Ausbreitung kann indessen von Dingen aufgehalten werden, durch die der Wert Lücke verringert wird. Nach mOha 8,5 sind das z.B. Möbelstücke wie einen Schrank oder Materialien, die vor Öffnungen gespannt sind, wie Leder oder Leinen, ebenso aber auch bestimmte Tiere. Die Tosefta nimmt hier eine interessante Erweiterung vor. In tOha 14,6 heißt es:

---

147 Ausführlich beschäftigt sich Noam mit dieser Frage und macht sie daran fest, ob Nichtjuden überhaupt als menschliche Objekte gesehen werden; vgl. *Noam*, Conception, 100–101. Sie weist wie auch Hayes auf den mehrdeutigen biblischen Befund in Num 19 und Num 31 hin und zeigt, dass nachbiblische Quellen unterschiedlich mit diesen Traditionen umgehen; vgl. dazu *Noam*, Gentileness. Hayes selbst argumentiert unter Verweis auf rabbinische Quellen, dass die verunreinigende Kraft nichtjüdischer Leichname eindeutig sei; vgl. *Hayes*, Impurities, 14–116.

עשבים שתלשן והניחן בחלון או שעלו מאליהן והעוף ששכן בחלון והמטלית שהיא פחותה משלש על שלש (...) והעובד כוכבים והבהמה ובן שמונה וכלי חרס והאוכלין והמשקין וספר תורה והמלח הרי אלו ממעטין.

> Gras, das man hochgezogen hat und das man im Fenster lässt oder das selber gewachsen ist oder ein Vogel, der im Fenster nistet und eine Decke, die weniger als drei mal drei ist (...) und ein Sternenanbeter [gemeint ist ein Nichtjude](...) – siehe, diese verringern den Wert [der Öffnung].

In Mischna und Tosefta werden neutrale Dinge genannt, die sich nicht verunreinigen und daher die Ausbreitung der Unreinheit gleichsam blockieren, indem sie die Größe der Lücke auf ein Maß unterhalb der erforderlichen Handbreit verringern.

Angesichts beider Stellen ist ausgeschlossen, dass ein Nichtjude Totenunreinheit vermittelt.[148] Daraus lässt sich jedoch noch keine grundsätzliche Reinheitsneutralität von Nichtjuden ableiten, zumal die zuvor genannten Stellen einer solchen Auffassung widersprechen. Balberg und Noam sehen in dieser ambivalenten Darstellung deshalb vor allem einen Diskurs über die Wahrnehmung von Nichtjuden als menschliche Subjekte. Diskussionen über Reinheit dienten ihrer Meinung nach als „powerful conceptual and hermeneutic tools through which ideas about self and other can be manifested, (...) and through which one constitutes and forms oneself as a subject."[149] Balberg beobachtet in den Diskussionen der Mischna eine Umkehrung der Werte gegenüber der biblischen Ordnung: Während bislang das Streben nach Reinheit das erklärte Ziel war, ist es nun gerade die Empfänglichkeit für Unreinheit, die menschliche Subjektivität und damit letztlich jüdisch-rabbinische Identität ausmachen.[150] Aufschlussreich ist z.B., dass auch einzelne Teile eines Leichnams in der rabbinischen Wahrnehmung erst dann verunreinigen, wenn sie groß genug sind, um überhaupt als menschliche Körperteile erkannt zu werden.[151] Eine solche Bindung an Subjektivität zeigt sich auch in der Bewertung von Nichtjuden, die Balberg zuspitzt: „Thus the rabbis define Gentiles through their lacking or deficient subjectivity and, by way of contrast, also construct an ideal rabbinic

148 Spätere rabbinische Text (etwa im Talmud oder in den halachischen Midraschim) verstärken diese Tendenz; vgl. zu den Belegen *Hayes*, Impurities, 16.

149 *Balberg*, Purity, 2.

150 Balberg insistiert darauf, dass es sich hierbei nicht um eine ontologische Aussage, sondern vielmehr um eine diskursive Strategie handelt; vgl. dazu besonders *Balberg*, Purity, 132–139. Zu den kolonialistisch anmutenden Untertönen und deren Bedeutung vgl. zum gleichen Thema *Noam*, Conception, 100–102.

151 Vgl. zur Frage der Subjektivität in Bezug auf den Leichnam *Balberg*, Purity, 96–122.

Jewish subject."[152] Ob diese Beschreibung tatsächlich die Eigensprachlichkeit der Rabbinen und ihr Verständnis von Nichtjuden trifft, ist zu bezweifeln. Deutlich wird aber, dass das Verständnis von Nichtjuden auch vom Selbstverständnis der In-Group abhängig ist.

Balberg untersucht in ihrer Arbeit vor allem das Körper- und Selbstverständnis der Rabbinen. Darin bietet ihr Ansatz auch die Möglichkeit, die Verschiebungen des rabbinischen Reinheitsverständnisses gegenüber Nichtjuden im Blick auf die Frage der sozialen Identität wahrzunehmen. Die Textanalysen liefern ein disparates Bild und machen die Breite der Forschungsdiskussion verständlich. Es bleibt unklar und schwer zu beschreiben, ob und wie Nichtjuden als unrein und verunreinigend angesehen werden. Hayes bietet in ihrem Fazit eine Lesart an, die in der rabbinischen Darstellung weniger eine Beschreibung des Faktischen als vielmehr einen Diskursbeitrag zur Frage von Abgrenzungsbegründungen sieht: „It is far more likely that the decree served to differentiate – and distance – the rabbis from earlier and contemporary positions that were not to their liking. (…) In short, the decree of Gentile ritual impurity was less a strategy for eliminating the evil of miscegenation than a volley in the internal cultural wars of first-century Judaism."[153]

6.4.5 *Nichtjuden – rein oder unrein?*

Der forschungsgeschichtliche Überblick hat die Komplexität der Frage deutlich gemacht. Die Diversität der Lösungsansätze spiegelt die Uneindeutigkeit wider, die bereits in den biblischen Traditionen angelegt ist. In der Mischna wird diese Vielgestaltigkeit aufgegriffen und weiter durchgespielt. Der Umgang mit Nichtjuden öffnet dabei noch einmal auf prägnante Weise den Blick für die Funktion von Reinheit im Feld sozialer Identität bei den Rabbinen. In Analogie zu früheren Traditionen wie der biblischen Überlieferung oder den gruppenbezogenen Texten aus Qumran wäre auch für die Mischna und die mit ihr verwandten Texte zu erwarten, dass Nichtjuden als unrein dargestellt werden, um damit eine soziale Kategorisierung und Differenzierung vorzunehmen. Der soziale Vergleich mit der Gruppe der Nichtjuden müsste anhand der Reinheitsfrage so ausfallen, dass sie aus Reinheitsgründen von der jüdisch-rabbinischen Gemeinschaft abgegrenzt wird. Dafür bieten die Texte aber kein eindeutiges oder gar einheitliches Bild, auch wenn es immer wieder Belege für die Unreinheit der Nichtjuden gibt. Reinheit ist in diesem Korpus nicht ohne weiteres als Gradmesser sozialer Identität anzusehen, sondern scheint eine andere Funktion zu erfüllen. Stimmiger wird das Bild erst, wenn die Texte

152 *Balberg*, Purity, 16.

153 *Hayes*, Impurities, 196.

aus einer anderen Perspektive betrachtet werden. Vieles weist darauf hin, dass die Charakterisierung des Nichtjuden weniger der sozialen Kategorisierung dient, als vielmehr den Lebensalltags jüdischer Gemeinschaften zu regulieren hilft. Nicht die Abgrenzung von den Nichtjuden ist der primäre Grund ihrer Charakterisierung als rein oder unrein, sondern das Ziel, die Reinerhaltung der jüdischen Gemeinschaft zu ermöglichen. Der Nichtjude fungiert nicht lediglich als Folie oder Gegenkonzept; vielmehr dient die Markierung seiner möglichen Unreinheit zur Warnung oder zum Schutz für diejenigen, die in Reinheit leben. Mit der Veränderung der historischen Situation stellte sich auch die Erkenntnis ein, dass die Begegnung mit dem Fremden und Unreinen nicht nur unvermeidbar, sondern vielmehr die alltägliche Ausgangssituation sein und bleiben würde. Täglicher (zufälliger wie auch bewusst gewollter) Kontakt mit Nichtjuden bestimmte fortan das Leben der Gemeinschaft und musste deshalb geregelt und beschrieben werden. Viele der in der Mischna vorfindlichen Regelungen lassen sich unter dem Eindruck zu lesen, dass sie einen möglichst weitgehenden Kontakt mit Nichtjuden legitimieren sollten, ohne dabei das eigene Bedürfnis nach Reinheit zu beeinträchtigen: „The structure of rabbinic regulations concerning interaction between Jews an Gentiles was not designed to prevent interaction. It was designed to prevent interaction that would involve the Jew in a violation of the halakhah."[154] Die Bewertung des Nichtjudens hing primär davon ab, inwieweit er zur eigenen Observanz der Gebote förderlich oder weniger förderlich war. Das Beispiel des Nichtjudens, dem bei Schabbatbeginn die Geldbörse anvertraut wird, ist dabei ein Beispiel für seine positive Bewertung, weil sie hilft, die Gebote zu erfüllen. Die „andere Sache", die mit dem Dekret der achtzehn Streitfragen vermieden werden soll, betrifft eine schon in der hebräischen Bibel als unrein qualifizierte Praxis der Nichtjuden, derentwegen an dieser Stelle die Abgrenzung forciert wird.[155] Die Charakterisierung der Nichtjuden anhand von Reinheitsmerkmalen dient also weniger dazu, das Individuum als Mitglied einer Out-Group kenntlich zu machen, als viel mehr dazu, eine Art Schutzraum für die persönlich gewählte, religiös motivierte Suche nach Reinheit zu schaffen. Im Blick auf Nichtjuden hat Reinheit in erster Linie keine soziale, sondern eine religiöse Funktion zur Ermöglichung eines Lebens nach der Tora.

154 *Hayes*, Impurities, 141.

155 Weitere Beispiele für eine Auflösung von Inkonsistenzen bietet auch *Hayes*, Impurities, 143.

6.5 Fazit

Im babylonischen Talmud heißt es in der Gemara zum Traktat Schabbat (bShab 13b):

בוא וראה עד היכן פרצה טהרה בישראל

Komm und sieh, bis wieweit Reinheit sich in Israel verteilt hat.

Mit diesem Ausspruch blicken die Weisen zurück auf die Zeit des Zweiten Tempels und die Entwicklung der Reinheitshalacha.[156] Reinheitsfragen – so viel ist den Texten und dem Gros der Forschung zu entnehmen – waren zur Zeit des Zweiten Tempels das bestimmende Movens für die Segregation der Gesellschaft in Gruppen. Dieser Prozess verlief auf mehreren Ebenen: sowohl zwischen jüdischen und nichtjüdischen Menschen als auch zwischen verschiedenen jüdischen Gruppen; sogar auch innerhalb einzelner Gruppen im Blick auf temporäre Reinheitszustände. Mit der Theorie der sozialen Identität ließen sich in den Texten der Hebräischen Bibel und des Zweiten Tempels Prozesse beschreiben, die einen distinktiven und kategorisierenden Charakter hatten und damit Reinheit als eine Faktor sozialer Identität sichtbar machten.

Die Texte der Mischna bauen auf dieser Vielfalt an Konzeptionen auf; Reinheit ist grundsätzlich auch für sie ein Merkmal zur Beschreibung von gruppenspezifischer Identität. Zugleich erweist sich die Mischna als das Produkt eines langen Redaktionsprozesses, der in eine Zeit politischer und sozialer Veränderungen fällt und diese an vielen Punkten widerspiegelt. Die auffälligste religiöse Veränderung, der Verlust des Tempels, bleibt im Hintergrund, da viele Entscheidungen und Diskussionen das Vorhandensein des Tempels voraussetzen bzw. imaginieren. Die gesellschaftlichen Veränderungen werden stattdessen auf anderen Ebenen sichtbar. Das betrifft auch den Umgang mit Reinheitsbestimmungen und deren alltägliche Anwendung. Anhand verschiedener Perspektiven wurden Reinheitstexte der Mischna auf die Frage nach dem Zusammenhang zwischen Reinheit und sozialer Identität untersucht. Der Überblick zeigte die Vielfalt der Anwendungsbereiche und die unterschiedlichen Umgangsweisen mit den überlieferten Traditionen. Einige der aus der Hebräischen Bibel bekannten Argumentationsstrukturen wurden

156 Der Ausspruch ist bereits in tShab 1,14 zu lesen. Er beklagt in diesem Kontext den Rückgang der selbstverständlichen Befolgung der Reinheitsbestimmungen. Vgl. zu den Details und archäologischen Kontexten auch die Hinweise im Kommentar von Lutz Doering: *Doering*, Seder II: Moëd, 18.

übernommen. So zeigte etwa die Lektüre des Mischnatraktates Nega'im exemplarisch, dass auch die Mischna der Anordnung folgt, als unrein geltende Gruppenmitglieder vom Rest der Gruppe zu separieren. Reinheit wird damit innerhalb der eigenen In-Group zu einem distinktiven Merkmal, das eine neue Out-Group kreiert. Diese Übernahme nicht nur der Regelungen, sondern auch der Funktion, die Reinheit übernimmt, lässt sich an vielen weiteren Stellen zeigen.

Zugleich wurde aber auch sichtbar, dass das distinktive Moment der Reinheitsbestimmungen im Vergleich zu den Texten der Hebräischen Bibel wie des Zweiten Tempels zurücktritt. Das zeigte der Überblick über die beiden grundsätzlichen Strukturmerkmale in der Darstellung von Reinheitsbestimmungen. Neben die Anknüpfung an und die Erweiterung von biblischen Traditionen tritt die Auffassung von Reinheit als realistische und nominalistische Kraft. Überblicksartig wurden dabei verschiedene reinheitsbezogene Texte der Mischna untersucht, die dem Postulat distinktiver und kategorisierender Strukturen widersprechen.

Konkret und beschreibbar wird das Zurücktreten einer distinktiven Wirkung an jenen Testfällen, bei denen es um das Moment der Zugehörigkeit geht. Mit dem Am ha-Aretz und den Nichtjuden kommen dabei zwei Gruppen in den Blick, denen besondere Aufmerksamkeit in Reinheitsfragen entgegengebracht wird. Es sind vor allem drei Punkte, die sich in der Analyse der rabbinischen Texte für das Verhältnis von Reinheit und sozialer Identität in der Mischna als aussagekräftig erweisen.

Erstens fiel auf, dass die Argumentationsrichtung hinsichtlich der Konsequenzen gegenläufig zu dem verlief, was der vorausliegenden Tradition zu entnehmen war: der Am ha-Aretz als Gruppenangehöriger, aber dennoch in Reinheitsdingen Unterschiedener, und der Nichtjuden als grundsätzlich nicht dem Reinheitssystem Zugehöriger, und dennoch darin Integrierter. Weder der Am ha-Aretz noch der Nichtjude wurden dabei als derart unrein qualifiziert, dass eine Distanzierung von ihnen grundsätzlich und absolut geboten wäre. Unreinheit als solche führt in den Mischnatexten nicht zwangsläufig auch zu einer unüberbrückbaren Trennung. In den zuvor untersuchten Texten war Reinheit das entscheidende, distinktive Merkmal, das argumentativ, oft aber auch faktisch dazu führte, eine Out-Group nicht nur von einer In-Group zu unterscheiden, sondern auch zu trennen. In der Mischna führte die Feststellung der Unreinheit und der damit verbundenen Gefährdung zwar zu einer erhöhten Vorsicht gegenüber Mitgliedern dieser Gruppe, nicht aber zu einer strikten Trennung in Form von Handelsverboten oder Zuschreibungen, die jene gerade aufgrund ihrer Unreinheit als Nicht-Volk und damit als nicht zugehörig einstuften. Die Distanz zu den Nichtjuden bleibt bestehen. Sie wird in den Texten vorausgesetzt und als Grundhaltung festgeschrieben, jedoch nicht mit der vermeintlichen Unreinheit begründet. Vielmehr richtet sich nun alles Interesse darauf, das Unvermeidbare zu integrieren. Noch deutlicher wird die Struktur im Blick auf den Am ha-Aretz: Er stellt eine sichtbare Gefahr der Verunreinigung dar, weshalb es unzählige Regelungen gibt, die den Kontakt mit ihm bis ins Detail hinein beschreiben. Sie sind jedoch immer so angelegt, dass dieser Kontakt bestehen bleibt. Der Fokus der Argumentation liegt nicht auf Unterscheidung und Abgrenzung, sondern darauf, welche Konsequenzen die Andersartigkeit der Anderen nach sich zieht.

Die Mehrzahl der Regelungen hatte zweitens das Ziel, die Reinerhaltung der Observanten bei gleichzeitigem Kontakt zu den Anderen zu ermöglichen. Dass ist eine Konsequenz aus der besonderen Vorsicht gegenüber jenen, die Reinheitsfragen anders handhaben. Deren Andersartigkeit bietet in erster Linie einen Ansatzpunkt, um das eigene Leben reflektiert zu gestalten. Die Unreinheit der Anderen führt nicht notwendigerweise zu einer Abgrenzung, sondern zu einer Anpassung des biblischen Regelsystems an veränderte Umstände. Die Gruppe, die sich um besondere Reinheit bemüht, ist das zentrale Subjekt, von dem her die Mischna argumentiert und an dem sie die Anderen bemisst. Alle praktischen Regelungen, besonders in den Traktaten Demai und Toharot sowie in den Bestimmungen zu den Nichtjuden zeigen, dass in der alltäglichen Situation Unreinheit das Allgemeine und Streben nach Reinheit das Besondere war. An der Detailfreudigkeit der Regeln und ihrem pragmatischen Interesse an einem modus vivendi verschiedener Gruppen lässt sich ablesen, dass die allgemeine und verbindliche Einhaltung strikter Reinheitsregeln bereits ihre Mehrheitsfähigkeit einzubüßen begann. So formuliert auch Furstenberg: „Vor diesem Hintergrund lässt sich sagen, dass die Veränderungen der Reinheitsgesetze im Allgemeinen und der Gesetze, die den Am ha-Aretz betreffen, im Besonderen in großem Maße einige der tiefsitzenden Prozesse markieren, die die jüdische Gesellschaft und der Standpunkt der Weisen zur Zeit der Talmudim erfahren haben. Von einer organisierten Elite mit einem organisierten Status und einer definierten gesellschaftlichen Identität zur Zeit des Zweiten Tempels wurden sie am Ende der tannaitischen Periode zu einer Gruppe Gelehrter ohne organisierten Raum, die als Einzelne handeln und Werkzeuge für eine halachische Existenz in einer Umgebung anbieten, die dies nicht leicht macht."[157]

Daran knüpft die dritte Tendenz an. Die Texte der Mischna legen nahe, dass Reinheitsfragen zunehmend zum Gegenstand bewusst getroffener Entscheidungen wurden, die Individuum selbst zukamen. Reinheit als Wert ebenso

157 *Furstenberg*, טהרה, 393, Übersetzung MH.

wie die Zuordnung dessen, was rein oder unrein ist, war nicht mehr abstrakt verfügbar oder allgemein anerkannt. Das Zitat aus mChag 2,6–7 hatte dies auf zweierlei Weise gezeigt: Zum einen galt für unterschiedliche Menschen Unterschiedliches als unrein; zum anderen ließ die Formulierung הוחזק erkennen, dass Gültigkeit von Reinigungsriten mit deren grundsätzlicher Anerkennung überhaupt zu tun hatte. Ob diese Anerkennung öffentlich oder individuell-persönlich erfolgte, bleibt Gegenstand der Diskussion. Konsens besteht hingegen darin, dass der Anspruch an Reinigungsriten und damit auch an Reinheitszustände individuell verschieden sein konnte. Erhöhtes Streben nach Reinheit machte eine bewusste Entscheidung erforderlich. Diese Verschiebung setzte vermutlich nach der Bar-Kochbar-Revolte und der Verlagerung des rabbinischen Zentrums von Jerusalem nach Galiläa ein und führte in der Folge dazu, dass Reinheitsregeln allmählich an Einfluss verloren. Die Bedeutung der Reinheitsobservanz verlagerte sich in den persönlichen Bereich und fungierte nicht mehr vorrangig zur Ausgrenzung Anderer.[158]

Diese Ergebnisse lassen sich auch für die Frage nach Reinheit und sozialer Identität fruchtbar machen. Soziale Identität bestimmt sich per definitionem als „that part of an individual's self-concept which derives from his knowledge of his membership of a social group (or groups) together with the value and emotional significance attached to that membership."[159] Aus Prozessen von Kategorisierung, Distinktion und Vergleich entsteht schließlich ein Bild sozialer Identität. Die bisherigen Untersuchungen haben gezeigt, dass diese Prozesse wie auch die Definition sozialer Identität nur bedingt auf die Reinheitskonzeptionen der Mischna zutreffen. Reinheit wird hier eher als gleichsam fakultativer Wert einer Gruppe (der Pharisäer, Chaverim oder anderer) beschrieben, der von der Mehrheit nicht im gleichen Maße geteilt werden muss. Dieser Umstand bewirkt, dass der Fokus weniger auf Abgrenzung als auf Ermöglichung liegt. In der vorausliegenden Tradition hatte Reinheit als maßgebliches Kriterium fungiert, um nicht nur eine Gruppe von der anderen zu unterscheiden, sondern im Extremfall auch den Kontakt zwischen Gruppen zu minimieren oder gar zu verunmöglichen.[160] Nun lenkt Reinheit als Kriterium sozialer Identität den Fokus auf die Reinheit der eigenen Gruppe im Angesicht der Unreinheit der fremden Gruppe. Die Mischna setzt eine Überschneidung beider Sphären offensichtlich als gegeben und unvermeidbar voraus.

158 So im Ergebnis auch *Furstenberg*, עם הארץ, 318–319.

159 *Tajfel*, Categorization, 63.

160 Das lässt sich in besonderer Weise an den Texten aus Qumran erkennen, während bei Josephus gerade diese Tendenz wieder stärker in den Hintergrund tritt (was sich aus seiner speziellen Position und seinem apologetischen Anliegen erklären lässt).

In mChag 2,6–7 wurden Fragen der Übertragung von Unreinheit diskutiert, die auf bestimmte gesellschaftliche Gruppen bezogen sind. Diese segregierenden Entscheidungen scheinen die vorausgegangenen Einsichten zu relativieren. Reinheit wird dort als eben jene Funktion dargestellt, die bezeichnend für die soziale Identität ist: Sie kategorisiert die Wirklichkeit und unterscheidet verschiedene soziale Gruppen, die auch voneinander getrennt sein sollen. Sie nimmt damit das Erbe aus der Zeit des Zweiten Tempels sehr viel klarer auf als an anderen Stellen. Das Nebeneinander von Texten, das von Furstenberg und anderen als progressives Nacheinander gesehen wird, zeigt zwar, dass diese Auffassung nicht die vorherrschende wurde oder blieb. Dennoch wird daran erkennbar, dass für die Gruppe, die das virtuelle Subjekt der Mischna darstellt, Reinheit als identitätsprägender Wert galt. Das wird durch die Vorstellung unterstrichen, dass Reinheit bewusst zu wählen sei und damit in den Bereich individueller Entscheidungen gehöre. Ohne Zweifel bleibt Reinheit ein starker Faktor für die soziale Identität der Gruppe. Das entscheidende Ergebnis der Analyse liegt jedoch darin, dass die Texte der Mischna davon nur implizit sprechen. Im Vordergrund steht das Bestreben, Reinheitsobservanz in einer gesellschaftlich und historisch veränderten Situation überhaupt möglich zu machen. Hayes erkennt in dem Vorgehen der rabbinischen Texte, Reinheit gerade nicht als distinktives Merkmal zu werten, deren Alleinstellungsmerkmal in jenem Diskurs über Identität, der seit der Zeit des Zweiten Tempels anhand der Reinheitshalacha geführt wurde. Ihrer Meinung nach liegt die Tendenz dieser Texte in einer Abwendung von anderen Abgrenzungsvorgängen. Ungeachtet der Bedeutung, die Reinheit für das alltägliche Leben, das religiöse Selbstverständnis und damit auch für das gruppenspezifische Selbstbild des Individuums hatte, zeigen die Texte ein weitaus größeres Interesse an einer Strategie, die Reinheitsobservanz auch im Angesicht allgegenwärtiger Unreinheit möglich zu machen.

KAPITEL 7

Reinheit im Dienst der Völkermission: Die Texte des Neuen Testaments

Reinheit und Unreinheit bleiben – wie viele andere Themen der jüdischen Tradition auch – im Neuen Testament virulent. Vergleichbare Beispiele sind etwa der Umgang mit dem Schabbat, die Umsetzung einzelner Gebote wie Schwören und Eidesleistung, oder in geradezu existentieller Weise die Frage der Beschneidung. Gemeinsam ist diesen und anderen Themen, dass sie in den neutestamentlichen Texten auf durchaus ambivalente Weise behandelt werden: einerseits leben die christusgläubigen Gemeinden in Kontinuität zur Tradition, andererseits entwickeln sie neue Profile, die – wie im Falle der Beschneidung – bis hin zu klaren Abgrenzung führen können. In dieses Muster fügt sich auch der Umgang mit Reinheit und Unreinheit ein.

Forschungen zur Reinheitsthematik im Neuen Testament konzentrieren sich zumeist auf jene Perikopen, in denen speise- und mahlbezogene Fragen diskutiert werden. Besondere Prominenz haben hier Mk 7,1–23 und die Parallele Mt 15,1–20 sowie Apg 10–11 erlangt. Ergänzend werden in der Regel Lk 11,37–54 und die Parallele Mt 23,1–36 sowie Röm 14,1–23 herangezogen. Über die einschlägigen Kommentare hinaus gibt es zu diesen Stellen inzwischen eine Vielzahl an Aufsätzen und Monographien. Der Reinheitsdiskurs bleibt jedoch nicht auf diese wenigen prominenten Haftpunkte beschränkt. Er ist in der frühchristlichen Theologie insgesamt auf vielfältige Weise präsent.

Die Anlage dieser Arbeit und ihr Interesse an der Bedeutung von Reinheit für die soziale Identität des Individuums legen es nahe, die Thematik auch jenseits der viel behandelten Texte zu untersuchen. Im Folgenden soll zunächst die Reinheitsbegrifflichkeit des Neuen Testaments vorgestellt werden, gefolgt von einer Kategorisierung der Kontexte, in denen über Reinheit gesprochen wird. Nach einer kurzen Darstellung der wichtigsten forschungsgeschichtlichen Positionen werden sodann ausgewählte Texte anhand der zuvor ermittelten Kategorien mit Blick auf die Frage nach der sozialen Identität analysiert.

7.1 Ein begrifflicher und textlicher Überblick

Die Texte des Neuen Testamens weisen eine Vielzahl von Reinheitsbegriffen auf, mit deren Hilfe die Autoren ein komplexes Bild von Reinheit, dem

 | DOI:10.1163/9789004524651_008

Verständnis von Unreinheit sowie dem Umgang mit ihren Folgen entwerfen. Insgesamt weist die Konkordanz 155 Belege auf. Sie sind etwa zur Hälfte auf Reinheits- und Unreinheitsbegriffe verteilt, wobei die Unreinheitsbegriffe eine größere begriffliche Spannweite aufweisen. Die Begriffe lassen sich einander komplementär zuordnen: καθαρός und ἀκαθαρτός bilden ein Begriffspaar, das am ehesten mit dem Hebräischen טהר und טמא zu vergleichen wäre. Mit 109 von 155 Belegen stellen sie die prägenden Begriffe dar. Daneben steht das Begriffspaar ἁγνός und κοινός, welches die Nuancen von Heiligkeit und Profanität einträgt. Schließlich findet sich noch das Verb μιαίνω in verschiedenen Formen, das nur siebenmal in den Texten des Neuen Testaments erscheint. Es verdankt sich wahrscheinlich einer von der LXX geprägten Tradition, die μιαίνω häufig als Äquivalent zu טמא anführt.

Alle Schriften des Neuen Testaments bezeugen Begriffe, die in das Wortfeld von „rein" und „unrein" gehören. Ausgenommen sind hiervon lediglich vier Briefe: 2Thess, Phlm, 2/3Joh; die wenigsten Belege biete die Korintherkorrespondenz. In allen anderen Texten lässt sich Reinheitsterminologie breit gestreut finden, auch wenn die Inhalte dabei sehr unterschiedlich ausfallen. Die größte Dichte weist sie im Korpus der Pastoralbriefe auf; absolut gesehen kommt sie am häufigsten im Markusevangelium vor. Auffällig ist außerdem, dass die synoptischen Evangelien hauptsächlich das Begriffspaar καθαρός/ἀκαθαρτός verwenden, während ἁγνός und μιαίνω schwerpunktmäßig in der Briefliteratur zu finden sind. Die etwa 25 Vorkommen von κοινός verteilen sich gleichmäßig. Dieser Befund gestattet bereits eine erste vorsichtige Schlussfolgerung: Innerhalb der Evangelientradition wird vor allem der levitisch-geprägte Reinheitsbegriff mit all seinen Assoziationen aufgerufen, während die Briefliteratur tendenziell auf einen Reinheitsbegriff zurückgreift, der durch sein metaphorisches Potential gekennzeichnet ist.

Der begrifflichen Weite der neutestamentlichen Reinheitsbegriffe entspricht auch ein breites Spektrum an Inhalten. Reinheit spielt in unterschiedlichen Bezügen und Kontexten eine Rolle; ihre Funktion ist dabei je nach Kontext verschieden. Inhaltlich lassen sich die Reinheitstexte in folgende vier Kategorien zusammenfassen: sie beschreiben alltägliche Vorgänge in Anknüpfung an alttestamentliche Traditionen; sie fungieren als Argument zur Selbstvergewisserung; sie haben einen festen Ort im Kontext theologischer Diskussionen über die Mahlpraxis; sie werden zur Klärung des Themas „Sünde" verwendet.

Reinheitsbegriffe dienen erstens der Beschreibung alltäglicher Vorgänge, die auf levitische Vorschriften zurückgehen. Darunter fallen eine Reihe von Heilungswundern Jesu, die als ein Akt der Reinigung – sei es von Aussatz oder von unreinen Geistern – verstanden werden (z.B. Mk 1,26; 3,11; Mt 8,2; 10,8, auch bei Lk). Andere Beispiele finden sich mit Blick auf alltägliches Brauchtum.

So werden z.B. die Tage der Reinigung nach der Geburt Jesu gezählt, bis der Säugling im Zusammenhang mit dem Reinigungsopfer der Mutter in den Tempel gebracht wird (Lk 2,22). In Joh 18,28 heißt es, dass diejenigen, die Jesus zu Pilatus führen, das Prätorium nicht betreten wollen, um sich nicht für Pessach zu verunreinigen. Apg 21,26 berichtet, wie sich Paulus und vier christliche Nasiräer reinigen, bevor sie den Tempel betreten. Die Reinheitstraditionen, die aus der biblischen Überlieferung bekannt sind, werden dabei als selbstverständlich und gültig vorausgesetzt.

Zweitens fungiert Reinheit als Argument zur Selbstvergewisserung. Besonders anschaulich lässt sich das in der lukanischen Darstellung des Paulus beobachten. In Apg 18,6 erklärt sich Paulus in Gestalt einer Zeichenhandlung für rein, als er in Korinth auf Widerstand stößt, und kündigt gegenüber der Synagogengemeinde an, nun zu den Völkern zu gehen. In Milet blickt er in seiner Abschiedsrede an die Adresse der Ältesten von Ephesus auf die Gefahren voraus, die ihn in Jerusalem erwarten. Seine Gelassenheit begründet er damit, dass er „rein vom Blut aller" sei, da er Gottes Auftrag befolgt und seinen Ratschluss verkündigt habe (Apg 20,26–27). In beiden Fällen nimmt der lukanische Paulus den Status von Reinheit für sich in Anspruch, um die Erfüllung seines Auftrages zu legitimieren. Wie er diese Reinheit qualifiziert und warum sie für sein Selbstverständnis als Apostel Jesu Christi von Bedeutung ist, wird nicht expliziert.

Drittens hat das Thema Reinheit einen festen Ort in allen theologischen Diskussionen, die sich im weitesten Sinne um Mahlfragen drehen. Dies geschieht am prominentesten in Mk 7/Mt 15, wo es um den Ritus des Händewaschens geht, oder in Mt 23/Lk 11, wo die Reinigung eines Gefäßes verhandelt wird. Beide Streitgespräche laufen auf eine Gegenüberstellung von „innerer" und „äußerer" Reinheit hinaus, bei der die „innere" Reinheit den Vorzug erhält. Auch jenseits der Evangelien finden sich Diskussionen, die Reinheit im Kontext von Mahlpraxis thematisieren. Hier stellt die Erzählung aus Apg 10–11 das anschaulichste Beispiel dar, in der Petrus anhand einer Vision reiner und unreiner Tiere überzeugt wird, im Hause des nichtjüdischen Hauptmanns Kornelius Tischgemeinschaft zu halten. Entsprechend lautet im Nachgang dann auch der zentrale Vorwurf der Jerusalemer Judenchristen (Apg 11,2): „Du bist zu unbeschnittenen Männern gegangen und hast mit ihnen gegessen!" Pointiert ist dieser Vorgang jüngst von John Moxon als „halakhic nightmare" beschrieben worden. Zunächst wird Petrus durch sein Reinheitsverständnis an einem solchen Schritt gehindert und muss deshalb erst durch wiederholte göttliche Intervention neu orientiert werden. Anders als in den Streitgesprächen der Evangelien wird Reinheit hier nicht neu qualifiziert, sondern in ihrer Bedeutung für die Konstruktion von Gruppen umgewertet. Eine weitere Diskussion wird in Röm 14 aufgerufen: Paulus behandelt an dieser Stelle die Frage nach Machtkonstellationen im Modus der Befolgung von Speisevorschriften. Dabei verschiebt sich die Bedeutung der Speisegebote von einer allgemeinen Regel hin zu einer individuellen Wahrnehmung „des Bruders, für den doch Christus gestorben ist" (Röm 14,15), und nimmt vor allem die Auswirkungen der Reinheitsgebote auf das Miteinander der Gemeindeglieder in den Blick.

Viertens fällt (vorzugsweise in der Briefliteratur) eine enge Verknüpfung von Unreinheit und „Sünde" auf. Das geschieht meist auf eine sehr abstrakte Weise. Unreinheit wird dabei vor allem als konkretes Fehlverhalten verstanden. In Gal 5,19 steht „Unreinheit" in einem Lasterkatalog, der 15 Positionen umfasst, an zweiter Stelle (zwischen Porneia und Ausschweifung) und wird mit der ganzen Liste als ein „Werk des Fleisches" eingeführt. Eph 4,19 unterstellt den Nichtjuden in ihrer Ausschweifung die Ausübung von „Unreinheiten" (Plur.), die durch „Habgier" zusätzlich abqualifiziert werden. Die sachliche Nähe zur „Sünde" wird z.B. in Röm 6,19 sichtbar, wo Paulus vom „Sklavendienst der Unreinheit und Gesetzlosigkeit" im Gegensatz zum „Sklavendienst der Gerechtigkeit" spricht. Ähnlich abstrakt können Reinheit und Unreinheit auch das Verhalten von Menschen zu beschreiben: in den Makarismen der Bergpredigt werden z.B. diejenigen seliggepriesen, die „reinen Herzens" sind (Mt 5,8); das Ziel der Unterweisung ist die Agape, die „aus einem reinen Herzen" stammt (1Tim 1,5).

Diese vier Kategorien stellen eine Möglichkeit dar, um das Gros der neutestamentlichen Reinheitstexte zu erfassen und zu ordnen. Dabei fällt auf, dass die strittigen Sachverhalte häufig verkürzt oder einseitig dargestellt werden, was der Vergleich mit weiteren zeitgenössischen Texten offenbart. In Mk 7,3 wird z.B. festgestellt, dass es für alle Juden üblich sei, die Hände vor dem Essen zu waschen, wenn man zuvor auf dem Markt war. Ein solcher pauschal in Geltung stehender Ritus lässt sich jedoch nirgends nachweisen; die Diskussion über das Unreinheitspotential von Händen in mJad (ein Topos, den die Mischna neu einführt) belegt, dass dieser Brauch keineswegs allgemein üblich war. Ein zweites Beispiel liefert die Darstellung der Pharisäer als besonders penibel, weil sie die Außenseite eines Gefäßes reinigen, wenn es durch Tiere verunreinigt wird (Lk 11/Mt 23). Die Diskussion in mKel 25 zeigt hingegen, dass die Rabbinen in dieser Frage uneinig waren und die Beschränkung auf die Außenseite vielmehr als Nachlässigkeit galt. Schließlich suggeriert Apg 10,28, dass es Juden grundsätzlich untersagt sei, Kontakte zu Nichtjuden zu pflegen. Die intensive Diskussion über die Unreinheit und das Verunreinigungspotential von Nichtjuden sowie die Frage nach deren biblischen Haftpunkten zeigt, dass auch hier keineswegs eine allgemeingültige und anerkannten Meinung vorausgesetzt werden kann. Die Texte des Neuen Testaments bedienen sich gerade im Blick auf Reinheitsfragen immer wieder sachlicher Engführungen, um ihre eigenen Aussagen klarer profilieren zu können. Sie lassen sich deshalb nicht nur aus sich selbst heraus verstehen und bedürfen immer wieder der Einordung in die theologischen Diskurse ihrer Zeit.

Dieser Überblick über die Verwendung von Reinheitsbegriffen im Neuen Testament hat gezeigt, dass die Texte an vielen Stellen Bekanntes voraussetzen. Das betrifft die Befolgung alltäglicher Reinheitsbestimmungen ebenso wie die grundsätzliche Qualifizierung von Reinheit und Unreinheit. Jesus mit seinen Schülerinnen und Schülern wie auch Paulus waren selbstredend observante Juden. Umso mehr fallen jene Texte auf, in denen die Suche nach alternativen Regelungen im Umgang mit Reinheitsbestimmungen sichtbar wird. Auffällig ist auch das Schweigen zu einem Großteil der biblischen Traditionen. Besonders die detaillierten Bestimmungen aus Lev 12–15 werden nirgendwo explizit erwähnt und stehen bestenfalls im Hintergrund. Gleiches gilt auch für die Vorschriften des Heiligkeitsgesetzes (Lev 17–26), das vor allem den geschlechtlichen Verkehr regelt; nur implizit sind sie in jenen Aussagen zu erkennen, die Sünde und Unreinheit miteinander verbinden. Paulus nimmt einige ausgewählte Inhalte aus dem Bereich der Reinheitsvorschriften auf, ohne aber zugleich auch deren Begriffe zu übernehmen. Wenn die Themen Götzendienst und Mischehen verhandelt werden, geschieht das nicht unter dem Vorzeichen von Reinheit, sondern von Heiligkeit (1Kor 7,12–16).

In der Regel richtet sich das Interesse der Forschung auf Mk 7 sowie auf jene Texte, in denen Speisevorschriften Mahlpraxis eine Rolle spielen. Das leuchtet auch unmittelbar ein, weil Mahlgemeinschaft ein zentraler Topos antiken Gemeinschaftslebens überhaupt ist. „Wer isst wann was wo mit wem und unter welchen Bedingungen?"[1] formuliert die Kernfragen, um die sich die Diskussion dabei dreht. In jüngster Zeit haben diese Texte, vor allem Mk 7 und Röm 14 sowie die Diskussionen im Rahmen der Korintherkorrespondenz, neue Aufmerksamkeit erfahren.[2]

Für die Frage nach dem Zusammenhang von Reinheit und sozialer Identität sind Texte immer dann relevant, wenn in ihnen Aussagen über Zugehörigkeit und Gemeinschaft diskutiert oder thematisiert werden. In der vorliegenden

1 Diese Formulierung stammt von Gillian Feeley-Harnik. Sie bringt damit zum Ausdruck, dass Speise in der jüdischen Tradition als eine Art „soziale Sprache" gilt; vgl. *Feeley-Harnik*, Table, 72.

2 So z.B. in der Habilitationsschrift von Christina Eschner (*Eschner*, Essen) oder in der bereits zitierten Arbeit von Thomas Kazen (*Kazen*, Jesus). Auch im Zusammenhang mit anderen Themen spielt die Diskussion um Mahl und Reinheit eine wichtige Rolle, wie etwa bei der Frage nach Jesusüberlieferungen bei Paulus, die (z.B. in Röm 14) den historischen Hintergrund untersucht; vgl. *Jacobi*, Jesusüberlieferung, 299–386.

Studie werden daher einige Texte, die in anderen Veröffentlichungen zum Thema Reinheit prominent behandelt werden, nicht analysiert. Mk 7 thematisiert schwerpunktmäßig den Umgang mit Traditionen und neuen Überlieferungsformen und tut dies anhand eines reinheitsbezogenen Themas. Sicher lassen sich auch hier distinktive Momente untersuchen, doch stehen Fragen von Zugehörigkeit und Gruppenbezogenheit nicht im Zentrum. Der Zugehörigkeitsaspekt wird vielmehr erst über die Wirkungsgeschichte relevant, die in der Hinwendung zu den Völkern beginnt. In dieser Perspektive avanciert Mk 7 zum Basistext für eine Öffnung der Zugehörigkeitsgrenzen – oder aber als ein Text, der diese Öffnung längst schon widerspiegelt und in die Jesusgeschichte zurückprojiziert. Mk 7 lässt diese Dynamiken nur ansatzweise erkennen und soll deshalb auch in dieser Arbeit nicht eigens analysiert werden.[3]

Etwas anders gelagert ist die Diskussion um das Aposteldekret in Apg 15,29. Hier wird indirekt ein Minimalkonsens verabschiedet, der die Zugehörigkeit beschreiben soll. Inhalt des Konsenses ist die Absage an Dinge (Götzenopferfleisch, Blut, Ersticktes, Unzucht), die Assoziationen an die Reinheitsthematik wecken. Es finden sich aber in diesem Kontext weder eine Begründung noch eine besondere Betonung, dass es reinheitsbezogene Aspekte sind, die die Zugehörigkeit konstituieren. Auch ist die Pragmatik eine nach innen gerichtete und keine, die die Abgrenzung nach außen besonders betont. Insofern fällt auch dieser Text in den Themenbereich der vorliegenden Untersuchung, hat die Fragestellung im engeren Sinne aber nicht zum Thema und wird daher nicht analysiert.

Zugehörigkeit und soziale Identität sind eng aufeinander bezogen, ohne jedoch identisch zu sein. Fragen der Zugehörigkeit sind externe Fragen, weil andere ihre Kriterien festlegen. Die Theorie der sozialen Identität hingegen ist ein Konzept, das bei der Selbstwahrnehmung des Individuums in Bezug auf eine elementar wichtige Gruppe ansetzt. Dieses Konzept wurde für die vorliegende Arbeit gerade wegen seiner Verknüpfung von Individualität und Gruppenbezug ausgewählt. Die Unterscheidung beider Perspektiven behält dennoch ihr Recht, weil die Frage nach der sozialen Identität den Blick über die Selbstwahrnehmung auf eine allgemeine Wirklichkeitswahrnehmung hin auszuweiten vermag.

Eschner hat in jüngster Zeit Zugehörigkeitsfragen im Kontext der Mahlsituation untersucht. Im Zentrum ihrer Arbeit stehen vor allem die Bedeutung

3 Der Forschungsüberblick unter 1.2 hat gezeigt, dass die Beschäftigung mit neutestamentlichen Reinheitsfragen meist bei Mk 7 ansetzt. Neuere Arbeiten zu Mk 7 zeigen jedoch, dass die Frage nach Reinheit und Identität immer den gesamten Reinheitsdiskurs im Blick behalten muss.

verbotener Speisen, die Ermöglichung von Tischgemeinschaft sowie die Durchsetzung ritueller Reinheitsvorschriften. Ihre Untersuchung zeigt, dass mahlbezogene Texte auch für die Frage nach Identität und Zugehörigkeit relevant sind und dass diese Diskussionen um das Mahl keine Abschaffung des Gesetzes zum Ziel haben, sondern viel mehr auf dessen Anpassung an eine veränderte Situation abzielen.

Eine Fixierung auf die Mahlsituation verstellt jedoch den Blick auf das Ganze des Reinheitsdiskurses. Deshalb lohnt es, auch solche Texte aufzugreifen, die für gewöhnlich eher am Rande stehen. Wenn z.B. Heilungswunder von einer gelungene Re-Integration der ehemals Kranken in die Gesellschaft erzählen und wenn der Heilungsvorgang an vielen Stellen in einem engen Zusammenhang mit Reinigung steht, dann liegt auch hier der Zusammenhang von Heilung, Zugehörigkeit und Integration auf der Hand.

Im Folgenden werde ich die vier oben skizzierten Kategorien, unter denen sich Reinheitstexte erfassen lassen, beispielhaft beschreiben. Die dann folgende Auswahl der in Detail zu analysierenden Texte verdankt sich der Zielsetzung, dem Thema auf einer möglichst breiten Textbasis gerecht zu werden.

7.1.1 *Anknüpfung an biblische Reinheitstraditionen*

Reinheitsvorschriften bestimmen den Alltag der neutestamentlichen Erzählfiguren auf eine allgegenwärtige wie unhinterfragte Weise. Dabei wird der Bezug auf die Tora nicht nur durch mehr oder weniger klare Assoziationen angedeutet, sondern immer wieder auch in Gestalt expliziter Zitate eingespielt. Reinheit ist in diesen Fällen Zeichen der Zusammengehörigkeit mit dem Gottesvolk und damit für das Individuum eine Größe, um sich als Teil der Gemeinschaft zu verstehen. Anschauliche Beispiele bieten etwa solche Episoden, die eine Befolgung der biblisch-levitischer Reinheitstradition widerspiegeln[4]:

In Lk 2,22 wird die Darbringung Jesu im Tempel mit einem Hinweis auf die Reinigung der Wöchnerin terminiert:

> Καὶ ὅτε ἐπλήσθησαν αἱ ἡμέραι τοῦ καθαρισμοῦ αὐτῶν[5] κατὰ τὸν νόμον Μωϋσέως, ἀνήγαγον αὐτὸν εἰς Ἱεροσόλυμα παραστῆσαι τῷ κυρίῳ.

4 Ziel der folgenden Beispiele ist es nicht, die grundsätzliche Annahme der Tora durch Jesus und seine Schülerinnen und Schüler in der Darstellung der Evangelien nachzuweisen. Das ist in den vergangenen Jahrzehnten längst geschehen. Dass Jesus als Jude geboren wurde und auch als solcher gelebt hat, ist ein Axiom aller historischen Rückfragen. Im Folgenden gilt das Interesse vor allem der Darstellung traditioneller Reinheitsbestimmungen in den Texten des Neuen Testaments.

5 Der Plural überrascht und wird meistens als Verallgemeinerung derer gelesen, die sich an die Gebote des Moses halten, oder auf Maria und Joseph bezogen; vgl. z.B. *Fitzmyer*, Luke I,

> Und als die Tage der ihrer (Pl.!) Reinigung gemäß dem Gesetz des Moses erfüllt waren, führten sie ihn nach Jerusalem hinauf, um (ihn) dem Herrn zu präsentieren.

Lk 2,21–40 stellt mit der Präsentation des Neugeborenen im Tempel den Abschluss der lukanischen Geburtserzählung dar. Ausdrücklich wird in 2,22 auf τὸν νόμον Μωϋσέως – „das Gesetz des Moses" – verwiesen, das von der Familie Jesu beachtet und bezüglich seiner Reinheitsbestimmungen befolgt wurde. Lev 12,1–6 zufolge war eine Frau nach der Geburt eines Sohnes sieben Tage lang unrein und befand sich insgesamt 33 Tage lang im Stadium der Reinigung; während dieser Zeit durfte sie nichts Heiliges anrühren und daher auch den Tempel nicht betreten durfte. Die Präsentation des Kindes erfolgte deshalb erst nach Ablauf dieser Zeit. Auf diese Bestimmung rekurriert Lk 2,22 und zeigt damit an, dass Jesu unmittelbares familiäres Umfeld fraglos und vorbildlich jüdischen Toragehorsam lebt.

An mindestens zwei Stellen lässt sich das auch für Jesus und seine Schülerinnen und Schüler sowie für die apostolische Generation zeigen. In Joh 11,55–57 werden die Vorbereitungen für Pessach in Jerusalem geschildert, zu denen auch die festvorbereitenden Reinigungen gehörten (11,55). Man fragt im Tempel schon nach Jesus (11,56), woraus hervorgeht, dass er hier selbstverständlich erwartet wird. 12,1 berichtet dann auch, dass er (wenngleich mit einiger Verzögerung) auf dem Fest erscheint und sich ganz selbstverständlich der Wallfahrer- und Festgemeinde zuordnet. Es ist daher anzunehmen, dass er mit allen anderen auch die Reinigungsriten vollzieht.

Apg 21,15–26 schildert den letzten Aufenthalt des Paulus in Jerusalem, wo er sich mit Vorwürfen zu seiner Völkermission konfrontiert sieht. Namentlich wirft man ihm vor, er predige in der Diaspora den Abfall vom Gesetz. Als Zeichen seiner Gesetzestreue übernimmt Paulus deshalb die Kosten für die

---

421.424, der darin eine besondere Betonung der Gesetzestreue Marias sieht; ähnlich *Wiefel*, Lukas, 77, der darin auch schon den Säugling Jesus mit einschließt. Dem widerspricht *Bovon*, Lukas I, 136.140, und begründet den Plural in der Zusammenfassung von „Reinigung" und „Darstellung". Textkritische Varianten verwenden den Gen. Sg. m., was die Reinigung auf Jesus beziehen würde; eine femin. Form, die eindeutig auf Maria zielt, findet sich lediglich in einigen latein. Lesarten und verdankt sich offenkundig dem Bemühen um Harmonisierung. Entgegen dieser harmonisierenden Meinungen und solcher, die den Plural als Hinweis auf eine vermeintliche lukanische Unkenntnis der jüdischen Traditionen verstehen, hat Matthew Thiessen unter Verweis auf das Jubiläenbuch und einzelne Qumrantexte herausgearbeitet, dass Lk an Traditionen anzuknüpfen scheint, die von einer Übertragung der Unreinheit der Mutter auf den Säugling ausgehen. Der überraschende Plural wäre damit vielmehr ein Hinweis, dass Lk mit den zeitgenössischen jüdischen Traditionen wohl vertraut war, vgl. *Thiessen*, Parturient Impurity.

Auslösung von vier Nasiräern und geht mit ihnen in den Tempel (21,22–25). Dafür vollzieht er auch selbst die Reinigung (21,26)[6]:

> Τότε ὁ Παῦλος παραλαβὼν τοὺς ἄνδρας τῇ ἐχομένῃ ἡμέρᾳ σὺν αὐτοῖς ἁγνισθείς, εἰσῄει εἰς τὸ ἱερὸν διαγγέλλων τὴν ἐκπλήρωσιν τῶν ἡμερῶν τοῦ ἁγνισμοῦ ἕως οὗ προσηνέχθη ὑπὲρ ἑνὸς ἑκάστου αὐτῶν ἡ προσφορά.
>
> Paulus nahm dann die Männer mit sich, reinigte sich mit ihnen am nächsten Tag und ging in den Tempel. Er kündigte die Erfüllung der Tage der Reinigung an, bis dass ein Opfer dargebracht wurde für einen jeden von ihnen.

Ziel dieser symbolischen Handlung ist es, den Vorwurf der Apostasie zu widerlegen.[7] Sie bewegt sich konsequent auf der Linie dessen, was bereits auf dem Apostelkonvent (Apg 15) beschlossen worden war: Auch die Christusgläubigen aus den Völkern werden durch das so genannte „Aposteldekret" (15,20/21,25) auf einen Minimalkonsens in Sachen Reinheitshalacha (Enthaltung von Götzendienst, Blut, Ersticktem und Porneia) verpflichtet. Apg 21 macht damit die grundlegende Dynamik der neutestamentlichen Texte sichtbar: das überzeugte Festhalten an den Bestimmungen der Tradition bei gleichzeitig notwendiger Modifizierung für Menschen aus den Völkern.[8] Diese Dynamik soll im Folgenden noch näher auf ihre Bedeutung für die soziale Identität untersucht werden. Die Kontinuität zur Tradition und die Aufrechterhaltung der überlieferten Bestimmungen bilden die Substruktur aller theologischen Aufbrüche und Innovationen der frühen Christenheit. Das steht auch für den lukanischen Paulus und damit für Lukas am Ende des 1. Jahrhunderts außer Frage.

---

6 Daniel Schumann zeigt in seinem Werk über Gelübde ausführlich, wie es Lk gelingt, Paulus anhand dieser Szene als observanten Juden darzustellen. Schuman verweist auf die anzunehmenden unterschiedlichen Unreinheitsgrade der Nasiratsanwärter und Paulus und erkennt ein stimmiges Gesamtbild im Verhalten des Paulus. Im Kontext der Erkenntnisse über den komplexen Prozess des Nasirats drängt sich nach Schumann überzeugend der Eindruck auf, „Lukas habe eine Rehabilitierung des Paulus in judenchristlichen Kreisen angestrebt". Vgl. *Schumann*, Gelübde, 291–301, bes. 301.

7 In die gleiche Richtung geht auch noch einmal Apg 24,17–18: Paulus verteidigt sich vor dem Statthalter Felix gegen den Vorwurf der Tempelschändung und verweist darauf, dass er gekommen sei, um Almosen zu geben und zu opfern, und dass er im Tempel bereits als ein Gereinigter angetroffen worden sei.

8 So auch Pesch, der darin eine Demonstration sieht, „bei der die Gesetzestreue des Judenchristen Paulus und die vorausgesetzte Treue der Heidenchristen zu den Beschlüssen des Apostelkonzils in den Vordergrund rücken"; *Pesch*, Apostelgeschichte II, 221.

Ein indirekter Bezug ergibt sich schließlich aus Joh 18,28. Im Kontext der Verhaftung und des Verhörs Jesu wird der Delinquent in das Prätorium gebracht. Die Volksmenge, die ihn dahin begleitet hat, scheut nun davor zurück, um sich nicht für das bevorstehende Pessachfest zu verunreinigen:

> Ἄγουσιν οὖν τὸν Ἰησοῦν ἀπὸ τοῦ Καϊάφα εἰς τὸ πραιτώριον· ἦν δὲ πρωΐ· καὶ αὐτοὶ οὐκ εἰσῆλθον εἰς τὸ πραιτώριον, ἵνα μὴ μιανθῶσιν ἀλλὰ φάγωσιν τὸ πάσχα.
>
> Sie führten also Jesus von Kaiphas zum Prätorium. Es war aber früh am Morgen. Und sie betraten das Prätorium nicht, damit sie nicht unrein würden, sondern das Pessach essen könnten.

Zum Pessachfest ist es erforderlich, die Schlachtung der Lämmer und ihren Verzehr in Reinheit zu vollziehen – was die gesetztestreuen Juden in der Volksmenge davon abhält, Jesus in das Gebäude eines römischen Präfekten zu folgen.[9] Klaus Wengst weist auf die lange antijüdische Auslegung dieses Abschnittes hin und legt überzeugend dar, dass es dem Evangelisten an dieser Stelle lediglich darum geht, die auf zwei Orte verteilte Szenerie des folgenden Abschnittes erklären.[10] Diejenigen, die das Prätorium meiden, sind offensichtlich fromme Juden. Auch Schülerinnen und Schüler Jesu mögen ein Teil dieser Menge gewesen sein. Explizit war zuvor nur von Petrus und einem weiteren Jünger die Rede. Im Garten Gethsemane, in dem die Verhaftung stattfand, war noch eine größere Gruppe vorauszusetzen. Zwischen den Schülerinnen und Schülern Jesu und der Volksmenge besteht jedenfalls kein dezidierter Unterschied, wenn es um die Gefahr der Verunreinigung durch das Betreten nichtjüdischer Verwaltungsräume geht.

Diese Beispiele belegen die selbstverständliche und alltägliche Übernahme von Reinheitstraditionen einschließlich ihrer sozialen Funktion von der ersten Generation an bis noch zum Ende des 1. Jahrhunderts.

In die Kategorie der Traditionskontinuität fallen aber auch Texte, in denen der Umgang mit „Aussatz" beschrieben wird (vgl. Mk 1,42/Mt 8,3/Lk 5,12). In den entsprechenden Heilungswundern Jesu ist die Heilung der Kranken dabei die Voraussetzung für ihre Reinerklärung durch den Priester und damit für ihre Reintegration in die Gemeinschaft (vgl. Lev 13–14 und Kap. 3.2 in

9 Zur Begründung dieser Vorsicht mit der Angst, in den Häusern nichtjüdischer Menschen könnten Fehlgeburten begraben sein, sowie zu den besonderen Reinheitsbestimmungen an Pessach, vgl. *Wengst*, Johannes II, 218.

10 Vgl. zur Absage an die früheren Auslegungen und zur Alternative *Wengst*, Johannes II, 219.

dieser Arbeit). Die synoptischen Evangelien beschreiben die Heilungstätigkeit Jesu deshalb auch mit dem Begriff καθαρίζειν dezidiert als Reinigung. Kranke werden geheilt, Aussatzleidende werden gereinigt, wobei Jesus die Position dessen, der reinigt, einnimmt. Dennoch schickt er die Geheilten trotz der bereits vollzogenen „Reinigung" zu den dafür zuständigen Priestern (so bei Mk und Lk).

Daran zeigt sich nicht nur der Unterschied zwischen Aussatz und anderen Krankheiten, sondern zugleich auch die besondere Rolle, die Aussatz bei der Konstitution von Gemeinschaft spielt: Die Befreiung von Aussatz führt zu einer Reintegration in die Gemeinschaft (einschließlich wiedergewonnener Kultfähigkeit), von der man vorher zeitweise ausgeschlossen war. Die Reinigung, deren Subjekt in diesem Falle Jesus ist, hat eine integrierende Wirkung und verändert die soziale Position derjenigen, die gereinigt wird. Reinigung als Vorgang und Reinheit als Status nehmen direkten Einfluss auf die Stellung eines Menschen in einer Gemeinschaft. Dadurch, dass die Zuwendung Jesu zu Aussätzigen explizit in Einklang mit der Tradition als Reinigung beschrieben wird, signalisieren die Evangelisten, dass das Bezugssystem der Tora auch weiterhin in Geltung bleibt. Die Zuwendung Jesu zu den Aussätzigen hat das Ziel, sie unter den vorgegebenen Bedingungen wieder in ihre ursprüngliche Gruppe zu integrieren. Die Besonderheit liegt in diesem Falle darin, dass eine Segregation in unterschiedliche Gruppen innerhalb der eigentlichen Bezugsgruppe, namentlich innerhalb des Volkes Israel, vollzogen wird. Das setzen auch die Texte des Neuen Testaments voraus. Die Rolle Jesu lässt sich dabei aus verschiedenen Perspektiven betrachten. Zum einen fügen sich diese Reinigungswunder seinem Auftrag, das zerstreute Gottesvolk zu sammeln, passgenau ein; zum anderen agiert er dabei als einer, Reinigung ermöglich, ohne selbst unrein zu werden.

Die Texte dieser Kategorie handeln vorzugsweise von Heilungen, weil sie am stärksten den Aspekt von Ausgrenzung und Integration sichtbar machen. Neben die Frage nach der sozialen Dimension der Heilung tritt die Frage nach dem Selbstbild des Individuums in Bezug zur Gemeinschaft. Indirekt wird damit auch die Rolle Jesu sowie seiner Schülerinnen und Schüler beleuchtet.

Mit der narrativen Entfaltung des Reinheitsthemas verbinden sich attributive Zuschreibungen bzw. Qualifizierung dessen, was als „rein" oder „unrein" gilt. In den die Heilungsgeschichten werden z.B. die bösen Geister immer wieder „unrein" genannt (vgl. z.B. Mt 10,1; Mk 1,23; Lk 4,33), wobei ihre Unreinheit genau das bezeichnet, was sie dem Bereich Gottes und der Gemeinschaft des Gottesvolkes gegenüberstellt. Der Heilungs- bzw. Reinigungsvorgang erscheint deshalb als Teil einer Konfliktsituation; die unreinen Geister müssen besiegt oder eben gewaltsam hinausgeworfen („ἐκβάλλειν") werden.

Auch sonst ist Reinheit im Neuen Testament Teil des alltäglichen Sprachgebrauchs. Joh 13,10–11 betrachtet im Kontext der Fußwaschungsszene das Reinheitsdefizit des Judas als ein Merkmal, das ihn absondert:

> λέγει αὐτῷ ὁ Ἰησοῦς· ὁ λελουμένος οὐκ ἔχει χρείαν εἰ μὴ τοὺς πόδας νίψασθαι, ἀλλ' ἔστιν καθαρὸς ὅλος· καὶ ὑμεῖς καθαροί ἐστε, ἀλλ' οὐχὶ πάντες. ᾔδει γὰρ τὸν παραδιδόντα αὐτόν· διὰ τοῦτο εἶπεν ὅτι οὐχὶ πάντες καθαροί ἐστε.
>
> Jesus sagt ihm: Derjenige, der gebadet hat, muss nichts waschen, außer die Füße, sondern er ist vollkommen rein. Ihr seid rein, aber nicht alle. Er kannte nämlich schon den, der ihn übergeben würde und deshalb sagte er: Ihr seid nicht alle rein.

7.1.2 *Reinheit als Teil einer Argumentationsstrategie*

Die Darstellung der paulinischen Theologie in der Apostelgeschichte enthält mehrere Szenen, in denen sich Paulus für seine Arbeit als Apostel rechtfertigt. Das betrifft sowohl seine Autorität als Apostel an sich wie auch die konkrete Art seiner Tätigkeit, die Botschaft, dass Jesus der Christus sei, und die missionarische Zuwendung zu Menschen aus den Völkern, was dem autobiographischen Rechenschaftsbericht in Gal 1,11–2,21 korrespondiert. An zwei Stellen in der Apostelgeschichte, die sonst eher am Rande der Diskussion stehen, qualifiziert Paulus sich selbst in einem abstrakten und kontextlosen Sinn als „rein" und begründet damit seine Zuwendung zu den Völkern als Folge der Enttäuschung, die er in der Synagoge erlebt. Einmal geschieht dies im Kontext eines Konflikts (18,6), ein anderes Mal im Rahmen seiner Selbstdarstellung in der Abschiedsrede in Milet (20,26).

Schauplatz von Apg 18,6 ist die Synagoge. Paulus befindet sich am Ende seiner zweiten Missionsreise in Korinth. Dort trifft er auf Aquila und Priscilla (18,1), die im Zuge des Klaudiusedikts aus Rom vertrieben wurden (18,2). Bei ihnen, die so wie er Zeltmacher sind, bleibt er einige Tage und betreibt in der Synagoge Mission, indem er Jesus als den Messias verkündet (18,3–5). Das trägt ihm die rigorose Ablehnung einer Mehrheit ein, auf die der Apostel nicht weniger harsch reagiert (18,6):

> ἀντιτασσομένων δὲ αὐτῶν καὶ βλασφημούντων ἐκτιναξάμενος τὰ ἱμάτια εἶπεν πρὸς αὐτούς· τὸ αἷμα ὑμῶν ἐπὶ τὴν κεφαλὴν ὑμῶν· καθαρὸς ἐγὼ ἀπὸ τοῦ νῦν εἰς τὰ ἔθνη πορεύσομαι.
>
> Weil sie sich aber widersetzten und gotteslästerlich redeten, schüttelte er seine Kleider aus und sprach zu ihnen: Euer Blut sei auf eurem Kopf. Ich bin rein. Von nun an werde ich zu den Völkern gehen.

Die Selbstqualifizierung als „rein“ steht in direktem Gegenüber und in Abgrenzung zu der Besudelung durch das Blut auf den Köpfen derer, die sich Paulus widersetzen. Implizit werden sie somit als „unrein“ bezeichnet. Beide Begriffe, der des Blutes und der der Reinheit, bleiben abstrakt und unkonkret.[11] Die Argumentation erfolgt in einem Dreischritt: Die (implizite) Unreinerklärung der Gegner korrespondiert dem Selbstbild von Reinheit bei Paulus, was ihn zu seiner Hinwendung an die Völker ermutigt. Ob und inwieweit die eigene Reinheit Bedingung oder Widerspruch zur Verkündigung unter den Völkern darstellt, wird überhaupt nicht thematisiert. Die Provokation, die in diesen Formulierungen liegen könnte, ist höchstens implizit.

Begrifflich und inhaltlich ist diese Szene eng mit 20,26 verbunden. Im Kontext der dritten Missionsreise legt Lukas dem Apostel nach seinem Abschied von Ephesus eine Rede in den Mund, die er in Milet vor den aus Ephesus herübergekommenen Ältesten hält (20,17–38). Darin resümiert Paulus seine Arbeit und blickt voraus auf die Gefahren in Jerusalem, (20,22–23). Dass er dennoch nach Jerusalem reist, begründet er mit seinem Auftrag, nämlich das Evangelium von der Gnade Gottes zu verkünden (20,24). Zum Abschied formuliert er:

> διότι μαρτύρομαι ὑμῖν ἐν τῇ σήμερον ἡμέρᾳ ὅτι καθαρός εἰμι ἀπὸ τοῦ αἵματος πάντων· οὐ γὰρ ὑπεστειλάμην τοῦ μὴ ἀναγγεῖλαι πᾶσαν τὴν βουλὴν τοῦ θεοῦ ὑμῖν.
>
> Deshalb bezeuge ich euch heute, dass ich von dem Blut aller (Menschen) rein bin. Denn ich habe es bestimmt nicht versäumt, euch den ganzen Willen Gottes zu verkündigen.
>
> Apg 20,26

Im Unterschied zu Apg 18 spricht Paulus hier zu einem Publikum, das ihm gewogen ist. Beide Szenen stellen jedoch Abschieds- und Aufbruchssituationen dar. Sie stehen im Zusammenhang mit der Legitimation seiner Verkündigung, weshalb er hier für sich das Attribut „rein“ wählt. An beiden Stellen spielt außerdem der Topos des Blutes eine Rolle. In Apg 18 assoziiert die an Mt 27,25 erinnernde Formulierung einen Fluch; in Apg 20 fungiert der Freispruch vom

11 Ohne Verwendung der Topoi „Reinheit“ und „Blut“ findet sich eine ähnliche Szene in Apg 13,44–52 (im Kontext der ersten Missionsreise): Auch hier führt die Ablehnung des Paulus von Seiten seiner jüdischen Hörerschaft zur Hinwendung zu den Völkern (13,46); das Abschütteln der Füße (13,51) fungiert als Zeichen des Protestes, was dem Ausschütteln der Kleider in Apg 18 entspricht.

Blut als Begründung für die Reinheit des Paulus.[12] In beiden Szenen wird nicht spezifiziert, welche Bedeutung Reinheit einnimmt. Auch dem Kontext lassen sich keine entsprechenden Hinweise entnehmen. Sichtbar wird lediglich, dass Reinheit in einem engen Zusammenhang mit der paulinischen Verkündigung steht. Die Verbindung mit dem Bild des Blutes legt es nahe, „rein" im Sinne von „unschuldig" zu verstehen. Das verdichtet ein Verständnis von Reinheit, das vor dem Hintergrund alttestamentlicher Reinheitsvorstellungen entworfen ist. Im Anschluss an Daniel Marguerat ist im Bild des Blutes eine Metapher für den Tod zu sehen, die auf alttestamentliche Traditionen, wie in 2Sam 1,16, 1Kön 2,31–33 und Dan 13,14 aufbaut. Paulus nutzt also das Potential, dass in der Verbindung aus „Reinheit" und „Blut" besteht, um seine Unschuld und damit seine Autorität zu begründen.[13]

Offenbar versteht der lukanische Paulus Reinheit als Ausweis dafür, dass seine Verkündigung wie seine Lebensführung gesetzeskonform und gottgemäß sind. Damit erfasst er ein grundlegendes Element des alttestamentlich-jüdischen Reinheitsverständnisses, was Lukas wiederum gegenüber seinem Lesepublikum in der dritten Generation als Argument für die apostolische Legitimation des Paulus präsentiert.

Die kurze Szene entzieht sich einer genaueren Spezifizierung dessen, was hier mit Reinheit gemeint ist. Interesse verdient die argumentative Nähe zwischen „Reinsein" und Zuwendung zu den Völkern, ohne dass darin jedoch eine direkte Abhängigkeit bestünde. Wenn sich Paulus als „rein" erklärt, dann will er damit vor allem die Anfeindungen und Unterstellungen seiner Kontrahenten zurückweisen, während seine Zuwendung zu den Völkern in einem narrativen Bezug zur Ablehnung in der Synagoge steht, nicht aber aus seiner „Reinheit" folgt.

7.1.3 *Theologische Diskussionen über Reinheitsfragen*

Reinheit ist auch im Neuen Testament immer wieder Gegenstand theologischer Diskussionen und wird nicht nur – wie in den vorangegangenen Kategorien – vorausgesetzt oder argumentativ verwendet. Dabei ist zwischen Debatten, die das gemeinsame Mahl zum konkreten Inhalt haben und dabei auch Reinheitsfragen diskutieren, und Debatten, die durch mahl- oder speisebezogene Situationen ausgelöst werden, zu unterscheiden. Die ersten finden sich vor allem in der Apostelgeschichte im Kontext des Apostelkonventes (Apg 15) oder in der

---

12 In Apg 5,28 wirft der Hohepriester Petrus und den Aposteln vor, „das Blut dieses Menschen (d.h. des gekreuzigten Jesus)" über sie bringen zu wollen.

13 Vgl. zu den alttestamentlichen Hintergründen und den Bezügen innerhalb von Apg *Marguerat,* Apostelgeschichte, 704–705.

Erzählung von Petrus und Kornelius (Apg 10–11); sie stehen aber auch im Hintergrund der paulinischen Ausführungen über die Starken und Schwachen in der Gemeinde sowie ihre unterschiedliche Bindung an traditionelle und neue Speiseregeln (Röm 14). Speisebezogene Diskussionen spiegeln sich einerseits in der Erzählung um die Relevanz des Händewaschens in Mk 7/Mt 15 wider, andererseits im Disput um die Reinigung von Geräten in Lk 11/Mt 23.

In den speisebezogenen Diskussionen der synoptischen Evangelien geraten Jesus und seiner Schülerinnen und Schüler in Konflikt mit einer Gruppe von Pharisäern, die ihm Sorglosigkeit gegenüber bestimmten Reinheitsvorschriften vorwerfen. Jesus reagiert auf differenzierte Weise und dreht letztendlich den Spieß um, indem er nun seinerseits den Pharisäern ein missverstandenes Reinheitsverständnis vorhält.

In den Diskussionen um das gemeinsame Mahl werden Reinheitsfragen vor allem hinsichtlich der Bedingungen zur Teilnahme verhandelt. Insofern geben sie auch Einblick in die soziale Funktion von Reinheit und ihre Bedeutung als Aspekt der sozialen Identität des Individuums im Kontext der Jesusbewegung.

In einen ähnlichen Kontext wie Apg 10–11 und Röm 14 fällt eine oft übersehene Aussage im Zusammenhang des Apostelkonvents. In der Rede des Petrus heißt es (Apg 15,8–9):

> καὶ ὁ καρδιογνώστης θεὸς ἐμαρτύρησεν αὐτοῖς δοὺς τὸ πνεῦμα τὸ ἅγιον καθὼς καὶ ἡμῖν καὶ οὐθὲν διέκρινεν μεταξὺ ἡμῶν τε καὶ αὐτῶν τῇ πίστει καθαρίσας τὰς καρδίας αὐτῶν.
>
> Und der herzenkennende Gott bezeugte (es) ihnen, indem er ihnen wie auch uns den Heiligen Geist gab, und er unterschied nicht zwischen uns und ihnen, weil er durch den Glauben ihre Herzen reinigte.

Der lukanische Petrus plädiert an dieser Stelle für die Unterschiedslosigkeit zwischen Juden und Nichtjuden unter Verweis auf eine Bedingung, die inzwischen beide erfüllten: Beide haben sie reine Herzen. Gott, der Herzenskenner, habe die Herzen der christusgläubigen Nichtjuden durch ihren Glauben gereinigt und ihnen damit den Zugang zur Gemeinschaft mit den christusgläubigen Juden ermöglicht, ohne dass sie sich – worin der eigentliche Streitpunkt des Apostelkonvents besteht – noch der Beschneidung unterziehen müssten. Gleichsam *en passant* wird hier die Reinheit des Herzens zur Zugangsbedingung für die Gemeinschaft mit Gott. Sie ist dabei nicht das Ergebnis menschlicher Bemühungen, sondern Gottes Werk, das durch den Glauben erkannt und angeeignet wird. Diese Reinheit des Herzens wird in Apg 15,9 ebenso wenig näher qualifiziert wie in den Seligpreisungen Mt 5,8. Durch die Verwendung von καθαρός wird jedoch der Bezug zu einem traditionellen Reinheitsverständnis unüberhörbar aufgerufen.

Reinheit und Unreinheit sind im Neuen Testament Gegenstand kontroverser Diskussionen, die sich nicht nur um die konkrete Anwendung der überlieferten Gesetze drehen, sondern dieselben auch auf neue Kontexte anzuwenden versuchen. Dabei kommt es zu Transformationsprozessen, die in den folgenden Textanalysen noch genauer untersucht werden sollen.

7.1.4 *Sünde als Unreinheit*

Die vor allem aus den Qumranschriften bekannte Verbindung von Unreinheit und Sünde bzw. die Bezeichnung bestimmter Verfehlungen als Unreinheit, findet sich auch in der Briefliteratur des Neuen Testaments, namentlich in der paulinischen und deuteropaulinen Literatur. Dabei ist zwischen einer Darstellung, die (wie in Qumran) das verunreinigende Potential der Sünde betont,[14] und einer Darstellung, die Unreinheit als Verfehlung nennt, zu unterscheiden. Nur selten fungiert Unreinheit auch direkt als Synonym für den Sündenbegriff, wie etwa in Röm 6,19, wo Unreinheit (wie sonst Sünde) der Gerechtigkeit gegenübergestellt wird:

> Ἀνθρώπινον λέγω διὰ τὴν ἀσθένειαν τῆς σαρκὸς ὑμῶν. ὥσπερ γὰρ παρεστήσατε τὰ μέλη ὑμῶν δοῦλα τῇ ἀκαθαρσίᾳ καὶ τῇ ἀνομίᾳ εἰς τὴν ἀνομίαν, οὕτως νῦν παραστήσατε τὰ μέλη ὑμῶν δοῦλα τῇ δικαιοσύνῃ εἰς ἁγιασμόν.
>
> Ich rede menschlich wegen der Schwachheit eures Fleisches. Wie ihr nämlich eure Glieder als Sklaven für die Unreinheit und für die Gesetzlosigkeit hingestellt habt zur Gesetzlosigkeit, so stellt ihr jetzt eure Glieder als Sklaven für die Gerechtigkeit zur Heiligung hin.

Häufig erscheint Unreinheit im Kontext von Lasterkatalogen, wo sie vor allem neben sexuellem Fehlverhalten aufgeführt wird (so z.B. in 2Kor 12,21; Eph 5,3; 5,5); exemplarisch etwa in Kol 3,5:

> Νεκρώσατε οὖν τὰ μέλη τὰ ἐπὶ τῆς γῆς, πορνείαν ἀκαθαρσίαν πάθος ἐπιθυμίαν κακήν, καὶ τὴν πλεονεξίαν, ἥτις ἐστὶν εἰδωλολατρία.
>
> Tötet also die Glieder, die auf der Erde sind: Unzucht, Unreinheit, Leidenschaft, schlechte Begierde und Habsucht, das ist Götzendienst.

---

14 Vgl. dazu die Ausführungen zur verunreinigenden Kraft der Sünde in *Klawans*, Impurity, 67ff.

Die Zusammenstellung der hier genannten Laster, unter die Unreinheit subsumiert ist, ähnelt der in Eph 5,3.5. In 2Kor 12,21 wird Unreinheit hingegen in einer Reihe mit Ausschweifung und Unzucht genannt; die Nähe zur Ausschweifung findet sich auch in Eph 4,19.

Reinheit wiederum kann aber auch in einem Tugendkatalog geführt werden: 2Kor 6,6 stellt die Reinheit mit Erkenntnis, Langmut, Güte, heiligem Geist und aufrechter Liebe zusammen. Diese ganze Liste (2Kor 6,4–8) führt auf, was den Apostel gegen Anfeindungen von außen als tadellos erweist, „damit (unser) Dienst nicht in Verruf gerät".

Weniger konkret wird Unreinheit in Gal 5,19 als Werk des Fleisches und in Eph 4,19 als Folge von Ausschweifung verstanden. 2Kor 7,1 mahnt zur Reinigung von der „Befleckung des Fleisches und des Geistes", was im Kontext der vorausgehenden Götzenpolemik moralisch verursachte Unreinheit assoziiert.

Aus diesem Rahmen fällt 2Kor 6,11–18 heraus. Paulus warnt die Gemeinde vor Götzendienst und zitiert dabei mehrfach die Schrift, wobei er vor allem auf das Trennungsgebot zugunsten der Heiligkeit und Reinheit der Gemeinde rekurriert. In 6,17 zitiert er Jes 52,11 mit der Forderung nach Abgrenzung durch das Verbot, Unreines anzurühren:

> διὸ ἐξέλθατε ἐκ μέσου αὐτῶν καὶ ἀφορίσθητε, λέγει κύριος, καὶ ἀκαθάρτου μὴ ἅπτεσθε· κἀγὼ εἰσδέξομαι ὑμᾶς
>
> Deshalb: Geht aus ihrer Mitte heraus und sondert euch ab, spricht der Herr, und berührt nicht etwas Unreines; und ich werde euch annehmen.

Hier wird erneut die Anknüpfung an alttestamentliche Argumentationsmuster deutlich. Für Unreinheit steht ἀκαθάρτος; das Verb ἀφορίζω ist jenes, das in der LXX für die Absonderung von Aussätzigen verwendet wird. Götzendienst gerät damit begrifflich in die Nähe von Aussatz. Um eine Absonderung zu ermöglichen, dienen Reinheit und Unreinheit als Kategorisierungsmechanismen, die einen sozialen Vergleich zwischen der eigenen Gruppe und einer fremden Gruppe ermöglichen. Durch die direkte Aufnahme des Zitats aus Jes 52,11 und das Zitat aus Lev 26,11–12 in den Versen zuvor wird die Argumentation in 2Kor 6 in einen Kontext gestellt, der Reinheit als Faktor sozialer Identität erkennen lässt. Die neutestamentliche Argumentation geht dabei nicht über das Überlieferte hinaus, sondern wendet es auf die Lebenswelt der Gemeinde in einer hellenistischen Metropole an.

Die Assoziation von Sünde und Unreinheit stellt einen Testfall dar, die Bedeutung von Reinheit für die soziale Identität des Individuums beschreiben, wie die Textanalyse genauer nachweisen wird.

7.1.5 *Textauswahl und Methodik*

Der Überblick bestätig, dass auch im Neuen Testament die Vielfalt der Begriffe einer Vielfalt von Kontexten entspricht. Wie in den anderen Korpora auch tritt die identitätsprägende Funktion von Reinheit als Merkmal sozialer Identität auf unterschiedliche Weise zu Tage. In jenen Fällen, in denen Reinheit Teil einer Argumentationsstrategie verwandt ist, spielt die Frage nach tatsächlicher Gruppenzugehörigkeit oder Zugehörigkeitsmerkmalen keine Rolle. Abstrakt bleibt der Zusammenhang von Sünde und Unreinheit, wie er in der Briefliteratur begegnet. Hier ist die Funktion von Reinheit davon abhängig, ob Unreinheit an sich als Sünde verstanden wird oder ob sie ein Synonym für Sünde darstellt.

Die folgenden Textanalysen werden sich auf Passagen aus drei der vier genannten Kategorien konzentrieren, wobei die Kategorie der Argumentationsstrategie unberücksichtigt bleibt. Aus der Kategorie der traditionsgeprägten Abläufe und Handlungen soll die als Reinigung beschriebene Heilungstätigkeit Jesu anhand von Mk 1,39–45 analysiert werden. Aus der Kategorie der theologischen Diskussionen werden zwei Beispiele in den Blick genommen: die Vision des Petrus in Apg 10,9–16 und die Diskussion um Schwache und Starke in Röm 14. Schließlich soll auch der Zusammenhang zwischen Götzendienst und Aussatz anhand von 2Kor 6,14–7,1 sowie dessen Bedeutung für das Reinheitsbild des Neuen Testaments untersucht werden.

Ziel der Textanalysen ist es, die Bedeutung der Reinheitsthematik für die soziale Identität des Individuums in der frühen Christenheit in ihrer Vielfalt zu eruieren und zu beschreiben. Wie in den bisher untersuchten Korpora auch werden die ausgewählten Texte dazu auf ihre Eigendynamik und ihre Aussageintention hin untersucht und abschließend zu den Prozessen sozialer Identität befragt, die in ihnen sichtbar werden. Die Analyse der ausgewählten Texte erfolgt unter Zuhilfenahme verschiedener exegetischer Instrumente. Für ihre Auswertung ist es notwendig zu erfahren, in welchem literarischen Kontext sie stehen, welche Traditionen sie verwenden und worauf ihre Aussageintention abzielt. Dazu dient die Untersuchung von Begrifflichkeit, Tradition und Rezeption. Im Folgenden wird jeder Text daher übersetzt und gegliedert, in seinen textlichen Kontext eingeordnet und anschließend anhand der genannten Analyseinstrumenten untersucht.

Die maßgeblich von Tajfel und Turner in den 70er Jahren des 20. Jahrhunderts begründete *Theorie der sozialen Identität* fragt nach denjenigen Aspekten des Selbstbildes eines Individuums, die sich aus der Zugehörigkeit zu einer für das Individuum salienten Gruppe beziehen.[15] Sie beschreibt damit Identitäten im Übergang zwischen Individuum und Kollektiv und umreißt die Bedeutung von Gruppenzugehörigkeit. Die vorliegende Arbeit macht diese Theorie zu ihrer Grundlage. Dazu werden die Texte auf ihre identitätsstiftenden Gruppenprozesse hin untersucht. Dazu schreibt Mummendey zusammenfassend:

„Das Individuum gewinnt mithilfe der *sozialen Kategorisierung* sowohl Orientierung in der (sozialen) Realität als auch Informationen über seine eigene Position innerhalb des sozialen Gefüges. (...) Aus der Zugehörigkeit zu einer bestimmten sozialen Gruppe und aus der Beschaffenheit der Beziehungen dieser zu anderen sozialen Gruppen wird die *soziale Identität* eines Individuums bestimmt. Informationen über die Charakteristika dieser sozialen Identität gewinnt das Individuum über Ergebnisse von *sozialen Vergleichen* zwischen der eigenen und anderen Gruppen auf unterschiedlichen Vergleichsdimensionen. (...) Aus dem Bedürfnis nach einer positiven sozialen Identität zielt eine Gruppe (...) darauf ab sich von anderen Gruppen zu *unterscheiden*."[16]

Im Folgenden geht es primär um die soziale Wirklichkeit, wie sie in den Texten gespiegelt wird, um die erzählte Welt der agierenden Figuren sowie um die auf der literarischen Ebene verhandelte Problematik. Die Rückfrage nach den historischen Verhältnissen spielt dabei eine untergeordnete Rolle. Kontinuität und Diskontinuität sind vor allem als Phänomene literarischer Überlieferung im Blick.

7.2 Reinigung als Integration: Mk 1,39–45

7.2.1 *Einleitung und Übersetzung*

Der Umgang mit Menschen, die von Aussatz befallen sind, wird im Neuen Testament auf unterschiedliche Weisen thematisiert. Durchgängig greifen die Texte dabei auf die Bestimmungen aus Lev 13–14 und deren Folgen zurück.[17]

---

15 Vgl. dazu grundlegend *Tajfel* (Hg.), Differentiation, und die Einführung in dieser Arbeit, Kap. 1.1. Dort werden auch die Prozesse sozialer Identität ausführlich behandelt.

16 *Mummendey*, Verhalten, 13–14.

17 Die Übersetzung des griechischen λεπρός und des hebräischen צרעת mit „Aussatz" ist unter den verschiedenen Möglichkeiten die treffendste, weil sie die Offenheit der biblischen Begriffe wahrt. Gemeint ist in Anlehnung an Lev 13–14 das Phänomen unterschiedlich starker, sich auf vielfältige Weise äußernder Hautveränderungen, die Begutachtungen durch den Priester und Behandlungen (die zumeist in der Festlegung von Fristen und

Aussätzige zu reinigen[18] wird an zwei prominenten Stellen als Teil des Auftrags Jesu bzw. seiner Schülerinnen und Schüler formuliert: Mt 10,8 fügt im Kontext der Aussendungsrede (Mt 10,5–11,1), die Reinigung Aussätziger in eine Aufzählung von Wundertaten ein, die den Ausgesandten gleichsam als begleitende Bekräftigung ihrer Verkündigung der Gottesherrschaft aufgetragen werde; in dieser Reihe stehen die Heilung Kranker, die Auferweckung Toter, die Reinigung Aussätziger und die Austreibung von Dämonen nebeneinander. In Mt 11,5/Lk 7,22 findet sich eine ähnliche Aufzählung, die im Kontext der Täuferanfrage (Mt 22,2–6/Lk 7,18–23) die Krafttaten Jesu als Antwort an den Täufer bzw. als Ausweis für die Präsenz des erwarteten „Kommenden" zusammenstellt. Unter Anspielung auf den Propheten Jesaja (29,18–19; 35,5–6; 42,18; 61,1) sind das die Heilung Blinder und Tauber, die Reinigung Aussätziger, die Heilung Tauber, die Auferweckung Toter und die Verkündigung des Evangeliums an Arme.

Die Synoptiker erzählen in der Dreifachüberlieferung von einer Begegnung Jesu mit einem Aussätzigen, der um Reinigung bittet (Mk 1,40–45/Mt 8,1–4/ Lk 5,12–16); eine Parallele dazu findet sich auch im PapEg2.[19]

Das lukanischen Sondergut enthält zwei weitere Hinweise auf die Reinigung oder Reinerklärung Aussätziger: Bei seiner Antrittspredigt in Nazareth (Lk 4,16–39), der Jes 61,1–2/58,6 zugrunde liegt, greift der lukanische Jesus in Lk 4,27 als eine Art homiletisches Beispiel auf die Reinigung Naamans in 2Kön 5 zurück. In Lk 17,11–19 findet sich die Geschichte von zehn Aussätzigen, die von Jesus geheilt und zum Zwecke ihrer Reinerklärung zu den dafür zuständigen Priestern geschickt werden.

Die Salbung Jesu in Bethanien (Mk 14,3–9/Mt 26,6–13) findet nach Auskunft beider Synoptiker im Hause eines gewissen Simon statt, der den Beinamen „der Aussätzige" trägt (Mk 14,3/Mt 26,6).[20] Die überlieferten Reinheitsvorschriften

---

Quarantänevorschriften bestehen) nach sich ziehen. Irreführend ist in Anlehnung an das Griechische eine Übersetzung mit „Lepra", da mit „Aussatz" nicht die Hansen-Krankheit gemeint sein kann, die heute mit Lepra assoziiert wird; vgl. dazu die einschlägigen Worterklärungen bei *Michaelis*, λέπρα, ebenso *Seidl*, צרעת, bes. 1131, aber auch die Exkurse beispielsweise bei *Müller*, Heilung, 225–227, *Pesch*, Markus, 142–143, *Guttenberger*, Markus, 59–60. Die Etymologie von צרעת führt auf das Verb צרע – „schlagen" zurück, was die schicksalshafte Lage der Kranken ausdrückt. Deshalb nutze ich vorzugsweise die Wendung „von Aussatz geschlagen" anstelle von „an Aussatz erkrankt" oder Ähnlichem.

18 Mit der Übersetzung von καθαρίζω verbinden sich verschiedene Fragen. Ob hier aktiv „reinigen" oder deklarativ „rein erklären" gemeint ist, lässt sich nicht eindeutig entscheiden. Die Redeweise von der Reinigung hat deshalb noch vorläufigen Charakter und wird im Folgenden diskutiert werden.

19 Der Text samt Kommentar findet sich bei *Porter*, P.Egerton 2.

20 In Lk 7,36 wird dieser Simon dann als Pharisäer bezeichnet.

schließen ein solches Gastmahl unter dem Vorsitz eines Aussätzigen als Symposiarchen aus; in der Erzählung wird die prekäre Situation jedoch nicht weiter diskutiert. Nach Ulrich Luz weist die Nennung des Gastgebers lediglich darauf hin, dass die Geschichte einen historischen Haftpunkt habe; Joachim Gnilka zufolge lässt die Ortsbenennung keine weiteren Rückschlüsse zu.[21]

Bemerkenswert ist, dass Menschen mit Aussatz in den meisten Heilungssummarien der Evangelien (Mk 1,32–34/Mt 8,16–17/Lk 4,40–41; Mk 3,7–12/Mt 4,24; Mk 6,5–6/Mt 13,58; Mk 6,53–56/Mt 14,34–36; Mt 9,35; Mt 14,14/Lk 9,11; Mt 15,29–31; 19,2; 21,14) unerwähnt bleiben. Eine Ausnahme stellt allein die Aufzählung an Wundertaten in der Täuferanfrage (Lk 7,22) dar; die Heilung Aussätziger ist in diesem Kontext auch das einzige Beispiel, das kein Vorbild bei Jesaja hat. Vermutlich blendet der Einschub auf die Erzählung in Lk 5,12–16 zurück und aktualisiert auf diese Weise die aus der prophetischen Tradition vorgegebenen Zeichen der Heilszeit.[22] Das auffällige Fehlen weist zudem auf zwei Besonderheiten im Umgang mit Aussatz hin. Erstens führt der Befall mit Aussatz zu einer erzwungenen Isolation bzw. Quarantäne; die Summarien setzen jedoch voraus, dass der Wundertäter stets von einer großen Menschenmenge umgeben ist. Zweitens gilt die Befreiung von Aussatz nur bedingt als Heilung; darauf wird im Kontext von Mk 1 noch einzugehen sein.

Außerhalb der synoptischen Evangelien findet sich keine explizite Erwähnung von Aussatz. Für Paulus und die frühe Christenheit scheint der Problemkreis nicht weiter von Belang gewesen zu sein; zumindest finden sich keine Indizien für entsprechende theologische oder alltagspraktische Konflikte, wie sie sich etwa an der Beschneidung oder dem Essen von Götzenopferfleisch entzündeten. Dass Hautveränderungen, die als Aussatz qualifiziert werden, nicht mehr vorkamen, wird man kaum annehmen können; ebenso wenig dürften die alttestamentlichen Bestimmungen ihre Geltung verloren haben. Das Schweigen der Texte ist deshalb eher als ein Hinweis darauf zu verstehen, dass der Umgang mit Aussatz keine besondere Aufmerksamkeit mehr fand.

Jesu Begegnung mit einem von Aussatz geschlagenen Menschen ist im kanonischen Text dreifach belegt, ergänzt durch eine Parallele im PapEg2. Die synoptischen Fassungen laufen weithin parallel und weisen nur wenige Eigenheiten auf. Der folgenden Analyse liegt die Fassung aus Mk 1,39–45 zugrunde. Sie bietet die ausführlichste Darstellung; von ihr sind Mt und Lk auch mit

21 Vgl. zur Stelle *Luz*, Matthäus IV, 58, und *Gnilka*, Markus II, 223.

22 Dafür bietet sich auch die Komposition von Lk 7,21–22 an: In 7,21 reagiert Jesus noch aus seiner unmittelbaren Heilungstätigkeit heraus; 7,22 stellt hingegen eine Art Gesamtbild seines Handelns dar, das nun auch Raum für die Heilung Aussätziger lässt.

großer Wahrscheinlichkeit abhängig.[23] Am Schluss werden dann auch die Besonderheiten der Überlieferung bei Mt und Lk in die Analyse einbezogen.

> 39 Und er ging[24] und predigte in ihren Synagogen in ganz Galiläa und trieb die Dämonen aus.
>
> 40 Und es kommt ein von Aussatz geschlagener Mensch[25] zu ihm, bittet ihn [die Knie beugend,] um Beistand[26] und sagt zu ihm: Wenn Du willst, kannst Du mich reinigen[27].
>
> 41 Und weil sich seine Eingeweide zusammenzogen,[28] streckte er seine Hand aus, berührte ihn und sagte zu ihm: Ich will, sei gereinigt!
>
> 42 Und sofort fiel der Aussatz von ihm ab und er war gereinigt.
>
> 43 Und er bedrohte ihn und trieb ihn sofort weg.

---

23 Besonders deutlich wird das z.B. an der Aufnahme von Mk 1,42: καὶ εὐθὺς ἀπῆλθεν ἀπ' αὐτοῦ ἡ λέπρα, καὶ ἐκαθαρίσθη. Mt und Lk setzen eigene Akzente, indem sie nur jeweils eine der beiden bei Mk genannten Folgen übernehmen: Mt betont die Reinigung (8,3), Lk dagegen das Verschwinden bzw. Abfallen des Aussatzes (Lk 5,13).

24 Das Erzähltempus wechselt, die Aktionen des Bittenden stehen anfangs im Präsens, die Reaktion Jesu im Aorist. In V44 kehrt sich die Situation um: Jesu Aktion steht im Präsens, die Reaktion des Geheilten im Aorist. Müllers Deutung, das Verhalten Jesu in der Vergangenheit schlage eine Brücke zu den Bitten der Gegenwart (vgl. *Müller*, Heilung, 221), träfe also nur für den ersten Teil zu. Auffälliger ist die Unterscheidung von Aktionen im Präsens und Reaktionen im Vergangenheitstempus. In der Übersetzung wurden diese Nuancen vereinheitlicht.

25 Diese Übersetzung trägt der Tatsache Rechnung, dass λεπρός die griechische Übersetzung des hebräischen צרעת ist, dessen Wurzel „schlagen" bedeutet. Die Schicksalhaftigkeit der Krankheit ist also bereits im Wort impliziert. Außerdem deutet diese Übersetzung eine Befristung des Zustandes an, der bei aller Isolation auch wieder auf Restitution hoffen lässt; vgl. *Gesenius*, 1139. Müller hingegen behauptet, dass der Mensch ausschließlich über seinen Aussatz definiert werde, vgl. *Müller*, Heilung, 222.

26 Die Traditionsgeschichte des Begriffs παρακαλέω ist lang und weist eine kaum darzustellende Polysemie auf, die von „heranrufen" bis hin zu „trösten" reicht. Die hier gewählte Übersetzung soll zum Ausdruck bringen, dass in dem Rufen des Mannes (über die schlichte Erregung von Aufmerksamkeit hinaus) die folgende Bitte intentional schon angelegt ist.

27 Zur Übersetzung der Reinheitsbegrifflichkeiten vgl. die Ausführungen im Folgenden zum Begriff καθαρίζειν.

28 Diese Übersetzung versucht, nicht nur den bildhaften Charakter des Verbs aufzunehmen, sondern auch dem textkritischen Befund Rechnung zu tragen: Anstelle von σπλαγχνισθείς lesen einige Hss. οργισθεις. Während die meisten Übersetzungen σπλαγχνισθείς mit einer positiv besetzten Regung wie „Mitleid haben" übersetzen (so *Collins*, Mark, 177, *Eckey*, Markusevangelium, 106, *Ebner*, Markusevangelium, 28, *Guttenberger*, Markus, 57), argumentieren auch einige im Sinne der *lectio difficilior* für οργισθεις, was negative Assoziationen wie „Zorn" und „Ärger" in sich trägt (so *Gnilka*, Markus I, 92; *Lohmeyer*, Markus, 44,Anm. 3; so auch *Marcus*, Mark I, 206, der versucht, die Unklarheiten aus möglichen aramäischen Vorlagen herzuleiten).

44 Und er sagte zu ihm: Gib Acht, sage niemandem etwas, sondern geh weg, zeige dich dem Priester und opfere für deine Reinigung das, was Mose geboten hat, ihnen als ein Zeugnis.

45 Er aber ging hinaus und fing an vieles zu verkündigen und das Wort auszubreiten, so dass er (Jesus) nicht mehr öffentlich in eine Stadt gehen konnte, sondern außerhalb an einsamen Orten war. Aber sie kamen von überall her zu ihm.

7.2.2 *Textbeschreibung*

Die Erzählung ist linear aufgebaut und weist alle Kennzeichen einer klassischen Wunder- bzw. Therapieerzählung auf.[29] Ob Vers 39 dieser oder der vorherigen Erzählung zuzuordnen ist, bleibt unklar; immerhin deutet er Rahmen und Kontext für die folgende Begegnung an. Der doppelte Anschluss mit καὶ in Vers 39 und 40 macht sowohl den Anschluss von Vers 39 an Vers 38 als auch den Anschluss von Vers 40 an Vers 39 möglich. In jedem Falle aber hat der Vers Scharnierfunktion und lässt sich als eine Art Proömium für das anschließende Heilungswunder verstehen. Markus verleiht der Erzählung zudem durch die Kombination aus Heilungswunder und Gesetzesdiskurs noch einmal eine besondere Position.[30] Den Kern bilden V40b-44, die von der demütigen Bitte des Aussätzigen, der wirkmächtigen Reaktion des Wundertäters sowie einer Bestätigung der vollzogenen Tat bestimmt sind. V44 bietet an Stelle des zu erwartenden Chorschlusses eine konkrete Anweisung an den Geheilten. V40a und V45a bilden mit Auf- und Abtreten des Hilfesuchenden den Rahmen der Szene. Erst nach seinem Abgang wird der Chorschluss dann durch die Verkündigung des Geschehenen noch indirekt und zeitverzögert eingelöst. Wie in einer Art Epilog kommen in 45a bis 45c noch Folgen für den Wundertäter zur Sprache. Auffällig ist die dialogische Struktur, die sich in den Handlungen beider Protagonisten zeigt: Der Bittende kommt und kniet nieder, Jesus streckt die Hand aus und berührt ihn. Die Bitte des Menschen wird in der Antwort Jesu fast wörtlich wieder aufgenommen und behält ihre Doppelstruktur (Bedingung und Vollzug) bei.

Der Erzählung gehen in dichter Folge entscheidende Begegnungen voraus: 1,14–15 markiert den Beginn des öffentlichen Wirkens Jesu. In 1,16–20 beruft er mit Simon, Andreas und den Zebedaiden seine ersten Schüler. 1,21–27 stellt

29 Theißen verweist auf den für Wundergeschichten typischen Stil aus Repetition und Kommentar, der alle literarkritischen Überlegungen überflüssig mache; vgl. *Theißen*, Wundergeschichten, 148. Ganz konventionell ist die Topik aus Begegnung, Bitte, Geste und Feststellung; vgl. *Collins*, Mark, 178, oder *Müller*, Heilung, 221.

30 Vgl. zur Einordnung in den weiteren Kontext *Marcus*, Mark I, 207.

programmatisch Jesu Vollmacht anhand seiner Lehre in der Synagoge von Kapernaum sowie der Austreibung eines unreinen Geistes dar. Beides begründet einen Ruf Jesu, der sich nun auszubreiten beginnt (1,28). Die Heilung der Schwiegermutter des Petrus (1,29–31) wird zum Auftakt für ein erstes Heilungssummarium (1,32–34). Dieser ersten Phase des öffentlichen Auftretens Jesu folgen ein erster Rückzug zum Gebet sowie der Entschluss, auch in anderen Gegenden das Evangelium durch Wort und Tat zu verkündigen (1,35–38). Die Erzählung in 1,39–45 fügt sich somit einer Folge von Wundertaten an, durch die sie schon vorbereitet wird. Im Anschluss kehrt Jesus nach Kapernaum zurück und gerät durch den Anspruch, Sünden zu vergeben, mit einigen der Schriftgelehrten in Konflikt (2,1–12).

Die Begegnung mit dem Aussätzigen ist weder zeitlich noch lokal festgelegt; sie wäre überall jederzeit vorstellbar, weshalb Johannes Weiss von ihrer „zeit- und raumlosen Unbestimmtheit" spricht.[31] Mit Blick auf 1,39 läge es nahe, das Geschehen entweder in einer Synagoge oder irgendwo „in ganz Galiläa" zu imaginieren. Die Situation des Aussätzigen lässt jedoch eher an ein Stück Weg außerhalb von Ortschaften denken. Auffällig ist, dass kein Publikum erwähnt wird, auch wenn hier auf der Erzählebene zumindest der Schülerkreis aus 1,16–20 vorauszusetzen wäre. Diese relativ vage Szenerie hebt sich damit auffällig von dem Summarium in 1,32–34 ab, das den Auftrag Jesu historisch einordnen und als besonders breitenwirksam darstellen soll.[32] Die Tatsache, dass die Begegnung mit Aussätzigen in keinem der Summarien erwähnt wird, verweist – trotz aller Unbestimmtheit – auf die Singularität dieser Erzählung. Sie bleibt auch die einzige Begebenheit, die von jenen in 1,38 geplanten Vorhaben überliefert wird: In 1,39 verlässt Jesus Kapernaum, um auch an anderen Orten zu verkündigen, und kehrt in 2,1 wieder nach Kapernaum zurück. Das verleiht der Begegnung mit dem Aussätzigen ein besonderes Gewicht und macht sie zu einer exemplarischen Episode für diese befristete Wirksamkeit Jesu in „ganz Galiläa".

In syntaktischer Hinsicht fällt der Tempuswechsel in V41 und V44 auf, der eine aktualisierende Wirkung hat. Die Formulierung im Präsens hebt sich von der übrigen Erzählung ab und verwickelt das Hör- oder Lesepublikum auf unmittelbare Weise in das Geschehen. Jesus, immerhin Protagonist der Geschichte, wird namentlich nicht eigens bezeichnet; wer er ist, ergibt sich allein aus dem literarischen Kontext, auf den die Erzählung bei Mk somit auch

31 *Weiss*, Evangelium, 151. Ähnlich auch *Schmithals*, Markus, 135.

32 So Becker in Anschluss an Dibelius; vgl. *Becker*, Summarien, 460.

angewiesen bleibt. Der Subjektwechsel von Jesus zu dem Geheilten in Vers 45 erfolgt unbetont und fällt nur der achtsamen Lektüre auf.[33]

Thema der Wundererzählung ist der Umgang Jesu mit Aussatz.[34] Dafür ist der mit diesem Themenfeld verbundene Sprachgebrauch von Bedeutung, der sich an Lev 13–14 orientiert. Für die Beschreibung von Aussatz wird das Adjektiv λεπρός verwendet, das schon in der LXX als Pendant zu צרע erscheint; damit verbunden sind Formen des Begriffs καθαρίζειν. Im narrativen Gefüge des Textes wird die Relevanz von Aussatz für den Bereich des Kultes durch die Einführung des Priesters und die Verpflichtung des Geheilten, sich einer abschließenden Begutachtung zu unterziehen (δείκνυμι), signalisiert. Diese Kombination an Motiven ist aus der Tradition wohl bekannt.[35] Markus baut ganz offensichtlich auf diesem bereits etablierten Wissen auf. Entscheidend ist dabei das in Lev 13–14 mehrfach geschilderte, gestufte Verfahren: Wird eine Hautveränderung an einem Menschen festgestellt, so ist sie zunächst zu beobachten und zu untersuchen.[36] Dazu kann der oder die Betroffene zeitweise abgesondert werden. Im Falle einer Qualifizierung als „Aussatz" wird die Person für unrein erklärt und muss nun bestimmten Regelungen folgen, um die Unreinheit nicht weiter zu übertragen. Diese Regelungen haben eine soziale Isolation und gesellschaftliche Ausgrenzung zur Folge. Die Hautveränderung wird unterdessen regelmäßig überprüft. Nach erfolgter Heilung oder bei Stillstand wird die Person für rein erklärt und kann wieder in vollem Umfang am gemeinschaftlichen Leben teilnehmen. Die Begutachtung der Hautveränderung wie auch die Rein- und Unreinerklärung erfolgt durch einen Priester. Mit seiner Reinerklärung kehrt der Geheilte wieder in den Status der Reinheit

33 Kazmierski vertritt die These, dass Jesus in dieser Erzählung weniger Protagonist als Nebenfigur sei; vorrangig handle es sich hier um die Geschichte eines aussätzigen Mannes, was auch ihre Einzigartigkeit innerhalb des Neuen Testaments ausmache; vgl. *Kazmierski*, Evangelist, 38–39. Nicht überzeugen kann Kazmierskis Behauptung, auch in 45b sei nicht Jesus, sondern nach wie vor der Mann Subjekt. Damit wäre zwar der auffällig unauffällige Subjektwechsel vermieden, mit dem Motiv der Vielen (das eindeutig auf Jesus bezogen ist) jedoch ein neues Problem geschaffen.

34 Dazu zählen auch jene Auslegerinnern und Ausleger, welche die Geschichten vorrangig symbolisch lesen. So sieht z.B. Guttenberger die Heilung von Krankheit mit der Befreiung aus Unfreiheit verbunden. In der vorliegenden Erzählung erkennt sie vor allem die Überwindung von Ausgrenzung; vgl. *Guttenberger*, Markus, 58. Zu weit hergeholt scheint mir die psychologisierende These Weißphals zu sein, die in dem Aussätzigen einen Menschen sehen will, der nicht „aus seiner Haut heraus kann" und daher die Reinerklärung als eine Befreiung von sich selbst und zu sich selbst versteht; vgl. *Weißphal*, Befreiung, 172.

35 Vgl. den nahezu wörtlichen Anklang an Lev 13,49b LXX: δείξει τῷ ἱερεῖ.

36 Die Tatsache, dass nach alttestamentlicher Überlieferung beispielsweise auch Stoffe und Häuser von Aussatz befallen sein können, spielt für die Erzählung in Mk 1 keine Rolle.

zurück. Sie ist nach Lev 13–14 ein deklarativer Akt, der die Heilung bestätigt – und kein performativer, der sie bewirkt. Heilung und Reinerklärung sind zwei unterschiedene und getrennte Vorgänge und nur die Reinerklärung wird durch einen Priester vollzogen. Diese Unterscheidung ist wichtig für die Geschehnisse in Mk 1,39–45.

Lev 13–14 zeigt, dass die Reinheitsbegrifflichkeit für den Umgang mit Aussatz von besonderer Bedeutung ist, weil sie die faktische Reintegration nach erfolgter und bestätigter Heilung beschreibt. Insofern ist für das Verständnis von Mk 1,39–45 ein präzises Verständnis der verwendeten Terminologie erforderlich.

Der entscheidende Terminus im vorliegenden Zusammenhang ist καθαρίζειν, das viermal in den Versen 40.41.42.44 vorkommt, wobei es in Vers 44 in nominaler Verwendung steht. In der LXX werden Formen von καθαρίζειν genutzt, um die Pi'el-Formen des hebräischen Stammes טהר auszudrücken, dessen Grundbedeutung „rein sein, reinigen" im Piel als „rein erklären" verstanden wird. Die Verwendung von καθαρίζειν im Sinne des hebräischen Qal von טהר, übersetzt als „reinigen" findet sich in der LXX nicht, stattdessen wird die Qal-Verwendung konstatierend als „rein sein" übersetzt.

Auch in den neutestamentlichen Texten findet sich die in der LXX genutzte Verbform von καθαρίζειν wieder, wird aber in allen mir zugänglichen Übersetzungen als „reinigen" verstanden,[37] was einer Grundbedeutung des Begriffs entspricht,[38] aber nicht direkt an die Verwendung in der LXX anknüpft. Der griechischen Form eignet somit eine terminologische Offenheit, die im Hebräischen durch die Verwendung verschiedener Stammesmodifikationen zum Ausdruck kommt. Das Griechische hat nicht die gleichen Möglichkeiten wie das Hebräische, um die unterschiedlichen Funktionen des Verbs syntaktisch engzuführen und auszudrücken. Insofern lässt sich auch nicht abschließend entscheiden, welche Nuance im Griechischen gemeint ist. Unter Berücksichtigung der Verwendung in Lev 13–14 sollte meines Erachtens jedoch für die aktive Form in Betracht gezogen werden, dass „reinerklären" gemeint sein könnte.[39]

---

37 Eine Ausnahme stellt hier Moore dar, der m.E. zu Recht in der Tat Jesus keine Reinigung, sondern eine Reinerklärung sieht; vgl. *Moore*, Outside, 41. Doch auch Moore hat keine Antwort auf die Frage, warum Jesus den Reinerklärten dann im Anschluss dennoch zu einem Priester schickt.

38 Vgl. *Hauck*, καθαρός.

39 Adela Collins verweist auf die syntaktisch sehr ähnliche Formulierung in Lev 14,2.4 LXX, in der καθαρίζειν nicht anders als mit „rein erklären" übersetzt werden könne und die Reintegration in die Gemeinschaft bezeichne. Ohne weitere Erklärung kommt sie dennoch zu dem Schluss, dass es sich in Mk 1 um den Prozess physischer Heilung handeln müsse; vgl. *Collins*, Mark, 179.

Die passiven Formen ergäben sich dann aus dieser aktiven Verwendung und würden die Folge der Bitte beschreiben, die in der für die Gemeinschaft relevanten faktischen Reinheit liegt.

Die Erzählung wirft Fragen auf, deren Beantwortung auch von einem Verständnis von καθαρίζειν abhängen. Ihre Komplexität und Fragen zum Begriff machen es erforderlich, verschiedene Möglichkeiten zu prüfen.

Für eine Übersetzung von καθαρίζειν mit „rein erklären" sprechen verschiedene sprachliche, traditionsgeschichtliche und narrative Argumente:

Der Text der Septuaginta von Lev 13–14 zeigt, dass טהר im Qal nie im Sinne von „reinigen" verstanden wird. Die Qal-Formen werden ausschließlich so übersetzt, dass sie den Zustand nach Heilung und Reinerklärung bezeichnen. Der Vorgang der Heilung, der der Reinerklärung vorausgeht, wird im Hebräischen nicht mit טהר bzw. in der LXX nicht mit καθαρίζειν beschrieben. Heilung und Reinigung sind in der Tradition aufeinander folgende, voneinander getrennte Vorgänge, die auch begrifflich unterschieden werden. Auf die Feststellung von Hautveränderungen, die als Aussatz qualifiziert werden, folgt eine Zeit der Isolation, bis die Veränderung so weit verheilt ist, dass der Mensch nicht mehr verunreinigend ist und daher als rein erklärt werden kann. Die Rein- oder Unreinerklärung, die eine Untersuchung voraussetzt, steht im Pi'el, gefolgt von einer Bestätigung des festgestellten Zustandes im Qal (so z.B. Lev 13,6.17.34 uvm.). Gelegentlich wird auch nur von der geforderten Reinerklärung ohne abschließende Bestätigung gesprochen (so z.B. Lev 13,23.28). Ebenso werden bisweilen Reinheit und Reinerklärung als synchrone Vorgänge dargestellt, ohne dass eine aktive Reinigung dabei Teil des Vorgangs wäre – wie in dem folgenden Beispiel von Lev 13,37. Darin geht es um die Heilung vom Aussatz am Kopf, von Luther als „Grind" interpretiert (BHS und LXX):

> וְאִם־בְּעֵינָיו [a] עָמַד הַנֶּתֶק וְשֵׂעָר שָׁחֹר צָמַח־בּוֹ **נִרְפָּא** הַנֶּתֶק **טָהוֹר** הוּא **וְטִהֲרוֹ** הַכֹּהֵן׃
>
> ἐὰν δὲ ἐνώπιον μείνῃ τὸ θραῦσμα ἐπὶ χώρας καὶ θρὶξ μέλαινα ἀνατείλῃ ἐν αὐτῷ, **ὑγίακεν** τὸ θραῦσμα· **καθαρός** ἐστιν, καὶ **καθαριεῖ** αὐτὸν ὁ ἱερεύς.
>
> Wenn aber in seinen Augen der Grind stehengeblieben ist und ein schwarzes Haar darin gewachsen ist, dann ist der Grund geheilt, er ist rein und der Priester erklärt ihn für rein.

Die levitischen Vorschriften gehen davon aus, dass die biologische Heilung der Hautveränderung der Reinerklärung und damit der sozialen Re-Integration vorausgeht. Heilung und Reinerklärung folgen aufeinander, ohne dasselbe zu bezeichnen. Für eine aktive Reinigung durch eine Person gibt es keine Belege.[40] Eine Übersetzung mit „reinigen" würde an dieser Stelle eine neue Aktivität (im Sinne einer therapeutischen Strategie) in den gewohnten Ablauf eintragen und damit die Aufgabe der Reinerklärung durch den Priester in Mk 1,44 obsolet machen.

Ein zweites Argument schließt an dieses traditionsgeschichtliche Argument auf der narrativen Ebene an. Der Mensch, der Jesus begegnet, fragt nicht nach Heilung, sondern nach etwas, das mit Reinsein in Verbindung steht. Eine Übersetzung mit „reinigen" würde hier ein Synonym für eine Heilungsbitte darstellen. Dabei bliebe offen, warum ein solches Synonym verwendet werden sollte, wenn die Tradition die beiden Kategorien „Heilung" und „Reinerklärung" anbietet. Der Kranke fragt nach dem Vorgang, der seine Reintegration konstatiert und zielt damit auf den deklarativen, nicht auf den effektiven Akt des Prozederes ab. Dass korrespondiert der Beobachtung, dass die Befreiung von Aussatz in den Heilungssummarien unerwähnt bleibt, also auf narrativer Ebene nicht unmittelbar mit Heilung in Verbindung gebracht wird.

Eine Übersetzung mit „rein erklären" würde verständlich machen, warum Jesus den Menschen ohne weiteres Zögern berührt und offenbar die Gefahr der Verunreinigung nicht scheut. Die Heilung des Aussatzes, die zum Reinsein führt, muss demnach schon geschehen sein, damit Jesus den Menschen gefahrlos berühren kann. Eine auf die Berührung folgende Reinerklärung würde dies bestätigen, während eine erst durch den Ausspruch vollzogene Heilung nahelegen würde, dass der Mann im Moment der Berührung noch unrein war. Außerdem entspräche dies den Bestimmungen der Tradition aus Lev 13–14, da erst die Reinerklärung die vollständige Reintegration möglich macht.[41] Dass damit zwar das Problem der Berührung gelöst, stattdessen aber das Problem der Autoritätsanmaßung und Zuständigkeit aufgeworfen wird, muss anhand der Argumente gegen eine Übersetzung mit „rein erklären" geprüft werden. In diesen Kontext gehört dann auch die rätselhafte Aufforderung aus V44, die dem Geheilten Schweigen auferlegt.

Eine Übersetzung mit „rein erklären" bietet sich schließlich an, weil sie das eigentliche Ziel des Überprüfungsvorgangs bezeichnet. Die soziale Integration in die Gesellschaft ist erst nach einer solchen Erklärung möglich, so dass auf

---

40 Dass die für rein erklärte Person anschließend einen kompletten Reinigungsprozess zu durchlaufen hat, steht auf einem anderen Blatt. Dieser Prozess äußert sich jedoch in konkreten Waschungsriten, die selbständig vollzogen werden von Dritten unabhängig sind.

41 Vgl. dazu auch *Müller*, Heilung, 224, der darauf verweist, dass eine Heilung ohne Begutachtung unvollständig ist.

ihr das Hauptaugenmerk der Betroffenen liegt. Die Reinerklärung bildet den Abschluss des Reintegrationsprozesses. Die vorangegangene Heilung stellt dafür „nur" die Voraussetzung dar.

Einer Übersetzung von καθαρίζειν mit „rein erklären" stehen verschiedene Argumente entgegen, die nahelegen, bei der Bedeutung von „reinigen" zu bleiben.

In der alttestamentlichen Tradition fehlt es an Geschichten, die sich mit Mk 1,39–45 vergleichen ließen. Insofern kann der konkrete Ablauf einer Reinerklärung nur aus Lev 13–14 rekonstruiert werden. Spekulativ bleibt dabei auch, wie groß die Empörung über ein Ansinnen wie das in Mk 1,40 gewesen sein könnte – oder wie konkret die in Lev 13–14 dargelegten Quarantänebestimmungen eingehalten wurden.[42] Reaktionen werden auch bei Markus nicht mitgeteilt, so dass der Eindruck entsteht, das Ganze sei unter weitgehendem Ausschluss der Öffentlichkeit geschehen.

Schon die Bitte um Reinerklärung an sich hat das Zeug zum Skandal, weil der von Aussatz geschlagene Mensch Jesus damit als Priester anspricht oder ihm zumindest priesterliche Kompetenzen zuschreibt. Durch die Erfüllung seiner Bitte würde Jesus diese Zuschreibung akzeptieren und damit priesterliche Rechte usurpieren. Zudem stünde die Sendung zum Priester in V44 in Spannung zu einer solchen Akzeptanz und würde bei einer Übersetzung mit „rein erklären" als unnötige Dopplung erschiene. Übersetzt man hingegen mit „reinigen", dann konterkariert die Berührung Jesu die Sendung zum Priester, weil sie deren Effekt schon vorwegnimmt: Ein Mensch gilt erst dann als gefahrlos rein, wenn er von den Priestern dazu erklärt wurde. Nicht weniger unklar bleibt die Sendung auch dann, wenn καθαρίζειν mit „rein erklären" übersetzt wird, weil sich dann eine Dopplung der Reinerklärung ergäbe.

Eine zweite interpretatorische Schwierigkeit stellt 1,42 dar. Hier wird ausdrücklich, wenngleich ohne weitere Erklärung von einem Verschwinden des Aussatzes berichtet, was dazu führte, dass der Mensch mit sofortiger Wirkung rein wird. Angesichts der vorausgegangenen Berührung des Aussätzigen durch Jesus in 1,41 liegt eine Verbindung zwischen aktiver Geste und erfolgter Heilung nahe, was die Wundertätigkeit Jesu assoziiert und eine Übersetzung mit „reinigen" oder „heilen" suggeriert. Dem traditionellen Schema entspricht die Abfolge von Heilung des Aussatzes und Erlangung des Reinheitsstatus.

---

42 Kazmierski vermutet, dass mit wachsender Entfernung von Jerusalem auch die Umsetzung der Abgrenzungsregeln zunehmend laxer gehandhabt worden sei: „It would not be too great a leap of imagination to suppose then, that in Galilee, a mood of laxity or even of a certain protectionism would manifest itself in a reactive stance to the strict observance of the official sanctions of the Law." *Kazmierski*, Evangelist, 44.

Ungewohnt, im Kontext aber durchaus selbsterschließend, ist die Verwendung des Verbes ἀπέρχομαι für den Vorgang der Heilung. In der Hebräischen Bibel wie in der LXX wird das Verschwinden des Aussatzes immer anhand bestimmter Symptome, wie z.B. dem Rückgang der Haut- oder Farbveränderung (z.B. Lev 13,16), nicht aber abstrakt beschrieben. Auch die Betonung einer sofortigen Wirkung fällt auf, da der alttestamentlichen Reinerklärung ansonsten immer eine Beobachtungsphase vorausgeht. Der biologische Rückgang des Aussatzes führt in Lev auch nicht sofort, wie in Mk 1,42 dargestellt, zum Status der Reinheit, weil es dazu erst der ausdrücklichen Erklärung bedarf.

Die Erzählung weicht auch deshalb von der Linie der zu erwartenden Vorgänge ab, weil die Bestätigung des wiedererlangten Zustandes keinen direkten Zusammenhang mit der Reinerklärung hat, sondern an das Handeln Jesu gebunden ist.

Die Zusammenfassung von Heilung und Reinheit in einem Satz (1,42) deutet in eine andere Richtung. In der Unmittelbarkeit des Heilungserfolges, die durch εὐθύς ausgedrückt und durch die Terminologie des Abfallens unterstrichen wird, äußert sich weniger ein Interesse an der medizinisch dokumentierbaren Heilung als vielmehr an einer sofortigen und grundsätzlichen Veränderung der Situation. Die Zusammenfassung in V42 legt deshalb nahe, dass eine effektive Handlung vorausgegangen sein muss, und keine rein deklarative Aktion im Sinne von „rein erklären". Das Verb καθαρίζειν muss dann, trotz der beschriebenen Schwierigkeiten, im Sinne eines effektiven Heilens verstanden werden.

Setzt man ein solches Verständnis voraus, dann ergibt drittens auch der Ablauf der Erzählung einen besseren Sinn: Der Heilung würde die Reinerklärung folgen. Merkwürdig bliebe die Plötzlichkeit der Heilung, dazu der unübliche Abstand zwischen der Konstatierung des Menschen als rein auf der Erzählebene und seiner tatsächlichen Reinerklärung durch den Priester (die in der Erzählung ohnehin auch nur angedeutet wird).

Ein letztes Argument liegt auf der sprachlichen Ebene. In V41 wird eine passive Form von καθαρίζειν genutzt, die allgemein als passivum divinum gilt.[43] Das legt wiederum nahe, den Reinigungsakt nicht nur als einen deklarativen, sondern als einen performativen Akt zu verstehen, durch den Gott in die Handlung eingreift, nachdem Jesus seinen Willen bekundet hat.

Am Ende halten sich die Argumente die Waage und das Bild der Argumente bleibt unscharf. Besonders die passive Formulierung in V41 sowie Verbindung von Heilung und Reinheit in V42 legen ein Verständnis von καθαρίζειν im Sinne von „reinigen" nahe. Der Bezug zur LXX und die Tatsache, dass eine aktive

43 So beispielsweise *Guttenberger*, Markus, 58.

Reinigung in den Bestimmungen aus Lev 13–14 keine Rolle spielt, erschweren ein solches Verständnis jedoch. Versucht man in der Übersetzung „reinigen" mit „heilen" gleichsetzen, bleibt die Frage, warum nicht von vornherein eine entsprechende Terminologie genutzt wurde. Setzt man hingegen eine pragmatische Absicht bei der Wahl der Begriffe voraus, dann könnte man annehmen, dass die begriffliche Unschärfe produktiv genutzt wurde, um einen sprachlich nur schwer fassbaren Sachverhalt auszudrücken.[44] Im vorliegenden Fall wäre die Bitte dann bewusst offen formuliert worden, um das Vertrauen in die Handlungsfähigkeit Jesu zum Ausdruck zu bringen, ohne eine konkrete Vorstellung von der erbetenen Handlung zu haben. V40 wäre dann in dem Sinne zu verstehen, dass der mit Aussatz geschlagene Mensch Jesus um eine Handlung bittet, die ihn in einen Zustand zurückversetzt, in dem er wieder am gemeinschaftlichen Leben teilhaben kann. Da dieser Zustand ein Zustand der Reinheit ist, werden ihm die entsprechenden Begriffe in den Mund gelegt, ohne dabei schon festzuschreiben ist, auf welchem Wege die Restitution erfolgen soll. Die folgende Berührung ist ein erstes Zeichen für den Effekt seiner Bitte, noch bevor die verbale Deklaration Jesu erfolgt. Auf der Berührung liegt insofern eine besondere Bedeutung, als sie im wörtlichen Sinne begreifbar macht, dass bereits eine Veränderung stattgefunden hat. Deshalb wird sie auch in einer Weise beschrieben, die das Erzähltempo verlangsamt. V42 ist dann die bildliche Darstellung des Effektes. Wenn unter Aussatz in der Antike (und nach dem Vorbild von Lev 13–14) im weitesten Sinne krankhafte Hautveränderungen verstanden wurden, dann ruft die Vorstellung von abfallenden Schorfen oder Verkrustungen bei dem Lesepublikum wohl nicht weniger abschreckende Bilder auf wie angesichts einer noch von Aussatz geschlagene Person selbst.

Die in V44 ausgesprochene Überweisung an einen Priester und die Aufforderung, sich den vorgeschriebenen Riten zu unterziehen, ordnet die Handlung Jesu in ihr religiöses Bezugsfeld ein: Geradezu demonstrativ akzeptiert er die bestehende Gesetzeslage und widersteht der Versuchung, sich selbst an die Stelle der Priester zu setzen. Alles was er tut besteht darin, dem Geheilten den Weg zu der notwendigen Reinerklärung zu ebnen. Sein Handeln ersetzt jedenfalls nicht die allgemeingültige Reinerklärung durch einen Priester. Joel Marcus sieht in der Sendung zum Priester eine doppelte Funktion erfüllt: „The man's appearance before the priest will testify both to Jesus' miracle working

44 Für die Übersetzung bedeutet dies eine unauflösliche Spannung, da die Übersetzungsmöglichkeiten in jedem Fall Engführungen und Festlegungen vornehmen. Um die Schlüssigkeit des Textes zu wahren, wurde im vorliegenden Fall die Übersetzung mit „reinigen" und „rein sein" gewählt. Sie ist jedoch nur im Rahmen der genannten Überlegungen und der implizierten Offenheit angemessen zu verstehen.

power and to his obedience to the Mosaic Law."[45] Jesus setzt also keineswegs die geltenden Bestimmungen außer Kraft oder opponiert gar gegen die Tora. Er bietet auch nicht etwa eine Art halachischen Rabatt an, wenn er die Bitte des Aussätzigen erfüllt und seine Restitution ermöglicht. Der Auftrag, sich dem Priester zu zeigen, belässt demselben seine angestammte Funktion. Das wird vor allem durch den kryptischen Halbsatz V44 angedeutet, der die Sendung mit der Zielsetzung verbindet, sie möge „ihnen zum Zeugnis" geschehen. Nach Michael Müller handelt es sich dabei um ein Zeugnis *für* (nämlich Jesus, seine Vollmacht zum Heilen und seine Toratreue) und nicht um ein Zeugnis *gegen* (nämliche andere wie etwa die Priesterschaft selbst).[46] Bei Mk gewinnt diese Intention durch die kompositorische Positionierung direkt vor den folgenden Konflikten mit Schriftgelehrten noch einmal zusätzliches Gewicht.

Offen bleibt, warum Jesus bei aller Anerkennung geltender Regeln den Menschen berührt, wenn doch die Reinerklärung als letzter und notwendiger Schritt noch aussteht.

An diesem Punkt zeigt sich erneut die besondere Dynamik dieser Erzählung. Worin liegt ihre Pointe? Im Sinne einer klassischen Wundergeschichte läge sie in der Fähigkeit Jesu, Aussatz (oder andere Krankheiten) zu heilen. Dieser Aspekt ist zweifellos gegeben und wird durch den literarischen Kontext verstärkt. Das Phänomen Aussatz bringt es mit sich, dass Krankheit als ein soziler Marker dargestellt wird, der die Betroffen isoliert. Auch dieser Aspekt lässt sich der Erzählung entnehmen. Daher könnte die Pointe ebenso in dem Willen Jesu erkennbar werden, Nähe im unmittelbaren wie übertragenen Sinne zuzulassen. Sprachlich wird dieser Aspekt durch die doppelte Nennung von θέλω ausgedrückt (1,40.41). Der Wille Jesu ist der entscheidende Punkt, den auch der Hilfesuchende erkennt. Er fragt nicht nach Jesu Fähigkeit, die er offensichtlich voraussetzt, sondern nach seinem Willen. Ginge es um die Fähigkeit Jesu, dann müsste dieselbe näher qualifiziert sein. Ist die Fähigkeit Jesu in diesem Moment nachrangig, dann ist es auch die Konkretion seiner Handlung. Die begriffliche Offenheit von καθαρίζειν lässt sich also nicht letztgültig lösen und behält gerade darin ihre Kraft, weil sie in ihrer Unschärfe darauf verweist, dass das konkrete Vorgehen nicht im Fokus der Erzählung steht. So spiegelt die Offenheit der Formulierung die Dynamik der Erzählung. Nimmt man also an, dass die Pointe in dem Willen des Wundertäters liegt, der Bitte nach Restitution von Gemeinschaft nachzukommen, dann wird auch die Emotionalität der Szene verständlich.

45 *Marcus*, Mark 1, 207.
46 Vgl. zu den Gegenstimmen *Müller*, Heilung, 224.

Entscheidend sind die Bitte und ihr Erfolg. Dass der Wille und die Entscheidung dabei kein narrativer Nebenschauplatz sind, findet durch die Wahl des Verbs σπλαγχνίζομαι eine Bestätigung. Dieser Begriff macht klar, dass hier kein routinierter Ablauf geschildert, sondern eine emotional aufwühlende Entscheidung getroffen wird. Die Polysemie dieses Begriffes umschreibt bildhaft ein Gefühl, das aus dem Innersten des Menschen aufsteigt und ihn körperlich ganz unmittelbar angreift.[47] Es verändert ihn hin zum Positiven, was auch aus anderen Belegen hervorgeht: Das Verb wird noch an elf weiteren Stellen verwendet (allerdings nicht in den Parallelen zu Mk 1,41); dabei geht es um Situationen, in denen Menschen dazu bewegt werden, sich anderen helfend zuzuwenden. Es beschreibt z.B. die Reaktion Jesu zu Beginn des Speisewunders in Mk 8,2/Mt 15,32; in Lk 10,33 wird damit die Motivation des Samaritaners ausgedrückt, in Lk 15,20 die Bewegung des Vaters gegenüber seinem zurückkehrenden Sohn.[48] Das Verb beschreibt in 1,41 jedoch mehr als nur eine spontane Regung; vielmehr deutet es Beweggründe an, die ihren Ursprung im tiefsten Inneren Jesu haben. Auf der redaktionellen Ebene versucht es möglicherweise dem Befremden vorzubeugen, das die Anfrage des Bittstellers bei dem Lese- und Hörpublikum ausgelöst haben könnte. Die Reaktion Jesu stellt jedenfalls keine Selbstverständlichkeit und erst recht keinen Automatismus dar, sondern ist Ausweis einer singulären und außergewöhnlichen Situation.

Im Zentrum der Erzählung steht auf der einen Seite ein von Aussatz geschlagener und deshalb von Isolation betroffener Mensch, der Jesus um die Restitution seines verlorenen Zustandes bittet. Auf der anderen Seite steht der zuvor schon als Wundertäter eingeführte Jesus, dessen Ziel in der Sammlung des Gottesvolkes über alle Grenzen hinweg besteht. Beide sind dabei von einer Bewegung bestimmt, in der die Treue zur Tora und der Wille zur Integration einander befruchten. Das Bild von Reinheit, das in dieser Erzählung gezeichnet wird, verdankt sich genau dieser wechselseitigen Berührung.

Die synoptischen Parallelen (Mt 8,1–4/Lk 5,12–16) bestätigen das Bild bei Markus. Insgesamt liegen alle drei Evangelisten eng beieinander; allein Anfang und Schluss weisen größere Abweichungen auf. Platziert ist die Erzählung übereinstimmend im Galiläateil.

Mk folgend ordnet auch Lk die Geschichte des Aussätzigen dem Anfang der Wirksamkeit Jesu zu. Sie folgt bei ihm unmittelbar auf die Berufung des Petrus;

---

47 Das Wort bezeichnet im Profangriechischen noch die Innereien eines Opfertieres und hat keinerlei Anklänge an Mitleid oder Barmherzigkeit; eine solche Bedeutung nimmt es erst in der antikjüdischen und frühchristlichen Literatur an; vgl. *Köster*, σπλάγχνον, 548–549.

48 Diese Szenen bieten aufschlussreiche Beispiele für die Ambivalenz, die dem Wort innewohnt: Sie beschreiben Entscheidungssituationen von tiefer Emotionalität, die jenseits aller Routine liegen.

die Heilung eines Gelähmten schließt sich an. Die Feldrede steht zwei Kapitel später; bei Mt geht die Bergpredigt als deren Pendant der Heilung des Aussätzigen unmittelbar voraus. Mt macht diese Heilung zur Auftaktgeschichte seiner großen Einheit von Wundererzählungen (Mt 8–9) und deutet damit schon seine Akzentsetzung an. In keinem der beiden Evangelien ist die Begegnung jedoch Vorspiel für Konflikte mit Schriftgelehrten oder Pharisäern wie bei Mk. Mit Ausnahme des Ausrufes καὶ ἰδοὺ in Mt 8,2 und Lk 5,12 finden sich keine Übereinstimmungen zwischen Mt und Lk, die sie von Markus unterscheiden. Die auffälligsten Differenzen zwischen Mk und Mt/Lk liegen in der emotionalen Bewegung Jesu bei Mk und in dem Zug, dass der Geheilte bei Mk (anders als bei Lk) das Erlebte selbst verbreitet; Mt verzichtet ganz auf eine entsprechende Reaktion. Mk 1,39–45 ist die wahrscheinlich älteste überlieferte Fassung der Erzählung.[49] Hinsichtlich der Übersetzung von καθαρίζειν stellen sich bei Mt/Lk dieselben Fragen wie bei Mk; auch hier vermittelt der Begriff eine vergleichbare Offenheit. Modifikationen gibt es zu Mk 1,42: Der unmittelbare Effekt äußert sich bei Mk sowohl durch das Abfallen des Aussatzes (ἀπῆλθεν ἀπ᾽ αὐτοῦ ἡ λέπρα) als auch durch den vom Erzähler konstatierten Zustand des Gereinigtsein (ἐκαθαρίσθη); Mt übernimmt nur das Gereinigtsein (Mt 8,3) und Lk nur das Abfallen des Aussatzes (Lk 5,13). Diese selektive Übernahme könnte darauf hinweisen, dass die Formulierung bei Mk von Mt und Lk als Pleonasmus verstanden und einer Vereinfachung unterzogen wurde. Reinigung und Heilung scheinen dabei von Mt/Lk in eins gedacht worden zu sein.

Der Papyrus Egerton 2 ist hinsichtlich seiner Auslegung und Bewertung mit Vorsicht zu handhaben. Folgende Aspekte sind dafür relevant:[50] Anders als in den Evangelien wird der Ursprung des Aussatzes durch Ansteckung bei anderen aussätzigen Weggefährten benannt; vergleichbar ist der Appell an den Willen Jesu, dem ebenso positiv entsprochen wird; der Aussatzfällt sofort von ihm ab, was auch hier zur Überweisung an die Priester führt – die nun aber im Plural genannt werden. Ein Schweigegebot fehlt; der Text bricht mit dem Verweis auf das von Mose Angeordnete ab. Unerwähnt bleiben auch die Berührung des Kranken und die Emotion Jesu. Aufschlussreich ist die abschließende Mahnung „und sündige nicht mehr", die sich nur hier findet (und die an Joh 8,11

49 In redaktionskritischer Sicht ist zu dieser Erzählung viel gearbeitet worden. Ihre literarischen Entstehungsverhältnisse sind jedoch keineswegs so klar, wie häufig suggeriert wird. Lohmeyer etwa sieht zwei Geschichten miteinander verflochten, deren eine mit der Sendung zum Priester und deren andere mit dem Schweigegebot geendet habe; *Lohmeyer*, Markus, 44–45. Pesch nimmt eine vormarkinische Heilungsgeschichte an; *Pesch*, Markus, 141; ähnlich auch *Ernst*, Markus, 75. Die vorliegende Untersuchung setzt bei dem vorhandenen Textbestand an, ohne auf mögliche Vorstufen einzugehen.

50 Vgl. im Folgenden *Porter*, P.Egerton 2.

erinnert): Damit stellt diese Fassung der Erzählung rückblickend noch einmal einen Zusammenhang zwischen Krankheit und „Sünde“ her, wie er vor allem in Mk 2,1–12 exemplarisch durchgespielt wird.

7.2.3 *Reinheit als Funktion sozialer Identität in Mk 1,39–45*

Auffällig ist die Treue, mit der Jesus an den überlieferten Reinheitsbestimmungen festhält. Sein Verhalten gegenüber der Tradition erscheint als zutiefst konservativ. Er bemüht sich, den Vorschriften der Tora zu genügen und stimmt sein Handeln darauf ab. Die Folgen der Unreinheit sind ihm bewusst; die Isolation des Aussätzigen nimmt er wahr. Reinheit stellt in diesem Zusammenhang ein akzeptiertes Konzept dar, mit dessen Hilfe Probleme des Alltags verhandelt und reguliert werden. Die Pointe dieser Begegnung liegt in dem Vermögen und in dem Willen, die Isolation des Kranken zu überwinden.

Zugleich erweisen sich jedoch die gesetzlichen Vorgaben als durchaus verhandelbar. Jesus denkt in dieser Erzählung von den Folgen her: „Das frühe Christentum war attraktiv, weil es in Erinnerung an Jesus herkömmliche Grenzen in Frage gestellt und (zumindest teilweise) überwunden hat.“[51] Das zeigt sich vor allem daran, dass Jesus die Ansteckung weder fürchtet noch überhaupt als Gefahr betrachtet. Gerade an diesem Punkt macht sich die Theorie einer dynamischen Reinheit Jesu bzw. einer „inverse purity“ fest:[52] „a power, which turns uncleanness into cleanness and thus reverts the contaminative impact that is characteristic of levitical impurity.“[53] In diesem Fall wird dann der Grund der Heilung in der von Jesus ausgehenden Reinheit gesehen, so z.B. bei Marcus: „But instead of impurity passing from the man to Jesus, the purity of Jesus’ holiness passes from him to the man and the latter is cured.“[54]

Reinheit bleibt in ihrer Bedeutung für die Identität des Individuums auch in Mk 1,39–45 ambivalent. Der von Aussatz geschlagene Menschen verbirgt hinter seiner unbestimmten Bitte den Wunsch, wieder ein Teil der Gemeinschaft zu werden. Diese Bitte wird – traditionsbedingt – mit Hilfe der Reinheitsbegriffe formuliert, was die enge Verbindung zwischen Zugehörigkeit und Reinheit unterstreicht. Auch die Reaktion Jesu verbleibt in diesem Rahmen. Modifiziert wird der Weg, auf dem der Mensch Reinheit erlangt. Hier beweist der Wundertäter sein Interesse an einer sofortigen Reintegration des Geheilten, die keinen weiteren Aufschub duldet. Der Gang zu dem Priester bedeutet dann lediglich eine nachgeholte Bestätigung.

---

51 *Müller*, Heilung, 229.

52 Vgl. dazu exemplarisch *Avemarie*, Jesus; *Holmén*, Purity.

53 *Avemarie*, Jesus, 427.

54 *Marcus*, Mark I, 209.

Das Verhalten Jesu vermag viel über die Bedeutung von Reinheit für die soziale Identität des Individuums auszusagen. Bei der Analyse ist deutlich geworden, dass die Prozesse sozialer Identität in dieser Erzählung jedoch nur ansatzweise auszumachen sind. Reinheitsfragen werden nicht diskutiert, sondern vorausgesetzt. Jesus bewegt sich mit seinem Handeln im Rahmen der überlieferten Reinheitsbestimmungen. Innovationen sind da zu erwarten, wo er diesen Rahmen verlässt oder verschiebt.

In Lev 13–14 generiert Reinheit innerhalb der eigenen Bezugsgruppe eine neue Verteilung von In- und Out-Group. Bei Josephus wiederum wird diese Unterscheidung vor allem nach außen hin wirksam ist. Das zeigt u.a. seine Empörung über das Gerücht in Ant III 265–268, Mose habe an Aussatz gelitten. Eine vergleichbare Situation lässt sich auch in Mk 1,39–45 beobachten. Für den mit Aussatz geschlagenen Menschen hat der Aussatz nach innen zunächst eine kategorisierende und segregierende Funktion. Genau deshalb tritt er mit seiner Bitte an Jesus heran. Weil Reinheit für ihn Teil seiner sozialen Identität und damit Voraussetzung für Zugehörigkeit ist, hofft er darauf, von dem Aussatz befreit zu werden. Seine Bitte zielt auf die Wiederherstellung seiner Zugehörigkeit ab. Die Fähigkeit Jesu, diese Bitte zu erfüllen, setzt er voraus; fraglich ist allein, ob der Wundertäter davon auch Gebrauch machen will. Der Wille Jesu wird in dieser Erzählung somit zum Schlüssel für sein Verständnis von Reinheit. In der Offenheit von καθαρίζειν ist bereits das Ziel anvisiert, ohne dass der Weg dahin schon genauer definiert würde.

Durch das klare „Ich will!" Jesu (1,41b), das durch die Berührung (1,41a) nonverbal schon vorweggenommen wurde, positioniert sich Jesus hinsichtlich der Bedeutung von Aussatz und Reinheit: Es ist sein erklärter Wille, dass der Menschen aus seiner Isolation befreit und wieder gemeinschaftsfähig wird. Die Heilung vollzieht sich auf wunderhafte Weise: Jesus demonstriert mit seiner Berührung als einem sichtbaren Zeichen die erfolgte Reinigung; der Erzähler erklärt, dass der Mann rein sei. Der ganze Vorgang spielt sich im Rahmen der geltenden Reinheitsbestimmungen ab. Weder setzt Jesus die Verbindung von Aussatz und Unreinheit außer Kraft, noch erklärt er die Unreinheit des Menschen für hinfällig. Vielmehr nutzt er die ihm gegebene Vollmacht, den Menschen zu heilen, so dass er als rein gelten kann. Die Feststellung, dass der Mensch gereinigt sei, ist deshalb kein effektiver Zuspruch, sondern lediglich Impuls für den weiteren Prozess zur endgültigen Reinerklärung durch den Priester.[55] Für Jesus sind Reinheitsfragen an dieser Stelle insoweit von

55 Parallelen zu dem Schema, dass eine Person einen Menschen faktisch für rein erklärt, ihn aber der offiziellen Bestätigung wegen noch zu einem Priester schickt und damit dessen Autorität anerkennt, finden sich sowohl in den Qumranschriften als auch in der Mischna:

Interesse, als sie die Voraussetzung für sein Integrationsbemühen darstellen. Dieser Funktion ordnet er sein vollmächtiges Handeln zu. Jesus versteht Reinheit somit als Faktor sozialer Identität, wie er auch die verunreinigende Kraft von Aussatz anerkennt. Seine Intention ist darauf gerichtet, alle Hindernisse, die Menschen ausgrenzen, zu überwinden.

Die Erzählung in Mk 1,39–45 stellt den Wundertäter Jesus vor, der die Vollmacht besitzt, das physiologische Problem des Aussatzes mit sofortiger Wirkung zu heilen. Das aber ist nicht die Pointe der Erzählung, auch wenn sie sich im Aufriss des Markusevangeliums anderen Heilungserzählungen einfügt. Die Pointe liegt vielmehr in dem Ziel dieser Tat, nämlich in der Ermöglichung von Zugehörigkeit durch Reinheit. Jesus erweitert durch sein Handeln den Bereich der Reinheit – nicht, indem er ihre Wirkung und Bedeutung negiert, sondern indem er durch seine Vollmacht Unreinheit überwindet. Mk 1,39–45 führt auf diese Weise vor, wie die Jesus-Christus-Geschichte im Kontext jüdischen Selbstverständnisses erzählt werden kann. Das identitätsprägende Merkmal der Reinheit (nach Lev 13–14) gewinnt in der Erzählung die Funktion, Jesu Sammlung Israels als einen offenen Prozess zu gestalten, ohne dabei den Raum des Gottesvolkes zu verlassen.

7.3 Gemeinschaft durch Reinheit: Apg 10–11

7.3.1 *Einleitung und Übersetzung*

Die Vision des Petrus in Apg 10,9–16, die ihn auf den Weg der Völkermission führen wird, lässt sich nur im Zusammenhang der Kap. 10 und 11 im Ganzen verstehen. Der kurze Abschnitt entwickelt jedoch eine Eigendynamik, die es gestattet, ihn auch gesondert zu betrachten und auf den Zusammenhangs zwischen Reinheit und sozialer Identität hin zu befragen.[56] Die in vielfacher Hinsicht merkwürdige Begebenheit markiert eine Weichenstellung in der Geschichte der frühen Christenheit, weil sie mit der Schaffung vollendeter

---

CD XIII 2–7 macht deutlich, dass es nicht vorrangig auf die Expertise des Priesters, sondern auf seine Autorität beim Vorgang der Reinerklärung ankommt; in mNeg 3,1 ist es einer der Weisen, der den Aussätzigen für geheilt erklärt und dem Priester gleich noch die entsprechenden Worte in den Mund legt.

56 Apg 10,9–16 lässt sich dabei als Schlüsselpassage einer umfangreichen und sorgfältig konzipierten Erzählung über Identitätsfragen verstehen (Apg 10–11). Aaron Kuecker betont, dass dabei vor allem der Geist Gottes eine maßgebliche Rolle für die Konstituierung einer neuen sozialen Identität spiele. Kuecker ist m.W. bislang der erste, der zu diesem Text mit Hilfe der SIT gearbeitet hat; sein Ansatz, der sich von der Fragestellung der vorliegenden Arbeit unterscheidet, zeigt, wie verdichtet in beiden Kapiteln Identitätsfragen verhandelt werden; vgl. *Kuecker*, Spirit, bes. 181–199.

Tatsachen eine Diskussion in Gang setzt, die auf dem Apostelkonvent (Apg 15)[57] ihren ersten Höhepunkt erreicht und schließlich dazu führt, die Grenzen Israels zu überschreiten und die Verkündigung des Evangeliums unter den Völkern entschlossen in Angriff zu nehmen. In der Erzählung werden Zugehörigkeits- und Identitätsfragen pointiert anhand der Speisegebote und der Frage nach Tischgemeinschaft diskutiert. Die exegetische Untersuchung von Apg 10,9–16 gilt deshalb genau diesen Fragen und spitzt sie auf den Zusammenhang zwischen Reinheit und sozialer Identität zu.

Apg 10–11 wird gern als „Korneliuserzählung" bezeichnet, weil sie die Taufe des gottesfürchtigen Hauptmannes und damit die paradigmatische Aufnahme von Nichtjuden in die Gemeinschaft der christusgläubigen Juden zum Inhalt hat. Sie ist aber vor allem eine Petruserzählung, da er als ihr maßgeblicher Protagonist in sechs der acht Abschnitte der von Lukas favorisierte Erstapostel agiert.[58] Die Taufe des Hauptmannes findet in 10,48 nur beiläufig Erwähnung. 10,9–16 erweist sich hingegen als Schlüsselszene, auf die 1–8 zulaufen und aus der 17–48 folgen. Welche Bedeutung Lukas der ganzen Erzählung beimisst, wird an ihrer zum Teil wortgetreuen Rekapitulation in Apg 11,1–18 deutlich. Kleinere Modifikationen erhellen dabei im Rückblick, was vorher unklar geblieben, war und lesen die Geschichte noch einmal von ihrem Ende her.

Die gesamte Erzählung aus Apg 10,1–11,18 lässt sich mit Pesch sinnvoll in acht Abschnitte gliedern:[59]

I.	10,1–8:	Kornelius und der Engel
II.	10,9–16:	Die Vision des Petrus
III.	10,17–23a:	Petrus und die Boten des Kornelius
IV.	10,23b-29:	Petrus und Kornelius
V.	10,30–33:	Der Bericht des Kornelius
VI.	10,34–43:	Die Predigt des Petrus
VII.	10,44–48:	Geistempfang und Taufe des Kornelius und seines Hauses
VIII.	11,1–8:	Die Rechtfertigung des Petrus in Jerusalem

Ihren Anfang nimmt die Geschichte mit der Einführung eines Hauptmanns namens Kornelius. Caesarea als Sitz der römischen Prokuratoren signalisiert

---

57 Vgl. dazu *Barrett*, Acts I, 717, der in Apg 15,7–9 sogar eine dritte Rekapitulation des in 10,9–16 Geschilderten sieht.

58 Vgl. dazu sowie zur Gliederung des gesamten Abschnittes in einzelne Szenen *Pesch*, Apostelgeschichte I, 330.

59 Auch eine Gliederung in fünf (*Weiser*, Apostelgeschichte I, 249) oder sieben (*Schneider*, Apostelgeschichte II, 60; *Haenchen*, Apostelgeschichte, 344–347) Szenen ist nachvollziehbar, unterschlägt aber durch die Zusammenfassung kleinerer Erzählzusammenhänge deren Eigendynamik.

bereits einen nichtjüdischen Kontext.[60] Dass der Hauptmann „εὐσεβὴς καὶ φοβούμενος τὸν θεόν" – „fromm und Gott fürchtend" (10,2) – genannt wird, weist ihn als einen Grenzgänger aus: Er hat sich zwar dem Synagogenverband angeschlossen, scheut aber den vollständigen Übertritt zum Judentum einschließlich der Beschneidung.[61] Bernd Wander zufolge gesteht die Kombination beider Attribute Kornelius nicht nur eine allgemeine Affinität, sondern vielmehr eine besondere Nähe zum Judentum zu, die ihn geradezu als Prototypen eines Gottesfürchtigen erscheinen lasse;[62] dafür sprechen weiterhin auch seine Wohltätigkeit und sein Gebetsleben.[63] Kornelius tritt somit als Protagonist neben den schon bekannten, wenngleich erst in 10,9 die Szene betretenden Petrus. In einer Vision erhält er den Auftrag, Boten zu einem gewissen Petrus zu senden, um ihn einzuladen. Damit ist der Übergang zur Vision des Petrus vorbereitet; beide Visionen korrespondieren einander. Als Subjekt der

60 Kavin Rowe bezeichnet Caesarea sogar als „the most important Gentile city in the land"; *Rowe*, Luke-Acts, 290. Vgl. zu Caesarea als Stadt auch den Sammelband von *Raban/Holum* (Hg.), Caesarea, besonders die Beiträge zur jüdisch-christlichen Bevölkerung, 443–514.

61 Die Identifizierung und Charakterisierung der sog. Gottesfürchtigen sowie die genaue Abgrenzung der Begriffe untereinander hat für eine lange Diskussionen gesorgt. Maßgebliche Beiträge im deutschsprachigen Bereich stammen von Folker Siegert (*Siegert*, Gottesfürchtige) und Bernd Wander (*Wander*, Gottesfürchtige). Gerade Wander zeigt, dass „Gottesfürchtige" keine fiktive Kategorie, sondern eine historisch fassbare Gruppe sind. Er weist nach, dass Lukas sich die Vielschichtigkeit dieses Phänomens zunutze macht, um ein möglichst buntes Bild all jener zu entwerfen, die für das Evangelium empfänglich sind. Wichtig in dieser Diskussion sind aber auch Beiträge wie der von Ross Kraemer, der herausstellt, dass viel zu lange von einem eindeutigen, monolithischen Bild der Gottesfürchtigen ausgegangen worden sei. Er plädiert sogar dafür, sich von dieser Kategorie grundsätzlich zu verabschieden, mindestens aber von einem statischen Verständnis. Er zeigt unter Hinzuziehung textlicher und epigraphischer Quellen, dass das tradierte Bild der Nichtjuden, die jüdische Praktiken übernehmen, ohne zu konvertieren zwar vorkommt, aber nicht vollständig ist. Mit dem Begriff kann ebenso sehr lobenswerte Frömmigkeit verschiedener Gemeinschaften bezeichnen. Die Verhältnisbestimmung ist also nicht falsch, muss aber breiter gedacht werden als bisher üblich. Vgl. *Kraemer*, Godfearers.

62 Vgl. zur Darstellung und auch zur Charakterisierung *Wander*, Gottesfürchtige, 188.

63 Die These Reardons, dass im Verhalten des Kornelius, besonders aber im Almosengeben, die Begründung für dessen Annahme und damit Reinigung durch Gott liege, greift m.E. zu kurz. Wenn Almosengeben eine Reinigung durch Gott bewirken würden, fiele nicht nur das Reinheitsparadigma also solches dahin – dann würde vor allem auch der Deutungs- und Definitionsmacht Gottes, wie sie z.B Apg 10,15 postuliert, der Boden entzogen. Reardon sieht zwar die Reinerklärung weiterhin als ein Privileg Gottes an, bindet aber die Reinigung selbst an die Gabe von Almosen statt an den Glauben. Die Almosen aber träten an die Stelle eines Opfers, um auch Nichtjuden so von ihrer „Sünde" zu reinigen, dass die ontologische Unterscheidung zwischen Nichtjuden und Juden schließlich hinfällig werde; vgl. *Reardon*, Cleansing.

Genitivus-Absolutus-Verbindung in 10,9a (ὁδοιπορούντων ἐκείνων – „als jene auf dem Weg waren") sind die Boten des Kornelius ein Bindeglied zwischen beiden Protagonisten; sie leiten dann auch in 10,17b wieder zum weiteren Fortgang des Geschehens über.

Die Vision des Petrus ist zeitlich zwischen dem Aufbruch der Boten in Caesarea und ihrer Ankunft in Joppe platziert. Der Weg der Boten aus einer mehrheitlich römischen in eine mehrheitlich jüdische Stadt deutet bereits die Pragmatik der Gesamterzählung an – wenngleich noch in umgekehrter Richtung. Auf beide Korrespondenzvisionen folgt die (geistgeleitete) Begegnung der Boten mit Petrus sowie ihre Beherbergung und Bewirtung im Hause des Gerbers Simon (10,23). Nimmt man an, dass es dabei auch zu einer Tischgemeinschaft zwischen dem jüdischen Gastgeber und den gottesfürchtigen, aber im halachischen Sinne nichtjüdischen Gästen kommt, wäre diese kurze Notiz in 10,23 wiederum als eine Art korrespondierender Vorgriff auf die folgende Tischgemeinschaft der jüdischen Gäste im Hause des römischen Gottesfürchtigen in Caesarea (die in 11,3 von den Jerusalemern ausdrücklich beanstandet wird) zu verstehen. Schon bei seinem Eintritt in das Haus des Kornelius nennt Petrus den entscheidenden Differenzpunkt beim Namen – und formuliert zugleich, was er in der Vision gelernt hat (10,28):

> ἔφη τε πρὸς αὐτούς· ὑμεῖς ἐπίστασθε ὡς ἀθέμιτόν ἐστιν ἀνδρὶ Ἰουδαίῳ κολλᾶσθαι ἢ προσέρχεσθαι ἀλλοφύλῳ· κἀμοὶ ὁ θεὸς ἔδειξεν μηδένα κοινὸν ἢ ἀκάθαρτον λέγειν ἄνθρωπον·
>
> Und er sagte zu ihnen: Ihr wisst, wie unüblich es für einen jüdischen Menschen ist, mit einem Fremden engen Kontakt zu haben oder zu ihm zu kommen. Gott aber hat mir gezeigt, keinen Menschen gemein oder unrein zu nennen.

Durch die göttliche Vision belehrt, folgt Petrus nun der Bitte des Kornelius und predigt vor der Versammlung in seinem Hause. Diese Predigt schließt erkennbar an die Vision an, ohne dass dieselbe wortgetreu rekapituliert würde. In wenigen Worten skizziert der Apostel darin seine neue, durch die Vision gewonnene Sicht auf das Verhältnis Gottes zu seinem Volk auf der einen und zu den Völkern auf der anderen Seite. Die knappe Zusammenfassung der Jesus-Christus-Geschichte in 10,37–43 bedient sich einer formelhaft anmutenden Sprache, auch wenn sie dabei eigene theologische Akzente setzt.[64] Noch

64 Dieser Teil der Predigt hat aufgrund seiner komplizierten Syntax sowie seiner inhaltlichen Komplexität für Diskussionen gesorgt; vgl. dazu *Pesch*, Apostelgeschichte I, 342–343.

während der Predigt kommt Gottes Geist über alle, die zuhören (10,44). Das verwirrt die aus Joppe mitgekommen christusgläubigen Juden (10,45). Petrus aber folgert daraus, dass eine Taufe des Kornelius und seines Hauses nun durch den vorausgegangenen Geistempfang legitimiert sei.[65] Die Dichte der Ereignisfolge (10,44–48) steht dabei in einem auffälligen Kontrast zu der Ausführlichkeit, mit der zuvor die Begegnung zwischen Kornelius und Petrus sowie die Predigt des Apostels dargestellt wurde (10,23–43). Das Ergebnis wird nur noch knapp notiert. Das Hauptinteresse der ganzen Erzähleinheit aber liegt offensichtlich auf dem Sinneswandel des Petrus.

In 11,1 findet ein Orts- und Figurenwechsel statt. Nun kommen die Jerusalemer Autoritäten ins Spiel. Die Verwirrung der aus Joppe mitgereisten christusgläubigen Juden vor Ort (10,45) schlägt bei ihnen aus der Ferne in offene Empörung um (11,1–3). Ihr zentraler Vorwurf betrifft die Tischgemeinschaft, die Petrus mit unbeschnittenen Menschen gepflegt habe (11,3). Dessen Rechtfertigung, die sich vor allem auf die göttliche Vision beruft, sieht die Taufe nichtjüdischer Menschen wie schon in 10,47 vor allem durch das Wirken des Geistes Gottes legitimiert. Den breitesten Raum nimmt indessen das Thema reiner und unreiner Speisen ein, das bereits die Vision dominiert hatte. Den Vorwurf einer unzulässigen Tischgemeinschaft, der im Hintergrund dieser ganzen Argumentation steht, nimmt Petrus dabei gar nicht mehr auf – wohl deshalb, weil er ihn im Zuge seiner Erklärungen schon für erledigt ansieht. In 11,1–18 wiederholt sich damit auf anderer Ebene noch einmal das Geschehen aus 10,44–48: Der Verwirrung oder Empörung der christusgläubigen Juden hält Petrus seine geistgeleitete Erkenntnis entgegen und erlangt auf diese Weise die Zustimmung der Kritiker. In diesem Falle verweist er zudem auch noch auf Johannes den Täufer (11,16), dessen unbestreitbare Autorität die Jerusalemer schließlich einlenken lässt: Sie müssen schweigen und letztlich bekennen (11,18): „So hat Gott auch den Völkern die Umkehr zum Leben gegeben!"

In dieser weitläufigen Erzählung, deren Abschnitte durch zahlreiche Vor- und Rückverweise eng miteinander verknüpft sind, spielt Abschnitt II mit der Vision des Petrus (10,9–16) eine zentrale Rolle. Es markiert den Anfang eines Lernprozesses, der mit Petrus beginnt; später bezieht er dann dessen judenchristliche Begleiter aus Joppe und schließlich auch die Jerusalemer Autoritäten mit ein. Im Mittelpunkt der Vision steht die Haltung gegenüber Speisen,

---

Kuecker sieht in der Predigt eine meisterhafte Rekapitulation des Lukas-Evangeliums im Ganzen; dafür bleiben die Begründungen, die er anführt, jedoch viel zu allgemein; vgl. *Kuecker*, Spirit, 192–193.

65 Der Bezug zu Lk 3,16 und Johannes dem Täufer wird erst in der Rekapitulation der Ereignisse in 11,16 explizit gemacht, lässt sich aber auch schon hier nicht übersehen.

die als rein und unrein gelten. Diese Haltung hat in der folgenden Erzählung unmittelbare Auswirkungen auf den Umgang mit Menschen, die ganz analog unter dem Vorzeichen jüdischer Reinheitsbestimmungen von der Tischgemeinschaft mit Juden ausgeschlossen sind. Das Ziel der Vision besteht darin, Petrus zu einer solchen Tischgemeinschaft zu bewegen. Die Theorie der sozialen Identität hilft zu beschreiben, inwiefern sich dabei auch Bedeutung des zugrundeliegenden Reinheitskonzeptes verändert.

> 9 Am nächsten Tag aber, als jene auf dem Weg waren und sich der Stadt
> näherten, stieg Petrus zur sechsten[66] Stunde auf das Dach, um zu beten.
> 10 Er wurde aber hungrig und wollte essen. Als sie aber vorbereiteten,
> befiel ihn eine Ekstase.[67]
> 11 Und er sah den geöffneten Himmel und ein Ding[68] kam herab, wie ein
> großes Leinentuch; an vier Enden wurde es auf die Erde herabgelassen.[69]
> 12 Auf diesem waren alle Vierfüßler und Kriechtiere der Erde und
> Vögel des Himmels.[70]
> 13 Und es ereignete sich eine Stimme zu ihm: Steh auf, Petrus, schlachte
> und iss.
> 14 Petrus aber sagte: Keineswegs, Herr, denn niemals habe ich irgen-
> detwas gemeines oder unreines gegessen.

---

66 Eine alternative Lesart schlägt hier statt ἕκτην (die sechste Stunde) ενατην (die neunte) vor. Aufgrund ihrer marginalen Bezeugung kann sie auf sich beruhen bleiben; sie bezeugt jedoch, dass die Frage der Gebetszeiten strittig war und dass ein Interesse bestand, beide Visionen miteinander zu synchronisieren.

67 Der Begriff ἔκστασις ist nicht leicht zu übersetzen. Eine Wiedergabe mit „Ekstase" kommt dem vermuteten Zustand wohl noch am nächsten. Gemeint ist eine Art Verzückung oder geistige Entrückung, in der Faktoren wie Hunger zurücktreten und Mensch empfänglich für Transzendentes werden. Der Begriff ist auch der paganen Literatur bekannt und bezeichnet dort „Ausnahmezustände des Seelenlebens, die auf supranaturale Ursachen zurückgeführt werden"; vgl. *Oepke*, ἔκστασις, 448. Ekstatische Zustände dienen dazu, bei schwierigen Entscheidungen zu helfen, wie etwa in Apg 7,55; 13,2 oder 16,9. Weitere Belege und Ausführungen bei *Oepke*, ἔκστασις. Kennzeichen der Ekstase ist, dass sie aktivisch beschrieben wird und einen Menschen befällt.

68 Zur unkonkreten Übersetzung von σκεῦος mit „Ding" vgl. die Ausführungen in der Textbeschreibung.

69 Der textkritische Apparat weist an dieser Stelle unterschiedliche Varianten auf. Sie unterscheiden sich entweder in der Wortstellung oder darin, dass eine Form von δέομαι ergänzt wird, was das Bild konkretisiert. Neben dem Mehrheitstext, dem Papyrus 45 in einer unsicheren Lesart und C sind es vorwiegend Lektionare, die diese Ergänzung aufweisen, was auf eine spätere Veränderung zu Gunsten der Verständlichkeit hinweist.

70 In Vers 12 ergänzen einige Handschriften τὰ θηρία und erweitern damit das Tableau der aufgezählten Tierarten; auch hier handelt es sich vorrangig um Lektionaren und jüngeren Handschriften, die zudem durch die Rekapitulation in 11,6 beeinflusst sein dürften.

15 Und wieder ereignete sich eine Stimme zum zweiten Mal zu ihm: Die Dinge, die Gott für rein erklärt hat, die mache du nicht gemein.[71]
16 Dies aber geschah drei Mal, und sofort wurde das Ding in den Himmel aufgenommen.

7.3.2 *Textbeschreibung*

Visionen und Auditionen bestehen aus der Kombination mehrerer Gattungselemente und stellen keine eigene Gattungsform dar.[72] Das lässt sich auch an Apg 10,9–16 (und der Korrespondenzvision 10,3–7) beobachten. In den erzählerischen Rahmen, der den betenden Petrus vorstellt, wird eine Kombination aus Vision und erklärender Audition eingefügt.[73] Die intravisionalen Gattungen sind in diesem Falle kurze narrative Stücke, die einen Vorgang schildern (10,11–13) oder einen konkreten Auftrag formulieren (10,13–15). Der Fortgang der Rahmenhandlung bleibt von der Vision beeinflusst. Dem Wesen visionärer Erfahrungen gemäß enthält die Erzählung eine Reihe rätselhafter Züge, die zunächst auf der sprachlichen Ebene unter narrativen, syntaktischen und semantischen Gesichtspunkten zu klären sind.

Der Abschnitt weist einige Leerstellen und Unklarheiten auf. Warum steigt Petrus zum Beten auf das Dach? Wieso tut er das zur sechsten und nicht (wie eine textkritisch unsichere und wahrscheinlich von der Korrespondenzvision des Kornelius beeinflusste Variante vorschlägt) zur neunten Stunde?[74] Warum steigt er zum Essen nicht herab? Und wer bereitet das Essen vor?

Weiterhin fällt auf, dass die Himmelsstimme nicht näher qualifiziert wird, Petrus dieses unbestimmte Gegenüber aber bewusst oder intuitiv mit „Kyrios" anspricht. Die Stimme „ereignet sich", was sie angesichts weiterer Belege dieser Wendung in Apg 10 und 11 (sowie in der Pfingsterzählung Apg 2, dem Damaskuserlebnis des Saulus Apg 9,22.26 und der Predigt des Stephanus Apg 7,31 unter

---

71 Textkritisch stabil sind die Verse 13–15; allein in Vers 13 ist einmal die direkte Anrede gestrichen.

72 Vgl. *Berger*, Formen, 338–347, besonders aber die Darstellung der intravisionalen Gattungen, 341.

73 Dieser Zusammenhang ist für Berger gattungstypisch und signalisiert eine besondere Bedeutung.

74 Die meisten Kommentare gehen davon aus, dass es sich dabei um ein verspätetes Morgengebet oder ein verfrühtes Minchagebet handelt; vgl. *Jervell*, Apostelgeschichte, 305, ähnlich *Pesch*, Apostelgeschichte I, 338 und *Haenchen*, Apostelgeschichte, 334. Andere erwägen ein besonderes drittes Gebet, wie es z.B. aus Dan 6,10 oder Ps 55,17 bekannt ist; vgl. *Dunn*, Acts, 137. Auffällig bleibt in jedem Falle, dass sich diese Zeitangabe nicht mit den klassischen Gebetszeiten abgleichen lässt. Dass Petrus allein ist und betet, muss narrativ irgendwie eingebunden werden, weil es sich aus den Alltagsverhältnissen allein noch nicht ergibt.

Bezugnahme auf Ex 3) als göttliche Stimme qualifiziert. Ganz im Duktus alttestamentlicher Auditionen ergeht die Stimme Gottes immer dann an Einzelne oder Gruppen, wenn folgenreiche Ereignisse bevorstehen, die einer besonderen Legitimation bedürfen. Ob Petrus bei dem Vokativ „Kyrios" an Jesus Christus denkt oder den Ersatznamen für das Tetragramm als Bezeichnung Gottes vor Augen hat, ist unklar. Apg 2,36 formuliert das grundlegende Bekenntnis, dass Gott Jesus „zum Kyrios und Christus gemacht" habe; in Apg 5,9 ist die Identifikation Jesu mit dem Kyrios schon dem Petrus in den Mund gelegt. Dass Petrus hier den erhöhten Christus anspricht, wäre somit denkbar, zumal die Stimme selbst auf Gott verweist. Nach Abschluss der Vision bleibt Petrus ratlos zurück. Sein Hunger, der als eine Art Auslöser der Vision erscheint, muss sich noch bis zur Bewirtung der Boten in 10,23 gedulden.

Zwei begriffliche Auffälligkeiten verweisen auf die Pragmatik des Textes. Bei der ersten geht es dabei um jenes „Ding", das Petrus vom Himmel her präsentiert wird. Der Begriff σκεῦος kann vieles bedeuten. In erster Linie lässt er an ein festes Gefäß denken – etwa im Sinne von Geschirr (Mk 3,27 parr.), tragbaren Behältnissen (Mk 11,16) oder Krügen (Joh 19,29); so gebraucht auch die LXX den Begriff als Übersetzung von כְּלִי. In 1Petr 3,7 wird die Ehefrau als ἀσθενέστερος σκεῦος – „schwächeres Gefäß" bezeichnet; in Ps 30,13^LXX vergleicht sich der Beter mit einem zerbrochenen Gefäß;[75] im profanen Sprachgebrauch kann der Begriff bisweilen auch für eine Rüstung stehen.[76] Mit solchen Assoziationen kollidiert jedoch der folgenden Vergleich mit einem Leinentuch, das an vier Ecken herabgelassen wird und eher ein elastisches Behältnis nahelegt. Dieses „Ding" verdient gerade in seiner Unbestimmtheit Beachtung. Seine Deutung ist alles andere als banal, weil die Beschaffenheit von Gefäßen im Reinheitsdiskurs eine wichtige Rolle spielt: Aus welchem Material sind sie gemacht; kann man sie verschließen oder bleiben sie offen?[77] Auf solche Fragen bleibt der Text jede Antwort schuldig und erreicht damit, dass man schon den Status dieses „Dings" in seiner Unbestimmbarkeit als anstößig empfinden muss.

Eine zweite Auffälligkeit liegt in der doppelten Bezeichnung von Unreinheit: Petrus betont, dass er niemals etwas „κοινὸν καὶ ἀκάθαρτον" gegessen habe (10,14). Auf diesen Einwand nimmt die Himmelsstimme auch sprachlich sehr genau Bezug. Deshalb ist ein differenziertes Verständnis dieser doppelten Wendung, besonders aber von κοινός, notwendig.

Lange begnügte man sich mit der Annahme, κοινός sei ein Synonym für ἀκαθαρτός ohne eigenen Sinngehalt und schenkte der Doppelung keine weitere

75 Weitere, auch nicht biblische Belege, vgl. bei *Maurer*, σκεῦος, 360–361.

76 Vgl. zum Begriff *Maurer*, σκεῦος.

77 Entsprechende Bestimmungen werden etwa im Mischnatraktat Kelim literarisch fixiert.

Beachtung.[78] In jüngerer Zeit ist diese Annahme jedoch zunehmend hinterfragt worden. Die Wiederholung der Formulierung in 11,8 ersetzt die Kopula καί durch die disjunktive Konjunktion ἤ und zeigt damit schon textintern an, dass es sich hier um Alternativen handelt.

Clinton Wahlen schlug 1995 vor, mit κοινός eine dritte Kategorie der Reinheits- und Unreinheitsbegriffe bezeichnet zu sehen. Dieser Kategorie gehörten Dinge an, deren Reinheitsstatus ungeklärt sei, weil sie Kontakt mit anderen unreinen Dingen hatten.[79] Dafür sieht Wahlen Parallelen zum rabbinischen Konzept der Demai-Abgaben, die jedoch erstens nicht sicher in neutestamentliche Zeit datiert werden können und zweitens nur in Ausnahmefällen im Kontext von Reinheitsfragen stehen. Seine These basiert auf der Studie von Colin House, der den Begriff κοινός auf assoziierende Verunreinigungen bezieht: Reine Dinge, die mit unreinen in Kontakt kommen (wie im Falle dieses aus dem Himmel herabkommenden „Gefäßes") würden durch die Berührung κοινός – also „gemein" – werden.[80] Bereits Frederic Bruce hatte die emotionale Reaktion des Petrus damit begründet, dass er die Gleichzeitigkeit reiner und unreiner Speisen in ein und demselben Gefäß als „unholy mixture" abgelehnt habe.[81]

Beide Erklärungen von κοινός haben meines Erachtens zu wenig Anhalt am Text. Immerhin werden sie dem Umstand gerecht, dass es sich bei κοινός nicht einfach nur um ein Synonym zu ἀκαθαρτός handelt. Auch die Identifizierung eines abgestuften Unreinheitsbegriffes, der sich nicht ohne weiteres in das dichotomische Rein-Unrein-Schemas einfügt, leuchtet ein. Daran schließt auch der Hinweis auf 10,15 an. Beide Autoren stellen fest, dass der Skopus des Verses nicht etwa darauf liege, Unreines für rein zu erklären – vielmehr insistiere die Himmelsstimme darauf, von Gott für rein Erklärtes nicht abzuqualifizieren. Die Folgerungen, die besonders House aus dieser Beobachtung zieht, kann ich indessen nicht teilen. Die Erzählung ziele darauf ab, dass der (von

78 So sieht z.B. *Haenchen*, Apostelgeschichte, 335, in der Formulierung ein schlichtes Hendiadyoin, das keiner weiteren Erklärung bedarf. Pesch diskutiert die doppelte Verwendung gar nicht; *Pesch*, Apostelgeschichte I, 333. Moxon übersetzt schlicht mit „unrein"; *Moxon*, Nightmare, 6. Dunn erkennt in beiden Begriffen allgemein bekannte Ausdrucksweisen für „unrein"; vgl. *Dunn*, Acts, 137.

79 Er bezieht sich dabei auf *Hauck*, κοινός, 791, der diese spezifische Verwendung des Begriffs als jüdische Innovation versteht; vgl. *Wahlen*, Vision, 510–512.

80 Der Ansatz von House ist wenig überzeugend, da er eine Traditionsentwicklung geltend macht, die sich nicht nachweisen lässt. Er postuliert eine jüdische Tradition der „commonality", die dem Konzept der Unreinheit erwachsen sei, ohne dies jedoch näher zu belegen; vgl. *House*, Association, bes. 146.

81 Das notiert Bruce jedoch nur in einer Fußnote, ohne weiter auf das Verständnis von κοινός einzugehen; vgl. *Bruce*, Acts, 206, FN 18.

House als „Cross-Event" bezeichnete) Kreuzestod Jesu (der in der Erzählung gar nicht thematisiert wird) nun eine freie Begegnung aller Menschen ermögliche: Das Kreuz „removed the ‚wall of separation', thus allowing the ‚clean' and the ‚unclean' creatures to associate freely again."[82]

Die Annahme einer dritten Reinheitskategorie liegt implizit auch der jüngsten Studie zum Thema zugrunde. Christina Eschner weist nach, dass der Begriff dem Sprachgebrauch des Diasporajudentums entstammt. Vorzugsweise bezeichnet κοινός dort (anders als ἀκαθαρτός) solche Unreinheiten, die durch konkrete Gesetzesübertretungen entstanden sind und somit vermeidbar gewesen wären. Unreinheiten, die z.B. durch Körperfunktionen entstehen, werden mit dem Begriff nicht erfasst. Außerdem steht κοινός gerne für das, was als „Allgemeines" von „Besonderen" unterschieden ist.[83] Eschner zeigt, dass κοινός dabei vor allem ein Relationsbegriff ist, der das Nichtjüdische als „gemein" und das Jüdische als „besonders" darstellen will. Zudem wird der Begriff an konkrete Gesetzesübertretungen geknüpft: „Etwas oder eine Handlung macht den Menschen ‚gemein', d.h. unrein, und damit zugleich zu einem schlechten Juden, weil diese Verunreinigung aus einer Übertretung des Gesetzes, sei es einer rituellen oder moralischen Vorschrift, resultiert."[84]

Konsens besteht darin, dass κοινός besonders dort zur Geltung kommt, wo die jüdische und die nichtjüdische Lebenswelt miteinander in Berührung kommen. Während der Begriff bei Wahlen und House eine Vermischung von Reinem mit dem Unreinen bezeichnet, beschreibt er bei Eschner ein für jüdische Menschen unangemessenes Verhalten. Immer wieder bezieht sich κοινός dabei auf Gesetzesübertretungen, ohne im eigentlichen Sinn ein halachischer Begriff zu sein. Eschners Überlegungen überzeugen deshalb, weil sie sich einerseits auf eine breite Textbasis stützen und sich andererseits stimmig in das rein-unrein-Paradigma einfügen. Aus den Beobachtungen von Wahl und House wiederum lässt sich lernen, dass der Begriff eine eigenständige Bedeutung hat, die jenseits des Gegensatzes von „rein" und „unrein" liegt. In dieser Arbeit wird κοινός mit „gemein" übersetzt: Das meint Dinge, von denen sich observante Juden fernhalten, die aber nicht zwangsläufig den gleichen Bestimmungen unterliegen wie Dinge, die ἀκαθαρτός sind. Sie sind nicht rein, ohne dabei im streng halachischen Sinn unrein zu sein.

Apg 10,14 charakterisiert Petrus demnach als einen, der den Gesetzen folgt sowie die Besonderheit der jüdischen Traditionen kennt und bewahrt.

---

82 *House*, Association, 150.

83 Vgl. auch zu anderen Verwendungskontexten sowie dem Verhältnis zu ἀκαθαρτός *Eschner*, Essen, 60–76.

84 *Eschner*, Essen, 595.

Der doppelte Terminus betont und profilierten seine Ablehnung dessen, was er sieht. Diese Ablehnung ist deshalb auch nicht nur eine spontane, impulsive Reaktion, wie der Ausruf μηδαμῶς – „niemals" vermuten lassen könnte. Petrus hält bewusst Abstand – nicht nur von allem halachisch eindeutig Unreinen, sondern auch von allem, was sich in einer Art Zwischenstadium befindet. Die Aufforderung der Himmelsstimme an Petrus, zu schlachten und zu essen (10,13), bezieht sich nicht explizit auch auf die unreinen Tiere.[85] Viel wahrscheinlicher ist, dass sich die Aufforderung selbstverständlich nur auf die reinen und damit zum Verzehr geeigneten Tiere beziehen kann. Nicht das Ansinnen, etwas Unreines zu essen löst also die Abwehrreaktion des Petrus aus, sondern die Annahme, auch das Reine könnte durch den Kontakt mit dem Unreinen gleichsam kontaminiert und damit für den Verzehr ungeeignet geworden sein. Diese Annahme spiegelt sich in der Verwendung des Begriffes κοινός wider. Doch die Himmelsstimme hält dagegen und fordert Petrus zu einem Perspektivenwechsel auf: Was Gott für rein erklärt hat, soll und kann durch eine menschliche Entscheidung nicht κοινός gemacht werden. Reine Tiere sind von Gott zu solchen geworden und können auch nicht durch die Begegnung mit unreinen Tieren diesen Status verlieren. Eschner folgert daraus, dass es hier nicht um eine Abschaffung der Speisegebote geht, sondern um eine Aufhebung der daraus folgenden, von Menschen gemachten Abgrenzungen.[86]

Im Hintergrund der Vision des Petrus in Apg 10,9–16 steht das aus dem Alten Testament bekannte rein-unrein-Paradigma, das im vorliegenden Zusammenhang auf zweifache Weise aufgerufen wird. Die Unterteilung der Welt in „rein" und „unrein" prägt den Alltag jüdischer Menschen ebenso wie auch den Alltag der Jesusbewegung. Das zeigt sich zum einen in der Klassifizierung der Tierwelt in reine und unreine Tiere und damit in solche, die verzehrt oder nicht verzehrt werden dürfen, und zum anderen in der Bewertung von Nichtjuden und einer Regulierung des Umgangs mit ihnen anhand des rein-unrein-Paradigmas, auch wenn letzteres traditionsgeschichtlich weniger klar begründet ist als die Klassifizierung der Tiere.[87]

Die Klassifizierung aller Tiere in „rein" und „unrein" hat ihre Grundlage in Lev 11,1–47. Sie wird dort als Gottesrede an die Adresse von Mose und Aaron eingeführt, die sie den Kindern Israels weitergeben soll (Lev 11,1–2). In Lev 11,44–45 mündet die Aufzählung in einen Appell zu reziproker Heiligkeit:

---

85 Gegen Pesch, der annimmt, die Mehrzahl der gezeigten Tiere seien unrein; *Pesch*, Apostelgeschichte I, 338. Moxon konstatiert schlicht, dass die Aufforderung dahingehend spezifiziert sei; *Moxon*, Nightmare, 1.

86 Vgl. *Eschner*, Essen, 563–567.

87 House bemerkt zu Recht, dass die von der Vision ausgelöste Irritation nur greift, wenn Petrus in dieser Tradition sozialisiert ist und darin lebt; vgl. *House*, Association, 149.

„Darum sollt ihr heilig sein, denn ich bin heilig!" Die hier getroffene Unterscheidung der Tiere ist auch in Apg 10,12.14 für Petrus relevant, der sich den Bestimmungen aus Lev 11 verpflichtet fühlt. Bei Aufzählung unterschiedlicher Tierarten in 10,12 klingt indessen eher Gen 1,28 (vgl. Röm 1,23) an: Gemeint ist jeweils die Gesamtheit aller Tiere, die reine wie unreine einschließt, womit nun eher eine schöpfungstheologische als eine gesetzliche Perspektive eingenommen wird. Für das halachische Interesse wäre eine konkrete Beschreibung der Tiere von Belang, die in der Vision präsentiert werden: Vierfüßler, Kriechtiere und Vögel sind eine höchst unzulängliche Beschreibung, die sich auch unter Zuhilfenahme der Bezugstexte in Gen 1 und Lev 11 nicht weiter präzisieren lässt. Die unbestimmte Fülle an Tieren wird erst durch die vehemente Reaktion des Petrus und die darauffolgende Antwort als zumindest teilweise „unrein" qualifiziert. Ein weiterer Aspekt drängt sich im Lichte von Lev 11,8 auf: Die unreinen Tiere dürfen nicht verzehrt, ihr Aas aber darf noch nicht einmal berührt werden. Die Himmelsstimme fordert Petrus nicht nur auf, etwas aus dem Behältnis zu essen, sondern es vorher auch zu schlachten. Man soll sich demnach wohl eine Ansammlung lebendiger Tiere vorstellen, deren Berührung alleine noch nicht im Sinne einer „unholy mixture" verunreinigen würde (was nur bei Aas der Fall wäre). Lev 11,8 erhellt damit noch einmal die Verwendung von κοινός und bestätigt, dass es sich hier um eine Verschiebung gegenüber der Kategorie ἀκαθαρτός handelt.

Die Bewertung von Nichtjuden und die Regulierung des Umgangs mit ihnen wird anhand der Frage nach den Möglichkeiten und Bedingungen einer Tischgemeinschaft diskutiert. Welcher Unterschied besteht zwischen der Begegnung mit Nichtjuden im Haus eines jüdischen Menschen (wie der des Petrus mit den Boten des Kornelius im Hause Simons) und dem Eintritt von Juden in ein nichtjüdisches Haus (wie dem des Petrus und seiner Begleiter bei Kornelius)?[88] Inwieweit der Verkehr mit nichtjüdischen Menschen verunreinigend und daher verboten ist, wird in verschiedenen Texten des antiken Judentums diskutiert. Die Mischna zeichnet in dieser Hinsicht nur ein unklares und uneinheitliches Bild, das zudem wohl auch von historischen Veränderungen bestimmt ist. Eine Extremposition bezieht Jub 22,16 mit der strikten Aufforderung Abrahams an Jakob, sich von Menschen aus den Völkern zu trennen und mit ihnen weder zu essen noch überhaupt Umgang zu haben, denn „ihr Werk ist Unreinheit, und alle ihre Wege sind befleckt und Nichtigkeit und Abscheulichkeit." Auf der

---

88 Vgl. z.B. *Eschner*, Essen, 551–559. Während an anderen Stellen die Ablehnung der Tischgemeinschaft in der Gefahr eines Verzehrs von Götzenopferfleisch liegt, wird die Argumentation in diesem Falle auf anthropologischer Ebene geführt: Die Menschen, mit denen Tischgemeinschaft praktiziert werden soll, gelten als unrein.

anderen Seite markieren immer wieder Nichtjuden-freundliche Positionen wie die von Rabbi Meir, einem Schüler von Rabbi Akiba,[89] dass über dieses Thema fortwährend gestritten wurde. Das Gros der Belege tendiert jedoch in Richtung einer verunreinigenden Wirkung von Nichtjuden. Das ist auch für die Alltagswirklichkeit der frühen Christenheit anzunehmen. Entscheidend bleibt jedoch die Darstellung der Erzählung selbst. Petrus setzt in 10,28 voraus, dass Kornelius die geltenden Regularien kennt („Ihr wisst sicherlich, dass ..."), die deshalb zumindest auf der Erzählebene auch als allgemeingültig angesehen werden können: Es ist einem Juden nicht erlaubt, mit einem Nichtjuden Kontakt zu haben oder ihn aufzusuchen. Eschners semantische Analysen zu den Begriffen κοινός κτλ.[90] und ἀθέμιτόν ἐστιν[91] zeigen, dass es dabei nicht nur um eine auf das Gesetz bezogene Kategorisierung der Nichtjuden als „unrein" geht, sondern auch um allgemeine und alltägliche Situationen.

Zentrales Thema dieser Szene ist der Umgang mit Speisen. Petrus wird mit der Aufforderung konfrontiert, etwas zu essen, was er aufgrund seiner Gesetzesobservanz für nicht essbar hält. Die Himmelsstimme hält dieser Einschätzung die göttliche Deutungshoheit über das, was rein ist, entgegen. Dieses Thema erstreckt sich deshalb wohl auch auf die Begegnung im Hause des Kornelius, bei der es (wie schon in 10,23) nicht nur um Worte, sondern auch um Bewirtung und damit um Mahlgemeinschaft geht (vgl. 11,3).

Apg 10–11 ringt um das Miteinander von Menschen, die einander nicht a priori als zugehörig empfinden. Dieses Miteinander kommt exemplarisch an der Frage nach Speisegeboten und Tischgemeinschaft zum Ausdruck. Der Zusammenhang dieser beiden verwandten Themen liegt auf der Hand, wobei die Erfahrung des Petrus exemplarischen Charakter hat. Auf der Erzählebene wird sichtbar, dass die Einsicht des Petrus in 10,28 aus der in 10,9–16 geschilderten göttlichen Vision resultiert, und dass Petrus die Taufe des Kornelius in Jerusalem unter Hinweis auf sein visionäres Erlebnis verteidigt. Die Rekapitulation der Geschehnisse in 11,5–11 gibt dabei weiteren Aufschluss über den in 10,9–16 angestoßenen Sinneswandel. Letztlich schieben sich dabei zwei Diskurse übereinander, die einander korrespondieren.[92] Die Übertragungsleistung ist

89 Vgl. zu R. Meir *Krupp*, Talmud, 36–38.

90 Vgl. dazu die Darstellung oben und *Eschner*, Essen, 85–93.

91 Vgl. dazu die Analyse der vorliegenden Erzählung bei *Eschner*, Essen, 554–556.

92 Die Kombination der Themen sowie die Komposition der gesamten Erzählung haben Anlass für zahlreiche redaktionskritische Überlegungen gegeben. Diskutiert wird, ob die Verbindung der Einzelteile Lukas schon vorlag (so z.B. *Pesch*, Apostelgeschichte 1, 333), ob die Vision des Petrus das Werk des Lk ist (so *Haenchen*, Apostelgeschichte, 343) oder ob Lk verschiedene Traditionen vorgefunden und miteinander kombiniert hat (so *Weiser*, Apostelgeschichte 1, 254–256).

auf der Leseebene zu vollziehen. Dass auch Petrus einen Lernprozess durchläuft und erst allmählich zu einer neuen Haltung findet (10,17a),[93] bietet sich an als Modell für eine Umbruchssituation, in der die Völkermission noch alles andere als selbstverständlich ist und der Legitimation bedarf.

Eine besondere Spannung enthält 10,15: Petrus lehnt aufgrund seiner Gesetzesobservanz die Schlachtung und den Verzehr der präsentierten Tiere ab, obwohl er von der Himmelsstimme ausdrücklich dazu aufgefordert wird – ungeachtet der Tatsache, dass er sich ihres göttlichen Ursprungs durchaus bewusst ist, wie seine Reaktion mit der Anrede „Kyrios" (10,14) zeigt. Die Antwort der Himmelsstimme hält ihm daraufhin die Deutungsmacht Gottes entgegen (10,15), dem allein die Zuschreibung von rein und unrein zusteht. Darin ist auch der Tadel nicht zu überhören, der in dem Imperativ μὴ κοίνου mitschwingt. Immerhin könnte sich Petrus für seine Weigerung auf ein göttliches Gebot berufen. Daraus ergeben sich mehrere Interpretationsmöglichkeiten: Entweder ist Petrus einem Fehler aufgesessen und hat Tiere für unrein gehalten, die es nicht sind, weshalb ihn die Himmelsstimme dahingehend korrigiert, die richtigen Tiere für unrein zu halten; oder Gott hätte gleichsam unbemerkt seine Zuschreibung gegenüber Lev 11 verändert und Tiere, die vorher als unrein galten, nun als rein erklärt. Die Erzähllogik gibt solchen Überlegungen jedoch keinen Halt, was an der Reaktion des Petrus deutlich wird. Für ihn kommt die Auskunft in 10,15 gänzlich überraschend – und muss noch zwei weitere Male wiederholt werden, um sich überhaupt Gehör zu verschaffen. Gottes Wort in der Vision steht für ihn in direktem Widerspruch zu Gottes Wort, wie er es aus der Tradition (Lev 11) kennt.

An dieser Stelle setzt die semantische Analyse von κοινός an. Petrus unterscheidet zwischen rein und gemein/unrein, die Himmelsstimme hingegen zwischen rein und gemein:

In Apg 10, 15 heißt es konkret:

> ἃ ὁ θεὸς ἐκαθάρισεν, σὺ μὴ κοίνου.
>
> Was Gott gereinigt/für rein erklärt hat, das mache Du nicht gemein.

---

93 *Pesch*, Apostelgeschichte I, 341, beschreibt diese Leistung als einen Übersetzungsvorgang, der bei Petrus nur deshalb so stringent funktioniert, weil er in der Gottesrede eine Abschaffung der Unterscheidung in rein und unrein erkennt, die lediglich zu übertragen ist. Pesch zufolge erkläre Gott alles für rein, so dass die Gottesrede ein „dem jüdischen Gesetz zuwiderlaufende[r] Bescheid" sei; *Pesch*, Apostelgeschichte I, 39.

In dieser Aussage geht es keineswegs um eine Reinerklärung unreiner Speisen oder um die Aufhebung traditioneller Speisegebote überhaupt. Das, was als unrein gilt, bleibt unrein. Aber das, was rein ist, soll auch nicht κοινός gemacht werden. Die Begegnung des Reinen mit dem Unreinen macht das Reine nicht κοινός – „gemein". Hier setzt House mit seiner Theorie über „Defilement by association"[94] an und vermutet die Annahme einer halachischen Veränderung des Reinen durch die Begegnung mit dem Unreinen. Eine derart klare Regel lässt jedoch nicht nachweisen. Sie ist auch nicht notwendig, um den Impetus der Himmelsstimme in 10,15 zu verstehen: Gott beharrt auf der Reinheit des Reinen, unabhängig davon, dass sich zur gleichen Zeit auch Unreines in jenem unbestimmbaren Behältnis (σκεῦος) befindet. Damit bereitet die Audition die Möglichkeit einer Begegnung zwischen Juden und Nichtjuden vor.

In Apg 10,9–16 werden somit die Grundlagen für das gelegt, was im Folgenden geschieht und erzählerisch entfaltet wird. Das Ziel der Vision besteht darin, Petrus an die Deutungsmacht Gottes zu erinnern, damit er begreift: Seine Gesetzestreue steht der Gemeinschaft mit gottesfürchtigen Menschen aus den Völkern nicht im Wege. Die Vision hebt nicht die tradierten Speisegebote auf, sondern öffnet einen Weg, auch als gesetzestreuer Jude Gemeinschaft mit Nichtjuden zu pflegen. Die Schilderung in Apg 10–11 spiegelt dabei wahrscheinlich eine Realität wider, in der die Gleichzeitigkeit von Gesetzesobservanz und faktischer Tischgemeinschaft sowie die Suche nach deren theologischer Absicherung virulent war.

Der entscheidende Punkt liegt in der Feststellung, dass einmal von Gott als rein Erklärtes nicht von Menschen als gemein erklärt werden soll.[95] In 10,28 überträgt Petrus diese Feststellung auf die Begegnung von Menschen. Damit geht er über das hinaus, was ihm die Vision offenbart hatte, nimmt aber ihre Sinnrichtung sachgemäß auf. Am Ende der Vision blieb die Deutung für Petrus (wie auch für das Lesepublikum) noch offen. Erst in der Begegnung mit Kornelius beginnt Petrus zu begreifen, dass es ihm nicht zusteht, zu unterscheiden bzw. über den halachischen Status seines Gastgebers zu urteilen.[96] Nun expliziert er seinen Lernprozess auch – auf der Erzählebene für

94 Vgl. dazu den gleichnamigen Artikel; *House*, Association.

95 Damit sind aber auch die übrigen Reinheitsbestimmungen nicht einfach aufgehoben, nach denen z.B. ein Mensch durch die Berührung eines anderen, unreinen Menschen in verminderten Grad und für kurze Zeit unrein wird. Der Satz unterscheidet lediglich die Deutungsmacht Gottes und die der Menschen.

96 Nach Eschner liegt hier die Grundbedeutung von διακρίνω – „unterscheiden" näher als die Sonderbedeutung „zweifeln"; *Eschner*, Essen, 544–550. Ich halte es jedoch für ganz unwahrscheinlich, dass damit zugleich auch alle Unterscheidungsmechanismen überhaupt aufgehoben wären. Dagegen spricht auch der sprachliche Befund: Der

Kornelius (10,28–29) und auf der Rezeptionsebene für das Lesepublikum der Apostelgeschichte.

Gegen Pesch und andere gehe ich nicht davon aus, dass in Apg 10 eine Aufhebung der Unterscheidung von reinen und unreinen Speisen einer Aufhebung der Klassifizierung von Menschen als rein und unrein korrespondiert. Vielmehr bleibt die Unterscheidung bestehen, ohne daraus jedoch eine Abgrenzung gegenüber denen zu abzuleiten, die eine solche Unterscheidung nicht kennen.

7.3.3 *Apg 10–11 als Diskurs über soziale Identität*

Die Erzählung in Apg 10–11 beschreibt auf der Metaebene einen Prozess, in dem sich Identitäten verschieben und wieder neu zusammenfinden. Das von Gott selbst initiierte Miteinander von Juden und Nichtjuden, das an der Figur des Petrus expliziert wird, stellt das bisherige Selbstverständnis beider Gruppen in Frage. Zur sozialen Identität des alttestamentlich-jüdischen Individuums gehört die Klassifizierung der Speisen in rein und unrein ebenso hinzu wie eine grundsätzliche Distanz gegenüber der Begegnung mit nichtjüdischen Menschen.[97] Beides ist dadurch miteinander verbunden, dass Nichtjuden ein sorgloser oder unsachgemäßer Umgang mit Speisen nachgesagt wird. Das bezieht sich jedoch vor allem auf den Zusammenhang zwischen Götzendienst und Opfermahlzeiten und nur nachrangig auch auf den Verzehr unreiner Speisen. Zwei Aspekte der Erzählung lassen sich im Besonderen mit der Theorie der sozialen Identität beschreiben.

Soziale Identität konstituiert sich anhand von Kategorisierungs- und Vergleichsprozessen. Reinheit dient dabei vor allem dazu, die eigene Welt und die Umwelt in Gruppen einzuteilen. Diese Einteilung wiederum zieht verschiedene Abgrenzungsmechanismen nach sich, die nach innen wie nach außen gerichtet sind. Ein Beispiel für Mechanismen, die nach innen gerichtet sind, bieten die Aussatzregeln in Lev 13–14, die innerhalb der eignen In-Group erneut in In-Group und Out-Group unterscheiden und ganz konkrete (mitunter auch zeitlich begrenzte) Maßnahmen wie Isolation nach sich ziehen. Ein Beispiel für die Abgrenzung nach außen bietet die Sexualgesetzgebung in Lev 18 und 20, die das eigene Volk als In-Group gegenüber den Völkern als Out-Group

Unterscheidungsvorgang, der zwischen rein und unrein, heilig und profan unterscheidet, wird in der LXX mit διαστέλλω als Wiedergabe des hebräischen Zentralverbs בדל und nicht mit διακρίνω zum Ausdruck gebracht. Gegen Eschner halte ich auch an der Bedeutung „zweifeln" für Röm 14,23 fest, da es dort um den Modus des Essens (zweifelnd oder glaubend) und nicht um die Grundlage für die Auswahl der Speisen geht.

97 Zur Ambivalenz, Diversität und Ungewissheit des halachischen Status von Nichtjuden vgl. die Überlegungen in der Mischna, in dieser Arbeit Kap. 6.

beschreibt, weil die Völker Praktiken vollziehen, die als unrein qualifizieren. Die Erzählung in Apg 10 stellt die Unterscheidungsfunktion von Reinheit an sich nicht in Frage, betont aber ihre begrenzte Reichweite. Da sie als Teil der bleibend gültigen Tora den Alltag christusgläubiger Juden prägt, läuft sie Gefahr, die Gemeinschaft mit christusgläubigen Nichtjuden zu verhindern. Apg 10,9–16 entwirft deshalb eine Sichtweise, die der Kategorisierungsfunktion von Reinheit ihr Recht belässt für diejenigen, die nach den entsprechenden gesetzlichen Bestimmungen leben, Nichtobservante aber nicht ausschließt. Reinheit kann weiterhin kategorisierend wirken, ohne damit jedoch Wertungen im Sinne des sozialen Vergleichs zu verbinden.

Einen zweiten Aspekt betont Aaron Kuecker in einer Arbeit über die Funktion des Geistes im lukanischen Doppelwerk.[98] Kuecker stellt heraus, dass die Theorie der sozialen Identität, die ihren Ursprung bekanntermaßen in der Konfliktforschung hat, auch Ansätze für die Bewältigung von Konflikten bereithält, wie sie in realpolitischen Konflikten bereits Anwendung gefunden haben.[99] In Anschluss an sozialpsychologische Forschungen wie die von Mummendey/Wenzel[100] und Rupert Brown[101] verweist er dabei auf die Rolle einer übergeordneten Kategorie und deren Wirkung. Mummendey/Wenzel führen aus, welche Rolle eine übergeordnete Kategorie auf intergruppales Verhalten hat. Soziale Diskriminierung werde verstärkt, wenn die übergeordnete Kategorie durch Merkmale nur einer der beiden Gruppen gekennzeichnet sei.[102] Umgekehrt werde Toleranz dadurch gefördert, dass die inkludierende, übergeordnete Kategorie eine solche sei, unter der sich In-Group und Out-Group gleichermaßen versammeln können.[103]

---

98 Kuecker vertritt die These, dass der Geist der entscheidende Faktor einer neuen, christuszentrierten sozialen Identität sei; *Kuecker*, Spirit.

99 Vgl. dazu *Kuecker*, Spirit, 32–33.

100 Vgl. den grundlegenden Aufsatz zum Umgang mit intergruppalen Unterschieden und der Charakterisierung von sozialer Diskriminierung und Toleranz von *Mummendey & Wenzel*, Discrimination.

101 Vgl. den ausführlichen Überblick über die verschiedenen Kriterien der Theorie sozialer Identität bei *Brown*, Agenda 2000.

102 Mummendey/Wenzel führen als Beispiel die Wahrnehmung Ostdeutschlands aus westdeutscher Perspektive an. Sie nennen den Prozess, der zu anwachsender Diskriminierung führt, „projection of ingroup attributes onto the inclusive category or generalization from ingroup to the inclusive category", *Mummendey & Wenzel*, Discrimination, 165.

103 Ein weiterer sozialpsychologischer Toleranzbegriff entsteht dann, wenn beide Gruppen derart verschieden sind, dass aufgrund des Mangels an Vergleichskategorien auch kein Normierungs- und Bewertungskonflikt entstehen kann; vgl. dazu *Mummendey & Wenzel*, Discrimination, 167.

Charakteristisch an den Identitätsprozessen in Apg 10–11 ist die Gleichzeitigkeit von Kontinuität und Innovation. Die Vision des Petrus in Apg 10,9–16 bewertet nichtjüdische Menschen neu und wird darin paradigmatisch für die frühe Christenheit, was sich u.a. auch in den Bestimmungen des Apostelkonvents (Apg 15) niederschlägt. Der Lerneffekt, den die Vision auslöst, zielt auf die Ermöglichung einer gemeinsamen Identität unter Beibehaltung einzelner Aspekte, die nicht für alle gleichermaßen gültig sind. Die Identitätsmerkmale der Untergruppen werden nicht entwertet, sondern vielmehr bestärkt. Toleranz wird dadurch befördert, dass die übergeordnete Kategorie das entscheidende und verbindende Identitätsmerkmal ist. Kuecker formuliert: „The most promising avenue for intergroup conflict reduction has been the creation of new superordinate identities that do not invalidate, but rather affirm distinct subgroup identities."[104] In dieser modernen Lösungsstrategie sieht Kuekker m.E. zu Recht einen Weg, jene Veränderung zu beschreiben, die in den Gemeinden Wirklichkeit wurde und die in Apg 10–11 reflektiert und gedeutet wird. Selbstverständlich liegt der wie auch immer gearteten Autorenintention kein sozialpsychologisches Konzept zu Grunde, doch die modernen Theorien können helfen, die komplexen Zusammenhänge der neutestamentlichen Texte besser zu verstehen.

Die neue, übergeordnete Kategorie ist in diesem Falle der Glaube an Jesus als Christus, der Juden und Nichtjuden vereint. Gott ist derjenige, der über die Macht zur Deutung von rein und gemein verfügt und der mit der Vision in Apg 10,9–16 einen Impuls für die Einheit bislang getrennter Gruppen setzt.

Petrus erfährt pars pro toto für die Gesamtheit seiner christusgläubigen jüdischen Geschwister, dass die Unterscheidung zwischen reiner und unreiner Speise der Deutungsmacht Gottes untersteht. Die Himmelsstimme fragt nicht die überlieferten Kategorien an, sondern zeigt Petrus einen Weg, wie er im Rahmen seiner Traditionen und im Glauben an Jesus Christus die Gemeinschaft mit Nichtjuden leben kann. Kuecker spricht immer wieder von dieser neuen Identität als einer, die „affirms yet transcends ethnic identity".[105] Diese Doppelfunktion, die maßgeblich durch den Geist bewirkt ist, umreißt treffend das Spannungsverhältnis, in dem Apg 10,9–16 und die ganze Erzählung stehen. Die Grundlagen der eigenen, von Kuecker als ethnischen qualifizierten, Identität werden bestätigt – und zugleich in neue Form der Identität überführt.

Apg 10–11 markiert eine Übergangssituation. Während Reinheit traditionell als notwendiges Kriterium der Zugehörigkeit fungiert, gelten ihre Bestimmungen nun nicht mehr für alle Gruppenmitglieder gleichermaßen. Die Erzählung

104 *Kuecker*, Spirit, 33.

105 So zum Beispiel *Kuecker*, Spirit, 180.181.

reflektiert die Erfahrungen einer Umbruchssituation, in der die Christusgläubigen aus dem Gegensatz von In-Group und Out-Group heraustreten und dabei ihre neue Wirklichkeit in Gestalt neuer Gemeinschaft leben. Apg 10,9–16 im Besonderen und Apg 10–11 im Allgemeinen stehen als Beispiel dafür, dass der Glaube an Jesus Christus eine neue, inklusive Identitätskategorie darstellt, die zugleich die Merkmale der Untergruppen als Spezifika bewahrt, ohne ihnen jedoch distinktiven Charakter zuzuschreiben. Reinheit ist damit im strengen Sinne für die frühe Christenheit kein Merkmal sozialer Identität mehr, weil sie nicht zu jenen Merkmalen des Individuums gehört, die sich aus seiner Gruppenzugehörigkeit ergeben. Dass Reinheit dennoch ein individuelles Identitätsmerkmal sein und darüber hinaus auch die soziale Identität einer Untergruppe bezeichnen kann, bleibt unbenommen – und erweist sich zugleich als Kennzeichen einer Gemeindestruktur, die erst noch zu schaffen ist.

7.4 Einheit auf Kosten der Reinheit: Röm 14

7.4.1 *Einleitung und Übersetzung*

In Röm 14,14b formuliert Paulus die – für einen Pharisäer[106] wie ihn – überraschende Aussage: οὐδὲν κοινὸν δι᾽ ἑαυτοῦ. – „Nichts (ist) aus sich selbst heraus gemein." In 14,20b hat diese negative Formulierung dann ein positives Gegenstück: πάντα μὲν καθαρά. – „alles (ist) zwar rein." Beide Formulierungen werden durch Folgesätze eingeschränkt und durch ihren Kontext (eine Paränese zum Miteinander in der Gemeinde) konkretisiert; sie sind auch nicht deckungsgleich, sondern verfolgen unterschiedliche Ziele. Bereits die Einleitung zu dem ganzen Abschnitt (Röm 14,1–15,7) signalisiert, dass Paulus zwei Gruppen vor Augen hat, zwischen denen er zu vermitteln sucht. Eine Lektüre des Abschnitts im Kontext des Römerbriefs lässt erkennen, dass es innergemeindliche Gruppen sind, die hier im Fokus stehen. Am Beispiel eines konkreten Konfliktfalls, der im Zusammenhang mit Speisefragen steht, formuliert Paulus in Röm 14 Prämissen für ein Zusammenleben beider Gruppen, das unterschiedliche Einstellungen respektiert. Seine Argumentation ist dabei weniger pragmatisch als vielmehr zutiefst theologisch. Sie hat eine langandauernde exegetische Diskussion ausgelöst, die vor allem die Identität der beiden Gruppen betrifft.

106 Paulus war Pharisäer und lebte als solcher – das ist den Aussagen in Apg 22,3; 23,6; 26,5 sowie der Selbstbeschreibung in Phil 3,5 zu entnehmen. Niebuhr zufolge kann man davon ausgehen, dass Paulus um eine vollständige Observanz der Tora bemüht war; vgl. *Niebuhr*, Heidenapostel, 56, zu Phil 3,5 auch 108–109. Damit stand Paulus fest auf dem Boden jüdischer Theologie und Frömmigkeit seiner Zeit; vgl. ähnlich auch *Lohse*, Paulus, 20–21.

Daran anknüpfend werde ich im Folgenden vier Fragen formulieren, die geeignet sind, den Abschnitt zu erschließen. Sie stellen den Ausgangspunkt dar, um in einem zweiten Schritt nach dem Zusammenhang von Reinheit und sozialer Identität in Röm 14 zu fragen. Sachlich und terminologisch klar unterschieden werden in Röm 14 zwei Gruppen erkennbar, für deren Selbstbild Reinheitsfragen einen unterschiedlichen Stellenwert haben.

Röm 14,1–15,7 bildet einen in sich geschlossenen Abschnitt, der durch das Stichwort προσλαμβάνω – „annehmen" gerahmt wird. Insgesamt stellen die Kapitel 12–15 den Praxistest für die zuvor entfaltete Rechtfertigungstheologie des Paulus dar. Während in den Kapiteln 12 und 13 allgemeine Fragen wie Gottesdienst, Gemeindeorganisation, Vergebungsbereitschaft, Loyalität gegenüber der Staatsmacht oder Nächstenliebe angesprochen werden, kommt mit 14,1 ein Konflikt in den Blick, der auf die konkrete Gemeindesituation abhebt. Paulus sieht die Gemeinde in zwei Gruppen auseinanderfallen. Der Einsatz bei 14,1 ergibt sich aus dem Beginn eines neuen Themas; die Abgrenzung nach hinten lässt sich weniger eindeutig vornehmen; bisweilen wird 15,7 auch dem folgenden Abschnitt zugerechnet. Allein die begriffliche Nähe zu 14,1 rät dazu, hier noch einmal eine bewusste Rückblende zu sehen und den Vers zumindest als Scharnierstück zwischen diesem und dem folgenden Abschnitt zu verstehen.[107]

Da der Fokus auf den Versen 14,14 und 14,20 liegt, wird im Folgenden nur die Übersetzung des unmittelbaren Kontexts dieser Verse (14,13–14,23) geboten:

> 13 Lasst uns also nicht mehr übereinander urteilen, sondern urteilt viel mehr darüber, dass man dem Geschwisterteil[108] keinen Anstoß und keinen Stolperstein biete.
>
> 14 Ich weiß und bin in dem Herrn Jesus überzeugt: Nichts ist aus sich selbst heraus gemein, außer für den, der es für gemein hält, jenem ist es gemein.
>
> 15 Wenn nämlich dein Geschwisterteil durch die Speise gekränkt wird, verhältst Du Dich nicht mehr gemäß der Liebe. Richte durch deine Speise nicht jenen zugrunde, für den Christus gestorben ist!
>
> 16 Lasst euch also nicht euer Gutes verlästern.

107 *Eschner*, Essen, grenzt beispielsweise 14,1–15,13 ab, *Barclay*, Law, dagegen 14,1–15,6.

108 τῷ ἀδελφῷ meint wörtlich den Bruder. Im vorliegenden Kontext geht es jedoch um die nahestehenden Gemeindeglieder, die genauso gut Schwestern sein können. An anderen Stellen wählt Paulus den uneindeutigeren Plural, der sich gut mit „Geschwister" wiedergeben lässt. Daran knüpft die hier gewählte Übersetzung an.

17 Die Königsherrschaft Gottes ist nämlich nicht Essen und Trinken, sondern Gerechtigkeit und Friede und Freude im Heiligen Geist.

18 Denn wer darin Christus einen Sklavendienst leistet, ist bei Gott wertvoll und bei den Menschen gut angesehen.

19 So lasst uns nach dem Frieden streben und danach, was uns gegenseitig aufbaut.

20 Zerstört nicht wegen Speise das Werk Gottes. Es ist zwar alles rein, aber es ist schlecht für den Menschen, der isst und dadurch Anstoß nimmt.

21 Es ist gut, kein Fleisch zu essen und keinen Wein zu trinken und nichts (zu tun), woran dein Geschwisterteil Anstoß nimmt.

22 Du sollst den Glauben, den du bei dir hast, auch vor Gott haben. Glücklich, wer sich nicht selbst richtet in dem, was er für richtig hält.

23 Wer aber zweifelt, wenn er isst, der ist verurteilt, weil (es) nicht aus Glauben (geschieht). Alles aber, was nicht aus Glauben (geschieht), ist Sünde.

7.4.2 *Textbeschreibung*

Im Folgenden soll der Text unter dem Aspekt des Zusammenhangs von Reinheit und sozialer Identität untersucht werden.

Folgende Fragen bilden die Grundlage der weiteren Analyse:

1. Besteht ein traditionsgeschichtlicher Zusammenhang zwischen Röm 14 und Mk 7,15?
2. Worum dreht sich der Konflikt in Röm 14?
    a. Wer sind die Beteiligten im Konflikt?
    b. Auf welche Situation trifft Paulus?
    c. Was ist das Thema des Konfliktes?
3. Geht es in Röm 14 um eine generelle Auflösung der Speiseregeln?
4. Was ist Thema und Ziel der paulinischen Argumentation in Röm 14?

7.4.2.1 Besteht ein traditionsgeschichtlicher Zusammenhang zwischen Röm 14 und Mk 7,15

Aufgrund der inhaltlichen Nähe zwischen Röm 14 und Mk 7/Mt 15, die durch die κοινός-Terminologie unterstrichen wird, stellt sich die Frage, ob zwischen beiden Texten auch ein traditionsgeschichtlicher Zusammenhang besteht. Zumeist wird vermutet, dass hinter Röm 14,14b mündliche Jesustradition stünde, die dann gern als Beleg für die Authentizität des Logions aus Mk 7,15 in Anspruch genommen wird.[109] Vertreter und Vertreterinnen dieser These

109 Die Authentizität des Logions in Mk 7,15 steht hier nicht zur Debatte. Der Fokus liegt im Folgenden auf einem möglichen Zusammenhang zwischen Mk 7 und Röm 14.

argumentieren dabei vor allem mit dem singulären Charakter dieses Satzes. Exemplarisch formuliert z.B. Dunn: „Almost certainly Paul here echoes a saying of Jesus in the form in which it was cherished in the Hellenistic mission (Mk 7:15,19)."[110] Zudem lege der explizite Bezug auf den „Kyrios Jesus" nahe, dass es sich hierbei nicht nur um eine lose Bezugnahme, sondern um den Rückgriff auf ein konkretes Logion handle.[111]

Christine Jacobi zeigt hingegen anhand einer synchronen Analyse, dass die formelhaft wirkende Einleitung von Röm 14,14a keine Zitationsformel ist.[112] Gegen eine traditionsgeschichtliche Beziehung zwischen Röm 14,14b und Mk 7,15 spricht auch die Einsicht, dass Mk 7 zwar Fragen der Reinheit diskutiert, das jedoch vorrangig am Beispiel des Händewaschens tut. Speisevorschriften, zumal mit einem derart konkreten Alltagezug, stehen hier allenfalls im Hintergrund. Neben der inhaltlichen Nähe fällt besonders die terminologische Nähe zwischen Röm 14,20b und Mk 7,19c auf. Sie relativiert sich jedoch insofern, als man in Mk 7,19c häufig eine nachträgliche Erweiterung sieht. Terminologische Bezüge bleiben demnach auf Röm 14,14 und Mk 7,15 beschränkt und betreffen dort die vergleichbaren Wortverbindungen von οὐδέν und Formen von κοινόω. Allerdings stehen diese Begriffe in unterschiedlichen Bezügen werden auf unterschiedliche Themen angewendet, was die Übernahme eines tradierten Logions weitgehend ausschließt.[113] Michael Theobald führt zudem

110 *Dunn*, Romans II, 830.

111 *Dunn*, Romans II, 818, sieht vor allem die explizite Nennung des Namens Jesu als Argument für den Rückgriff auf ein Jesuswort an. Die Gegenposition unter Berufung auf eine ganze Reihe älterer Gewährsleute vertritt *Räisänen*, Paul, 246–248. In eine ähnliche Richtung wie Dunn weisen auch *Paschen*, Rein und unrein, 171; eher vorsichtig *Cranfield*, Romans II, 712, der auch andere Möglichkeiten erwägt; ähnlich *Jewett*, 859. *Räisänen*, Food Laws, 235, suggeriert sogar, dass Mk 7,15 von Röm 14,14 beeinflusst sein könnte.

112 Vgl. dazu *Jacobi*, Jesusüberlieferung, 328–345. Paulus kennzeichne mit dieser Einleitungsformel seine Überzeugung in einem epistemischen Sinne. Im Anschluss an Wolter versteht Jacobi πέπεισμαι – „ich bin überzeugt" als qualitative Steigerung des voranstehenden οἶδα – „ich weiß" und lehnt deshalb eine Übersetzung mit „vertrauen" ab; vgl. *Jacobi*, Jesusüberlieferung, 337–340. Wolter analysiert die Wendung im Zusammenhang der paulinischen „in-Christus"-Formulierungen, deren Funktion er in der Bekräftigung einer Aussage sieht; vgl. *Wolter*, Paulus, 235–237. Ähnlich argumentiert auch *Eschner*, Essen, 337–338, dass diese Überzeugung ihre Ursache (analog zu Phil 2,19) in Jesu habe. *Räisänen*, Herkunft, 214–215, betrachtet die Gemeinschaft mit Christus als Ausgangspunkt und verweist dazu auf Gal 5,10 oder Phil 2,24; ähnlich auch *Cranfield*, Romans II, 712.

113 Vgl. zur Erläuterung die tabellarische Aufstellung und semantische Detailanalyse bei *Jacobi*, Jesusüberlieferung, 36–365, die zwar eine gemeinsame „Basistradition", aber keine „wörtlich fixierte gemeinsame Überlieferung" (365) erkennt. In eine ähnliche Richtung weist auch *Räisänen*, Herkunft, 214–215.; *Räisänen*, Paul, 247.

an, dass eine Rückführung des Logions auf den historischen Jesus mit dessen z.B. Gal 4,4 postulierten Gesetzestreue in Spannung stünde.[114]

Eine gewisse Nähe beider Texte ist nicht zu übersehen, eine genetische Abhängigkeit aber nicht nachzuweisen. Immerhin lassen sie ein spezifisches neutestamentliches Interesse an reinheitsrelevanten Speisefragen erkennen. Mit Jacobi kann von einem Topos gesprochen werden, der verschiedene Texte durchzieht und dabei auf unterschiedliche Weise bearbeitet wird.[115]

7.4.2.2 Worum dreht sich der Konflikt in Röm 14?

Dass Paulus in Röm 14,1–15,7 auf einen Konflikt reagiert, wird an der in 14,1 angedeuteten und in 15,1 ausgesprochenen Spaltung der Gemeinde in die Gruppe der „Starken" und der „Schwachen" deutlich. Für das Verständnis des Abschnitts ist eine Klärung der grundsätzlichen Koordinaten dieses Konfliktes entscheidend. Wodurch qualifizieren bzw. unterscheiden sich die von Paulus angesprochenen Gruppen? Welche Situation spricht Paulus an, und welche Position nimmt er dabei ein? Worin genau besteht das Problem, das in diesem Konflikt verhandelt wird? Alle drei Teilfragen sind so zu beantworten, dass textinterne Signale textextern ausgewertet werden. Im Mittelpunkt steht die Frage nach der Beziehungsdynamik beider Gruppen, in der sich ein Identitätskonflikte widerspiegelt.

7.4.2.2.1 *Wer sind die an dem Konflikt Beteiligten?*

Aus Röm 14,1 ergibt sich, dass οἱ ἀσθενοῦντες – „die Schwachen" auf der einen Seite und die erst in 15,1 genannten (von Paulus mit sich selbst identifizierten) οἱ δυνατοί – „die Starken" auf der anderen Seite des Konflikts stehen. Mit diesen Bezeichnungen ist indessen noch keine Qualifizierung beider Gruppen erfolgt. Eine ähnliche Einteilung in „Starke" und „Schwache" ist bereits aus den paulinischen Diskussionen zum Götzenopferfleisch (1Kor 8,1–11,1) bekannt. Hier wie dort sind die Situationen jedoch unterschiedlicher Art, so dass eine inhaltliche Gleichsetzung beider Gruppen unsachgemäß ist. Die Verwendung derselben Terminologe zeigt aber an, dass eine solche funktionale Unterteilung für Paulus keine flüchtige Idee, sondern ein wohlüberlegtes Konzept darstellt.[116]

---

114 Vgl. *Theobald*, Studien, 492.

115 Zum Begriff „Topos" und seiner Herkunft aus der Erinnerungshermeneutik vgl. *Jacobi*, Jesusüberlieferung, 374, mit weiteren Verweisen.

116 Gerd Theißen war darin bahnbrechend, soziologische Modelle auf die Interpretation paulinischer Gemeindekonflikte anzuwenden; vgl. *Theißen* (Hg.), Soziologie, darin für diesen Kontext relevant: *Theißen*, Analyse. Weil die Soziologie vor allem das Typische untersucht, die antike Überlieferung aber vor allem das Außergewöhnliche berichtet, stößt die sozialgeschichtliche Exegese auch an Grenzen. Soziologische Methoden lassen

An der Identifizierung beider Gruppen hat sich eine lange Debatte entzündet.[117] Der Vergleich zwischen den Situationen in Rom und Korinth macht sehr schnell deutlich, dass Paulus hier zwar die gleiche Nomenklatur verwendet, damit aber inhaltlich unterschiedliche (und allenfalls strukturell vergleichbare) Gruppen bezeichnet. Eine enge textliche Verwandtschaft besteht vor allem zwischen 1Kor 8,7–13 und Röm 14,13b-23: In beiden Fällen appelliert Paulus an die Starken, Rücksicht gegenüber den Schwachen zu üben; konkret plädiert er in beiden Fällen für einen Selbstverzicht der sog. „Starken" gegenüber den sog. „Schwachen". Gerd Theißen beschreibt dieses Verhalten mit dem Begriff „Liebespatriarchalismus", der auf beide Konfliktsituationen anwendbar sei.[118] Auch die Art der Argumentation lässt sich vergleichen: In beiden Fällen geht Paulus nicht von der strittigen Sache, sondern vom Christusbekenntnis aus. Dieser grundsätzlichen Ähnlichkeit stehen jedoch größere inhaltliche Unterschiede entgegen, die sich vor allem in der Themen- wie auch in der Wortwahl niederschlagen. Die in 1Kor 8 und 10 so zentrale Götzenopferfleischproblematik wird in Röm 14 gar nicht erwähnt; die Argumentationen in 1Kor und Röm 14 sind von den jeweiligen Gemeindesituationen geprägt. In 1Kor 8 bezeichnet Paulus mit den „Schwachen" offenbar jene Gemeindeglieder, die aus den Völkern hinzugekommen sind und ihre Loyalität gegenüber den Gottheiten des Pantheons noch nicht völlig abgelegt haben.[119] Das wird an Aussagen wie der in 1Kor 8,10 deutlich:

> ἐὰν γάρ τις ἴδῃ σὲ τὸν ἔχοντα γνῶσιν ἐν εἰδωλείῳ κατακείμενον, οὐχὶ ἡ συνείδησις αὐτοῦ ἀσθενοῦς ὄντος οἰκοδομηθήσεται εἰς τὸ τὰ εἰδωλόθυτα ἐσθίειν;
>
> Wenn nämlich jemand sieht, dass du, der du Erkenntnis hast, im Götzentempel zum Essen liegst: wird nicht sein Gewissen, weil er schwach ist, ermuntert werden, Götzenopferfleisch zu essen?

---

sich jedoch besonders gut auf Konfliktfälle anwenden, da hier im Besonderen das Banale zum Thema wird und alltägliche Gewohnheiten hervortreten; vgl. *Theißen*, Analyse, 272. Paulus geht in seiner Argumentation sehr genau auf die jeweilige soziale Situation ein. Er trifft keine prinzipiellen Entscheidungen, sondern orientiert sich an konkreten Problemen und Personen und er weiß sowohl die Position der „Starken" wie auch der „Schwachen" zu vertreten. Theißen analysiert die soziologischen Gründe für das Verhalten der beiden Gruppen anhand der Situation in Korinth und widerspricht ihrer Identifikation entlang der geprägten Linien von „Heidenchristen" und „Judenchristen".

117 Einen umfassenden Überblick bietet *Schneider*, Schwache, 8–49, bes. 40–49. Neuere Entwürfe referiert Volker Gäckle in seiner Untersuchung beider Gruppen in Korinth und Rom; vgl. *Gäckle*, Starke, 22–32.

118 Vgl. z.B. *Theißen*, Analyse, 288.

119 Dagegen *Theißen*, Analyse, 273–275.

Mit der Erwähnung bestimmter Speiseregeln sowie einer besonderen Achtung vor bestimmten Tagen sind in Röm 14 hingegen jene in den Blick genommen, die aus dem Judentum kommen oder mit diesem sympathisieren. Die Bezeichnung „stark" und „schwach" hat also eine vergleichbare Funktion, meint aber in beiden Briefen unterschiedliche Gruppen.[120]

Daraus ergibt sich auch eine genauere Bestimmung der beiden Gruppen in Röm 14. Die Mehrheit der Forschenden[121] geht davon aus, dass es sich bei den „Schwachen" um jene handelt, die in Rom aus dem Judentum zur christusgläubigen Gemeinde hinzugestoßen sind und weiterhin an den Bestimmungen der Tora festhalten.[122] Dafür spricht vor allem die auffällige Verwendung der κοινός-Terminologie. Nach Eschner ist dieser Begriff gerade nicht nur einfaches Antonym zu καθαρός und damit auch nicht Äquivalent zu טמא.[123] Vielmehr steht κοινός im Diasporajudentum in engem Zusammenhang zu Gesetzesfragen und identifiziert somit die „Schwachen" als jene, die dem Gesetz in besonderer Weise verbunden sind.[124] Vahrenhorst überlegt, ob die Streitfragen (Kalender- und Speisevorschriften) auch einen Konflikt zwischen Christusgläubigen nichtjüdischer Herkunft betreffen könnten, hält diese Möglichkeit aber für weniger wahrscheinlich. Als Begründung führt er die Pragmatik des Briefes an, die in 15,7–13 auf das gemeinsame Gotteslob von Juden und Nichtjuden zuläuft; zudem sei die Differenzierung von Speisen in „rein" und „unrein" ein Proprium jüdischer Torafrömmigkeit.[125]

Damit zeichnet sich ab, dass der Konflikt in Röm 14 ein innerjüdischer ist – zwischen denen, die auch als Christusgläubige die Bestimmungen des Gesetzes einhalten und denen, die das nicht tun. Paulus positioniert sich in diesem Konflikt durch das solidarische „wir" klar auf der Seite der Starken (Röm 15,1):

120 Zu einem argumentativen Vergleich beider Texte vgl. *Gäckle*, Starke, 438–444.

121 Gäckle stellt die gängigsten Positionen samt ihren Vertretern dar; vgl. *Gäckle*, Starke, 363–374. Alternative Meinungen schlagen vor, in den Schwachen folgende Gruppen zu sehen: 1) Anhänger eines synkretistischen Christentums, 2) Vertreter einer paganphilosophischen Gruppierung, 3) Anhänger der Pythagoräer, 4) Gruppen wie in Korinth, 5) Gottesfürchtige, 6) eine urchristliche Bußbewegung, 7) nichtchristliche Juden.

122 Vgl. z.B. *Schneider*, Schwache, 128.138.156.ebenso *Gäckle*, Starke, 369, der weitere Vertreter dieser These nennt, darunter die Kommentare von Zahn, Haacker, Wilckens u.a., vgl. Anm. 372. *Cranfield*, Romans II, 690–698, kommt zu einem ähnlichen Ergebnis, kategorisiert jedoch die Alternativvorschläge anders.

123 So *Gäckle*, Starke, 369–370; allerdings merkt er in Anm. 374 an, dass die LXX diese Analogie nicht vornimmt.

124 Vgl. zu Etymologie und Entwicklung des Begriffs κοινός *Eschner*, Essen, 85–95.

125 Vgl. zu den Details *Vahrenhorst*, Sprache, 306–307.

> Ὀφείλομεν δὲ ἡμεῖς οἱ δυνατοὶ τὰ ἀσθενήματα τῶν ἀδυνάτων βαστάζειν καὶ μὴ ἑαυτοῖς ἀρέσκειν.
>
> Wir, die Starken, müssen aber die Schwächen der Schwachen aushalten und nicht uns selbst gefallen.

Diese Positionierung wirft Fragen zur Rolle des Paulus und zu seiner Beziehung gegenüber der christusgläubigen Gemeinde in Rom auf.

7.4.2.2.2 *Wie steht Paulus zur Gemeinde in Rom?*

Die Frage, welche Gemeindesituation Paulus in Rom voraussetzt und aus welcher Position heraus er schreibt, berührt die klassischen Einleitungsfragen zum Römerbrief. Entscheidend sind dabei zwei grundlegende Sachverhalte.

Zum einen hat Paulus die Gemeinde in Rom nicht selbst gegründet, was dem Röm gegenüber allen anderen paulinischen Briefen einen besonderen Charakter verleiht. Daraus folgt eine gewisse Distanz zu den Gemeindegliedern – und womöglich auch eine gewisse Vorsicht in der Wort- und Themenwahl. Eine solche persönliche und frontale Unmittelbarkeit, wie sie aus der Korintherkorrespondenz oder aus dem Galaterbrief bekannt ist, wäre in einem Brief an eine bislang noch unbekannte Gemeinde wenig angemessen.[126] Insofern versteht es sich nicht von selbst, dass Paulus einen internen Konflikt der römischen Gemeinde anspricht und sich selbst darin positioniert. Dass er es dennoch tut, zeugt von der Bedeutung, die eine Klärung für ihn hat. Seine Distanz legt ihm zwar eine gewisse Zurückhaltung auf, ermöglicht ihm aber auch, die Position des Außenstehenden einzunehmen. Einerseits schließt er sich selbst mit ein, andererseits versucht er, die Dynamik der Gemeinde von außen zu betrachten. Seine klare Parteinahme zeigt, dass er über den Konflikt ausreichend gut informiert ist, um sich dazu verhalten zu können. Barclay argumentiert: „he would hardly donate his authority as a blank cheque cashable by any Pauline group claiming to be ‚the strong'".[127]

Zum anderen ist von Belang, dass der Römerbrief im Allgemeinen als der jüngste paulinische Brief gilt und somit am Ende der theologischen Entwicklung des Apostels steht.[128] Röm 14,1–15,7 wird deshalb gern auch als eine Art

126 Welche Auswirkungen diese Zurückhaltung des Paulus auf die Interpretation des gesamten Röm hat, beschreibt *Haacker*, Römer, 13–14.

127 *Barclay*, Law, 289.

128 Der Begriff der Entwicklung ist an dieser Stelle trügerisch, weil er die Möglichkeit suggeriert, eine solche überhaupt linear und lückenlos nachzeichnen zu können. Er eignet sich lediglich für die Beschreibung der Unterschiede, die zwischen den frühen und späten paulinischen Briefen erkennbar sind.

letztes Wort zur Geltung des Gesetzes und zu seiner praktischen Relevanz verstanden.[129] Die paulinische Haltung zum Gesetz und zur Toraobservanz stellt sich in dem Konflikt von Röm 14,1–15,7 jedoch anders dar als z.B. noch in Gal 3–4. Das hängt vor allem mit der veränderten Situation zusammen: Während die Situation im Röm einen Konflikt zwischen verschiedenen aus dem Judentum stammenden Gruppen spiegelt, versuchen die sog. „Irrlehrer" des Gal, den Menschen aus den Völkern Toraobservanz (namentlich in Gestalt der Beschneidungsforderung) aufzuerlegen. Paulus trifft also mit seinem Brief an die Gemeinde in Rom auf eine Situation, in der die Heterogenität der Gemeindeglieder zu praktischen Problemen führt – und ist deshalb bestrebt, die Einheit der Christusgläubigen in all ihrer Vielfalt zu erhalten. Insgesamt ist dem Röm als dem im Vergleich zum Gal späteren Brief eine größere Offenheit gegenüber denen anzumerken, die das Bekenntnis zu Jesus Christus mit einem Leben nach der Tora verbinden.

Paulus schreibt also an eine Gemeinde, die er von außen wahrnimmt und der er sich zugleich eng verbunden fühlt. In diesem Spannungsfeld bewegt er sich, wenn er nach einigen grundlegenden paränetischen Ausführungen in 12–13 nun in 14,1–15,7 einem konkreten Konfliktfall zuwendet. Dieser Spannung ist es wohl auch geschuldet, dass die Frage, die dem Konflikt zugrunde liegt, weniger eindeutig zu Tage tritt als die Frage nach dem Verzehr von Götzenopferfleisch in 1Kor 8,1–11,1.

7.4.2.2.3 *Was ist das Thema des Konflikts?*

Der Themenbereich, um den es in diesem Abschnitt geht, wird bereits durch die Terminologie angedeutet: Begriffe wie κοινός – „gemein", καθαρός – „rein", βρῶμα – „Speise", βρῶσις – „Nahrung" oder πίνειν – „trinken" gehören in den Bereich speiserelevanter Reinheitsfragen. Damit ist aber noch nicht viel mehr als eine erste, ungefähre Bestimmung vorgenommen. In 1Kor 8,1–11,1 findet sich ein vergleichbares terminologisches Set. Der Verzehr von Götzenopferfleisch spielt jedoch in Röm 14,1–15,7 gerade keine Rolle, auch wenn man den generellen Fleischverzicht (Röm 14,2)[130] oder die kombinierte Enthaltung von Wein und Fleisch[131] immer wieder einmal in diesem Sinne verstanden hat. Die

129 Vgl. zu dieser Frage besonders *Heil*, Ablehnung, und den Aufsatz von *Barclay*, Law.

130 Verschiedene Belege bei Billerbeck lassen vermuten, dass ein generelles Wein- oder Fleischverbot bisweilen vorbeugenden Charakter hatte; vgl. dazu *Eschner*, Essen, 341, Anm. 216. *Gäckle*, Starke, 365, führt weitere Vertreter dieser Ansicht auf, spricht sich selbst jedoch dagegen aus.

131 Zum Weinverzicht vgl. *Heil*, Ablehnung, 259.

Götzenthematik, wie sie in 1Kor 8 und 10 ausführlich diskutiert wird, fehlt in Röm 14 vollständig.[132]

Volker Gäckle vermutet als Hintergrund des Konfliktes eine unsachgemäße Schlachtung der Tiere, wovon das Verbot des Blutgenusses berührt worden wäre;[133] damit wird also eine Situation assoziiert, wie sie wohl auch im Hintergrund des Aposteldekrets in Apg 15 steht. Diese Deutung lässt sich jedoch ebenso wenig halten: Die Forderung des Aposteldekrets richtet sich verbindlich an alle Glieder der Gemeinde, während Röm 14 den Verzicht nicht grundsätzlich, sondern lediglich aus pragmatisch motivierter Rücksichtnahme gegenüber Einzelnen fordert.[134] Außerdem müsste Paulus das Aposteldekret dann auch gekannt haben, was aber keineswegs sicher ist. Andere Hinweise auf Schlachtungpraktiken gibt es im Text nicht.

Deutlich näher liegt deshalb die Annahme, Röm 14 vor dem Hintergrund einer Unterscheidung von reinen und unreinen Tierarten (Lev 11 und Dtn 14) zu lesen,[135] wozu die Verbindung von Speisefragen mit Unreinheitsterminologie ermuntert. Während der Diskurs über das Götzenopferfleisch in 1Kor 8 und 10 ohne die Reinheitsterminologie auskommt, ist dieselbe traditioneller Bestandteil der schon im Alten Testament belegten Klassifizierung von Tieren als „rein" und „unrein".[136] Nimmt man einen solchen Zusammenhang an, dann wird auch verständlich, dass es Paulus in diesem Konflikt mit einer besonderen Schwierigkeit zu tun hat. Die Meidung bestimmter Speisen aufgrund ihrer gesetzlichen Unreinheit schafft in der Gemeinde eine doppelte Front: einerseits gegenüber jenen Gemeindegliedern, die aus dem Judentum kommen und ihre Observanz abgelegt haben; andererseits gegenüber jenen aus den Völkern, denen diese Bestimmungen schon immer fremd waren. Der Konflikt verläuft

132 Eine detaillierte semantische Analyse beider Texte, die begründet, warum ein Bezug zur Götzenthematik nicht stichhaltig ist, vgl. bei *Eschner*, Essen, 341–344. Zu Recht rückt sie für Röm 14 die Rolle des Gesetzes in den Mittelpunkt, während in 1Kor 8 die Qualität des Fleisches zur Disposition steht.

133 Entsprechende Probleme könnten in Rom durch die erschwerten Bedingungen für die jüdische Gemeinde im Zuge des Claudius-Edikts verursacht worden sein; vgl. *Gäckle*, Starke, 373.

134 So auch *Eschner*, Essen, 341.

135 Vgl. z.B *Dunn*, Romans II, 799–802; *Cranfield*, Romans II, 693–695; im Anschluss an beide auch *Eschner*, Essen, 244. Ähnlich argumentiert *Theobald*, Studien, 495, der als Problem das Essen unreiner Speisen vermutet.

136 *Eschner*, Essen, 346–347, nimmt sogar einen konkreten Bezug auf Schweinefleisch an, der die ausdrückliche „Verachtung" der Schwachen durch die Starken rechtfertigen würde; der Verzicht auf Schweinefleisch war in der Antike ein beliebter Gegenstand des Spottes gegenüber Juden.

damit quer zu zwei ursprünglich klar unterschiedenen Gemeindegruppen und nimmt dadurch an Schärfe zu.

7.4.2.3 Geht es in Röm 14 um eine generelle Auflösung der Speiseregeln?

Röm 14 besteht aus einer ungewöhnlichen Kombination von deskriptiven und argumentativen Textteilen. Paulus appelliert an die Gemeinde in Rom und versucht, zur Klärung ihres aktuellen Konflikts mit einer christologisch-fundierten Argumentation sowie einen pragmatischen Lösungsvorschlag beizutragen. Der Konflikt entzündet sich an der Unterteilung von Speisen in reine und unreine, wie sie in Lev 11 und Dtn 14 vorgegeben ist. Eine Lösung deutet sich auf zweifache Weise an: einerseits in der schlichten Akzeptanz verschiedener Meinungen, andererseits in der Selbstrücknahme derjenigen, die in theologischer Hinsicht die besseren Argumente vorzuweisen haben. So wird ein Moratorium möglich, dass die Gefahr der Spaltung abwendet.

Die paulinische Argumentation nährt den Verdacht, die Lösung des Konfliktes läge in einer generellen Aufhebung der Speisegebote bzw. der biblischen Unterscheidung von rein und unrein. Halbsätze wie Röm 14,14b (οὐδὲν κοινὸν δι' ἑαυτοῦ – „nichts ist durch sich selbst unrein") und 14,20b (πάντα μὲν καθαρά – „alles aber ist rein") bieten sich dafür als Haftpunkte an.[137] Besonders prägnant formuliert Hermut Löhr: „Die für die Bestimmungen der Tora wesentliche Vorstellung einer inhärenten bzw. durch Verordnungen Gottes feststehenden Unreinheit hat Paulus ganz offenbar abgelegt. (…) Eine deutliche Distanzierung von Tora und Israel hat stattgefunden!"[138] Der gesamte Duktus scheint eine solche Einschätzung zu bestätigen. Indem Paulus die Gültigkeit der Reinheitsbestimmungen in Röm 14,14b subjektiviert, fordert er die Gemeindeglieder dazu auf, die Haltung des jeweils Anderen für ebenso gültig anzusehen wie die eigene. Barclay, für den das Hauptthema des Abschnittes die bleibende Gültigkeit des Gesetzes ist, sieht im Ergebnis einer solchen gegenseitigen Akzeptanz die Gültigkeit des Gesetzes bereits aufgehoben, weil dadurch seine Exklusivität in Frage gestellt werde:[139] „Thus the Jewish cultural heritage in these matters is no longer regarded as the divinely sanctioned norm, but as

137 Für eine solche Deutung plädieren mit unterschiedlichen Argumenten z.B. *Heil*, Ablehnung, 265; *Wilckens*, Römer III, 90; *Löhr*, Speisenfrage, 28. Auch *Jacobi*, Jesusüberlieferung, 325–326 geht in eine ähnliche Richtung und macht dies an der inhaltlichen Korrespondenz beider Halbsätze fest. Ihre Argumentation zielt jedoch weniger auf die grundsätzliche Ablehnung der Speisegebote als vielmehr auf die Beschreibung eines neuen Bezugspunktes für die Gemeinde, nämlich den Tod Jesu.

138 *Löhr*, Speisenfrage, 28.

139 Vgl. dazu anhand einer detaillierten Situationsanalyse der römischen Gemeinde *Barclay*, Law, 288–294.

merely one option, one preference among others."[140] Barclay stützt sich dabei auf Beobachtungen Daniel Boyarins, der in dem radikalen Universalismus des Paulus zwar noch keine antijüdische Haltung, wohl aber Anknüpfungspunkte für eine solche in späterer Zeit sieht.[141]

An dieser Stelle tritt eine grundlegende Spannung zu Tage, die für den Römerbrief charakteristisch ist: Von der bleibenden Gültigkeit des Wortes Gottes und damit auch der Tora einschließlich ihrer gesetzlichen Bestimmungen ist Paulus zutiefst überzeugt (vgl. z.B. die Aufrichtung des Gesetzes in 3,31; die Bezeichnung des Gesetzes als heilig in 7,12; die bleibende Gültigkeit des Wortes Gottes in 9,6, der Erwählung Israels in 11,1–2, der Gnadengaben und Berufungen Gottes in 11,29). Zugleich aber zählt er sich zu den „Starken", die offenbar die Speisegesetze nicht mehr befolgen, und stellt etwa in Röm 7 die Heilsnotwendigkeit der Tora in Frage. Damit ist er freilich nicht allein. Peter Tomson vermag anhand halachischer Belege zu zeigen, dass nach jüdischem Verständnis die Sinnhaftigkeit der Gesetze nicht in ihnen selbst, sondern in ihrem göttlichen Ursprung liegt.[142] Die Tora als solche steht zur Zeit des Paulus nirgends zur Disposition, wohl aber ihre soteriologische Relevanz. Doch als gute Weisung Gottes beansprucht und behält sie uneingeschränkte Autorität. Daran hält auch Paulus fest. An anderer Stelle kann er deshalb behaupten, dass weder Beschneidung noch Nicht-Beschneidung einen Wert an sich haben (1Kor 7,19; Gal 5,6; 6,15), ohne damit die Beschneidung als göttliches Gebot in Frage zu stellen.[143]

Die oben skizzierte These Barclays zielt auf die Langzeitwirkung der paulinischen Argumentation: Mit der gegenseitigen Akzeptanz und Selbstrücknahme beginnt eine schrittweise Auflösung identitätsprägender Merkmale derjenigen Gemeindemitglieder, die sich zunächst noch an das jüdische Gesetz halten. Indem sie Gemeinschaft mit den Nichtjuden in der Gemeinde pflegen, entfernen sie sich selbst immer mehr von ihrer einstigen Gesetzesobservanz.[144] Eine solche Sicht ist angesichts der weiteren Entwicklung namentlich vom 2. Jahrhundert an tatsächlich nicht von der Hand zu weisen. Sie projiziert jedoch auf

140 *Barclay*, Law, 307.

141 Vgl. zur Argumentation Boyarins und zum Stellenwert dieser These in seinem Gesamtkonzept *Boyarin*, Jew, besonders 32.

142 Vgl. dazu *Tomson*, Law, 248–249. Holtz schließt sich dem an und weist nach, dass Wissen und Erkenntnis im Blick auf die Gültigkeit der Gesetze keine entscheidenden Kriterien sind. Außerdem zieht sie eine instruktive Parallele zur Diskussion um die Beschneidung, der Paulus in Röm 4 unter bestimmten Kriterien durchaus zustimmt, weshalb auch nicht ersichtlich wäre, warum er im Blick auf die Speisegebote anders urteilen sollte; vgl. *Holtz*, Gott, 245–251, darin besonders gegen Barclay 246–249.

143 Vgl. dazu und zur Funktion dieser Formel *Holtz*, Gott, 248–249.

144 Eine detaillierte Entfaltung dieser These vgl. bei *Barclay*, Law, 304–308.

Paulus zurück, was noch nicht in seinem Horizont stand und womit er auch aufgrund seiner intensiven Parusienaherwartung kaum rechnen konnte. Sein Ziel ist es nicht, die unterschiedlichen Lebensweisen aus pragmatschen Rücksichten zu nivellieren. Nur deshalb haben Speise- und Reinheitsgebote keinen Wert an sich, weil sie für das Heil des Menschen keine Relevanz besitzen.[145] Schon bald aber erwächst daraus eine grundsätzliche Ablehnung der Gebote, die sich in dem Maße verstärkt, in dem sich die Proportionen in der christusgläubigen Gemeinde verschieben und observante Judenchristen schließlich ganz von der Bildfläche verschwinden. Esler mahnt deshalb mit Blick auf Paulus eine Unterscheidung zwischen Intention und Effekt an.[146] Während die von Barclay beschriebene Langzeitwirkung durchaus in der Konsequenz der paulinischen Argumentation zu liegen scheint, entspricht sie sicher nicht der Intention des Apostels. Für Esler ist hier vor allem der paulinische Zeithorizont von Bedeutung, der nicht weiter als bis zur Ankunft des Kyrios noch in seiner Lebenszeit reicht. Die von Barclay avisierte Langzeitwirkung samt ihren institutionellen Folgen konnte von Paulus jedenfalls weder intendiert noch als Möglichkeit in Betracht gezogen werden. Sichtbar wird an seiner Argumentation vielmehr eine Verschiebung identitätsprägender Faktoren. Indem er die Möglichkeit der Gesetzesobservanz neben die Möglichkeit der Nichtobservanz stellt, macht er deutlich, dass Speisefragen zwar Teil der persönlichen Lebensführung und damit auch Faktoren der persönlichen Identität sind. Sie treten aber als Faktoren sozialer Identität zurück, weil sie für die Zugehörigkeit zur Gemeinschaft der Christusgläubigen nicht für notwendig erachtet werden. Das zeigt sich besonders an 14,15. Hier wird „die Speise" in einem ganz abstrakten Sinne zum Stein des Anstoßes zwischen „Starken" und „Schwachen", wenn ein zu „den Schwachen" gerechnetes Gemeindeglied Anstoß an dem Umgang „der Starken" mit (unreiner?) Speise nimmt. In diesem Falle hat die „Speise" negative Auswirkungen auf die Gemeinschaft als Ganze, wenn sie zu Trennungen und Abgrenzungen führt. Sie verstelle, so die paulinische Argumentation, den Blick auf das eigentlich Verbindende, nämlich den rettenden, heilvollen Tod Christi (14,15d). In diesem Sinne plädiert Paulus für eine Suspendierung der Speisegebote, wenn sie sich als identitätsprägendes, aber trennendes Merkmal erweisen.[147]

Weil die Tora mit ihren Geboten noch nie eine soteriologische Relevanz besaß, muss Paulus auch nicht ihre Ablösung durch den Glauben propagieren.

---

145 Vgl. auch *Holtz*, Gott, 248, die sich dabei auf den Grundsatz in 1Kor 7,17–19 bezieht, nach dem ein jeder so leben solle, „wie ihm der Kyrios zugemessen" habe.

146 Vgl. *Esler*, Conflict, 355–356.

147 So auch *Jacobi*, Jesusüberlieferung, 313–314.

Dennoch verändert sich nun die Rolle der Reinheitsgebote, weil der Glaube an und die Zugehörigkeit zu Christus ein neues Koordinatensystem geschaffen haben. Wenn aber die Geltung des Gesetzes für Paulus gar nicht zur Debatte steht, stellt sich auch die Frage nach dem Thema von Röm 14,1–15,7 noch einmal neu.

7.4.2.4 Was ist Thema und Ziel der paulinischen Argumentation in Röm 14?

Die vorausgegangenen Fragen haben die Vielschichtigkeit des ganzen Abschnittes gezeigt. Esler weist darauf hin, dass Paulus mit der Argumentation in Röm 14–15 an die Paränesen in 12–13 anknüpft, in denen die Agape das Hauptthema war. Nun behandelt er einen konkreten Anwendungsfall dieses identitätsprägenden Faktors, auch wenn er über die Gemeindeverhältnisse in Rom nur indirekte Kenntnisse hat.[148] Offenbar hat er Grund zu der Annahme, dass die Gemeinde von dem aktuellen Konflikt ausreichend umgetrieben ist, um seine seelsorgerliche Intervention positiv aufzunehmen.

Auf den ersten Blick behandelt der Abschnitt konkrete Fragen hinsichtlich der Speisegebote.[149] Der Konflikt entsteht zwischen zwei Gruppen, die sich durch ihre Haltung gegenüber Fleisch und Wein unterscheiden und dadurch einander zum Anstoß werden.[150] Die Lösung, die Paulus vorschlägt, besteht in der Selbstrücknahme jener, die er die „Starken" nennt. Das eigentliche Thema des Abschnittes ist also die Einheit der Gemeinde, die Paulus in der aktuellen Situation gefährdet sieht. Durch seine Positionierung wie auch durch die paternalistische Bezeichnung der Gruppen als „Starke" und „Schwache" überhaupt nimmt er zugleich eine Wertung beider Konfliktparteien vor. Jene, die sich bleibend an die jüdischen Gesetze halten, bezeichnet er als „schwach", jene, die dies nicht tun, als „stark". Der Bezugsrahmen von Stärke und Schwäche ist dabei der Glaube an Jesus Christus, so dass Gesetzesobservanz als Glaubensschwäche erscheint und einen pejorativen Klang erhält. Es kommt

148 Vgl. *Esler*, Conflict, 339–340.

149 Vgl. *Tomson*, Law, 240–245, der Speisegebote und Reinheitsfragen zwei zu unterscheidenden Bereichen zuordnet. Darin sieht er auch die Unabhängigkeit des Paulus von der synoptischen Überlieferung begründet, in der es um Reinheitsfragen gehe, während der Schwerpunkt in Röm 14 auf Speisefragen liege. Trotz aller gebotenen Differenzierung in Sachen Semantik lassen sich beide Bereiche jedoch sachlich nicht einfach voneinander trennen, weshalb auch eine Diskussion um Speisegebote Einsichten zum Zusammenhang von Reinheit und sozialer Identität vermitteln kann.

150 So auch *Tomson*, Law, 236–237. Stendahl sieht sogar den gesamten Röm gar nicht vorrangig an theologischen Themen, sondern an der Beziehung zwischen Juden und Menschen aus den Völkern innerhalb der christusgläubigen Gemeinde interessiert; vgl. *Stendahl*, Paul, 4.

also nicht von ungefähr, dass bisweilen die paulinische Stellung zum Gesetz als das zentrale Thema dieses Abschnittes verstanden wird.[151] Eine ausführliche Diskussion über Geltung und Reichweite des Gesetzes ist jedoch schon in Röm 1–8 erfolgt. Außerdem weist der Argumentationsaufbau darauf hin, dass die Speisegebote aus der Sicht des Paulus nur ein Symptom für tieferliegende innergemeindliche Probleme sind. Der Einstieg in 14,1a bietet dafür bereits eine Art hermeneutischen Schlüssel:

> Τὸν δὲ ἀσθενοῦντα τῇ πίστει προσλαμβάνεσθε.
>
> Nehmt aber den Schwachen im Glauben an.

Das Stichwort der Annahme, das in 15,7 als Inclusio wieder aufgenommen und dann auf beide Parteien angewandt wird, fungiert als ein Vorzeichen, unter dem der ganze Abschnitt gelesen werden soll. Dieser Eindruck wird dadurch verstärkt, dass die gegenseitige Annahme nicht nur das angemahnte zwischenmenschliche Verhalten ist, sondern auch als Handlung Gottes (14,3) und Christi (15,7) benannt wird.[152] Die Auseinandersetzungen über Speisegebote, Weingenuss und Kalenderfragen dienen dann letztlich nur einem gemeinsamen, übergreifenden Thema: nämlich der Einheit in der Gemeinde. Paulus sieht diese Einheit gefährdet durch eine Überbewertung einzelner Identitätsfaktoren wie etwa dem der Speisevorschriften. Deshalb mischt er sich in diesen fremden Konflikt ein und sucht nach einer pragmatischen Lösung. Sein ganzes Streben gilt der Bewahrung oder Wiederherstellung der gemeindlichen Einheit, die durch den Streit auseinanderzubrechen droht.

Diesem Anliegen, das in den Rahmenversen (14,1/15,7) programmatisch platziert ist, bleiben die konkreten Konfliktpunkte untergeordnet. Reinheitsfragen, wie sie in 14,14b.20b anklingen, haben somit keine eigenständige argumentative Funktion, sondern fungieren als Fallbeispiele.[153] Krister Stendahl sieht in der paulinischen Argumentation ein Plädoyer für die Agape; Rücksichtnahme auf die „Schwachen" ziele primär auf gemeinschaftsfördernden

151 So besonders prominent *Barclay*, Law, 289, auch wenn er sich vor allem auf die sozialen Implikationen der paulinischen Theologie konzentriert. Ähnlich *Schmithals*, Römerbrief, 515–517, dem es um die „Freiheit von der Tora" geht; er sieht in der „postbaptismalen ethischen Unterweisung" in Röm 14,1–15,7 den eigentlichen Abfassungszweck des ganzen Briefes; vgl. 489.

152 Esler sieht in der Häufung dieses Begriffs einen Hinweis darauf, dass die Einheit und gegenseitige Annahme das Hauptthema des Abschnittes darstellt; vgl. *Esler*, Conflict, 339.

153 So auch *Jacobi*, Jesusüberlieferung, 316.

Respekt.[154] Auch Gudrun Holtz betont, Paulus erörtere Speisefragen nicht um ihrer selbst willen, sondern „weil sie direkt das Zusammenleben von Juden- und Heidenchristen in der einen Gemeinde Jesu Christi betreffen und in der römischen Gemeinde offenbar zu Konflikten geführt haben."[155]

In der Diskussion um den Umgang mit Speisegeboten trägt also das Ringen um eine gemeindliche Einheit, die verschiedenen Traditionen und Interessen berücksichtigt und zugleich Gemeinschaft Jesu Christi ist, den Ton. Grundlegend geht es um die Frage, was die Zugehörigkeit zur Gemeinschaft notwendiger- und hinreichenderweise auszeichnet. Damit kommt noch einmal der Zusammenhang von Reinheit und sozialer Identität in den Blick.

7.4.3 *Reinheit als Faktor sozialer Identität in der Gemeinde in Rom*

Röm 14,1–15,7 beschreibt eine Situation, in der Speiseregelungen als Zugehörigkeitsmerkmal zu einem Konflikt führen. Paulus nimmt damit an einer innergemeindlichen Diskussion teil, die sich um die Frage dreht, wie die unterschiedliche Handhabung der Unterscheidung von reinen und unreinen Tieren moderiert werden kann. Dabei zielt seine Argumentation nicht auf die Ablehnung oder Aufhebung der biblisch tradierten Speisegebote, sondern verschiebt deren Observanz in den Bereich individueller Entscheidungen. Paulus steht in diesem Konflikt in einer doppelten Spannung: Einerseits kennt er den Konflikt nur vom Hörensagen und beobachtet die Dinge aus der Ferne; andererseits mischt er sich selbst aktiv ein, indem er ausdrücklich Position bezieht. Der Konflikt, in dem sich jene, die im Glauben an Christus auch an den überlieferten Geboten festhalten, und jene, die das unter Verweis auf eben diesen Glauben nicht tun, gegenüberstehen, betrifft Paulus selbst. Seine Schärfe lässt sich dadurch erklären, dass für beide Gruppen die je eigene Haltung identitätsstärkenden Charakter hat, wodurch die Haltung der anderen Gruppe zur Bedrohung wird und die eigene Identität herausgefordert.

Dieser Konflikt bedroht die Einheit der Gemeinde. Die paulinische Argumentation läuft deshalb nicht auf eine grundsätzliche Klärung der Streitfrage um ihrer selbst willen hinaus, sondern darauf, ein *modus vivendi* zu finden. Das gestaltet sich besonders schwierig, da die Dynamik des Konflikts die Frage der sozialen Identität berührt.

Die Situation, auf die Paulus reagiert, lässt sich als ein Aufeinandertreffen unterschiedlicher sozialer Identitäten beschreiben. Die Gemeindeglieder in Rom eint, dass die Zugehörigkeit zu Christus ihr Selbstverständnis als Gruppe

---

154 Vgl. dazu das gleichnamige Kapitel „love rather than integrity" bei *Stendahl*, Paul, 52–67, bes. 61–62.

155 *Holtz*, Gott, 246.

bestimmt (vgl. Röm 6,3–8) und zum entscheidenden Merkmal ihrer individuellen wie auch sozialen Identität wird. Der Konflikt entsteht in der Ausgestaltung des gemeinschaftlichen Lebens. Während für einige, die sog. „Schwachen", die Beachtung der Speisegebote bleibende Bedeutung behält, lehnen andere, die sog. „Starken", dieselben ab. Problematisch wird es da, wo die „Starken" die „Schwachen" für ihre Einstellung „verachten". Die unterschiedliche Haltung zu der Reinheit von Speise hat also nicht nur kategorisierende Wirkung, indem sie die Gemeinde in Gruppen unterteilt, die sich auch als unterschieden wahrnehmen. Der Konflikt entsteht erst dadurch, dass diese Gruppen einander vergleichen und ihre Lebensweisen bewerten. Das trägt zur weiteren Manifestierung unterschiedlicher Identitäten bei, die nun in eine zunehmende Konkurrenz geraten und die Gemeinschaft zu spalten drohen. Soziale Kategorisierung und sozialer Vergleich sind zwei Prozesse, die den Einfluss einzelner Faktoren auf die soziale Identität anzeigen. In der römischen Gemeinde gewinnt der Faktor Reinheit eine solche Bedeutung, dass zwei Gruppen auseinandertreten, die sich durch wechselseitig negative Wertungen voneinander abgrenzen. Die Reinheit von Speisen, die unterschiedlich bewertet wird, beginnt als identitätsprägendes Merkmal das zu überlagern, was die Identität der Gesamtgemeinde immer noch grundsätzlich prägt: die Zugehörigkeit zu Christus.

Paulus mischt sich in diesen Konflikt ein, weil er eine Spaltung der Gemeinde verhindern will. Dabei redet er jedoch nicht nur einem schlichten „sowohl – als auch" das Wort. Vielmehr argumentiert er von seinem theologischen Ansatz her, der das entscheidende Identitätsmerkmal der christusgläubigen Gemeinde in einem „Sein in / mit Christus" bestimmt. Deshalb geht es ihm zunächst auch um Prioritäten. Paulus argumentiert fundamental christologisch – um auf dieser Basis dann auch für größtmögliche Offenheit zu plädieren. Das maßgebliche identitätsstiftende Moment der Gemeinschaft bleibt die Zugehörigkeit zu Christus,[156] die sich auch als das maßgebliche einheitsstiftende Moment erweist. Sie ist dasjenige Kriterium, das die Gemeinde konstituiert und dem alle anderen Kriterien untergeordnet bleiben. Unmissverständlich kommt dieser Ansatz in der Einleitung zu den Reinheitsaussagen (14,14) zum Ausdruck, wenn Paulus seine Meinung als eine Gewissheit, die in Christus gründet, bezeichnet. Das Wissen im „Kyrios Jesus" macht deutlich, an welchem Maßstab Paulus seine Aussagen bemisst und woran er alle weiteren Entscheidungen orientiert sehen möchte. Auch die abschließende Mahnung „Nehmt einander an, wie Christus euch angenommen hat!" (15,7) weist mit Nachdruck auf diesen einen und maßgeblichen Orientierungspunkt hin.

---

156 Vgl. z.B. Röm 6,3–8 oder Gal 3,26–28.

Damit ist ein Rahmen abgesteckt, in dem die Fragen dieses Konflikts im Detail behandelt werden können. Er lässt bei aller Begrenzung ausreichend Raum, um Christuszugehörigkeit auf unterschiedliche Weise zu leben. Er bietet Bewegungsmöglichkeiten und gewährt Freiheit, nicht in allen Details übereinstimmend handeln zu müssen. Die einzige Begrenzung liegt darin, dass der Glauben an Christus der maßgebliche Orientierungspunkt bleibt und nicht – wie im Falle der römischen Gemeinde – von Fragen der Observanz oder Nicht-Observanz bestimmter Regeln überlagert wird.[157] Der Bezugsrahmen ist christologisch formatiert. Innerhalb dieses Rahmens plädiert Paulus jedoch für eine möglichst weitreichende gegenseitige Annahme und Akzeptanz, die sich vor allem in der Mahlgemeinschaft konkretisiert. Dabei folgt das eine ganz klar aus dem anderen: Die Selbstrücknahme der „Starken" ist nicht einfach nur Ausdruck einer pragmatisch motivierten Kompromissbereitschaft, sondern Nachahmung jener „Selbstrücknahme" Jesu Christi, der „für" die vielen – und damit auch für den „Schwachen" (14,15) – gestorben ist.

Die „Starken" verzichten demnach zugunsten der „Schwachen" auf ihre (theologisch durchaus richtige) Einsicht. Damit verlagert sich die Unterscheidung reiner und unreiner Speisen in den Bereich subjektiver Überzeugungen (14,14). Eine solche Subjektivierung darf jedoch nicht als Schritt zur Beliebigkeit verstanden werden, der letztlich die Geltung der Tora und ihrer Bestimmungen der persönlichen Entscheidung anheimstellte. Vielmehr bleibt der Umgang mit den Reinheitsbestimmungen an die soziale Identität und die Selbstwahrnehmung der Individuen gebunden. Dadurch entsteht die Möglichkeit eines Moratoriums, das Paulus seinen „starken" Geschwistern nahelegt und mit dem er ihre identitätsbedrohende Wirkung auf die Gruppe der „Schwachen" unterbindet. Die paulinische Argumentation zielt auf eine Relativierung von Reinheit in dem Sinne ab, dass dieselbe in den Bereich individueller Lebensgestaltung und individueller Identität verlagert wird.[158] Ähnlich wie im Blick auf die Beschneidung sollen weder Einhaltung noch Nicht-Einhaltung Merkmal oder Zugehörigkeitsbedingung für die Christusgemeinschaft sein.

---

157 Vahrenhorst identifiziert Röm 14,8 („ob wir leben oder sterben, gehören wir zum Kyrios") als das entscheidenden Beurteilungskriterium; vgl. *Vahrenhorst*, Sprache, 307.

158 Kapitel 6 hat gezeigt, dass auch die Mischna vergleichbare Tendenzen kennt. In mChag 2 werden nicht nur unterschiedliche Grade von Reinheit (wie in mKel dargelegt), sondern auch unterschiedliche Geltungsbereiche vorausgesetzt, die je nach sozial-zuerkanntem Status variieren. Diesen hilfreichen Hinweis auf einen strukturellen Zusammenhang zwischen mChag 2 und Röm 14 verdanke ich einem unveröffentlichten Vortrag auf dem SNTS Meeting 2015 in Amsterdam: *Jacobi*, Memory, 7–9 und 314 (unter Berufung auf Furstenberg). Vgl. dazu auch den Exkurs bei *Vahrenhorst*, Sprache, 309–313., wonach sich Röm 14 ganz unproblematisch im Spektrum halachischer Entwicklungen verorten lässt.

Die Relevanz der Reinheitsbestimmungen verschiebt sich also dahingehend, dass sie nicht mehr vorrangig bedeutsam für die Ausbildung sozialer, sondern viel mehr individueller Identität sind. Mit Esler ist festzuhalten, „that Paul is not seeking to erase subgroup identities in the cause of reminding them of the ingroup identity in Christ and under God they share. (…) Certainly he nowhere urged the weak to sever any connection they might have had with the Judean synagogues."[159] Reinheit ist für ein Individuum nicht etwa deshalb identitätsbestimmend, weil es zu einer christusgläubigen Gemeinde gehört, sondern weil es Reinheit für sich als ein wichtiges (traditionsbedingtes) Identitätsmerkmal erkannt hat. Röm 14,1–15,7 liefert ein Beispiel dafür, wie das Bekenntnis zu Jesus Christus eine neue Identität begründet, die Folgen für frühere bzw. andere Identitätsaspekte eines Individuums hat. Die paulinische Argumentation insistiert darauf, das Christusbekenntnis als grundlegendes Identitätsmerkmal für die Einheit der Gemeinde zu begreifen und gleichzeitig das Recht auf Einhaltung der Reinheits- und Speisegebote ebenso wie das Recht auf ihre Nichteinhaltung zu wahren, das sich nach Esler darin ausdrückt, dass die „new common identity did not entail the dissolution of their valued subgroup identities".[160]

7.5 Absonderung der Reinen: 2Kor 6,14–7,1

7.5.1 *Einleitung und Übersetzung*

In der Korintherkorrespondenz spielen Reinheitsfragen nur eine untergeordnete Rolle. Anders als Röm 14 oder die Deuteropaulinen verwenden beide Briefe an die Gemeinde in Korinth auffallend wenig Reinheitsterminologie.[161] Inhaltliche Anknüpfungspunkte hätte es durchaus gegeben; verschiedene ethische Diskussionen, die Gestaltung des Gottesdienstes oder der Umgang mit Götzenopferfleisch wären dafür Anlass genug gewesen. Paulus verwendet in diesen Zusammenhängen jedoch andere Begriffe, wie beispielsweise πορνεία – „Unzucht" im Kontext der Diskussion über sexuelles Fehlverhalten (1Kor 5).[162]

159 *Esler*, Conflict, 352.

160 *Esler*, Conflict, 355.

161 Auch die Diskussion um das Götzenopferfleisch kommt in 1Kor 8 und 10 überraschenderweise ohne diese Begrifflichkeit aus, obgleich die Thematik das Wortfeld erwarten ließe.

162 Diese Terminologie weist keinen unmittelbaren Bezug zum Reinheitsthema auf. Interessanterweise nimmt Paulus jedoch auch hier – vergleichbar mit Lev 18 – eine Abgrenzung gegenüber den Völkern vor, allerdings im Modus der Überbietung: vgl. 1Kor 5,1: Ὅλως ἀκούεται ἐν ὑμῖν πορνεία, καὶ τοιαύτη πορνεία ἥτις οὐδὲ ἐν τοῖς ἔθνεσιν, ὥστε γυναῖκά τινα τοῦ πατρὸς ἔχειν – Man hört außerdem von einer Unzucht bei euch, und zwar von so einer

Insofern verwundert es nicht, dass in der Diskussion neutestamentlicher Reinheitsvorstellungen der Abschnitt 2Kor 6,14–7,1 nur selten untersucht wird.

Schon ein erster Blick auf die Terminologie offenbart, dass die filigrane Reinheitsbegrifflichkeit an dieser Stelle gewiss nicht zufällig gewählt, sondern gezielt eingesetzt ist. Auch der Argumentationsgang und die Textpragmatik weisen in diese Richtung. Der Zusammenhang von Reinheit und sozialer Identität zeigt sich in zweifacher Hinsicht. Zum einen wird mit Begriffen wie ἀφορίζω – „absondern", ἀκάθαρτος – „unrein", καθαρίζω – „reinigen" und μολυσμός – „Befleckung" das Reinheitsthema auf breiter Front aufgerufen und durch einschlägige Schriftzitate untermauert. Zum anderen gibt die Textpragmatik eine Behandlung des Themas unter der Prämisse von Zugehörigkeitsfragen zu erkennen, da es in diesem Abschnitt um die Selbstbeschreibung der Gemeinde im Gegenüber und in Abgrenzung zu den „Ungläubigen" geht.

> 14a Werdet nicht zu solchen, die unter einem fremden Joch gehen mit den Ungläubigen.
> 14b Denn was ist die Gemeinsamkeit zwischen Gerechtigkeit und Gesetzlosigkeit,
> 14c oder was ist das Gemeinsame zwischen Licht und Finsternis?
> 15a Oder der Zusammenklang zwischen Christus und Beliar?
> 15b Oder was hat ein Glaubender mit einem nicht Glaubenden gemeinsam?
> 16a Was gibt es für eine Übereinstimmung zwischen dem Tempel Gottes und einem Götzenbild?
> 16b Wir nämlich sind der Tempel des lebendigen Gottes,[163] wie Gott gesagt hat:

Unzucht, die es nicht (einmal) bei den Völkern gibt, dass nämlich jemand die Frau seines Vaters habe.

163 Der textkritische Apparat weist an dieser Stelle eine Uneindeutigkeit auf, die nicht leicht aufzulösen ist; sie gestattet indessen einen Einblick in die frühe Auslegungsgeschichte: Nicht wenige Handschriften, darunter auch Papyrus 46, der Codex Ephraemi C, der Codex Claromontanus D und der Mehrheitstext weisen die Formulierung in der 2. Pers. Pl. und damit in übereinstimmendem Duktus mit 14a.17.18 auf. Erst in 7,1 findet sich mit dem Hortativ von καθαρίζω wieder eine 1. Pers. Pl. vor. Ebenfalls eine 2. Pers. Pl. mit nur geringer Veränderung der Wortfolge bietet auch die 2. Korrektur des Codex Sinaiticus. Eine Variante in der 1. Pers. Pl., kombiniert mit einer pluralen Form von ναος, bietet z.B. die wahrscheinlich ursprüngliche Fassung. Die txt Variante bieten Codex Vatikanus, D*, weitere Majuskeln und Minuskeln sowie ein Zitat bei Origenes. Im Kern geht es bei diesen Entscheidungen um zwei Fragen: 1. Stellt sich Paulus schon hier ganz bewusst in eine Reihe mit den von ihm Angesprochenen, wie er es dann in 7,1 tun wird? Rhetorisch hat die sprachliche Inklusion in 7,1 mehr Wirkung; inhaltlich ergibt das „wir" an dieser Stelle

16c Ich will bei ihnen wohnen und umhergehen und ich werde ihr Gott sein. Sie werden mein Volk sein.

17 Deshalb geht aus ihrer Mitte hinaus und sondert euch ab, spricht der Herr, und Unreines rührt nicht an und ich werde euch annehmen.

18 Und ich werde euch ein Vater sein und ihr werdet mir Söhne und Töchter sein, spricht der Herr, der Allherrscher.

7,1 Weil wir diese Verheißungen haben, Geliebte, lasst uns uns selbst reinigen von jeder Befleckung des Fleisches und des Geistes, um zu vollenden die Heiligkeit in Gottesfurcht.

7.5.2 *Textbeschreibung*

7.5.2.1 Literarkritische Diskussionen

2Kor 6,14–7,1 ist ein in sich schlüssiger und kohärenter Text, der sich durch das Thema der geöffneten Herzen und des Raumes (6,11–13/7,2–4) in beide Richtungen von seinem Kontext abhebt und somit als abgegrenzte Einheit behandeln lässt. Die glatte thematische und stilistische Anknüpfung von 7,2–4 an 6,11–13 hat neben den Eigenheiten des Textabschnitts selbst Anlass zu einer Vielzahl literarkritischer und überlieferungsgeschichtlicher Diskussionen gegeben, die sich in die Debatte um den 2Kor als Ganzen einfügen. Seit der Mitte des 18. Jahrhundert (bzw. konkret seit Semlers Beobachtungen zur Dopplung des Kollektenaufrufes in 2Kor 8 und 9) wird der 2Kor vorzugsweise als eine Kompilation aus mehreren einzelnen Briefen betrachtet.[164] Die Geschichte dieser Diskussion ist für die Analyse des vorliegenden Textabschnittes von nachgeordneter Bedeutung; sie kann anhand guter Forschungsüberblicke leicht

---

aber mindestens ebenso viel Sinn, weshalb es nahe liegt, dieser Lesart den Vorzug zu geben. 2. Welches Tempelbild ist hier leitend? Das hängt vorrangig von jener Korrektur im Codex Sinaiticus ab. Eine plurale Verwendung würde das Bild individualisieren und die Assoziation zu dem einen (Jerusalemer) Tempel des einen Gottes verunklaren. Deshalb (sowie der schwachen Bezeugung wegen) hat auch hier die gewählte Lesart den Vorzug, wenngleich es nicht an weiteren Analogie fehlt. So betont etwa *McKelvey*, Temple, 55, dass die Bezüge zwischen Gemeinschaft und Tempel in anderen antikjüdischen Traditionen „essentially individualistic" seien.

164 Jene, die an der Einheitlichkeit festhalten (wie *Wolff*, 2. Korinther, 2; *Barnett*, Corinthians II, 16; *Dunn*, Beginning, 834–838; jüngst auch *Schnelle*, Paulus, 250–252), berufen sich dabei auf eine veränderte Gemeindesituation zwischen 2Kor 1–9 und 10–13; sie verweisen zugleich darauf, dass der 2Kor textlich immer als Einheit überliefert sei. *Bieringer*, Plädoyer, trägt ausführlich die literarischen und inhaltliche Argumente für die Einheitlichkeit zusammen. Inhaltlichen geht es dabei vor allem um eine Rekonstruktion des Verhältnisses zwischen Paulus und der Gemeinde in Korinth, das Bieringer als entscheidendes (wenngleich oft genug übersehenes) Thema des Briefes betrachtet.

nachvollzogen werden.[165] Gegenwärtig bewegt sich die Diskussion wieder stärker in Richtung der Einheitlichkeit des 2. Korintherbriefes.[166]

Im Blick auf 2Kor 6,14–7,1 stellen sich zwei Fragen ein, die in der Forschung gern unter den Stichworten „Integrität" und „Authentizität" behandelt werden.[167] Einerseits wird diskutiert, ob der Abschnitt im vorliegenden Kontext seinen ursprünglichen Ort hat (Integrität). Andererseits wird diskutiert, ob der Text von Paulus selbst oder aus anderen Zusammenhängen stammt (Authentizität). Die handschriftliche Überlieferung des Textes bieten keine Anhaltspunkte zur Beantwortung beider Fragen. Eine eigenständige Geschichte des Abschnittes ginge damit seiner schriftlichen Fixierung im Kontext des 2Kor voraus, ohne dabei Spuren hinterlassen zu haben.

Als Argumente gegen die Integrität des Abschnittes werden vor allem textinterne Signale angeführt, allen voran der scheinbare inhaltliche Bruch zwischen 2Kor 6,14–7,1 und den umliegenden Versen 6,11–13/7,2–4. Es sind versöhnliche Töne, die Paulus in diesem unmittelbaren Kontext anschlägt; mit der Metapher von den weiten, offenen Herzen charakterisiert er die geklärte, positive Beziehung zwischen der Gemeinde und ihm. Einen anderen Ton schlägt er indessen in dem dazwischen liegenden Abschnitt an, der auf die Melodie von Kritik und Tadel gestimmt ist; nun geht es um die Frage nach Zugehörigkeit und Abgrenzung. Solche Beobachtungen geben immer wieder Anlass, den Abschnitt (wenn schon nicht ganz zu eliminieren) dann wenigstens an einer anderen Stelle des Briefes zu platzieren.[168]

Nicht weniger brisant ist die Frage der Authentizität. Spätestens seit der Entdeckung und sukzessiven Veröffentlichung der Schriften aus Qumran kam der Gedanke auf, für diesen Abschnitt einen qumranisch-essenischen Ursprung anzunehmen. Im Wesentlichen sind es fünf Argumente, die für einen nicht-paulinischen Ursprung ins Feld geführt werden: a) Unterbrechung des Kontextes, b) Verwendung unpaulinischer Begrifflichkeiten, c) unüblicher Umgang mit den Schriften, d) Nähe zu qumranischen Vorstellungen, e) eine unpaulinische Theologie.[169] Die Beobachtung einer ganzen Reihe paulinischer

---

165 Vgl. z.B. die ausführliche Darstellung bei *Thrall*, Corinthians II, 1, 3–49, bes. 47–49, der die unterschiedlichen Ansatzpunkte diskutiert, oder auch *Bieringer*, Teilungshypothesen, inkl. der Tabelle auf Seite 97. Eine strukturierte Übersicht über neuere Ansätze, die von Rhetorik und Textlinguistik beeinflusst sind, bietet *Schmeller*, 2 Korinther, 25–37.

166 So pointiert *Lambrecht*, Fragments; *Bieringer*, Plädoyer; *Bosenius*, Abwesenheit.

167 So beispielsweise bei *Schmeller*, 2 Korinther; *Crüsemann*, Herz, 210; *Bieringer*, Kontext.

168 Die verschiedenen Möglichkeiten einer solchen Platzierung diskutiert ausführlich *Thrall*, Corinthians II, 1, 25–36.

169 Vertreter eines unpaulinischen Ursprungs sind z.B. *Fitzmyer*, Paragraph, oder *Gnilka*, 2 Kor 6,14–7,1, der auch einen Einfluss der TestXII für denkbar hält. Die Forschungslage diskutieren ausführlich *Lambrecht*, Fragments, oder *Bieringer*, Kontext.

und neutestamentlicher Hapaxlegomena sowie ein insgesamt „jüdischer“ Charakter des ganzen Abschnitts kommen hinzu.[170] Alle diese Argumente lassen sich jedoch auch relativieren. Gerade der jüdische Charakter ist eher ein Argument für die paulinische Urheberschaft und nicht für ihr Gegenteil. Die Anzahl der Hapaxlegomena reduziert sich spürbar, wenn man in Betracht zieht, dass drei davon in Schriftzitaten vorkommen und einige weitere Derivate von Wortstämmen sind, die an anderen Stellen der paulinischen Briefe selbstverständlich verwendet werden.[171] Auch die Kontextstellung von 2Kor 6,14–7,1 ist vielfach als durchaus sinnvoll nachgewiesen worden.[172] Im Laufe der Forschungsgeschichte sind deshalb schon alle möglichen Positionen durchgespielt worden – bis hin zu einer grundsätzlichen Suspendierung des ganzen Problems.[173] In letzter Zeit bewegt sich das Pendel wieder zunehmend in Richtung einer Bestätigung von Integrität und Authentizität des Abschnitts.[174] Vahrenhorst gesteht der für Juden und Nichtjuden gleichermaßen verständlichen Kultsprache eine sinnvolle Funktion im gesamten Argumentationsgang zu und resümiert: „Zum positiven ‚Umwerben‘ der Gemeinde gehört zugleich das ‚Abwerben‘ der Adressaten von den Kontrahenten.“[175]

Im Allgemeinen wird die Frage der Authentizität eher akzeptiert als die der Integrität; immerhin könnte sich Paulus dieses Überlieferungsstück zu eigen gemacht und für sein Anliegen aktualisiert haben. Die Frage der Integrität ist daher die entscheidende und für die Pragmatik des Textes relevante. Wird sie bejaht, muss die Einbindung des Abschnitts in seinen vorliegenden Kontext befriedigend erklärt werden. Der scheinbare Bruch mit dem Kontext galt lange Zeit als eines der Hauptargumente, um 2Kor 6,14–7,1 als unpaulinisch auszuscheiden oder zumindest die Integrität des Textabschnittes anzuzweifeln. Einiges weist jedoch auch darauf hin, dass der Kontext – sei er von Paulus oder einem Interpolator gewählt – nicht ohne Bezug zu dem eingeschlossenen Stück ist. 2Kor 6,14–7,1 wird gerahmt von Ermahnungen in einem versöhnlichen Ton, die unter dem Vorzeichen der Gnade Gottes stehen (6,1). Paulus bringt seine apostolische Autorität in Gestalt eines Peristasenkatalogs

170 So z.B. bei *Gräßer*, Korinther II,1, 265.

171 Zu den Details vgl. *Fee*, Food, 144–147, und *Crüsemann*, Herz, 219, FN 57.

172 So z.B. bei *Crüsemann*, Herz, mit Bezug auf das Leitthema des ganzen Briefes. *Bieringer*, Kontext, fragt nach inhaltlichen Zusammenhängen; *Lambrecht*, Fragments, analysiert strukturelle Gegebenheiten.

173 Detaillierte Auskünfte gibt *Bieringer*, Kontext, 553–560, auch tabellarisch auf Seite 559.

174 So aktuell *Nathan*, Puzzle, mit einem guten Überblick über weitere Positionen, und mit Bezug auf *Bieringer*, Kontext. Weiterhin *Lambrecht*, Fragments; darüber hinaus *Derrett*, Midrash; *Schröter*, Versöhner; aber auch schon *Fee*, Food, und *Barrett*, Corinthians II. Zu weiteren Vertretern und Vertreterinnen vgl. *Bieringer*, Kontext, 556–557.

175 *Vahrenhorst*, Sprache, 214.

zur Sprache und tritt am Ende wieder in die Reihe seiner Mitarbeiter zurück. Marlene Crüsemann erkennt in der Rahmenhandlung und im Kernabschnitt zwei Seiten ein und derselben Medaille, die auf jeweils eigenständige Weise das Verhältnis des Apostels zu seiner Gemeinde thematisieren.[176]

Einen alternativen Ansatz bringt Thomas Schmeller in die Diskussion ein. Er zweifelt bei Anerkennung der Authentizität allein die Integrität des Textes an und versucht, damit das Problem des Übergangs zwischen den Kapiteln 1–9 und 10–13 zu lösen.[177] Schmeller zufolge muss der Text ursprünglich einmal das verbindende Glied zwischen Kap. 9 und 10 gewesen sein. Aufgrund seiner Härte und seiner atypischen Merkmale sei er längere Zeit nicht überliefert und dann zu einem späteren Zeitpunkt an einem falschen, nämlich dem jetzigen Ort wiedereingesetzt worden. In der Thematik wie in den auffälligen Motiven vermutet Schmeller nicht etwa qumranischen Einfluss, sondern vielmehr die Nähe zur Jerusalemer Urgemeinde. Dass macht er an der Verwendung von kultisch geprägten Begriffen fest,[178] vor allem aber an der Verwendung der Tempelmetaphorik, die im Jerusalemer Kontext besonders passend wäre – wohlwissend, dass es dafür keine positiven Belege gibt und dass die redaktionskritischen Eingriffe hypothetisch bleiben. Durch die Nähe zur Jerusalemer Urgemeinde sieht Schmeller allerdings auch einen Anschluss an die Kollektenaufforderung gegeben: „Die Vollendung der Kollekte bedeutet zugleich die Vollendung der Heiligung, den Erweis der Gerechtigkeit der korinthischen Gemeinde und die Gemeinschaft mit den Jerusalemer Heiligen. Diese schließt aber eine Gemeinschaft mit Ungläubigen aus."[179] Die Frage der Integrität hat somit Konsequenzen für die Pragmatik des ganzen Abschnitts, weil sie vom Kontext abhängig ist. Schmeller vermag mit seiner These die Tempelmetaphorik und die damit verbundene Reinheitsterminologie auf die korinthische Gemeinde anzuwenden, zugleich aber auch den Hintergrund der Jerusalemer Gemeinde einzublenden. Damit entgeht er der Gefahr einer Spiritualisierung oder gar Abwertung des Jerusalemer Tempels.[180]

Dennoch ist der synchrone Textbefund, wie er durch die handschriftliche Überlieferung gestützt wird, nicht zu vernachlässigen. Wenn man mit

---

176 Vgl. *Crüsemann*, Herz, 218.

177 Zum Folgenden vgl. vor allem *Schmeller*, Kontext; komprimiert auch *Schmeller*, 2 Korinther.

178 Darin stimmt ihm *Vahrenhorst*, Sprache, 206–216, bes 209, zu; in der Begrifflichkeit sieht er einen Verweis auf kultische Kontexte. Für ihn ist 2Kor 6,14–7,1 ein besonders aussagekräftiges Beispiel für die kultische Dimension der paulinischen Paränese; vgl. *Vahrenhorst*, Sprache, 213.

179 *Schmeller*, 2 Korinther, 380.

180 Dass dies auch ohne entsprechende Rekonstruktionen und Thesen möglich ist, zeigt *Böttrich*, Tempel; vgl. dazu auch die Überlegungen unten.

Schmeller von der Interpolation eines ursprünglich paulinischen Textes ausgeht, müssen auch die Gründe für eine nachträgliche Einfügung an genau dieser Stelle plausibel gemacht werden. Der vermeintliche Bruch, der zwischen 6,13 und 7,2 durch den eingeschobenen Textabschnitt entsteht, kann ebenso gut als eine Wiederaufnahme des gleichen Themas verstanden werden. Der Rahmen wäre dann als Kontrast konzipiert, um die Schroffheit des in 6,14–7,1 Gesagten abzufangen und einzuordnen. Ausleger wie Jan Lambrecht[181] und Gordon Fee[182] gehen von einer Digression aus; andere vermuten eher pragmatische Ursachen wie etwa eine Diktierpause.[183] Trotz aller Differenzen in Ton, Stil und Inhalt lassen sich eben auch Verbindungslinien zum Kontext zeigen. 6,1 setzt mit dem Wunsch ein, dass die Gnade Gottes nicht vergebens empfangen werden möge – und setzt damit bereits eine Reaktion der Angesprochenen voraus, die dann in 6,14–7,1 expliziert wird. Schmeller verweist außerdem auf das Prinzip der Reziprozität, das in 6,11–13 und 7,2–4 leitend ist und auch in 7,1 aufgenommen wird. Im Folgenden gehe ich deshalb sowohl von der paulinischen Authentizität des Abschnitts als auch von seiner Integrität aus. Dies geschieht in dem Wissen um die offenen Flanken dieser Diskussion – oder, um es mit den Worten Emmanuele Nathans zu sagen: „The text as a work stands on its own and the issue of 6:14–7:1 will remain a puzzle, unsolved (at least on this side of the eschaton), its theology fragmentary, its interpretation continuing to abound."[184]

7.5.2.2 Themen und sprachliche Argumentation des Abschnittes

Wie schon gezeigt fallen Thema und Sprache des zu untersuchenden Abschnittes auf den ersten Blick aus dem Rahmen des 2Kor heraus. Dieser Eindruck soll im Folgenden einer genaueren Prüfung unterzogen werden.

Als zentrale Themen des Briefes gelten vor allem die Auseinandersetzung des Paulus mit Gegnern und die Verteidigung seines Apostolats.[185] Beide Themen sind eng aufeinander bezogen.[186] Zugleich hat das apostoli-

181 Vgl. *Lambrecht*, Fragments, 152–153.

182 Vgl. *Fee*, Food, 155.

183 So zum Beispiel Lietzmann und Stange; Belege bei *Bieringer*, Kontext, 557.

184 *Nathan*, Puzzle, 228.

185 Bultmann warnt davor, den Brief aufgrund seines unzweifelhaft persönlichen Charakters als rein biographisches Schreiben zu betrachten. Einen persönlichen Charakter habe der Brief nur insoweit, als das Amt, das Paulus darin vorrangig beschreibt, hier auch mit seiner Person zusammenfalle; vgl. *Bultmann*, 2. Korinther, 21.

186 Die Identität dieser Gegner ist immer noch Gegenstand kontroverser Diskussionen. Für die Fragestellung der vorliegenden Arbeit bleibt sie zweitrangig. Einen guten Überblick über die Diskussion, der die klassischen Vorschläge referiert und tabellarisch zusammenfasst, vgl. bei *Bieringer*, Gegner, 218. Bieringer kommt dabei zu dem Schluss, dass die

sche Selbstverständnis des Paulus auch Konsequenzen für die Beziehung zu seiner Gemeinde. Marlene Crüsemann versteht die „Wiederherstellung der engen Beziehung und ungetrübten Gemeinschaft zu diesen von ihm geliebten Menschen"[187] als das eigentliche Thema des Briefes, von dem sich dann auch die Frage nach dem „Amtsverständnis" des Paulus ableitet.[188] Im 2Kor werde insgesamt deutlich, dass Paulus gerade kein hierarchisches Verhältnis zu seiner Gemeinde etabliere.[189] Das Ziel des Abschnittes in 6,14–7,1 sei es, „eine exklusive Gegenseitigkeit zwischen Absendern und Gemeinde als Wunsch zu formulieren."[190] Die Paränese in 6,14–7,1 formuliert als Konsequenz aus dem Verhältnis zwischen Absendern und Adressaten die Forderung einer Separation.[191] Auch damit fügt sie sich dem Anliegen des gesamten Briefes ein, wie es von Crüsemann beurteilt wird.

Auf einer Metaebene geht es in 2Kor 6,14–7,1 um Zugehörigkeits- und Abgrenzungsdynamiken innerhalb der christusgläubigen Gemeinde, die sich als Empfängerin der Verheißungen Gottes (7,1) sieht. Damit steht sie in Kontinuität zu dem Gottesvolk Israel, dem Erstempfänger dieser Verheißungen, und grenzt sich ab gegen jene, die außerhalb dieser universalen Zuwendung Gottes leben. Zugleich wird durch die Kombination verschiedener Schriftzitate eine Inklusion von Menschen aus den Völkern begründet, ohne dass dabei das ersterwählte Volk Israel ersetzt würde.[192]

Identitätsfrage an der paulinischen Intention vorbeigeht: Paulus ging es nicht darum, „die Inhalte der gegnerischen Lehre zu beschreiben, ja nicht einmal darum, sie zu widerlegen. Paulus will lediglich indirekt aufzeigen, daß und inwiefern die Gegner am Kern des Evangeliums vorbeigehen." *Bieringer*, Gegner, 217. Die Thematisierung der Gegner solle die Gemeinde vor allem davon überzeugen, dass eine erneute Hinwendung zu Paulus das Gebot der Stunde sei.

187 *Crüsemann*, Trost, 184. Ähnlich auch *Bieringer*, Plädoyer, 140, der kritisch anmerkt, dass das Verhältnis zwischen Apostel und Gemeinde kaum je in den Blick genommen werde.

188 Crüsemann entfaltet dieses Thema anhand der Begriffe „Trost, charis und Schwäche", die sich durch den Brief ziehen und dabei ein Geflecht von Beziehung etablieren. Dadurch werde das Verhältnis des Apostels zu seiner Gemeinde einerseits gestaltet, andererseits aber auch in der Beziehung der Gemeinde zu Gott gespiegelt. In dieser durchgehenden Thematik sieht Crüsemann zugleich ein weiteres Argument für die Einheit des Briefes und dessen chronologische Logik; vgl. dazu auch *Bosenius*, Abwesenheit, 104.

189 Vgl. zu diesem alternativen Paulusbild vgl. *Crüsemann*, Herz, 213–215.

190 *Crüsemann*, Herz, 214.

191 Crüsemann zeigt, dass damit in 2Kor 6,14–7,1 das Thema aus 6,11–13 fortgesetzt wird, weshalb dieser Abschnitt auch nicht als ein Bruch zum Vorangegangenen angesehen werden könne; vgl. *Crüsemann*, Herz, 218.

192 Crüsemann spricht von einer komprimierten „Tora für die Völker"; *Crüsemann*, Herz, 218–223.

Der Ruf nach Separation zielt auf die Exklusivität der Gemeinde. Deren Situation ist vor allem durch die permanente Auseinandersetzung mit „Gegnern" bestimmt. Zugleich wird sie fassbar in der expliziten Konfrontation mit jenen, die in 6,14 ἀπίστοι – „Nichtglaubende / Ungläubige" genannt werden. Mit der Nennung dieser Gruppen kommen Konflikte in den Blick, die das Ringen um Zugehörigkeit und Identität verschärfen. Schon die Untersuchung der gemeinschaftsbezogenen Texte aus Qumran hatte gezeigt, dass sich Identitätsfragen besonders dort stellen, wo Konflikte entstehen und Zugehörigkeiten diskutiert werden.[193] In 2Kor 6,14–7,1 überrascht vor allem die Schärfe, mit der Paulus eine Absonderung fordert, weil sie im Gegensatz zu seiner ansonsten proklamierten Universalität der Zuwendung Gottes steht: „Wenn er die Gemeinde von der Würde seines Dienstes überzeugt hat, dann muss sie sich ihm öffnen und die Gemeinschaft mit ihm vertiefen. Dass die Gemeinschaft gestört ist, lässt 2Kor von Anfang an erkennen. Die Warnung vor Gemeinschaft mit Nichtchristen überrascht in diesem Zusammenhang."[194]

In seiner paränetischen Ausrichtung zielt der Textabschnitt auf den Veränderungs- und Handlungswillen des Lesepublikums ab. Paul Barnett sieht darin „the climax of the apostolic excursus".[195] Die argumentative Strategie des Paulus besteht vor allem in einer Kombination von Schriftzitaten, denen indessen die sonst üblichen Einleitungsformeln wie (καθὼς) γέγραπται – „(wie) geschrieben steht" fehlen.

Vorbereitet wird die Argumentation durch eine Reihe rhetorischer Fragen, die den einleitenden Imperativ (*Werdet nicht zu solchen, die unter einem fremden Joch gehen mit den Ungläubigen!*) durch das Gegenüber einander ausschließender Gegensätzen (Gerechtigkeit/Ungerechtigkeit; Licht/Finsternis; Christus/Beliar; Gläubiger/Ungläubiger) expliziert. In gleicher Ausschließlichkeit ist die Gemeinde von den ἀπίστοι getrennt. Die Reihe dieser rhetorischen Fragen leitet schließlich zu der eigentlichen These in 16b über:

> ἡμεῖς γὰρ ναὸς θεοῦ ἐσμεν.
>
> Wir sind nämlich ein Tempel Gottes.

In dieser These ist das zentrale Anliegen des Paulus (nämlich die Exklusivität der Gemeinde) zusammengefasst.[196] Mit der Tempelmetapher, die über den

193 Vgl. Kap. 5 in dieser Arbeit.

194 *Schmeller*, 2 Korinther, 15.

195 *Barnett*, Corinthians II, 342.

196 So auch *Böttrich*, Tempel, 418.

2Kor hinaus auch noch in 1Kor 3,16–17 und 6,19 verwendet wird, prägt Paulus ein ekklesiologisches Bild von weitreichender Wirkung. Obwohl es hinter den Bildern vom „Leib Christi" oder von „Pflanzung und Ackerfeld" zurücksteht, ist es gerade in der Situation der korinthischen Gemeinde geeignet, neben dem Zuspruch auch den Anspruch zu verdeutlichen, der sich aus der Zugehörigkeit zu Christus ergibt. Diese Zugehörigkeit ist eine ausschließliche, die eine klare Entscheidung fordert.[197] Die Konsequenzen dieser Entscheidung werden schließlich durch die Schriftkatene in 6,16–18 beschrieben und in 7,1 in einem erneuten Imperativ gebündelt, der konkrete Verhalten der Gemeinde betrifft.

Syntaktisch fällt auf, dass der Abschnitt geradezu programmatisch mit einem starken verneinten Imperativ (Μὴ γίνεσθε – „Werdet nicht!") beginnt. Er steht wie ein Vorzeichen vor dem Folgenden und vermittelt den Eindruck von Klarheit und Strenge. In 7,1 wird der imperativische Stil wieder aufgenommen, nun aber eher vermittelnd in Form eines Hortativs. Die auf den Imperativ in 14a folgende Reihung elliptischer rhetorischer Fragen verstärkt durch ihren asyndetischen Stil zunächst die Dringlichkeit der Rede. Die anschließenden Schriftworte werden nur knapp miteinander verbunden; die Konjunktionen, die der Verbindung dienen, sind zumeist kopulativ; lediglich 6,17 setzt mit einem kausalen διὸ einen inhaltlichen Akzent. Auch inhaltlich tragen die Schriftzitate in 6,17 durch stakkatoartige Kürze sowie durch ihre drei Imperative (ἐξέλθατε – „geht hinaus"/ἀφορίσθητε – „sondert ab"/μὴ ἅπτεσθε – „berührt nicht") zu dem Eindruck einer drängenden, alternativlosen Forderung bei. 7,1 rundet schließlich die vorangegangenen Verse durch den inkludierenden Hortativ καθαρίσωμεν – „lasst uns reinigen" und die direkte Ansprache der Adressaten als „ἀγαπητοί – „Geliebte" ab,[198] so dass der Abschnitt mit einer motivierenden Aufforderung endet.[199]

197 *Böttrich*, Tempel, zeigt, dass eine solche Ausschließlichkeit in dem Bild selbst angelegt ist und deshalb auch für die beiden anderen Belege gilt.

198 Diese Form der direkten, wertschätzenden Anrede gebraucht Paulus vorzugsweise im Kontext von Ermahnungen, um seine Adressatenschaft zu gewinnen – so z.B. im Blick auf den Gottesdienst (Röm 12,9), die Warnung vor Götzendienst (1Kor 10,14), oder die Bekräftigung der Auferstehungshoffnung (1Kor 15,58); ferner auch in der Grußliste Röm 16 mehrfach sowie in 2Kor 12,19.

199 Zum Verhältnis des Apostels gegenüber den Mitgliedern der Gemeinde in Korinth sowie zu den sozialen Rollen innerhalb der Gemeinde in ihrem Wechselspiel zwischen Unter- und Überordnung und Gleichrangigkeit, vgl. *Ibita*, Relationship. Sie zeigt, wie Paulus das komplexe Geflecht sozialer Rollenzuschreibungen nutzt, um Versöhnung zu schaffen. Einen besonderen Stellenwert hat dabei die Beziehungsmetaphorik, die Ibita als „anti-structural" bezeichnet – wie etwa die Eltern-Kind-Beziehung, die Geschwisterbeziehung oder die der Liebenden; diese Metaphorik wird von Paulus dezidiert für die Beschreibung seines Verhältnisses zur Gemeinde genutzt.

Es sticht vor allem die breite Verwendung der Reinheitsterminologie und Reinheitsmetaphorik ins Auge. Dazu zählen nicht nur explizite Begriffe wie ἀφορίζω, ἀκάθαρτος, καθαρίζω und μολυσμός, sondern auch Themen, die durch Bilder eingebracht werden, wie das Zusammenspannen unterschiedlicher Tiere unter ein Joch in 6,14 oder der Tempel in 16d. Auf beides werde ich im Folgenden noch genauer eingehen.

Der Abschnitt trifft in paränetischer Form Aussagen über Zugehörigkeits- und Identitätsfragen im Modus von Reinheitsbestimmungen, die dabei – wie noch zu zeigen sein wird – nicht nur bestätigt, sondern zugleich auch aktualisiert werden. Insofern erweist sich 6,14–7,1 als ein fester Bestandteil seines Kontextes. Volker Rabens betont zu Recht, dass der Ruf nach Demarkation kein absoluter, sondern ein besonderer sei, veranlasst durch die Situation konkreter Gefährdung. Er stellt daher auch keinen Gegensatz zu dem Bild von Einheit und Vielfalt in 1Kor 12 dar, sondern reagiert auf das, was aus der Sicht des Paulus den Zusammenhalt der Gemeinde gefährden könnte.[200]

7.5.2.3 Analyse der Reinheitsthematik in 2Kor 6,14–7,1

Reinheit wird in 2Kor 6,14–7,1 auf zwei verschiedene Arten thematisiert: einerseits durch Reinheitsbegriffe wie ἀφορίζω, ἀκάθαρτος (beide in 6,17) und καθαρίζω, μολυσμός (beide in 7,1), ergänzt durch ἁγιωσύνη (7,1) als Korrespondenzbegriff; andererseits durch Themen, die eng mit Reinheitsbestimmungen verbunden sind wie das alttestamentliche Verbot, reine und unreine Tiere unter ein Joch zusammenzufügen (6,14) oder das Tempelkonzept (6,16).

Schon der Beginn des Abschnitts steht unter dem Vorzeichen der Reinheitsthematik. 6,14 setzt mit der imperativischen Aufforderung ein, nicht das zu vermischen, was nicht vermischt werden darf. Über das Verb ἑτεροζυγέω, das am besten mit „unterschiedlich zusammenspannen" zu übersetzen ist, und das damit verbundene Bild werden Lev 19,19 und Dtn 22,10 aufgerufen. Lev 19,19 untersagt, zweierlei Arten von Vieh miteinander zu vermischen;[201] Dtn 22,10 verbietet explizit das Pflügen mit einem reinen Tier (Rind) und einem unreinen Tier (Esel). Der Bezug zu beiden alttestamentlichen Verboten bleibt vage, kann aber wohl aufgrund der Besonderheit dieses Bildes, das ansonsten im Kontext des 2Kor kein Haftpunkt hätte, vorausgesetzt werden. John Derret liest 2Kor 6,14ff insgesamt als einen Midrasch zu Dtn 22,10, was sehr weit hergeholt

200 Vgl. dazu *Rabens*, Rhetoric, 251. Ähnlich auch schon vorher *Rabens*, Rhetoric, 231, der betont, dass der Rückzug in diesem Falle kein genereller sei und somit auch nicht in Konflikt zu 1Kor 5,10 stehe.

201 Lev 19,19 ist Teil des Heiligkeitsgesetzes (Lev 17,1–26,46) und verbietet die Paarung unterschiedlicher Tierarten, die Vermischung zweier (Getreide-)Samen sowie die Vermischung zweierlei Materialien, aus denen Kleidung gewebt wird.

erscheint. Konkrete Gesetzestexte sind von Paulus wie auch von den Midraschim jedoch immer wieder auf Alltagssituationen bezogen worden.[202] Derret kommt zu dem Schluss: „One must avoid being yoke-mates with the unfaithful in order to achieve purity."[203] Das Verbot, zwei unterschiedliche Tierarten zusammenzubinden, wird in 2Kor 6,14 demnach auf das menschliche Miteinander übertragen. Im Anschluss an Dtn 22,10 spielt dabei auch hier der unterschiedliche Reinheitsstatus eine maßgebliche Rolle. Die ἀπίστοι – „Nichtglaubenden" fungieren als die Unreinen, mit denen man sich nicht verbinden soll, um die eigene Reinheit zu bewahren.[204] Dieser Gedanke kommt in den folgenden Gegensatzpaaren zur weiteren Entfaltungen, die nicht Zusammengehöriges benennen. Daran schließt sich eine Selbstidentifikation der Gemeinde als „Tempel des lebendigen Gottes" (6,16) an, in die sich Paulus mit einbezieht. Der Tempel als Ort der Gegenwart Gottes fordert nach dem alttestamentlich-jüdische Tempelkonzept eine besondere Reinheit des Menschen, um der gesteigerten Heiligkeit des Ortes angemessen begegnen zu können. Die Warnung vor einer Vermischung mit dem Unreinen in Form der ἀπίστοι, die durch die verschiedenen Gegenüberstellungen in 6,15–16a expliziert wird, erhält durch die Selbstidentifikation als Tempel zusätzliches Gewicht. Hier wird das Gegenüber von „innen" und „außen", das in 1Kor 5ff innergemeindlich gedacht war, übertragen auf das Gegenüber zwischen Gemeinde und Nicht-Gemeinde.[205] Eine Gemeinde, deren Mitglieder sich als „Tempel" verstehen und daher ein besonderes Augenmerk auf ihre (wie auch immer qualifizierte) „Reinheit" legen, muss sich abgrenzen von jenen, die nicht Mitglieder der Gemeinde sind und einer solchen Reinheit keine Bedeutung beimessen.

Das Bild des Tempels ruft für die Gemeinde in Korinth verschiedene Assoziationen auf. Sicher kann man davon ausgehen, dass dabei der Bezug zum Jerusalemer Tempel am nächsten liegt. Die Selbstidentifikation zielt aber nicht etwa auf eine Substitution des Tempels ab, sondern nutzt vielmehr die dem Tempel zugrundeliegende Idee; der Tempel ist niemals nur als das reale Bauwerk auf dem Zion, sondern stets auch als eine transzendente Größe

---

202 Vgl. bei *Derrett*, Midrash, besonders die Überlegungen zum Bezug auf Dtn 22,10, 236–241.

203 *Derrett*, Midrash, 241.

204 Die Identität dieser Gruppe wird von Paulus ebenso wenig geklärt wie die der „Gegner". Entweder sieht man in ihr eine interne Größe, oder eine Gruppe außerhalb der Gemeinde wie z.B. Nicht-Christusgläubige aus den Völkern; vgl. dazu *Gräßer*, Korinther II,1, 259, oder jüngst *Starling*, ἄπιστοι. Starling weist nach, dass es sich aufgrund der Art und Weise, wie Heiligkeit in 2Kor 6,14–7,1 profiliert wird, nur um nicht-christusgläubige Menschen aus den Völkern handeln kann; vgl. besonders *Starling*, ἄπιστοι, 53–58. Er löst damit die Spannung zwischen Inhalt und Kontext, die im Zentrum der Frage steht, auf.

205 So auch *Vahrenhorst*, Sprache, 209–210.

verstanden worden.[206] Vahrenhorst konzentriert sich auf die Schriftzitate und den Sprachgebrauch in 7,1, wodurch die kultische Dimension der Selbstidentifikation als Tempel nicht nur inhaltlich, sondern auch begrifflich über 6,16 hinaus sichtbar wird. Ein Tempel lebt von der Unterscheidung zwischen heilig und profan – und wirkt damit zugleich absondernd nach außen und verbindend nach innen. Das menschliche Kriterium, durch das diese Wirkung erreicht wird, ist Reinheit bzw. die Trennung von allem Unreinen. Reinheit wird damit zu einem Merkmal, das in der paulinischen Argumentation Zugehörigkeitsfragen bestimmt. Das kommt vor allem durch die Reinheitsterminologie in 6,17 und 7,1 zum Ausdruck.

6,17 ist das inhaltliche und strukturelle Kernstück der Schriftkatene in 6,16b-18. Die Reinheitsthematik wird explizit durch die Absonderungsaufforderung in 17a eingeführt:

> ἐξέλθατε ἐκ μέσου αὐτῶν καὶ ἀφορίσθητε – *„Geht aus ihrer Mitte und sondert euch ab"*.

Dieses nahezu wörtliche Zitat aus Jes 52,11^{LXX} wird in 17bα erneut aufgenommen:

> καὶ ἀκαθάρτου μὴ ἅπτεσθε· – *„Und das Unreine rührt nicht an."*

In Jes 52,11 steht das Verbot, nichts Unreines anzurühren, vor der Aufforderung zur Distanzierung, sodass der Grund für die Absonderung offensichtlich ist. Paulus, dem mehr an der Absonderung als an deren Begründung liegt, hat die Versteile umgestellt. Damit steht nun die Aufforderung, „herauszuggehen", an erster Stelle. Sie setzt etwas voraus, das einen solchen Schritt nötig macht. Die erneute Aufforderung zur Distanzierung durch das Verb ἀφορίζω konkretisiert diese Notwendigkeit. Mit ἀφορίζω wird im NT eine Trennung in Gut und Böse, Gewollt und Nicht-Gewollt beschrieben;[207] ebenso wird damit auch die Aufbewahrung zu etwas Besonderem bezeichnet.[208] Vorzugsweise geht es bei dieser

---

206 *Böttrich*, Tempel, 412, argumentiert damit einerseits gegen eine Substitution des Tempels, andererseits aber auch gegen dessen Spiritualisierung, wie sie in besonders einflussreicher Weise *Wenschkewitz*, Spiritualisierung, vorgeschlagen hat.

207 Vgl. dazu etwa die bekannte Unterscheidung zwischen Schafen und Böcken in der Endzeitrede des Matthäus (Mt 25,32) oder die lukanische Seligpreisung derer, die wegen des Menschensohnes gehasst und ausgegrenzt werden (Lk 6,22).

208 Mit diesem Begriff stellt sich z.B. Paulus in Röm 1,1 vor als einen, der „für das Evangelium Gottes (= für dessen Verkündigung) ausgesondert" ist; in Apg 13,2 befiehlt der Heilige Geist, Barnabas und Saulus für das Werk der Verkündigung „auszusondern".

Trennung um Gegensätze, die einander ausschließen, was an die Verse 14–16 erinnert.

Die Verwendung von ἀφορίζω als Verb der Trennung ruft aber in geschulten Ohren auch die Assoziation an Aussatz auf, da in Lev 13 und 14 der Vorgang der Isolation, die der Priester nach erfolgter Unrein-Erklärung anordnet, mit ἀφορίζω als Übersetzung von הִסְגִּיר ausgedrückt wird. In ἀφορίζω ist das Moment der Absonderung also bereits mit der Thematik der Reinheit verbunden. Die Aufforderung, sich aus der Mitte Anderer zu entfernen, ist in 6,17 zwar aus Jes 52,11 entnommen, lässt aber zugleich Assoziationen an die „Mitte" der Gemeinde Israels zu, wie sie besonders im Dtn sprachlich begegnet.[209] Erst in 17bα wird dann das, was durch ἀφορίζω bereits anklingt, konkretisiert durch die Aufforderung, Unreines nicht anzurühren. Was in Jes 52 noch im Kontext des Exils steht, erscheint in der paulinischen Verwendung nun abstrakt und pauschal. Das „Unreine" bleibt offen, zielt aber ganz offensichtlich auf die ἀπίστοι, die seit 6,14 und die folgenden rhetorischen Fragen hindurch stets das Gegenüber sind. Dass Abgrenzungsforderungen und damit Zugehörigkeitskriterien mit Hilfe von Reinheitsbestimmungen beschrieben werden, setzt sich also in der Erklärung der Tempel-These aus 6,16 fort. Während 6,18 das Verhältnis zwischen Gott und der Gemeinschaft als ein reziprok-familiäres darstellt, nimmt 7,1 zum Abschluss des Abschnittes die Reinheitsthematik in Form eines Fazits wieder auf:

> Ταύτας οὖν ἔχοντες τὰς ἐπαγγελίας, ἀγαπητοί, καθαρίσωμεν ἑαυτοὺς ἀπὸ παντὸς μολυσμοῦ σαρκὸς καὶ πνεύματος, ἐπιτελοῦντες ἁγιωσύνην ἐν φόβῳ θεοῦ.
>
> Weil wir also diese Verheißungen haben, Geliebte, lasst uns uns selbst reinigen von jeder Befleckung des Fleisches und des Geistes, um die Heiligkeit in Gottesfurcht zu vollenden.

Noch einmal ändert sich der Ton. Statt der Imperative, die Anweisungen und Verbote formulieren, steht nun ein Indikativ, der Verheißungen zuspricht und mit dem familiär-zärtlichen Vokativ „Geliebte" Nähe signalisiert.[210]

---

209 Zum Verhältnis zwischen Fremden und Eigenem sowie zur Bedeutung der Mitte Israels als „Dreh- und Angelpunkt der Identität" im Dtn vgl. *Ebach*, Fremde, bes. 124. Eine vergleichbare Formulierung findet sich auch in 1Kor 5,2 im Kontext der bereits genannten πορνεία-Diskussion.

210 Wischmeyer zeigt, dass das Adjektiv ἀγαπητός einen Aspekt der Erwählung in sich trägt und daher an dieser Stelle eine besondere Nähe und Vertrautheit ausdrückt. Es ist bei Paulus zudem der Bezeichnung seiner christusgläubigen Geschwister vorbehalten, auch

Dieser Heilsindikativ ist die Basis für eine Zusammenfassung der vorangegangen Imperative, die nun aber mittels eines inkludierenden und dadurch deutlich moderateren Hortativs erfolgt. Paulus konstatiert, dass er und seine Adressatenschaft aufgrund der Verheißungen Gottes geradezu verpflichtet sind, sich von jenen abzugrenzen, die nicht der Gemeinschaft angehören. Die Abgrenzung erfolgt auf dem Wege der Reinigung. Hier öffnet sich ein weites Feld: καθαρίζω ist der Grundbegriff jeder Reinigung und kann von körperlicher Waschung bis hin zur Bußübungen Vieles umfassen. Die Verwendung gerade dieses Begriffes signalisiert deshalb den Gedanken einer umfassenden Reinigung. Demgegenüber stellt der Begriff μολυσμός, der ansonsten der neutestamentlichen Literatur eher fremd ist,[211] eine Spezifizierung dar; in der LXX bezeichnet er als Übersetzung von חֲנֻפָּה in Jer 23,15 die Untreue gegenüber Gott und wird darüber hinaus z.B. in 2Makk 5,27 verwendet. In den beiden zuletzt genannten Fällen handelt es sich jeweils um eine Verunreinigung, die durch die Begegnung mit Menschen aus den Völkern geschieht. Durch die Formulierung einer Reinigung von „Fleisch und Geist" wird der Blick jedoch eher auf den Menschen als solchen in seiner Ganzheitlichkeit gelenkt. Das schließt körperliche und moralisch bedingte Unreinheiten ein und verhindert eine Engführung auf einen bestimmten Bereich.[212] Ihr Ziel findet die Reinigung schließlich in der durch Gottesfurcht motivierten Heiligung. Erich Gräßer sieht darin die eschatologische Perspektive eingeschrieben, weil der Terminus ἐπιτελέω – „vollenden" eschatologische Assoziationen impliziere. Es liegt jedoch näher, an dieser Stelle einen Abschluss der Heiligung bezeichnet zu sehen, der gerade nicht in der Zukunft liegt, sondern schon durch das Verhalten der Angesprochenen erreicht werden kann. Mit der Nennung der ἁγιωσύνη – „Heiligung" wird erneut der Bezug zu 6,16 und zur Selbstidentifikation der Gemeinde als Tempel hergestellt.

Sowohl die Selbstidentifikation der Gemeinde als Tempel als auch die daraus abgeleiteten Folgen operieren mit Reinheitsvorstellungen als Kennzeichen der Gemeinschaft. Dabei ruft die Wahl der Begriffe und Themen Reinheitsvorstellungen ganz unterschiedlicher Art auf, die sich nicht auf ein Konzept oder

wenn er darum weiß, dass die nicht christusgläubigen Juden „Geliebte um der Väter willen" sind (Röm 11,28); vgl. *Wischmeyer*, Adjektiv.

211 In 1Kor 8,7 wird z.B. das Verb μολύνω verwendet; es bezeichnet dort die Befleckung des Gewissens derer, die aus Gewohnheit Götzenopferfleisch essen.

212 Gegen McKelvey, der in der paulinischen Argumentation eine Unterscheidung zwischen jenen externen Gesetzen der Tora, die durch Christus aufgehoben seien, und den moralischen, die weiter in Geltung blieben, sehen will; vgl. *McKelvey*, Temple, 93. Für eine solche Unterscheidung bietet 2Kor 6,14–7,1 m.E. keinen Anhalt.

einen Bereich eingrenzen lassen und gerade daraus ihre Argumentationskraft beziehen.[213]

7.5.3 *Der Zusammenhang von Reinheit und sozialer Identität in 2Kor 6,14–7,1*

Die interpretatorischen Probleme, die der Abschnitt 2Kor 6,14–7,1 bereitet, lassen sich stimmig im Sinne seiner Integrität und Authentizität im Kontext des 2Kor lösen. Dazu trägt auch eine Untersuchung jener Konfliktsituation, die den Text bestimmt, im Lichte der Theorie der sozialen Identität bei.

Durch die Metapher vom „fremden Joch" in 6,14 werden bereits einleitend zwei gegensätzliche Gruppen markiert, zwischen denen es keine Verständigung gibt. Barnett bezeichnet den Abschnitt deshalb als „Call for Separation",[214] Rabens spricht von „demarcation".[215] Beide treffen damit ein zentrales Anliegen des Textes. Das Gegenüber der beiden Gruppen und die Eindeutigkeit, mit der ihre Bewertung vorgenommen wird, zeigt an, dass es sich hier aus Sicht der SIT (auch) um einen Identitätsdiskurs handelt. Die Frage lautet nun: Wer gehört zur Gemeinde, und wer nicht? Paulus setzt mit einer Warnung ein, die an eine bereits bestehende In-Group gerichtet ist. Diese In-Group steht in der Gefahr, sich mit Mitgliedern der Out-Group vermischen. Es geht hier also nicht mehr um die Konstituierung sozialer Identität, sondern um ihre Bewahrung. Auch wenn ich Rabens nicht darin folge, dass es sich bei den ἀπίστοι sowohl um Gegner von innen wie auch von außen handle, stimme ich seiner Beschreibung der Demarkation als solcher zu: „The rhetorical force of this second-level reading of the texts is that Paul is warning of partnerships with his opponents, places them into a soteriological and sociological out-group and provides positive identity formation and boundary markers for ‚his' in-group."[216] Dass es sich dabei um sich einander ausschließende Gruppen handelt, wird anhand der fünf rhetorischen Fragen in 6,14–16 deutlich. Eine Vermischung von In- und Out-Group ist ebenso wenig gewollt, wie es möglich ist, einen Zusammenhang/eine Verbindung/eine Gemeinsamkeit (μετοχή/συμφώνησις/μερίς) zwischen den Polen Gerechtigkeit und Gesetzlosigkeit, Licht und Finsternis, Christus und Beliar, Glaube und Unglaube oder Tempel und Götzen

---

213 Starling beobachtet eine solche Offenheit auch in der Beschreibung von „Heiligkeit" und leitet daraus seine Bestimmung der sog. Ungläubigen/Nichtglaubenden ab; vgl. *Starling*, ἄπιστοι, 58.

214 Vgl. z.B. *Barnett*, Corinthians II, 341.

215 Vgl. z.B. *Rabens*, Rhetoric, 251.

216 *Rabens*, Rhetoric, 249.

herzustellen.[217] Noch vor der eigentlichen Begründung ihrer Unterscheidung werden In- und Out-Group bereits derart voneinander abgesetzt, dass sie nicht mehr vermittel- oder vereinbar sind. Eine solche Distanzierung führt zur Ausbildung neuer Identitäten bzw. zur weiteren Ausgestaltung bereits bestehender Identitätsformen. Rabens formuliert mit Blick auf die entstehende christliche Gemeinschaft: „Processes of religious formation (...) require active demarcation from groups that endanger the identity of the new movement."[218]

Zur näheren Bestimmung sozialer Identität ist die Untersuchung jener Kriterien von Bedeutung, die der Unterscheidung der Gruppen dient. Dazu muss auch der Kontext im Blick bleiben, weil er einen weiteren Interpretationsrahmen setzt und eigene Kriterien bereithält.

Das grundlegende Kriterium zur Unterteilung der Gruppen ist der Glaube an Jesus als den Messias. Hier stimme ich Gräßer zu, der in den ἀπίστοι nicht die Gegner innerhalb der christusgläubigen Gemeinde sieht, die „ein anderes Evangelium" (Gal 1,6–9) oder einen anderen Christus verkündigen, sondern jene, die bewusst außerhalb der Gemeinde stehen.[219] Dieser Bekenntnisunterschied ist für Paulus der entscheidende Anlass, von Gruppen zu sprechen, die sich gegenseitig ausschließen. Die Pointe von 2Kor 6,14–7,1 liegt dann in der Begründung für die geforderte Abgrenzung, die ab 6,16 folgt und die (wie oben gezeigt) thematisch und begrifflich von Reinheitsvorstellungen geprägt ist. Aus der Selbstidentifikation der Gemeinde als Tempel des lebendigen Gottes ergeben sich Konsequenzen. Dabei fungiert Reinheit als Kriterium derer, die der In-Group angehören. Nach den Prozessen sozialer Identität dient Reinheit aber nicht nur der Kategorisierung und Unterscheidung, sondern auch der Wertung und dem sozialen Vergleich. Paulus setzt beide Gruppen so voneinander ab, dass mit der Bewertung als „unrein" zugleich eine klare Abwertung verbunden ist. Das geschieht hier auf zweifache Weise: Zum einen wird an der paulinischen Argumentation deutlich, dass er diese Abwertung (kraft apostolischer Autorität) vornimmt. Zum anderen aber wird durch den Rückgriff auf die Tradition biblischer Reinheitsvorstellungen diese Abwertung (mittels Schriftautorität) dergestalt untermauert, dass mit dem Unreinen, von dem

217 Gräßer sieht im Hintergrund dieser Gegenüberstellung die beiden Pole „toraloses Heidentum" und „torakonformes Christentum". Während die Annahme eines etablierten „Christentums" in diesem Zusammenhang der geschichtlichen Entwicklung schon vorgreift, beschreibt die Rückbindung der Christusgläubigen an ihren jüdischen Ursprung die Situation auf zutreffende Weise; vgl. *Gräßer*, Korinther II,1, 59.

218 *Rabens*, Rhetoric, 229.

219 *Gräßer*, Korinther II,1, 259; *Böttrich*, Tempel, 417. Eine Interpretation, die beide Möglichkeiten verbindet, bietet *Rabens*, Rhetoric, der 2Kor 6,14–7,1 als „double entendre" auf beide Parteien bezieht.

man sich reinigen bzw. absondern soll, eindeutig die ἀπίστοι bezeichnet und zusätzlich diffamiert werden. „Paul employs dualistic language that places the church on the side of the in-group. Paul provides positive identity-formation by placing the church on the ‚good' and stronger side".[220]

Die Kategorisierung und Bewertung beider Gruppen anhand expliziter und impliziter Reinheitsmerkmale verdeutlichten, dass es keine Grauzonen mehr gibt und die eigene Gruppe die einzig akzeptierte ist. Zugleich macht die differenzierte Reinheitsterminologie deutlich, dass es hier für Paulus nicht um Abläufe oder Bewertung tatsächlicher Reinheitcasus geht, sondern um Reinheit als einen Wert an sich. Es ist dabei von nachrangiger Bedeutung, ob die Reinheitsbestimmungen, auf die sich die paulinische Argumentation bezieht, für alle Angesprochenen überhaupt noch eine aktuelle, den Alltag strukturierende Bedeutung hat. Die Tatsache, dass Paulus an dieser Stelle mit Reinheitsbegriffen operiert, ist vor allem ein Hinweis darauf, dass für die noch junge christusgläubige Gemeinde Reinheit nach wie vor einen Wert darstellt, der zu ihrem Selbstverständnis gehört. In diesem Sinne lässt sich dann auch von Reinheit als einem identitätsprägenden Merkmal sprechen. Diese Feststellung findet jedoch ihre Begrenzung in der Einsicht, dass Reinheit nur noch eine Art abgeleitetes Identitätsmerkmal ist, das sich aus der Zugehörigkeit zu Christus ergibt und auf das Bekenntnis zu Jesus als dem Christus bezogen bleibt.

Das Potential der Reinheitskonzeption lässt sich heuristisch noch einmal durch die Rückfrage überprüfen, ob Paulus mit einem anderen Konzept oder Topos den gleichen Effekt hätte erzielen können. Meines Erachtens ist das nicht der Fall. Die Argumentation mit „Reinheit" gestattet eine Unterteilung und eine Bewertung gleichermaßen. Zum Wesen der Unreinheit gehört es, nicht nur der zu überwindende Status eines Menschen zu sein, sondern auch Separation zu verursachen. Das kann im Sinne einer externen Zuschreibung wie in 2Kor 6,14–7,1 geschehen. Es kann aber auch die zeitweilige Separation innerhalb einer Gruppe bedeuten wie im Falle einer Aussatzerkrankung oder der aus Qumran bekannten Strafmaßnahmen.

Reinheit hat schon in den alttestamentlichen Texten niemals nur eine alltagspraktische, sondern immer auch eine konstruktive Funktion, die für die jeweilige Gruppe konstituierend wirkt. Genau diese Doppelfunktion macht sich Paulus zu Nutze, wenn er darauf rekurriert, dass sich Gruppenkonstellationen auch er jenseits konkreter Bestimmungen anhand von Reinheitsvorstellungen beschreiben lassen. Hier wird der Hintergrund alttestamentliche Argumentationsmuster erkennbar, die eine Abgrenzung von Unreinheit fordern, um die eigene Reinheit und Heiligkeit zu schützen. Deutlich wird das

220 *Rabens*, Rhetoric, 251.

auch an der Terminologie: Für „unrein" nutzt Paulus ἀκαθάρτος; das Verb ἀφορίζω ist jenes, das in der LXX im Kontext der Absonderung von Aussätzigen verwendet wird; Götzendienst wird begrifflich mit Aussatz in Verbindung gebracht. Um eine Absonderung zu bewirken, dienen Reinheit und Unreinheit als Kategorisierungsmechanismen, die einen sozialen Vergleich zwischen der eigenen und einer fremden Gruppe zum Ziel haben. Durch die Aufnahme der Zitate aus Jes 52,11 in 2Kor 6,17 und aus Lev 26,11–12 in den Versen zuvor wird die Argumentation in einen Kontext gestellt, der Reinheit als einen Faktor sozialer Identität erkennen lässt. Die Argumentation des Paulus geht dabei nicht über das Überlieferte hinaus, sondern wendet es für den eigenen Kontext an.

Besondere Bedeutung gewinnt der Abschnitt im Vergleich mit der maximal inklusiven Formulierung in 2Kor 5,19, Gott habe in Christus den Kosmos mit sich selbst versöhnt. „Accordingly, Paul seems to suggest that the divine perspective on the cosmos is that the entire world is an ‚in-group'. There are no outsiders."[221] Was hier wie eine Ausnahme von allen soziologischen Regeln erscheint, wird durch 2Kor 6,14–7,1 wieder eingeholt: Auch diese In-Group ist gefährdet und muss sich abgrenzen. Rabens zufolge kreiert Paulus in 2Kor 5 eine In-Group, die alle Außenstehenden inkludiert und keine Out-Group zulässt – und formuliert damit einen eschatologischen Idealzustand.[222] Vorerst jedoch bleibt eine Unterscheidung notwendig, was 2Kor 6,14–7,1 bezeugt.

Das Plädoyer des Paulus für eine Abgrenzung der Gemeinde gegenüber den „Ungläubigen" in 2Kor 6,14–7,1 wirkt überraschend scharf. Zweifellos kommt darin auch die emotionale Dimension seines Anliegens zum Ausdruck. Sie kennzeichnet zugleich den 2Kor im Ganzen, der zu Recht als einer der persönlichsten paulinischen Briefe gilt.[223]

Die Verwendung einer Terminologie, die von dem sonstigen Stil des Paulus abweicht, lässt sich anhand von zwei Beobachtungen erklären. Zum einen ist das Anliegen, die Christusgläubigen beieinander zu halten, derart drängend, dass Paulus zu besonderen Mitteln greifen muss. Schon in 6,1 mahnt er an, die Gnade Gottes nicht vergeblich empfangen zu haben. In 7,1 schlägt er dann wieder versöhnlichere Töne an und signalisiert, dass hier kein Beziehungsproblem, sondern ein Sachproblem besteht. Zum anderen wählt Paulus das Thema Reinheit als Beispiel, an dem er sein Anliegen besonders gut veranschaulichen kann. Anhand des Merkmales Reinheit kann er zeigen, dass die Christuszugehörigkeit nicht nur die Zugehörigkeit zu einer beliebigen Gruppe

---

221 *Rabens*, Inclusion, 292.

222 Vgl. zum Verhältnis beider Texte und zum Verhältnis von Mission und Ethik bei Paulus *Rabens*, Inclusion, 290–323.

223 So z.B. *Crüsemann*, Trost, 184; ebenso *Bieringer*, Plädoyer, 173.

innerhalb einer kategorisierten Welt darstellt, sondern eine distinktive, positive Bewertung vornimmt. Reinheit fungiert nicht als beliebige rhetorische Metapher, sondern transportiert einen Sinngehalt, der geeignet ist, klare Aussagen zu formulieren. Dieser Sinngehalt wird jedoch nur von einer Hörerschaft wahrgenommen, die mit dem Reinheitskonzept als solchem vertraut ist. An 2Kor 6,14–7,1 wird deutlich, dass „Reinheit" auch unabhängig von der Befolgung einzelner Regelungen in einer christusgläubigen Gemeinde wie der von Korinth über ein hohes Potential verfügt, soziale Identität zu bestimmen und zu gestalten.

7.6 Fazit

Das Thema Reinheit im Neuen Testament wird in der exegetischen Forschung zumeist anhand von Fragen der Speisevorschriften oder der Tischgemeinschaft diskutiert.[224] Zugleich ist eine wachsende Aufmerksamkeit dafür zu beobachten, dass Reinheitsfragen in der Regel auch Fragen der Identität berühren. Diesem Ansatz verdankt sich die Textauswahl, die der der vorliegenden Arbeit zugrunde liegt. Sie konzentriert sich auf Texte, die ansonsten eher am Rand der Diskussion stehen wie Mk 1 oder 2Kor 6, und lässt andere Texte, die schon vielfach untersucht worden sind, wie Mk 7 oder Mt 23, außen vor.

Ein besonderes Augenmerk liegt dabei auf der Situation, in der die untersuchten Texte entstanden sind. Sie alle zeugen von Gemeinschaften, die gerade im Entstehen begriffen sind. Dass sie einmal Teil einer neuen, institutionalisierten Religionsgemeinschaft sein würden, liegt noch nicht in ihrem Blick. Deutlich spürbar ist dabei Offenheit für Veränderungen, von der diese Situation bestimmt wird. Strecker benutzt den Begriff der Liminalität, um das Phänomen des Übergangs und die Bewältigung einer Schwellenphase zu beschreiben.[225] Das, was einmal die Gemeinschaft ausmachen wird, ist noch nicht fassbar; anderes, was später einmal ganz in den Hintergrund treten wird, ist noch präsent. Während Strecker grundsätzlich bezweifelt, dass man eine Gemeinschaft im Übergang überhaupt auf ihre Identität hin befragen kann, sehe ich gerade in den Schwellenmomenten einen geeigneten Ansatzpunkt,

---

224 Vgl. dazu den Forschungsüberblick unter 1.2; dazu exemplarisch *Eschner*, Essen; *Paschen*, Rein und unrein. Untersuchungen zum historischen Jesus konzentrieren sich in der Regel auf Mk 7,1–23 und damit auf Fragen, die mit Speise und Mahl zusammenhängen; vgl. etwa *Meier*, Jew IV, 342–415; erst in Meiers Ausblick (405–413) werden dann auch noch weitere Texte genannt.

225 Vgl. mit Bezug auf Paulus *Strecker*, Zugänge.

um den Prozessen sozialer Identität nachzuspüren.[226] Liminalität lässt sich ohnehin nur im Rückblick als solche erkennen, nämlich dann, wenn aus den Schwellen- und Grenzerfahrungen neue Entitäten hervorgegangen sind. Zudem geht die moderne Identitätsforschung davon aus, dass Identität nie statisch, sondern immer dynamisch und veränderlich ist, weshalb auch eine neue Entität beweglich bleibt. Das aber spricht umso mehr dafür, Identitätsfragen auch und gerade im Blick auf solche Gruppen zu stellen, die sich im Zustand der Liminalität befinden. Die Untersuchung der Texte hat diese Erwartung bestätigt.

Die Frage nach dem Zusammenhang von Reinheit und sozialer Identität verändert die Perspektive auf die neutestamentlichen Reinheitstexte insgesamt. Anders, als es die relativ gleichmäßige Streuung der Reinheitsterminologie über die Schriften des Neuen Testaments vermuten ließe, kommt die Thematik in den Evangelien nur am Rande vor. Die Heilung des Aussätzigen in Mk 1,39–45 stellt darin eine Ausnahme dar. Alle übrigen Belege greifen die die Reinheitsthematik entweder im Kontext von Speisefragen auf oder übernehmen ganz einfach die traditionellen gesetzlichen Bestimmungen. Gerade letzteres zeugt davon, dass mit einer solchen Übernahme auch die identitätsprägende Funktion von Reinheit tradiert wird, ohne grundsätzlich hinterfragt zu werden. Die intensivste und weitreichendste Debatte über Reinheitsbestimmungen innerhalb der neutestamentlichen Texte hat das Streitgespräch Jesu mit Pharisäern in Mk 7,1–23/Mt 15,1–20 ausgelöst, wobei Identitätsfragen jedoch nur eine untergeordnete Rolle spielen. Das Streitgespräch berührt nicht Fragen der Zugehörigkeit oder der Unterscheidung von In- und Out-Groups. Es diskutiert hingegen die Reichweite bzw. den Wirkungsbereich von Reinheit sowie deren Priorität im Vergleich zu anderen Werten. Eine Untersuchung des Neuen Testaments unter den Gesichtspunkten von Reinheit und sozialer Identität bietet deshalb einen neuen, eher ungewohnten Blick auf die Reinheitsthematik und rückt deren Proportionen in ein neues Licht. Damit wird schon deutlich, dass dieser Zugang nicht alles beschreiben kann, was es über Reinheit im Neuen Testament zu sagen gibt. Dennoch dürfen Identitätsfragen, die immerhin eine entscheidende Funktion antiker Reinheitskonzepte darstellen, auch und gerade mit Blick auf das Neue Testament nicht vernachlässigt werden.

Vier neutestamentliche Texte lassen sich im Besonderen auf den Zusammenhang von Reinheit und sozialer Identität untersuchen. Kriterium für ihre Auswahl ist, dass darin Reinheitsfragen im Zusammenhang mit Zugehörigkeitsfragen oder Fragen der Gruppenbeschreibung stehen. Entweder wird

226 Vgl. *Strecker*, Identität.

Reinheit als Argument für Zugehörigkeit vorausgesetzt, oder die Diskussion um die Gültigkeit von Reinheitsbestimmungen ist Kernpunkt eines Konflikts. Alle vier Texte gleichen einander darin, dass die Reinheitsbestimmungen, die zur Diskussion stehen, grundsätzlich bekannt und zumindest teilweise auch anerkannt sind. Die Texte bauen auf Überlieferungen und Traditionen auf, die deren Relevanz vorausgesetzt ist, auch wenn ihre konkrete Gültigkeit und Funktion hinterfragt wird.

Die Erzählung über die Reinigung des mit Aussatz geschlagenen Menschen in Mk 1,39–45 ist ein Beispiel für den ambivalenten Umgang mit den überlieferten Traditionen. Sie baut auf den aus Lev 13–14 bekannten Kategorisierungsmechanismen auf, die von Jesus und dem Menschen, der sich ihm nähert, akzeptiert werden. Das Handeln Jesu ist auf Integration hin angelegt. Er überwindet die Ausgrenzung, die von den Aussatzregeln bewirkt wird, durch seine Vollmacht zu überwinden, ohne dabei die Regeln selbst zu umgehen. Die identitätsprägende Funktion von Reinheit im Sinne der SIT wird von Jesus als gegeben hingenommen, ihre Folge in Gestalt zeitweiliger Ausgrenzung jedoch abgelehnt.

In Apg 10–11 wird am Beispiel der Speisegebote die Anerkennung der Reinheitsbestimmungen als *conditio sine qua non* der Zugehörigkeit zum Gottesvolk diskutiert. Eine solche Ausschließlichkeit lernt Petrus als Repräsentant der jüdischen, christusgläubigen Gemeinde hinter sich zu lassen, wozu es jedoch einer göttlichen Intervention bedarf. Die Reinheitsgebote bleiben bei denen in Geltung, die ihnen Relevanz beimessen, ohne zum verbindlichen Kriterium aller zu werden. Aus Sicht der SIT nehmen Apg 10–11 damit eine Art Zwischenstellung ein und beschreiben einen Prozess, in dem Out-Group und In-Group zusammenfinden. Dabei entsteht eine neue soziale Identität, ohne dass die bisherige ihre jeweilige Gültigkeit verliert. Reinheit bleibt für jene in Geltung, für die sie traditionell in Geltung war, und wird auf diese Weise in den individuellen Bereich verlegt. Für die soziale Identität der christusgläubigen Gemeinde ist sie kein Merkmal mehr, weil sie nicht mehr ausschlaggebend für die Zugehörigkeit ihrer Glieder ist.

Röm 14 enthält in erster Linie ein Plädoyer für die Bewahrung der Einheit jenseits von Detailfragen des religiösen Lebens. Als Fallbeispiel werden Speisefragen diskutiert, die in der Gemeinde zu gegenseitiger Abwertung und Verachtung und schließlich zur Entstehung zweier unterschiedlicher Gruppen führen. Ähnlich wie Lukas in Apg 10–11 argumentiert Paulus für die bleibende Geltung der Speiseregeln, und erklärt sie andererseits zu einer Angelegenheit der individuellen Bewertung. Durch diese Verlagerung in den persönlichen Bereich wird die Funktion von Reinheit als Faktor sozialer Identität relativiert und auf lange Sicht schließlich vollkommen verdrängt. Paulus indessen hebt die Bedeutung der Speisegebote nicht auf, sondern weist ihnen einen anderen Stellenwert für die Identität des Individuums zu.

2Kor 6,14–7,1 operiert mit einer vielschichtigen Reinheitsmetaphorik, die jedoch auf das Wissen der Hörerschaft um die zugrundeliegenden Bestimmungen und Dynamiken schließen lässt. Die Verwendung der Reinheitsterminologie und die Pragmatik des Textabschnittes laufen darauf hinaus, Abgrenzung gegenüber einer andersgläubigen Umwelt zu fordern und zu begründen. Paulus greift an dieser Stelle auf das Reinheitskonzept zurück, um die für notwendig erachtete Unterscheidung der eigenen In-Group von der Out-Group der „Ungläubigen" verständlich zu machen. Eine solche Verwendung zeigt, dass jenseits der Gültigkeit konkreter Regelungen Reinheit auch in der Korinthischen Gemeinde als Faktor sozialer Identität verstanden wurde. Sie ist offenbar am besten geeignet, den Vorzug der eigenen als den Nachteil der fremden Gruppe zu beschreiben. Eine solche Rhetorik, die im vorliegenden Fall durch den Tempelbezug weiter verstärkt wird, kommt nur dort an, wo auch der zugrunde liegende Wert noch in Geltung steht.

Ein Vergleich beider Belege aus dem Corpus Paulinum macht deutlich, in welchem Maße sich Paulus situationsbezogen zu positionieren versteht. Während er in Röm 14 eine Relativierung der tradierten Funktion von Reinheit für notwendig erachtet, um die Einheit der Gemeinde zu wahren, baut er in 2Kor 6,14–7,1 gerade auf diese Funktion auf, um dem Anliegen einer Abgrenzung nach außen den nötigen Nachdruck zu verleihen. Diese Ambivalenz, die sich bei Paulus abzeichnet, prägt auch das Gesamtbild des Verhältnisses von Reinheit und sozialer Identität in den Texten des Neuen Testaments. Ihren Grund beschreibt Rabens mit Blick auf 2Kor 6,14–7,1 (aber in durchaus verallgemeinernder Absicht) folgendermaßen: „Processes of religious formation (…) require active demarcation from groups that endanger the identity of the new movement."[227] Das trifft freilich nur im Blick auf die konkrete Situation zu. Abgrenzung trägt zwar zur Ausprägung der Identität bei – die aber wird zu einem Kampfbegriff, wenn sie sich allein aus Abgrenzung und Abwertung speist. Abgrenzung stellt keinen eigenständigen, identitätsprägender Wert dar. Sie wird nur dort notwendig, wo der Prozess der Identitätsbildung von außen her Beeinträchtigungen erfährt. In keinem Text des Neuen Testaments werden Reinheitsbestimmungen abgelehnt, weil sie der neuen Identität im Wege stünden. Aufgrund ihrer breiten Bezeugung und selbstverständlichen Übernahme ist vielmehr davon auszugehen, dass die frühe Christenheit an den Reinheitsbestimmungen zunächst keinen grundsätzlichen Anstoß nahm. Die neutestamentlichen Texte lassen somit auch noch nichts von der erst sehr viel später

227 *Rabens*, Rhetoric, 229.

erfolgten, vollständigen Verdrängung der Reinheitshalacha erkennen – anders als lange angenommen.

Immer wieder wird die Funktion, die Reinheit traditionell für die Konstituierung sozialer Identität hat, zum Thema. Sie ist präsent, wird verstanden und kann deshalb auch argumentativ eingesetzt werden. Die Erzählung in Mk 1 thematisiert die alltagspraktischen Folgen dieser Funktion; die paulinische Argumentation macht sie sich in 2Kor 6,14–7,1 zunutze. Im Konfliktfall wird sie als eine individuelle Lebensentscheidung verstanden, die nicht die Gemeinschaft mit Anderen verhindert darf; das spiegeln die Texte in Röm 14 und Apg 10–11 wider. Reinheit fungiert solange als Faktor sozialer Identität, als sie keine negativen Folgen für das Miteinander in der Gemeinde hat. In dieser Hinsicht nimmt Mk 1 eine besondere Stellung ein: Die bleibende Geltung der Funktion von Reinheit wird anhand ihrer alltagspraktischen Folgen sichtbar; zugleich schildert die Erzählung Jesu Handeln so, dass gerade im Rahmen dieser Funktion Reintegration in die Gemeinschaft möglich wird. Die neutestamentlichen Texte sind also weder Zeugnisse für eine grundlegende Ablehnung der Reinheitsgebote noch für eine Art halachischen Rabatt im Kontext der entstehenden Christenheit. An den Stellen, an denen Reinheit als Faktor sozialer Identität in den Hintergrund tritt oder in den Bereich des Individuellen verlagert wird, geschieht das nicht aufgrund einer theologischen Kritik an den Reinheitsbestimmungen, sondern aufgrund einer pragmatischen Entscheidung zugunsten der Einheit der Gemeinschaft. Diese Beobachtung bestätigt eine Eigenheit der SIT: „Categorization is seen as a dynamic, context-bound process, which results in maximizing the clarity of intergroup boundaries in a given social context."[228] Was Hakola hier für Kategorisierungsprozesse formuliert, gilt für die soziale Identität als Ganze: Die Konstitution sozialer Identität gestaltet sich – abhängig vom aktuellen Kontext des Individuums – je neu. Was in einer Situation relevant für die soziale Identität war, kann in einer anderen Situation wieder in den Hintergrund treten, ohne dabei für das Individuum an Relevanz zu verlieren. Die neutestamentlichen Texte bezeugen somit Situationen, in denen Reinheitsbestimmungen eingehalten werden konnten (oder auch nicht), ohne dass die soziale Identität des Individuums als eines Teils der noch jungen christusgläubigen Gemeinde dadurch nachhaltig beeinflusst worden wäre. Wo das dennoch der Fall ist, kommt es zum Konflikt, der diskutiert und gelöst wird. Von einer grundsätzlichen Abweisung oder theologischen Spiritualisierung dieser Fragen an sich aber kann gar keine Rede sein.

Die neutestamentlichen Texte bewegen sich im Blick auf die Funktion, die Reinheit für die soziale Identität des Individuums einnimmt, in einem

228 Hakola, Identity, 264.

Zwischenraum. Während an einigen Stellen diese Funktion unausgesprochen vorausgesetzt ist, wird sie an anderen Stellen explizit gemacht und führt dann mitunter auch zum Konflikt. Im Konfliktfall tritt nicht die Reinheitsbestimmung als solche, sondern ihre Bedeutung für die Identität der In-Group (der entstehenden Christenheit) in den Hintergrund. Damit geht auch eine Verschiebung in den Bereich des Individuellen einher. Ein Querschnittsthema aller untersuchten Texte ist die aktive Zuwendung zu einer Out-Group, nämlich den Nichtjuden, und damit das Thema der Völkermission. Sie ist allgegenwärtig, weil sie die entstehende Christenheit insgesamt durchgängig prägt. Die aktive Zuwendung zu einer Out-Group ist zugleich einer der Schlüssel zu der immer wieder beobachteten Ambivalenz der Texte. Die Haltung gegenüber Nichtjuden bleibt in jedem Falle zurückgebunden an die gesetzlichen Vorgaben der Tradition. Dennoch wirkt der nicht-kategorisierende Umgang mit der nichtjüdischen Umwelt im Neuen Testament auf den ersten Blick wie ein modernes, tolerantes Verhalten. Tatsächlich aber zeigen Texte wie 2Kor 6,14–7,1, dass dieser integrierende Ansatz vor allem durch das Bemühen um eine starke In-Group motiviert ist. Reinheit und Unreinheit behalten ihre kategorisierende Dynamik, auch wenn dieselbe nun weniger stark hervortritt oder um der Völkermission willen gelegentlich ganz zurückgestellt wird.

KAPITEL 8

Synthese und Ausblick

Reinheitsfragen sind Identitätsfragen. Als Teil der Tora haben sie eine konkrete Funktion für die Konstituierung und den Erhalt von Gemeinschaft. Sie sind nicht ausschließlich Fragen des alltäglichen Lebens oder Regeln, die es zu befolgen gilt, um der Weisung Gottes zu genügen. Reinheitsbestimmungen sind zunächst auf das Individuum bezogen; das Streben nach Reinheit hat grundlegend individuellen Charakter. Zugleich ist dieses Streben nach Reinheit aber auch durch die Zugehörigkeit zu einer salienten Gruppe bedingt. Deshalb empfiehlt es sich, die identitätsprägende Funktion verschiedener Reinheitsbestimmungen mit Hilfe der Theorie der sozialen Identität (SIT) zu untersuchen – ohne dass dabei impliziert wäre, Ansätze dieser Theorie schon in der Intention der jeweiligen Autoren vorfinden zu können. Weder werden alle Funktionen von Reinheitsbestimmungen noch das vielschichtige Phänomen der Identität umfassend beschrieben. Doch ihre Schnittmenge bietet bereits eine hinreichende Grundlage für die Untersuchung beider Aspekte. Die wechselseitige Beziehung zwischen Reinheitsaussagen und den Prozessen sozialer Identität gestattet es, Reinheit in der biblischen und außerbiblischen Überlieferung präziser zu erfassen.

Nach der Definition Tajfels ist Reinheit ein Aspekt sozialer Identität, wenn sie von einem Individuum als Wert anerkannt wird, der seine Zugehörigkeit zu einer für das Individuum salienten Gruppe beschreibt.[1] Nach Turner, der diese These erweitert hat, wird ein Wert dadurch relevant, dass er Prozesse der sozialen Kategorisierung anstößt. Die untersuchten Texte lassen sich durch diese beiden Kriterien gut beschreiben und können folglich mit den Mitteln der SIT untersucht werden. In allen analysierten Korpora finden sich Beispiele dafür, dass Reinheit ein Wert ist, der das Zugehörigkeitsverhältnis zu Gott oder davon abgeleitet zum Volk Gottes beschreibt bzw. dafür die Voraussetzung darstellt. Daran wird deutlich, dass Reinheit (neben weiteren Funktionen) auch ein identitätsprägendes Potential besitzt.

1 So z.B. *Tajfel* (Hg.), Differentiation, 8.

 | DOI:10.1163/9789004524651_009

8.1 Synthese der Ergebnisse

Reinheit und mehr noch Unreinheit haben verschiedene Ursachen. Die in der Forschung gerne verwendete, meines Erachtens aber unzureichende Differenzierung in kultische und moralische Reinheit ist von der Wahrnehmung dieser unterschiedlichen Ursachen beeinflusst. Bei einer solchen Unterteilung werden die verschiedenen Kontexte, in denen Reinheit auftritt, jedoch unzureichend benannt und unsachgemäß vermischt. Zu den Ursachen der Unreinheit zählen körperliche Phänomene, die wiederum in reguläre Phänomene wie Samenerguss oder Menstruation, und irreguläre Phänomene wie Hautveränderungen, unterteilt werden. Daneben treten moralische Ursachen auf wie einzelne Verfehlungen oder grundsätzliche Haltungen. Unreinheit wird aber auch einzelnen Dingen, vor allem bestimmten Tieren, zugeschrieben und hat somit eine dritte, scheinbar natürliche Ursache. Auf einer anderen Ebene liegen die Folgen, die Unreinheit nach sich zieht. Dazu zählt maßgeblich der Ausschluss vom Kultgeschehen, vor allem das Verbot, den Tempel zu betreten. Reinheit jedoch in das Schema von „Kult und Moral" zu unterteilen, vermischt Ursache und Folge und entwirft zugleich ein einseitiges Bild des Kultes, als ob dieser frei von Moral oder überhaupt von ihr zu trennen sei.[2] Ziel dieser Arbeit war es, zu beschreiben, welche Funktion diese unterschiedlichen Ursachen von Verunreinigung für die Konstruktion der sozialen Identität des Individuums haben. Dass sowohl moralische als auch körperliche oder „natürliche" Ursachen zu einer Kategorisierung und Distinktion zwischen unterschiedlichen Gruppen und dadurch zu einer Profilierung sozialer Identität führen können, belegt die These, dass zwar unterschiedlich bedingte Reinheitsformen zu unterscheiden, in ihrer Funktion aber nicht voneinander zu trennen sind. Die Frage nach dem Zusammenhang von Reinheit und sozialer Identität nimmt Reinheit in ihrer ganzen Komplexität in den Blick und umgeht die vereinfachende Diastase von Kult und Moral. Daher wurde auch sprachlich nicht zwischen moralischer und kultischer Reinheit unterschieden. Vielmehr werden entweder konkrete Formen oder aber Reinheit als insgesamt erstrebenwerter Status in den Blick genommen.

Die Textanalysen führen zu drei Ergebnissen: Erstens lässt sich Reinheit in vielen der untersuchten Texte als bedeutsam für die Konstruktion sozialer Identität beschreiben, der innerhalb der eigentlichen In-Group neue Kategorisierungen schafft. Der SIT inhärent ist zudem, dass die Faktoren sozialer Identität auch durch den Vergleich mit und die Distinktion von einem reellen oder gedachten Gegenüber entstehen. Das führt in den untersuchten Texten

2 Vgl. zu dieser Problematik ausführlich den Exkurs in Kapitel 2.

zweitens dazu, dass die Bedeutung von Reinheit für die Konstruktion sozialer Identität am Verhältnis zu „den Anderen" expliziert wird. Als „die Anderen" werden dabei jene verstanden, die nicht Mitglied der eigenen Gruppe sind. In der Terminologie der SIT bezeichnen „die Anderen" die Out-Group bzw. Mitglieder verschiedener Out-Groups. Veränderungen in der Signifikanz von und dem Umgang mit Reinheit lassen sich drittens als Folge eines veränderten Verhältnisses zu „den Anderen" erklären. Diese drei Ergebnisse werden im Folgenden noch einmal dargestellt.

8.1.1 *Reinheit als Aspekt interner sozialer Identität*

Soziale Identität entsteht dadurch, dass ein Individuum anhand konkreter Kriterien in der Lage ist, seine Umwelt zu kategorisieren. Durch diese Kategorisierung entstehen Out-Groups, mit denen sich das Individuum vergleicht und auf diese Weise seinen eigenen Standort markiert. Während sich dieser Prozess im Allgemeinen durch eine Abgrenzung nach außen vollzieht, zeigen verschiedene Beispiele, dass solche Kategorisierungen auch innerhalb einer In-Group zu weiteren Unterteilungen führen können.

Im Alten Testament finden sich dafür aussagekräftige Beispiele in der Darstellung der Reinheitsbestimmungen in Lev 12–15, die das alltägliche Leben betreffen. Diskutiert werden hier zum Verzehr gestattete Tiere, Aussatz an Menschen, Kleidern und Häusern, sowie der Vorgang und die Folgen körperlicher Verunreinigungen wie Samenerguss, Menstruation und Geburt. Alle diese Ursachen der Verunreinigung führen zu einer zeitweiligen Ausgrenzung der Betroffenen und unterteilen das Volk in „Reine" und „Unreine". Diese temporären und veränderlichen Gruppen stehen sich als In-Group („Reine") und Out-Group („Unreine") gegenüber, bleiben jedoch beide Teile der größeren In-Group des Volkes Israel.

Flavius Josephus setzt sich an verschiedenen Stellen seines Werkes mit den Bestimmungen der Tora und den dort überlieferten Reinheitsvorschriften auseinander. Dabei übernimmt er die Dynamik, die schon in den Schriften des Alten Testaments angelegt ist, und betont besonders jene Bestimmungen, die eine Kategorisierung innerhalb der eigenen Gruppe nach sich ziehen, während die Abgrenzung zu anderen Völkern in den Hintergrund tritt. Das lässt sich durch die besondere Stellung des Autors erklären: Josephus adressiert seine Geschichtswerke in apologetischer Weise zuerst an ein römisches Publikum, dem er die Besonderheiten seines Volkes zu vermitteln versucht. Eigene Akzente, die über das Tradierte hinausgehen, machen jedoch auch im Werk des Josephus nach innen gerichtete Identitätsprozesse sichtbar. Dazu zählt zum Beispiel die vehemente Abwehr des Gerüchts, die Aussatzregeln seien deshalb so ausführlich dargelegt worden, weil Mose selbst an Aussatz gelitten habe (Ant III 265–268). Die Schärfe der Ablehnung macht offenbar, was bisher nur angedeutet war: Ein Mitglied des Volkes Israel, noch dazu ein Anführer, kann unter keinen Umständen auf grundsätzliche Weise mit Unreinheit in Verbindung gebracht werden. Josephus greift hier auf die Aussatzregeln aus Lev 13–14 zurück und wendet sie auf eine konkrete Situation an. Er vermittelt damit die Bedeutung des Wertes, den Reinheit für das Volk besitzt. Daran wird Reinheit als ein Identitätsmerkmal erkennbar, das innerhalb der eigenen In-Group wirkt.

In den Texten aus Qumran spielt Reinheit schon rein quantitativ eine wichtige Rolle. Im Fokus standen in der Untersuchung die gruppenbezogenen Texte, die den *yahad* beschreiben, da in ihnen die Bedeutung von Reinheit für die Konstruktion einer In-Group besonders deutlich zu erkennen ist. Neben der aus dem Alten Testament bekannten kategorisierenden Funktion von Reinheit anhand bestimmter Ursachen zeichnen sich diese Texte durch eine Neuprägung der Reinheitsterminologie als Bezeichnung für die Gemeinschaft und für gemeinschaftsinterne Abstufungen aus. In Analogie zum Heiligkeitskonzept im Alten Testament wird die Gemeinschaft nun durch Reinheit, die in gleichsam konzentrischen Kreisen zu ihrer Mitte hin zunimmt, konstituiert. Der individuelle Grad der Reinheit bestimmt das Maß der Zugehörigkeit. Reinheit fungiert damit zugleich als Abgrenzungsmerkmal nach außen und als Strukturmerkmal nach innen. Besondere Differenzierung erfährt dieses Strukturmerkmal in den Strafkatalogen in CD und 1QS, die den Ausschluss von höheren Reinheitsstufen und damit aus Teilen der Gemeinschaft als gängiges Strafmittel vorsehen. Durch Reinheit als kategorisierendes Merkmal werden dadurch innerhalb der eigenen In-Group neue In- und Out-Groups geschaffen. Gemeinschaftsintern hat Reinheit damit auch eine vergleichende Wirkung, die stets mit dem Ziel verbunden ist, einen höheren Reinheitsgrad zu erreichen. Der besonders profilierte Zusammenhang von Sünde und Unreinheit verstärkt diesen Eindruck: In den Texten aus Qumran wird „sündigem", also fehlerhaftem Verhalten eine faktisch verunreinigende Kraft zugeschrieben, welche die gleichen Konsequenzen wie körperlich verursachte Unreinheit nach sich zieht.

In der Mischna werden jene Bestimmungen detailliert diskutiert, die in der alttestamentlichen Tradition zu einer Kategorisierung des Volkes führen. Ein besonderer Schwerpunkt liegt dabei auf dem Traktat Nega'im – „Schädigungen", der die Forderungen aus Lev 13–14 bezüglich der von Aussatz geschlagenen Menschen umsetzt und dem Alltag anpasst. Die meisten alttestamentlichen Bestimmungen werden in der Mischna erweitert und alltagspraktisch ausgestaltet. Die kategorisierende Wirkung verunreinigter Personen bleibt erhalten.

Auch die Mischna betont eine Vorstellung von Reinheit als erstrebenswertem Status innerhalb des eigenen Volkes. Um diesen Status möglichst einfach und zugleich torakonform zu erlangen, wird ein komplexes System reinheitsbedingter Fallbeispiele dargestellt und begründet.

Die Texte des Neuen Testaments zeigen an vielen Stellen ein hohes Maß an Übereinstimmung mit den Reinheitsbestimmungen der Tradition. Jenseits der vier untersuchten Texte (Mk 1,39–45; Apg 10–11; Röm 14,1–15,7; 2Kor 6,14–7,1) wird deutlich, dass die Beachtung der traditionellen Reinheitsbestimmungen auch zum Alltag und zum Selbstverständnis der frühen christusgläubigen Gemeinde gehört. Das betrifft etwa Reinheitsregeln, die intern zur Entstehung temporärer Gruppen führen. Ein spezifischer Umgang mit der Übernahme dieser Traditionen lässt sich am Beispiel von Mk 1,39–45 beobachten. Die intern kategorisierende Wirkung von Aussatz ist nach wie vor eine Realität, die auch von Jesus anerkannt wird. Zugleich besteht das Ziel seines Handelns darin, die Folgen dieser Realität zu überwinden. Ähnlich wie die Texte aus Qumran handeln aber auch die neutestamentlichen Texte an vielen Stellen von Identitätsfragen in dem Sinne, dass sich mit dem Bekenntnis zu Jesus von Nazareth als dem Christus Zugehörigkeiten und deren Voraussetzungen verschieben. Diese Verschiebungen bedeuten noch keinen Bruch mit anderen Gruppen wie etwa den Pharisäern, markieren jedoch Konflikte, die zunehmend zu einer Gefahr für die innere Einheit des Gottesvolkes werden. Sie entstehen vorrangig auf dem Gebiet von Speise- und Mahlfragen, wobei sie Symptom für tieferliegende Problemstellungen sind: In Apg 10–11 steht die vorausgesetzte Unreinheit nichtjüdischer Menschen der Taufe des Hauptmanns Kornelius im Weg. Eine Vision, welche die Bewertung als „rein" oder „unrein" ausschließlich Gott anheimstellt, lässt Petrus dieses Hindernis überwinden und vor der Gemeinde im Haus des Kornelius wie auch vor den Autoritäten in Jerusalem verteidigen. Röm 14,1–15,7 berichtet von einem Konflikt innerhalb der römischen Gemeinde, in dem unterschiedliche Haltungen gegenüber den überlieferten Speiseregeln die Gemeinde zu spalten drohen. Paulus mahnt hier zur Selbstrücknahme derjenigen, die keine Unterscheidung der Speisen in „rein" und „unrein" vornehmen. Im Ergebnis dieses Konfliktes tritt die Bedeutung von Reinheit für die Ausbildung nach innen gerichteter sozialer Identität zurück, um die Einheit der christusgläubigen Gemeinschaft zu bewahren, bleibt als solche jedoch grundsätzlich erhalten. Zugleich zeigt der Konflikte, dass in den Gemeinden der Anfangszeit Reinheit auch weiterhin prägend für die Ausbildung sozialer Identität ist.

Alle diese Regelungen unterscheiden nicht zwischen Angehörigen des Gottesvolkes und „anderen", sondern betreffen Fälle, in denen die Mitglieder der

In-Group selbst unrein werden und daher von anderen Angehörigen zu unterscheiden sind bzw. wie im Falle von Aussatz gemieden werden und andere meiden müssen. Für die Konstruktion sozialer Identität ist diese Art der Identitätsformation relevant, weil sie zum Ausdruck bringt, dass Reinheit ein erstrebenswerter Zustand bleibt. Die konkreten Beispiele unterscheiden sich dadurch, dass sie sowohl körperlich wie auch moralisch bedingte Ursachen haben. Daran wird deutlich, dass die Bedeutung von Reinheit für die soziale Identität nicht von der Ursache der Verunreinigung abhängt. Auffällig ist die Übereinstimmung hinsichtlich der kategorisierenden Funktion von Reinheit nach innen. Im Blick auf ihre Kategorisierungsfunktion nach außen werden größere Unterschiede sichtbar.

8.1.2 *Reinheit und das Verhältnis zu „den Anderen"*

Durch die Kategorisierung der Umwelt entstehen In-Group und Out-Group. Reinheit kann insofern als Faktor sozialer Identität beschrieben werden, als die Kennzeichnung der eigenen In-Group unter dem Aspekt der Reinheit im Gegenüber zu der Unreinheit der Out-Group erfolgt.

Explizit wird das bereits in Lev 18–20 sichtbar: Bestimmte sexuelle Praktiken werden allein deshalb verboten und als „unrein" deklariert, weil sie von anderen Völkern ausgeübt werden. Die Praxis der „Anderen" gilt als unrein und wird deshalb abgelehnt. Vergleichbar sind Ez 20 und 36, wo Götzendienst, also die Anerkennung und Anbetung anderer Gottheiten, als fundamentale Form der Unreinheit verstanden wird.

Josephus hält sich aufgrund seiner ambivalenten biographischen Situation mit klaren Äußerungen zur Unreinheit anderer Völker zurück. Bei der Beschreibung des Tempels in Ant XII und Bell V kommt er jedoch nicht umhin, eine solche Differenzierung vorzunehmen. Weil die Hochachtung vor heiligen Stätten ein zwischen Juden und Römern geteilter Wert ist, kann er dieses Risiko auch gefahrlos eingehen. In Ant XII 154 und Bell V 194–195 thematisiert Josephus ausführlich die Restriktionen hinsichtlich des Zuganges zum Tempel, die einerseits durch eine Mauer und andererseits durch Tafeln, die das „Gesetz der Reinheit" bekanntgeben, signalisiert werden. Kern des „Gesetzes der Reinheit" ist die Absonderung von allem Fremden, zumindest im Tempelkontext. Auch hier wird das Verhältnis zu „den Anderen", die bei ihm „Fremde" sind, mit Reinheitsbegriffen beschrieben.

In den gruppenbezogenen Texten aus Qumran kommt der Umgang mit „den Anderen" in der Selbstwahrnehmung als einer priesterlichen Gemeinschaft zum Ausdruck. Mit diesem Anspruch sind bestimmte Reinheitsregeln verbunden, die üblicherweise nur Priestern auferlegt werden. Durch eine solche Qualifizierung und die Konkretisierung dieser Zuschreibung durch erhöhte Reinheitsanforderung wird Reinheit zum Unterscheidungsmerkmal gegenüber „den Anderen", die nicht Mitglied der eigenen Gemeinschaft sind.

Die Mischna diskutiert anhand zweier Fälle, dem der Nichtjuden und dem des sog. Am ha-Aretz, explizit ihr Verhältnis zu „den Anderen" unter dem Aspekt von Reinheit. Dabei fällt auf, dass sich die gesellschaftlichen Verhältnisse inzwischen verändert haben: Zwar ist gegenüber den untersuchten Out-Groups aufgrund ihres verunreinigenden Verhaltens besondere Vorsicht geboten, doch es wird keine allgemeine und unbedingte Abgrenzung mehr gefordert. Die Wahrnehmung „der Anderen" als unrein führt zu einer erhöhten Sorge um die eigene Reinheit. Aber nicht die Unreinheit „der Anderen", sondern die eigene Reinheit steht im Mittelpunkt des Interesses. Die historische Situation zur Entstehungszeit der Mischna bringt es mit sich, dass Unreinheit als eine unvermeidliche Gegebenheit angesehen werden muss, in der das Streben nach Reinheit das Besondere darstellt. Somit fungiert Reinheit in der Mischna zwar explizit als Identitätsmerkmal, das Streben nach Reinheit jedoch erfolgt weniger durch Abgrenzung nach außen als durch erhöhte Vorsicht nach innen.

Auch in den Texten des Neuen Testaments wird mithilfe von Reinheitsterminologie das Verhältnis zu „den Anderen" beschrieben. In 2Kor 6,14–7,1 nutzt Paulus eine Vielzahl reinheitsbezogener Begriffe sowie thematisch verwandter Kontexte, um für die geforderte Abgrenzung von den Nichtglaubenden zu plädieren. Darüber hinaus wird in Texten wie Phil 4,8, Gal 5,19 und Eph 5,3 Reinheit als besonderes Kennzeichen der eigenen Gruppe im Gegenüber zu anderen Gruppen aufgeführt, auch wenn diese nicht explizit benannt werden, was vorzugsweise im Rahmen von Tugend- und Lasterkatalogen geschieht. Beide sind jedoch eher Ausnahmen von der Tendenz, Reinheitsfragen zugunsten eines Strebens nach Einheit zurücktreten zu lassen.

8.1.3 *Reinheit als relationales Phänomen*

Reinheit ist ein relationales Phänomen. Das bedeutet, dass sie nicht ausschließlich als abstrakter Wert existiert, den eine Gemeinschaft anstrebt oder nicht, sondern Dynamiken beschreibt, die sich innerhalb einer Gruppe oder zwischen verschiedenen Gruppen entwickeln. Relational ist Reinheit insofern, als ihre konkrete Bedeutung unter anderem von der Beziehung zweier Gruppen zueinander abhängt. In den Texten des Neuen Testaments sind In- und Out-Group stets unterschiedlich qualifiziert. Die Christusgläubigen als In-Group stehen verschiedenen „Anderen" als Out-Groups gegenüber, ohne dass letztere eine homogene Gruppe formten. Die Beziehungen zwischen diesen Gruppen werden beispielsweise in 2Kor 6,14–7,1 oder in Apg 10–11 durch Reinheitskonzepte beschrieben. Ebenso werden aber auch gruppeninterne Prozesse von

Reinheitsfragen bestimmt, was etwa in Mk 1,39–45 oder Röm 14 zu beobachten ist. Im Ergebnis bedeutet der veränderte Umgang mit „den Anderen" dann auch einen veränderten Umgang mit Reinheit.

Grundsätzlich gilt: Je schärfer die Abgrenzung von „den Anderen" vollzogen werden soll, desto häufiger finden dafür auch Reinheitsbestimmungen und ihre Begrifflichkeit Verwendung. Von diesem Grundsatz gibt es jedoch auch Ausnahmen, wie beispielsweise die Texte der Mischna zeigen.

In den untersuchten Textkorpora lassen sich zwei verschiedene Strategien ausmachen. Während die alttestamentlichen Texte und die aus Qumran den Zusammenhang zwischen dem Streben nach Reinheit und der Abgrenzung von „den Anderen" explizit formulieren, geschieht das in den Texten des Josephus, der Mischna und des Neuen Testaments nur implizit.

Die alttestamentlichen Texte und die Texte aus Qumran weisen die meisten und vielfältigsten Reinheitsvorstellungen auf. Sie begründen die Abgrenzung mit Verweis auf die Unreinheit „der Anderen", wodurch Unreinheit geradezu ein Kennzeichen für „die Anderen" wird. Die Schärfe, die darin zum Ausdruck kommt, verdankt sich Situationen, die als bedrohlich wahrgenommen werden.[3] Die Trennung von „den Anderen" erscheint notwendig, um die eigene Gemeinschaft zu erhalten. Damit aber wird Abgrenzung zu einem eigenständigen Wert, wie die expliziten Begründungen belegen. Die gruppenbezogenen Dokumente aus Qumran sowie Esr und Neh bieten dafür aussagekräftige Beispiele. Ebenso ist hier die Abgrenzungsargumentation in 2Kor 6,14–7,1 zu nennen, auch wenn sich deren Schärfe durch die grundsätzlich universale Haltung des Paulus, wie sie etwa in 2Kor 5 zum Ausdruck kommt, wieder relativiert.

In den Texten des Flavius Josephus, der Mischna und des Neuen Testaments sind Reinheitsbemühungen und Abgrenzungsinteressen gegenüber „Anderen" weniger eng miteinander verbunden. Das Verhältnis zu „den Anderen" wird in diesen Korpora deutlich zurückhaltender und nur im Kontext weiterer Themen verhandelt.

Josephus betont diesen Zusammenhang punktuell und lässt an vielen Stellen die distinktive Funktion der Reinheitsbestimmungen ganz in den Hintergrund treten. Dabei wird ein Umgang mit der Tradition sichtbar, der seiner persönlichen Situation entspricht. Als Vermittler der eigenen In-Group

---

3 Solche Tendenzen gelten explizit nur für den Zusammenhang von Abgrenzung und Reinheit, nicht aber generell für die allgemeine Einstellung gegenüber „den Anderen". Die theologisch gewichtige Erinnerung an das eigene Fremdsein im Land der Sklaverei (Ex 22,21 oder Dtn 10,19) ist ein Beispiel dafür, dass die alttestamentlichen Texte keine grundsätzlich abgrenzende Haltung kennen, sondern immer nur konkret und situationsbezogen argumentieren.

gegenüber einer Out-Group, der er sich ebenfalls verbunden fühlt, sieht sich Josephus zu einem solchen Oszillieren genötigt. Kontinuität und Adaption an veränderte Verhältnisse bedingen sich wechselseitig.

Die Mischna nimmt eine Zwischenstellung zwischen Josephus und dem Neuen Testament ein. Einerseits thematisiert sie Reinheitsfragen in großem Umfang und behandelt (anders als Josephus und das Neuen Testament) auch deren praktische Relevanz; andererseits spielt die intentionale Ausgrenzung „der Anderen" dabei keine signifikante Rolle. Das Verhältnis zu „den Anderen" wird vielmehr dadurch bestimmt, dass sie ein Teil jener Realität sind, mit der sich die Mischna im Ganzen auseinandersetzt. Ihre Texte reagieren auf eine Gesellschaft, die sich im Umbruch befindet. Ziel ist ein hohes Maß an Observanz bei gleichzeitigem Kontakt zu „den Anderen". Die Reinheit der eigenen In-Group wird das prägende Identitätsmerkmal, ohne (wie im Alten Testament oder in Qumran) einer expliziten Abgrenzung von „den Anderen" zu bedürfen.

Das Neue Testament kennt noch eine dritte Variante dieser zweiten Strategie, die zugleich eine weitere Erklärung für den Umgang mit Reinheitsbestimmungen anbietet. Während für Josephus „die Anderen" in gewisser Weise auch eine In-Group darstellen und die Mischna in „den Anderen" eine Realität sieht, mit der es konstruktiv umzugehen gilt, wenden sich die Texte des Neuen Testamens ganz bewusst diesen „Anderen" zu. Der missionarische Aufbruch der frühen Christenheit nimmt gerade diejenigen als Zielgruppe in den Blick, die ansonsten als Out-Group gelten. Dazu gehören Nichtjuden ebenso wie andere Randgruppen und Marginalisierte. Die „Anderen" werden von Objekten der Ausgrenzung zu Objekten bevorzugter Zuwendung. Das Movens Jesu besteht zunächst in der Sammlung des Gottesvolkes Israel. Dieses integrative Bemühen aber wird schon bald nach Ostern auch über die Grenzen Israels hinaus ausgeweitet. Sein entscheidendes Merkmal ist nun das Bekenntnis zu Jesus als dem Christus, hinter dem andere Merkmale zurückstehen müssen. Das bedeutet jedoch nicht, dass Reinheit damit ihre Bedeutung für die Konstruktion sozialer Identität verloren hätte. Auch dem Neuen Testament ist die Abgrenzung von „Anderen", das sind dann die, die nicht zu Christus gehören, keineswegs fremd. 2Kor 6,14–7,1 zeigt, dass für eine solche Abgrenzungsforderung noch immer und ganz selbstverständlich die eingeführte Reinheitsterminologie und -metaphorik verwendet werden kann. Dieser Sachverhalt wird verfehlt, wenn etwa Johann Maier schreibt: „Die abgrenzende Haltung wurde durch eine offensiv-missionierende ersetzt und dadurch wurden die Grenzen ‚Israels' zur Peripherie hin erweitert. Die kultisch rituelle Reinheitspraxis verlor dabei ihre systembedingte Funktion, obwohl die Konfrontation mit dem Heidentum nach wie vor als eine dämonisch und eschatologisch akzentuierte

Kampfsituation verstanden wurde."[4] Maier behauptet eine klare Differenz zu anderen Textkorpora und erweckt damit den Eindruck, das Neuen Testament sei in seinem Umgang mit „den Anderen" sowie mit seiner situationsbedingten Anpassung der Reinheitsbestimmungen einzigartig und innovativ. Beides ist jedoch nicht der Fall. Beispiele für einen differenzierten, positiven Umgang mit „den Anderen" finden sich auch in allen anderen Korpora. Besonders Josephus und die Mischna belegen, wie eine kontext- und situationsbezogene Anpassung der Reinheitsvorstellungen an einen Umgang mit „den Anderen" möglich ist.

Das Spezifikum des Neuen Testaments besteht darin, dass die Adaption der Reinheitsbestimmungen nun ganz gezielt in den Dienst einer Zuwendung zu „den Anderen" gestellt wird. Sie folgt darin einem bewussten, missionarisch geleiteten Interesse. Dem aber standen die Reinheitsbestimmungen bislang im Wege, weil sie den Angesprochenen entweder fremd waren oder sie zu einer Out-Group machten. Apg 10–11 stellt vor, wie die Bedeutung der Reinheit für die eigene Identität zugunsten einer Zuwendung zu „den Anderen" zurücktritt, ohne dabei aufgegeben zu werden. Röm 14 wiederum belegt, dass Reinheit auch gruppenintern um des „Bruders willen, für den Christus gestorben ist" suspendiert werden konnte, ohne preisgegeben werden zu müssen. Das prägende Identitätsmerkmal der jungen christusgläubigen Gemeinschaft ist das Bekenntnis zu Jesus von Nazareth als dem Christus. Dessen Botschaft aber ist auf die Sammlung Israels und damit auf Integration statt auf Abgrenzung aus. Eine kongeniale Umsetzung dieser Intention findet sich in der innergemeindlichen Wirklichkeitsbeschreibung, die Paulus in Gal 3,28 entwirft: Die faktisch vorhandenen Unterschiede werden in der Gemeinschaft relativiert und zurückgestellt. Um diese Bekenntnisgemeinschaft auch für „die Anderen" zu öffnen, tritt die identitätsprägende Bedeutung von Reinheit in den Hintergrund, ohne inhaltlich abgewertet zu werden.

Die Reinheitsvorstellungen des Alten Testaments erfahren in den nachfolgenden Textkorpora, die von ihm abhängen, eine beeindruckende Rezeptionsgeschichte. Reinheit behält ihre identitätsprägende Kraft, auch unter veränderten Bedingungen. Ihre Wirkung expliziert sich konkret an gruppeninternen Kategorisierungen und an dem Verhältnis zu „den Anderen". Davon bleibt letztlich auch das identitätsformierende Potential, das jeder Reinheitskonzeption innewohnt, nicht unberührt. Als entscheidend für die Konstruktion sozialer Identität ist Reinheit in einen Prozess der ständigen Entwicklung und Veränderung eingebunden.

4 *Maier*, Systeme, 112.

8.2 Thematischer Ausblick

Die Ergebnisse der vorliegenden Untersuchung können auch in anderen Zusammenhängen für das Verständnis des Neuen Testamentes fruchtbar werden. Drei Themenbereiche möchte ich als Ausblick skizzieren.

8.2.1 *Reinheit und die Frage nach der bleibenden Geltung der Tora*

Forschungsgeschichtlich ist die Verbindung zwischen der Reinheitsthematik im Neuen Testament und der Frage nach einer bleibenden Geltung der Tora immer wieder wahrgenommen worden. Meist sah man dabei die Reinheitsbestimmungen schon deshalb für überholt an, weil man auch die Tora als solche für überholt und gleichsam erledigt hielt. Damit aber wäre gerade Paulus gründlich missverstanden. Erst die Lernprozesse, die mit dem christlich-jüdischen Dialog in den 1960er Jahren begannen, flankiert von der sog. *New Perspective on Paul*, haben hier die Augen für einen lange Zeit übersehenen Grundzug im Denken des Apostels geöffnet. In Röm 7 propagiert Paulus nicht etwa die Freiheit des Menschen von der Tora, sondern die Freiheit des Menschen von der Anklage durch die Tora. So wie die Erwählung Israels bestehen bleibt, bleibt auch die Tora als die gute Weisung Gottes in Geltung.[5] Sie verändert durch den Glauben an Christus ihre Funktion, aufzudecken und zu überführen. Aber sie behält auch post Christum ihre Aufgabe, Hilfestellung für das Leben zu bieten – für Juden und solche, die zu Christus gehören, gleichermaßen. Nicht die Tora ist dafür verantwortlich zu machen, dass der Mensch an ihr scheitern musste, sondern die Macht der „Sünde", die den Menschen daran hindert. Deshalb kann Paulus auch weiterhin von der „Tora Christi" (Gal 6,2), der „Tora des Glaubens" (Röm 3,27) oder der „Tora des Geistes" (Röm 8,2) sprechen und sich selbst als einen „in der Tora Christi Befindlichen" (1Kor 9,21) bezeichnen. Bleibt aber die Tora weiterhin in Geltung, dann lassen sich auch die alttestamentlich-jüdischen Reinheitsbestimmungen, wie sie mit der Tora im Neuen Testament ganz selbstverständlich vorausgesetzt werden, nicht leichthin beiseiteschieben.

Als integraler Bestandteil der schriftlichen und mündlichen Tora erschöpfen sich die Reinheitsbestimmungen jedoch nicht einfach darin, Beleg für die bleibende Geltung der Tora zu sein. Vielmehr muss sich gerade an ihnen

5 Die Formel von der „bleibenden Erwählung Israels", gewonnen an der Exegese von Röm 9–11, gibt der 2000 Jahre lang von der christlichen Theologie vertretenen Substitutionstheorie (und ihrer verheerenden Wirkungsgeschichte) einen entschlossenen Abschied. Ihren Niederschlag hat sie inzwischen auch in einer Reihe kirchlicher Dokumente gefunden; vgl. z.B. prominent *Kirchenamt der* EKD (Hg.), Christen und Juden III.

erweisen, was es heißt, dass die Tora in Christus erfüllt sei (Röm 10,4). Dienen sie dem Leben mit Gott und der Einheit der Gemeinde? Stellen sie ein Hindernis für die Verkündigung des Evangeliums dar? Diese Fragen sind, wie sich gezeigt hat, nicht im Sinne eines schlichten entweder-oder zu beantworten, sondern nur im Blick auf ihre Legitimation (Apg 10,15) und ihr Potential für das Selbstverständnis einer Gemeinde, deren Identität in der Zughörigkeit zu Christus besteht.

Reinheitsbestimmungen sind im Neuen Testament auch auf den Umgang mit „den Anderen" bezogen. Sie stellen damit eine besondere Variante jener Frage dar, welche Rolle die Tora für die Völker im Ganzen spielt. Inwiefern sind sie geeignet, auch die Identität einer „Kirche aus Juden und Nichtjuden" (Eph 2) vollgültig zum Ausdruck zu bringen? Der kreative Umgang mit den Einzelbestimmungen der Tora stellt die frühe Christenheit im Horizont der Völkermission vor völlig neue Herausforderungen. Das gilt nicht weniger für die Frage der Beschneidung oder die Heiligung des Sabbats. Hier müssen die christusgläubigen Gemeinden der Anfangszeit ebenso neue Antworten finden wie das rabbinische Judentum nach 70 auch. Die Zugehörigkeit zu Christus begründet eine neue zentrale Identität, von der aus auch die in Christus erfüllte Tora in allen ihren Geboten neue Funktionen und Lesarten gewinnt.

Am Beispiel der Reinheitsfragen wird deutlich, dass eine veränderte Funktion einzelner Gebote weder eine grundsätzliche Infragestellung noch eine wie auch immer geartete Spiritualisierung der Tora zur Folge hat. Reinheitsfragen verfügen nach wie vor über ein Potential, das in der christusgläubigen Gemeinde immer wieder fruchtbar werden kann.

8.2.2 *Die Taufe als Reinigungsritual*

Kernelement vieler Reinigungsrituale ist die Waschung, die Menschen ausführen, um den Status der Reinheit zu erlangen. Die neutestamentlichen Berichte über die Taufe lassen den Taufakt als solchen auch als eine einmalige und endgültige Reinigungshandlung verstehen. Neben die alltagspraktische Parallelität zum Waschungsritual tritt die theologische Dimension, die mit der Konstituierung von Christuszugehörigkeit eine entscheidende Aussage über die individuelle und soziale Identität der Getauften trifft.[6]

6 Diese Parallelen sind m.W. noch nicht weiter analysiert worden, auch wenn die Nähe zu anderen Reinigungsritualen häufig erwähnt wird; vgl. dazu etwa die Beiträge von Öhler und Grohmann in *Öhler* (Hg.), Taufe. Noch stärker kommt diese Analogie in den außerkanonischen frühchristlichen Texten zum Vorschein; vgl. z.B. den Überblick bei *Weidemann*, Taufe. *Förster*, Reinwaschung, diskutiert unter diesem Aspekt Joh 3,22–25; er sieht darin ein Beispiel für die grundsätzliche Vorordnung „ethischer" vor „kultischer" Reinheit, wobei die Taufe den abgelehnten kultischen Waschungen gegenübergestellt werde; diese eindimensionale Sicht

Von Anfang an etabliert sich die Taufe in der christusgläubigen Gemeinde als das entscheidende Zugehörigkeitsmerkmal, das als solches auch noch bis heute und über alle konfessionellen Grenzen hinaus Gültigkeit hat. In ihrer grundlegenden Skizzierung durch Paulus (Röm 6,3–8) steht die Taufe in der Perspektive einer doppelten Zugehörigkeit. Das ist zum einen die individuelle Perspektive eines biographisch fixierbaren Punktes, an dem der Mensch durch sein „Mitsterben und Mitauferwecktwerden mit Christus" in eine existentielle Christusbeziehung gleichsam „miteingepflanzt" wird. Das ist aber zum anderen auch die kollektive Perspektive all derer, die auf genau die gleiche Weise durch die Taufe mit Christus verbunden und nun „in / mit Christus" sind; unter ihnen bzw. eben „in Christus" werden deshalb alle Abgrenzung ethnisch-religiöser, sozialer und rollenspezifischer Art hinfällig (Gal 3,28; vgl. auch 1Kor 12,3 und Kol 3,11), so dass die neue soziale Größe einer Gemeinschaft entsteht, die sich pointiert als „Leib Christi" (1Kor 12,12–27) begreift.

In den neutestamentlichen Texten ist von besonderer Relevanz, dass mit der Taufe des Johannes und der christlichen Taufe zwei grundsätzlich und kategorial unterschiedene Waschungsrituale nebeneinander stehen. Während Johannes eine „Taufe der Umkehr zur Vergebung von Sünden" (Mk 1,4) vollzieht, konstituiert die christliche Taufe unter Bezug auf Tod und Auferstehung Jesu Christuszugehörigkeit, die weit über das Moment einer Umkehr hinaus den Menschen in ein „neues Lebens" (Röm 6,4) versetzt bzw. zu einer „neuen Schöpfung" (Gal 6,15; 2Kor 5,17) macht. Diese neue Identität aber hat, wie gesehen, erhebliche soziale Implikationen, wie sie die Johannestaufe noch nicht kennt. Die Taufe begründet somit primär Zugehörigkeit und hat erst sekundär mit dem Moment der Sündenvergebung zu tun.

Es bietet sich demnach an, die Taufe unter dem Gesichtspunkt von Zugehörigkeit und Identität vor allem mit der Tradition alttestamentlich-jüdischer Reinheitsvorstellungen zu vergleichen.[7] Die neutestamentlichen Tauftexte

wird dem umfassenden Charakter der Taufe m.E. jedoch nicht gerecht. Instruktiv ist der Beitrag von *Furstenberg*, Initiation, der die Entwicklungen im Zusammenhang von Unreinheit und Sünde zur Zeit des Zweiten Tempels in den Schriften aus Qumran und in der traditio apostolica untersucht. Dabei vermag er zu zeigen, dass die mit der Initiation verbundene Konversion durchaus auch als Reinigung von Sünden verstanden wurde, ohne zwangsläufig so benannt werden zu müssen; vgl. *Furstenberg*, Initiation, 391–392.

7 Der materialreiche Sammelband von *Hellholm u. a.* (Hg.), Ablution, beleuchtet ganz verschiedene Aspekte der Taufe, darunter auch den der Initiation, der bisweilen mit Reinigungsfragen in Zusammenhang gebracht wird. Dazu stellt der Beitrag Streckers eine Reihe aufschlussreicher Beobachtungen an; vgl. *Strecker*, Taufrituale, 1383–1440. Die Initiation, die sich in der Taufe auf ritualisierte Weise vollzieht, bewirkt eine neue Wirklichkeits- und Selbstwahrnehmung. Unter diesem Vorzeichen beleuchtet er die Entwicklung der Taufhandlung von ihren neutestamentlichen Anfängen bis in die Zeit Alte Kirche hinein aus

sind dafür nicht weniger aufschlussreich als andere Texte über Reinigungsriten wie etwa die Fußwaschung in Joh 13. So wäre etwa zu fragen, ob und inwiefern die Taufe auch Funktionen anderer Reinigungsriten übernommen hat. Kann die Taufe möglicherweise als eine Art „Generalritus" in Sachen Reinheit verstanden werden, und was würde das für andere Riten sowie für die Bedeutung von Reinheit als identitätsprägendem Wert überhaupt bedeuten? Das punktuelle Zurücktreten konkreter Reinheitsbestimmungen ist in den neutestamentlichen Texten vor allem der Zuwendung zu nichtjüdischen Menschen geschuldet. Könnte die Taufe dann nicht auch als vereinfachte Form jüdischer Reinigungstraditionen für nichtjüdische Menschen verstanden werden? Schließlich wäre auch die heutige ökumenische Dimension der Taufe unter den Aspekten von Zugehörigkeit und Identität noch einmal neu zu durchdenken.

8.2.3 *Reinheit und die Frage nach dem „Parting of the Ways"*

Mit der Formel vom „Auseinandergehen der Wege"[8] wird ein Prozess beschrieben, in dessen Verlauf sich diejenigen Gruppen zu institutionalisieren beginnen, die später als christliche und jüdische Religionsgemeinschaft bezeichnet werden. Dieser Prozess gestaltete sich komplexer und langwieriger als lange angenommen. Entgegen der Auffassung, es habe schon früh eine klare Trennung zwischen beiden Gruppen gegeben, muss man eher von einem längeren Neben-, Mit- und Durcheinander verschiedener Traditionen, Überzeugungen und Handlungsweisen ausgehen. Am ausführlichsten hat Boyarin in seinem Buch „Border Lines"[9] diese komplexe Situation beschrieben, indem er das entstehende Christentum als Teil des rabbinischen Judentums versteht und zeigt, dass beide noch lange und vielfältig miteinander verflochten sind. Dafür spricht im Besonderen die Art und Weise, in der beide Gruppen mit der Tradition umgehen. „Jüdische" und „christliche" Aspekte mischen sich immer wieder neu und treten in unterschiedlichen Kombinationen auf. Boyarin zufolge hätten Christentum und Judentum sich vor allem deshalb voneinander getrennt entwickelt, weil das entstehende Christentum jüdische Gruppierungen

ritualwissenschaftlicher Sicht, wobei für die Frage der Identität der Getauften die Taufe als Transformation von besonderer Relevanz ist; vgl. *Strecker*, Taufrituale, 1406–1416. Diese Transformation sieht Strecker auf drei Ebenen vollzogen: auf der individuellen, der sozialen und der kosmologischen. Strecker betont, dass die Taufe auf der sozialen Ebene „als sozialer Konstituierungsakt der christusgläubigen Gemeinschaft fungierte", indem sie generell Zugehörigkeit und Nichtzugehörigkeit markierte und performativ herstellte, *Strecker*, Taufrituale, 1413.

8 Die Formulierung wurde erstmals von James Parkes geprägt und seither für diesen Themenzusammenhang immer wieder aufgegriffen; vgl. *Parkes*, Conflict, dabei besonders die Überschrift seines dritten Kapitels.

9 *Boyarin*, Border lines.

schließlich als Häresie gebrandmarkt habe – und umgekehrt.[10] Für Peter Schäfer geht die von Boyarin vorgenommene Inklusion zu weit. Er stimmt aber seinem Grundanliegen zu, dass anstatt einer frühen Trennung eher eine lange währende Verflechtung verschiedener Traditionsströme anzunehmen sei und beobachtet dabei eine Reihe von wechselseitigen Beeinflussungen: „We have all learned by now that the old model of the ‚parting of the ways' of Judaism and Christianity needs to be abandoned in favor of a much more differentiated and sophisticated model, taking into consideration a long process of mutual demarcation and absorption."[11] Schäfer vermutet, dass bisweilen „rabbinic Judaism reappropriated originally Jewish ideas that were usurped by Christianity."[12] Über Boyarin und Schäfer hinaus ist diese Debatte inzwischen auf breiter Front geführt worden.[13] Während die alte These vom Auseinandergehen der Wege noch mit der lange Zeit gültigen, mittlerweile aber vollständig verworfenen Idee einer Ablösung des Judentums durch das Christentum behaftet war, geht heute vielen Forschenden auch der von Boyarin postulierte Aufschub eines solchen Auseinandergehens noch nicht weit genug, so dass sie inzwischen von „ways that never parted" sprechen.[14]

Die Beschreibung des Zusammenhangs von Reinheit und sozialer Identität trägt insofern zur Erhellung dieser Frage bei, als sie zeigt, dass auch in diesem Punkt noch für längere Zeit ein Nebeneinander verschiedener Observanzen und Bewertungen möglich war. Den neutestamentlichen Texten lässt sich – wie aufgezeigt – kein klarer Bruch mit den Reinheitsbestimmungen der jüdischen Tradition entnehmen. Zugleich weisen auch andere Texte Möglichkeiten der Adaption von Reinheitsbestimmungen an die jeweilige Zeit und

10 Boyarin zeichnet das Miteinander der beiden Bewegungen detailliert nach und zeigt, dass und wie sie sich beide an einem teils imaginierten, teils realistischen Gegenüber entwickeln, um schließlich unterschiedliche Strukturen auszubilden und eigene Wege zu gehen; vgl. dazu besonders das erste Kapitel zu den „häretischen Anfängen" von Judentum und Christentum; *Boyarin*, Border lines, 37–88.

11 *Schäfer*, Jesus, 84.

12 *Schäfer*, Jesus, 2. In eine ähnliche Richtung führt auch die Untersuchung von *Yuval*, Völker, in der anhand der Entstehung und Entwicklung jüdischer Feiertage die wechselseitige Abhängigkeit aufgespürt wird.

13 Für eine Übersicht ist hier nicht der Ort; vgl. aber exemplarisch Sammelbände von *Becker/Reed* (Hg.), Ways; *Dunn* (Hg.), Parting; *Schwartz/Tomson* (Hg.), Jews. In letzterem findet sich mit *Cohen*, Ways, auch ein Beitrag, der erneut für die ältere These einer frühen Trennung argumentiert. *Bedenbender* (Hg.), Judäo-Christentum, nimmt in einem Sammelband die These Boyarins auf und entwickelt sie weiter. Eine aktuelle Übersicht und instruktive Darstellung der Forschungsdiskussion findet sich bei *Rosik*, Church.

14 Vgl. dazu vor allem *Becker/Reed* (Hg.), Ways, die aus verschiedenen Perspektiven die bleibende Verbundenheit wie auch die Unmöglichkeit, eine Trennung zu beschreiben, thematisieren.

Situation auf. Diese Beobachtung untermauert zum einen die These, dass sich die christusgläubigen Gruppen der Frühzeit länger als angenommen noch als Teil eines vielfältigen Judentums verstanden haben. Zum anderen lässt sich anhand dieses einen Themas die konkrete Gestaltung eines solchen Miteinanders insgesamt besser verstehen. Reinheit als Faktor sozialer Identität wandelt sich mit den historischen Situationen. Ihre besondere Ausformung in den Texten des Neuen Testaments gestattet somit Einblicke in eine Situation, in der sich innerhalb eines komplexen Systems verschiedener Judentümer eine weitere Gemeinschaft entwickelt, deren Zukunft als eigenständige Gruppierung lange Zeit weder absehbar war noch angestrebt wurde.

Die neutestamentlichen Reinheitstexte geben Fragen auf, weil sie sich nicht ohne weiteres in das überkommene Bild der frühen Christenheit einpflegen lassen. Einfache Schemata taugen nicht, um das komplexe Bild jener vitalen Auf- und Umbruchssituation zu erfassen, in der die Schriften des Neuen Testaments entstanden sind. Vieles von dem, was in den folgenden Jahrhunderten wieder in Vergessenheit geriet oder dank der rasanten Ausbreitung in die Weiten des römischen Imperiums hinein von neuen Einflüssen und Entwicklungen überlagert wurde, ist in dieser formativen Anfangsphase noch virulent. Gerade die Reinheitsbestimmungen jüdischer Provenienz bieten dafür ein anschauliches Beispiel. Sie werden in dem neuen Symbolsystem des entstehenden Christentums nicht einfach ausgeschieden, bleiben aber auch nicht unverändert bestehen. Mit allen anderen gesetzlichen Bestimmungen der Tora erhalten sie neue Funktionen und reagieren auf veränderte Herausforderungen.

Die Leistung jener Reinheitskonzepte, die zum religiösen Erbe der frühen Christenheit gehören, liegt deshalb auch weniger in ihren kultischen oder moralischen Bezügen als vielmehr darin, Indikator sozialer Identität zu sein und zur Konstruktion derselben zu dienen. Dieser Ansatz hilft zu verstehen, warum die Reinheitsthematik mit den allmählichen Grenzüberschreitungen der christusgläubigen Gemeinden und den damit verbunden Transformationsprozessen nicht einfach von der Bildfläche verschwunden ist und mit welchem Recht sie für die christliche Theologie auch weiterhin wichtig und bedenkenswert bleibt.

Das aktive Interesse der frühen Christenheit an „den Anderen", das sich in missionarischer Zuwendung äußert, baut auf einem neuen Kriterium individueller und sozialer Identität auf – nämlich der Zugehörigkeit zu Christus. In ihrem Licht gestaltet sich die aktive Zuwendung zu „den Anderen" so, dass Abgrenzungs- und Unterscheidungsmechanismen weitgehend vermieden werden. Da Reinheit jedoch traditionell zur Beschreibung von Kategorisierungen genutzt wird, kommt es zu Konflikten, die in einigen neutestamentlichen Texten gespiegelt werden. Zugleich wird ihre Bedeutung weder in Frage gestellt noch verneint. Deutlich wird dies an den Stellen, an denen auch die Zuwendung an Grenzen stößt und so neue Out-Groups entstehen, wodurch die Rede von „innen" und „außen" neue Bedeutung erhält. Die Texte des Neuen Testaments tragen sich in die vielfältigen Traditionslinien, die sich aus dem Alten Testament über die verschiedenen Textkorpora entwickelt haben, ein. Sie profilieren dabei das Tradierte in ihrer liminalen Situation und auf ihre Herausforderungen hin.

Inwiefern die Reinheitsthematik auch unter den Bedingungen der Kirche im 21. Jahrhundert ihr Potential zur Schärfung christlicher Identität entfalten kann – das ist ein noch völlig offenes, aber unbedingt lohnendes Thema.

Literaturverzeichnis

Quellen

Aland, Barbara/Aland, Kurt, Novum Testamentum Graece, Stuttgart ^{28}2012.

Elliger, Karl/Rudolph, Wilhelm, Biblia Hebraica Stuttgartensia. Torah, nevi'im u-ketuvim, Stuttgart ^{5}1997.

Hopf, Matthias, Toharot. Die Mischna. Textkritische Ausgabe mit deutscher Übersetzung und Kommentar., Die Mischna, hg. v. Michael Krupp, Jerusalem 2009.

Krupp, Michael, Chagiga – Festfeier. Die Mischna. Textkritische Ausgabe mit deutscher Übersetzung und Kommentar, Die Mischna, hg. v. Michael Krupp, Jerusalem 2003.

Krupp, Michael, Demai – Zweifelhaftes. Die Mischna. Textkritische Ausgabe mit deutscher Übersetzung und Kommentar, Die Mischna, hg. v. Michael Krupp, Jerusalem 2008.

Krupp, Michael, Kelim – Geräte. Die Mischna. Textkritische Ausgabe mit deutscher Übersetzung und Kommentar, Die Mischna, hg. v. Michael Krupp, Jerusalem 2015.

Krupp, Michael/Ueberschaer, Frank, Avot – Väter. Die Mischna. Textkritische Ausgabe mit deutscher Übersetzung und Kommentar, Die Mischna, hg. v. Michael Krupp, Jerusalem 2003.

Müller, Matthias, Edujot – Zeugnisse. Die Mischna. Textkritische Ausgabe mit deutscher Übersetzung und Kommentar, Die Mischna, hg. v. Michael Krupp, Jerusalem 2005.

Neusner, Jacob, A history of the Mishnaic law of Purities. Part Six: Negaim, SJLA 6,6, Leiden 1975.

Neusner, Jacob, A history of the Mishnaic law of Purities. Part: Nineteen: Tebul Yom and Yadayim, SJLA 6,19, Leiden 1977.

Porter, Stanley, Der Papyrus Egerton 2, in: Antike christliche Apokryphen in deutscher Übersetzung. Evangelien und Verwandtes, hg. von Christoph Markschies u. a., Tübingen ^{7}2012, 360–365.

Rahlfs, Alfred/Hanhart, Robert, Septuaginta. Id est Vetus Testamentum graece iuxta LXX interpretes, Stuttgart 2006.

Samuel, Harald, Jadajim – Hände. Die Mischna. Textkritische Ausgabe mit deutscher Übersetzung und Kommentar, Die Mischna, hg. v. Michael Krupp, Jerusalem 2011.

Thackeray (Hg.), Josephus with an english translation in nine volumes, London 1926.

Sekundärliteratur

Adler, Yonathan, Ritual Purity in Daily Life after 70 CE: The Chalk Vessel Assemblage from Shuʿafat as a Test Case, in: JSJ 52 (2021), 39–62.

Albeck, Chanoch, Einführung in die Mischna, Studia Judaica 4, Berlin/New York 1971.

Alkier, Stefan, Identitätsbildung im Medium der Schrift, in: Identität und Schrift. Fortschreibungsprozesse als Mittel religiöser Identitätsbildung, hg. von Marianne Grohmann, BThSt 169, Neukirchen-Vluyn 2017, 105–161.

Allport, Floyd, Social Psychology, Boston 1924.

Alon (Hg.), מחקרים בתולדות ישראל בימי בית שני ובתקופת המשנה והתלמוד. Studies in Jewish History in the times of the Second Temple and the Mishna and the Talmud, Tel Aviv 1957.

Alon (Hg.), Jews, Judaism and the classical world. Studies in Jewish History in the time of the Second Temple and Talmud, unter Mitarbeit von Israel Abrahams, übers. aus dem Hebräischen, Jerusalem 1977.

Alon, Gedalyahu, טומאת הנכרים, in: מחקרים בתולדות ישראל בימי בית שני ובתקופת המשנה והתלמוד. Studies in Jewish History in the times of the Second Temple and the Mishna and the Talmud, hg. von Gedalyahu Alon, Tel Aviv 1957, 121–147.

Alon, Gedalyahu, תחומן של הלכות טהרה, in: מחקרים בתולדות ישראל בימי בית שני ובתקופת המשנה והתלמוד. Studies in Jewish History in the times of the Second Temple and the Mishna and the Talmud, hg. von Gedalyahu Alon, Tel Aviv 1957, 148–176.

Alon, Gedalyahu, The Bounds of the Laws of Levitical Cleanness, in: Jews, Judaism and the classical world. Studies in Jewish History in the time of the Second Temple and Talmud, hg. von Gedalyahu Alon, Jerusalem 1977.

Alon, Gedalyahu, The Levitical Uncleanness of Gentiles, in: Jews, Judaism and the classical world. Studies in Jewish History in the time of the Second Temple and Talmud, hg. von Gedalyahu Alon, Jerusalem 1977, 146–189.

André, Gunnel, טמא, in: Theologisches Wörterbuch zum Alten Testament, hg. von G. Johannes Botterweck, Helmer Ringgren, Heinz-Josef Fabry u. a., THWAT, Stuttgart 1993, 352–366.

Avemarie, Friedrich, ‚Tohorat ha-rabbim' and ‚mashqeh ha-rabbim'. Jacob Licht reconsidered, in: Legal texts and legal issues. Cambridge 1995, hg. von Moshe J. Bernstein, STDJ 23, Leiden 1997, 215–229.

Avemarie, Friedrich, Jesus and Purity, in: The New Testament and rabbinic literature, hg. von Reimund Bieringer, 136, Leiden, Boston 2010, 255–279.

Balberg, Mira, Purity, Body, and Self in Early Rabbinic Literature, Berkeley 2014.

Barclay, John, Do we undermine the law? A Study of Romans 14.1–15.6, in: Paul and the Mosaic law, hg. von Dunn, James D. G., WUNT 89, Tübingen 1996, 287–308.

Barclay, John, Against Apion. Translation and Commentary, in: Flavius Josephus. Translation and Commentary, hg. von Steve Mason, Leiden/Boston 2007.

Barnett, Paul, The Second Epistel to the Corinthians, NICNT 8, Michigan 1997.

Barrett, Charles, A Commentary on the Second Epistle to the Corinthians, BNTC 7,2, London 1973.

Barrett, Charles, A critical and exegetical commentary on the Acts of the Apostles. Volume I, ICC 5,1, Edinburgh 1994.

Basser, Herbert, Josephus as Exegete, in: Journal of the American Oriental Society 107/1 (1987), 21–30.

Baumgarten, Albert, The flourishing of Jewish sects in the Maccabean era. An interpretation, JSJS 55, Leiden 1997.

Baumgarten, Joseph, Sacrifice and Worship among the Jewish sectarians of the Dead Sea Scrolls, in: Harvard Theological Review 46/3 (1953), 141–159.

Baumgarten, Joseph, The Disqualification of Priests in 4Q Fragments of the ‚Damascus Document'. A specimen of the recovery of pre-rabbinic Halakha, in: The Madrid Qumran Congress. Proceedings of the International Congress on the Dead Sea Scrolls, Madrid, 18–21 March, 1991, hg. von Julio Trebolle Barrera u. Luis Vegas Montaner, STDJ 11,2, Leiden 1992, 503–513.

Baumgarten, Joseph, The Purification Rituals in DJD 7, in: The dead sea scrolls. Forty years of research, hg. von Devorah Dimant u. Uriel Rappaport, STDJ 10, Leiden 1992, 199–209.

Becker/Reed (Hg.), The Ways that never parted. Jews and Christians in Late Antiquity and the Early Middle Ages, TSAJ 95, Tübingen 2003.

Becker, Eve-Marie, Die markinischen Summarien. Ein literarischer und theologischer Schlüssel zu Markus 1–6, in: NTS 56/4 (2010), 452–474.

Becker, Michael, תירוש, in: Theologisches Wörterbuch zu den Qumrantexten, hg. von Heinz-Josef Fabry u. a., ThWQ, Stuttgart 2011, 1118–1120.

Bedenbender (Hg.), Judäo-Christentum. Die gemeinsame Wurzel von rabbinischem Judentum und früher Kirche, Leipzig 2012.

Ben-Shammai, Meir, טהר (hebr.), in: Encyclopaedia Mikra'it, hg. von Bialek Institute, Jerusalem 1958, 391.394.

Berger, Klaus, Formen und Gattungen im Neuen Testament, Tübingen 2005.

Beyerle, Stefan/Ruwe, Andreas, A comparison of the ‚penal code' in the Damascus Document and the Serekh ha-Yahad from a literary perspective, in: DSD 25 (2018), 359–384.

Beyse, Karl-Martin, צאה, in: Theologisches Wörterbuch zum Alten Testament, hg. von G. Johannes Botterweck, Helmer Ringgren, Heinz-Josef Fabry u. a., THWAT, Stuttgart 1993, 856–858.

Bieringer, Reimund, 2 Korinther 6,14–7,1 im Kontext des 2. Korintherbriefes. Forschungsüberblick und Versuch eines eigenen Zugangs, in: Studies on 2 Corinthians, hg. von Reimund Bieringer u. Jan Lambrecht, BETL 112, Leuven 1994, 551–570.

Bieringer, Reimund, Die Gegner des Paulus im 2. Korintherbrief, in: Studies on 2 Corinthians, hg. von Reimund Bieringer u. Jan Lambrecht, BETL 112, Leuven 1994, 181–221.

Bieringer, Reimund, Plädoyer für die Einheitlichkeit des 2. Korintherbriefes. Literarkritische und inhaltliche Argumente, in: Studies on 2 Corinthians, hg. von Reimund Bieringer u. Jan Lambrecht, BETL 112, Leuven 1994, 131–179.

Bieringer, Reimund, Teilungshypothesen zum 2. Korintherbrief. Ein Forschungsüberblick, in: Studies on 2 Corinthians, hg. von Reimund Bieringer u. Jan Lambrecht, BETL 112, Leuven 1994, 67–105.

Birenboim, Hanan, Gentile Impurity in Ancient Judaism (hebr.). טומאת נכרים בעת העתיקה, in: Kathedra/139 (2011), 8–30.

Birenboim, Hanan, ‚A Kingdom of Priests': Did the Pharisees try to live like priest?, in: Was 70 CE a Watershed in Jewish History? On Jews and Judaism before and after the Destruction of the Second Temple, hg. von Daniel Schwartz u. Zeev Weiss, AJEC 78, Leiden 2012, 59–68.

Blecker, Iris, Rituelle Reinheit vor und nach der Zerstörung des Zweiten Tempels. Essenische, pharisäische und jesuanische Reinheitsvorstellungen im Vergleich, in: Fremde Zeichen. Neutestamentliche Texte in der Konfrontation der Kulturen, hg. von Andreas Leinhäupl-Wilke u. Stefan Lücking, 15, Münster 1998, 25–40.

Böhler, Dieter, 1 Esdras, IEKAT, Stuttgart 2015.

Bosenius, Bärbel, Die Abwesenheit des Apostels als theologisches Programm. Der zweite Korintherbrief als Beispiel fü die Brieflichkeit der paulinischen Theologie, TANZ 11, Tübingen/Basel 1994.

Böttrich, Christfried, ‚Ihr seid der Tempel Gottes'. Tempelmetaphorik und Gemeinde bei Paulus, in: Gemeinde ohne Tempel. Zur Substituierung und Transformation des Jerusalemer Tempels und seines Kultes im Alten Testament, antiken Judentum und frühen Christentum, hg. von Beate Ego u. a., WUNT 118, Tübingen 1999, 411–425.

Bovon, Francois, Das Evangelium nach Lukas. 1. Teilband Lk 1,1–9,50, EKK 3,1, Neukirchen-Vluyn 1989.

Boyarin, Daniel, A radical Jew. Paul and the Politics of Identity, Berkeley 1994.

Boyarin, Daniel, Border lines. The partition of Judaeo-Christianity, Pennsylvania 2004.

Brandt, Wilhelm, Jüdische Reinheitslehre und ihre Beschreibung in den Evangelien, BZAW 19, Gießen 1910.

Braun, Herbert, Qumran und das Neue Testament, Tübingen 1966.

Braun, Martin, Griechischer Roman und hellenistische Geschichtsschreibung, Frankfurt am Main 1934.

Brooke, George, Thematic Commentaries on Prophetc Scriptures, in: Biblical interpretation at Qumran, hg. von Matthias Henze, Studies in the Dead Sea scrolls and related literature, Grand Rapids 2005, 134–157.

Brown, Rupert, Agenda 2000. Social Identity Theory: Past Achievements, Current Problems, and Future Challenges, in: European Journal of Social Psychology 30/6 (2000), 745–778.

Bruce, Frederic, The Book of Acts, NICNT, Michigan 1988.

Büchler, Adolf, Der galiläische Am-ha Ares des zweiten Jahrhunderts. Beiträge zur inneren Geschichte des palästinensischen Judentums in den ersten zwei Jahrhunderten, Wien 1906.

Büchler, Adolf, The law of Purification in Mark vii, 1–23, in: ET 21 (1909/10), 34–40.

Büchler, Adolf, The Levitical Impurity of the Gentile in Palestine before the Year 70, in: JQR 17/1 (1926), 1–81.

Bultmann, Rudolf, Der zweite Brief an die Korinther, KEK Sonderband, Göttingen 1976.

Cohen, Naomi, Josephus and Scripture. Is Josephus' treatment of the scriptural narrative similar throughout the Antiquitates I–XI?, in: Jewish Quarterly Review 54/4 (1964), 311–332.

Cohen, Shaye, The Ways that Parted. Jews, Christians and Jewish-Christians, ca. 100–150 CE, in: Jews and Christians in the First and Second Centuries. The Interbellum 70–132 CE, hg. von Joshua Schwartz u. Peter J. Tomson, CRI 15, Leiden 2018, 307–339.

Collins, Adela, Mark. A commentary, Hermeneia – a critical and historical commentary on the Bible, Minneapolis, Minn. 2007.

Collomp, Paul, Der Platz des Josephus in der Technik der hellenistischen Geschichtsschreibung (1947), in: Zur Josephus-Forschung, hg. von Abraham Shaliṭ, Wege der Forschung 84, Darmstadt 1973, 278–293.

Cook, Johann, Interpreting the Septuagint. Exegesis, Theology and / or Religionsgeschichte?, in: Die Septuaginta – Texte, Theologien, Einflüsse. 2. Internationale Fachtagung veranstaltet von Septuaginta Deutsch (LXX.D), Wuppertal 23.–27.7.2008, hg. von Wolfgang Kraus u. a., WUNT 252, Tübingen 2010, 590–606.

Cranfield, Charles, A critical and exegetical commentary on the Epistel to the Romans. Volume Two, ICC 6,2, Edinburgh 1979.

Crossley, James, From Jesus observing food and purity laws to some christians not bothering: a socio-historical Explanation, in: Jesus in continuum, hg. von Tom Holmén, WUNT 289, Tübingen 2012, 87–113.

Crüsemann, Frank, Das Alte Testament als Wahrheitsraum des Neuen. Die neue Sicht der christlichen Bibel, Gütersloh 2011.

Crüsemann, Marlene, Das weite Herz und die Gemeinschaft der Heiligen. 2Kor 6,11–7,14 im sozialgeschichtlichen Kontext, in: Gott ist Beziehung. Beiträge zur biblischen Rede von Gott, hg. von Claudia Janssen u. Luise Schottroff, Gütersloh 2014, 206–227.

Crüsemann, Marlene, Eine Christologie der Beziehung. Trost, charis und Kraft der Schwachen nach dem 2. Brief an die Gemeinde in Korinth, in: Gott ist Beziehung.

Beiträge zur biblischen Rede von Gott, hg. von Claudia Janssen u. Luise Schottroff, Gütersloh 2014, 184–205.

Dahmen, Ulrich/Fleischer, Gunther, Das Buch Joel – Das Buch Amos, NSKAT 23,2, Stuttgart 2001.

Dalman, Gustav, Aramäisch-Neuhebräisches Handwörterbuch zu Targum, Talmud und Midrasch, Hildesheim 1967.

Davies, Philip, Food, Drink and Sects: The Question of Ingestion in the Qumran Texts, in: Semeia 86 (1999), 151–163.

Derrett, John, 2 Cor 6,14ff. A Midrash on Dt 22,10, in: Biblica 59/2 (1978), 231–250.

Dienemann, Max, Art.: Am Ha-Aretz, in: Jüdisches Lexikon. Ein enzyklopädisches Handbuch des jüdischen Wissens in vier Bänden, hg. von Georg Herlitz u. Bruno Kirschner, Frankfurt am Main ^{2}1987, 276–278.

Dimant, Devorah, Sectarian and non-sectarian texts from Qumran: The pertinence and usage of a taxonomy, in: RevQ 24/1 (2009), 7–18.

Doering, Lutz, Seder II: Moëd, 1: Schabbat: übersetzt und erklärt, Stuttgart 2019.

Douglas, Mary, Reinheit und Gefährdung. Eine Studie zu Vorstellungen von Verunreinigung und Tabu, Berlin 1985.

Douglas, Mary/Mars, Gerald, Terrorism: A positive feedback game, in: Human Relations 56/3 (2003), 763–786.

Dschulnigg, Peter, Das Markusevangelium, Theologischer Kommentar zum Neuen Testament Bd. 2, Stuttgart 2007.

Dunn (Hg.), Jews and Christians. The Parting of the Ways A.D. 70 to 135, WUNT 66, Tübingen 1992.

Dunn, James, Romans 9–16, WBC 38b, Dallas, Tex. 1988.

Dunn, James, Jesus and ritual purity: a study of the tradition-history of Mk 7,15, in: Jesus, Paul, and the law. Studies in Mark and Galatians, hg. von Dunn, James D. G., Louisville ^{1}1990.

Dunn, James, Jesus and Purity: An Ongoing Debate, in: NTS 48/04 (2002), 449–467.

Dunn, James, Jesus remembered, Grand Rapids 2003.

Dunn, James, Beginning from Jerusalem, Christianity in the making 2, Grand Rapids, Mich. 2009.

Dunn, James, The Acts of the Apostles, Grand Rapids 2016.

Duschak, Moritz, Josephus Flavius und die Tradition, Wien 1864.

Ebach, Jürgen, Die Bibel beginnt mit ‚b'. Vielfalt ohne Beliebigkeit, in: Gott im Wort. Drei Studien zur biblischen Exegese und Hermeneutik, hg. von Jürgen Ebach, Neukirchen-Vluyn 1997, 85–114.

Ebach, Ruth, Das Fremde und das Eigene, BZAW 471, Berlin 2014.

Eberhardt, Barbara, Zwischen Toleranz und Kritik. Josephus' Einstellung gegenüber anderen Religionen, in: Internationales Josephus-Kolloquium Paris 2001, hg. von Folker Siegert, Münsteraner judaistische Studien Bd. 12, Münster [etc.] 2002, 9–21.

Eberhart, Christian, Studien zur Bedeutung der Opfer im Alten Testament, WMANT 94, Neukirchen-Vluyn/Heidelberg 2002.

Ebner, Martin, Das Markusevangelium, Stuttgart ^{4}2015.

Eckey, Wilfried, Das Markusevangelium. Orientierung am Weg Jesu; ein Kommentar, Neukirchen-Vluyn ^{2}2008.

Ego, Beate, Reinheit / Unreinheit / Reinigung (AT) (2007). *WibiLex*. URL: http://www.bibelwissenschaft.de/stichwort/33086/ [26.06.2020].

Elliger, Karl, Leviticus, HAT 4, Tübingen 1966.

Erikson, Erik, Der vollständige Lebenszyklus, stw 737, Frankfurt am Main ^{8}2012.

Erikson, Erik, Identität und Lebenszyklus. Drei Aufsätze, stw 16, Frankfurt am Main ^{27}2015.

Ernst, Josef, Das Evangelium nach Markus, RNT 1, Regensburg ^{6}1981.

Eschner, Christina, Essen im antiken Judentum und Urchristentum. Diskurse zur sozialen Bedeutung von Tischgemeinschaft, Speiseverboten und Reinheitsvorschriften, AJEC 108, Leiden/Boston 2019.

Esler (Hg.), Modelling Early Christianity. Social-scientific studies of the New Testament in its context, London 1995.

Esler, Philip, Community and Gospel in Luke-Acts. The social and political motivations of Lucan theology, Cambridge 1987.

Esler, Philip, The First Christians in their Social Worlds. Social-scientific approaches to New Testament interpretation, London 1994.

Esler, Philip, Conflict and Identity in Romans. The Social Setting of Paul's Letter, Minneapolis 2003.

Fee, Gordon, II Corinthians VI.15–VII.1 and food offered to idols, in: NTS 23 (1977), 140–161.

Feeley-Harnik, Gillian, The Lord's table. Eucharist and passover in early Christianity, Philadelphia 1981.

Feldman, Louis, Josephus's interpretation of the Bible, Hellenistic culture and society 27, Berkeley 1998.

Fitzmyer, Joseph, The Gospel according to Luke (I–IX), TAB 28, New York 1981.

Fitzmyer, Joseph, Qumran and the interpolated paragraph in 2 Cor 6:14–7:1, in: The Semitic Background of the New Testament, hg. von Joseph Fitzmyer, Grand Rapids 1997, 205–217.

Förster, Niclas, Jesus der Täufer und die Reinwaschung der Jünger, in: NTS 64 (2018), 455–472.

Frevel/Nihan (Hg.), Purity and the forming of religious traditions in the ancient Mediterranean world and ancient Judaism, Dynamics in the history of religion 3, Leiden 2012.

Frey, Jörg, Qumran und die Archäologie, in: Qumran und die Archäologie. Texte und Kontexte, hg. von Jörg Frey, 278, Tübingen 2011, 3–49.

Frey, Jörg, Die Zeugnisse über Gemeinschaftsmähler aus Qumran, in: The Eucharist – its origins and contexts. Sacred meal, communal meal, table fellowship in late antiquity, early Judaism, and early Christianity, hg. von David Hellholm u. Dieter Sänger, WUNT 376, Tübingen 2017, 101–130.

Friedman, Shamma, The Primacy of Tosefta to Mishnah in synoptic parallels, in: Introducing Tosefta. Textual, intratextual and intertextual Studies, hg. von Harry Fox u. a., Hoboken 1999, 99–121.

Fuhs, Hans, געל, in: Theologisches Wörterbuch zum Alten Testament, hg. von G. Johannes Botterweck, Helmer Ringgren, Heinz-Josef Fabry u. a., THWAT, Stuttgart 1993, 47–50.

Furstenberg, Yair, Defilement Penetrating the Body: a new understanding of Contamination in Mark 7:15, in: NTS 54 (2008), 176–200.

Furstenberg, Yair, מסכת טהרות והקשרים ההיסטוריים והתר־ .אכילה בטהרה בתקופה בתנאים בותיים, Jerusalem 2010.

Furstenberg, Yair, עריכת קדומות של טהרות: עיון מחודש במקורות המשנה, in: Tarbiz 80/4 (2012), 507–537.

Furstenberg, Yair, עם הארץ בספרות התנאים והקשרים החברתיים, in: Zion 78/3 (2013), 287–319.

Furstenberg, Yair, Outsider Impurity. Trajectories of Second Temple Separation Traditions in Tannaitic Literature, in: Tradition, transmission, and transformation from Second Temple literature through Judaism and Christianity in late antiquity. Proceedings of the Thirteenth International Symposium of the Orion Center for the Study of the Dead Sea Scrolls and Associated Literature, jointly sponsored by the Hebrew University Center for the Study of Christianity, 22–24 February, 2011, hg. von Menaḥem Ḳisṭer u. a., STDJ 113, Leiden, Boston 2015, 40–68.

Furstenberg, Yair, Initiation and the Ritual Purification from Sin. Between Qumran and the apostolic tradition, in: DSD 23/3 (2016), 365–394.

Furstenberg, Yair, טהרה וקהילה בעת העתיקה. מסורות ההלכה בין יהדות בית שני למשנה, Jerusalem 2016.

Gäckle, Volker, Die Starken und die Schwachen in Korinth und in Rom. Zur Herkunft und Funktion der Antithese in 1Kor 8,1–11,1 und in Röm 14,1–15,13, WUNT II 200, Tübingen 2004.

García Martínez (Hg.), Echoes from the Cave. Qumran and the New Testament, STDJ 85, Leiden/Boston 2009.

García Martínez, Florentino, The Problem of Purity: The Qumran solution, in: The people of the Dead Sea scrolls. [their writings, beliefs and practices], hg. von Florentino García Martínez u. Julio Trebolle Barrera, Leiden 1995, 139–175.

García Martínez, Florentino, Priestly Functions in a Community without Temple, in: Gemeinde ohne Tempel. Zur Substituierung und Transformation des Jerusalemer Tempels und seines Kultes im Alten Testament, antiken Judentum und frühen Christentum, hg. von Beate Ego u. a., WUNT 118, Tübingen 1999, 303–319.

Gärtner, Bertil, The Temple and the Community in Qumran and the New Testament. A comparative study in the temple symbolism of the Qumran texts and the new testament, SNTS 1, Cambridge 1965.

Gerber, Christine, Die Heiligen Schriften des Judentums nach Flavius Josephus, in: Schriftauslegung im antiken Judentum und im Urchristentum, hg. von Martin Hengel u. Hermut Löhr, WUNT 73, Tübingen 1994, 91–113.

Gerber, Christine, Ein Bild des Judentums für Nichtjuden von Flavius Josephus. Untersuchungen zu seiner Schrift Contra Apionem, AGJU 40, Leiden/New York/Köln 1997.

Gerber, Christine, Die Bezeichnungen des Josephus für das jüdische Volk, insbesondere in Contra Apionem. Von der Wortwahl und ihrer Wirkung, in: Internationales Josephus-Kolloquium. Amsterdam 2000, hg. von Jürgen U. Kalms, Münsteraner judaistische Studien Bd. 10, Münster 2001, 135–150.

Gerstenberger, Erhard, Das dritte Buch Mose. Leviticus, ATD 6, Göttingen ^{6}1993.

Gerstenberger, Erhard/Gerstenberger, Björn, Arbeitsbuch Psalmen, Stuttgart 2015.

Gesenius, Wilhelm, Hebräisches und Aramäisches Handwörterbuch über das Alte Testament, Berlin ^{18}2012.

Gnilka, Joachim, 2 Kor 6,14–7,1 im Lichte der Qumranschriften und der Zwölf-Patriarchen-Testamente, in: Neutestamentliche Aufsätze. Festschrift für Prof. Josef Schmid zum 70. Geburtstag, hg. von Josef Blinzler u. a., Regensburg 1963, 86–99.

Gnilka, Joachim, Das Evangelium nach Markus. 1. Teilband Markus 1,1–8,26, EKK 2,1, Neukirchen-Vluyn/Mannheim ^{3}1989.

Gnilka, Joachim, Das Evangelium nach Markus. 2. Teilband Mk 8,27–16,20, EKK 2,2, Neukirchen-Vluyn ^{3}1989.

Goldberg, Abraham, The Tosefta – Companion to the Mishna, in: The Literature of the Sages. Part One: Oral Tora, Halakha, Mischna, Tosefta, Talmud, External Tractates, hg. von Shmuela Safrai, Philadelphia 1987, 283–302.

Gräßer, Erich, Der zweite Brief an die Korinther. Kapitel 1,1–7,16, ÖTK 8, Gütersloh 2002.

Greenberg, Moshe, Ezechiel 1–20, HThKAT 42, Freiburg im Breisgau 2001.

Grözinger, Karl, Jüdisches Denken. Theologie – Philosophie – Mystik Band 1: Vom Gott Abrahams zum Gott des Aristoteles, Frankfurt 2004.

Gussmann, Oliver, Das Priesterverständnis des Flavius Josephus, TSAJ 124, Tübingen 2008.

Guttenberger, Gudrun, Das Evangelium nach Markus, Zürcher Bibelkommentare 2, Zürich 2017.

Haacker, Klaus, Der Brief des Paulus an die Römer, ThHKNT 6, Leipzig 2012.

Haber, Susan/Reinhartz, Adele, ‚They shall purify themselves'. Essays on purity in early Judaism, SBLEJL 24, Atlanta, GA 2008.

Haenchen, Ernst, Die Apostelgeschichte, KEK 3, Göttingen [16]1977.

Hakola, Raimo, Identity matters. John, the Jews, and Jewishness, Supplements to Novum Testamentum 118, Leiden/Boston 2005.

Hakola, Raimo, Social Identities and Group Phenomena in Second Temple Judaism, in: Explaining Christian origins and early Judaism. Contributions from cognitive and social science, hg. von Petri Luomanen u. a., BibInt 89, Leiden, Boston 2007, 259–276.

Hamp, Vinzenz, ברר, in: Theologisches Wörterbuch zum Alten Testament, hg. von G. Johannes Botterweck, Helmer Ringgren, Heinz-Josef Fabry u. a., THWAT, Stuttgart 1993, 841–845.

Harrington, Hannah, The impurity systems of Qumran and the rabbis. Biblical foundations, Dissertation series/Society of Biblical Literature 143, Atlanta, Ga. 1993.

Harrington, Hannah, Did the Pharisees eat ordinary food in a state of ritual purity?, in: JSJ 26/1 (1995), 42–54.

Harrington, Hannah, The Purity texts, Companion to the Qumran scrolls 5, London 2004.

Harrington, Hannah, Purity and the Dead Sea Scrolls, in: CBR 4/3 (2006), 397–428.

Harrington, Hannah, Keeping Outsiders out: Impurity at Qumran, in: Defining identities: we, you, and the other in the Dead Sea Scrolls. Proceedings of the fifth meeting of the IOQS in Groningen, hg. von Florentino García Martínez u. Mladen Popović, STDJ 70, Leiden 2008.

Harrington, Hannah, Rezension von *Ritual Purity and the Dead Sea Scrolls*, von Ian C. Werrett, in: DSD 17/1 (2010), 137–139.

Harrington, Hannah, Ritual Purity, in: The Dead Sea scrolls and contemporary culture. Proceedings of the international conference held at the Israel Museum, Jerusalem (July 6–8, 2008), hg. von Adolfo Daniel Roitman u. a., STDJ v. 93, Leiden, Boston 2011, 329–347.

Harrington, Hannah, טהר, in: Theologisches Wörterbuch zu den Qumrantexten, hg. von Heinz-Josef Fabry u. a., ThWQ, Stuttgart 2011, 2–11.

Hartley, John, Leviticus, WBC 4, Dallas, Tex. 1992.

Hauck, Friedrich, ἁγνός, in: Theologisches Wörterbuch zum Neuen Testament. Erster Band. Alpha bis Gamma, hg. von Gerhard Kittel, ThWNT, Stuttgart 1957, 123–124.

Hauck, Friedrich, καθαρός, in: Theologisches Wörterbuch zum Neuen Testament. Dritter Band, Theta bis Kappa, hg. von Gerhard Kittel, ThWNT 3, Stuttgart 1957, 416–430.

Hauck, Friedrich, κοινός, in: Theologisches Wörterbuch zum Neuen Testament. Dritter Band, Theta bis Kappa, hg. von Gerhard Kittel, ThWNT 3, Stuttgart 1957, 789–798.

Hauptmann, Judith, Rereading the Mishnah. A new approach to ancient jewish texts, TSAJ 109, Tübingen 2005.

Hayes, Christine, Do converts to Judaism require purification. M. Pes 8:8 – an interpretative crux solved, in: JSQ 9/4 (2002), 327–352.

Hayes, Christine, Gentile impurities and Jewish identities. Intermarriage and conversion from the Bible to the Talmud, Oxford/New York 2002.

Heckel, Theo, Der innere Mensch. Die paulinische Verarbeitung eines platonischen Motivs, WUNT II 53, Tübingen 1993.

Heckl, Raik, Neuanfang und Kontinuität in Jerusalem. Studien zu den hermeneutischen Strategien im Esra-Nehemia-Buch, Forschungen zum Alten Testament 104, Tübingen 2016.

Heil, Christoph, Die Ablehnung der Speisegebote durch Paulus. Zur Frage nach der Stellung des Apostels zum Gesetz, BBB 96, Weinheim 1994.

Hellholm *u. a.* (Hg.), Ablution, Initiation, and Baptism. Late Antiquity, Early Judaism, and Early Christianity, BZNW 176, Berlin/Boston 2011.

Hellholm/Sänger (Hg.), The Eucharist – its origins and contexts. Sacred meal, communal meal, table fellowship in late antiquity, early Judaism, and early Christianity, WUNT 376, Tübingen 2017.

Hempel, Charlotte, The laws of the Damascus Document: sources, traditions and redaction, STDJ 29, Leiden 1998.

Hempel, Charlotte, The Penal Code reconsidered, in: Legal texts and legal issues. Cambridge 1995, hg. von Moshe J. Bernstein, STDJ 23, Leiden 1997, 337–348.

Hempel, Charlotte, Damascus Texts, Companion to the Qumran scrolls 1, London 2000.

Henze, Dagmar, Rein oder unrein? Über die Bedeutung der Speisevorschriften im Judentum (Mk 7,1–23), in: Antijudaismus im Neuen Testament? Grundlagen für die Arbeit mit biblischen Texten, hg. von Dagmar Henze, 149, Gütersloh 1997, 107–113.

Heubner, Heinz, P. Cornelius Tacitus: Die Historien V. Kommentar, Heidelberg 1928.

Hezser, Catherine, The Social Structure of the rabbinic movement in Roman Palestine, TSAJ 66, Tübingen 1997.

Hieke, Thomas, Levitikus 1–15, HThKAT 6,1, Freiburg im Breisgau 2014.

Hieke, Thomas, Levitikus 16–27, HThKAT 6,2, Freiburg im Breisgau 2014.

Himmelfarb, Martha, Impurity and Sin in 4QD, 1QS and 4Q512, in: DSD 8/1 (2001), 9–37.

Hogg, Michael, Social Identity Theory, in: Contemporary social psychological theories, hg. von Peter J. Burke, Stanford, Calif 2006, 111–136.

Hoffmann, David, Das Buch Leviticus: Übersetzt und erklärt. 2 Bde. Berlin 1905–1906.

Holmén, Tom, Jesus and the Purity Paradigm, in: Handbook for the Study of the historical Jesus, hg. von Tom Holmén u. Stanley Porter, Leiden 2011, 2709–2744.

Holtz, Gudrun, Damit Gott sei alles in allem. Studien zum paulinischen und frühjüdischen Universalismus, BZNW 149, Berlin 2007.

Hossfeld, Frank-Lothar, Das Buch Ezechiel, in: Einleitung in das Alte Testament, hg. von Erich Zenger u. Christian Frevel, Kohlhammer-Studienbücher Theologie 1,1, Stuttgart [8]2012, 592–609.

Hossfeld, Frank-Lothar/Zenger, Erich, Psalmen 51–100, HThKAT 26, Freiburg im Breisgau 2000.

House, Colin, Defilement by association. Some insights from the usage of κοινός/κοινόω in Acts 10 and 11, in: AUSS 21/2 (1983), 143–153.

Hübner, Hans, Das Gesetz in der synoptischen Tradition. Studien zur These einer progessiven Qumranisierung und Judaisierung innerhalb der synoptischen Tradition, Göttingen [2]1986.

Ibita, Marilou, Mending a broken relationship. The Social Relations and the Symbolic Universe of 2 Corinthians 1–7, in: Theologizing in the Corinthian conflict. Studies in the exegesis and theology of 2 Corinthians, hg. von Reimund Bieringer, BiTS 16, Leuven 2013, 43–68.

Jacobi, Christine, Memory and Discourse. What has Paul to contribute to the debate about Jesus and Memory?, Amsterdam 2015.

Jacobi, Christine, Jesusüberlieferung bei Paulus? Analogien zwischen den echten Paulusbriefen und den synoptischen Evangelien, BZNW 213, Berlin/Berlin 2015.

Jaffee, Martin, Torah in the Mouth. Writing and oral tradition in Palestinian Judaism, 200 BC–400 CE, Oxford 2001.

Janowski, Bernd, Konfliktgespräche mit Gott. Eine Anthropologie der Psalmen, Neukirchen-Vluyn [2]2006.

Jastrow, Marcus, Dictionary of the Targumim, Talmud Bavli, Talmud Yerushalmi and Midrashic Literature, Philadelphia 2004.

Jellinek, Adolph, Bet ha-Midrasch. Sammlung kleiner Midraschim und vermischter Abhandlungen aus der ältern jüdischen Literatur, Jerusalem 1967.

Jeremias, Jörg, Der Prophet Amos, ATD 24,2, Göttingen 1995.

Jervell, Jacob, Die Apostelgeschichte, KEK 3–17, Göttingen 1998.

Jewett, Robert, Romans, Hermeneia – a critical and historical commentary on the Bible, Minneapolis 2007.

Jokiranta, Jutta, An Experiment on Idem Identity in the Qumran Movement, in: DSD 16/3 (2009), 309–329.

Jokiranta, Jutta, Social identity and sectarianism in the Qumran movement, STDJ 105, Leiden 2013.

Jokiranta, Jutta/Wassén, Cecilia, Groups in Tension. Sectarianism in the Damascus Document and the Community Rule, in: Sectarianism in Early Judaism, hg. von David J. Chalcraft, London 2007, 205–245.

Josephus, Flavius, Über die Ursprünglichkeit des Judentums (Contra Apionem). Flavius Josephus. In Zusammenarbeit mit dem Josephus-Arbeitskreis des Institutum Judaicum Delitzschianum, Münster, hg. von Folker Siegert, Göttingen 2008.

Käsemann, Ernst, Das Problem des historischen Jesus, in: Exegetische Versuche und Besinnungen, hg. von Ernst Käsemann, Göttingen [4]1965, 187–214.

Kazen, Thomas, Jesus and purity Halakhah. Was Jesus indifferent to impurity?, CB 38, Stockholm 2002.

Kazen, Thomas, Jesus, Scripture and Paradosis: Response to Friedrich Avemarie, in: The New Testament and rabbinic literature, hg. von Reimund Bieringer, 136, Leiden, Boston 2010, 281–288.

Kazen, Thomas, Scripture, interpretation, or authority? Motives and arguments in Jesus' halakic conflicts, WUNT 320, Tübingen 2013.

Kazen, Thomas, Purity and Impurity in Ancient Israel and Early Judaism (2019). *Oxford Bibliographies*. URL: https://www.oxfordbibliographies.com/view/document/obo-9780199840731/obo-9780199840731-0178.xml, zuletzt aktualisiert am 26.06.2020.

Kazmierski, Carl, Evangelist and Leper. A socio-cultural study of Mark 1.40–45, in: NTS 38/1 (1992), 37–50.

Kellermann, Diether, פיגול, in: Theologisches Wörterbuch zum Alten Testament, hg. von G. Johannes Botterweck, Helmer Ringgren, Heinz-Josef Fabry u. a., THWAT, Stuttgart 1993, 499–501.

Kirchenamt der EKD (Hg.), Christen und Juden III. Schritte der Erneuerung im Verhältnis zum Judentum. Eine Studie der Evangelischen Kirche in Deutschland, Gütersloh 2000.

Kister, Menahem, Law, Morality and Rhetoric in Some Sayings of Jesus, in: Studies in Ancient Midrash, hg. von James L. Kugel, Cambridge, Mass. 2001, 145–154.

Klamroth, Erich, Die jüdischen Exulanten in Babylonien, Leipzig 1912.

Klawans, Jonathan, Notions of Gentile Impurity in Ancient Judaism, in: AJS 20/02 (1995), 285–312.

Klawans, Jonathan, Impurity and sin in Ancient Judaism, Oxford/New York 2000.

Klawans, Jonathan, Rezension zu *Ritual Purity and the Dead Sea Scrolls*, von Ian C. Werrett, in: AJS 33/01 (2009), 167–169.

Klawans, Jonathan, Josephus and the theologies of ancient Judaism, Oxford 2013.

Klinghardt, Matthias, Gemeinschaftsmahl und Mahlgemeinschaft. Soziologie und Liturgie frühchristlicher Mahlfeiern, TANZ 13, Tübingen/Basel 1996.

Koch, Klaus, חטא, in: Theologisches Wörterbuch zum Alten Testament, hg. von G. Johannes Botterweck, Helmer Ringgren, Heinz-Josef Fabry u. a., THWAT, Stuttgart 1993, 857–870.

Köster, Helmut, σπλάγχνον κτλ, in: Theologisches Wörterbuch zum Neuen Testament. Siebter Band. Sigma, hg. von Gerhard Kittel, ThWNT, Stuttgart 1957, 548–559.

Kraemer, Ross, Giving up the Godfearers, in: JAJ 5 (2014), 61–87.

Kratz, Reinhard, Der Penal Code und das Verhältnis von Serekh ha-Yachad (S) und Damaskusschrift (D), in: Revue de Qumran 25/2 (2011), 199–227.

Kraus/Wooden (Hg.), Septuagint Research. Issues and Challenges in the study of the Greek Jewish Scriptures, Septuagint and cognate studies 53, Atlanta, GA 2006.

Krengel, Johann, Art. Tewul Jom, in: Jüdisches Lexikon. Ein enzyklopädisches Handbuch des jüdischen Wissens in vier Bänden, hg. von Georg Herlitz u. Bruno Kirschner, Frankfurt am Main [2]1987, 928.

Krupp, Michael, Der Talmud. Eine Einführung in die Grundschrift des Judentums mit ausgewählten Texten, Gütersloh 1995.

Krupp, Michael, Einführung in die Mischna, Frankfurt am Main/Leipzig 2007.

Kuecker, Aaron, The Spirit and the ‚Other'. Social Identity, Ethnicity and Intergroup reconciliation in Luke-Acts, LNTS 444, London 2011.

Lambrecht, Jan, The Fragments of 2 Corinthians 6,14–7,1. A Plea for its authenticity, in: Studies on 2 Corinthians, hg. von Reimund Bieringer u. Jan Lambrecht, BETL 112, Leuven 1994, 531–549.

Lang, Bernhard, כפר, in: Theologisches Wörterbuch zum Alten Testament, hg. von G. Johannes Botterweck, Helmer Ringgren, Heinz-Josef Fabry u. a., THWAT, Stuttgart 1993, 303–318.

Leiman, Sid, Josephus and the Canon of the Bible, in: Josephus, the bible, and history, hg. von Louis H. Feldman u. Gohei Hata, Leiden 1989, 50–58.

Lisowsky, Gerhard, Konkordanz zum hebräischen Alten Testament. Nach d. von Paul Kahle in d. Biblia Hebraica edidit Rudolf Kittel besorgten Masoretischen Text, Stuttgart [3]1993.

Lohmeyer, Ernst, Das Evangelium nach Markus, KEK 1,2, Göttingen [17]1967.

Löhr, Hermut, Speisenfrage und Tora im Judentum des Zweiten Tempels und im entstehenden Christentum, in: ZNW 94 (2003), 17–37.

Lohse, Eduard, Paulus. Eine Biographie, München 1996.

Losekam, Claudia, Die rechte Reinheit – eine Herzensangelegenheit. Von Reinheit und Unreinheit. Mk 7, 14–23 (Mt 15,16f. / EvThom 14), in: Kompendium der Gleichnisse Jesu, hg. von Ruben Zimmermann u. Detlev Dormeyer, Gütersloh 2007, 337–346.

Luz, Ulrich, Das Evangelium nach Matthäus. 4. Teilband Mt 26–28, EKK 1,4, Neukirchen-Vluyn 2002.

Maier, Christl, Daughter Zion, Mother Zion. Gender, Space and the Sacred in Ancient Israel, Minneapolis 2008.

Maier, Johann, Systeme ritueller Reinheit im Rahmen sozialer Bindungen und Gruppenbildungen im Judentum des Zweiten Tempels, in: Ethos und Identität. Einheit und Vielfalt des Judentums in hellenistisch-römischer Zeit, hg. von Matthias Konradt u. Ulrike Steinert, Studien zu Judentum und Christentum, Paderborn 2002, 67–121.

Malina, Bruce, Die Welt des Neuen Testaments. Kulturanthropologische Einsichten, Stuttgart 1993.

Marcus, Joel, Mark 1–8. A New Translation with Introduction and Commentary, TAB 27,1, New York 2000.

Marguerat, Daniel, Die Apostelgeschichte, KEK 3, Göttingen 2022.

Mason, Steve, Flavius Josephus on the Pharisees. A composition-critical study, Studia post-biblica 39, Leiden u. a. 1991.

Mason, Steve, Josephus and the New Testament, the New Testament and Josephus: an Overview, in: Josephus und das Neue Testament. Wechselseitige Wahrnehmungen; II. Internationales Symposium zum Corpus Judaeo-Hellenisticum, 25.–28. Mai 2006, Greifswald, hg. von Christfried Böttrich u. Jens Herzer, WUNT 209, Tübingen 2007, 15–48.

Maurer, Christian, σκεῦος, in: Theologisches Wörterbuch zum Neuen Testament. Siebter Band. Sigma, hg. von Gerhard Kittel, ThWNT, Stuttgart 1957, 359–368.

McCann, Clinton, A theological introduction to the book of Psalms. The Psalms as Torah, Nashville 1993.

McKelvey, Robert, The New Temple. The Church in the New Testament, Oxford 1969.

McLay, Timothy, Why not a Theology of the Septuagint?, in: Die Septuaginta – Texte, Theologien, Einflüsse. 2. Internationale Fachtagung veranstaltet von Septuaginta Deutsch (LXX.D), Wuppertal 23.–27.7.2008, hg. von Wolfgang Kraus u. a., WUNT 252, Tübingen 2010, 607–620.

Meier, John, A Marginal Jew: Rethinking the Historical Jesus. Law and Love (Volume IV), New Haven/London 2009.

Metso, Sarianna, The Serekh texts, Companion to the Qumran scrolls 9, London/New York 2007.

Michaelis, Wilhelm, λέπρα κτλ, in: Theologisches Wörterbuch zum Neuen Testament. Siebter Band. Sigma, hg. von Gerhard Kittel, ThWNT, Stuttgart 1957, 240.

Miller, Stuart, At the intersection of texts and material finds. Stepped pools, stone vessels, and ritual purity among the Jews of Roman Galilee, Journal of Ancient Judaism Supplements Volume 16, Göttingen/Bristol 2015.

Moore, Ernest, Outside and Inside. A Markan Motif, in: The Expository Times 98/2 (1986), 39–42.

Moxon, John, Peter's halakhic nightmare. The ‚animal' vision of Acts 10:9–16 in Jewish and Graeco-Roman perspective, WUNT II 432, Tübingen 2017.

Müller, Peter, Nicht nur rein, auch gesund. Heilung eines Aussätzigen, in: Die Wunder Jesu, hg. von Ruben Zimmermann u. a., Kompendium der frühchristlichen Wundererzählungen, Gütersloh 2013, 221–234.

Mummendey, Amélie, Verhalten zwischen sozialen Gruppen: Die Theorie der sozialen Identität von Henri Tajfel, Bielefelder Arbeiten zur Sozialpsychologie 113, Bielefeld 1984.

Mummendey, Amélie/Simon, Bernd, Selbst, Identität und Gruppe. Eine sozialpsychologische Analyse des Verhältnisses von Individuum und Gruppe, in: Identität und Verschiedenheit. Zur Sozialpsychologie der Identität in komplexen Gesellschaften, hg. von Amélie Mummendey u. Bernd Simon, Sozialpsychologie Aktuell 1, Bern/Seattle 1997, 11–38.

Mummendey, Amélie/Wenzel, Michael, Social Discrimination and Tolerance in Intergroup Relations. Reactions to Intergroup Difference, in: Personality and Social Psychology Review 3/2 (1999), 158–174.

Nathan, Emmanule, Fragmented Theology in 2 Corinthians. The unsolved Puzzle of 6:14–7:1, in: Theologizing in the Corinthian conflict. Studies in the exegesis and theology of 2 Corinthians, hg. von Reimund Bieringer, BiTS 16, Leuven 2013, 211–228.

Neusner, Jacob, The rabbinic traditions about the Pharisees, Bd. 1. The Masters, Leiden 1971.

Neusner, Jacob, The rabbinic traditions about the Pharisees, Bd. 3. Conclusions, Leiden 1971.

Neusner, Jacob, The idea of purity in Ancient Judaism, The Haskell lectures 1972–73, Leiden 1973.

Neusner, Jacob, The Idea of Purity in Ancient Judaism, in: Journal of the American Academy of Religion 43/1 (1975), 15–26.

Neusner, Jacob, Review: Comparing Judaisms. Paul and Palestinian Judaism: A Comparison of Patterns of Religion by E. P. Sanders, in: History of Religions 18/2 (1978), 177–191.

Neusner, Jacob, Judaism. The evidence of the Mishnah, Chicago studies in the history of Judaism, Chicago 1981.

Neusner, Jacob, Das pharisäische und das talmudische Judentum, TSAJ 4, Tübingen 1984.

Neusner, Jacob, Judaic law from Jesus to the Mishnah. A systematic reply to Professor E. P. Sanders, South Florida studies in the history of Judaism 84, Atlanta, Ga. 1993.

Neusner, Jacob, Judaism: Practice and Belief 63 B.C.E.–66 C.E. A Review of Recent Works by E. P. Sanders, in: Bulletin for Biblical Research 6 (1996), 167–177.

Newsom, Carol, The Self as Symbolic Space. Construction Identity and Community at Qumran, STDJ 52, Leiden/Boston 2004.

Newton, Michael, The concept of purity at Qumran and in the letters of Paul, SNTS 53, Cambridge 1985.

Niebuhr, Karl-Wilhelm, Heidenapostel aus Israel. Die jüdische Identität des Paulus nach ihrer Darstellung in seinen Briefen, WUNT 62, Tübingen 1992.

Nihan, Christophe, From priestly Torah to Pentateuch, FAT II 25, Tübingen 2007.

Nihan, Christophe, Forms and Functions of Purity in Leviticus, in: Purity and the forming of religious traditions in the ancient Mediterranean world and ancient

Judaism, hg. von Christian Frevel u. Christophe Nihan, Dynamics in the history of religion 3, Leiden 2012, 311–367.

Nijstad, Bernhard/van Knippenberg, Daan, Gruppendynamik, in: Sozialpsychologie, hg. von Wolfgang Stroebe u. a., Berlin/Heidelberg [6]2014, 439–469.

Noam, Vered, Ritual impurity in tannaitic literature: two opposing perspectives, in: JAJ 1 (2010), 65–103.

Noam, Vered, היבטים בתפיסת הטומאה. מקומראן למהפכה התנאית, Jerusalem 2010.

Noam, Vered, The Gentileness of the Gentiles. Two approaches to the impurity of Non-Jews, in: Halakhah in light of epigraphy, hg. von Albert I. Baumgarten u. a., Journal of Ancient Judaism Supplements 3, Göttingen 2011, 27–41.

Noam, Vered, Another look at the rabbinic conception of gentiles from the perspective of purity laws, in: Judaea-Palaestina, Babylon and Rome, hg. von Benjamin Isaac u. Yuval Shahar, TSAJ 147, Tübingen 2012, 89–110.

Noth, Martin, Das dritte Buch Mose / Leviticus, ATD 6, Göttingen 1962.

Oeming, Manfred/Vette, Joachim, Das Buch der Psalmen, NSKAT 13,2, Stuttgart 2010.

Oepke, Albrecht, ἔκστασις, in: Theologisches Wörterbuch zum Neuen Testament. Zweiter Teilband: Delta bis Eta, hg. von Gerhard Kittel, ThWNT, Stuttgart 1957, 447–457.

Öhler (Hg.), Taufe, Themen der Theologie 5, Tübingen 2012.

Olyan, Saul, Rites and rank. Hierarchy in biblical representations of cult, Princeton, N.J 2000.

Oppenheimer, Aharon, The Am Ha-Aretz. A study in the social history of the Jewish people in the Hellenistic-Roman period, LGHJ 8, Leiden 1977.

Paganini, Simone/Repschinski, Boris, Kontinuität und Diskontinuität in der Reinheitsthematik vom Judentum des Zweiten Tempels zum Neuen Testament, in: ZKTh 134 (2012), 449–470.

Parkes, James, The conflict of the church and the synagogue. A study in the origins of antisemitism, London 1934.

Paschen, Wilfried, Rein und Unrein. Untersuchung zur biblischen Wortgeschichte, StANT 24, München 1970.

Pesch, Rudolf, Das Markusevangelium2,2, Freiburg-Basel-Wien [4]1984.

Pesch, Rudolf, Die Apostelgeschichte. Teilband 1: Apg 1–12, EKK 5, Düsseldorf [2]1986.

Pesch, Rudolf, Die Apostelgeschichte. Teilband 2: Apg 13–28, EKK 5, Düsseldorf [2]1986.

Pietersma, Albert, Septuagintal Exegesis and the superscriptions of the Greek Psalter, in: The Book of Psalms. Composition and Reception, hg. von Peter Flint u. Patrick Miller, SVT 99, Leiden/Boston 2005, 443–475.

Pietersma, Albert, Exegesis in the Septuagint. Possibilities and Limits – the Psalter as a Case in Point, in: Septuagint Research. Issues and Challenges in the study of the Greek Jewish Scriptures, hg. von Wolfgang Kraus u. R. Wooden, Septuagint and cognate studies 53, Atlanta, GA 2006, 33–45.

Raban/Holum (Hg.), Caesarea maritima. A Retrospective after two millennia, Documenta et monumenta orientis antiqui, Leiden/New York/Köln 1996.

Rabens, Volker, Inclusion of and Demarcation from ‚Outsiders'. Mission and Ethics in Paul's second letter to the Corinthians, in: Sensitivity towards outsiders. Exploring the dynamic relationship between mission and ethics in the New Testament and early Christianity, hg. von Jacobus Kok u. a., 364, 290–323.

Rabens, Volker, Paul's Rhetoric of Demarcation. Separation from ‚Unbelievers' (2Cor 6:14–7:1) in the Corinthian Conflict, in: Theologizing in the Corinthian conflict. Studies in the exegesis and theology of 2 Corinthians, hg. von Reimund Bieringer, BiTS 16, Leuven 2013, 229–254.

Räisänen (Hg.), The Torah and Christ. Essays in German and English on the problem of the law in early Christianity, Helsinki 1986.

Räisänen, Heikki, Jesus and the Food Laws. Reflections on Mark 7,15, in: The Torah and Christ. Essays in German and English on the problem of the law in early Christianity, hg. von Heikki Räisänen, Helsinki 1986, 219–241.

Räisänen, Heikki, Zur Herkunft von Markus 7,15, in: The Torah and Christ. Essays in German and English on the problem of the law in early Christianity, hg. von Heikki Räisänen, Helsinki 1986, 209–218.

Räisänen, Heikki, Paul and the Law, WUNT 29, Tübingen ^{2}1987.

Reardon, Timothy, Cleansing through Almsgiving in Luke-Acts. Purity, Cornelius and the translation of Acts 15:9, in: The Catholic biblical quarterly 78 (2016), 463–482.

Ringgren, Helmer, גאל, in: Theologisches Wörterbuch zum Alten Testament, hg. von G. Johannes Botterweck, Helmer Ringgren, Heinz-Josef Fabry u. a., THWAT, Stuttgart 1993, 884–890.

Ringgren, Helmer, טהר, in: Theologisches Wörterbuch zum Alten Testament, hg. von G. Johannes Botterweck, Helmer Ringgren, Heinz-Josef Fabry u. a., THWAT, Stuttgart 1993, 306–315.

Rösel, Martin, Towards a ‚Theology of the Septuagint', in: Septuagint Research. Issues and Challenges in the study of the Greek Jewish Scriptures, hg. von Wolfgang Kraus u. R. Wooden, Septuagint and cognate studies 53, Atlanta, GA 2006, 239–252.

Rösel, Martin, Eine Theologie der Septuaginta? Präzisierungen und Pointierungen, in: Theologie und Textgeschichte. Septuaginta und Masoretischer Text als Äußerungen theologischer Reflexion, hg. von Frank Ueberschaer u. a., WUNT 407, Tübingen 2018, 25–43.

Rosik, Mariusz, Church and Synagogue (30–313 AD). Parting of the Ways, European Studies in Theology, Philosophy and History of Religions 20, Berlin 2019.

Rowe, Kavin, Luke-Acts and the Imperial Cult. A way through the conundrum?, in: Journal for the Study of the New Testament 27/3 (2005), 279–300.

Rubenstein, Jeffrey L., Nominalism and Realism in Qumranic and Rabbinic Law: A Reassessment, in: DSD 6, Leiden, 1999, 157–183.

Rubenstein, Jeffrey L., Nominalism and Realism Again, in: Dine Israel 30, Tel Aviv 2014, 79–120.

Rupschus, Nicole, Frauen in Qumran, WUNT II 457, Tübingen 2017.

Rüterswörden, Udo, Purity conceptions in deuteronomy, in: Purity and the forming of religious traditions in the ancient Mediterranean world and ancient Judaism, hg. von Christian Frevel u. Christophe Nihan, Dynamics in the history of religion 3, Leiden 2012, 413–428.

Ruwe, Andreas, ‚Heiligkeitsgesetz' und ‚Priesterschrift', FAT 26, Tübingen/Bethel 1999.

Saebo, Magne, צרף, in: Theologisches Wörterbuch zum Alten Testament, hg. von G. Johannes *Botterweck*, Helmer Ringgren, Heinz-Josef Fabry u. a., THWAT, Stuttgart 1993, 1133–1138.

Sanders, Ed, Paul and Palestinian Judaism. A comparison of patterns of religion, Philadelphia 1977.

Sanders, Ed, Jewish law from Jesus to the Mishnah. Five studies, London 1990.

Sanders, Ed, Judaism. Practice and belief; 63 BCE–66 CE, London 1992.

Sandmel, Samuel, Parallelomania, in: Journal of biblical Literature 81/1 (1962), 1–13.

Schäfer, Peter, The Jewish Jesus. How Judaism and Christianity Shaped Each Other, Princeton 2012.

Schiffman, Lawrence, Sectarian law in the Dead Sea scrolls. Courts, testimony, and the penal code, Brown Judaic studies 33, Chico 1983.

Schiffman, Lawrence, Community without Temple: the Qumran community's withdrawal from the Jerusalem Temple, in: Gemeinde ohne Tempel. Zur Substituierung und Transformation des Jerusalemer Tempels und seines Kultes im Alten Testament, antiken Judentum und frühen Christentum, hg. von Beate Ego u. a., WUNT 118, Tübingen 1999, 267–284.

Schmeller, Thomas, Der ursprüngliche Kontext von 2 Kor 6.14–7.1. Zur Frage der Einheitlichkeit des 2. Korintherbriefes, in: NTS 52 (2006), 219–238.

Schmeller, Thomas, Der zweite Brief an die Korinther. 2 Kor 1,1–7,4, EKK 8,1, Neukirchen-Vluyn 2010.

Schmithals, Walter, Das Evangelium nach Markus. 1. Kapitel 1,1–9,1, ÖTK 1, Gütersloh 1979.

Schmithals, Walter, Der Römerbrief. Ein Kommentar, Gütersloh 1988.

Schneider, Gerhard, Die Apostelgeschichte. Kommentar zu Kap 9,1–28,31, Herders Theologischer Kommentar zum Neuen Testament 5,2, Freiburg/Basel/Wien 1982.

Schneider, Nélio, Die ‚Schwachen' in der christlichen Gemeinde Roms. Eine historisch-exegetische Untersuchung zu Röm 14,1–15,13, Wuppertal 1989.

Schnelle, Udo, Paulus. Leben und Denken, Berlin/Boston 2013.

Schnocks, Johannes, Psalmen, Grundwissen Theologie 3473: Theologie, Paderborn 2014.

Schreckenberg, Heinz, Die Flavius-Josephus-Tradition in Antike und Mittelalter, Leiden 1972.

Schröder, Bernd, Die ‚väterlichen Gesetze'. Flavius Josephus als Vermittler von Halacha an Griechen und Römer, TSAJ 53, Tübingen 1996.

Schröter, Jens, Der versöhnte Versöhner. Paulus als unentbehrlicher Mittler im Heilsvorgang zwischen Gemeinde und Gott nach 2Kor 2,14–7,4, TANZ 10, Tübingen/Basel 1993.

Schürer, Emil, Geschichte des Jüdischen Volkes im Zeitalter Jesu Christi. Zweiter Band, Leipzig [4]1907.

Schumann, Daniel, Gelübde im antiken Judentum und frühen Christentum, AJEC 111, Leiden 2020.

Schwartz/Tomson (Hg.), Jews and Christians in the First and Second Centuries. The Interbellum 70–132 CE, CRI 15, Leiden 2018.

Schwartz/Weiss (Hg.), Was 70 CE a Watershed in Jewish History? On Jews and Judaism before and after the Destruction of the Second Temple, AJEC 78, unter Mitarbeit von Ruth Clements, Leiden 2012.

Schwartz, Daniel, Law and Truth: On Qumran-Sadducean and rabbinic views of law, in: The Dead Sea Scrolls: Forty Years of Research, hg. von Devorah Dimant u. Uriel Rappaport, Leiden 1992, 229–240.

Schwartz, Daniel, Was 70 CE a Watershed in Jewish History? Three Stages of Modern Scholarship, and a renewed effort, in: Was 70 CE a Watershed in Jewish History? On Jews and Judaism before and after the Destruction of the Second Temple, hg. von Daniel Schwartz u. Zeev Weiss, AJEC 78, Leiden 2012, 1–19.

Scornaienchi, Lorenzo, Die Relativierung des Unreinen. Der Einfluss des Paulus auf ‚Markus' in Bezug auf die Reinheit, in: Comparative Essays. Mark and Paul, hg. von Eve-Marie Becker u. a., 198, Berlin [u.a.] 2014, 505–526.

Seidl, Theodor, צרעת, in: Theologisches Wörterbuch zum Alten Testament, hg. von G. Johannes Botterweck, Helmer Ringgren, Heinz-Josef Fabry u. a., THWAT, Stuttgart 1993, 1127–1133.

Shemesh, Aharon, The Scriptual Background of the Penal Code in the Rule of the Community and the Damascus Document, in: DSD 15/2 (2008), 191–224.

Shemesh, Aharon, Halakhah in the making. The development of Jewish law from Qumran to the rabbis, Berkeley 2009.

Siegert, Folker, Gottesfürchtige und Sympathisanten, in: JSJ 4/2 (1973), 109–164.

Smith, Dennis, From symposium to Eucharist. The banquet in the early Christian world, Minneapolis 2003.

Southwood, Katherine, ‚And they could not understand jewish speech': language, ethnicity, and Nehemia's intermarriage crisis, in: JTS 62/1 (2011), 1–19.

Sprödowsky, Hans, Die Hellenisierung der Geschichte von Joseph in Aegypten bei Flavius Josephus, Greifswald 1937.

Starling, David, The ἄπιστοι of 2 Cor 6:14. Beyond the Impasse, in: NT 55/1 (2013), 45–60.

Staubli, Thomas, Die Bücher Levitikus, Numeri, Neuer Stuttgarter Kommentar 3, Stuttgart 1996.

Steins, Georg, Die Bücher Esra und Nehemia, in: Einleitung in das Alte Testament, hg. von Erich Zenger u. Christian Frevel, Kohlhammer-Studienbücher Theologie 1,1, Stuttgart ^{8}2012, 332–349.

Stemberger, Günter, Mischna Avot – Frühe Weisheitsschrift, pharisäisches Erbe oder spätrabbinische Bildung?, in: ders., Judaica Minora II, TSAJ 138, Tübingen, 2010, 317–330.

Stemberger, Günter, Pharisäer, Sadduzäer, Essener. Fragen – Fakten – Hintergründe, Stuttgart 2013.

Stendahl, Krister, Paul among Jews and Gentiles, Philadelphia 1976.

Sterling, Gregory, Historiography and self-definition. Josephos, Luke-Acts, and apologetic historiography, Novum Testamentum supplements 64, Leiden/New York 1992.

Stern, Sacha, Jewish identity in early rabbinic writings, AGJU 23, Leiden 1994.

Stökl Ben Ezra, Daniel, Qumran. Die Texte vom Toten Meer und das antike Judentum, UTB 4681, Stuttgart/Tübingen 2016.

Straub, Jürgen, Identität, in: Handbuch der Kulturwissenschaften. Band 1: Grundlagen und Schlüsselbegriffe, hg. von Friedrich Jaeger u. Burkhard Liebsch, Stuttgart 2011, 277–303.

Strecker, Christian, Die liminale Identität des Paulus. Zugänge zur paulinischen Theologie aus kulturanthropologischer Perspektive, FRLANT 185, Göttingen 1999.

Strecker, Christian, Taufrituale im frühen Christentum und in der Alten Kirche. Historische und ritualwissenschaftliche Perspektiven, in: Ablution, Initiation, and Baptism. Late Antiquity, Early Judaism, and Early Christianity, hg. von David Hellholm u. a., BZNW 176, Berlin/Boston 2011, 1383–1440.

Strecker, Christian, Identität im frühen Christentum? Der Identitätsdiskurs und die neutestamentliche Forschung, in: Religionsgemeinschaft und Identität. Prozesse jüdischer und christlicher Identitätsbildung im Rahmen der Antike, hg. von Markus Öhler, BThSt 142, Neukirchen-Vluyn 2013, 113–167.

Stroebe, Wolfgang u. a., Einführung in die Sozialpsychologie, in: Sozialpsychologie, hg. von Wolfgang Stroebe u. a., Berlin/Heidelberg ^{6}2014, 1–28.

Sulzberger, Mayer, The Am Ha-Aretz: The ancient hebrew parliament. A chapter in the constitutional history of Ancient Israel, Philadelphia 1909.

Sussman, Yaakov, חקר תולדות ההלכה ומגילות מדבר-יהודה: הרהורים תלמודיים ראשונים לאור מגילת "מקצת מעשי התורה". The History of Halakha and the Dead Sea Scrolls – Preliminary Observations on Miqṣat Ma'ase Ha-Torah (4QMMT), in: Tarbiz 59 (1989), 11–76.

Swoboda, Sören, Tod und Sterben im Krieg bei Josephus. Die Intentionen von Bellum und Antiquitates im Kontext griechisch-römischer Historiographie, TSAJ 158, Tübingen 2014.

Tajfel (Hg.), Differentiation between social groups. Studies in the social psychology of intergroup relations, London 1978.

Tajfel (Hg.), Social identity and intergroup relations, Cambridge 1982.

Tajfel, Henri, Social categorization, social identity and social comparison, in: Differentiation between social groups. Studies in the social psychology of intergroup relations, hg. von Henri Tajfel, London 1978, 61–77.

Tajfel, Henri/Turner, John, An integrative theory of intergroup conflict, in: The social psychology of intergroup relations, hg. von William G. Austin u. Stephen Worchel, Chicago 1979, 33–47.

Tajfel, Henri/Turner, John, The social identity theory of intergroup behaviour, in: The social psychology of intergroup relations, hg. von William G. Austin u. Stephen Worchel, Chicago 1979, 7–24.

Theißen (Hg.), Studien zur Soziologie des Urchristentums, WUNT 19, Tübingen ^{3}1989.

Theißen, Gerd, Urchristliche Wundergeschichten. Ein Beitrag zur formgeschichtlichen Erfoschung der synoptischen Evangelien, StNT 8, Gütersloh 1974.

Theißen, Gerd, Die Starken und die Schwachen in Korinth. Soziologische Analyse eines theologischen Streites, in: Studien zur Soziologie des Urchristentums, hg. von Gerd Theißen, WUNT 19, Tübingen ^{3}1989, 272–289.

Theißen, Gerd, Das Reinheitslogion in Mk 7,15 und die Trennung von Juden und Christen, in: Ja und nein. Christliche Theologie im Angesicht Israels: Festschrift zum 70. Geburtstag von Wolfgang Schrage, hg. von Klaus Wengst u. Wolfgang Schrage, Neukirchen-Vluyn 1998, 235–251.

Theobald, Michael, Studien zum Römerbrief, Tübingen 2001.

Thiessen, Matthew, Luke 2:22, Leviticus 12 and parturient impurity, in: NT 54 (2012), 16–29.

Thrall, Margarete, The Second Epistle to the Corinthians. Volume 1, ICC, Edinburgh 1994.

Tomson, Peter, Paul and the Jewish Law. Halakha in the Letters of the Apostle to the Gentiles, CRI ^{3}1990.

Turner, John, Social Comparison and social identity. Some prospects for intergroup behaviour, in: European Journal of Social Psychology 5/1 (1975), 1–34.

Turner, John, Social Categorization and social discrimination in the minimal group paradigm, in: Differentiation between social groups. Studies in the social psychology of intergroup relations, hg. von Henri Tajfel, London 1978, 101.

Turner, John, Towards a cognitive redefinition of the social group, in: Social identity and intergroup relations, hg. von Henri Tajfel, Cambridge 1982, 15–40.

Tuval, Michael, From Jerusalem Priest to Roman Jew. On Josephus and the Paradigms of Ancient Judaism, WUNT II 357, Tübingen 2013.

Vahrenhorst, Martin, ‚Ihr sollt überhaupt nicht schwören'. Matthäus im halachischen Diskurs, WMANT 95, Neukirchen-Vluyn 2002.

Vahrenhorst, Martin, Kultische Sprache in den Paulusbriefen, WUNT 230, Tübingen 2008.

Vahrenhorst, Martin, Hinweise zur Reinheitsterminologie im LXX-Pentateuch, in: Septuaginta Deutsch. Erläuterungen und Kommentare zum griechischen Alten Testament, hg. von Martin Karrer u. a., Stuttgart 2011, 366–371.

van Unnik, Willem, Josephus' account of the story of Israel's sin with alien women in the country of Midian (Num. 25:1ff.), in: Travels in the world of the Old Testament, hg. von Heerma van Voss (u.a.), Studia Semitica Neerlandica 16, Assen 1974, 214–261.

VanderKam, James/Flint, Peter, The meaning of the Dead Sea scrolls. Their significance for understanding the Bible, Judaism, Jesus, and Christianity, London 2005.

Vogel, Manuel, Modelle jüdischer Identitätsbildung in hellenistisch-römischer Zeit, in: Religionsgemeinschaft und Identität. Prozesse jüdischer und christlicher Identitätsbildung im Rahmen der Antike, hg. von Markus Öhler, BThSt 142, Neukirchen-Vluyn 2013, 43–68.

Wahlen, Clinton, Peter's Vision and conflicting definitions of purity, in: NTS 51/4 (2005), 505–518.

Wander, Bernd, Gottesfürchtige und Sympathisanten. Studien zum heidnischen Umfeld von Diasporasynagogen, WUNT 104, Tübingen 1998.

Wassén, Cecilia, Common Meals in the Qumran Movement with Special Attention to Purity Regulations, in: The Eucharist – its origins and contexts. Sacred meal, communal meal, table fellowship in late antiquity, early Judaism, and early Christianity, hg. von David Hellholm u. Dieter Sänger, WUNT 376, Tübingen 2017, 77–100.

Weber, Beat, Werkbuch Psalmen, Stuttgart 2001.

Weidemann, Hans-Ulrich, Taufe und Mahlgemeinschaft. Studien zur Vorgeschichte der altkirchlichen Taufeucharistie, WUNT 338, Tübingen 2014.

Weiser, Alfons, Die Apostelgeschichte. Kapitel 1–12, ÖTK 5, Gütersloh 1981.

Weiss, Johannes, Das älteste Evangelium. Ein Beitrag zum Verständnis des Markus-Evangeliums und der ältesten evangelischen Überlieferung, Göttingen 1903.

Weißphal, Frederike, Krankheit, Heilung und Gesundheit im Markusevangelium. Die Befreiung des Menschen von sich selbst zu sich selbst, Wuppertal/Bethel/Diss. Kirchl. Hochschule 2010.

Wengst, Klaus, Das Johannesevangelium. 2. Teilband: Kapitel 11–21, Theologischer Kommentar zum Neuen Testament 4,2, Stuttgart 2001.

Wenschkewitz, Hans, Die Spiritualisierung der Kultbegriffe. Tempel, Priester und Opfer im Neuen Testament, Leipzig 1932.

Werrett, Ian, Ritual purity and the Dead Sea scrolls, STDJ 72, Leiden/Boston 2007.

Wetherell, Margaret, Cross-cultural studies of minimal groups: Implications for the social identity theory of intergroup relations, in: Social identity and intergroup relations, hg. von Henri Tajfel, Cambridge 1982, 207–240.

Wiefel, Wolfgang, Das Evangelium nach Lukas, ThHKNT 3, Berlin 1988.

Wilckens, Ulrich, Der Brief an die Römer. 3. Teilband: Röm 12–16, EKK 6,3, Neukirchen-Vluyn ²1989.

Willi-Plein, Ina, Opfer und Kult im alttestamentlichen Israel. Textbefragungen und Zwischenergebnisse, Stuttgart 1993.

Wischmeyer, Oda, Das Adjektiv ΑΓΑΠΗΤΟΣ in den paulinischen Briefen. Eine traditionsgeschichtliche Miszelle, in: NTS 32/3 (1986), 476–480.

Wolff, Christian, Der zweite Brief des Paulus an die Korinther, ThHKNT 8, Berlin 1989.

Wolff, Hans, Dodekapropheton 2. Joel und Amos, BKAT 14,2, Neukirchen-Vluyn ³1985.

Wolter, Michael, Paulus. Ein Grundriss seiner Theologie, Neukirchen-Vluyn 2011.

Wünsche, August, Aus Israels Lehrhallen. Kleine Midraschim zur späteren legendarischen Literatur des Alten Testaments, Hildesheim 1967.

Würthwein, Ernst, Der 'amm ha'aretz im Alten Testament, Beiträge zur Wissenschaft vom Alten und Neuen Testament 69, Stuttgart 1936.

Yuval, Israel, Zwei Völker in deinem Leib. Gegenseitige Wahrnehmung von Juden und Christen in Spätantike und Mittelalter, JRGK 4, Göttingen 2007.

Zeitlin, Solomon, The Halaka in the gospels and its relation to jewish law at the time of Jesus, in: HUCA 1 (1924), 357–373.

Zick, Andreas, Die Konflikttheorie der Theorie der sozialen Identität, in: Sozialwissenschaftliche Konflikttheorien. Eine Einführung, hg. von Thorsten Bonacker, Wiesbaden ³2005, 409–426.

Autor*innenregister

Stellenregister

Alttestamentliche Pseudepigraphen

Neues Testament

Qumran

Mischna